JUESHENGQUANMIANXIAOKANG JIANSHEXINGFUSHENGHUO
SHOUDUDAXUESHENGSHEHUISHIJIANYOUXIULUNWENJI

决胜全面小康
建设幸福生活

——首都大学生社会实践优秀论文集

王鲁娜　江　燕◎主编

北京航空航天大学出版社
BEIHANG UNIVERSITY PRESS

图书在版编目（CIP）数据

决胜全面小康　建设幸福生活：首都大学生社会实践优秀论文集／王鲁娜，江燕主编．--北京：北京航空航天大学出版社，2022.11

ISBN 978-7-5124-3908-5

Ⅰ.①决…　Ⅱ.①王…②江…　Ⅲ.①大学生-社会实践-北京-文集　Ⅳ.①G642.45-53

中国版本图书馆CIP数据核字（2022）第189056号

决胜全面小康　建设幸福生活——首都大学生社会实践优秀论文集

责任编辑：李　帆
责任印制：秦　赟
出版发行：北京航空航天大学出版社
地　　址：北京市海淀区学院路37号（100191）
电　　话：010-82317023（编辑部）　010-82317024（发行部）
010-82316936（邮购部）
网　　址：http://www.buaapress.com.cn
读者信箱：bhxszx@163.com
印　　刷：北京九州迅驰传媒文化有限公司
开　　本：710毫米×1000毫米　1/16
印　　张：31
字　　数：697千字
版　　次：2022年11月第1版
印　　次：2022年11月第1次印刷
定　　价：98.00元

如有印装质量问题，请与本社发行部联系调换
联系电话：010-82317024

目　　录

小康路上，房不为防[①]

——顺义区保障性住房建设以及分配机制调研

李永梅　孙雨童

【摘　要】人民的居住状况是小康社会的一项重要指标，“小康不小康，关键看住房”。2020年是全面建成小康社会的决胜之年，为解决人民的住房问题，政府加大了保障性住房建设的力度。本文通过发放问卷和实地考察的方式，调查了顺义区保障性住房建设及分配机制，了解了人民对于保障性住房的态度，研究了保障性住房对人民生活乃至经济发展的影响，找出了目前存在的问题并提出解决方案。希望通过本次调研，推进保障性住房建设，让人们都能住上既便宜又实惠的房子。

【关键词】小康社会；顺义区；保障性住房；分配机制

“小康路上，房不为防”的“防”有两层含义：一是住房问题不应成为全面建成小康社会的障碍；二是在保障性住房建设中要防止一些不利于建设小康社会的问题发生。目前根据全面建成小康社会的指标来看，虽然人均住房面积已经达到40平方米以上，但住房问题仍然困扰着将近三分之一的居民。为此，我们对顺义区保障性住房进行了调研，旨在为提高保障性住房建设规模和完善分配机制建言献策。

本次调查主要采取的是网上调查与实地采访两种方式。实地采访是小组成员到顺义区随机询问路人进行采访，并将采访内容记录。网上调查共发出问卷312份，回收312份，回收率达100%；有效问卷312份，有效率达100%。共向被调查者提出四类问题，即被调查者基础信息、被调查者对保障性住房及分配机制的态度、保障性住房和分配机制存在的问题以及改进建议。目的在于了解顺义区人民住房的基本情况、顺义区人民是否存在住房问题和对保障性住房及分配机制的了解程度、对保障性住房及分配机制的改进建议。

一、顺义区保障性住房的现状

（一）保障性住房建设以及分配机制的由来

自1978年改革开放后，国家大力推行城市化建设，这就导致城市人口急剧增加，因而产生了人口集聚效应。人多地少，这是非常普遍的供需问题，而这个供需问题中

---

① 本课题指导教师：李永梅（北京工商大学马克思主义学院）；课题组组长：孙雨童（信息192）；课题组成员：王涵（信息192）、周银洁（信息192）、李培莎（信息192）、李佳桐（信息192）。

最能反映人民生活的就是买房、住房的问题。

有关数据记载，2004 年房价同比与去年增长 15%，2006 年后房价暴涨，顺义区也不例外。这使居民分为两种：一种是有多套住房的人，等着收租即可；另一种是没钱买房的人，一生为了房子而奋斗，贫富差距因“房”而逐渐加大。这一状况在 2011 年经宏观调控，房价才稍得控制，但这并不是一个长久之计，也不能从根本上解决居民住房问题。

为解决住房问题，国家出台了新的政策——《保障性住房政策制度》。保障性住房是政府为中低收入住房困难家庭提供的限定标准、限定价格或租金的住房，是为收入有限的家庭提供以合理价格就可以置办的安身之所。这可以从根本上解决居民的住房问题，可以让有住房问题的人以低廉的价格买房或租房，也从一定程度上遏制了商品房高价买卖的现象。

（二）保障性住房建设与居民住房现状

目前来看，中央加强对保障性住房的建设，投资 9000 亿。截至 2019 年 12 月 24 日，顺义区已完成筹集各类保障性住房 7822 套，竣工 2747 套。此项建设不仅解决了顺义区居民的住房问题，还拉动了顺义区经济增长、解决了百姓的就业问题。另外，也对装修、家具、家电等方面起到了促进作用，抑制了房价的暴涨。

便宜的房源可以改善城市低收入居民的居住条件，缩小人民之间的贫富差距，让人民生活得更加美好。2016 年全国人均住房面积达到 40. 8 平方米，顺义区也达到了平均水平，切实地改善了人民住房问题。在政策的宣传与影响下，顺义区越来越多的人了解到保障性住房。

表 1　“保障性住房政策是否为您带来了幸福感，是否帮助您解决了住房问题?”调查结果

选项	小计	比例
是	61	83.56%
否	12	16.44%
本题有效填写人次	73	

从表 1 来看，保障性住房的受益者们绝大多数都感受到了幸福感，这是政策不断改进推行的结果，也是保障性住房政策的重要意义。

二、顺义区保障性住房建设以及分配机制存在的问题

本次调查发现，仅有 23. 93% 的调查对象为保障性住房的受益者，并且顺义区等北京地区常住人口人均住房面积达到 41 平方米，说明保障性住房政策时至今日已有显著成效。住房问题得到解决不仅有利于顺义区百姓生活的稳定，还对我国全面建成小康社会起到推动作用。但在调查过程中，顺义区保障性住房在建设与分配过程中依

然存在一些问题需要解决。

（一）保障性住房在群众中普及率不高

如图1所示，44.55%的调查对象认为，现阶段存在的问题是人们对推进保障性住房了解不够，这对于保障性住房的建设是不小的阻碍。

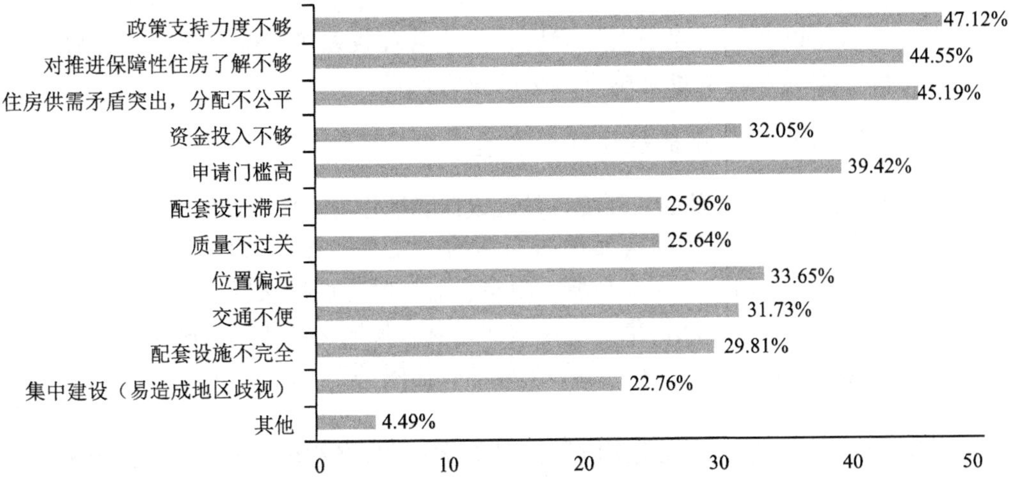

图1 “顺义区保障性住房建设以及分配机制存在的问题”调查结果（多选）

首先，对于住房有困难的民众来说，有些对其只听说过但不了解，有些甚至没有听说过，那么对政策能否准确落实到目标居民都是一个问题。其次，在调查统计中，顺义区的反馈中出现了“宣传不够，几乎没了解过”“水太深，这个应该是骗人的”等对保障性住房存疑的观点。这些都是由于大家对保障性住房的政策不了解、政府宣传不到位所导致的。因此，如何让“保障性住房”这项概念及相关政策普及到顺义区，进而让大家了解，是我们需要解决的问题。

（二）保障性住房的供需矛盾较大

“供不应求”这一情况也是顺义区保障性住房的一大难点。国家统计局的数据显示，政府加大了保障性住房的投资力度。其中顺义区建设的保障性住房就有10 000套，但仍然难以满足需求，所投资金占城市住房比例还在降低。并且即便建设任务加大，一些地方的资金筹措仍然存在困难。按照相关政策，廉租房建设资金应以财政供应为主，而只有少数的城市可以做到这点。由于缺少固定资金来源、政府投向保障性住房的用地较少、老百姓收入的增加赶不上房价的上涨等因素，导致供需矛盾仍然突出。

（三）保障性住房内部居住水平较低

保障性住房不仅在于能够提供价格低廉的住所，更关键的是能为民众提供一个地理位置便利、设施较为全面、居住环境温馨的“家”。“十二五”期间，全国新建3600万套保障房，然而多地曝光保障性住房入住率不高，造成这一结果的主要原因之一是小区的内部问题。例如在顺义区的实地调研中就有人提到：“目前租住公租房，房租并不高但配套设施的费用较高，比如停车费、取暖费等。尤其是停车费，采取半强制缴纳方式，使在这里平均每月的花费与普通住宅没有很大区别。”这种现象不是个例，而是普遍的现象。此外还有小区安保部门不够完善、绿化以及配套娱乐设施滞后、物业管理较差等问题。顺义区保障性住房小区内部的管理及环境也是亟待解决的重大问题。

（四）保障性住房外部居住环境较差

由调研数据可知，外部居住环境也是造成保障性住房居住率低的原因之一。

由于保障性住房没有商品房那样的高额的“卖地”款，政府须“倒贴”配套资金，导致保障性住房多建在如马坡、望泉、后沙峪等距顺义区中心较为偏远的地方。若长期选址偏远且大规模集中建设的话，既会使顺义区居民受施工建设噪声的影响，大大降低居住的幸福感，又会造成“居住隔离”现象，导致地区之间的歧视现象。

不仅如此，位置偏远往往会影响周围配套设施的完备程度。例如，每天上班的通勤时间较长，小区周边没有正规的医院、学校，或者距离较远，更别说拥有超市、公园这些能够提高人们美好生活需要的基础设施了。

（五）保障性住房分配机制以及相关法律政策不健全

在现实生活以及问卷中多有提及保障房政策不够公开和透明等问题，这些问题导致保障房在分配过程中以权谋私的现象时有发生，这与当前的分配机制和监督机制不完善有关。

顺义区政府目前重建设、轻管理，这又是保障性住房的一个重大问题。在调研数据中我们发现，民众反映“保障房只保障少数人”“保障权利都握在地方官员”。现行住房保障政策都是以规范性文件形式发布的，虽有一定效力，但未形成法律制度约束，进而导致统一的保障性住房法律体系尚未建立。并且，准入与退出机制缺失、运行及监督机制不健全都是衍生问题。

此外，由顺义区的保障性住房问题拓展到全国范围来看，保障性住房所面对的人群相对较小。根据全国人口流动数据，许多一线城市农村人口以及外来人口均接近每年1000万，全国进城务工的低收入人群也普遍存在，他们的住房问题颇为严峻。

保障性住房中廉租房和公租房申请门槛较高，步骤较为烦琐，需要常住本地证明才有资格申请，而且只面向城镇居民。对于流动人口来讲，其住房保障措施目前尚未明确，相应的住房分配政策并不健全。长此以往可能会造成人口拥堵、社会资源匮乏等问题，对我国全面建成小康社会的进程会造成不利影响。

三、完善保障性住房建设及分配机制的建议

截至2015年底，全国共有19万套保障性住房无法及时入住，住房问题依旧困扰近19万户人家。结合顺义区的实地考察，由以上的数据分析可以看出：位置不便、居住水平差、相关的法律条文不够健全等因素，使其难以达到人民对“家”的需求和政府安置保障性住房的初衷。

表2 “您是否愿意参与到政府保障性安居工程中”调查结果

选项	小计	比例
愿意，保障性住房价格相对较低，可以负担得起	134	68.02%
不愿意，保障性住房价格虽低但质量有待考察	63	31.98%
本题有效填写人次	197	

据表2可知，近68%的调研对象依然愿意参与政府的安居工程，希望找到不仅价格适宜，而且各方面条件尽量没有短板的住房。如何既能照顾群众的想法和条件，又能避免保障性住房的“无效建设”，切实解决住房问题，本小组对此提出以下几点建议。

（一）加强安居工程政策宣传，提高保障性住房普及率

根据保障性住房所申请条件，以2018年重点发展城镇条例为例，家庭人均月可支配收入在6000元以下且人均房屋建筑面积在25平方米以下的居民，可享受经济适用房。在调查研究中，有16.78%的调查对象符合申请门槛，但其对保障性住房的了解仅略知皮毛。

在对保障性住房认知率的普及上有很大的增长空间，解决此问题不仅会惠及顺义区的居民，也会使相当一部分的人们的住房问题得到改善。

在条件允许的情况下，我们可以从不同方面加强保障性住房的知识普及。在法律方面，顺义区政府可以增加保障性住房的政策条例，公开发表也可使人民更加理解和信任。在调查中，有45.71%的居民是通过新闻得知此政策的。因此电视台可以在不影响整体的情况下，增加与保障性住房相关新闻的比例；同时各大新闻网站也可以实施相应宣传。在线下，有25.71%的人在谈论保障性住房，并且对线下演讲感兴趣。政府可邀请相关专业人士举办宣讲，为符合申请门槛人群答疑解惑。

（二）降低保障性住房供需矛盾

通过调查问卷可知，有141人选择供需矛盾问题项，占所填问卷的45.19%。

从我国发展全面建成小康社会的大局来讲，政府需要准确掌握百姓的收入水平，从而调控保障性住房的价格。参与问卷调查的人群中，家庭月收入6000元以上的有

137 人，未超过 44%；1500 元以下的有 39 人，占比 12.9%。若定价过高，对百姓负担较重；若定价过低，则不能有效补偿开发者的成本，还可能会引发一系列分配难题。

因此，顺义区政府需要将合理的保障性住房价格与国民经济发展速度、国家财政水平、国民收入水平相匹配，实时进行保障对象收入水平监控，尽量将住房门槛、居民租购住房支出、住房所需成本控制在合理范围内，尽可能多地解决居住问题，争取人人小康。为了充分考虑不同收入群体，也可以建立阶梯式住房供应体系方案。对低收入人群提供政府限价住房，对高收入人群提供改善性住宅分类供应体系，确保各类住房需求都能得到保障。另外，可以减少规定保障对象廉租住房的租金，减免税收，给居民的经济方面减压。

同时，严格管控保障性住房的基本保障制度，区分没有房子住和住房困难情况，完善补贴方式（主要是实物保障和货币补贴）。另外，政府可以创建新的融资方式，通过政府贷款等方式解决此类问题。

（三）加强完善保障性住房服务管理机制

全面发展小康社会是我国的一项重要方针，其中一个重要指标就是要让人民的生活水平和质量总体提高，生态环境和质量总体改善。虽然顺义区已经达到人均住房面积 40 平方米，但如果只是增长了住房面积，而没有兼顾居住条件的话，将会使居民购置的家“外强中干”，对于长期居住质量的保障和家庭幸福感的养成是没有好处的，不仅民众会有意见，还会违背可持续性发展原则。

在本小组的调研对象中，保障性住房的环境舒适性达 4.48 分之高（满分 5 分），可见最受重视。顺义区政府可以加大监管住房的建设流程，完善保障性住房的基础建设与配套设施、日常物业管理，搭建社区服务教育平台。另外，保障社区服务的完备性、加强社会人文救济、居民人身与财产安全维护也是人们最关心的问题，分别达到了 4.44、4.26、3.18 的高分，仅次于环境舒适性。顺义区政府可以邀请相关专家进行商讨，并结合居民的意见来设计能让居民满意的居住方案。

在小组调研数据中，调研对象对于通勤便捷性和贴近自然、与公共服务设施的完善度要求较高，偏远位置的地段条件较差，无法满足人民需求。

首先，在地理位置的选取上，顺义区政府可以实施多元混居，避免民众因长期居住在不同环境的地段和社区而产生居住隔离。这样一来也可以促进不同经济水平的人民相互接触融合，促进社会的和谐发展。其次，注重出行便利和周边公共设施周全的结合，尤其是顺义区入住率不高的保障性住房，可以考虑搭建相应配套生活设施来满足民众的需求。目前政府已经在逐渐加大城区公交、地铁的覆盖区域，商场、医院等公共设施也逐渐选到不同地段中。顺义区政府可以在设施相对完备的区域来进行保障性住房的地址选取，以照顾群众的生活。

（四）完善保障性住房分配机制以及相关法律政策

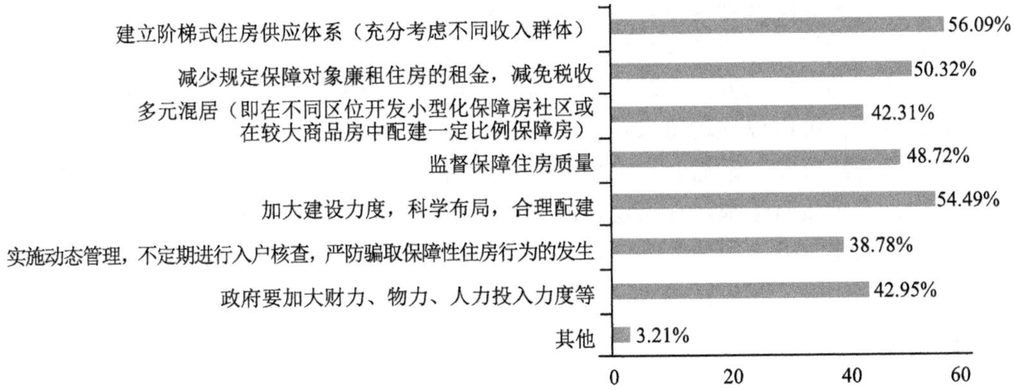

图 2 “您认为针对保障性住房存在的问题，有哪些解决办法”调查结果（多选）

由图 2 可知，对于实施动态管理的居民占比 38.78%，监管质量占比 48.72%，其他占比 3.21%。对于调查问卷中提到的可以实行的措施，相当一部分是来自完善机制以及相关法律，对此我们分三个方面来具体阐述。

1. 完善保障性住房的分配机制

保障性住房的分配问题是一大重点，目前分配的漏洞依然可见，门槛不严。地方官员徇私等问题只有 14 人提及，只占到了 4.49%，但这是居民们对于保障性住房的一大顾虑。因此保证公平、公正、公开是极为重要的。

首先，完善分配政策是关键一步。进一步加强制度建设，规范申请、审核和配租、配售程序，对是否拥有住房、财产收入和家庭成员情况等进行审核，确保所分配对象资格过关，并予以公开。这一项非常重要，在问卷调查中有 140 人支持此项措施，占比超过了 50%。同时，严格把控申请流程，将每一户符合居住标准的保障性住房分配到居民手中，并记录在案，确保政策准确落实到位。例如今年刚出台的对于顺义区低保收入或大病等困难家庭的专项配租政策，就是专门为困难家庭所制定的人文照顾措施，为真正有需求的居民提供保障。

其次，可以采用纠错和处罚机制，通过严厉的处罚减少贪污腐败现象。

最后，顺义区政府可以尝试突破原有的户籍限制，使用居民体系。希望政府将非户籍人口也纳入保障性住房政策内，例如三四年时间的人也给予申请资格。我国流动人口数量非常大，尤其是进城打拼的人口数量居高不下，他们的住房问题也应该得到改善。同时，在中国梦的大背景下，公平公正的待遇是发展的大势所趋，希望大城市能够接纳这些群体，更多地予以他们保障和关怀，倡导人文理念，为达到全民小康的目标作出贡献。

2. 加大准入与退出监管力度

如何保证长期合理的准入与退出机制始终是分配政策中的一大难题。由于地方各异，监管力度有差距，可能导致保障性住房被“钻空子”，售后转租、门槛模糊不清、官员“放水”等问题屡见不鲜。

政府应当着重建立并完善长效的保障性住房准入与退出机制。

首先，要予法律、法规以具体化。其次，要严格建设完备的层级监察机构，可以通过招募或后期培训的方法提高监管人员的专业素质和水平，建议完备健全的住户诚信档案。再次，可以设立动态入住资格审核和居民违法现象举报机制，带动公民一起保护大家的合法权益。最后，要加大相应的惩罚力度。例如本课题组在对顺义区的调研中发现，现阶段对于拖延住房退还的，大多只是责令其限期退换；对于骗取住房资格的，只收取了较低的罚款，某些监管机构有时会因为怕产生负面影响而纵容此类现象，造成不良影响。相应机构对违法行为不能坐视不理，必须加大惩罚力度，对不同情节的违法行为进行大力整改，并且在居民申请保障性住房资格时重点强调相关规定，加强民众守法意识。

3. 立法保障居住权，权力下放民众，确定政府主导作用

如今，住房问题困扰着一代又一代年轻人。保障性住房应用来满足顺义区群众最基本的住房需求，而不是用来满足享受性质的住房需求。在我国，贫富差距逐渐拉大，困难民众得不到最基本的住房保障，已变成一个很严重的社会问题。

政府可以借鉴英、美、俄等国相关政策，积极建设保障性住房，发放住房补贴，确保公民住房权益。居住权作为一项基本人权，理应得到重视和保护。每一个居民的基本居住权具有优先性。顺义区政府的主要职能是提供公共服务，要以民众的根本利益为出发点和落脚点。在法律、法规上严肃规定平等条款和正当程序条例，来确保居住权得到保障，严格落实到每一条细则上，进而落实到每位居民。只有最根本的法律上的支持，才能让保障性住房真正成为老百姓的保障，让法律成为公民维护自身权益的武器。

现阶段我国保障性住房的相关监管政策还未完善，为了安居工程的顺利进行，政府可以结合群众基层组织的力量，将一些基本的统计、走访职能交给社区管理组织、社区居委会等，充分发挥群众的力量。这些措施虽然只有 10 人提及，仅占 3.21%，但也是一个好的尝试与突破。在对顺义区的实地考察中，我们发现接近退休年龄的群众在所有参加社区活动的人员中已超过 70%，社区基层组织对此展现了不可磨灭的积极作用。

此外，设立相应的社区管理办公室、警务咨询室、物业管理办公室等协作联动机制也是不错的选择。拓展社区资金、搭建关于保障性人群的平台、定期举办保障性住房的咨询了解见面会、组建微信群、让顺义区居民动态地了解住房情况等也不失为好的拓展居民福利、了解民生状况的方法。

最后，顺义区政府可以大力呼吁高科技人才加入安居工程的建设中。岗位的增加会带来相应的人才需求，让更多人在安居工程的道路上发挥自己的用武之地。

四、保障性住房建设以及分配机制的前景

当前保障性住房面临许多问题。例如调查问卷中所写：保障性住房和社会普通开发商商品房怎样才能和平相处，既保证开发商的利益，又发挥保障性住房对社会的网底作用，这是必须严肃考虑和解决的问题。近几年国家对此非常重视，中华人民共和国成立 70 年以来，特别是党的十八大以来，从危旧住房改造到棚户区改造，从廉租房到公租房，从经济适用房到共有产权房，一项项举措体现出我国住房保障体系在不断完善、住房保障能力持续增强，使人民群众特别是困难群体的住房问题得到了明显改善，也说明保障性住房的未来的发展趋势已得到全面重视。

随着科技的不断发展，在未来的某一天，可以进行 AI 识别房型、虚拟体验等，实现线上参观，让居民自主选择想要的住宅户型、住宅环境，从而极大地方便居民生活。这虽然只是一种畅想，但也许在不远的将来就可以实现。

综上所述，本文以顺义区住房问题为起点，结合保障性住房以及安居工程的相应政策，将当今时代保障性住房与人民需求进行分析和总结，并进行线下调研。而后结合调查结果及参考相关文献，讨论出对相关问题的解决措施和建议，希望可以以我们大学生的思维来为未来保障性住房的完善和发展提供参考。同时，对于当前安居工程的火热发展来看，保障性住房不论是在民生、经济，还是在未来的持续性发展方面，都有十足的潜能可挖掘。相信只要我们以建设小康社会的美好愿景为蓝图，进一步发挥政府的主导作用，尽全力构建符合中国国情的住房保障体系，再将政府与人民的力量相结合，一定可以有效缓解困难群体的住房问题，实现民有所居，同时为人民群众对美好生活的向往提供更坚实的保障。

参考文献

[1] 李琳. 保障性住房分配过程监督管理机制探讨：法治与社会［J］. 特区经济，2016（06）.
[2] 严明明. 新型城镇化建设中的保障房并轨政策探析［J］. 改革与战略，2016（09）.
[3] 方永恒，张瑞. 保障房退出机制存在的问题及其解决途径［J］. 城市问题，2013（11）.

附录：

关于“保障性住房及分配机制的调查研究”的调查问卷

尊敬的受访者：

您好！我们是来自北京工商大学的大学生，为了更好地了解全面建成小康社会的进程，我们设计了此调查问卷。特别感谢您能够在百忙之中抽出时间填写我们关于“保障性住房及分配机制的调查研究”调查问卷。您的回答仅被用作统计，我们向您保证调查内容将被严格保密。以下问题没有特别说明均为单选题。

感谢您的合作与参与！

1. 您的年龄

A. 18 岁以下　B. 18～28 岁　C. 28～45 岁　D. 45 岁以上

2. 您的职业

A. 党政机关　B. 事业单位　C. 国有企业　D. 民营或者私营企业

E. 专业技术人员　F. 待业人员　G. 学生　H. 其他________

3. 您的家庭人均月收入是

A. 1500 元以下　B. 1501 元～3000 元　C. 3001 元～6000 元　D. 6000 元～15 000 元

E. 15 000 元以上

4. 您现在的年龄段是否对买房问题感到困扰

A. 是　B. 否

4.1 如果您有住房问题并且可以选择保障性住房，您最喜欢哪几种 [多选题]

（如果 4 题选 A，将出现此题）

A. 经济适用房　B. 廉租房　C. 公共租赁房　D. 定向安置房

E. 两限商品房　F. 安居商品房

5. 对于下列服务配套，请您按照重要程度递减的顺序进行排列 [排序题]

A. 交通设施（如公交车站、地铁站、火车站、长途汽车站等）

B. 生活服务设施（如超市、菜市场、餐馆等）

C. 教育设施（如幼儿园、小学、中学等）

D. 商业设施（如大型超市、便利店、步行街、电影院等）

E. 文体设施（如医院、诊所等）

F. 其他________

6. 请按重视程度递减的顺序进行排列 [排序题]

A. 环境舒适性（户型面积、安静程度等）

B. 通勤便捷性（上下班的便捷程度）

C. 公共服务设施的完善度（学校、医院、超市、图书馆、体育馆等生活服务设施）

D. 提示型休闲娱乐设施的便利性（距离大型城市综合体、商业中心、文化娱乐设施的距离）

E. 贴近自然，与大型公园绿地的距离（如奥林匹克水上公园、顺义公园、仁和公园等）

F. 其他________

7. 您现在的居住状态是

A. 市场租赁：商品房　B. 市场租赁：城中村

C. 单位宿舍　D. 公租房、廉租房等政策性住房

E. 其他________

8. 您是否为保障性住房的受益者

A. 是　B. 否

8.1 您对小区绿化满意吗［量表题］（如果 8 题选 A，将出现下面 8.1—8.7 题）

0 1 2 3 4 5 6 7 8 9 10

8.2 您觉得您小区安保如何［量表题］

0 1 2 3 4 5 6 7 8 9 10

8.3 您觉得您小区施工质量如何［量表题］

0 1 2 3 4 5 6 7 8 9 10

8.4 您觉得小区物业管理如何［量表题］

0 1 2 3 4 5 6 7 8 9 10

8.5 您觉得小区交通是否便利［量表题］

0 1 2 3 4 5 6 7 8 9 10

8.6 您觉得保障性住房的价格是否合理［量表题］

0 1 2 3 4 5 6 7 8 9 10

8.7 保障性住房的政策是否给您带来了幸福感，帮助您解决了住房问题

A. 是　　B. 否

8.1 您是否了解保障性住房呢（如果 8 题选 B，将出现此题）

A. 是　　B. 否

8.2 您是从什么渠道了解到关于保障性住房的信息（如果 8.1 题选 A，将出现此题）

A. 新闻媒体　　B. 杂志报纸　　C. 专业门户网站　　D. 周围人谈论

E. 其他________

8.2 您是否愿意参与到政府保障性安居工程中（如果 8.1 题选 B，将出现此题）

A. 愿意，保障性住房价格相对较低，可以负担得起

B. 不愿意，保障性住房价格虽低但质量有待考察

8.3 即便不是保障性住房，您现在的居住环境是否给您带来家的幸福感［量表题］

0 1 2 3 4 5 6 7 8 9 10

9. 您认为保障性住房当前存在哪些问题［多选题］

A. 政策支持力度不够　　B. 对推进保障性住房了解不够

C. 住房供需矛盾突出，分配不公平　　D. 资金投入不够

E. 申请门槛高　　F. 配套设计滞后

G. 质量不过关　　H. 位置偏远

I. 交通不便　　J. 配套设施不完全

K. 集中建设（易造成地区歧视）　　L. 其他________

10. 您认为针对保障性住房存在的问题，有哪些解决办法［多选题］

A. 建立阶梯式住房供应体系（充分考虑不同收入群体）

B. 减少规定保障对象廉租住房的租金，减免税收

C. 多元混居（即在不同区位开发小型化保障房社区或在较大商品房中配建一定比例保障房）

D. 监督保障住房质量

E. 加大建设力度，科学布局，合理配建

F. 实施动态管理，不定期进行入户核查，严防骗取保障性住房行为的发生

G. 政府要加大财力、物力、人力投入力度，加强保障性住宅小区的管理

H. 其他________

11. 您对于保障性住房还有什么认识，意见或者建议［填空题］

____

____

感谢您在百忙之中完成这份调查，我们表示由衷感谢！

——北京工商大学

全面建成小康社会中贫困学生的受教育情况调研①

王鲁娜　李　颖

【摘　要】 全面建成小康社会，不仅要解决温饱问题，还要从政治、经济、文化、社会、生态等多方面满足城乡发展需要。社会建设方面，教育以其特有的先导性、基础性作用而显得尤为重要，贫困地区的教育问题更是备受关注。为更好地了解贫困学生的受教育情况，课题组利用暑期时间展开了调查研究。根据课题组成员家乡分布，分别考察了当地贫困学生的教育资源和受教育情况，总结贫困学生教育资源中存在的问题，进而对贫困学生受教育问题进行分析，得出相关结论，希望对教育事业贡献一份力量。

【关键词】 贫困学生；教育资源；教育情况

2020年既是“十三五”规划的收官之年，又是决胜全面建成小康社会的关键之年。

“十三五”时期是全面建成小康社会、实现中国共产党确立的第一个百年奋斗目标的决胜阶段。世界的竞争关键在于人才的竞争，而人才的培养又取决于教育，所以说教育对于国家是一件大事。对于贫困生的教育问题，我国采取了很多政策，收获了不错的成绩。但是目前贫困地区的教育仍存在一些问题，例如教育资源分配不均、贫困地区师资力量薄弱等。教育强民，技能富民，只有教育发展得好，才能使中国经济持续增长有保障，人民生活更幸福。脱贫攻坚战的胜利需要克服短板，贫困地区的教育就是脱贫攻坚战中的一块短板，需要政府和人民共同努力去克服。

本次调查采取网上调查和实际调查问卷发放两种方式，在严格遵守防疫抗疫各项规定和确保安全健康的情况下进行。调查问卷由小组成员在朋友圈发送链接，由网友们填写并收回。共发出调查问卷107份，收回107份，回收率达100%；有效问卷107份，有效率达100%。共向被调查者提出三方面问题，即人员基础信息、被调查者上过或者所在学校的教育资源信息以及关于贫困生受教育情况的个人见解。目的在于了解贫困生受教育的基本情况、调查对象对贫困生受教育情况的了解程度和对此方面问题提出的改进建议。

---

① 本课题指导教师：王鲁娜（北京工商大学马克思主义学院）；课题组组长：李颖（材料191）；课题组成员：翟思湘、刘庆迎、刘思睿、韩秋怡（材料181）、唐雪古力（材料182）。

一、全面建成小康社会中贫困学生的受教育情况

结合网上资料查询以及实地调查、发放调研问卷等方式，对目前贫困学生的受教育情况总结如下。

（一）河北、新疆、湖南地区对贫困学生教育问题采取的相关政策

河北建档立卡，对贫困家庭学生实行“三免一助”，建立健全财政投入机制。依法落实各级政府教育支出责任，确保一般公共预算教育支出逐年增长，确保按在校学生人数平均的一般公共预算教育支出不降低。完善公办普通高校生均拨款制度，在继续巩固现有生均拨款水平的基础上，结合财力情况、物价变动水平、高校在校生人数变化、工资标准调整等因素，研究建立生均拨款标准动态调整机制，全面落实教育资助政策。

新疆建立了“内高班”制度。“内高班”全称“内地新疆高中班”，目的是深入推进“西部大开发”战略，进一步加快新疆各民族人才培养步伐，促进各民族共同繁荣、共同进步。办学特点是学杂费、伙食费全部免收，去内地的车费由国家资助，只有学生的生活费需要自付，大大减轻了新疆学生的上学费用压力。

湖南省教育厅连续打出精准资助“组合拳”，确保不让一名贫困学生失学辍学。据统计，仅在2019年春季学期，全省义务教育阶段共资助农村建档立卡家庭经济困难学生约76万人，共发放资助金约4.1亿元，义务教育精准资助为教育脱贫提供了坚实保障。义务教育阶段家庭经济困难学生的生活补助对象，从原来的“寄宿生”扩展到“非寄宿农村建档立卡学生”。寄宿生资助标准为小学每人每年1000元，初中每人每年1250元；非寄宿生的资助基础标准为寄宿生的50%。统一将非寄宿农村建档立卡学生资助纳入国家资助政策范围，根据中央政策统一按照国家基础标准的50%发放生活费补助，并允许具备财力的地方适当上浮补助标准。同时，省教育厅对义务教育阶段建档立卡等家庭经济困难学生免费发放教辅资料等补充性资助政策进行了调整，由过去的统一硬性要求改为各地依据自身财力确定，并对本级地方性资助政策进行梳理，做到量力而行、因地制宜，不搞层层加码。从2019年春季学期起，各地对省内跨县（市、区）就学的义务教育阶段建档立卡等家庭经济困难学生，统一按学籍地原则进行资助，户籍地不得对其进行重复资助；对出省就学的学生，经核实未在就学地享受资助政策的，由户籍地政府参照国家资助标准，发放义务教育生活补助。

（二）访问及问卷调查显示的贫困学生受教育情况

国家规定的九年义务教育在贫困地区的普及情况并不是很理想，大约只有60%，这意味着还有相当一部分的学生没有接受教育。这也导致在初中升高中时，贫困地区的失学率比较高，达到了90%。

关于学校是否会举办教学科普、知识讲座、外出实践等教学配套活动，我们也做

了相关调查。一半的学生表示学校会举办而且是定期举办，部分学生表示虽然会举办但次数极少，极少部分学生表示学校从未举办过。师资力量及教师资质的调研中，接近一半的人认为不理想、资质中等。

关于贫困生就读学校的硬件设施情况，八成贫困生表示就读过的学校缺少活动室，超过半数的贫困生表示学校缺少图书馆。体育教学器材和操场的缺失也不可忽视，有四成贫困生表示学校没有体育教学器材，一成贫困生表示学校没有操场，

来自新疆的学生将近一半表示学校配备有风扇用来夏天乘凉，但是没有空调；另外的一半表示自己的学校没有任何防暑设备，只能在炎炎酷暑中“心静自然凉”。关于冬季的取暖设备，大多数学生表示自己的学校配备有暖气，相比之下冬季取暖设备较为完善。

来自河北的贫困学生表示，有的小学没有电风扇等乘凉设施，冬季依靠蜂窝煤取暖，学校设施比较简陋。师资力量不是很理想，有的老师一人教三门功课。初、高中会有班主任定期家访，关心学业以及家庭情况，发放政府给予的资助金等。

二、贫困学生受教育情况存在的问题及分析

（一）调查问卷结果分析

1. 影响贫困学生接受教育的主观因素

图 1 为导致贫困地区学生失学的各种原因所占比重。从图中我们不难发现，家庭经济条件成为限制孩子接受教育的一大“拦路虎”，还有就是贫困地区学生父母思想观念方面的原因。我国自古就有重男轻女的封建思想，贫困地区发展落后，封建思想比较严重，导致男生接受教育的比例高于女生。

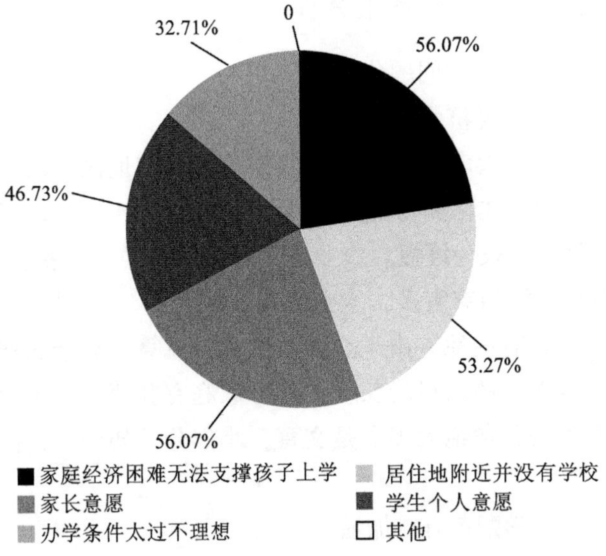

图 1 导致贫困地区学生失学的各种原因所占比重

2. 影响贫困学生接受教育的客观因素

图 2 反映了影响贫困地区教育的客观因素。其中，贫困地区的经济落后、资源配置不合理等是限制贫困学生接受教育的主要因素。外界环境的种种不可抗因素也是贫困生求学路上的“绊脚石”。

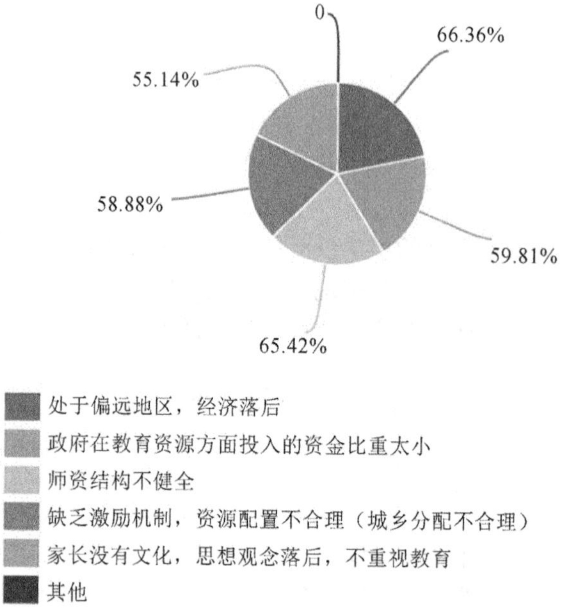

图 2　影响贫困地区教育的客观因素

（二）小组成员家乡调研结果分析

1. 湖南地区调研结果中的问题分析

（1）地形地势复杂、经济水平低下

湖南省的贫困地区绝大多数是少数民族聚居区。该地区多有高山峡谷、悬瀑碧溪，民族风情浓厚、生态文化资源丰富，但自然条件较差，受基础设施、劳动力素质等的制约，导致经济发展较为缓慢。农业生产结构比较单一，粮食生产以水稻为主。地形复杂、土壤贫瘠，洪涝灾害多，水土流失比较严重。工副业不发达，部分地区还是自给自足型经济，有些地方由于交通不便利，就算有剩余农作物、手工制品等也很难运输出去。该地区的人口增长快，部分家庭有养育五六个孩子的情况。整体文化素质偏低，学生的父辈绝大多数是文盲，小部分是初中生，高中生、大学生凤毛麟角。

（2）基础设施、教学配备有待加强

自义务教育实施以来，国家已经花费大笔资金投入我国的各个贫困地区，也在一定程度上解决了贫困地区的教学楼、教学器材缺失等问题。但这么多年过去了，由于贫困地区一般位于山区，交通闭塞，运输困难，绝大部分的教学楼已老化接近危房，教具、课桌椅等已经残缺，有待更新。学校的计算机等科技设备也有待更新，其中大部分学校用的仍是当年的老式计算机。学校教学楼做工粗糙，有裂缝、凹凸不平的坑洼，墙面也被课桌椅划出一道道很深的沟，墙面石灰脱落、裸露着粗糙的水泥。贫困地区学校的厕所是独立于教学楼的，一般设有两层，男生一楼，女生二楼，但由于缺水而显得格外脏乱。另外，各种教辅工具，如尺、琴、垫子、实验器材、音响等都已老旧。

（3）师资薄弱，人才难留

贫困地区农村师资相当短缺。按小学每班平均配备两名教师来计算，仍有很大的空缺。村级小学一般都是两名老师带四个班级，错开上课。有的还是代课教师，是岗位代替或者小学、初中毕业的年轻人。部分农村村小甚至存在教师包班教学的现象，即一个教师负责几个年级的教学。造成这种现状的主要原因有两点：一是师范院校的毕业生大都向往城市，不愿回农村，有30%～40%的学生未到教育第一线报到，尤其是贫困地区农村学校；二是由于农村教师工资待遇差，其他条件也不好，部分地区还存在拖欠教师工资的情况，导致贫困地区农村在编教师人心浮动。

师资薄弱及人才难留住还有其他原因：市场的“自由选择”是教师流动的客观环境；农村学校工资收入低，酬不抵劳，社会地位也不高。由于农村的大环境，没有真正形成尊师重教的良好氛围，教师的各种权益得不到保障，职业价值得不到体现，诸如教育投入不到位、教师工资拖欠、医药费报销难、子女就业难等问题还普遍存在，教师的社会地位得不到社会认可。

（4）家长文化水平低，学生流失严重

农村中小学生的辍学率、流失率偏高。根据官方公布的数字，已经达到5.47%。事实上，农村初中学生的流失率要远高于这个数字。部分学生出现厌学心理，学生流失的现象时有发生。其主要原因如下。

一是农村艰苦的条件和经济社会发展的相对滞后，这是农村初中学生流失的客观因素。由于受地理条件的限制和文化素质的影响，农民增收能力不强。贫困地区的农村家庭收入较低，子女上学的学习用品和吃饭穿衣等都需要大量的开支，当家庭在经济方面出现较大缺口时，家长就会产生让子女辍学打工挣钱的想法。

二是严峻的就业形势，产生新的“读书无用论”。“读书无用论”影响了农村初中学生的读书热情。近年来，大学毕业生就业困难已成为社会关注的焦点。因此，成绩一般的农村初中学生的学习信心不足，认为考不上高中还不如趁早外出打工挣钱。

三是农村留守儿童的隔代教育存在问题。农村留守儿童由于缺乏心灵深处的沟通和交流，因而在价值观上很容易出现偏差。由于长期情感缺失和心理失衡，导致许多留守儿童心理不能健康发展。学校生活中表现出行为失常、自私自利、情感冷漠、社会逆反等，不能和其他同学和谐相处，很容易产生厌学情绪。

（5）公共教育资源的配置失衡

这是农村中学生流失不容忽视的问题。虽然学生的食宿条件得到很大程度的改善，但硬件设施和教育教学管理并没有同步提升。农村初中学校后勤管理人才短缺，大部分教师身兼数职，既要忙于开展课堂教学，又要参与学校多项管理，显得力不从心。这些客观因素导致农村优秀教师培养困难、成长缓慢。

2. 新疆地区调研结果中的问题分析

作为中国的西北部边陲，新疆的教育问题不论是在经济建设还是地区平衡发展的层面上来说，都不容忽视。由于当地经济社会总体发展水平的制约，新疆教育面临着以下问题。

（1）地域偏远导致思想观念落后

新疆位于我国西北部边陲，地处偏远，四周有高山阻隔，交通困难，文化、经济交流欠发达，导致部分家长与学生有“读书无用”的观念。家长不重视教育、不尊重知识，学生也产生学习不如工作的想法，过早辍学打工，补贴家用。

（2）师资力量薄弱

在新疆部分贫困地区流传着这样一句话——“爷爷奶奶教小学，叔叔伯伯教初中，哥哥姐姐教高中。”在城市这种说法可能有点偏颇，但在农村却是实实在在的事情。教师年龄老化问题严重，缺乏中青年骨干教师是新疆贫困地区的教育通病。由于地处偏远地区，经济文化无法与一线城市比拟，教师的福利待遇以及生活条件也无法得到保障，严重影响了教师的工作积极性。由于经济发展水平不同，不同地区教师的经济收入差别大，这些极大地挫伤了贫困地区教师的工作积极性，久而久之，导致贫困地区招不到年轻一代的教师。

（3）教育投资体系单一

教育投资少，除了上级拨款和国家扶贫之外的投资很有限。且新疆自身经济相对落后，教育经费投入不足，难以支撑其庞大的教育体系。

3. 河北地区调研结果中的问题分析

河北省针对贫困地区的教育问题，颁布了相关政策。例如建档立卡，贫困家庭学生实行“三免一助”，目前已经初步建立了以奖学金、助学金、助学贷款、勤工助学等措施为主的高校教育救助体系，但贫困学生接受高等教育难的问题依然存在。目前教育救助过程中存在的主要问题如下。

（1）贫困生的认定存在问题

各高校的贫困救助标准虽有明确的规定，但在实际操作过程中有很大困难。如河北工程大学规定："家庭经济困难学生应当如实、认真填写《河北工程大学家庭经济困难学生认定申请表》《高等学校学生及家庭情况调查表》《高等学校学生及家庭情况调查表》并加盖所在地乡、镇或街道民政部门公章，以证明家庭经济困难情况。"而实际情况中，由于各地在出具证明时标准不一，来自不同地区的贫困生没有可比性或把关疏严等因素，学生提供给学校的家庭经济状况证明往往不能准确反映其家庭经济的真实状况。加之我国居民的收入不透明，各种隐性收入难以衡量。当学生向当地政府部门申请开取贫困证明时，在问明大致情况后，都会给申请者开具贫困证明，而未经过严格的调查。更有甚者，有些政府工作人员滥用职权，给一些与自己有亲属关系、利益关系、家境比较宽裕的人也开具贫困证明，从而增加了高校识别真假贫困生的难度，助长了少数人的不道德行为。随着贫困生绝对数的不断增多，救助的有效性也将受到削弱。

一般来说，实地考察或家访会带来认定的准确性，然而这种认定方式随之带来了认定成本的增加。虽然学生工作处资助中心每年随机抽查一定比例的家庭困难学生，以信件、电话、实地走访等方式，对经过认定的家庭经济困难的学生情况进一步核实、复查，但实际操作中不能做到全覆盖。

（2）教育救助观念落后

虽然教育救助属于社会救助的一部分，但大部分人认为教育救助属于个人行为，不是国家行为和社会行为，甚至连教育救助这个概念，大部分人都不太了解。教育救助的重要性就在于，其不仅仅是救助了一个学生，更是救助了一个家庭，从而促进了社会和谐。同时，各方没有意识到加强教育救助工作制度性、规范性的必要性。教育支出主要依赖政府和家庭，社会捐助意识较薄弱。而政府财政性拨款救助与高校的家庭经济困难学生教育救助的需求相比，缺口越来越大，仅仅依靠政府力量已不能满足全部需求，通过社会组织和团体、企业捐赠和个人捐助补充需求缺口是一个重要途径。

（3）家庭经济水平差，家长思想观念落后

贫困生的家庭经济状况普遍不乐观，再加上教育经费的提高，无疑是雪上加霜。不少家长存在"上学没用，不如早早工作挣钱"的思想，这种思想影响到孩子，因此不少贫困生主动辍学，过早步入社会，打工挣钱。

三、对贫困学生受教育情况提出的改进建议

调查结果显示，几乎所有调查对象都认为应该为贫困学生提供必要的物质保障，进而减少学生因为经济问题退学的现象。图 3 表述了加强贫困地区学生接受教育的措施，列举了贫困学生教育问题中比较重要的影响因素，如果能够很好地加以改善，相信贫困学生的受教育情况会得到优化提升。

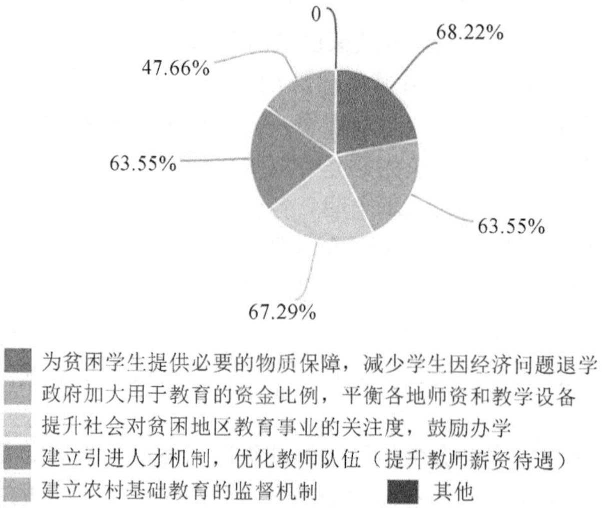

图3　加强贫困学生接受教育的措施

具体举措如下。

（一）根据贫困地区的交通条件、经济水平进行相应扶持

例如，在湖南的一些贫困地区，孩子们要横渡河流、依靠索道，再走上几十里路才能到达学校，这不仅使孩子们的休息时间得不到保证，也会影响到他们的学习。改善交通条件变得尤为重要，方便快捷的道路交通为孩子们上学提供保障，也会促进地方经济发展。

此外，家庭条件也需要受到关注。贫困地区家庭人口多，经济条件差，不能保证孩子们正常接受教育。需要实地考察当地条件，将扶贫教育项目落到实处、因地制宜，带动地方经济发展，从根本上解决贫困问题。

（二）适当调整教育人员待遇条件

可以让更多的教育人员投身贫困地区的教育事业，减少因为人才流失导致的学生没有好的师资。而师资的保持和提高意味着即使是贫困地区也可以大力发展教育，并能为日后更好地迈入小康生活、构建美丽中国打下坚实基础。

（三）加强贫困地区人民对于教育重要性的认识

摆脱落后观念，认识到当今社会教育的必要性、知识的重要性，而不是秉持“教育没用”“女孩子读书没用”等妨碍教育、社会进步的思想。只有认识水平提升，家长才能主动支持学生学习，学生才会主动学习，教育才会发挥其作用，国家才会产生更多优秀的人才。

（四）采取措施缓解现代社会中就业困难问题

授人以鱼不如授人以渔。一个地区的贫困学生往往扎堆在贫困县，相关部门才能精准扶贫并帮助脱贫，使他们找到更多的谋生手段，家庭有能力支付学费，这样也可以降低失学率。

中国人口基数大，每年的毕业生数量多，不少高校生不能如期就业，容易产生“读书无用论”的错误观念，学校应该多开展职业生涯规划之类的课，让学生早日明确方向，加强就业能力培养。

同时，政府也可采取一些措施缓解就业难问题。例如鼓励贫困生返乡带动家乡经济发展，提供创业资助，让他们为自己的家乡贡献力量。

（五）加强对政策实施情况的监督

现今国家对于贫困地区的教育扶贫力度非常大，但是仍有不少地区的实施效果并不明显。建议政府在此方面进行专项督促，对项目实施情况及其效果进行专项排查，以便更好地发挥教育扶贫项目的实际效果。

大多数失学学生的家庭条件比较困难，无法支付上学所需的费用，政府和相关机构的助学措施或助学资金可以发挥更加突出的作用。比如新疆地区的援疆助学金，主要针对对象是在大学生，每年有6000元的补助，符合条件即可申领。

（六）加大教育兴国的社会宣传力度，提高贫困学生教育问题的关注度

目前社会层面对于贫困学生受教育问题的关注度还不够，相关媒体应加大宣传力度，让更多人了解这个问题，吸引更多的有志青年到贫困地区支教，提升师资力量。通过多种渠道加大对贫困地区教师的职业培训和宣传，增强教师的职业荣誉感和获得感。

对家长进行宣传教育也很有必要。有些家长的观念比较守旧甚至落后，导致其不重视子女教育，或者“重男轻女”思想严重，只让儿子接受教育，而让女儿早早出门打工挣钱，等等，这些都是错误的观念，需要纠正。

参考文献

[1] 王国江. 试论“十三五”规划建议视野下的群众体育发展 [J]. 当代体育科技，2015，(33)：154，157.

[2] 连杰. 关于全面建成小康社会的教育扶贫工作研究 [J]. 现代经济信息，2016，(25)：394－395.

[3] 何海军. 定向培养农村小学教师是巩固基础教育的必由之路 [J]. 教学与管理（理论版），2006，(6)：25－26.

[4] 胡双成. 农村义务教育师资力量薄弱的几点表现 [J]. 中国教师，2007，(3)：23.

[5] 崔石. 高校贫困学生认定与资助体系存在的问题及对策 [J]. 出国与就业，2011，(15)：116－117.

附录：

全面建成小康社会中贫困学生的受教育情况调查问卷

1. 您的年龄是

   A. 6~12岁　　B. 12~15岁　　C. 15~18岁　　D. 18岁以上

2. 您认为目前国家规定的九年制义务教育在贫困学生中的普及情况如何

   A. 不理想　　B. 一般　　C. 理想

3. 您认为目前贫困地区学校的师资力量如何

   A. 符合办学需求　　B. 较为符合办学需求

   C. 不符合办学需求，太过薄弱

4. 您认为目前贫困地区学校的教师资质如何

   A. 资质较好（学历是大学本科以及更高）

   B. 资质中等

   C. 资质较差

5. 你认为目前贫困地区的学生在哪个学段失学/辍学率最高

   A. 小学　　B. 初中　　C. 高中　　D. 大学

6. 您认为目前贫困地区的家长对于孩子的教育看法有性别倾向吗

   A. 有，倾向于让男孩受教育　　B. 有，倾向于让女孩受教育

   C. 无

7. 您所就读过的学校会为学生举办教学相关的科普、讲座、外出实践的活动吗

   A. 会，定时就会举办　　B. 会，但次数不多

   C. 不会，从不举办

8. 您认为您所就读过的中小学，学校缺乏的教学设施有［多选题］

   A. 活动室　　B. 食堂　　C. 操场　　D. 体育教学设施

   E. 图书馆　　F. 其他________

9. 您所就读过的学校冬季供暖设施为

   A. 暖气　　B. 空调　　C. 煤烟炉　　D. 无

10. 您所就读过的中小学，夏季乘凉设施为

    A. 电风扇　　B. 空调　　C. 无

11. 您所就读过的学校开展过哪些课外活动［多选题］

    A. 运动会　　B. 郊游　　C. 免费借阅课外书

    D. 课间操　　E. 其他　　F. 无

12. 您所就读过的学校，是否开设音乐、美术、体育等课程

    A. 是　　B. 否

13. 您认为目前贫困地区的学生失学/辍学的主要原因是

A. 家庭经济困难无法支撑孩子上学　B. 居住地附近没有学校

C. 家长意愿　D. 学生本身意愿

E. 办学条件太过不理想　F. 其他________

14. 您身边是否有学生因为经济困难、学费太高而放弃学业

A. 有　B. 没有　C. 没太关注

15. 您目前就读的地区是否有来自政府或者社会慈善机构的教育补助资金

A. 有　B. 无

16. 您觉得影响贫困地区教育因素有哪些

A. 处于偏远地区，经济落后

B. 政府在教育资源方面投入的资金比重太小

C. 师资结构不健全

D. 缺乏激励机制，资源配置不合理（城乡分配不合理）

E. 家长没有文化，思想观念落后，不重视教育

F. 其他

17. 您觉得加强贫困地区的学生受教育情况的措施有哪些

A. 为贫困学生提供必要的物质保障，减少学生因经济问题退学

B. 政府加大用于教育的资金比例，平衡各地师资和教学设备

C. 提升社会对贫困地区教育事业的关注度，鼓励办学

D. 建立引进人才机制，优化教师队伍（提升教师薪资待遇）

E. 建立农村基础教育的监督机制

F. 其他

小康社会进程中新农村的建设与发展调研①

——以重庆市万州区走马镇熊家村为例

袁　雷　向　丹

【摘　要】社会主义新农村建设，是党和国家对于全面建成小康社会，推进工业化、城镇化进程的重大战略部署。在此次调研中，我们从农村居民的衣食住行等各方面的变化来浅谈新农村的建设与发展。分别从居民住房的建设、道路的铺设情况、农民的经济种植情况三方面来依次阐述。各方面的介绍均是由国家相关政策的出台引出，再到熊家村单个村庄中的具体落实情况，由上至下、由大及小地垂直细化反映新农村建设，然后针对示例村在建设过程中出现的一些问题进行分析并提出建议。最后浅谈我们对于新农村发展中出现的一些现象的看法，以及我们作为大学生对于新农村未来发展的期待和思考。

【关键词】新农村建设与发展；居民住房建设；道路铺设情况

本次调查主要采取两种方式：一是网络问卷调查；二是实地调研两种方式。针对方式一，线上调研问卷回收共计 100 份，有效问卷 99 份，有效率 99%。本次问卷设计主要围绕几方面依次展开，即被调查人员基本信息、农村居民住房的相关情况、农村交通出行的道路修建情况以及影响农村经济发展的主要因素等。针对方式二，由本课题组实地调研人员负责到熊家村探访和询问当地居民的生活情况，并到当地村民居委会获取该村在新农村建设中的具体落实情况信息。此次调研的目的在于让我们走近新农村建设，从书本回归现实，去探寻生养着 8 亿农民的这片土壤上日新月异的变化，去用我们并不深刻的思想体悟生活，去寻找所学专业与新农村建设的交叉联系。

对于此次实地调研的示例村，我们将其定位选择在中西部地区的唯一直辖市——重庆。重庆全市总人口 3235 万，其中农村人口 2300 万，占据总人口的 73%。该区域地势起伏大，别称山城，是一个农村人口众多、农业比重大又有着连片贫困区的特殊直辖市。我们所选示例村熊家村位于渝东北地区万州走马镇。该村近几年在脱贫攻坚、美丽乡村建设等各方面的发展，就像整个重庆地区乃至整个中国在新农村建设方面发展的一个缩影。固然，仅凭一点并不能知其全貌，且政策需要因地制宜，但我们针对该村具体情况提出的一些观点和看法，也很有可能变通延伸至更广大的农村地

---

① 本课题指导教师：袁雷；课题组组长：向丹（信息 181）；课题组成员：陈奕璇、贾佳、荆思琪（信息 181）、程丹丹、王既宇（信息 182）。

区，去探索农村发展的更多可能性。

熊家村位于走马镇东北角，与走马镇龙台村、石灯村以及官坝村、茨竹乡枣木村相连，最高海拔 850 米，最低海拔 410 米。全村辖区面积 4.72 平方公里，其中林地面积 4270.86 亩、耕地面积 2714.14 亩（水田 1010.20 亩、旱地 1703.94 亩）。总计 519 户 1886 人，下设五个村民小组，分别为熊家村一组至五组。截至 2020 年，留守 520 人，外出 1366 人。留守人口以老年人和小孩居多，大部分年轻人外出务工。村中现有低保户 31 户 62 人，残疾 47 户 48 人，特困人员 17 户 18 人，建卡贫困户 88 户 279 人（其中因自身发展力不足 54 户 160 人；缺劳动力 3 户 5 人；因病 9 户 31 人；因残 6 户 22 人；因学 16 户 61 人）。2015—2020 年脱贫情况如图 1 所示。

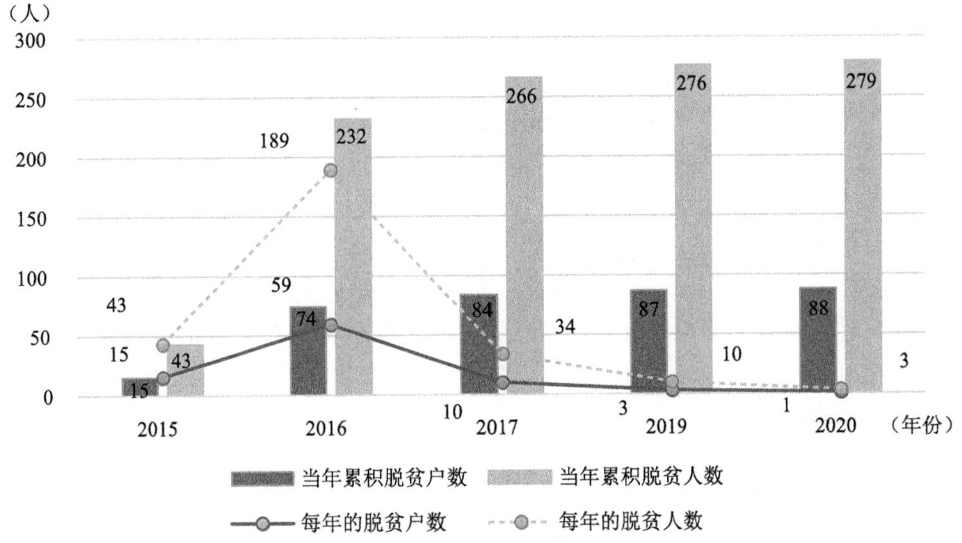

图 1　2015—2020 年脱贫情况

一、熊家村居民住房建设

住房是我们每个人的居身之所、容身之处，居住环境的好坏在很大程度上决定了居民的生活质量。国家的相关政策也一直致力于打造美丽宜居的城乡人居环境，切实增强人民群众的获得感和幸福感。

（一）新农村住房建设的政策背景

1. 居民点重建的迫切性

在奔向小康和实现现代化的进程当中，由于农村一批批年轻人不断涌入城镇务工，导致农村不复从前的热闹景象。在我们所调研的熊家村当中就有 73% 左右的人口外出，留守村中的只有少部分老人和小孩。而在许多地方出现了两极分化：一边是一座座新房矗立；另一边是人去楼空后的断壁残垣。乡村面貌就这样变得愈加参差不齐。随着时间推移，当经济发展到一定阶段，对土地的利用由粗放型向集约型转变似乎是客观要求，也是现代乡村社区的必然选择。于是，针对农村土地资源的浪费现象以及出于对农村居民生活水平提高的初衷，国家不断出台有关新农村建设中关于居民住房的利民政策。自从建设新农村的综合战略提出以来，我国过去 10 年中出现了新的农村重建浪潮，通过农村结构调整形成有序的空间格局，来改善农村生活条件。

2. 居民点重建的多样性

我国地域辽阔且类型繁杂，各地区的经济条件也有所不同，对于农村改造采用同样的政策显然不符合实情。农村居民点的用地应该因地制宜，根据该地区的地域特点实行不同方案。如农村城镇化型、自然村缩并型、中心村内调型、异地迁移型等不同模式。熊家村当地政府便采取了合村并点的形式，一方面通过居民归属地上的形式变迁来融合分散的个体户；另一方面组织建设中心居民点以实际行动来将居民聚集到一个地方。

尽管居民点的重建不尽相同，但本质上似乎都在朝着城市的模本飞奔而去，仿佛是一个个城市的赝品，于是我们产生了困惑：新农村建设是否意味着乡村自然风貌的消逝？乡村原本面貌是否在逐渐模糊，人们对此的看法不尽相同（见图 2）。2013 年 12 月 12 日的中央城镇化工作会议提出："在促进城乡一体化发展中，要注意保留村庄原始风貌，慎砍树、不填湖、少拆房，尽可能在原有村庄形态上改善居民生活条件。"新农村建设如何实现"美丽"，正是每一个规划者需要思考的问题，无论是整齐划一的中心聚居还是独具一格的个体散居，都应该考虑居民的个人意愿，始终不忘为民众谋幸福的初心。

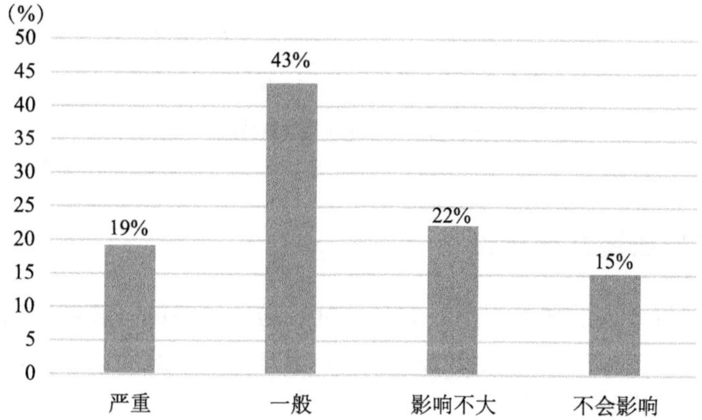

图 2 新农村建设对乡村自然风貌的影响程度

（二）熊家村的居民点建设情况

1. 熊家村住房改造政策

（1）易地扶贫搬迁政策

搬迁对象为居住在深山、石山、高寒、荒漠化、地方病多发等生存环境差、不具备基本发展条件，以及生态环境脆弱，限制或禁止开发地区的农村建档立卡贫困人口。根据当地村民居委会的资料查得，当地镇政府给予的补助是一般贫困户 12 000 元/人，深度贫困户建房补助不低于 15 000 元/人，每户负债不超过 10 000 元。落实“四优先”政策（优先备案入库、优先复垦、优先地票交易、优先直拨价款）。建立贫困户复垦周转金制度，贫困户复垦项目入库备案后，按 20 000 元/亩预先拨付区县加快项目实施。搬迁户口整宗地应收尽收，收储价格标准原则上不得低于 120 000 元/亩。

（2）危旧房改造政策

改造对象为农村户口；只有一套住房，且住房为 C 级或 D 级危房；建档立卡贫困户、农村分散供养特困人员、低保户、贫困残疾人家庭；修缮加固的 C 级危房；D 级危房拆除重建后的新建房屋建筑面积在 80 平方米以下。对于 C 级危房，市级补助 7500 元/户（对部分国家扶贫开发工作重点区县补助 8500 元/户）；D 级危房，市级对不同区县分别按 14 000 元/户、21 000 元/户补助。

2. 熊家村的居民的住房情况

（1）住房形式

熊家村居民的住房形式总体可分为两种：一种是原有的个体散居形式；另一种是集体居住的中心居民点形式。在建设中心居民点之前，居民可根据意愿自主选择是否在中心居民点建设新房，重建新房的同时将推掉原有住房并变更宅基地。每户居民支付给政府 80 000 元建房费用，中心居民点则由政府部门负责建设，统一建房标准，统一规划居民住宅小区，并搞好配套的基础设施建设，引导农民集约用地。

（2）人居环境

为推进生态文明建设和农业农村经济的科学发展，建设美丽乡村具有全局意义。熊家村村委会积极开展“美丽乡村，我在行动”活动，动员全村居民共同整治人居环境，改善村容村貌，实现“产业兴旺、生态宜居、乡风文明、治理有效、生活富裕”的乡村振兴计划。

经过整改，道路两旁以及每户居民家中都免费配置了太阳能路灯用于照明。原先随处可见的草垛、厕所、猪圈、鸡舍等各种导致村庄环境脏乱差的因素都被整理排除，经由村委会带头统一重建，从前随意抛弃的垃圾也有了专门的垃圾放置地点。与此同时，还在中心居民点处针对村中常住人员（绝大多数为老人和小孩）配备了适合锻炼运动的器材。

从居民的人居环境来看，似乎已经能够看到“美丽乡村”的身影，在满足当地居民生活需求的同时又能兼顾到尽可能减少对乡村原有自然面貌的影响，从而勾勒出一幅“乡村百景图”。

（3）存在的问题以及改善

该村自实施中心居民点建设以来，一直致力于村容美化，打造适宜人居的美丽乡村图景，但几乎都只是从外在设施的完备上来提供改善方案。我们认为，所谓人居环境不仅仅指居住地的外在物质环境，还应该考虑到居民的精神生活状态。当外在的变迁引起一系列村庄原有结构的改变时，如何在新的居住地给居民营造新的社会关系、如何在思想上引导居民自发建设美丽乡村、如何再树文明乡风等问题都需要进一步展开完善。

二、熊家村的交通出行情况

“要想富，先修路”，充分说明了道路对于农村经济起到的至关重要作用。修通道路对于农村居民而言既是生活水平提高的基础保障，又是打开致富之路的一扇大门。

（一）农村公路发展的相关政策

十九大报告提出了“产业兴旺、生态宜居、乡风文明、治理有效、生活富裕”的总要求。为农村铺设公路将成为打开农村与外界的往来通道，农民脱贫致富的愿望也才有发展的前景。修路一方面能更加方便农民交通出行；另一方面也将保障外来游客的进出通畅。国家为了推动农村道路建设，提高农村交通条件，农民修建公路将能够享受到国家给予的补贴，其中每公里路面硬化补贴 5 万元。通往农户的公路每米补贴 10 元，其余部分修路费用由组织出资或者农民自筹。针对农村道路硬化情况的问卷调查结果如下图所示（见图 3）。

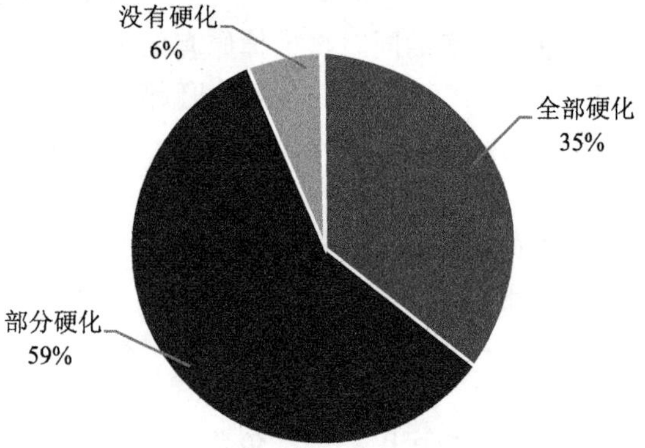

图 3　农村道路的硬化情况

（二）熊家村的公路修建

1. 道路铺设政策

根据国家农村修路补贴政策，熊家村道路的修建由当地居民筹资共建，道路硬化则由政府部门出资负责，实现了公路依山而建、畅通无阻地抵达每家每户的愿景，保障了当地居民的安全出行，架起了方便山城居民与外界来往沟通的桥梁。

2. 道路铺设情况

熊家村一至五组的道路铺设情况为：一组新修公路 1.5 公里，人行路 1.1 公里；二组新修公路 1.5 公里，人行路 2 公里，公路维修 2 公里；三组新修公路 3 公里，人行路 3 公里；四组新修公路 2 公里，人行路 4 公里，公路维修 2 公里；五组新修公路

4 公里，人行路 5 公里。

（三）熊家村居民的交通出行

1. 出行方式的改变

道路修建完成后，当地居民的主要出行方式由徒步转变为汽车、电动三轮车、摩托车，以及专门客车接送等。绝大多数常住居民的常用出行方式为客车接送，但是当地仅有一辆客车每日上午来往于集市和中心居民点处，并不能完全满足当地居民便捷出行的需求。

2. 存在的问题与改善

对于居民个体出行而言，一天仅有一趟客车显然不够，当地政府应考虑到该村绝大部分常住居民为老人和小孩，在出行上本就不太便利，班车接送的出行方式还应考虑适当增加客车数量及出行次数，以及时满足当地居民的出行需求，也方便外来游客的进出。

对于该村的未来经济发展而言，由于公路环山而建，坡度较大，急转弯较多，道路又较为狭窄，因此出于外来驾驶员不熟悉路况的考量，建议当地在道路上设置一些基本的安全提示标志、行车路线标志等。

三、熊家村的集体经济发展

“集体经济”很早就有提出，但与 20 世纪的“农村合作社”已不再是同一概念。在奔小康实现共同富裕的道路上，集体经济是农民经济增长的重要举措，其发展程度关系着整个农村经济发展的大局，是基础也是坚强支柱。如何紧跟时代发展脚步、实现集体经济的现代化变革，也是政府在发展集体经济时需要不断探索和挖掘的。

（一）发展集体经济的政策规划

为了切实提升农村自我“造血”功能，发展壮大村集体经济是实施乡村振兴战略的必然选择，也是加强基层党组织凝聚力、战斗力、服务力的重要抓手。政府支持村集体充分挖掘资产资源潜力，鼓励村集体积极培育新的经济增长点，同时不断加大扶持力度。

（二）熊家村的李子集体种植情况

1. 李子产业发展模式

熊家村根据当地地域条件以及发展前景，选择将栽种李子作为集体经济的培育目标，采取“合作社 + 农户”的模式发展全村种植李子苗。

2019 年 1 月登记注册的重庆来创农业专业合作社，在熊家村中心地带正式展开集体经济的工作。该合作社现有农户 114 户，人口 314 人，拥有耕地 556.92 亩。该合作社以谋求成员的共同利益为宗旨，成员入社以及退社均自愿，实行民主经营，自负盈亏、风险共担，利润则按成员土地占比、资金入股比例分红。该合作社主要业务范围涉及组织成员集体种植、引进新技术新品种、组织开展种植培训项目、组织收购以及销售运输等一系列工作。该村种植李子苗主要分为合作社集体种植和农户个体种植两种方式。

2. 李子种植情况

在种植前，该村村委会组织专业合作社成员到奉节实地考察，学习当地著名农产品脐橙的集体经济种植模式，然后经由专家、技术员等人指导讲解栽种技术以及科学合理搭配肥料配方，最后由村委会发放李子苗，每家每户免费领取李子苗栽种。该村一至五组分别种植清脆李 230 棵 3.9 亩、1000 棵 16.7 亩、3834 棵 64 亩、9500 棵 159.2 亩、18 436 棵 307.2 亩。

3. 李子经济存在的问题及解决途径

村政府在给当地居民发放李子苗后，起到了“造血”的作用，使得该村庄居民在原有的个体小农经济种植上新增了具有发展前景的农副产品。集体经济的好处在于一个村集体共同打造一个品种，形成一个品牌，可以实现资源上的优势，提高土地经营效益。然而，产品的合理选择以及前期种植还只是集体经济发展的第一步，中期产品种植过程中如何将其打造成该品种中的“最优”，以及后期的产品销售是否成功才是该项产品是否能够拉动当地经济增长的关键点。

熊家村在李子经济种植出现的问题也正是以上两点。

其一，当地村民在接受了栽种培训并种植李子苗后，却没有及时得到更多的培育指导，中期发展明显不足，导致最终产出的李子在市场中并不十分出彩。我们认为当地负责集体经济种植的工作人员在发展全村集体种植李子前，应先在各组不同地区选出试验区。根据试验区李子的种植结果调整李子树的培育方法，得到较为科学的培育方法后再组织集体种植。这样才不会导致全村人种植成果不如预期的情形。同时，由于当地居民是初次大面积种植，对其发展阶段中可能出现的问题并不了解，因此相关工作人员应该及时巡视全村李子苗的发展状况，这样才能及时发现问题、解决问题。

其二，当地居民大面积种植的李子并没有集体销售渠道，种植结果更多只能选择自我解决甚至最后腐烂入泥。这完全与发展李子经济的初衷相违背，导致所谓的集体经济化为泡影。当地政府没有考虑参与种植的绝大多数是老年人，他们赖以生存的仍然是自给自足的小农经济，往往只有精力和能力去栽种李子，而销售李子对于他们而言显然有些遥远。一个村庄若要打造出一张独有的产品名片，就应该针对产品建设一套完善的运行机制，不能顾头不顾尾，在销售渠道这一环节应该由当地村委会、农业合作社以及农户当中有销售技术的人员牵头，研究出一条完整科学的针对本地李子销售的产业链。

四、共绘现代版“富春山居图”

（一）对熊家村未来发展的潜力挖掘

通过对熊家村的实地调研，我们针对熊家村在人居环境以及集体经济种植上的未来发展提出了一些建议与期望，并且结合当地李子经济的未来发展，思考第三产业旅游业能否在该村得以开展。

1. 人居环境的全面完善

在我们看来，人居环境的完善不仅是外在基础设施上的健全，还包括社会人际环境上的美好构建，因此在熊家村经历一系列村庄容貌的改善后，我们提出了以下针对该村居民思想内核上如何引导的建议，以期从物质与精神上共同实现安居乐业的景象。

（1）尊重村庄原有伦理结构

社会学家费孝通先生的《乡土中国》揭示了中国人情社会的本质。随着时代发展，农村相较于城市而言，依然更侧重用人情去维系人与人之间的关系。因此在为整理土地资源而进行合村建设中心居民点时也应该考虑到人伦基础，针对并村聚居的居民而言，在居民点规划中应该挖掘出自然形成的维护村庄安定的社会秩序以及人情较浓的社会伦理特征，使搬入新房的居民在体验良好的外在居住条件的同时也能感受原有熟悉的生活氛围，从心理上产生一种满足感，以避免迁村并点可能带来的社会问题。

（2）保证地域自然人文特色

在居住地的规划当中，应该对熊家村本地的地域特点、乡土文化进行仔细研究、反复推敲，保证当地的自然人文特色不随住房的变更而消失。当地政府应该在保证民众的物质生活基础上，探索丰富民众思想生活的方式，积极组织文化活动，让居民在思想与物质上都得到保障。

（3）增强居民环境友好理念

垃圾分类将逐渐成为一种生活理念，无论是城市还是乡村都应该行动起来，树立正确理念。当地政府在设置垃圾集中地的同时，应该从根本上对居民进行环境友好观念的教育，积极引导居民进行垃圾分类，养成保护环境的习惯。随着各种清洁能源技术的不断发展，当地政府也应该加快农村新能源建设的脚步，积极推广沼气、秸秆气化等“变废为宝”的节能技术。

2. 李子经济的名片化打造

针对熊家村李子种植能否真正起到拉动当地经济发展的作用，能否成为该村对外的一张名片，我们认为突破口在于销售渠道的拓宽与完善。随着网络购物时代的到来，如今产品销售可分为线上和线下两种。

针对线上，应紧随时代发展的步伐，及时变更传统的农业经营模式，寻找新的商业契机。当地政府可以积极引导有电商基础的人员参与建设电子商务服务站点，为该村在各大购物品牌开设网店进行集体销售，实现“产业＋互联网”的经济形式。与此同时，还可以选择通过媒体平台为该村清脆李做宣传，不仅有利于销售，还对该村打造专有名片具有推动作用。

针对线下：一种是将货带出去销售；另一种是将人带进来购买。产品集体运输到城镇等地进行销售，既是一种传统的销售渠道，也可以作为一种线下宣传。将顾客引进村里自主购买，前提是该村拥有引入的资本，无论是以农家乐的形式还是李子园区的形式，都将与该村的旅游业挂钩。因此在考虑李子销售的同时，是否也可以考虑发展该村的第三产业呢？归根结底，第三产业的发展终究还是会跟农村的人居环境是否舒适整洁、交通出行是否便利、当地是否具有突出文化特色等有关，因此旅游业的未来发展还是取决于当地的基础设施建设情况以及经济发展情况。当然，是否要发展旅游产业还是需要当地政府经过严格而全面的考察后才能决定，而清脆李作为熊家村决定发展的集体经济种植对象，应该制订一套完整的方案，保证每一个环节都能有规划地发展落实。

（二）农村现代化进程的关键词

2020是“十三五”规划的收官之年。自十九大部署实施乡村振兴战略以来，新农村规划目标包括到2020年，乡村振兴的制度框架和政策体系基本形成，各地区各部门乡村振兴的思路举措得以确立。今年实现全面小康目标后，如何再接再厉实现农村现代化，是新农村未来发展的关键问题。经过我们调研发现，当前阻碍新农村经济发展的因素较多，具体调研结果如下图所示（见图4）。从图中可窥见人们认为绝大部分原因还是在于人才的缺失，当今社会人们在选择职业时往往不会考虑前往相较城市而言并不富裕的农村，而乡村要振兴如果只靠空巢老人和留守儿童显然不可能实现。

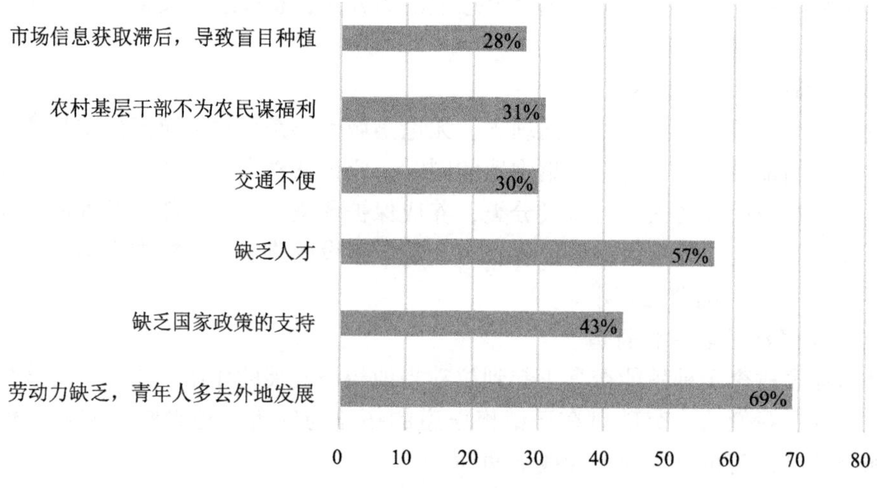

图4　阻碍新农村经济发展的因素

乡村要振兴，实现农村现代化建设目标，人才问题将是其关键词。对于乡村发展而言，虽然远比公司运行更复杂多样，但所需人才也同样是管理型人才和技术型人才。因此，政府应该积极号召有才能、懂技术的年轻人回归乡土，共同绘制现代版“富春山居图”，深刻挖掘农村产业新潜力，探索发扬本土特色文化，实现农业强、农村美、农民富。

附录：

全面建成小康社会中新农村的建设与发展调查问卷

您好：

我们是北京工商大学暑期社会实践活动的大学生。为了解全面建成小康社会中新农村的建设与发展情况，我们组织了这次调查活动。希望得到您的支持和协助，帮助我们完成调查问卷。您的回答仅被用作统计，我们承诺对您所填信息进行保密，感谢您的配合！

1. 您的性别是

A. 男　　B. 女

2. 您的年龄是

A. 18 岁以下　　B. 18 ~30 岁

C. 31 ~45 岁　　D. 46 ~60 岁

E. 60 岁以上

3. 您（亲戚朋友）是否居住于农村

A. 是　　B. 否

4. 您对国家出台的关于新农村建设的相关政策了解多少

A. 十分了解　　B. 比较了解

C. 不太了解

5. 您对农村现在的居住条件还满意吗

A. 很满意　　B. 比较满意

C. 不太满意　　D. 不太满意

6. 您了解农村居民点建设吗

A. 十分了解　　B. 较为了解

C. 不太了解

7. 您（亲戚朋友）的住房结构

A. 一层平房　　B. 二层楼房

C. 三层及以上

8. 您（亲戚朋友）家的建房时间

A. 20 世纪 90 年代以前　　B. 20 世纪 90 年代

C. 21 世纪之后

9. 您是否觉得居民点建设会使农村原始自然面貌变得更加模糊

A. 会　　B. 可能会

C. 不太会　　D. 不会

10. 您（亲戚朋友）的居住地的居民主要出行方式是
A. 自行车　　B. 摩托车
C. 电动车　　D. 汽车
E. 其他

11. 您（亲戚朋友）的居住地的道路硬化情况
A. 全部硬化　　B. 部分硬化
C. 没有硬化

12. 您（亲戚朋友）的居住地的道路有无破损
A. 有很大破损　　B. 有较大破损
C. 部分破损　　D. 没有破损

13. 您对农村现在的交通情况满意吗
A. 非常满意　　B. 比较满意
C. 不太满意　　D. 很不满意

14. 您（亲戚朋友）的居住地的居民的主要经济来源是
A. 集体种植　　B. 外地打工
C. 其他

15. 您（亲戚朋友）的居住地的经济成效主要表现在［多选题］
A. 农村的基础设施
B. 村民的生活水平
C. 农村的环境
D. 教育、文化、医疗等公共事业的发展

16. 您（亲戚朋友）的居住地今后经济发展的主要障碍［多选题］
A. 劳动力缺乏，青年人多去外地发展
B. 缺乏国家政策的支持
C. 缺乏人才
D. 交通不便
E. 农村基层干部不为农民谋福利
F. 市场信息获取滞后，导致盲目种植

17. 您认为新农村建设应主要依靠什么［多选题］
A. 政府的支持　　B. 发展集体经济
C. 村民的自身努力　　D. 招商引资
E. 国家政策的正确引导

18. 您对新农村今后的发展还有哪些建议

____

____

再次感谢您能在百忙之中完成这份调查，我们表示由衷感谢！

——北京工商大学

调查问卷统计表

题目选项	A	B	C	D	E	F
1	40	59				
2	3	62	14	16	4	
3	69	30				
4	3	23	73			
5	10	64	23	2		
6	4	32	63			
7	34	46	19			
8	19	39	41			
9	19	43	22	15		
10	5	14	42	31	7	
11	35	58	6			
12	9	6	67	17		
13	6	65	21	7		
14	19	49	31			
15（多选）	66	75	45	51		
16（多选）	69	43	57	30	31	28
17（多选）	78	46	63	59	74	

新时代北京高校大学生新媒体平台时政类新闻关注度调研①

江　燕　李泽文

【摘　要】 时政新闻借助新媒体平台的兴起正在快速发展之中。现如今，高校大学生对于时政类新闻的关注度越来越高，关注时事新闻会对青年大学生的身心影响有正向的指导作用。针对这种现象，本文将对北京高校大学生对于时政新闻的关注度以及关注原因和渠道等问题进行调查研究和分析，从而得出有利于加强这一现象的对策。

【关键词】 北京；大学生；新媒体；时政新闻

时政类新闻是现存的新闻题材中不可或缺的、深受广大民众喜爱和关注的并具有广泛的世界硬传播力的新闻。时政类新闻在当今国际形势越发激烈动荡，国民对于政治的参与度越发提高的背景下，更加成为民众关注的重点，也受到了大学生群体的青睐。大学生对新闻事件的敏锐观察能力，对社会发展的前瞻性预见，反映了大学生对社会政治的参与程度。自从党的十八大以来，新时代大学生的时政关注热度有明显回升，特别是新媒体平台的兴起，更促成了这种变化的产生。当代大学生的媒介使用行为已经发生了巨大的改变，新媒体受到大学生的广泛欢迎，新媒体平台成了时政类新闻新的传播媒介，而传统媒体似乎被大学生冷落。关注时政类新闻有助于大学生了解国内外形势，树立正确的政治立场，增强社会责任感，提高思辨能力。在这种大背景下，关注高校大学生在新媒体平台上对时政类新闻的关注度是一项很有必要的工作。

本次调查问卷以“新时代北京高校大学生新媒体平台时政类新闻关注度调研”为主题展开，下设24道题目。问卷共分为两部分：第一部分是调查对象的基本情况，包括性别、年级、专业等；第二部分是问卷的主体部分，涉及北京大学生对于网络时政新闻关注频率、关注渠道、种类与深度等内容。

调查对象是北京高校的大学生群体，调查过程中采用随机抽样的方法，利用“问卷网”制作调查问卷并通过微信朋友圈、微信群等渠道进行数据收集，最后得到

---

① 本课题指导教师：江燕（北京工商大学马克思主义学院）；课题组组长：李泽文（新闻191）；课题组成员：刘睿（新闻192）、李湘珩（新闻192）、卢诗盈（新闻191）、陈明昊（新闻191）。

有效问卷共503份。

在有效问卷中，男女所占比率分别是44.93%与55.07%。政治面貌上，以共青团员为主体，比率共占总体的67.4%，中共党员、民主党派分别占12.33%和1.19%，群众则为19.08%。在专业和年级上，人文社科类专业占63.02%，理工类专业占36.98%。其中，大一年级占37.97%，大二年级占25.65%，大三年级占19.29%，大四年级占11.13%，研究生占4.57%，博士生占1.39%。

一、新时代北京高校大学生新媒体平台时政类新闻关注度现状

通过调查问卷，我们了解到北京高校大学生关注时政新闻的频率、时间、渠道等多个方面的内容，发现绝大部分北京高校大学生对于时政新闻有着一定的关注积极性与习惯，但仍有一部分大学生存在着对于时政新闻关注度不足的问题。本文将基于现象层面和理论层面两个方面，分析北京高校大学生对于时政新闻关注度的这一问题。

（一）北京大学生对于网络时政类新闻关注频率较高

北京大学生对于时政类新闻的关注频率调查，主要包括北京大学生关注时政类新闻的频率、关注时政新闻的时间间隔以及每次阅读时政类新闻的内容占所有阅读新闻内容的比例。

第一，北京大学生对于时政类新闻的关注频率是比较高的。有45.84%的大学生经常关注时政类新闻；47.86%的大学生不会特别关注，但是偶尔有推送也会看一下；6.3%的大学生除非特别重大的事件，否则不关注。根据调查结果，可以看出北京高校大学生对于时政类新闻关注的意识较强，平时自觉在生活中关心时政。

第二，北京大学生关注时政类新闻的时间间隔比较短。有45.84%的大学生每天关注时政类新闻；有42.07%的大学生每隔两到三天关注时政类新闻；每隔三到四天和一周以上关注时政类新闻的大学生分别只占10.83%和1.26%。根据调查结果，可以看出北京大学生关注时政类新闻较为积极主动，每天或者隔两到三天便会关注。

（二）北京大学生对网络时政类新闻的关注渠道丰富

伴随着互联网时代的到来，北京大学生对于网络时政类新闻的关注渠道也越来越丰富多元。许多新兴APP的出现和相关功能的开发更是提高了大学生们对时政新闻的关注度和参与感。

由图1可知，北京大学生关注时政类新闻渠道的使用人数由多到少排序，依次是微信公众号、微博、新闻媒体客户端和网站、多种短视频APP、资讯类APP、电视或广播、学习强国平台。根据调查结果分析，微信公众号、微博和新闻媒体客户端或网

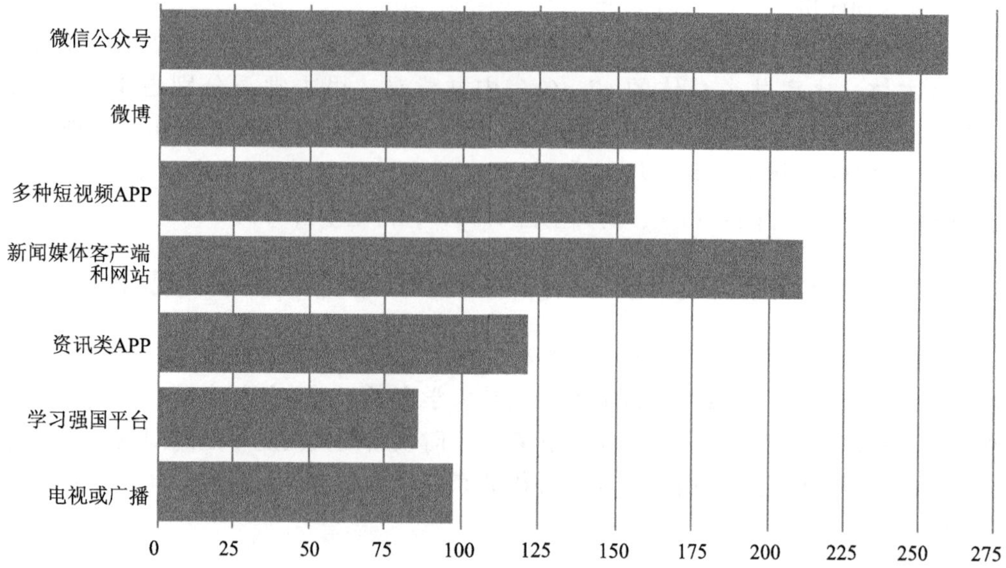

图 1　北京大学生获取时政新闻的渠道

站现今成为大学生关注时政类新闻的主要渠道。这些渠道顺应了互联网和新媒体技术的发展，受到年轻人的喜爱，而传统的电视和广播已不再是大学生关注时政类新闻的首选。

经过进一步调查反馈，微信公众号类的央视新闻、澎湃新闻，微博类的央视新闻，新闻媒体客户端类的央视新闻与新闻联播，抖音、快手上的央视新闻与新闻联播，均是北京大学生关注时政新闻渠道里的具体途径。由此可见，有知名度和影响力的传统媒体在各大新媒体平台上所发布的时政类新闻内容，受到北京大学生的欢迎。

（三）北京大学生对于网络时政类新闻关注的深度需要加强

在调查中，北京大学生关注国内时政类新闻的有 54.66%；关注国际时政类新闻的有 28.46%；关注地区类时政新闻的有 16.88%。从调查结果可知，北京大学生较多关注国内方面的时政类新闻，缺乏对国际和地区时政类新闻的关注，时政类新闻关注内容的全面性较差。

由图 2 可知，北京大学生关注新闻时，深度了解时政新闻背后的事实和真相的有 16.37%；根据时政新闻的重要性而决定是否深入了解的有 54.41%；大致了解时政新闻的时间、地点、人物和内容的有 27.71%；只看新闻标题的有 1.51%。根据调查结果分析，北京大学生对于时政类新闻的关注缺乏一定深度。大部分学生不会深入了解某一时政新闻，只是根据喜好来决定是否深入或大致了解，缺少自觉深入了解时政新闻的思考习惯。

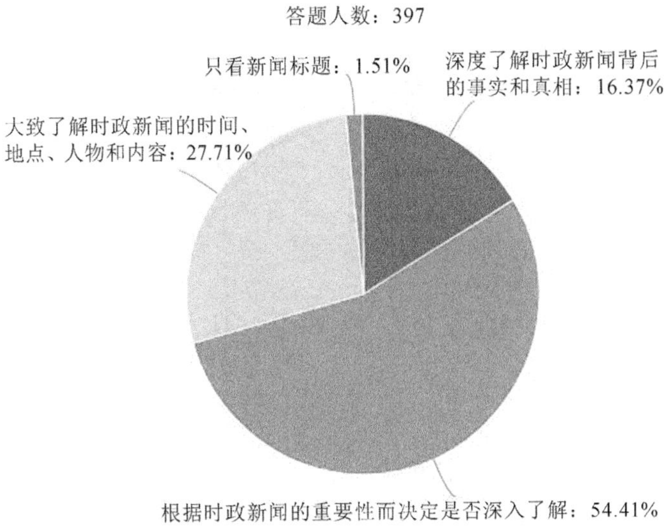

图 2　北京大学生关注时政新闻的深度

(四) 关注时政新闻对北京大学生成长成才的影响较深

时政新闻的重要性不仅仅体现在关乎国内、国际的发展和交往内容上，对大学生成长成才的深刻影响更是不能忽视的。

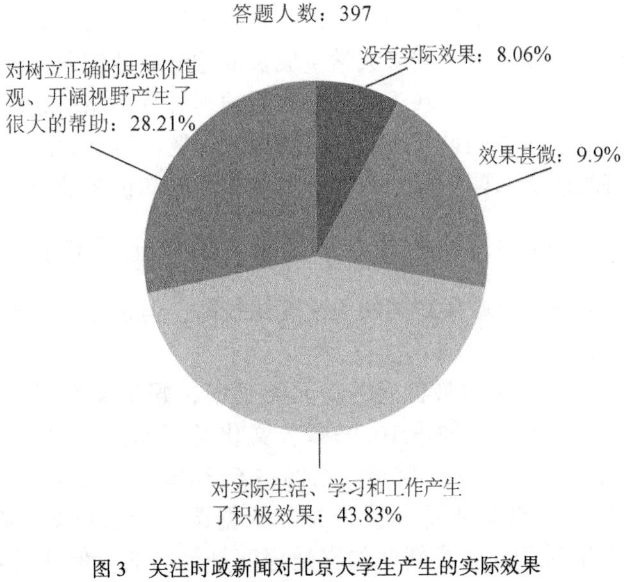

图 3　关注时政新闻对北京大学生产生的实际效果

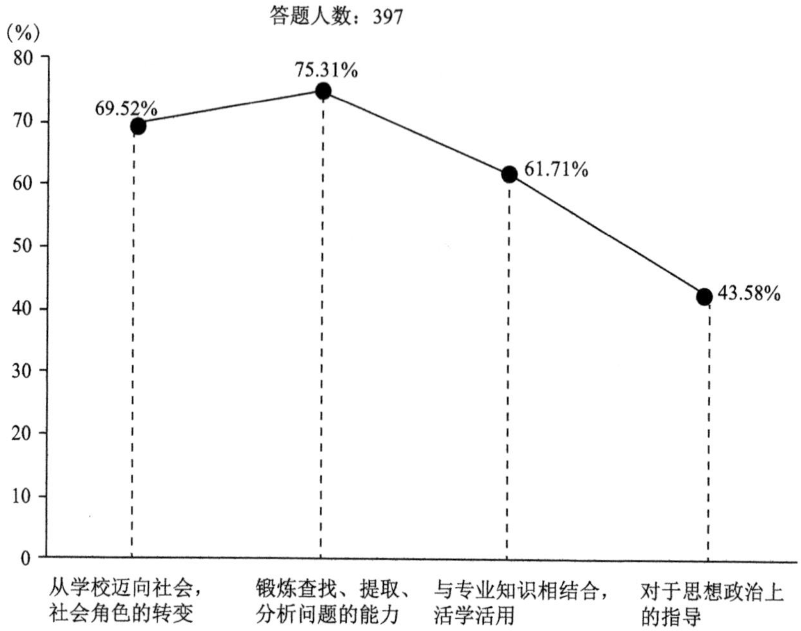

图 4 关注时政新闻对北京大学生成长成才的具体帮助

结合图 3、图 4 可知，超过七成的北京大学生认为关注时政类新闻对于实际生活、学习、工作和开阔视野产生了积极的效果。对于成长成才具体方面的帮助，一是锻炼查找、提取、分析问题的能力；二是从学校到迈向社会，社会角色转变的能力；三是与专业知识相结合，活学活用的能力；四是对于思想政治上的帮助。由调查结果可以看出，关注时政类新闻对于北京大学生成长成才的帮助较大，所产生的效果主要在实际应用和角色转变上，但是缺乏对思想政治的理解且不能很好地与本专业内容结合。因此主流媒体不仅要主动设置议题，还要保证议题内容全面而丰富，涉及更多方面，帮助大学生将时政类新闻更好地与本专业所学习的知识相融合。

（五）北京大学生对网络时政类新闻关注的占比具有上升空间

虽然北京大学生对于时政类新闻的关注度比较高，但是对于时政新闻的兴趣和喜爱程度却不尽如人意。

由图 5 可知，北京大学生最喜爱的新闻类别中，娱乐类新闻占 26.84%，时政类新闻占 19.68%，体育类新闻占 10.93%，文化类新闻占 8.15%，民生类新闻占 7.95%，国际类新闻占 6.56%，财经类新闻占 6.36%，科技类新闻占 6.36%，教育类新闻占 3.98%，军事类新闻占 3.18%。根据调查结果可知，在这个信息纷杂的时代，北京大学生对于娱乐类新闻的喜爱程度是最高的，但缺乏对时政类新闻的兴趣。

在“人人都有麦克风”的自媒体时代，议题设置的主体不仅仅限于政府和媒体，

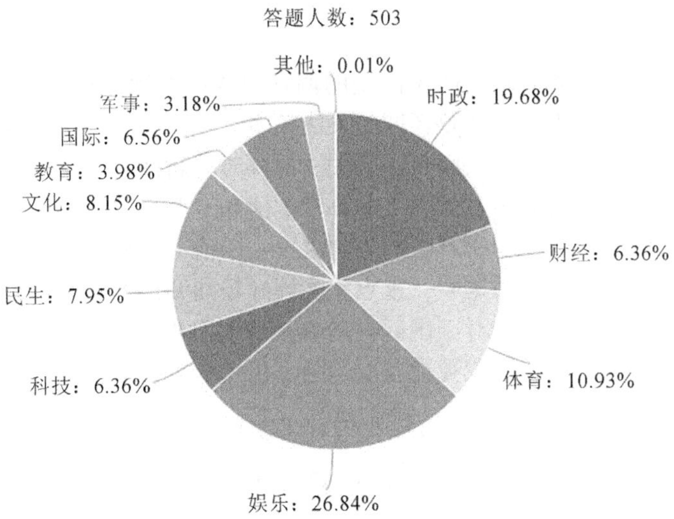

图 5　北京大学生对网络时政新闻关注同其他类新闻对比

通过网络，每个人都可以设置独特的议题。但正是由于议题的多元化，受众的注意力被更加新颖、夸张的娱乐类新闻所吸引，对于时政新闻的关注度下降。另外，与传统媒体相比，新媒体平台传播时政新闻数量过多，缺少针对性，议程设置理论受到冲击，也影响了大学生们对于时政新闻的关注度。

二、新时代北京高校大学生时政新闻关注现状的原因分析

（一）北京大学生关注时政新闻的动机

在社会实践调查所收集到的数据当中可以看出，将近 500 份数据当中，有大约 400 人是关注时政新闻的。也就是说这个数据占总数据的五分之四，可见关注时政新闻的大学生是占绝大多数的。并且，在时政新闻对自身产生了怎样的效果这一问题的调查当中，有四分之三的人认为对自己的实际生活、工作和学习都产生了积极的作用和效果，对树立正确的思想价值观、开阔视野也产生了很大的帮助。

调查结果可见，北京的大多数大学生出于对自身学习和工作的帮助，以及对自身思想价值观提升的考虑，都自发地关注时政类新闻，并积极主动地了解时政新闻的热点走向和实时动态。而在不关注时政新闻的五分之一的人里，大多认为时政新闻对日常生活，以及工作和学习的帮助效果甚微，认为时政新闻离生活较远，并且对时政新闻没有兴趣与爱好、认为其枯燥乏味，因此对其关注度也是有限的。议程设置是大众传播媒介影响社会的重要方式，同时也是大众传播的重要社会功能和效果之一，因此议程设置对于时政新闻能否得到大学生群体的关注起到了重要的作用。

（二）北京大学生重点关注某类时政新闻的原因

在对于用户对某一类时政新闻关注度的调查中我们发现，在收集到的数据当中，有大约一半的大学生对于国内时政新闻的关注较多。在另一半当中，大部分人关注国际时政新闻较多，另一小部分人则更多地关注地区时政新闻。

实际上，时政新闻对大多数大学生的日常生活和专业学习是有所帮助的，而国内的时政新闻对日常学习和工作所产生的影响也更大一些，因此关注国内时政新闻的人占比较大。而在剩下的采访对象中，重点关注国际新闻和地区新闻的也大有人在，除了对于专业学习的帮助，更有对于国际时政新闻和地区时政新闻的兴趣。总体来看，由于兴趣主动获取和受环境影响被动获取均是当代大学生获取时政新闻的主要手段和出发点。

（三）北京大学生关注时政新闻的渠道集中的原因

对于北京大学生关注时政新闻的渠道这个问题，从呈现出的数据可见，通过微信公众号、微博，以及抖音等短视频平台关注时政新闻的人占大多数，除此之外就是通过新闻媒体客户端或网站来实现对于时政新闻的关注。而通过一些资讯 APP、学习强国、电视或广播等渠道去关注时政新闻则占少数。

根据数据分析，我们认为通过新闻媒体客户端或网站去关注新闻的大学生应是在专业学习上有对于新闻的了解需求，因此要通过官方网站或平台获取较为官方、准确的新闻信息。而通过微信公众号、抖音、微博等途径去关注时政新闻的人也占大多数。互联网时代的“意见领袖”在时政类新闻的传播方面扮演着至关重要的角色，公众号、微博大 V、具有影响力的“意见领袖”会吸引大学生去关注时政类新闻。当一则时政新闻报道发布，具有影响力的“意见领袖”通过微博、微信公众号等途径将其转发并发表独特的评价与看法，从而引起广大的民众对这则新闻的关注。经过数据分析，我们认为其原因是当下微信、微博，以及抖音等短视频平台都是大家经常用到的 APP 或经常登录关注的平台，在娱乐或是社交的同时，可以实现对时政新闻的关注和了解，这也是关注时政新闻渠道集中在以上几个途径的最主要原因。

三、提升新时代北京高校大学生时政类新闻关注度的对策

（一）加深时政类新闻的趣味性与生活化

根据调查问卷的反馈可以看出，多数大学生关注度最高的新闻类型当属娱乐新闻，时政类新闻的关注度排在其后。并且多数大学生表示，不会特别关心时政新闻，偶尔有推送时会关注一下。而影响大学生对时政类新闻关注度的一大因素，是大学生对其没有兴趣，认为此类新闻枯燥无趣。由此可看出，时政类新闻对于大学生的吸引力度较弱，大部分学生偏向于关注较为有趣的娱乐新闻。时政新闻本身具有正式、严

肃的特点，这使之与娱乐新闻有所不同，且难以相互融合。但是在新媒体时代，各类媒体可以借鉴娱乐新闻较具趣味性的传播形式，进而使时政类新闻增添新的活力，吸引更多的受众。同时，媒体可以通过将时政新闻“生活化”，以此提高大学生的参与度，加深其对时政内容的理解。可以以下两方面提升。

一方面，可以将时政类新闻与新媒体平台上“娱乐程序”相结合。例如在微信平台上，已设有多种多样的小程序，并且使用率较高。媒体可以基于这一点，将时政新闻的元素添加到大学生平时常用的娱乐小程序中，运用娱乐化的形式传播时政。具体而言，可以使时政新闻与小游戏相组合，将时政新闻的要素分割开，并置于不同的关卡，让大学生通过闯关的形式积攒要素，最终获得完整的时政新闻。或者，以时政新闻题材为内容，开展竞答、答题闯关等。为了进一步吸引受众，还可以在此类游戏中设置一定的奖励机制。这种将“时政”与“娱乐”相结合的方式，不仅可以增加了解时政新闻的趣味性，还可以使时政类新闻内容与新媒体传播方式更好地融合。

另一方面，可以在新媒体平台上，以“生活化”的形式传播时政类新闻。诸如vlog等用于记录生活的短视频，十分受大学生欢迎，而目前运用此种形式传播时政新闻的主体多为官方媒体，如央视新闻官方推出的“康辉的vlog”等。若想提高大学生对时政新闻的关注度，则可以开设相关的短视频大赛，鼓励大学生自主创作以时政新闻为主题的短视频，在收集材料、表达意见的过程中，能使学生逐步培养对时政新闻的兴趣，并吸引更多的受众参与此项活动。与此同时，这一活动也可以将“用vlog记录、评论时政新闻”的形式进行推广，使时政新闻更加贴近受众的日常生活，提高受众对于时政类新闻的关注度。

（二）加强时政类新闻报道的广度与深度

从使用与满足理论的角度来看，读者关注传统时政新闻报道是具有目的性的认知过程，即为了掌握一定的社会动态，进而融入社会情境。但在互联网时代中，受众每天都会接触到海量信息，并且新闻信息不断更新。在此情形下，受众对于获取新媒体平台中的信息，早已突破满足功利性需求这一目的，进入满足精神愉悦需求的目的。这就意味着仅靠报道时政事件本身，已经无法满足受众的信息需求。若想进一步提升大学生对于时政新闻的关注度，则需加强此类新闻报道的广度与深度。

对于拓宽时政新闻报道的“广度”方面，媒体不能仅停留于“就事论事”的层面，这种报道方式略显单薄，且无法突出该新闻事件的重要性。媒体应挖掘重大事件背后的相关信息，对新闻背景进行补充，使受众得以更为全面、充分地理解时政类新闻报道内容，并且可以更好地与主体报道相配合，突出时政新闻事件的价值。在满足受众日益增长的信息需求时吸引更多的受众，提高其对于时政类新闻信息的关注度。

对于加强时政新闻报道的“深度”方面，调查结果显示多数大学生会对较为重要的时政新闻事件进行深入了解。因此，媒体可以针对关注度较高的时政新闻进行深度解读，对其更深层次的新闻价值进行再挖掘。可以采取专题报道等形式，以满足受众信息需求，帮助其解读时政新闻的内涵，发挥舆论引导的作用，提高媒体的竞争力与影响力，使更多的大学生关注且理解时政新闻。

（三）融合报道内容，实现多平台传播

在融媒体时代，时政新闻报道改变了固有的传播路径，不断加强与新媒体的融合，创新传播模式。但是，时政新闻在传播内容及风格上，仍具有严肃、正式的特点，这与新媒体平台的传播风格有一定区别。因此，在新媒体不断发展的背景下，若想继续提高大学生对于时政类新闻的关注度，应注意在开拓传播平台的同时，对报道内容也进行融合。这就要求媒体针对不同平台的特点，对报道内容进行合理调整，进而适应各个平台的需求。例如通过调整新闻报道，适当运用符合新媒体平台特点的网络语言，增加图片、视频等可视化信息。这不仅可以吸引读者，也有利于节省阅读时间，可将时政新闻在新媒体平台上的传播力度最大化，拉近时政新闻与读者的距离，进而提高大学生的关注度。

除此之外，根据调查可知，多数大学生通过微信公众号、微博和新闻媒体客户端等新媒体平台关注时政新闻。因此，媒体应充分利用多元化平台传播时政类新闻，如进行公众号推送，通过推送下方的评论进行互动，发布短视频等形式。这些方式都利于大学生更为有效、便捷地获取时政信息，进而提高对时政新闻的关注度。

（四）将时政新闻融入生活，充分利用大众的闲暇时间

从调查问卷的结果可以看出，有相当一部分人关注时政新闻的目的是打发闲暇时间。我们认为可以利用这点来提高大众对于时政新闻的关注度，将时政新闻切实融入大众生活当中。例如，可以在地铁或者公交车上设置可滑动观看的屏幕，屏幕上滚动播放时政新闻。其一，这充分利用了大众在地铁公交车上的闲暇时间，对于大众来说，这是打发乘坐公共交通时的好方法。其二，地铁和公交车上人员较为密集，人流量大，将时政新闻以这样的方式传播，可以无形中扩大时政新闻传播的宽度和广度，让更多人了解并关注近期时政新闻。不仅在交通工具上，在需要排队、等候办理各种业务等各种场所，都可以设置这样的小屏幕，让人们随时随地了解时政新闻。

与此同时，我们认为还可以在此基础上融入一些科技和现代元素。例如在这些公共场所增加投屏功能，实现新闻的实时更新和无线搜索，使人们更容易接受这些时政新闻的传播，也增加其了解时政新闻的主动性和积极性。同时，更加适应当代青年对于互联网和科技设备的依赖性，以及对于时政新闻了解的积极性和关注度。

（五）将时政新闻融入教育，提升大学生自主思考能力

培养大学生的自主思考能力是大学生思政教育工作的根本目的，而能够对当前发生的时事政治事件有理性的认识则是有自主思考能力的重要表现。在学生自主关注时政新闻的同时，学校开展加强学生思政教育、培养学生对时政新闻主动了解的意识也很重要，除了学校所开展的思政课的教育，我们认为学校也应该通过报刊等形式加强学生对于时政新闻的了解和认识。例如，时政类报刊作为思政课的重要教辅资源，可

以在第一时间发布时政新闻，也可以敏锐地发掘一些热点时政话题，利用时政报刊上的素材来开展大学生思政教育工作。

同时，高校开展大学生思想政治教育的工作者要善于利用时政报刊上的热点新闻，并结合课堂教学、课后作业等方式把时政报刊当作重要的教辅资源，通过时政报刊对新闻热点的解读来回答大学生在现实生活中遇到的问题。

此外，高校还应基于学校内数量较多的大学社团，来提高学生了解时政新闻的意识。例如向安排登记在案的各类大学生社团定时发放时政类报刊，并要求社团负责人将时政报刊发放到学生手中。或有组织地进行时政新闻学习，以此提高大学生的思政水平。

总而言之，我们认为高校有必要通过各类时政报刊，以多样化的形式吸引大学生的注意力，对其潜移默化地进行时政教育，使其逐渐养成关心时政热点的习惯，提高关注时政新闻的意识。

四、结语

在融媒体的时代，如何依托新媒体平台的优越性来帮助大学生更好地了解时政新闻，提高时政新闻的关注度，这是需要引起主流媒体和高校教育者关注的。从此次调查可以看出，北京高校大学生在新媒体平台上对于时政新闻的关注度是比较高的。但是这种关注度大多只是停留在表面，缺少深度了解，并且缺乏对时政新闻的兴趣。因此，重点在于创新时政新闻的表现方式和传播方式，帮助大学生培养对时政新闻的兴趣，从“我需要看”变成“我想看”。这一转变的过程不仅仅需要国家主流媒体和高校教育者的帮助，更需要在我国国内形成关注时政新闻的社会氛围，以此来帮助大学生们更好地融入其中，养成关注时政新闻的兴趣与爱好。

参考文献

[1] 张慧娟. 全媒体时代时政新闻报道创新浅析 [J]. 中国广播电视学刊，2020 (05)：68 – 70.

[2] 刘绍星，胡燕磊. 时政类新闻杂志发展路径探析 [J]. 中国编辑，2017 (02)：50 – 53.

[3] 连锦. 新媒体背景下时政新闻信息传播策略初探 [J]. 新闻研究导刊，2020 (04)：253 – 254.

[4] 颜湘容. 新媒体环境下时政新闻传播策略探讨 [J]. 新闻研究导刊，2020 (01)：145 – 146.

[5] 滕晋. 对网络条件下新闻传播理论的几点思考 [J]. 山东视听（山东省广播电视学校学报），2005 (05)：14 – 16.

[6] 彭滨. 大众传播与受众窄播的结合试论网络新闻的传播理念突破及特点 [J]. 贵州大学学报（社会科学版），2002 (05)：66 – 69.

[7] 郭瀛潇. 自媒体时代把关人理论的升级 [J]. 新闻研究导刊，2016 (14)：68 – 69.

[8] 刘龙启，刘蕴晗，麻辉凯，李孟筑. 关于大学生新闻关注状况的调查研究 [J]. 文教资料，2012 (21)：131 – 134.

[9] 沈正赋. 舆论监督与舆论引导新时代中国共产党新闻舆论思想的核心理念 [J]. 新闻与传播研究，2018 (11)：18 – 26.

[10] 张婧远. 议程设置理论下的媒体战“疫”分析——以《人民日报》官方微博为例 [J]. 新闻研究导刊, 2020 (09): 37 -40.
[11] 张慧娟. 全媒体时代时政新闻报道创新浅析 [J]. 中国广播电视学刊, 2020 (05): 68 -70.
[12] 颜湘容. 新媒体环境下时政新闻传播策略探讨 [J]. 新闻研究导刊, 2020 (1): 145 -146.
[13] 连锦. 新媒体背景下时政新闻信息传播策略初探 [J]. 新闻研究导刊, 2020 (4): 253 -254.
[14] 刘虹. 时政报刊对大学生思政工作的促进和引导 [J]. 中国报业, 2014 (06): 93 -94.
[15] 于卫雁. 时政类报刊: 大学生思想工作的有效载体 [J]. 青年记者, 2013 (03): 32 -33.
[16] 刘虹. 时政报刊对大学生思政工作的促进和引导 [J]. 中国报业, 2014 (06): 93 -94.

附录:

新时代北京高校大学生新媒体平台
时政类新闻关注度调研问卷

您好，我们是北京工商大学暑期社会实践课题小组。希望邀请您用几分钟时间帮忙填答这份关于新时代北京高校大学生新媒体平台时政类新闻关注度的调研问卷。本问卷实行匿名制，所有数据只用于统计分析，请您放心填写。题目选项无对错之分，请您按自己的实际情况填写。

谢谢您的帮助!

基本信息

1. 您的性别

A. 男　　B. 女

2. 您的年级

A. 大一　　B. 大二　　C. 大三　　D. 大四
E. 研究生　　F. 博士生

3. 您的专业

A. 人文社科类　　B. 理工类

4. 您的政治面貌

A. 群众　　B. 共青团员　　C. 中共党员　　D. 民主党派
E. 其他________

问卷部分

5. 请您根据自己平时的关注度，选择最关注的新闻类型

A. 时政　　B. 财经　　C. 体育　　D. 娱乐
E. 科技　　F. 民生　　G. 文化　　H. 教育
I. 国际　　J. 军事

6. 您每天阅读新闻的时间

A. 10分钟以下　　B. 10～30分钟　　C. 30分钟以上

7. 您平时是否会关注时政新闻

A. 是

B. 否（如果选是，继续作答；如果选否跳到第17题）

8. 您平时关注时政新闻的频率是

A. 经常关注

B. 不会特别关心，但是偶尔有推送也会看一下

C. 除非特别重大的事件，否则不关注

9. 您关注时政新闻的时间间隔是

A. 每天　　B. 两到三天　　C. 三到四天　　D. 一周以上

10. 您每次阅读的时政新闻占所有阅读的新闻的比例是

A. 1%～24%　　B. 25%～50%　　C. 51%～75%　　D. 76%～100%

11. 您会在什么情况下阅读时政新闻［多选题］

A. 有重大事件发生　　B. 朋友圈中出现

C. 手机推送提醒　　D. 吃饭、排队或无聊时

12. 您认为时政新闻对您有什么意义

A. 增强公民意识，提高政治素质与政治参与能力

B. 了解政治动态

C. 对学业和未来工作发展有帮助

D. 作为一种平时的兴趣爱好培养

E. 在茶余饭后消遣时间

13. 对于时政新闻的内容，您更喜欢关注哪一类

A. 地区时政新闻　　B. 国内时政新闻

C. 国际时政新闻

14. 您了解时政新闻的程度是

A. 深度了解时政新闻背后的事实和真相

B. 根据时政新闻的重要性而定是否深入了解

C. 大致了解时政新闻的时间、地点、人物和内容

D. 只看新闻的标题即可

15. 关注时政新闻对您产生的实际效果如何

A. 没有实际效果

B. 效果甚微

C. 对实际生活、学习和工作产生了积极的效果

D. 对树立正确的思想价值观、开阔视野产生了很大帮助

16. 关注时政新闻对您成长成才的帮助主要体现在哪些方面［多选题］

A. 从学校到迈向社会，社会角色的转变

B. 锻炼查找、提取、分析问题的能力

C. 与专业知识相结合，活学活用

D. 思想政治上的指导

17. 您获取时政新闻的渠道（包括网络平台或者APP）是［多选题］

A. 微信公众号　　B. 微博

C. 抖音、快手等短视频APP　　D. 新闻媒体客户端或者网站

E. 资讯类APP　　F. 学习强国平台

G. 电视或广播

18. 您关注的时政类微信公众号、相关短视频号和网站有多少个

A. 10个以内　　B. 10～20个　　C. 20个以上

19. 以下包含时政新闻的公众号、视频号和网站，您都关注了哪些，或者有自己所关注的时政新闻类的媒体但下面没有涉及的，请都在横线处填写［填空题］

微信公众号：央视新闻、澎湃新闻、时事新闻榜

抖音：央视新闻、新闻联播、新闻快车

快手：央视新闻、新闻联播、中国军视网

今日头条：央视新闻、新闻联播、央视网新闻

微博：央视新闻、头条新闻、中国新闻网

时政新闻网站：人民网、新华网、中国日报网

____

20. 您认为在这些新媒体平台上所发布的时政新闻的权威性如何

A. 完全相信

B. 大多数相信，但也存在疑问

C. 不太相信，有自己的想法

21. 您认为新媒体平台和传统传媒相比，在时政类新闻传播方面的优势是什么［多选题］

A. 更方便和快捷地读到时政新闻

B. 打破了时间和空间的限制

C. 呈现时政新闻的形式更加多种多样

D. 增加了同读者的互动性，也能发表看法

E. 其他________

22. 您认为新媒体平台和传统传媒相比，在时政类新闻传播方面的不足是什么［多选题］

A. 时政新闻的真实性和客观性不明确

B. 时政新闻不够严肃

C. 数量过多，缺少针对性

D. 其他________

23. 对于在新媒体平台上关注时政新闻，您还有什么想法或建议［填空题］

____

*24. 您不关注时政新闻的原因是什么（第 7 题选否作答）

A. 没有兴趣与爱好　　B. 时政新闻枯燥乏味

C. 没有合适和方便的获取途径　　D. 与自己学习与生活无关

新时代北京市智慧养老模式建设的调查研究①

张宏伟　田舜雅

【摘　要】智慧养老是发展现代化养老服务的重要手段，也是解决现代社会人口老龄化问题的有效手段之一，发展高质量的养老服务势在必行。本文以发展智慧养老产业的试点城市之一——北京市为例，通过介绍智慧养老服务产业的概念，并结合其发展历程，分析该产业面临的机遇，调查归纳了该地区的智慧养老模式类型，在此基础上运用 PEST 法分析目前所存在的问题，并对智慧养老发展提出建议。

【关键词】智慧养老；机遇；PEST 分析法；对策

出于遵守防疫的各项规定，本次调研通过网上问卷调查、参考前人文献和最新媒体资料的方式进行。网上问卷由小组成员通过微信朋友圈、微博链接、QQ 等方式让网友填写并收回。共收回调查问卷 300 份，有效问卷 216 份。问卷涉及个人信息、目前北京市居民养老服务需求及未来养老模式的态度等问题。发放与分析问卷的主要目的是了解现阶段智慧养老试点城市——北京市的现状，并且结合目标地区居民需求和国家政策来把握机遇，为智慧养老模式的发展提供一些建议。

一、新时代智慧养老模式建设的机遇

（一）老龄化阶段多样化养老需求日益上涨。

根据联合国对老龄化社会的定义，即一个地区 65 岁老人占总人口的 7%，该地区即被视为进入老龄化社会。据北京市统计局数据显示，2013—2019 年北京市 65 岁及以上常住人口占比由 9.2% 持续上升至 11.4%。伴随着北京市老龄人口的增加，社会对养老需求也相应增加，相应的需求多样性也增加。

问卷结果显示，84.26% 的受访者愿意支付更高费用来获得智慧养老服务产品，该服务产业未来有广阔的市场前景。如图 1 所示，受访者更希望使用定位器、陪伴型娱乐产品和紧急联系就医设备，智能生活服务产品和便携式健康检测设备等。相比过

---

① 本课题指导教师：张宏伟（北京工商大学马克思主义学院）；课题组组长：田舜雅（注会 182）；课题组成员：闫京（注会 182）、乔子淳（注会 182）、尹淑蕾（注会 182）。

去，人们不再满足于传统的养老服务，对养老服务有了多样化需求，更加注重了解老人实时状况的监测和文体娱乐方面的精神层次的满足。

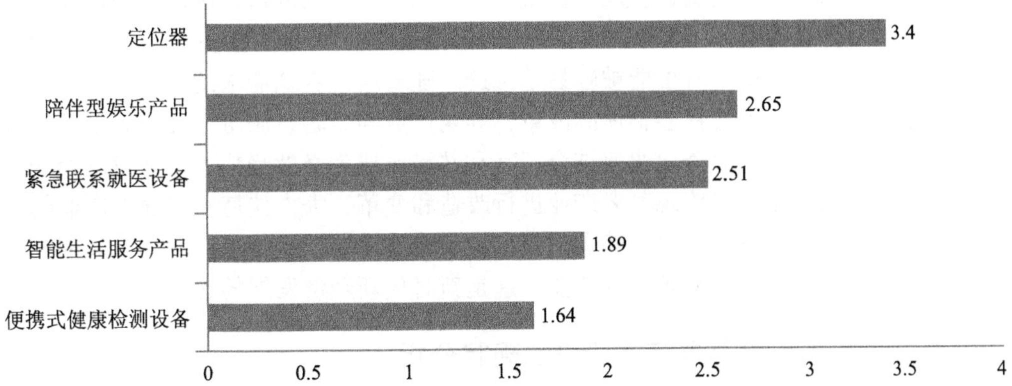

图 1　未来更倾向于使用的养老产品种类（综合平均得分）

此外，2019 年全市居民人均可支配收入为 67 756 元，比上年增长 8. 7%。从四项收入构成看，居民人均工资性收入 41 214 元，增长 9. 4%。近年为保障和改善民生，北京市多次调增养老金金额，去年养老金平均水平提高到每月 4157 元，60. 65% 的受访者表示家中老人的养老金可以满足其目前的养老需求。可见，随着经济高速发展和人民生活水平的显著提高，老年居民的消费能力逐步提升，在满足基础的衣食住行的物质方面的需求上，也体现出了精神慰藉、兴趣交流等精神方面的养老服务需求，养老消费服务市场需求潜力巨大。

（二）国家对提升养老服务产业的扶持

庞大的老龄人口数量以及老龄化进程的加快，已成为重大民生问题。为了应对这一形势，从国家到地方各级机构纷纷推出扶持政策。早在 2011 年，国务院印发的《中国老龄事业发展“十二五”规划》中提出，为积极应对老龄化趋势，加快发展老龄事业，要在新时期着力解决老龄事业和老龄工作相对滞后的矛盾和问题，加快居家养老信息系统建设。2017 年，由工信和信息化部、民政部、国家卫生计生委联合印发的《智慧健康养老产业发展行动计划（2017—2020 年）》提出，运用互联网、物联网、大数据等信息技术手段，推进智慧健康养老应用系统集成，对接各级医疗机构及养老服务资源，建立老年健康动态监测机制，整合信息资源，为老年人提供智慧健康养老服务。问卷调查显示，65. 28% 的受访者认为近年来养老条件有了明显的改善，其中 16. 67% 的受访者对改善程度给予很高的感受评价。党的十九大报告更是将实施健康中国 2030 战略纳入国家发展的基本方略。以上代表性政策的颁布标志着我国不仅仅把国民健康养老问题视为民生问题，还将其视为重大的政治、社会问题，具有极大的战略意义。目前我国智慧养老产业已经步入实施阶段。

（三）新经济业态助推养老服务跨界合作

互联网新商业形态的高速发展对传统行业带来了巨大的冲击，因而传统产业与互联网的跨界融合是当前“互联网 +”时代的必然趋势，互联网使各个行业的界限已经模糊，传统的行业壁垒有可能被轻易地渗透。随着居民养老需求的多元化与精神层面养老需求的增加，加之社会整体的改革，养老产业与金融、旅游、文化娱乐领域等跨界合作，从而实现业界资源快速结合、互利共赢已成为必然趋势。目前我国处于发展转型的新时代，需要对传统养老产业进行改造和变革，大力扶持新兴养老产业的发展，进而改善老龄化所暴露出的养老问题，推动经济发展质量变革。利用互联网、智能技术所特有的优势服务健康养老产业，这是新时代新经济发展的必然要求。

二、北京市智慧养老模式建设的现状分析

（一）智慧养老模式建设的基本情况

北京地区作为全国经济、科技都较为发达的城市之一，智慧养老产业发展也相对更加丰富。我们根据养老地点及方式之间的差异，可以将智慧养老模式划分为以下四种类型。

1. 智慧居家养老模式

智慧居家养老服务模式是采用信息化手段、互联网和物联网技术，研发面向居家老人的网络信息平台，及时提供居家老人所需要的养老服务。智慧居家养老以专业化、标准化服务为依靠，为居住在家的老年人提供以解决日常生活困难为主要内容的普遍的社会化服务。在问卷的第 6 题我们可以看到，有 27. 31% 的人认为目前智慧居家养老最为普遍。(如图 2 所示)

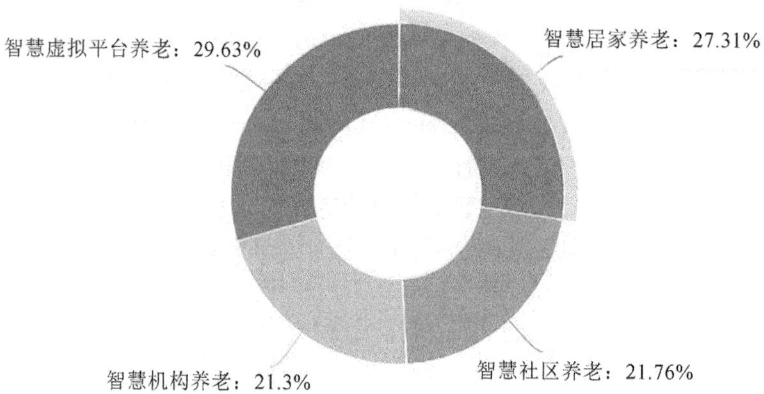

图 2　养老模式普遍程度

根据服务实现的方式分类，目前北京市智慧居家养老主要包括两类：一是依靠智慧养老产品实现，以便携式健康设备、智能陪护机器人、智能穿戴设备等形式存在于市场，如北京市针对独居老人提供的 e 伴孝芯和 BKCN 腕带智能终端服务；二是通过多样化方式实现智慧养老，如“社村通”“康美健康云”等网络智慧养老平台的应用（网络购物在线配送、远程在线医疗、数字养生个性化养老等）。详见表 1。

该模式既能让老年人住在熟悉的家里，又能享受专业机构提供的养老服务。在中国老龄化问题日益突出的当下，智慧居家养老模式更符合时代趋势，缓解了机构养老床位不足的问题，减轻了居家养老带给子女们的生活压力，又满足了老年人留在熟悉的家中的愿望。

表 1　北京市智慧居家养老模式具体分类

分类	居家智慧养老模式举例	优缺点
依靠智慧养老产品	北京独居老人 e 伴孝芯；BKCN 腕带智能终端	优点： 1. 使用方便，全天候服务 2. 启动救援机制快速 缺点： 1. 担心个人隐私泄露 2. 信息精准度有待提升
多样化智慧养老	北京市西城区大栅栏街道养老助残服务中心与康美健康云的合作	优点： 1. 有利于提高养老服务的效率、灵活性 2. 提供紧急救助、远程医疗服务 缺点： 1. 缺乏人际沟通，容易产生心理问题 2. 线上操作复杂

2. 智慧社区养老模式

北京市智慧社区养老是一种较新颖的、社会接受度较高的养老模式。在问卷第 6 题中可以看到，有 21.76% 的人认为社区养老较为普遍。具体来说，智慧社区养老是将机构养老中的服务引入社区，诸如对社区居民委员会、养老驿站、养老日间照料中心等社区养老资源进行有机地整合。它吸收了家庭养老和社会养老方式的优点和可操作性，把家庭养老和机构养老融合在社区。

根据整合程度的不同，可将其分为全整合与部分整合两种方式。全整合智慧社区养老模式是指所有的智慧养老服务资源都整合到社区内，全天候不需要老人的子女承担，但在北京地区，在不搬离现有社区的情况下，几乎没有全整合型智慧社区养老的存在。部分整合智慧社区养老模式是指社区承担部分智慧社区养老职责，其余的由老人子女来承担，该模式在北京市的接受度比较高。根据我们调查，北京市目前已经有十余家养老驿站落成投用。例如位于北京西城区大栅栏街道养老助残服务中心的康美健康服务驿站，该中心设有总服务台、养老助残专用健康服务站、多功能轮换服务室、日间照料中心等。白天在社区中集中照料老人，而晚上由老人子女承担照料服务老人职责。同样的例子还有在北京市顺义区燕京桥东南的石园北区 11 号楼西侧的利都智慧养老服务驿站，等等。

该模式可以弥补居家养老在日常照料上的不足，进一步减轻子女们的生活压力，满足老人在熟悉社区中的智慧养老需求。另外，智慧社区养老模式还能够整合社区智慧养老资源，让智慧养老服务辐射到更多的老年人，使服务更加有效率。

3. 智慧机构养老模式

智慧机构养老是以机构为依托的养老。机构养老为老年人提供饮食起居、清洁卫生、生活护理、健康管理和文体娱乐活动等综合性服务的机构，直接为老人提供全天候养老服务，完全减轻了子女在生活上照料老人的压力。

根据兴起时间的早晚，可以将智慧机构养老分为传统与现代两种意义上的机构养老。传统意义上的智慧机构养老是指养老院、敬老院、福利院等仅提供人为照看服务的养老机构。现代意义上的智慧机构养老是指以采用最先进技术进行智慧养老的专门智慧养老机构，具有较强的专业性。譬如北京市朝阳区恭和老年公寓，该机构集养老照料、医疗康复、文娱休闲、体育健身为一体，住在这里的老人不出楼就可以看病。

但是智慧机构养老也面临着受众小、费用高的问题，专业化的服务必然导致服务费用的攀升。总而言之，智慧机构养老模式顺应了时代的发展趋势，可以缓解部分现代年轻人的生活压力。

4. 智慧虚拟养老模式

智慧虚拟养老是政府建立一个信息服务平台，当老年人有服务需要时，拨一个电话给信息服务平台，平台依据养老需求提供专门养老服务，此外还应对养老服务质量进行监督。例如北京市朝阳区潘家园街道在民政局的协助下安装了可以直通北京市 999 急救中心的“一键呼叫”智慧养老系统。该街道的老人们享受到了便捷的“点单”式服务，只需按下一个按键老人即可进行健康咨询、自助点餐、聘请保洁等。

智慧虚拟养老模式是以信息服务平台为支撑的养老模式，相对于其他智慧养老服务模式具有固定实体养老服务机构，智慧虚拟养老模式最显著特征就在于不受时空限制、无固定的养老服务实体机构。在北京市，这种养老方式也在进一步普及，从问卷的第 7 题可以看出，有 53.7% 的人了解并安装了这样的系统（如图 3 所示）。

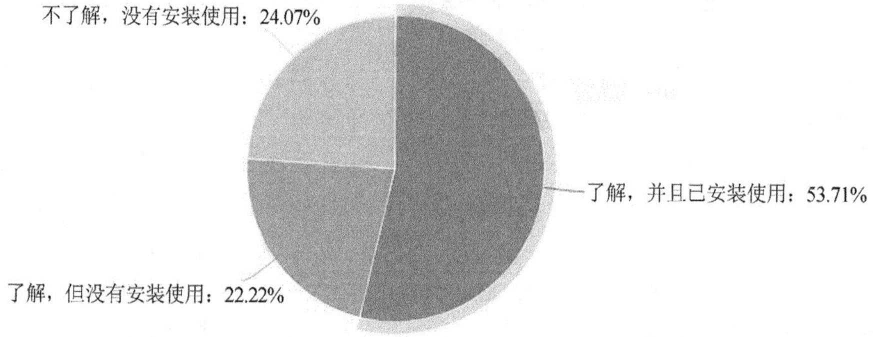

图 3　智慧虚拟平台普及程度

（二）智慧养老模式建设中面临的问题

基于北京市智慧健康养老产业发展现状，本部分将运用 PEST 分析方法剖析北京地区智慧健康养老产业发展面临的问题。PEST 分析是现代管理学中分析战略或组织外部环境的一种方法，一般对政治（Politics）、经济（Economic）、社会（Society）和技术（Technology）这四大类外部环境因素进行分析。

1. 政治环境

第一，顶层设计有待完善。随着老龄化问题加剧，养老服务面临的老龄化压力激增，侧面凸显了政策“碎片化”，政府与企业之间容易沟通不畅，造成养老资源的浪费和效率低下等问题。

第二，行业标准及监管的欠缺。当前北京地区的智慧养老行业还没有统一的标准支撑，导致融入智慧健康养老领域的社会资本良莠不齐、市场定价无依据、资源浪费等问题，不利于智慧养老产业的发展，也使养老服务质量的监管严重滞后。

2. 经济环境

第一，养老费用高。根据调查数据显示，2015 年全市养老机构人均月基本养老服务费为 2500 元，而北京市统计局 2015 年上调后的养老金为每月人均 2875.62 元。可见我国中等收入家庭的老人养老条件并不十分宽裕。

第二，智慧养老产业链未形成。2019 年，北京市老龄产业协会副会长袁芳坦言，目前 90% 的社会养老机构处于亏损状态，因为智慧养老服务建设和发展需要大量资金支持，严重依赖政府的资金导致独立运营状态不佳，无法带动产业发展。

3. 社会环境

第一，消费观念保守。在问卷的第 8 题中可以看到，有 32.41% 以上的人认为身边老人的传统观念还未适应智慧养老；有 61.11% 的人认为普及宣传智慧养老不到位，这说明较多老年人的生活还跟不上信息时代的发展，对互联网产品的适应能力较差（如图 4 所示）。

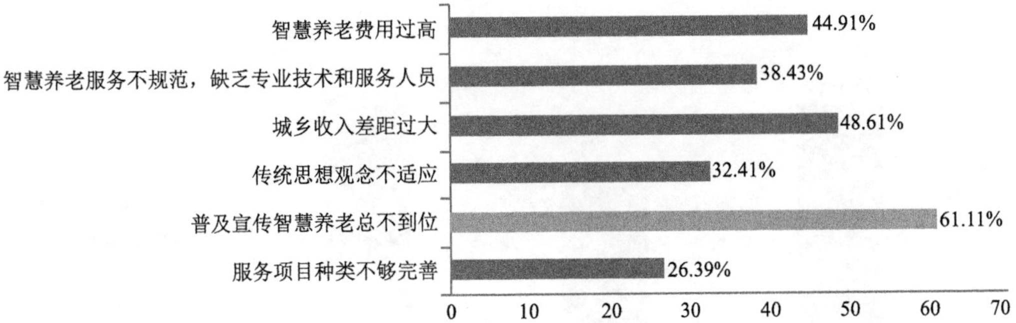

图 4　认为智慧养老尚未普及的原因（多选）

第二，有效供给与需求之间失衡。根据北京市统计局数据显示，2013—2019 年北京市 65 岁及以上常住人口占比由 9.2% 增至 11.4%。2018 年北京市政府公开的

《北京市养老服务设施专项规划》中明确指出，全市常住百名老人拥有养老床位数仅为3.4张，与实际需求有一定差距。

4. 技术环境

第一，智慧养老专业人才紧缺。在问卷的第8题中，有38.43%的人认为缺乏专业技术和服务人员是导致智慧养老未完全普及的原因之一；第13题中有49.54%的人认为应该增设智慧养老专业管理机构来提升智慧养老服务的水平。可见一线专业养老护理人才、管理人才和社区居家支持人才的缺口是掣肘智慧养老服务质量和产业发展的一大重要因素（如图5所示）。

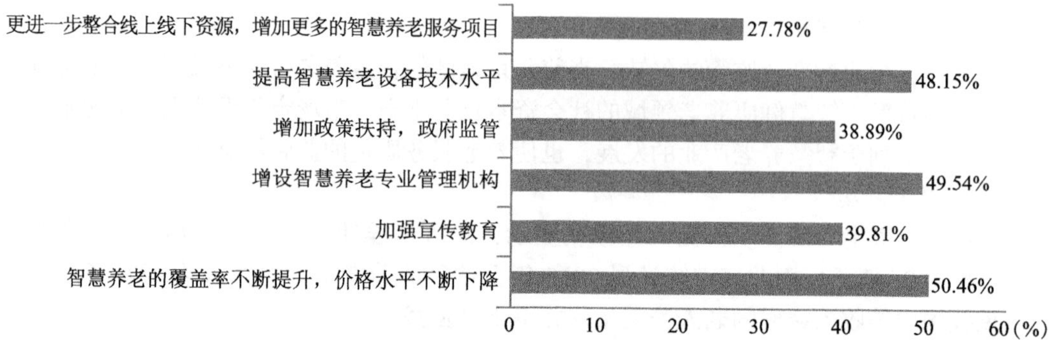

图5　从哪些方面提升智慧养老服务的质量和水平（多选）

第二，核心技术信息化程度不够，与需求的契合度低。当前智慧养老的供给中过于依赖技术驱动，追求AI（人工智能）等最新技术的使用。但缺乏从老年人或老年人家庭出发，未满足他们最迫切的需求。在问卷第11题中，认为其产品功能单一的占比75.42%，认为智能养老设备实用性低的占比71.19%（如图6所示）。

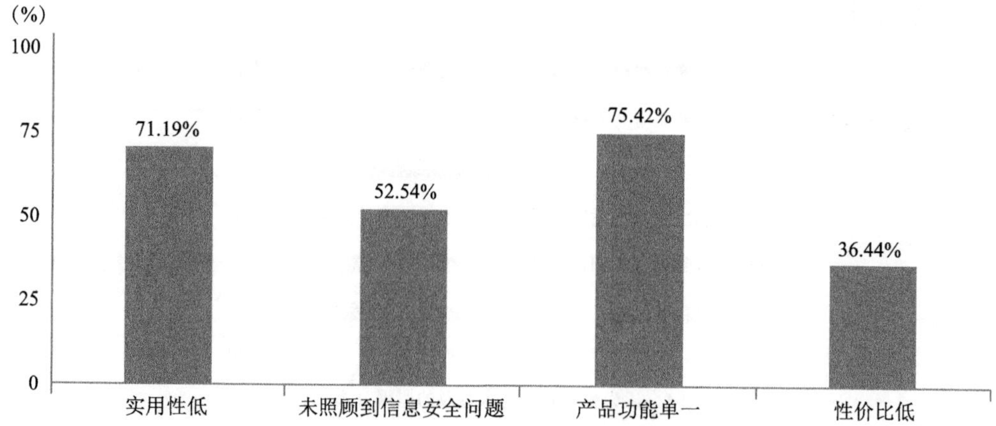

图6　现在养老产品存在的问题（多选）

三、智慧养老产业的发展建议

(一) 建设统一的行业标准，加强服务质量的监管

制定产品与服务的质量标准，有助于增加老年群体的消费，从而促进智慧养老产业的发展。统一的行业标准避免了很多资源的浪费，进而可以整合多方面资源，优化养老资源配置。设立完善的监管办法及法律法规，不仅是对用户的一种保护，更有利于智慧养老的长远发展。

(二) 加大优质智慧养老项目的宣传

目前人们对智慧养老知之甚少，其中一个重要原因就是宣传不足。虽然目前我国的智慧养老处于发展起步阶段，但不乏优质的智慧养老产品与项目，然而这些优质的项目通常没有得到及时且广泛的宣传。因此，目前不仅要思考如何做出更优质的产品，更要着眼于产品的宣传推广。

1. 多渠道筹集资金

用来对智慧养老项目的宣传，除了政府投资外，还要鼓励企业、社会爱心人士积极参与。

2. 积极与媒体合作

在总结分析出相关产品的优势之后，通过与各个主流媒体的合作，在市场及各大平台（例如在老年人经常使用的 APP 首页）投放广告，以此增加智慧养老产品在大众心目中的认可度、知名度。同时，也要与传统媒体积极合作，在报纸、期刊上刊登广告、相关产品介绍及报道等，让大众逐渐熟悉智慧养老。

(三) 培育专业人才

随着智慧养老的发展，人才供给难以满足市场的需求。问卷调查结果显示，选择目前智慧养老未完全普及的原因在于智慧养老服务不规范，缺乏专业技术和服务人员的人数较多，比例为 38.43%，因此为了智慧养老行业更好、更快地发展，要培养更多的高素质应用型人才。

1. 政府方面

我国目前已经实施了一系列智慧养老体系试点政策，具有一定的激励性。但是已经发布的文件大多数只提出了建设性和指导性不足的意见，缺乏科学的解释和操作标准。

政府应当建设人才管理中心，规范智慧养老的从业资格，多组织一些培训与学习，推动养老服务人才的发展与交流，增加社会的认可度。规范智慧养老服务专业平台、养老工作者的工作环境以及个人的薪资补贴。

2. 学校方面

全国有 40 所高校开设了老年服务与管理专业，并且大多数为职业技术学校。这

些学校毕业的学生只能简单地照顾老年人，少数具有较高文化素养和专业背景的从业者对从事养老服务工作存在一定的偏见，认为养老服务工作者属于低素质就业人群，社会认可度低，而不愿意从事该行业。

应当在各层次开设相关专业与课程、明晰专业方向、较准确定位该专业未来职业，培养高素质应用型的养老服务人才。

目前养老产品存在问题较多，如产品功能单一、实用性低、性价比低等，因此培养高素质应用型人才要立足于经济社会的需求，将教育与行业发展紧密联系在一起，加强有关专业人员的培养，拓宽专业人才的渠道，增强行业的规范性。要依托现代养老服务平台，深化产教融合，培养专业政策的制定人员和产品设计制造人员，丰富智慧养老产品的功能，提高可操作性和标准性。要系统培养人才，做好信息安全保障服务，不断提高智慧养老服务满意度，吸引更多的学术研究人员，使得更多的人才投身于智慧养老产业。

（四）政府出台相关扶持政策，推动智慧养老产业快速发展

政府支持力度的大小决定了行业的发展速度，北京地区已有多家智慧养老服务驿站及养老院投入使用。通过调查得知，其中代表性的北京寸草春晖养老院大致价格为每月 3400 元 ~ 4000 元，石原北区的智慧服务驿站日托为 100 元/天（包含体检），但问卷显示仅 5.92% 的受访者愿意为智慧养老服务每月支付 3000 元以上。现北京地区出台的《北京市社区养老服务驿站运营扶持办法》政策，按照“设施政府无偿提供、运营商低偿运营”的思路，积极鼓励了社会力量在智慧养老服务产业上的建设，明确了扶持措施与运营补贴标准，相关机构与社区服务站点日益增加。

因此，要想推动智慧养老服务产业健康快速发展，政府应积极宣传养老新模式，整合社会各界资源，政策上给予一定优惠，并在经济上给予相关支持。同时，加大市场监管力度，明确政府和市场的定位，采取“政府主导，企业建设，民众参与”三位一体的模式。

四、结语

总体来说，我国的智慧养老服务产业虽然起步较晚，且仅在试点城市发展，但目前该产业正处于快速发展的阶段，对养老的需求逐渐以居家、社区养老为主，用户趋向于使用智能化、个性化，结合现代信息技术的智能养老设备，来满足其多元化的养老需求。随着我国全面建成小康社会目标的逐步实现，养老产业也将进入一个崭新的发展阶段。近年来，我国出台了很多政策鼓励智慧养老产业的发展，智能养老上升到国家层面。未来应注重社会养老资源的优化配置，建立统一的行业标准，治理养老产业乱象，注重新技术的利用，形成规范的智慧养老体系，这是我国智慧养老发展必经之路。

参考文献

[1] 刘宜铭，李娟，叶林．智慧养老发展现状及对策［J］．合作经济与科技．2020．
[2] 韦艳，徐赟．智慧健康养老产业发展的困境与路径——以陕西省为例［J］．西安财经大学学报，2020，03．
[3] 张博．新时代新经济：智慧健康养老产业及发展路径［J］．兰州学刊，2020，000（006）：200－208．
[4] 周晓亮．"互联网＋"下空巢老人智慧养老模式分析［J］．信息与电脑（理论版），2017（24）：27－28．
[5] 柯丽云，张露琦，丁子芳．我国智能养老服务平台发展研究［J］．合作经济与科技，2020，148－150．
[6] 肖文文，马晓雯，谢红．北京市养老机构基本养老服务费用影响因素研究［J］．中国护理管理，2015，15（7）：778－782．

附录：

您好，我们是来自北京工商大学的学生，正在进行一项关于智慧养老服务模式的调查研究，恳请您拿出宝贵的几分钟时间分享您的看法。本问卷实行匿名制，所有数据仅用于统计分析，请您放心填写。感谢您的合作。

注：智慧养老服务模式是采用信息化手段、互联网和物联网技术，提供实时、快捷、低成本的互联化、智能化的养老服务。

1. 您所在地区（常住城市）是
   A. 北京市　　　　B. 其他城市

   若选择B其他城市，则跳转

2. 若您愿意接受智慧养老，您希望智慧养老提供哪些服务
   A. 生活照料（洗衣做饭、打扫卫生、买菜购物、陪同看病、陪同散步）
   B. 远程医疗服务
   C. 文体娱乐活动
   D. 学习培训
   E. 亲友远程探视
   F. 心理护理（聊天解闷、心理开导）
   G. 其他
3. 如果有智慧养老服务，您每月愿意为家中老人承担多少费用
   A. 1000元以下　　　　B. 1000元～2000元

C. 2000元~3000元　　D. 3000元~5000元

E. 5000元以上

4. 您目前所在地区有哪几种养老模式

A. 传统家庭养老（家庭成员提供日常照料）

B. 传统机构养老（居住在敬老院、老年公寓等）

C. 智慧机构养老（社区提供智慧形式养老）

D. 智慧居家养老（居住在家，手机定制生活照料、医疗保健、紧急救护等）

5. 对于自己以后的养老模式，您更倾向于哪一种

A. 传统家庭养老（家庭成员提供日常照料）

B. 传统机构养老（居住在敬老院、老年公寓等）

C. 智慧机构养老（社区提供智慧形式养老）

D. 智慧居家养老（居住在家，手机定制生活照料、医疗保健、紧急救护等）

6. 未来您更倾向于使用哪种智慧养老产品［排序题］

A. 便携式健康检测设备　　B. 陪伴型娱乐产品

C. 紧急联系就医设备　　D. 定位器

E. 智能生活服务产品

7. 您认为可以从哪几个方面提升智慧养老服务的质量和水平［多选题］

A. 更进一步整合线上线下资源，增加更多的智慧养老服务项目

B. 提高智慧养老设备技术水平

C. 增加政策扶持，政府监管

D. 增设智慧养老专业管理机构

E. 加强宣传教育

F. 智慧养老的覆盖率不断提升，价格水平不断下降

8. 您对智慧养老服务还有什么其他意见和未来发展的想法［主观题］

____

若选择A北京市，则跳转

2. 目前您所了解的家中老人有哪些养老服务需求

A. 代购代办生活等必需品　　B. 饮食起居

C. 卫生打扫清理　　D. 外出陪伴、精神慰藉

E. 文教娱乐、体育健身　　F. 上门医疗

G. 其他________

3. 您家中老人养老费用来源主要是

A. 社会养老保险　　B. 商业养老保险

C. 养老金　　D. 积蓄

E. 其他________

4. 老人的养老金能否满足其养老需求

A. 可以　　B. 不可以

C. 不清楚

5. 您认为近几年北京市养老条件改善程度如何

0（未改善）—5（非常好）

6. 您认为以下智慧养老模式中哪一种较为普遍

A. 智慧居家养老　　B. 智慧社区养老

C. 智慧机构养老　　D. 智慧虚拟平台养老

7. 请问您是否了解并给家中老人安装使用了智慧虚拟平台，使老年人拨打一个电话即可获得相关服务

A. 了解，并且已安装使用　　B. 了解，但没有安装使用

C. 不了解，没有安装使用

8. 您认为目前智慧养老未完全普及的原因在于［多选题］

A. 智慧养老费用过高

B. 智慧养老服务不规范，缺乏专业技术和服务人员

C. 城乡收入差距过大

D. 传统思想观念不适应

E. 普及宣传智慧总不到位

F. 服务项目种类不够完善

9. 请问您身边的老年人是否愿意花费较多的金钱购买相比于传统养老产品效果更好的智慧养老服务产品

A. 是的，愿意　　B. 否，不愿意

10. 您对目前的智慧养老产品的态度是

A. 非常满意

B. 感觉一般（若选择不满意则跳转下一题）

C. 不满意（若选择不满意则跳转下一题）

D. 很不满意（若选择不满意则跳转下一题）

11. 请问您认为目前智慧养老产品的问题有哪些［多选题］

A. 实用性低

B. 未照顾到信息安全问题

C. 产品功能单一

D. 性价比低

12. 未来您更倾向于使用哪种智慧养老产品［排序题］

A. 便携式健康检测设备　　B. 陪伴型娱乐产品

C. 紧急联系就医设备　　D. 定位器

E. 智能生活服务产品

13. 您认为可以从哪几个方面提升智慧养老服务的质量和水平［多选题］

A. 更进一步整合线上线下资源，增加更多的智慧养老服务项目

B. 提高智慧养老设备技术水平

C. 增加政策扶持，政府监管

D. 增设智慧养老专业管理机构

E. 加强宣传教育

F. 智慧养老的覆盖率不断提升，价格水平不断下降

14. 您对智慧养老服务还有什么其他意见和未来发展的想法［主观题］

“巢”已筑好，只等“凤”来①

——贵州省黔东南州易地扶贫搬迁安置点精准扶贫政策研究

朱 倩 杨正美

【摘 要】精准扶贫是当代中国的一项重要战略任务，是切实提高居民幸福感、加速向全面小康迈进、早日实现伟大中国梦的重要保障。贵州省黔东南州精准扶贫工作是中国精准扶贫政策实施的一个缩影，具有一定的典型性和代表性。本课题研究组选取贵州省黔东南州易地扶贫搬迁安置点展开调研，采取问卷发放与实地考察相结合的方式，以群众对于精准扶贫政策的满意度为导向，通过运用SPSS数据分析方法对问卷与访谈结果进行分析，同时依据贵州省黔东南州精准扶贫政策实施的具体情况，了解该地区精准扶贫政策的落实成效，探析该地区脱贫攻坚工作面临的挑战，并从政策兜底、经济奠基、思想变革、社会联动四个维度，为深度贫困地区脱贫攻坚工作提出创新性和实践可行性的建议。

【关键词】精准扶贫；脱贫攻坚

一、调研的背景与意义

（一）选题背景

2020年是“十三五”规划的收官之年，也是决胜全面建成小康社会、决战脱贫攻坚的关键之年。脱贫攻坚，任何一个省份都不能掉队。2020年11月底，贵州66个贫困县全部脱贫摘帽，作为脱贫攻坚战的主战场，贵州从全国贫困人口最多，到全国脱贫人数最多，创造了脱贫攻坚的“省级样板”，书写了中国减贫奇迹的贵州篇章。

易地扶贫搬迁是一项民生工程，对推动实现脱贫攻坚和乡村振兴意义重大。易地扶贫搬迁政策的出台，为贵州省克服长期以来阻碍其脱贫工作进程的地理、

① 本课题指导教师：朱倩（北京工商大学马克思主义学院）；课题组组长：杨正美（经济181）；课题组成员：王浩涵、黄润倩、闫思彤（经济182）、孙婷（经济182）、谢璐俊（金融181）。

自然环境等不利因素提供了契机，对贵州省按时打赢脱贫攻坚战具有重要意义。易地扶贫搬迁之“巢”已筑好，就等国家政策这只“金凤凰”飞来，助力脱贫。

基于上述背景，本次调研聚焦贵州省黔东南州易地扶贫安置点，考察搬迁群众在脱贫过程中的感受；同时从群众反映的实际情况出发，探究搬迁后黔东南州脱贫工作仍存在的挑战。结合当地情况，为安置点的后续发展提出针对性参考建议，为黔东南州在易地扶贫搬迁的基础上进一步巩固脱贫成果与提高贫困群众获得感提供思路。

（二）研究意义

贵州省是全国脱贫攻坚战的重点省份，贵州省深度贫困地区则是脱贫攻坚主战场。精准扶贫政策实施以来，贵州省脱贫成果显著，但由于贫困人口基数大、贫困程度深，再加上其他各种因素的存在，致使脱贫攻坚依然面临许多困难与挑战。研究贵州省深度贫困地区精准扶贫现状，总结分析在扶贫开发中的成就与不足，并探索巩固脱贫攻坚成果，避免脱贫又返贫风险的新路径，无疑具有深远而重要的现实意义。

二、调研方案与研究方法

（一）调研方案

1. 调查目的

本文以易地扶贫搬迁安置点脱贫工作为研究领域，从居民满意度和感知度出发，结合问卷调查和实地考察等多种调研方式，了解精准扶贫政策绩效和政策落实的实际成效与面临的挑战，为贵州省黔东南州及其他深度贫困地区的扶贫工作提供政策建议。

2. 调查对象

（1）调查对象是居住在贵州省黔东南州的居民，享受该地区相关精准扶贫政策福利，如危房改造、易地搬迁、职能技能培训、教育扶贫等。贵州省黔东南州属于深度贫困地区，当地享受政府政策福利的居民较多，所以满足此条件的调查对象较多。

（2）网络调查问卷面向18～40岁的青壮年群体，社会角色以贫困户为主，其他年龄段、社会角色（如扶贫帮扶干部、普通群众）作为辅助。

3. 调研思路

我们首先对精准扶贫相关政策的研究现状和焦点问题展开研究综述，得出调研需聚焦的问题。在此基础上，通过实地调研了解易地搬迁的贫困群众的脱贫现状，以及对该地区精准扶贫政策及其实施的知晓情况等。基于调研收集的数据对贵州省黔东南州扶贫政策的落实成效进行分析，总结归纳精准扶贫工作的现存问题与挑战。最后，针对这些问题与挑战提出一些思考与解决路径。

（二）研究方法

1. 问卷调查法

精心设计出覆盖面广、针对性强的调查问卷，问卷发放采用线上线下相结合，为可行性方案的提出与实施提供数据支撑。

2. 实地调研法

为了更好地了解贫困地区精准扶贫政策落实情况，了解人民群众对“两不愁三保障”的实际感受，本项目研究组成员通过实地考察、入户访谈等形式，增加对该问题的研究了解。

3. 文献研究法

通过对国内外相关文献的收集及分析，同时融入整个小组的理解与观点，针对有关文献的研究成果，归纳目前的研究现状及可能产生的问题，为贵州省黔东南州易地扶贫搬迁安置点精准扶贫工作提出见解与建议。

4. 定量分析法

在研究过程中，对问卷中精准扶贫的统计数据进行量化分析，使人们对研究贵州省黔东南地区精准扶贫的认识进一步精准化。

三、政策落实成效分析

（一）精准扶贫工作成果

1. 公共服务先行，群众搬得出

据统计，“十三五”期间，黔东南州共建设易地扶贫搬迁集中安置点 90 个。截至 2019 年 10 月底，路、水、电、气、网等基础设施全面完工；与此同时，安置点绿化、亮化、美化工作全面推进。目前已搬迁入住 7.19 万户，30.81 万人，其中，县城安置点 71 个，安置 28.82 万人，占 93.53%，跨行政区域搬迁到凯里市 1.9 万人。

自易地扶贫搬迁政策实施以来，黔东南地区贫困人口在生活质量、消费水平、收入情况等各方面均有了很大的改善与提高。如图 1 所示，过半数的受访者表示生活条件有了较大的改善。

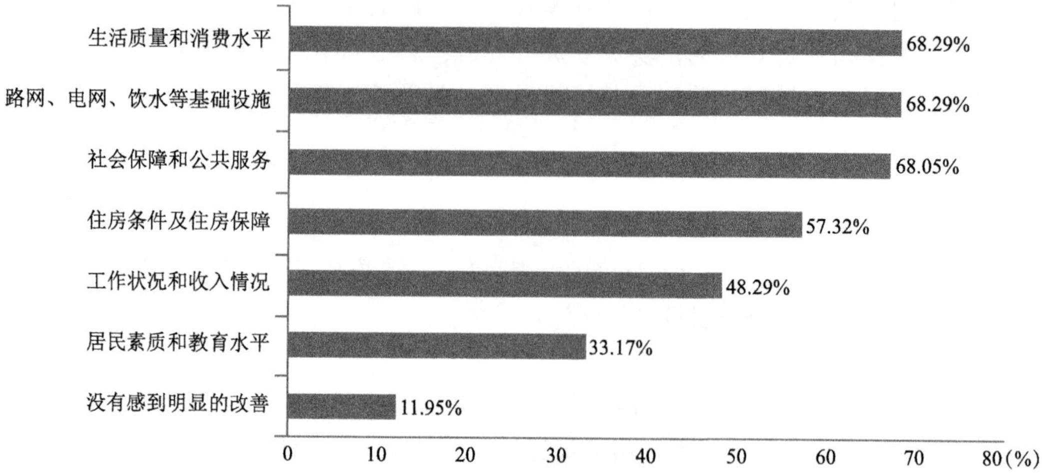

图 1　各方面改善与提高情况

2.“两不愁三保障”，住户稳得住

如表 1 所示，安置点群众对“两不愁三保障”的实际获得感分数平均高达 95.61%，绝大多数贫困户已经不愁吃、不愁穿，其义务教育、基本医疗和住房安全方面也得到了极大的改善和保障。可见，易地扶贫搬迁脱贫成效显著，人民群众生活有保障。

表 1　“两不愁三保障”实际获得感

问题	选项	小计	比例
平常是否吃得饱（米、面、粮油是否满足基本生活需要）	是	405	98.78%
	否	5	1.22%
饮用水有无明显杂质、异色异味，或常年饮用有无不良反应	有	21	5.12%
	无	389	94.88%
一年四季是否都有应季换洗衣物，有无御寒被褥	有	402	98.05%
	无	8	1.95%
适龄学生是否都在校	是	380	92.68%
	否	13	3.17%
	无义务教育阶段学生	17	4.15%

续表

问题	选项	小计	比例
家庭成员是否都参加医保	是	382	93.17%
	否	28	6.83%
住房是否安全	安全	394	96.1%
	不安全	16	3.9%

3. 就业培训兜底，群众能致富

据官方统计，截至2020年10月，黔东南州累计培训搬迁劳动力74 099人，建设扶贫车间164个，实现搬迁劳动力就业68 621户、144 770人，已基本实现“一户一人”以上就业目标。

4. 社区治理有方，群众心能安

截至2020年10月，黔东南州73个管理单元中，有65个安装天网工程、53个安装雪亮工程、73个完成消防管网工程建设等。社区里还配有保安夜间巡逻，保障社区居民的人身安全、财产安全，让安置点住户拥有安全感。

5. 文化融合，社区生活丰富多彩

在实地走访中，调研小组成员注意到凯里市经济开发区白午生态移民小区里建有专门的斗牛场，每逢节日，这里都会举办斗牛比赛；小区里还建有苗族游方长廊、苗族特色凉亭等，处处散发浓郁的苗族文化气息。搬迁的同时搬来文化，这让搬迁群众留住乡俗，极大丰富了社区生活，增强安置点住户幸福感。

（二）精准扶贫工作现存问题

实施易地扶贫搬迁政策后，黔东南地区脱贫攻坚成效显著的同时，还存在一些问题。通过问卷调查结果，结合实地调研分析，现存问题总结如下，具体数据见图2。

1. 人情扶贫、关系扶贫、形式扶贫较为严重

部分村干部在执行精准扶贫过程中存在欺骗瞒报、私分套取，把扶贫名额划给亲友，在精确帮扶环节中中饱私囊，在精确管理过程中睁一只眼闭一只眼，搞暗箱操作等，不利于精准扶贫工作的真正落实。从调查数据知，高达70.73%的受访者表示当前扶贫工作存在人情扶贫、关系扶贫、形式扶贫的问题。

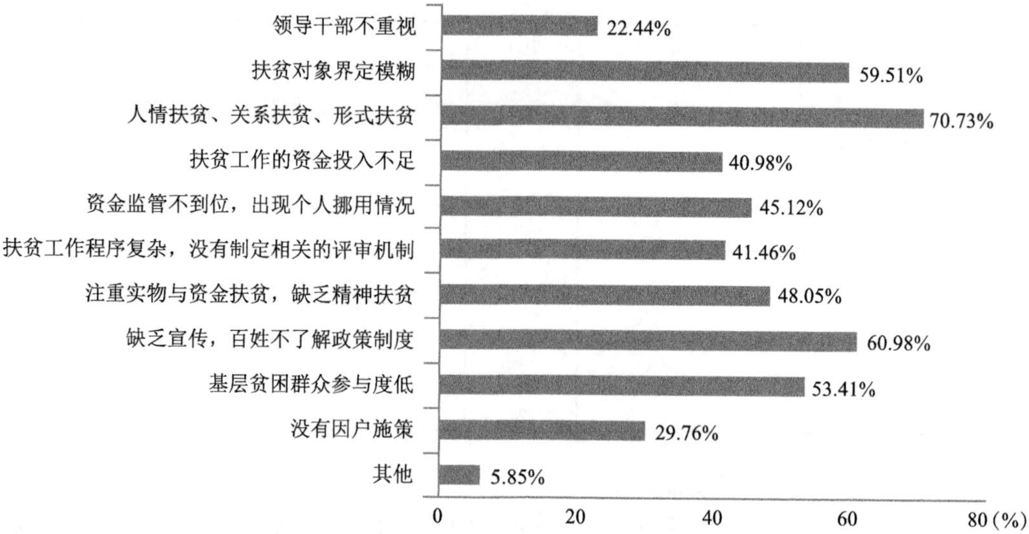

图 2　扶贫工作问题

2. 政策了解不够，基层群众参与度低

贫困户对扶贫政策不够了解，在宣传与申请的对接工作上出现问题，在脱贫过程中处于被动局面；基层干部对扶贫工作的精髓与本质认知不够，追求“短、平、快”，难以筑牢脱贫思想根基。在图 3 中，大部分受访者表示当前扶贫工作宣传不到位，还有一部分老百姓不太了解扶贫政策。同时，如图 3 所示，在问及调查对象是否了解扶贫政策时，“不太了解”和“很不了解”的人数占比之和为 21. 95% 。

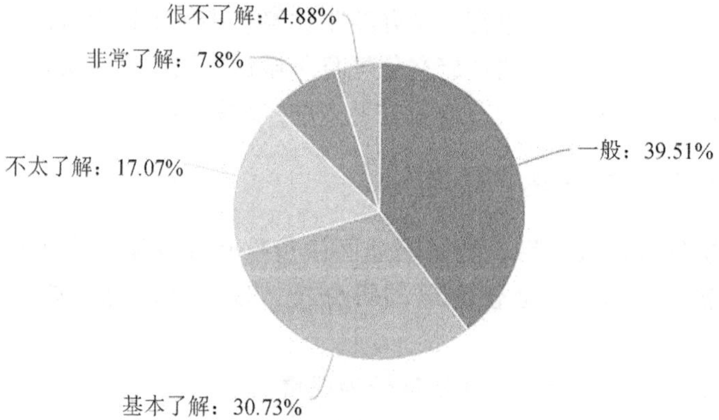

图 3　扶贫政策了解程度

3. 注重实物与资金扶贫，缺乏精神扶贫

部分贫困民众脱贫意识缺乏，“等、靠、要”现象严重，自主发展的意识淡薄。贫困户受教育程度低，精神层面难以跟上社会主流文化的脚步，出现“精神贫困”

现象。调查中，48.05%的受访者认为当前扶贫工作中应当加强精神扶贫。

4. 县域经济基础薄弱，扶贫资金投入不足

贵州省黔东南州有多个扶贫开发贫困县，县域经济基础薄弱、发展能力欠缺，许多扶贫手段难以有效开展。可以说，最大的问题是当地政府其实也贫穷，扶贫资金需要层层报批才能拿到，底层资金无法及时到位。调研数据显示，40.98%的受访者表示扶贫资金投入不足。

5. 易地搬迁政策原则与实践性逻辑偏离较大

贫困人口大多处在农业生产领域，扶贫搬迁以城镇为中心，在一定程度上将贫困人口与农业发展之间割裂开来，这就使得部分搬迁人口难以就业，无法适应城市生活。在实地走访中，发现有很多贫困户处于失业状态，绝大部分搬迁户之前从事农业劳作、耕田犁地，搬到城市后很难适应工业技术要求，无法找到工作；另有不少搬迁户是上了一定年纪或学历较低的，而社区提供的就业岗位或职业培训是有年龄要求的，50岁以上的不招或很少招，文盲或小学学历的也会受到限制。

6. 监督缺位引起腐败问题

目前依然存在扶贫干部在扶贫资格认定时优厚亲友的情况。调查显示，当被问及“就您所知的扶贫项目有漏掉一些贫困户或错给非贫困家庭的情况吗”这一问题时，除去53.66%的受访者表示“不清楚”外，29.27%的受访者选择“有”，选择“没有”的仅占17.07%。另外，如图4所示，在问及存在漏掉贫困户、错给非贫困户情况的原因时，高达75.83%的受访者认为非贫困家庭通过各种非正当关系获得贫困资格，进而导致贫困家庭无法享受扶贫政策。

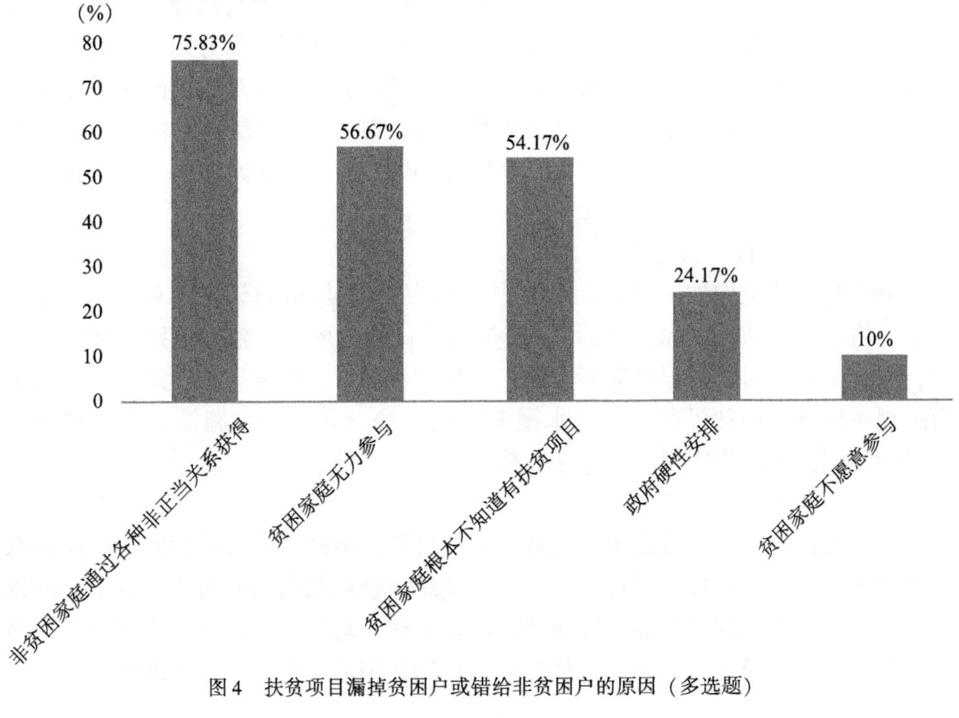

图4　扶贫项目漏掉贫困户或错给非贫困户的原因（多选题）

（三）现存问题的原因探析

1.“精神扶贫”重视度低

意识对实践具有反作用，要想从根本上消除贫困，“扶志”是关键。通过调查发现，贫困户都有一个共性，即主观能动性较低。由于教育程度低、知识储备不足的短板很难在较短的时间内补齐，导致物质扶贫与精神扶贫分离现象的发生，“等、靠、要”等思想层出不穷，脱贫的内生动力没有真正被激发，我国精神扶贫领域还有很长的路要走。

2. 居民维权意识弱

经济基础决定上层建筑，贫困地区的教育条件往往也较为落后。调查发现，易地扶贫搬迁安置点居民法律意识、维权意识不强，维权相关知识较为薄弱，在自身权益受到侵害后，不懂得如何采取措施维护自身权益，民主管理、民主决策并未真正落到实处，民主力量薄弱，易造成贫困区扶贫资金使用效率低，扶贫干部扶贫权力使用效率低等问题，最终使贫困地区陷入“年年扶贫年年贫”的困境中。

3. 扶贫思想并未与时俱进

历史与现实经验表明，唯有与时俱进、不断创新才能办成事、办好事。然而，经过调查研究发现，贫困地区存在“喊着新口号，办着旧事情”的问题，扶贫思想老套，不能与时俱进，缺乏基于现实基础的创新，导致新资源、新技术难以引进贫困地区，在贫困地区生根发芽，新条件下旧思想，注定难以实现扶贫、最终脱贫的目标。

4. 监督机制难以完全发挥作用

当今社会是法治型社会，社会的合理有序运行离不开道德与法律的约束。在脱贫攻坚进程中，监督机制在不同地区发挥作用的程度不尽相同，部分地区评选过程透明度较低，扶贫对象界定模糊。这就导致在精确识别、精确帮扶环节中暗箱操作等问题的发生，加之群众监督力度较弱，民主监督“纸上谈兵”，基层贫困群众参与度普遍较低，最终导致“人情扶贫”“关系扶贫”“形式扶贫”等现象发生，影响扶贫目标的实现。

5. 扶贫“指向标”发生偏差

部分扶贫干部工作作风浮躁，对扶贫工作的本质与精髓认知不够，以“数字”为准则，将扶贫的初心“抛之脑后”，扶贫流于口号与形式。精确识别、精确帮扶过程中，对贫困户资料、数据掌握不全面，出现“漏扶”“错扶”的现象，一味追求速度而忽视了质量，扶贫仍存在“大水漫灌”的现象，并未因户施策，真正贫困的群众难以参与到扶贫工作中来，最终导致扶贫工作效率低。

6. 对本地实际认识度低

找准本地区特点与优势是实现脱贫的必由之路，但经济发展落后的地区往往忽视了自身优势，缺乏在把握自身特点基础上，刺激经济增长的创新想法与政策。挖掘本区域特点是发展经济的助推器与导向图；难以把握本地区特点，易迷失方向，从而不能因地制宜地发展经济、文化等，最终陷入长期贫困的旋涡中，把不准脉。

7. 缺乏对焦时代的敏锐感

当今时代是科技型时代，便捷的网络技术使得信息不对称性大大减弱，信息成了重要的资源。电商经济、互联网经济的兴起，宣告了21世纪全球发展的方向。不懂得如何利用互联网技术手段、不关注外界、不主动获取新的信息，为本地区的发展注入新鲜的“血液”，必定会与时代脱节，最终被时代抛弃。然而，经调查发现，由于经济发展水平较低，贫困地区的基础设施较为落后，互联网并未真正走进人们的生活。信息获取度低，使得贫困地区无法捕捉到新时代、新经济发展背景下的发展机遇，难以真正摆脱贫困。

(四) 深度贫困地区脱贫攻坚路径探索

黔东南地区想要打赢脱贫攻坚战，应要在立足于自身特点的基础上，实事求是、因地制宜地发展经济、政治、文化，加强与周围省份的互联互通。同时坚决实行因户施策，对症下药，针对不同的致贫原因采取针对性强的政策措施。经济、政治、文化、社会层面的具体措施如下。

1. 政策保证

(1) 完善监督机制，树立明确的扶贫“指向标”

第一，发挥民主监督的作用，及时将扶贫干部信息、扶贫工作进程、扶贫政策解读等公示在黔东南州易地扶贫搬迁社区党政宣传栏上。第二，完善黔东南州当地的扶贫干部评选机制，提高评选程序的透明度。社区帮扶干部的选拔不仅要有政府领导的组织调配，还要有安置点居民的投票，要让当地贫困户评选出自己心仪的扶贫干部，充分调动民主的力量，筑起坚实的监督堡垒。第三，黔东南州当地要明晰扶贫对象的界定，加强对贫困户的筛查，精准摸底，避免“错扶”“漏扶”现象的发生。继续实施未易地搬迁之前的帮村干部措施，各县、村的帮扶干部仍要继续对接帮扶所属范围内的贫困户。第四，社区居委会或街道办要加强定期对帮扶干部进行考核，掌握各个事项及数据的变动情况，同时多入户调查，了解贫困户生活质量，以贫困户幸福感的提高为鉴定帮扶干部工作成效的准则。

(2) 畅通信息传输渠道，加大政策宣传力度

一方面，通过各种有效的渠道和媒体，尤其是新媒体和融媒体，多层次、多形式地宣传黔东南州的扶贫政策措施、成果及需求，定期更新脱贫过程中的事件、人物。在信息碎片化时代，要充分利用好图像优势，当地干部可以在工作过程中记录，或者寻找公益摄影组织，把黔东南州的脱贫事迹更有力地宣传出去，做到线上与线下相结合。另一方面，提高民众的参与度，建立完善的信息传输渠道，通过大数据技术，建立当地贫困群体数据库，在精准扶贫的各个阶段，实时跟踪并更新贫困户资料、数据的变动情况，提高扶贫工作的效率，防止脱贫又返贫现象的发生。

(3) 社区自治与统一领导“双管齐下”

一方面，根据黔东南州易地扶贫搬迁安置点规模的大小，合理地设置社区自治单元，选拔各栋楼楼长。各自治单元在坚持党中央、黔东南市政府政策领导下，对接本

社区内部的发展要求与特殊优势，针对性地实施脱贫战略。另一方面，充分发挥党员联系群众、楼长联系住户机制的作用，畅通信息反馈渠道，建立贫困户信息档案，并定期更新，做到专人负责、定期移送、失责必究，坚持努力做到服务精细化。

（4）易地扶贫多样化，助力搬迁工作

一方面，易地扶贫搬迁落实到地方，针对不同群体与不同地点，制订具体的搬迁细则。不是所有的地区都适应城镇集中搬迁方式，要因地制宜规划搬迁地点。有些贫困县可以就近搬迁安置在县里，像台江县所辖各村就可以把部分贫困户搬到县里，不用“一刀切”都搬到凯里市来。另一方面，要完善易地扶贫搬迁社区管理机制。易地扶贫搬迁打破了人们原有的生活交际网络，在新的环境中搬迁住户需要重构交际圈以适应新的生活，易地扶贫搬迁安置点的住户来自四面八方，邻里融合还需一定的时间。当地社区可举办文艺会演、棋艺大赛、刺绣比赛，修建篮球场、休息亭、健身器材等娱乐设施，让住户在活动与娱乐中增强邻里情谊，让搬迁主体更好地融入新地点，为生产生活提供和谐融洽的环境，真正做到脱贫致富。

2. 经济奠基

（1）对焦互联网时代，调准焦距

当今是信息化时代，互联网的出现极大地加快了信息的传播速度与范围。一方面要充分认识到互联网技术的关键性与重要性，对焦时代与社会的需求，完善当地互联网等基础设施建设。在黔东南州内部普及互联网技术的相关知识，让易地搬迁安置点现有及未来劳动力了解、掌握并运用互联网技术。另一方面，在第一、二、三产业中帮助贫困群众“拔穷根”，建设良好的扶贫网络平台，融入线上时代的电商直播带货潮流，顺利搭乘互联网技术这辆助推经济发展的“快车”，实现脱贫目标。

（2）创新扶贫模式，加大产业扶贫

增强基于现实基础的创新，在扎根当地现实状况的基础上，创新扶贫思路、探索扶贫路径，“既下硬功又使巧劲”。第一，黔东南州属于亚热带季风气候，多山区，自然人文风景独特，立足于此，引进互联网新资源、新技术，优化产业结构，深入发展旅游业。第二，选准苗绣、苗医草药、茶叶、黑木耳等特色优势产业，引进服装、建筑等龙头企业，建立“贫困户—龙头企业”“一条线”，让安置点贫困户在产业发展中分享更多收益，更好地巩固脱贫成果。

（3）扶持就业与产业分红双向发力

易地扶贫搬迁意味着生产、生活设施的建设与完善，这就为确保搬迁群众增产增收提供了新思路。一方面，黔东南地区在坚持“三个渠道”促进就业的同时，要同步配套建设社区工厂、产业园区与农业园区，促进生活质量、就业水平与经济发展水平的同步提升，在破除“无业可就”壁垒的前提下，强化安置点贫困户相应的技能培训，确保安置点贫困群众实现就业增收。另一方面，盘活扶贫产业奖补资金，发展新型集体经济，将第一、二产业结合起来，虽然将各县的贫困户安置到了城里，但不能完全割裂农业劳作，应扩大现代农业在第二产业中的比重，通过产业分红的方式稳定搬迁群众的收入。

3. 思想变革

(1) 拔穷根，做好“志智双扶”工程

精神扶贫与物质扶贫双管齐下，重视“扶智”的作用。第一，通过法律知识讲座、定期组织村民大会等形式，加强对搬迁安置社区贫困群众的教育，提高其维权意识、增强其法律知识储备。第二，贵州省部分地区长期处于相对封闭的环境中，现代化进程较为落后，文明认知与外界有一定的脱节，这就要求结合贵州省发展先进地区的思想宣传进程，进行新时代新思想的科普及宣传教育工作，明确道德规范，提高整体平均素质水平。第三，要深入发展“雨露计划”，多角度实现教育精准扶贫，帮扶黔东南州内寒门学子。

(2) “授之以鱼”，更要“授之以渔”

充分营造尊重知识、尊重技术的氛围，强调扶贫政策的出发点及其为贵州省带来的深远影响，提高黔东南州贫困人口对脱贫这一事件的重视程度。第三产业为黔东南州经济增长贡献了62.2%，服务业劳动力要求水平也在逐步提高。这就要求加强对当地搬迁来的贫困户进行职业技能培训，使之通过最基本的普通话测评，培养并提高安置点群众服务意识，给予培训补贴。同时适当对社区里自力更生、勤恳积极的贫困户进行奖励，在社区中加大对励志事迹的宣传，增强贫困群众的主观能动性，根除“等、靠、要”的思想，增强安置点脱贫的内生动力。

(3) 营造良好氛围，积蓄贫困群众发展潜力

树立长远的目光，遵循客观规律，坚持“两条腿走路”。在加强物质文明建设的同时，重视加强黔东南州精神层面的建设。一方面，通过广播、电视、公告、微信公众号推送等媒介，宣传党中央的政策、目前黔东南州脱贫攻坚工作进程及所取得的成效等内容。另一方面，要在少数民族地区内部形成积极向上、崇尚发展，始终跟着党的政策走，团结奋进的良好氛围，提高安置点贫困群众的自我认同感和荣誉感，帮助贫困户树立自我发展意识，从而提升当地贫困群众精神与思想层面的竞争力，积蓄该扶贫安置点脱贫的发展潜力。

4. 社会联动

(1) 分类保障，全面维护

重视各年龄阶层对于社会保障措施的需求，充分利用黔东南州政府财政资金，构建完善的社保体系。第一，针对青少年，要着重加强师资力量与教学基础设施的建设，在搬迁安置社区里修建幼儿园、小学，为当地引进先进的教学经验，加大教育扶贫力度，为脱贫奠定“精神基础”。第二，针对中年人，要扩大“五险一金”的覆盖范围，社区提供公益就业岗位的同时要为当地贫困户交“五险一金”，为贫困户提供基本的兜底保障。第三，针对老年人，要注重关怀慰问，建设社区养老院，定期发放生活物资，入户了解老人身体、心理状况，当然还可为每户老人配备家庭医生、社区医生。

（2）加强政府同各社会主体的联系，发挥联动效应

第一，提高黔东南州各企业家反哺家乡的意识，鼓励有能力的企业家为黔东南州脱贫工作提供资金、人力、宣传等方面的支持。积极呼吁离乡打工的青壮年返乡建设，增强当地产业发展的动力。第二，黔东南地区劳动力充足，土地种植面积大，可积极促进农商联动，以农业促进商业，商业反哺农业。第三，发挥贵州省或黔东南当地明星、主播、歌手（如阿幼朵、刘炫吟）等特殊群体社会影响力大的优势，宣传贵州省旅游业，助力“黔货出山”。第四，加强同社会福利志愿机构的合作，可让其他地方的社会工作者入驻扶贫安置社区，为扶贫工作的平稳进行提供保障。

（3）立足公共服务，为脱贫打下坚实基础

一方面，黔东南州易地扶贫搬迁安置点建立在山区，易发生山体滑坡，当地水质也是个较大问题，当地街道办、居委会应积极向社会发出“信号”，重视社会帮扶；向专业医疗、环境科学工作者“求助”，检测水质、土壤成分，保障当地安全饮食饮水，保障社区居民生命健康。另一方面，黔东南处于山区，交通较为不便，这就需要黔东南州政府搭建安全、有效的基础设施，改善贫困户日常生活，建立与社会交流的通道，为青壮年提供走出山区的机会，提高发展返乡建设的可能性。

参考文献

[1] 田嫣．“一步住上好房子，快步过上好日子”［N］．中国审计报，2017-09-01（005）．

[2] 马建英．做好易地扶贫搬迁后半篇文章［N］．贵州民族报，2020-12-08（A03）．

[3] 刘玉侠．精准扶贫中异地搬迁政策执行效果评估［D］．河南：郑州大学，2019．

[4] 黄承伟．充分认识习近平总书记关于精准扶贫精准脱贫基本方略的重大意义［J］．党建，2020（06）：25-27．

[5] 潘吉海．贵州少数民族地区精准扶贫研究［D］．上海：华东师范大学，2019．

[6] 宋佳圆．黑龙江省勃利县金融扶贫调查报告［D］．黑龙江：哈尔滨商业大学，2019．

[7] 刘颖．农村精准扶贫：成效、问题与对策——以 XC 县 S 村为例［J］．智库时代，2020（16）：285-287．

[8] 牟秋菊，谌伟彦．黔东南苗族侗族自治州农村贫困现状分析［J］．南方农村，2013，29（05）：58-62．

[9] 王介勇，陈玉福，严茂超．我国精准扶贫政策及其创新路径研究［J］．中国科学院院刊，2016，31（03）：289-295．

[10] 孔德帅．汉阴县异地扶贫搬迁后续扶持模式的实践与思考［J］．陕西发展和改革，2020（04）：36-38．

[11] 韦广慧，丁阿芳．浅谈异地扶贫搬迁移民社会适应问题——以贵州省 A 县为例［J］．南方农机，2020，51（05）：29-30．

[12] 鲍爽．湖南蓝山：围绕生态扶贫、异地扶贫搬迁等工作开展集中治理［J］．中国林业产业，2020（Z1）：128．

[13] 田嫣．“一步住上好房子，快步过上好日子”［N］．中国审计报，2017-09-01（005）．

[14] 马建英．做好易地扶贫搬迁后半篇文章［N］．贵州民族报，2020-12-08（A03）．

附录：

精准扶贫政策研究问卷调查

您好！我们是北京工商大学的在校学生，为了更好地了解贫困地区精准扶贫政策落实情况，了解人民群众对“两不愁三保障”的实际获得感，特此展开本次问卷调查。本次调查采用匿名方式，调查数据仅用于学术研究，不做其他用途，也不会公开，敬请您放心根据您的实际情况作答，感谢您的参与与支持！

1. 您的性别是
   A. 男　B. 女
2. 您的年龄是
   A. 18 岁以下　B. 18 ~ 40 岁　C. 41 ~ 64 岁　D. 65 岁及以上
3. 您在精准扶贫工作中的身份是
   A. 贫困户　B. 扶贫帮扶干部　C. 普通群众
4. 您对当前政府精准扶贫政策是否了解
   A. 非常了解　B. 基本了解　C. 一般　D. 不太了解
   E. 很不了解
5. 您是通过什么途径了解到精准扶贫政策的［多选题］
   A. 村委进村宣传　B. 邻里间访谈　C. 子女传达　D. 网络媒体报道
   E. 其他________
6. 您了解的精准扶贫工程有哪些［多选题］
   A. 干部驻村帮扶　B. 教育扶贫/“雨露计划”
   C. 扶贫小额贷款　D. 易地扶贫搬迁
   E. 最低生活保障　F. 社会养老保险
   G. 合作医疗　H. 产业扶贫（种植业、养殖业、发展旅游）
   I. 职业技能培训　J. 其他________
7. 您觉得精准扶贫政策对农村贫困群体的帮助如何
   A. 非常大　B. 比较大　C. 一般　D. 比较小
   E. 很小
8. 您认为现阶段精准扶贫工作的成效如何
   A. 效果很好，生活状况有明显改善　B. 效果较好，生活状况略有改善
   C. 效果一般，扶贫工作仍需改善　D. 效果不好，生活状况反而比以前更差
   E. 不清楚
9. 自家乡实行精准扶贫政策以来，您觉得哪些地方有了改善与提高［多选题］
   A. 住房条件及住房保障　B. 工作状况和收入情况

C. 生活质量和消费水平　　D. 路网、电网、饮水等基础设施
E. 社会保障和公共服务　　F. 居民素质和教育水平
G. 没有感到明显的改善

10. 您对地方精准扶贫工作的满意程度如何
A. 非常满意　B. 满意　C. 一般　D. 不满意
E. 非常不满意

11. 就您所知的扶贫项目中，有漏掉一些贫困户或错给非贫困家庭的情况
A. 有　B. 没有　C. 不清楚

12. 您认为扶贫项目中漏掉一些贫困户或错给非贫困家庭的原因是［多选题］
A. 非贫困家庭通过各种非正当关系获得
B. 贫困家庭无力参与
C. 贫困家庭根本不知道有扶贫项目
D. 政府硬性安排
E. 贫困家庭不愿意参与

13. 您认为当前的扶贫工作存在哪些问题［多选题］
A. 领导干部不重视
B. 扶贫对象界定模糊
C. 人情扶贫，关系扶贫，形式扶贫
D. 扶贫工作的资金投入不足
E. 资金监管不到位，出现个人挪用情况
F. 扶贫工作程序复杂，未制定相关的评审机制
G. 注重实物与资金扶贫，缺乏精神扶贫
H. 缺乏宣传，百姓不了解政策制度
I. 基层贫困群众参与度低
J. 没有因户施策
K. 其他________

14. 就您家乡的脱贫攻坚工作而言，您认为以下哪些建议很重要［多选题］
A. 着力补齐基础设施短板　　B. 加强扶贫资金管理和使用
C. 切实提高脱贫攻坚精准度　　D. 注重扶贫队伍建设和人才培养
E. 加强脱贫攻坚责任和政策落实　　F. 进行技能培训，教授生存技能
G. 其他________

15. 您认为当前哪些方面更应该投入大比重帮扶政策［多选题］
A. 产业扶贫（技能培训、产业引导等）
B. 教育扶贫（义务教育生活补助、高中助学补助等）
C. 医疗保健扶贫（大病救助全覆盖、突发性大病可兜底等）
D. 易地扶贫搬迁扶贫（主要针对偏远地区居住在土坯房以及危房户，实施易地搬迁）

E. 公共服务扶贫（针对贫困地区的道路、安全饮水以及其他公共设施和服务的提升）

F. 社会帮扶（培训就业、社会捐助、定向扶贫等）

G. 其他________

16. 平常是否吃得饱（米、面、粮油是否满足基本生活需要）

A. 是　　B. 否（请说明情况）________

17. 多长时间吃一次肉类、蛋类、奶制品或豆制品等

A. 想吃随时能吃

B. 一周至少一次

C. 一个月至少一次

D. 因生活习惯等原因从来不吃或很少吃

E. 因经济原因从来不吃或很少吃

18. 饮用水是否无明显杂质、无色无味，或常年饮用无不良反应

A. 是　　B. 否（请说明情况）________

19. 一年四季是否都有应季换洗衣物，有无御寒被褥

A. 有　　B. 无（请说明情况）________

20. 适龄学生是否都在校？

A. 是　　B. 否　　C. 无义务教育阶段学生

21. 家庭成员是否都参加医保

A. 是　　C. 否

22. 住房是否安全

A. 安全　　B. 不安全（请说明情况）________

23. 是否享受过危房改造政策

A. 危房改造维修加固　　B. 危房改造拆除重建

全面建成小康社会中居民就医认知、态度与行为选择研究[①]

姚洪越　张晋譞

【摘　要】经过此次疫情，在全面建成小康社会和促进社会和谐、可持续发展的背景下，由于社会发展进程不同，大家的就医态度行为和选择都发生了一定的变化。本研究就全面建成小康社会的进程中居民就医认识的态度进行调查访谈和梳理，以期对此问题有更加深刻的认识。

【关键词】就医认知；就医态度；就医行为；就医选择

依据全面建成小康社会中居民就医认知、态度、行为选择调查问卷进行分析。此次参与问卷调查的共有260人，采取网络发布问卷的方式，具有一定的随机性，参与调查的男性占比为61.54%，女性为38.46%。年龄都不超过60岁。此次随机调查没有60岁以上的人群参与，这也是网络随机调查的一大弊端，由于老年人不常用手机，这部分数据不易采集。此次参与调查的主力人群年龄为18~35岁，占比80.77%；其次为36~60岁，占比11.54%；最后为18岁以内，占比为7.69%，多重年龄段的数据采集丰富了样本的多样性。

一、问卷调查结果及分析

（一）对小康家庭及社会的认知

因为此次调查的重点是全面建成小康社会中居民就医的认知、态度与行为选择，所以我们第一步调查了居民对小康社会的理解。

---

① 本课题指导教师：姚洪越（北京工商大学马克思主义学院）；课题组组长：张晋譞（会计182）；课题组成员：文禹衡（会计182）、陈倪（会计182）、齐特（会计182）、崔婷（会计182）。

第 5 题　您觉得您的家庭是否为小康家庭

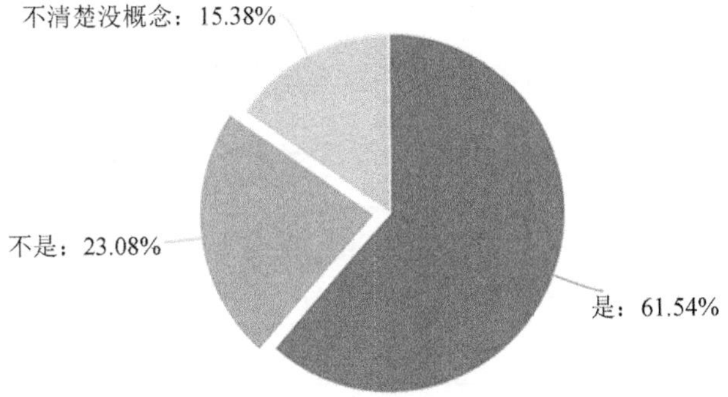

图 1　认可自己是小康家庭的状况

结果显示，在 260 名调查者中有 61.54% 的人认为自己属于小康家庭，有 23.08% 的人认为自己不属于小康家庭；剩余 39 名调查者不清楚自己是否属于小康家庭。若调查结果无误，那我们离全面小康还有一段距离。

第 6 题　您认为我国全面建成小康社会的总体目标能否实现

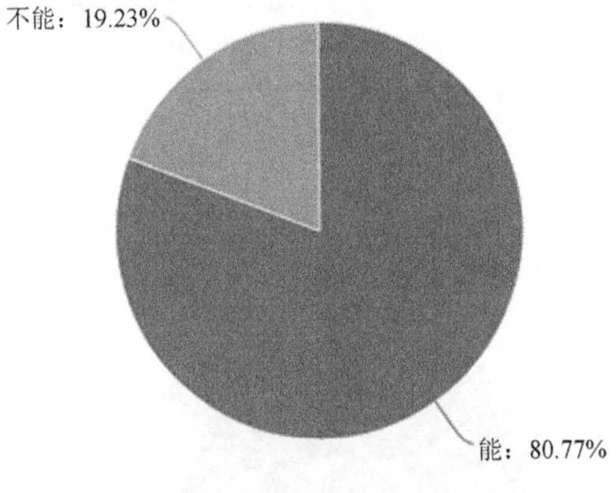

图 2　对我国全面建成小康社会的总体目标实现情况的认知状况

第 7 题　您觉得如何才能全面建成小康社会［多选题］

表 1　对我国如何才能全面建成小康社会的认知状况

选项	小计	比例
提高教育水平	243	92. 31%
保证就业	242	92. 31%

续表

选项	小计	比例
物价平稳	213	80.77%
提高收入	213	80.77%
降低房价	170	65.38%
就医医保更完善	232	88.46%
其他	20	7.69%
本题有效填写人次	260	

由上述调查结果可知，有 80.77% 的人认为全面建成小康社会总体目标能够实现。这是出于对党和国家的信任，也出于了解国家的经济每年都在稳步增长。而剩余 19.23% 的人认为不能实现，因为疫情确实给经济带来了不小打击，这是全世界面临的挑战。

最后，我们还收集了大家对全面建成小康社会需要达到的标准的认识，其中提高教育水平、保证就业、物价平稳、就医医保完善名列前四，可以看出人们对提高教育水平的注重，以及对基础医疗的关注。

（二）对就医的认知和态度

第 8 题　您是否进行体检

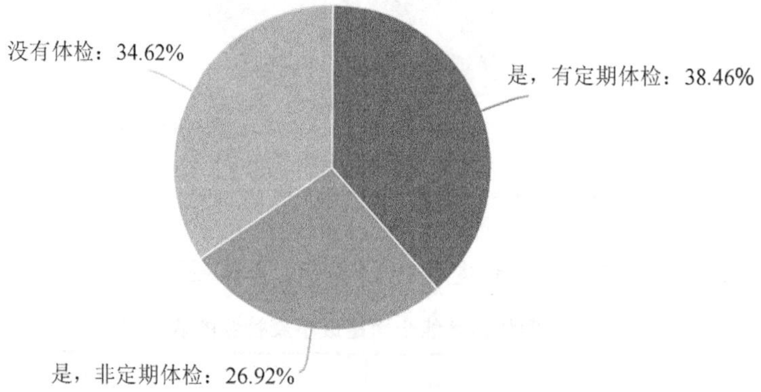

图 3　对就医态度的认知状况

体检是一个能体现出就医认知和态度的项目。据此次调查，有 34.62% 的人没有体检；有 26.92% 的人有体检，但不是定期体检；有 38.46% 的人定期体检。其实体检是一个非常好的习惯，也是对健康十分关注的表现之一，随着人们年龄的增长、新陈代谢的降低，各种疾病发生的概率都会增加，而体检正是发现隐含疾病的方法。当代年轻人生活作息不规律，也应当每隔几年做一次全身体检，防止身体出现大问题。

第 9 题 当您身体不适时您的态度是

表 2 对身体不适后的态度选择状况

选项	小计	比例
马上去正规医院就诊	130	50%
去当地私人小诊所看病	10	3.85%
根据以往经验自己吃药	48	19.23%
认为是小毛病，扛扛就过去了	72	26.92%
本题有效填写人次	260	

有 50% 的人认为身体不适时要马上去正规医院就诊；3.85% 的人去当地私人小诊所看病；19.23% 的人根据以往经验自己吃药，26.92% 的人认为是小毛病，扛扛就过去了。也就是说，有一半的人较为爱惜自己的身体，一生病就去正规医院看病。值得注意的是有部分人会去小诊所看病，有些小诊所缺乏资质，医生素质良莠不齐，很可能使病情雪上加霜。若是小毛病，可以吃药或者硬扛，但吃药的话还是需咨询一下药店坐诊医师，乱吃药容易引起一些其他的连锁反应；若不是小毛病还是需要到大医院就诊，以保证自己的身体健康。

（三）对医院的选择与态度

第 10 题 您一般从何种途径获知医疗机构的信息（最多两个）[多选题]

表 3 获取医疗机构信息途径的状况

选项	小计	比例
电视与广播	141	53.85%
报纸杂志和传单	34	15.38%
网络搜索和电话咨询	111	42.31%
朋友介绍	71	26.92%
其他	31	11.54%
本题有效填写人次	260	

由上述可知，在众多医疗机构获取渠道中，电视与广播、网络搜索和电话咨询位居前二，分别占 53.85% 和 42.31%，而报纸杂志和传单占 15.38%，朋友介绍占 26.92%。由于人们获取信息的主要方式已经发生改变，主要通过网络以及电视获取信息，而报纸杂志渐渐淡出了人们的视线，所以报纸杂志占比较低，也十分正常。

第 11 题　您平时就医时选择哪种医疗机构 [多选题]

表 4　选取医疗机构种类的状况

选项	小计	比例
三甲医院	220	84.62%
公立非三甲医院	101	38.46%
社区卫生站	99	38.46%
私人诊所	19	7.69%
其他	11	3.85%
本题有效填写人次	260	

第 12 题　您选择该医院的原因是（最多三个）[多选题]

表 5　选择某医疗机构原因的状况

选项	小计	比例
就近就医	120	46.15%
医保定点单位	120	46.15%
医疗技术水平	170	65.38%
医疗设备和各种基础设施	110	42.31%
候诊时间	20	7.69%
就医环境和服务态度	10	3.85%
医院评级和知名度（宣传、口碑）	30	11.54%
医疗费用	30	11.54%
本题有效填写人次	260	

就医院的选择而言，大部分人还是选择三甲医院或者公立非三甲医院，这两者在其中占比分别为 84.62% 与 38.46%；只有较少部分人会选择私人诊所，因为私人诊

所存在两个问题：一是价格昂贵；二是资质不齐全。只有少部分私人诊所能做到价格公允、医疗服务优良，所以也造成大部分人选择公立属性的医院，如三甲、非三甲或社区卫生站等。

对于选择医院的原因，我们收集到排名前三的是分别是：医疗技术水平占65.38%；就近就医占46.15%；医保定点单位占46.15%。说明人们在选择医院时，首先考虑的是医院的技术水平，其次是离家距离，毕竟有些病也不宜远距离奔波，最后就要考虑是否为医保定点医院，毕竟在医保定点医院就诊，能在后续通过医保报销一部分治疗费用，为家庭节省一部分医疗支出，也正因此其排在医院选择的第三名。

第13题　在医院就医时，除了病情您最关注的

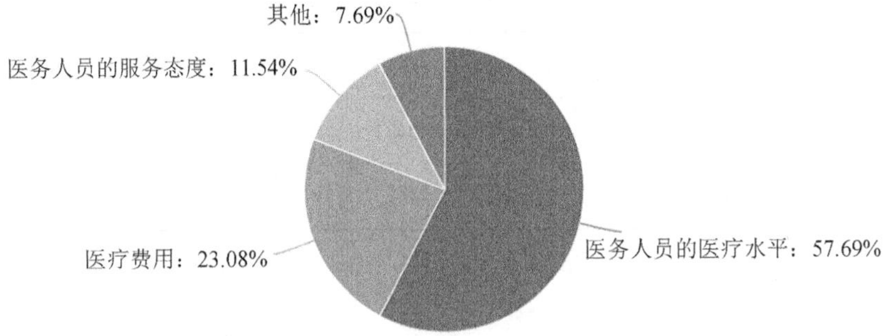

图4　病情之外最关注的医院相关状况

由调查可知，就医时人们最关注的是医务人员的医疗水平，这在调查人群中占了57.69%，超过了一半；排在第二的是医疗费用，占23.08%；排在第三的则是医护人员的服务态度，占11.54%。这体现了人们心目中好的医院最起码应该做到医疗水平有较高的水准；最后人们才会考虑费用、服务等其他条件。

第14题　您是否清楚自己医疗保险的相关内容

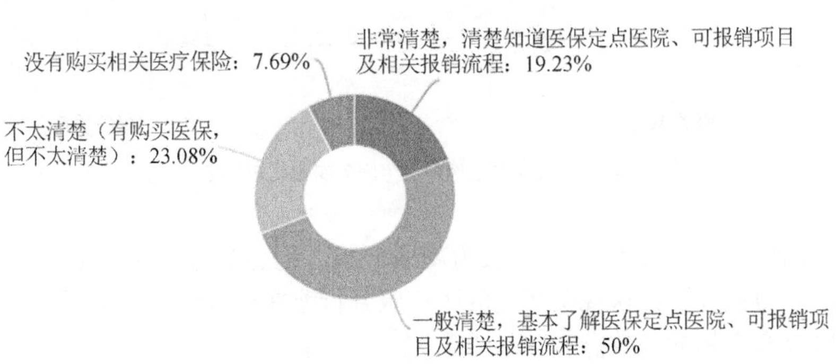

图5　自身医疗保险相关内容的认知状况

由统计图可知，在对于自身医疗保险的了解情况调查中，有 19.23% 的人对于定点医院、报销项目、报销流程等十分了解；而有 50% 的人基本了解；剩余 30.77% 不是不了解或没有购买医保。从中可以看出样本内大部分人对于医疗保险情况大致有一个清楚的认知，这是一个十分好的现象，这也能尽量避免出现买了医保看病不在定点医院不能报销等情况，了解报销的流程也为报销时节省了时间与精力。

第 15 题　您认为近几年来基层医疗卫生服务有哪些变化［矩阵单选题］

表 6　近几年基层医疗卫生服务变化认知状况

题目/选项	变好了	没有变化	变差了	不清楚
就医环境	180（69.23%）	31（11.54%）	9（3.85%）	40（15.38%）
服务质量	140（53.85%）	40（15.38%）	31（11.54%）	49（19.23%）
服务态度	130（50%）	50（19.23%）	31（11.54%）	49（19.23%）
费用报销的方便程度	150（57.69%）	60（23.08%）	19（7.69%）	31（11.54%）

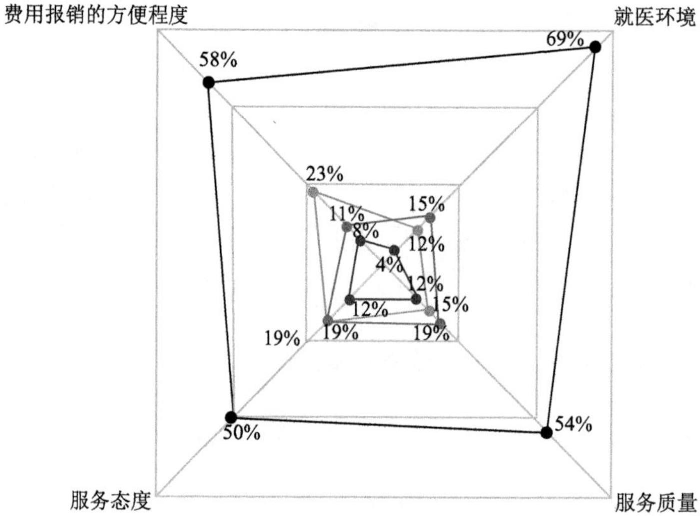

图 6　近几年基层医疗卫生服务变化认知状况

由统计图可知，超过 50% 的人认为就医环境、服务质量、服务态度、费用报销的方便程度变得更好了，这说明我国的医疗服务行业在朝好的方向发展，且说明我国近年来的医改有卓越的成效。

第 16 题　您认为医患关系紧张的原因是［多选题］

表 7　医患关系紧张原因的认知状况

选项	小计	比例
看病贵看病难所引起的不满	110	42.31%
误诊或效果不好	130	50%
医疗体制审计不合理	81	30.77%
媒体舆论对医患关系的负面报道	149	57.69%
医疗资源分布不均匀	149	57.69%
部分医护人员的服务态度不好	120	46.15%
少数患者不理性、诉求极端、期望太高	170	65.38%
其他	0	0%
本题有效填写人次	260	

在“您认为医患关系紧张的原因”问题中，排名前三的是少数患者不理性、诉求极端、期望太高，医疗资源分布不均匀，媒体舆论对医患关系的负面报道，三者分别占65.38%、57.69%、57.69%。的确，很多绝症患者家属对医院抱有过高的期待，一旦出了问题就会发生不可调和的医患矛盾。此时有些媒体又会借此进行负面报道，导致产生恶性循环，出现患者和医院对立的局面。为了规避或减少医患矛盾，媒体应该做出正反馈而不是负面信息渲染；患者家属也应该体谅医疗工作者的尽力而为。目前医疗资源不均匀仍是我国主要的问题，这只能靠政府逐步完善医疗体系，才能解决此问题。还有一些造成医疗矛盾的原因分别是看病贵看病难所引起的不满、误诊或效果不好、医疗体制审计不合理、部分医护人员的服务态度不好。

第 17 题　如果对医生诊断结果有疑惑，您会怎么做

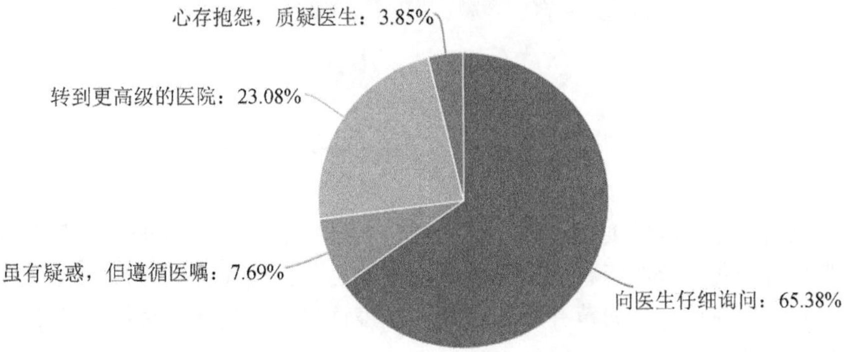

图 7　对医生诊断结果疑惑后的行为选择状况

从调查结果来看，大部分人如果对医生结果有疑惑，都会向医生仔细询问，这在被调查人群中占65.38%；一部分人会转去更高级的医院，占23.08%；还有一部分人虽然有疑惑，但仍遵循医嘱，占7.69%；有极小一部分人心存抱怨，质疑医生，占3.85%。

第18题　您是否愿意接受网上就医

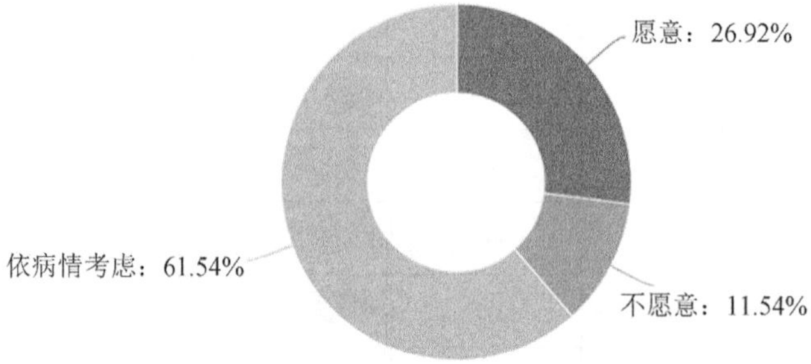

图8　对网上就医的接受意愿状况

随着网络科技的发展，就医的形式也发生了改变，除了传统的去医院面对面就诊，还可以在网络上通过视频面诊，或文字图片描述等方式获得诊疗。对此大家的看法是：有61.54%的人认为是否在网上就医得基于病情的考虑，如果病情不严重可以在网上诊疗，如果严重还是要去医院治疗；有26.92%的人愿意接受网上就医；只有11.54%的人不愿意在网上就医。

第19题　疫情之后就医态度是否有变化

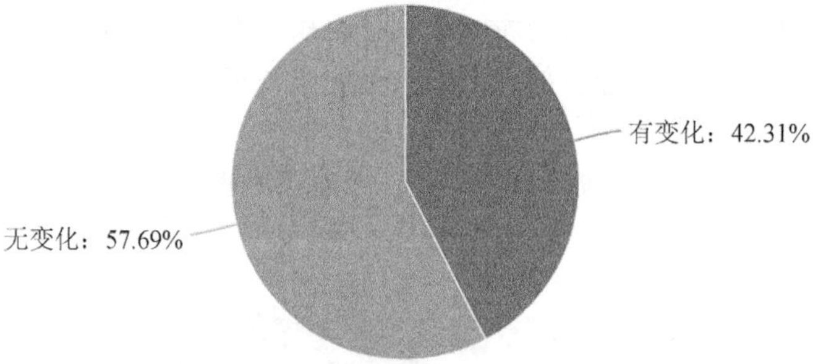

图9　疫情之后就医态度的变化状况

疫情之后医疗态度的变化调查显示，有42.31%的人认为有变化；另外57.69%的人认为没有变化。课题组认为，经过这次疫情后，人们应该更重视医疗，对身边一些奇怪的病情更应该注意防范并引起重视，且疫情过后网络就医被推上了主流就医的舞台，被更多的人所接受。

二、访谈及分析

（一）采访

随着社会经济的不断发展，人民的生活水平稳步上升。医疗作为日常生活中的重要一环，在全面建成小康社会的进程中扮演着十分重要的角色。由于各年龄段的人对于医疗水平进步有着不同的经历和看法，故我们分别采访青、中、老三位民众代表和一位医务工作人员，请他们谈谈居民就医认知、态度和行为选择的具体情况。

青年居民：吉仔，21 岁，上海大学本科大四学生，父母为银行高层管理人员，家境优越

问：平常是否有定期体检检查身体的习惯？

答：不太检查，因为年轻，身体不会有什么太大问题。从小到大只有在感到不舒服的时候才去医院，医生说检查什么就检查什么。

问：那一般都去什么级别的医院呢？

答：平时一些小病就去就近的三甲医院，如果实在严重再视情况去更高级别的医院。

问：就医以后，你会选择医保报销吗？

答：不是很清楚，医保报销什么的都是爸妈在操作。

问：能不能谈谈最近一次的就医经历和感受？

答：最近一次的话是在两个月前，是去上海九院复诊种植牙。总体来说，九院的医疗水平十分先进，而且在口腔科这一块十分权威，医生也十分专业，给出了复诊建议，就医体验很棒。复诊完心情舒畅，除了种植牙价格稍贵，其他都挺好。

中年居民：张叔，45 岁，高中教师

问：平时是否有定期体检的习惯？

答：学校每年都安排体检，一年一到两次，不用自己操心。

问：能谈谈医保的使用体验吗？

答：医保一直在交，这样一旦家人有什么不舒服要去医院，大部分都能报销，总之体验很好，但话说回来，一直用不到医保才是最佳状态，哈哈！

问：能否谈谈医疗进步带给你最大的体验？

答：我觉得网上就医算是近些年来最大的变化，一些身体上的小毛病能在一些专业的医疗APP上咨询专业的医师，足不出户就能解答疑惑，我觉得很棒。

老年居民：施奶奶，75岁，退休工人

问：平时是否有定期体检的习惯？

答：当然啦，像我们这种上了岁数的人肯定是身体健康第一。我一般在7月中旬去一趟人民医院，做做B超、CT检查和心电图之类的。

问：简单谈一下医保的使用体验？

答：一个字概括就是“好”。以前是真的苦，得了什么病用进口药可贵了，还没地儿去报销，去一趟医院可能得花半年的积蓄。现在不一样了，有了医保，大部分都能给报销，小病花不了多少钱，大病也能报销很多，真好。

问：能不能谈谈最近一次就医体验？

答：哈哈，这两年没怎么生病，身体可好呢，以前的经历记不太清了。

医务工作人员：陈医师，江苏省启东市人民医院高级医师，江苏省启东市肝癌研究所副研究员

问：请谈谈本地定期体检的情况。

答：由于启东市是肝癌的高发地，所以我所就下乡体检这块每年都在做，每年两次定期下乡体检排查，并针对有家族病史的重点体检，做到早诊早治。而且在市区医院我们也有安排定期的免费体检，不同时段安排不同职业的居民，如老师、医生等定期接受全方位的体检。

问：医院方面在医疗水平提高方面有什么措施？

答：以我院为例，首先从人才方面，招聘新医生的门槛要求是硕士研究生以上，并不断组织医师进行学习，提高业务水平；其次购买新型医疗仪器，以给病患提供精准的确诊和治疗服务；还有就是建新的病楼，改善医疗环境。在这些方面我院近年成效显著。

问：您能就今年疫情提出一些日常就医建议吗？

答：疫情方面我们江苏省的防控措施还是很到位的，市民的自觉遵守和配合医院治疗给了我们很大的帮助。目前部分居民就医的意识还是比较薄弱，没有一个好的就医意识和习惯，不过这个现象正在慢慢好转。日常就医还是提倡定期体检，早诊早治，养成良好的生活习惯，相信医院，积极配合。

（二）访谈报告

此次访谈我们分别选择了老、中、青三代人，并对不同群体采用了不同的具有针对性的问题进行采访。此外，为了更客观地反映居民对就医的态度和认知，我们邀请到了江苏省某高级医师，从医务工作者的角度更加客观、专业地反映目前居民的就医态度和行为。

从访谈结果可以看出，接受采访的青年并没有定期体检的习惯和愿望；中年居民表示会服从单位的安排，每年进行固定的体检；老年居民表示自己很重视定期的体检，有定期体检的愿望和意识。

而在就医医院选择上，青年居民表示更愿意就近选择医院；中年居民表示会视情况而定，如果病情严重会去往最专业最权威的医院就医；而老年居民和中年居民回答类似，都是视情况而定。

在医保的了解程度上，青年居民表示一直是父母在操作，自己并不了解；中年居民表示每年都会查询上缴情况，自己及家庭都很重视医保的缴纳和报销的流程；老年居民表示自己虽不懂医保，但是对近几年的医保完善度和普及度很满意，满意现在看病可以拥有完善的报销制度。

在就医经历和个人感受上，青年居民表示挂号比较难，但医生很专业；中年居民表示很欣赏目前就诊的多渠道。

综上，青年居民在就医的态度上并不积极，其自述的原因是年龄较小，身体并无不适。在就医地点的选择上，青年居民一般会选择就近就医，这与其没有明显不适和身体没有大病相吻合。在医保了解程度上，青年居民不太关注和了解。青年居民还表达了当下挂号比较难的问题。

中年居民在就医体检的态度上一般，愿意跟着单位的安排定期体检。在就医地点的选择上，中年居民会根据病情而选择不同的就医地点。在医保了解程度上，中年居民表示很重视并且会了解并学习报销流程。中年居民也表示欣赏近年来就诊渠道的变化，让就诊变得有了更多的选择，增加了便利性。

老年居民在就医和体检的态度上更为积极，会自行重视定期的体检。在就医地点的选择上，老年居民与中年居民的选择类似。在医保了解程度上，老年居民并不十分了解。此外，老年居民也夸赞了近年来医保制度的完善和普及，居民的医疗福利有了显著的改善。

总体来看有三点。第一，就医的态度与年龄呈正比，年龄越大，对就医的态度和意识越为积极。第二，对医保的了解程度上为中年最为了解，青年与老年了解较少。第三，对就医地点的选择上为青年就近就医，中年和老年视情况而定。

而从医生的角度来看，近年来医疗福利的基层建设如火如荼，医疗机构定期下乡体检排查，并针对有家族病史的重点体检，做到早诊早治，而且在市区医院也有安排定期的免费体检。从医务系统的角度来看，医疗福利的普及也在加快。

目前部分的居民就医的意识还是比较薄弱，没有一个好的就医意识和习惯，不过这个现象正在慢慢好转。

而医生对居民的建议是：首先养成好的生活习惯，其次一定要重视体检，积极就医，相信医生。

通过对居民的访谈，结合医生的反馈，可以总结出几个我们亟待解决的问题。其一，年轻人对就医和体检的重视程度在某些层面不够。其二，老年人对医保报销等流程和知识并不了解。

三、总结及展望

随着社会经济的不断发展，人民的生活水平稳步上升。医疗作为日常生活中的重要一环，在全面建成小康社会的进程中扮演着十分重要的角色。而在全面建成小康社会的过程中，人们对于医疗的认知也有所改变。随着大家对医疗的重视，居民对医疗也有了比较客观的认识，能够做到不害怕就医、有病及时就诊。目前部分居民就医意识还是比较薄弱，没有好的就医意识和习惯，不过这个现象正在慢慢好转。随着网络科技的发展，就医的形式也发生了改变，除了传统的去医院面对面就诊，还可以在网络上通过视频面诊或文字图片描述等方式诊疗，大部分居民也逐渐接受了这些新兴的诊疗方式。更重要的是经过这次疫情后，人们对医疗更重视了，更加积极主动了解医疗知识。医疗体系的完善也是全民建成小康社会中重要的一环，但老年人对现有医疗体系、医保体系还不够了解，社区可以加大宣传讲解力度，帮助大家增加对医疗体系的了解。

附录：

全面建成小康社会居民就医认知、态度与行为选择调研问卷

您好！我们是北京工商大学的学生，正在做一项关于全面建成小康社会中居民就医认知、态度与行为选择研究。为了解现状，分析问题，我们特地展开此次调查。希望您能在百忙之中抽出一点时间，协助我们完成问卷。本次调查以不记名的方式进行，您的宝贵意见对我们很重要。谢谢您的合作！

1. 您的性别是

   ○男

   ○女

2. 您的年龄是

   ○0 ~ 18 岁

○18～35 岁
○35～60 岁
○60 岁以上

3. 您的文化程度是
○小学及以下
○初中
○高中
○大学专科
○大学本科
○研究生及以上

4. 您的月收入是
○1500 元及以下
○1500 元～3000 元
○3000 元～8000 元
○8000 元～20 000 元
○20 000 元及以上

5. 您觉得您的家庭是否为小康家庭
○是
○不是
○不清楚没概念

6. 您认为我国全面建成小康社会的总体目标能否实现
○能
○不能

7. 您觉得如何才能全面建成小康社会［多选题］
□提高教育水平
□保证就业
□物价平稳
□提高收入
□降低房价
□就医医保更完善
□其他

8. 您是否进行体检
○是，有定期体检
○是，非定期体检
○没有体检

9. 当您身体不适时您的态度是

○马上去正规医院就诊

○去当地私人小诊所看病

○根据以往经验自己吃药

○认为是小毛病，扛扛就过去了

10. 您一般从何种途径获知医疗机构的信息（最多两个）［多选题］

□电视与广播

□报纸杂志和传单

□网络搜索和电话咨询

□朋友介绍

□其他________

11. 您平时就医时选择哪种医疗机构［多选题］

□三甲医院

□公立非三甲医院

□社区卫生站

□私人诊所

□其他________

12. 您选择该医院的原因是（最多三个）［多选题］

□就近就医

□医保定点单位

□医疗技术水平

□医疗设备和各种基础设施

□候诊时间

□就医环境和服务态度

□医院评级和知名度（宣传、口碑）

□医疗费用

13. 在医院就医时，除了病情，您最关注的是

○医务人员的医疗水平

○医疗费用

○医务人员的服务态度

○其他

14. 是否清楚自己医疗保险的相关内容

○非常清楚，清楚知道医保定点医院、可报销项目及相关报销流程

○一般清楚，基本了解医保定点医院、可报销项目及相关报销流程

○不太清楚（有购买医保，但不太清楚）

○没有购买相关医疗保险

15. 您认为近几年来基层医疗卫生服务有哪些变化［矩阵单选题］

	变好了	没有变化	变差了	不清楚
就医环境	○	○	○	○
服务质量	○	○	○	○
服务态度	○	○	○	○
费用报销的方便程度	○	○	○	○

16. 您认为医患关系紧张的原因是［多选题］

□看病贵看病难所引起的不满

□误诊或效果不好

□医疗体制审计不合理

□媒体舆论对医患关系的负面报道

□医疗资源分布不均匀

□部分医护人员的服务态度不好

□少数患者不理性、诉求极端、期望太高

□其他________

17. 如果对医生诊断结果有疑惑，您会怎么做

○向医生仔细询问

○虽有疑惑，但遵循医嘱

○转到更高级的医院

○心存抱怨，质疑医生

18. 您是否愿意接受网上就医

○愿意

○不愿意

○依病情考虑

19. 疫情之后就医态度是否有变化

○有变化

○无变化

民众对《中华人民共和国民法典》的创制、认知和认同情况调研①

田建华　魏明昊

【摘　要】本文通过了解民众对《中华人民共和国民法典》的创制、认知和认同情况，挖掘民众对民法典认知过程中存在的问题，进而为推进我国法治社会一体建设和国家治理体系、治理能力现代化，提出让民法典"典"亮民心的对策和方案。

【关键词】民法典；人民权益；法治建设

民法典是中华人民共和国成立以来第一部以"法典"命名的法律，它集中反映了人民意愿，充分体现了以人民为中心的法治理念，是全面依法治国、完善中国特色社会主义法律体系的重要内容，在新时代法治中国建设中具有重大意义。本次调研采用了随机抽样的调查方法。由于新冠肺炎疫情的原因，主要以网络发放调查问卷为主。本次调查共收到617份网络调查问卷，有效问卷617份，有效率100%。问卷针对四个年龄层，向所有人员开放，并且覆盖北京市、山东省、河北省、湖南省等多个省区市。问卷按照三个方面依次展开，即人员基础信息、民众对于民法典的创制和认知情况以及对民法典的认同情况。目的在于了解民众对于民法典的认知程度、认同状况以及针对在民法典贯彻及实施中存在的问题提出对策与方案，让民法典走到民众身边，走进民众心里。

一、民众对民法典的创制、认知及认同情况现状

民法典作为"社会生活的百科全书"，与我们每个人的生活息息相关，大到社会秩序、买房置地，小到游戏装备、"买短乘长"，民法典都有涉及。民法典以其对市场经济和家庭生活的全面调整，深入、持久地型构、塑造着一个国家、民族、社会和人民鲜明的整体气质。借助民法典，我国在很大程度上实现了社会生活的理性化，民法典已经成为民众共识。毋庸置疑，这部法典一定会在很长时间内深刻影响社会公众工作和生活的方方面面。

---

① 本课题指导教师：田建华（北京工商大学法学院/马克思主义学院）；课题组组长：魏明昊（应化181）；课题组成员：冉朝明（应化181）、李依依（应化181）、连殿兴（应化181）、张丹娜（财务管理181）。

（一）民众对民法典的创制及认知情况

《管子·明法解》中有云："法者，天下之程式也，万事之仪表也。"《中华人民共和国民法典》是新时代我国社会主义法治建设的重大成果，涉及社会生活、经济生活的方方面面，是社会生活的"百科全书"、人民权利的"宣言书"、市场经济的"基本法"。

通过调研发现，就民众对民法典的认知情况来看，民众接触民法典的时间较早（多为5—6月）。更加可观的是，大部分民众能清楚地知道民法典的颁布及具体实施的时间以及主要内容，但由于民法典推出时间不长，整体而言民众对民法典的认知程度不高，只有18.08%的民众认为自己非常了解或者较为了解民法典；70.06%的民众表示自己虽不了解，但愿意学习和加深认知与了解。

民众第一次了解民法典的途径，主要是通过社交平台（QQ、微信、微博等）宣传、网站及视频软件宣传和学校教育或单位宣传三种形式（见图1），从这个方面来说，互联网的发展为信息传递的及时性及丰富民众的民法知识作出了很大的贡献。但是其问题也随之而来，通过对调研情况的统计结果发现，民众目前学习民法典最大的困难是缺乏主动学习的积极性，但同时也存在民众学习/工作任务重，缺乏时间学习以及信息太多，选择和筛选有效信息比较困难等客观原因，这些原因导致民众对民法典的认知程度不高（见图2）。随着信息时代的来临，提供信息的平台与方式也逐渐增多，但有效传递民法典的信息平台较少，以报纸、新闻、书籍为主，这些渠道一般

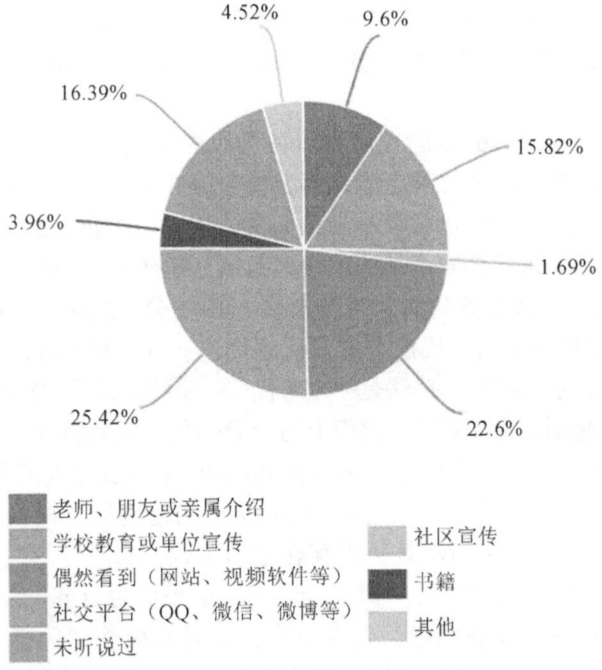

图1　民众首次获取民法典的信息渠道

受中老年人的喜爱，却不能满足多数年轻人的需求。根据年轻民众的需要，将民法典形象化、可视化、融合化，以更有温度、更加接地气的形式进行宣传，会使在平日学习/工作较忙的年轻人感受学习民法知识带来的乐趣。

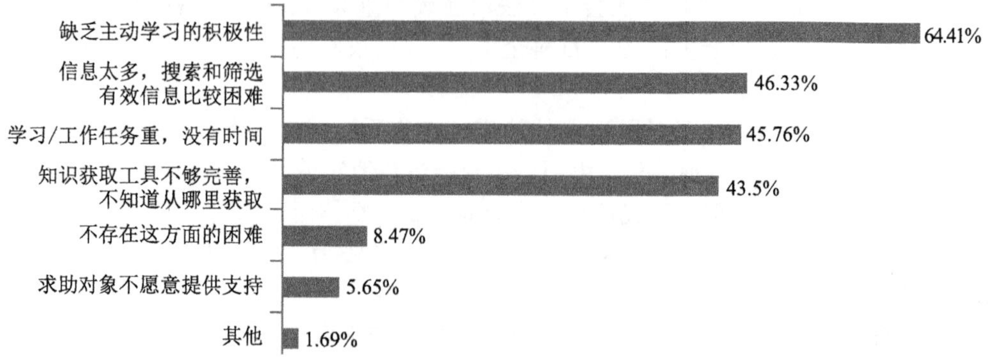

图 2　民众学习民法典的最大困难

（二）民众对民法典的认同情况及民法知识应用现状

习近平总书记在 2020 年 5 月 29 日十九届中央政治局第二十次集体学习时的讲话中指出，民法典在中国特色社会主义法律体系中具有重要地位，是一部固根本、稳预期、利长远的基础性法律，对推进全面依法治国、加快建设社会主义法治国家，对发展社会主义市场经济、巩固社会主义基本经济制度，对坚持以人民为中心的发展思想、依法维护人民权益、推动我国人权事业发展，对推进国家治理体系和治理能力现代化，都具有重大意义。

在此次调查中，有 74. 68% 的被调查者认为民法典能确认和保护各项民事权利，明确相应义务；有 70. 25% 的被调查者认为其能定分止争，为公民解决民事纠纷提供完善的法律机制；有 65. 19% 的被调查者认为其建立了一个价值融贯、规则统一的民法体系；还有 67. 72% 的被调查者认为民法典有利于改善社会风气，推动建设社会主义和谐社会。就民众对民法典的满意情况来看（0—5 分，5 分为满意度最佳），民众对民法典认同程度是很高的。民法典有着远超刑法、行政法、诉讼法的基石性地位，因为民法是市场，民法是财产，民法是一个时代、一个社会运行的底层逻辑所在。它是生活百科全书式的指引，在无数微观层面上指导我们的生活和行动。一切的社会变革，都以呼唤民法的变革开始，而社会变革的成熟和成功，将以民法典的出台为标志。

在此次调查中，我们同时针对民众关心的热点问题进行了调查。30 日“离婚冷静期”作为一项新加入的法律法规，尚存在很多争议。54. 8% 的被调查者认为“离婚冷静期”加入民法典是合理的，“离婚冷静期”的提出为当事人设置了适当的“时间门槛”，能够促进双方冷静思考、妥善解决，可有效减少“闪婚”“闪离”现象。其中有 45. 2% 的人认为“离婚冷静期”加入民法典不合理。他们或倾向于设置“结婚冷静期”，认为其更有利于家庭和社会的稳定；或认为 30 日的办理时间应该延长，为家庭和谐创造机会；又或认为应视具体情况而定（见图3）。民法典中的30日“离婚冷静期”是强制适用的，这似乎有悖于离婚自由原则。但“离婚冷静期”制度意指避免冲动离婚，促使当事人约束情绪、理性思考，或者帮助当事人修复情感、维护婚姻，从而尊重婚姻主体的自由和需要，维护社会和谐稳定。30日“离婚冷静期”的设置，解决了离婚冷静期制度与尊重婚姻自由之间的矛盾，使该制度具有了更强的实用性和可操作性。

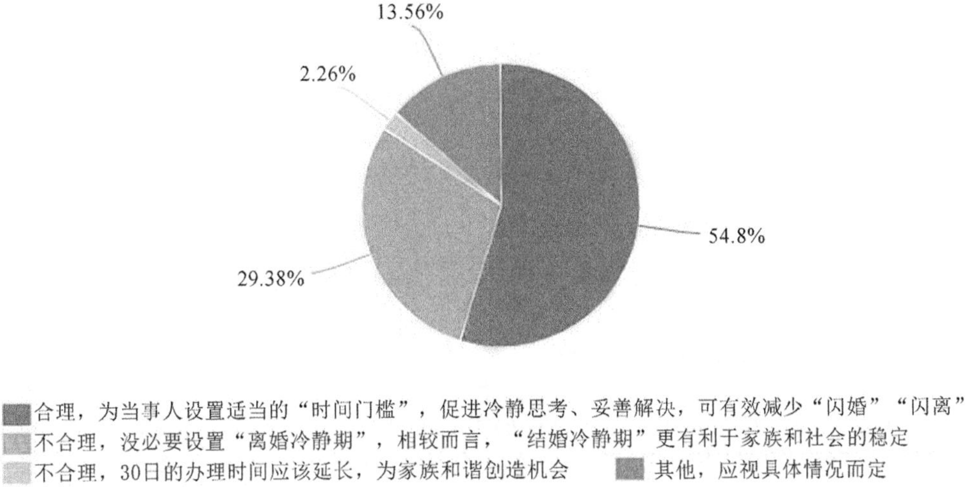

图3 民众对“离婚冷静期”加入民法典的看法

就民法知识的运用情况来看，虽然有93.22%的民众认为民法典的颁布对现在及未来的生活非常相关或有一定的相关度，但从统计结果来看，民众对民法知识的运用还不是很成熟。只有7.34%的民众表示自己会经常运用民法知识，56.5%的民众偶尔会运用到民法知识，还有36.16%的民众表示基本不会运用到民法知识（见图4）。这在一定程度上反映了我国法治化程度较好，有85.88%的民众表示自己对民法信息内容的关心程度为偶尔看到会了解一下，当自身权益受到侵害时，有78.53%的民众会选择运用法律解决（见图5），可见民众对法律的认同程度还是很高的。在日常生

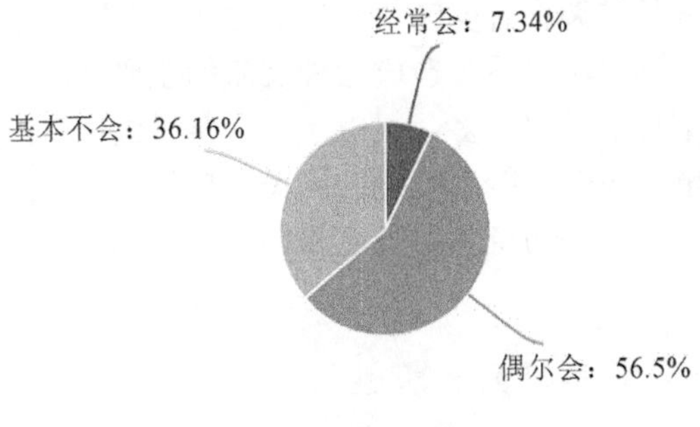

图4 民众对民法知识的运用

活中，有超过半数的民众能做到兼职时与用人单位签合同，购物时索要发票，借钱时写借条，购买到不合格的商品时要求调换等。

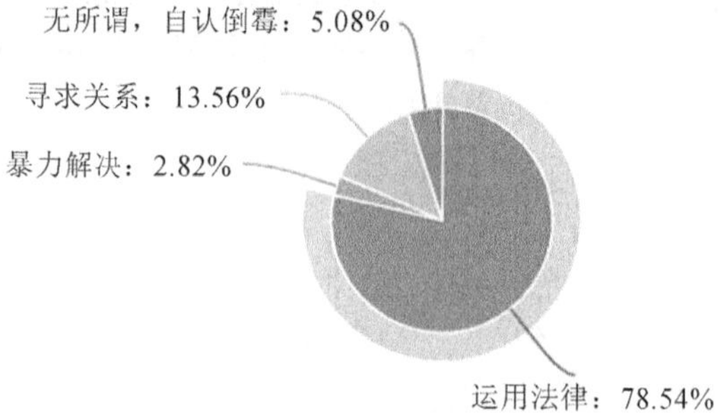

图5　民众在自身权益受到侵害时的选择

二、民众对民法典的认知过程中存在的问题及分析

（一）民众对民法知识没有较为深入的了解

在民众填写的调查问卷中，有66.67%的被调查者能正确选择民法典的颁布时间，有59.89%的被调查者知道民法典的具体实施时间，有62.71%的被调查者能回答出民法典的主要内容是“规范公权，保障私权”。从数字上来看，民法典的普及率很高，民众对民法典也有一定的了解，主要原因可能是对民法典的宣传几乎覆盖了人们生活的每一个角落。

但从另一组数据中我们发现，民众对民法知识的部分内容区分不明确，深入了解较少。在对民法关系的调查中，有50.85%的被调查者认为恋爱关系属于民法关系。在对民法与刑法的区别（民法是调整作为民事主题法律规范的总称，而刑法是规定犯罪、刑事责任和刑罚的法律）是否了解的询问中，仅有10.13%的被调查者表示了解两者的区别，有48.73%的被调查者表示大概知道两者的区别，尚有41.14%的被调查者表示不清楚两者的区别。在调查中，仅有少部分人清楚地了解两者之间的区别，大部分人大概了解或不清楚。

由此可见，大部分的被调查者能清楚知道民法典的基本信息，但也有超过半数的被调查者不能够正确辨别民法关系，造成这种现象的主要原因可能是民众接受普及性的内容较多，对基本信息的了解较多，但由于民众对民法信息的接触方式较少，没有进行系统和深入的了解，民众不能系统地把握民法典的其他信息。民法典事关千家万户和各行各业，与每一个人的切身利益息息相关，只有深入了解，才能更好地运用和保障自己的权益。

（二）民众缺乏主动学习的积极性

通过本次调查我们发现，有16.38%的被调查者表示未听说过民法典，而且有多达 81.92% 的被调查者表示不太了解民法典，有 7.34% 的被调查者觉得没有关注的必要（见图 6）。虽然有 70.06% 的被调查者表示虽然不了解但愿意学习民法典，尚有 11.86% 的被调查者表示对民法典没有兴趣也不愿意学习。主要原因可能是参与本次的调研的对象多数为在校大学生，大多数年轻人主要精力分布在学习和工作上，除法律专业及其相关专业的学生，学生们更愿意将时间用在专业课的学习上。在对首都大学生宪法意识现状的调查中显示，只有 2.2% 的大学生完整地读过宪法文本，18.2% 读过一部分。在一定意义上表明了大学生对法律知识关注的不足，对法律知识的学习在大学的学习生活中还没有占据比较重要的地位。大学生作为新时代的新生力量，更是未来依法治国的建设者与中坚力量，尚且对法律知识的关注度不足，更何况是中老年民众与新出台的民法典。

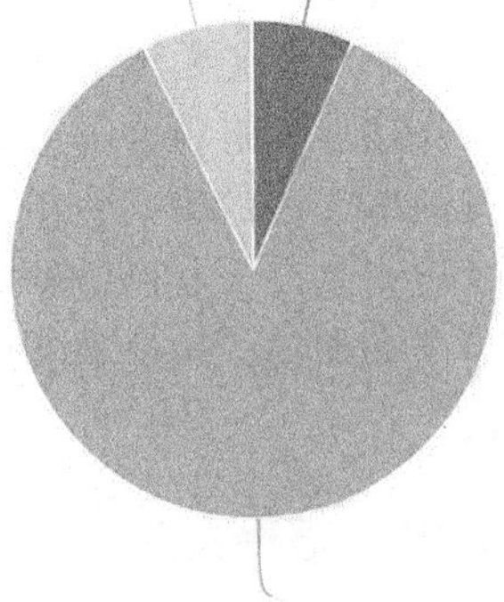

图 6　民众对民法信息内容的关心程度

从小学到大学，已经开设“道德与法治”“生活中的法律常识”“思想道德修养与法律基础”等必修课，但单纯利用这些现有课程，很难将民法典中与学生切身利益相关的内容厘清并分类渐次融入进去。而在中小学阶段的教育中，虽然有部分科目强调了法律的重要性，但是相比于其他科目，无论是课时还是重视程度上都不及其他科目，而且课堂教学中理论说教色彩较为浓厚，导致大部分学生始终处于浅表学习的状态，缺乏学习的激情和主动性。而课堂之外的法律教育较为随意，没有固定化和常态化，片面追求立竿见影的效果和表面形式，以至于无法快速系统地推动法治意识的提升。这也使得多数普通民众虽然深知法律的重要性，却不愿意花费时间与精力进行深度学习，从报纸杂志或者书籍中更为全面系统地了解有关民法典的知识，也就导致此次调查问卷中民众对于民法典认知程度不高的结果。

（三）对民法信息的有效宣传较少

通过问卷调查我们发现，有很大一部分的民众对民法关系的基本问题了解较少，而在对民众进行“目前学习民法典知识上的困难”的调查时，有 46.33% 的被调查者认为如今有关民法典的信息太多，搜索和筛选有效信息比较困难；有 43.5% 的民众认为知识获取的工具不够完善，不知道从哪里获取有关民法知识的有效信息。由此我们可知，民众获取与其相关的有效信息的渠道和途径较为有限，民法典并未得到高效率、高质量的宣传和教育普及。主要原因可能是网络信息的鱼龙混杂以及大众使用的社交平台及短视频平台上有关民法典的信息较少，致使很多年轻人即使身处信息爆炸的时代，仍无法静下心来学习有关民法典的知识。要想让民法典走进人们的生活中，必须加大对民法典的宣传，同时在有条件的情况下组织专家讲座，更好地帮助民众理解民法典，对民法典的深度宣传与推广，让民法典走进民众心中仍任重道远。

三、让民法典“典”亮民心

民法法典化的历史进程中，每一次变革都是一次认识上的洗礼，都在整体上推动着民法典的进步和完善，进而在整体上推动社会的发展进步。习近平总书记在 2020 年 5 月 29 日十九届中央政治局第二十次集体学习时的讲话中指出：“民法典要实施好，就必须让民法典走到群众身边、走进群众心里。”民法典确定了民事主体参与民事活动、享受民事权益、履行民事义务的应然资格，而应然资格走向实然领域，离不开人民群众的积极参与，而这也正是今天我国能够依法治国的必然条件。

结合调研结论，课题组对于如何推动民法典在民众心中的扎根，使其逐步深入人心，给出以下几点对策和建议。

（一）加强民事立法工作，完善民事法律

民法典的颁布实施不是结局，不是一劳永逸，不是解决了民事法治的所有问题。“实践是检验真理的唯一标准”，实践中的检验、探索仍在不断向前。法律应该是与时俱进的，社会不断发展，经济情况不断变化，民法典的实施过程就必然会遇到各种各样的问题,新的实践和新的环境将会推动民法典的完善。

（二）创新宣传方式，助力渠道广泛覆盖

1. 创新融媒体产品

推动民法典进网络，解读民法典要更接地气。此前，媒体围绕民法典的解读创意不断。《人民日报》新媒体出品的 3D 动画大片《当哪吒遇上民法典》成为新媒体平台的传播爆款。该作品与近年来大热的哪吒 IP 相结合，围绕人们生活息息相关的高空坠物、校园贷、监控等对民法典有关内容进行了生动解读，短短几天微信浏览量已突破 120 万。此外，新华社、《光明日报》《工人日报》《法治日报》《南方日报》等各大媒体推出的《“从摇篮到终老”，民法典“罩着”你一生》《民法典，动画版解读来了!》等融媒体产品，也以形象化、可视化、融合化的接地气表达，收获了超高人气，再次验证了“接地气才能有人气”。纵观这些“刷屏”产品，直观生动、好读易懂，符合移动互联网的传播特性。表达上，鲜有严肃面孔的说教，取而代之的是“萌萌”的形象和轻松活泼的语言，有效拉近了与百姓的距离。高颜值、高人气的爆

款背后，体现着主流媒体放下身段、增强用户意识、改进时政报道的努力。

2. 设立民法典主题的“法治文化墙”

图文并茂的宣传方式更有亲和力，更接地气。“法治文化墙”以图释法，在社区展现民法典在“人生之初、成年之后、成家置业、养老继承”等人生各个阶段保护公民民事权利的新规和亮点，使民众在日常生活中就能学法，从而做到知法、懂法、守法，提高自身的法律素质，依法维护自身合法利益。

3.“法治小摊”“法治大礼包”

将“法治小摊”搬进热闹的大集，组织志愿者向集市上的民众普及相关法律知识，采取面对面的形式倾听民众的法律诉求，耐心为民众解答问题，围绕群众普遍关心的问题，结合现行法律法规和实际案例为群众提供专业的法律意见；同时，为民众发放民法典宣传单页、折页等材料组成的“法治大礼包”，引导群众依法办事，用法律武器维护自身合法权益。

4. 结合国情在城镇和农村分别展开宣传活动

农村和城镇网络普及的差异化较大，信息化时代的到来使得知识获得的碎片化加重，具体情况需具体考虑。加大民法典在微博、知乎等平台的宣传，组织接地气的宣讲，增加学习民法典主要内容的方式。在农村地区可以采用语音播报的形式，这样民众会了解到民法典的重要性，以及其与自己生活的密切相关性。民法典实施得好，人们的生活才会有保障，人与人之间的关系才会愈加和谐。

5. 加强对青少年的民法知识教育

民法典是我国社会主义法治建设最新的理论成果、实践成果和时代成果。习近平总书记在十九届中央政治局第二十次集体学习时强调，要把民法典纳入国民教育体系，加强对青少年进行民法典教育。对青少年进行民法典教育是一项持久的、较为系统的工程，应该依据青少年成长、成才、成人规律和法治教育教学规律，努力构建以政府为保障、学校为主导、社会为依托、家庭为基础的“四位一体”协同教育机制。

（1）发挥学校主导作用，优化民法典教育路径

公民一切民事活动，大到人格权、财产权的确立，小到起名、改名、缴纳物业费，一切都在民法典涉及范围中。民法典教育是人生的必修课，学校是对青少年进行民法典教育的重要场所和主阵地，也是青少年可以系统、完整接受民法典教育的地方，通过有目的、有计划、有组织的教育，才能提升青少年对民法典的认知、认同。基于此，优化大中小学青少年民法典教育一体化建设极为关键。

一方面，依照青少年不同年龄阶段的诉求和民法典内在逻辑性，学校应科学设计学生的学习目标、学习内容，构建层层递进、有效衔接的青少年学习知识体系。另一方面，根据不同阶段青少年的思想特点、心理特征和接受能力，建构层次分明、各具特色的教育教学体系。比如，在小学阶段以讲民法典故事为主，注重民法典情感教育；在中学阶段以民法典规范阐释为主，注重民法典规范教育；在大学阶段以民法典思想观点为主，注重民法典精神教育，从而保持青少年接受民法典教育的阶段性、渐进性和完整性。

此外，还可开设“民法典中的我”类似相关选修课程，或法庭实践课程等加以补充，形成与青少年身心发展相适应的民法典教育课程体系，为青少年法治教育提供丰富课程资源，发挥主渠道作用。

（2）发挥社会依托作用，营造民法典教育良好氛围

民法典是接地气、聚人气的法律。社会发展的每一时刻、社会的每一角落都离不开民法典。在依赖学校主阵地、课程主渠道教育的同时，还要充分发挥社会这个大课堂的作用。以社会为依托，借助节日、仪式、标语等形式优势，发挥社会的隐性教育作用。可以借助消费者权益保护日、清明节、五一国际劳动节等特殊节假日，借助开学典礼、毕业典礼、升旗仪式，让青少年体会到民事权利无处不在、无时不有；利用传统媒体、网络媒体等，宣传民法典理论和实践意义，解答青少年学习生活、日常活动、职业发展、未来家庭生活中的法律困惑，宣传执法、守法、司法的先进典型，从而形成人人遵守民法典、遵守民法典光荣的社会氛围。

（3）发挥家庭基础作用，夯实民法典教育思想根基

家庭是社会的基本细胞，弘扬社会主义核心价值观也是民法典的立法宗旨。

家庭家教家风建设体现在民法典教育上，就是要充分挖掘和有效运用契合社会主义核心价值观的民事法律规范，将这些规范有机融入中国式的家庭教育，使家庭美德和法律规范相融贯。父母是青少年的第一任老师，父母要给孩子上好“人生法律第一课”，不仅要播种下尊法学法守法用法的种子，还要在为人处世、化解矛盾的细微之处，体现民法典的规范、原则、精神，在大是大非面前，以身作则诠释法律的正义、公平、有序，从而夯实对青少年民法典教育的家庭基础和思想基础。

《中华人民共和国民法典》系统整合了我国成立 70 多年来长期实践形成的民事法律规范，吸取了中华民族 5000 多年优秀文化，借鉴了人类法治文明建设的有益成果，涵盖范围广泛，内容博大精深。因此，需要持续、长久地浸润和学习，才能使青少年更好地理解和消化，进而内化于心、外化于行。

（三）提高司法公信力，保证民法典的具体落实

民法典的专业度高，理解难度大，应充分发挥律师事务所、法律援助中心的作用，帮助群众利用法律维护自身的合法权益。

民法典的每一项法条,无不体现中华民族的精神内涵和价值追求。人民群众积极参与民法典的贯彻和实施，是推进法治国家、法治政府、法治社会一体建设，推进国家治理体系和治理能力现代化的必然要求。为市场经济提供完备、精确的法律规则是民法典的核心任务之一。民法典通过完善民事主体制度，全面确认市场主体的法律资格；通过强化民事主体法律地位平等原则，创设市场主体平等竞争的法律环境；通过确定财产归属关系和流转关系，明确交易主体的财产权益以及市场交易的基本规则。作为市场主体的人民群众，只有遵循这些行为规范，才能激发民法典为物质财富创造提供法律保障的功能，民法典凸显了以人民为中心的重要价值，为法治国家、法治政府和法治社会建设提供了保障。

民法典的实施是我国法治建设中的一件大事，这不仅体现在立法、司法、执法等环节和程序中，也需要每一位公民、每一个民事法律主体参与其中，尊重法律、敬畏规则。

参考文献

[1] 华阳标．学好民法典 保障合法权益［N］．赣南日报，2020-08-09（003）.
[2] 王东红．首都大学生宪法意识现状的调查与思考［J］．思想教育研究，2016（06）：104-107.
[3] 徐娟．离婚冷静期制度实施中的多重考量［N］．人民法院报，2020-08-26（002）.
[4] 张振芝，张莹惠．同心协力加强对青少年民法典教育［N］．辽宁日报，2020-08-26（005）.

附录：

关于民众对《中华人民共和国民法典》的创制、认知和认同情况调查问卷

尊敬的先生、女士：

您好！我们是北京工商大学2020年暑期社会实践调查小组的成员，为了了解民众对民法典的创制、认知和认同情况及民众对民法典的意见及建议，我们组织了本次调查活动，希望得到您的支持和协助。

本次调查无须填写姓名，所有回答只用于统计分析和调查研究，绝不做他用。请您在百忙之中抽出一点时间填写这份调查表，您的回答将代表众多和您一样的广大民众。衷心感谢您的支持和协助！祝您生活愉快！

填写说明：

① 请在每一个问题后您所要选择的选项前打钩，或者在________处填上适当的内容。

② 若无特殊说明，每一个问题只能选择一个答案。

③ 填写问卷时，请不要与他人商量。

1. 您的性别是

A. 男　　B. 女

2. 您的年龄段是

A. 18岁以下　　B. 18～25岁　　C. 26～40岁　　D. 40岁以上

3. 您的最高学历（含目前在读）是

A. 高中/中专/技校　　B. 大学专科

C. 大学本科　　D. 硕士研究生及以上

4. 您对民法典的了解程度是

A. 非常了解　　B. 较为了解

C. 不了解，但愿意学习　　D. 不了解，也不愿学习

5. 如果您听说过民法典，您第一次接触民法典的时间是

A. 2020 年 5 月　　B. 2020 年 5 月　　C. 2020 年 7 月　　D. 未听说过

6. 如果您听说过民法典，是通过什么途径

A. 老师、朋友或亲属介绍　　B. 学校教育或单位宣传

C. 社区宣传　　D. （网站、视频软件等）偶然看到

E. 社交平台（QQ、微信、微博等）偶然看到

F. 书籍　　G. 未听说过　　H. 其他

7. 您认为您目前学习民法典知识上的最大困难是［多选题］

A. 学习（工作）任务重，没有时间

B. 缺乏主动学习的积极性

C. 知识获取工具不够完善，不知道从哪里获取

D. 信息太多，搜索和筛选有效信息比较困难

E. 求助对象不愿意提供支持

F. 不存在这方面的困难

G. 其他

8. 您知道民法典颁布的时间吗

A. 2019 年 12 月 24 日　　B. 2020 年 5 月 28 日

C. 2020 年 5 月 29 日

9. 您知道民法典具体实施的时间吗

A. 2020 年 5 月 28 日　　B. 2021 年 1 月 1 日

C. 2021 年 5 月 28 日

10. 您对民法信息内容的关心程度

A. 非常关注　　B. 偶尔看到会了解一下

C. 觉得没有关注的必要

11. 您知道民法典的主要内容吗

A. 规范公权，保障私权　　B. 制约公权，私权优先

C. 公民兼顾，削公利民

12. 您了解民法与刑法的区别吗

A. 了解　　B. 大概知道　　C. 不清楚

13. 您认为民法典的版本是否对民诉有影响

A. 有影响　　B. 没有影响　　C. 不清楚

14. 您认为以下几个选项中哪一个不属于民法关系

A. 恋爱关系　　B. 婚姻关系　　C. 抚养关系　　D. 以上均属于

15. 您认为了解民法典的颁布与您日常生活的相关程度有多大
    A. 非常相关
    B. 对现在及未来的生活有一定相关度
    C. 基本不相关
16. 对于下列哪些纠纷，您特别想知道法律的规定［多选题］
    A. 商品的消费纠纷　　B. 夫妻的财产纠纷
    C. 租赁纠纷　　D. 遗产继承纠纷
    E. 其他________
17. 您在生活中会运用到民法的知识吗
    A. 经常会　　B. 偶尔会　　C. 基本不会
18. 当您的权益受到侵害时，您会怎样选择
    A. 运用法律　　B. 暴力解决
    C. 寻求关系　　D. 无所谓，自认倒霉
19. 在现实中，您能做到以下哪几点［多选题］
    A. 兼职时与用人单位签合同　　B. 购物时索要发票
    C. 借钱时写借条　　D. 购买到不合格的商品要求调换
    E. 车辆晚点去投诉
20. 请您对民法典满意情况评分：________（0—5 分，5 分满意度最佳）
21. 您对 30 日“离婚冷静期”加入民法典的看法是
    A. 合理，为当事人设置适当的“时间门槛”，促进冷静思考、妥善解决，可有效减少“闪婚”“闪离”
    B. 不合理，没必要设置“离婚冷静期”，相比较而言“结婚冷静期”更有利于家庭和社会的稳定
    C. 不合理，30 日“离婚冷静期”的办理时间应该延长，为家庭和谐创造机会
    D. 其他，视具体情况而定
22. 您认为我国颁布民法总则，编纂民法典的意义何在［多选题］
    A. 确认和保护各项民事权利，明确相应义务
    B. 定分止争，为公民解决民事纠纷提供完善的法律机制
    C. 建立一个价值融贯、规则统一的民法体系
    D. 有利于改善社会风气，推动建设社会主义和谐社会
23. 您对民法典的颁布及实施有何意见和建议

    ____

    ____
24. 通过此次调查，您觉得有必要提高自己的民法知识吗
    A. 很有必要　　B. 有必要，但可能作用不大
    C. 无所谓，感觉用不到　　D. 完全没有必要

调查问卷已结束，再次向您表示感谢，感谢您的支持与参与！

论智慧养老模式在抗击新冠肺炎疫情中的应用①

——基于对新科祥园社区的调查

吴 穹 宁卓越

【摘 要】新冠肺炎疫情彻底扰乱了春节应有的祥和，封闭生活的背后呈现的是一场数字技术支撑下生产与生活的综合性变革。以大数据、云计算、人工智能为代表的新一轮数字技术在防控战“疫”中大显身手。数字智能应用突破了以往时间与空间的限制，信息资源通过互联网逐渐渗透到整个养老产业，把中国养老业由传统模式推向信息化跨越式发展的新阶段。智慧养老的诞生为居家老人、社区及养老机构的传感系统与信息平台提供低成本、互联化、智能化的养老效力，提高了养老的准确性与便捷性。本小组通过问卷调查、实地走访与文献研究等形式，在国家政策支持与政府推广下，收集各个年龄层面的使用者和从事人员在疫情期间使用智能产品的看法，发现智能养老模式在运用、结合过程所面临的问题。本文将对当前智能养老的建设提供一定的借鉴意义，同时为实现我国智能养老的科技化、信息化、现代化、人性化和建设与发展提供相应的材料支撑。

【关键词】北京地区；疫情；网络；智慧养老；数字化趋势；信息化；人性化；智能设备

本次调查主要采取的是非定向问卷调查，形式包括与个别老年家庭交谈、收集参考文献与媒体报道。由于疫情限制出行、接触等不可避免的特殊原因，调研小组成员选择在疫情好转时期以及获得社区允许的情况下，展开一系列调研行动。在做好一切防护准备下，于北京市海淀区新科祥园社区发卷填写，并当场收回，同时通过交谈了解现状。共发出调查问卷 337 份，收回 337 份，回收率达 100%；有效问卷 314 份，有效率约为 93%。主要调查了家庭中老年人与中年人对智慧养老服务终端或相关智能设备的使用现状与认知、疫情期间智慧出行等社会规则限制给老年人带来的变化、智慧养老对老年人疫情期间生活的影响以及对智慧养老发展与改进的意见或建议。问卷共向被调查者提出了 28 个问题。被调查者包括各类家庭中中年成员与老年成员、社区相关工作人员、养老院工作人员、医院专业医师及医护人员、小诊所负责人、网络健康养老平台等，大致涉及了解智慧养老并已使用相关智能设备、不了解智慧养老

① 本课题指导教师：吴穹（北京工商大学马克思主义学院）；课题组组长：宁卓越（产设 181）；课题组成员：秦钰（产设 181）、聂萍（产设 181）。

但想接触并试用相关智能设备和不了解智慧养老且抗拒网络或相关智能设备三类人群，覆盖新科祥园社区各类相关场所（包括居民楼、新科祥园社区警务工作站、社区服务站、社区党组织、养生馆、龙文学校、德美诊联中关村分院、超凡伟业科教书店等），掌握新科祥园社区在疫情期间，网络及相关智能设备对拥有老年人的家庭、社区、专业医护场所的影响程度以及对网络及相关智能设备的使用情况，分析其根本原因，剖析现象背后的内在问题，从而提出相关的观点与建议，为养老科技化、信息化、现代化、人性化在老年人日常生活中的建立和智慧养老建设提供相应的材料支撑。

一、相关概念与理论基础

（一）概念界定

1. 老年人（社区居民）

按照国际规定，65 周岁以上的人确定为老年人；《中华人民共和国老年人权益保障法》第二条规定，老年人的年龄起点标准是60 周岁，即凡年满60 周岁的中华人民共和国公民都属于老年人。本组调研的主题是关于社区的智慧养老。社区养老是养老方式之一，是指以家庭为核心，以社区为依托，以老年人日间照料、生活护理、家政服务和精神慰藉为主要内容，以上门服务和社区日托为主要形式，并引入养老机构专业化服务方式的居家养老服务体系。

2. 智慧养老

智慧养老这个概念起源于 1987 年的英国，最早由英国生命信托基金提出。当时他们就把老年和技术这两个词结合在一起，开发出一个新的学科叫 Geron Technology，中文翻译就是“老人福祉科技”，也被称为“全智能老年系统”，即利用先进的互联网与信息平台，面向居家老人提供快捷、实时、高效的养老服务基于家居养老的低成本的互联化、物联化、智能化。我国最早提出智慧养老是在 2012 年，全国老龄办提出“智能化养老”的理念，鼓励支持社会资本开展对智慧养老的实践探索。在 2018 年全国两会上，政府工作报告就提出了要深化我国居家养老、社区养老等多种养老方式并行的政策。而智慧养老作为一种新型的养老方式，逐渐受到人们的关注。从智慧养老的时长来看，它只是近几年的产物，但早在 20 世纪末就已出现相关保健养生类智能产品（健康手环），在博客上也有相关讨论。中华人民共和国成立 70 年来，日新月异的科技发展、政治繁荣、经济蓬勃、人文兴旺，无一不为这一新兴事物打下坚实基础、埋下根基，让它在焕发着无限生机的同时散发着深厚底蕴。

北京地区智慧养老的发展已经成为全国该发展过程的重要组成部分，不管是养老产业还是科学技术都得到了良好发展，具有一定的领头效应。但北京地区智慧养老的发展进程中也不可避免地出现了许多问题，比如地区发展不平衡、中老年人抵触智能设备、相关综合性人才缺失等。这些问题对于智慧养老发展的整体提高起到制约作用，不利于新时代下养老业的进一步发展。

（二）理论基础

1. 福利多元主义视角下的老年人

福利多元主义是指社会福利可以由公共部门、营利组织、非营利组织、家庭和社区共同负担。政府角色转变为福利服务的规范者、福利服务的购买者、物品管理的仲裁者以及促进其他部门从事服务供给的角色。其中两个最主要的方面是参与和分权。在老年人对医疗护理的需求与日俱增及我国现行的社会福利政策缺乏对老年人晚年生活的制度设计的现实之下，传统的居家养老模式越来越成为许多家庭的负担。如何让老年人更好地养老是老龄化社会避不开的话题，而老年人养老需求的多样化让传统的养老模式“捉襟见肘”。通过医疗机构与养老机构之间的多方面结合，建立并完善“医养结合”服务模式，当前迫在眉睫。

在福利多元主义的倡导下，如何充分发挥政府到市场、到社区等多元主体的多方联动是医养结合一体化发展的关键。这就要求充分整合社会、社区资源，构建立体化的多元供给服务体系。养老产业和服务的发展离不开资金的支持，政府在养老产业的发展中增加资金投入，占据主导地位，但绝不是绝对地位，这就要求引入第三方供给平台，政府购买社会化服务，引入竞争机制。这不仅是为了能够提供更好的养老服务，也是为了能高效利用公共资金。同时，政府在制定相关养老制度、引导社会组织进入养老体系时应尽可能放宽准入制度，制定优惠措施，鼓励相关社会力量兴办养老机构，积极健全养老机构内设的一些医疗设施，推进政府、社会、市场的“融合机制”。社区平台要充分利用与社区居民“亲密接触”的优势，掌握辖区内老人的基本状况，与家庭积极对接，在现有条件下开展居家养老新模式。

智慧养老的普及，也让更多足不出户的老年人在家就可以感受到福利多元化。疫情期间，越来越多的老年人通过使用智能设备、互联网等接触智慧养老，智慧养老在人们的生活中也逐渐应用起来。

2. 需求层次理论

在生理方面的需要。经济收入是满足生理需求的基础，生理需求的满足程度取决于老年人的经济收入水平。中国老年人的生活来源主要是退休金和家庭其他成员的供养。

在情感方面的需要。每个人都需要朋友、同事之间的融洽关系和忠诚友谊，都希望参加一个群体，并成为群体的一员，从而不再孤独。在老年人的情感世界里，存在老伴、子女、亲戚间的亲情，还有邻里、同事间的友情。老年人害怕寂寞、孤独，希望有朋友沟通交流，有长期稳定的感情寄托。智慧养老可以在很大程度上解决这些问题，老年人通过互联网可以与朋友聊天、发短信，虽然不能面对面交流，但是智能设备也可以帮助老年人不再孤独。

在自我实现方面的需要。老年人应该积极管理所参与的社会领域，从而调节自己的情绪和情感。老年人随着年龄的增大可能会越来越多地选择那些产生积极情绪体验的社会活动，如公益活动、社区服务等，在参与这些活动的过程中实现自己的价值。疫情期间，45%的老年人会选择智慧养老的方式达到自己的需求，并通过互联网、手机了解社会新闻等，通过线上的方式与朋友进行交流，参加一些线上活动来满足自己的需求。

二、北京地区智慧养老在疫情中的发展现状

通过对问卷调查结果、背景以及原因剖析等，总结出了智慧养老推广过程中涉及的若干特征。

（一）调查的主体——疫情中智慧养老模式发展及其智能产品使用情况

1. 智慧养老模式及其配套智能设备的在使用者中影响力逐渐增加，但使用、适用及实用程度尚且较低

通过问卷的统计数据分析可知，随着国家政府的推广与政策支持和科技的不断进步，互联网及其配套智能设备正在逐步走进老年人群的生活，但其使用、适用、实用、渗透程度仍旧较低。以下以北京健康宝为例。

2020 年 7 月，北京应急响应级别上调之后，市民在进入公众场所时，都需要通过扫描“健康宝”核验个人健康状况并记录出行路线。然而，有些老人在进入这些场所时，由于手机不是智能手机或者不会用小程序等原因而造成困扰。加之一些场所服务人员引导性差，甚至发展成为社会纠纷。在疫情影响下，一些场所的无接触智能设置、预约服务、拒收现金等现实状况，严重影响了老年人的生活质量。智慧养老模式及其配套智能设备的在使用者中影响力逐渐增加，但使用、适用及实用程度尚且偏低。

2. 智慧养老模式及其配套智能设备在一定程度上改变了老年人的生活、保健、娱乐方式

使用过手机、互联网及人工智能设备的老年人认为，在一定程度上自家的生活、健康、精神均有好的改变，但大部分人观念较保守、接纳新鲜事物能力有限，且认为这种改变的作用一般，程度不深，付出较大。

在生活方面，使用互联网后，84% 的老年人认为自身生活状况、生活常识得到了改善；78% 的老年人生活的品质得到了提高。说明主动接纳互联网并进一步了解自身生活状况、获取生活常识可以直接影响到生活品质，互联网提供了信息资源传播、共享的渠道。对于是否通过互联网得到需要的信息的调查中发现，45% 的老年人不清楚网络可以获取所需信息，这也说明老年人使用网络查询所需信息的能力存在局限性，大部分老人并没有能够独自熟练使用互联网的能力；23% 的老人愿意尝试但苦于缺乏相关人员悉心指导。在能够独立熟练使用互联网的老人中，64% 的老人通过网络获知国家当年的政策调整、医生等专业人员的建议，从而调整自己的生活方式、出行策略。对于那些认为网络没有起作用的老年人来说，他们在获取信息的能力和方式上存在着一定的困难，无法找到对自己有利的信息提高生活品质。简言之，通过网络技术和信息技术，可以在一定程度上实时满足老年人的生活照护服务需求，提高养老服务

的效益和质量。

在健康方面，相比于传统的医院出行，网络上进行远程医疗会诊并没有得到老年人足够的了解和认可，原因在于老年人固有的思维观念，他们认为面对面会诊才能治得好病，且对在网络上获取医疗保健相关信息的认知很少。在调查统计中，仅有14%的老年人进行过远程医疗会诊。而进行过这方面会诊的老年人大都认为在网络上能及时得知病情病因，再决策是否有必要花费时间和精力外出到医院面诊。网络信息的便捷性使得大部分进行网络查询的老年人降低了整体的生活成本，减少了不必要的未知、惧怕等负面心情，也一定程度上提高了子女的生活品质。但仍有20%的老年人，由于担心网络远程医疗会诊可能会出现误诊的原因，拒绝使用互联网等相关人工智能设备。总的来说，使用互联网后的确提高了老年人的健康生活品质。

在精神方面，79%的老年人认为，互联网及人工智能设备上获得娱乐、陪伴需求满足确实填补了自己大部分精神缺失，并且部分老人十分享受人工智能设备（语音讲解功能）的陪伴，并赋予其亲人或宠物的身份。82%的老年人由于能够熟练运用其各项功能，不仅获得了别样的乐趣，还形成了新的交友圈。但仍有32%的老年人因在网络使用方面的宣传不力，恐惧使用相关设备。整体来说，互联网及人工智能设备给老年人带来了陪伴、娱乐、交友等多方面的积极效应。

综上所述，互联网及人工智能设备的兴起将会带给老年人更加积极的生活，促进智慧养老的进一步建设。

（二）调查的客体——中老年人

1. 老年人获取信息的途径

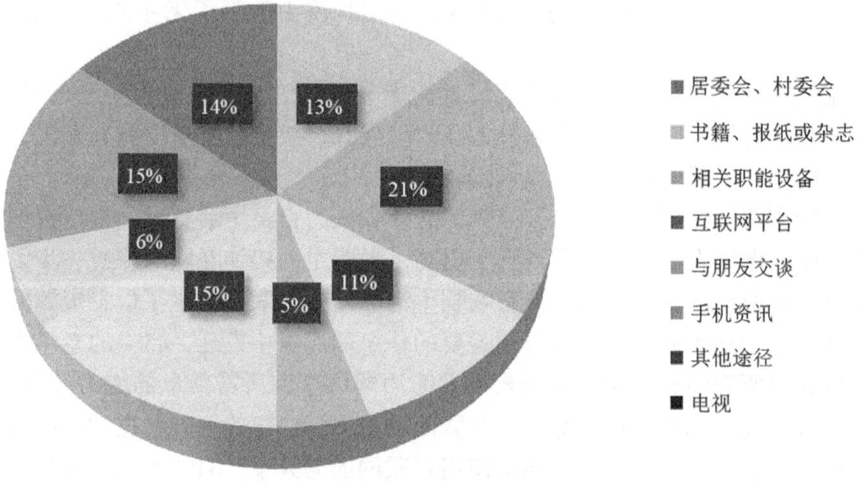

图1　中老年人获取信息的途径

在获取信息渠道方面，由图1可知，疫情期间新科祥园社区大多数老年人通过书籍、报纸或杂志获取相关信息占21%，通过电视途径获取生活信息的老年人占整体的 14%，接着是通过其他途径（包括与家人交流等）。相对来说，居委会、村委会下达的通知、信息影响效果更大。但由于处在疫情期间，相较于疫情前占比大大降低。对于手机、互联网及相关人工智能设备，由于老年人视力较弱，接纳信息的方式大多为传统方式，加上缺乏相关工作人员的沟通与引导，影响度仍有待提高。时效性也相较于疫情前有所降低，大部分老年人都是居家，极大地减少了外出交流的机会，通过口口相传模式获取信息，信息的准确率无法确认，也会有一定的误导性。

在疫情期间，老年人因为不适应数字化生活方式而减少出行，主要体现为公共场所需要提供北京健康宝绿码方可进入，这使大部分老年人因为不会使用智能设备或者不知道健康宝在哪而行动不便，产生了消极情绪。

2. 中老年人对网络的需求呈现多样化

如图 2 所示，疫情期间中老年人对互联网等智能设备有一定的需求，且呈现多样化趋势。

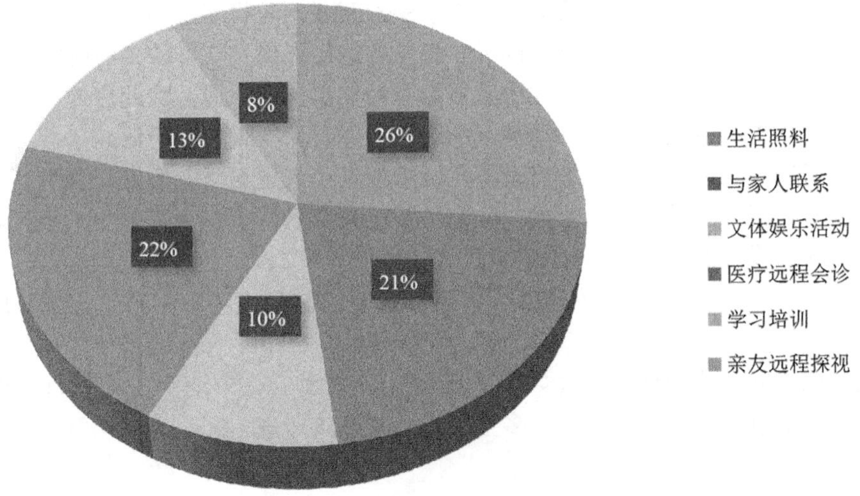

图 2　中老年人所需功能

在生活方面，中老年人最想通过网络获取的是一定程度上的生活照料（例如定位、洗衣做饭、打扫卫生、买菜购物、陪同外出、天气预报等）。通过网络可以更加直观、系统、迅速、简便地生活，享受照料与陪伴，其中最重要的就是定位功能和天气预报功能。定位功能可以及时获取老人位置信息，保证老人的安全并防止其走失，也能使老人及时查找到出行路线，以防迷路；而天气情况的及时更新直接影响着老人的外出计划。最不可或缺的就是语音讲解功能，随着老年人年龄的逐渐增长，身体机能不断衰退，语音讲解能够有效地帮助老年人理解生活。这些都为老年人的生活品质提供了更好的服务。

在健康方面，远程医疗会诊功能需求率占到整体的 22%，可见能够享受足不出户的寻医问诊服务是非常受老年人欢迎的。影响这一问题的主要原因有：交通不便、行动不便、没有人陪同、就诊不便（如挂号、缴费、取药等）、不知道看什么医生、出行就医成本高、较近的诊所医疗水平低等。而在已经能够独立熟练使用互联网及人工智能设备的中老年人群中，他们最希望能从网上获取的信息就是医疗健康与保健养生技巧。老年人显然想从一些官方渠道和专家医师处获得更加科学、严谨的健康信息与养生技巧，获取的这些官方保健养生技法将直接影响中老年人日后的生活习惯。此类现象的出现，说明了中老年人正在逐步减少身边或社区内上当受骗的概率，他们的防范意识以及尊崇权威的观念不断增强。同时网络相关监管人员也应加强监督不法人员或不具有相应资格的"专家"传播不良信息，保证官方网络平台、渠道的畅通与安全。尽管如此，仍有大部分中老年人不愿选择在网上获取相关方面的信息，主要原因在于文化程度受限和对网络安全的不信任。

在精神方面，虽然有相关的文体娱乐活动功能，但老人们更愿意在社区、场馆内共同锻炼身体或进行其他娱乐活动。因年龄与经历相近，他们会分享彼此的见闻、爱好。毕竟真实、温暖的陪伴交流会更让人接受，互联网与机器上的便利也只是作为提高养老生活品质的工具存在而已。同时，12%的老年人愿意花费较多的时间和精力去了解相关名胜古迹和旅游景点，其中大多数有结伴出行的意愿。除此之外，少数有相亲、炒股等需求的老人也能填补精神上的缺失，并重新实现自我价值。

综上所述，互联网及人工智能设备可以带给老年人更科学、便捷、及时、有效的信息与服务。网络的针对性、可操作性和其资源共享的特点，激发了中老年人对其多样性的需求与学习的欲望。

3．中老年人对网络信息安全性与信息质量等的信赖度不够，多重担忧、顾虑较严重

通过调查问卷的统计结果（如图3所示）可以看出，中老年人对现行的网络信息安全性、信息质量信赖度不够，多重担忧、顾虑较严重。

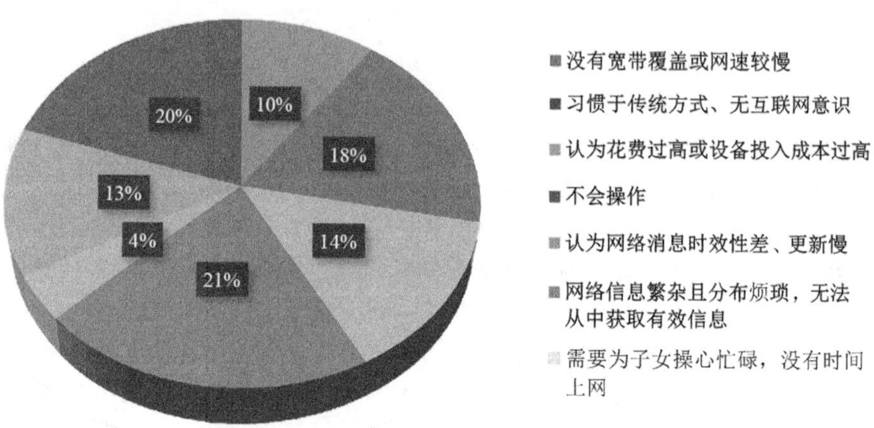

图3 中老年人对于网络数据信息的担忧和顾虑

超过63%的中老年人从不在网络上获取生活、保健、娱乐等信息，这反映了互联网在中老年人群中发展的局限性、滞缓性。现阶段网络发展已经深入各家各户中，大多数中老年人只知道有网络这个工具，但是因为各种各样的原因没有条件使用。网络在中老年范围普及不完善，客观原因有：部分信息由于专业人员的缺失，更新速度较慢；网络上医疗保健信息多种多样，信息太繁杂，分布过广，无法及时找到自己所需要的内容；网络上养生信息质量不高，虚假、夸张信息太多；大多数中老年人无法找到正确的官方平台，双方互寻机制不健全。主观原因有：联网、相关人工智能设备、服务终端设备投入花销超过中老年人接受范围，出于节俭和省事的习惯，拒绝使用网络；逐渐下降的身体机能以及精神活力，让他们短时间内无法学会或适应节奏较快、意识新潮的网络及其他设备；长久封闭的思想以及保守的传统观念，让他们潜意识下抵制新鲜事物；繁杂忙碌的家庭生活让部分中老年人自顾不暇，习惯为儿女操心忙碌，让他们忘了关注自己的生活。这些都导致网络在中老年人群众中普及缓慢，使用者少。

综上所述，任何事物的发展都具有两面性，网络信息在给部分中老年人带来积极效应的同时也附带了一些不利因素，引起了他们的担忧顾虑。绝大部分中老年人因为各种主客观原因，还未能尝试使用互联网。

（三）外界客观环境——互联网及其智能设备发展环境

根据国际经验，当65岁以上的人口超过总人口数的12%，养老行业将会面临快速上升的拐点，而目前我国65岁以上人口占比已达到总人口的11.43%。智慧养老产业作为我国的一个初生产业，虽存在许多问题，但发展潜力很大。我国的智慧养老产业于2012年开始，全国老龄办最先提出“智能化养老”的理念，支持并激励开展智慧养老的探究与实践。2015年，《国务院关于积极推进“互联网+”行动的指导意见》明确提出要“促进智慧健康养老产业发展”。2017年，工业和信息化部、民政部、国家卫生计生委联合，先后公布《智慧健康养老产业发展行动计划（2017—2020年）》和《关于开展智慧健康养老应用试点示范的通知》，在政策层面宣告中国养老产业已进入“智能+”时代，计划在五年内建立500个智慧健康养老示范社区，这意味着智慧养老驶入发展快车道。2018年8月，面对新的发展实际，工业和信息化部、民政部、国家卫生健康委员会联合公布了《智慧健康养老产品及服务推广目录（2018年）》的智慧养老新政策。该政策的出台，适应了当下智慧老产业发展的新需要。虽然有政策的鼓励和技术进步的支撑，但目前发展仍存在诸多瓶颈问题。预测将来智慧养老将会促进消费升级。

三、关于智慧养老在疫情期间面临的问题

从整个问卷的调查结果结合客观实际来看，现阶段，互联网在与养老产业结合的道路上，存在着相当程度的困难，需要决策者、执行者、生产者等各界相关人士的共同努力，可以说是“道阻且长”。

（一）老年人经济条件制约了服务终端设备的普及

根据调查问卷中老年人的经济收入（年收入、退休金）水平来看，老年人是否使用网络跟自身的经济状况有较强的联系。经济是发展一切的基础。经济条件相对较弱的老年人考虑投入的各项服务终端设备成本过高，更不会选择以网络方式来提高生活品质。如何让不同阶层的老年人都能使用上网络，这在硬件设施上提出了要求。同时也可以看出一部分有条件的老年人已经开始了网络的探索，但由于他们的能力、精力有限，在没有专业人员帮助的情况下，使用上是有困难的，这也的确制约了智慧养老发展。

（二）老年人由于身体、智力、观念原因，对于各项智能硬件设备的使用和适应都有一定困难，容易造成医疗、护理、服务资源的浪费

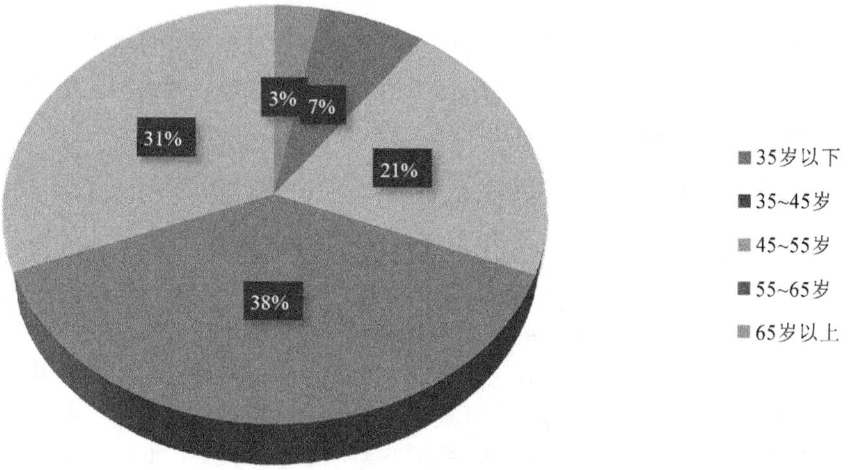

图4　被调查者的年龄结构

如图4所示，根据被调查者年龄来看，主要年龄集中在45岁以上，传统的生活、养老观念在此类人群中已经根深蒂固，并且这些传统方式已经很好地与现实生活相结合，致使全新的生活方式在这类人群中的施行将面临其意识不清和心理障碍的现实。根据被调查者文化结构来看，部分中老年人的文化程度不高，信息意识低，其中很多连计算机都没有接触过，接受信息服务的基础较差，对互联网这类的新鲜事物的接受、消化能力较低。因此，如何建立交流、服务模式，使网络信息、意识能浅显易懂地传授给老年人，也是一个亟须解决的问题。

年龄、受教育程度、婚姻状况、居住情况、退休前职业及身体状况，均是影响认知的明显因素。经调查表明，年龄越低、受教育程度越高，对智慧养老的认知程度越高，未婚、已婚状态的老人相对高于离异、分居老人；与配偶、子女同住的老人普遍认知度高于独居、与亲友同住的老人；退休前职业越稳定、待遇越好的老人认知度越

高；身体状况越好，认知度也越高。

老人使用智能手机存在的不同问题大致可分为五类，老人使用智能设备引发问题的原因如图 5 所示。

主体（老人）	问 题	客体（智能手机）
1.视觉，听觉下降	文字、图形看不清楚，语音或提示听不清楚	文字字号太小，声音太小，屏幕不够大
2.触觉感知能力下降	在使用触屏时，点不准、点错或不反应	图形符号太小，手机触屏反应速度太快
3.记忆力，智力下降	当完成一个任务程序较长时记不住操作流程，或界面选择太多时，不知如何操作	操作程序太复杂，完成一个任务的程序太多，提供的选择太多
4.认知局限	不明白符号、图形或提示的含义	图形符号的设计与老人的认知不符
5.心理障碍	高科技产品操作起来困难，学不会	产品设计不够人性化，未考虑到老年群体的心理因素

图 5　被调查者自身情况对应设备问题

1. 老人看不清楚文字、图形，语音或提示听不清楚

这类问题从老人的角度分析，原因是老人视觉和听觉衰退，对形象、色彩的识别能力降低，对光线的敏感性下降。从智能设备的角度分析，原因是手机界面的字体和音量太小，普通的智能机在设计时，没有从老人的角度考虑视觉和听觉的要素。

2. 老人在使用触屏式智能手机时，点不准、点错或不反应

在调研的过程中发现，老人在操作时出现点错或不反应的频率很大。从老人的角度分析，原因是老人对疼痛及温度变化的感知能力逐渐下降。从智能设备的角度分析，原因是智能手机对老人来说，每个图形的点击反应面积太小，其次是手机的反应速度对老人来说太敏捷，而老人操作设备时反应比较迟缓，易出现触屏操作的失误。

3. 当需要老人完成一系列烦琐的操作时，记不住操作流程；或当界面选择太多时，不知如何操作

从老人角度分析，原因是老人记忆力及思维能力衰退；随着年龄的增加，老人的记忆力、认知力及判断力逐渐下降。从智能设备的角度分析，原因是操作流程太复杂，完成一项任务的步骤太多，或需要选择的项目太多。

4. 老人不明白操作界面中的符号、图形或提示

从老人的角度分析，原因是老人的视觉经验和认知局限。相当一部分老人在接触智能手机之前没有使用电脑或其他智能设备的经验，相对于年轻人而言，对图形符号的识别存在一定的困难。从智能设备的角度分析，原因是智能程序的图形符号设计与老人的认知不相符，设计师设计这些图标没有从老人的认知角度考虑。

5．老人觉得高科技产品学起来太困难

从老人的角度分析，老人对学习科技产品存在很大的心理障碍，觉得这些产品与他们存在一定的距离。从智能设备的角度分析，原因是智能设备的设计对老人来说设计得还不够人性化，或没有设计相关辅助老人学习或教老人学习的内容。

（三）相关信息服务手段不完善，信息网络体制不健全，降低了老年人获助的效率

近几年北京的信息网络基础服务建设尽管有了较大发展，但仍不具备为养老业提供及时和全面服务的能力；计算机网络信息模式尚有不足，不能全面迎合中老年人的使用习惯与需求，亟待优化与整合。在某些乡镇老年服务中心，经费不足，难以开展相关活动；同时，网络信息质量参差不齐，信息传播、共享渠道较不顺畅，这也为网络信息服务养老业造成了障碍。

（四）智慧养老产业集合了信息、硬件、医疗、服务、金融、教育等多个领域，但全面了解各项领域的复合型人才少之又少，整个智慧养老产业人才缺乏，发展进程慢

在与养老办事机构打交道的时候，基层专业工作人员紧缺，对于来申请建立和已运营的不同类型民营养老机构，很难抽出人手进行政策介绍和辅导。对于很多相关政策的了解学习需要花费大量时间。从一窍不通的养老“门外汉”到熟悉各种相关养老机构及养老的政策，养老机构运营者主要靠自己钻研学习领会才可能逐渐运用到实际工作中。

（五）相关法律政策尚不健全，有关智慧养老的内容亟须完善

尽管我国出台了针对老年人的相关法律法规，如《老年人权益保障法》，但比较普遍和抽象。更能体现老年人利益需求的《老年人保健法》《户理保险法》《国民养老保险法》等却没有详细地制定。此外，近几年来国家还相继出台了开展社区服务业和民营养老机构扶持的政策，但在具体落实时，相关职能部门之间却没有与之配套的实施细则，甚至财政政策只惠及公立养老机构建设与发展，对养老产业发展激励支持力度不够。同时，养老产业监管机制也不健全，行业标准和市场标准尚未建设起来，养老服务机构资质认证标准空缺，审批管理制度存在缺陷，严格的行业进入许可缺失，导致养老产业发展处于无序状态，影响其健康可持续发展。

（六）智慧养老产业与传统养老产业的最大区别在于需要投入大量的资金成本用于实验与研发，投入成本巨大，回收周期漫长，经营收入起伏波动大

建设智慧养老体系是一个整体工程，缺少统一的标准会带来服务质量参差不齐、基础设施重复建设、资源利用率低下等问题。由于我国智慧养老行业尚处于一个起步

阶段，缺少专业团队和专业人员进行技术和管理支持，难以解决项目推进过程中遇到的专业技术问题，降低了智慧养老行业的专业化水平。目前我国老人一方面认可智慧养老产品，但另一方面对产品的价格预期和承受能力较低。一些智慧养老科技产品脱离老人实际需求，功能繁杂。很多项目没有形成清晰的商业模式或盈利模式，仍需不断探索。

综上所述，智慧养老的推广仍面临各个方面的难题。

四、关于智慧养老模式进一步发展的思考建议

在人口老龄化形势严峻、养老产业的发展亟须指导之时，我国政府出台了多项政策来加快智慧健康养老产业的发展，并给予智慧养老产业以政策支持。目前北京、上海、广州智慧养老在构建多元化、多层次服务供给体系同时，也初步形成智慧养老产业链。人口老龄化直接使得国家在养老金、医疗保险和养老服务等方面不断提高。

可以看到，在中老年人群中网络使用的发展前景很广阔。现阶段，为了促进智慧养老的进一步发展，加快平台信息化的健全与传播，切实有效地将互联网的资源优势引入老年人生活中，本小组对北京智慧养老业发展提出以下几点思考和建议。

（一）国家应进一步优化财政扶持、创新金融扶持、完善土地支持政策

统筹养老服务、数字经济、科技创新、制造强省、三重一创等政策资金，推动资金集约化整合和精准投放。合理实施全市养老服务数据资源中心及应用服务平台建设，发挥北京健康养老产业发展基金作用，对智慧养老类项目优先投放，适当降低基金投资回报率。创新金融产品，对符合条件的从事智慧养老服务的个人和小微企业给予创业担保贷款支持。探索政府和社会资本合作（PPP）模式，鼓励社会资本方通过输出智慧养老技术和品牌等形式，参与智慧养老项目建设。

有效落实养老服务、数字经济、科技创新、制造强省等方面土地支持政策，对智慧养老建设类项目，可在土地供应等环节给予优先倾斜。

（二）社会应进一步搭建标准体系、做好政策衔接、加强组织实施、强化人才支撑

从智慧养老设施建设、运营服务、产品研发等方面，加快研制我市智慧养老服务地方标准，积极申报国家标准、行业标准，并将已发布实施的智慧养老标准列入各级养老服务培训内容。同时促进智慧养老事业和产业发展领导小组要发挥统筹协调指导作用。各市区建立智慧养老发展协调推进机制并进一步完善考核体系。

持续开展养老人才培养培训，选取高等院校专业培养智慧养老复合型人才；将智慧养老领域从业人员纳入万人培训计划，按规定享受岗前培训和在职提升培训补贴。

（三）企业应降低网络、智能设备使用成本，提高互联网在老年人群中普及率

针对老年人群消费水平和消费习惯，以更实用的配置、更实惠的价格，满足其对手机、计算机等智能设备的需求。通过本小组调查数据来看，手机在老年人群中普及率较高，但智能手机的普及率并不高，其中原因包括智能手机的使用成本相对较高。因为老年人对价格较为敏感，降低智能设备的价格与网络通信资费，从而提高使用率，对于深化智慧养老有着重要的意义。

（四）相关智能设备的交互设计应设身处地为老年使用者着想

具体应遵循以下几项原则：

（1）增加智能设备的音量和文字可调节范围及界面图标的大小；

（2）增加图形触碰区域，降低程序反应的速度，提高老人操作时的准确性；

（3）尽量简化交互界面设计，减少交互界面可供选择的范围和失误率；

（4）在进行图标设计时，需要考虑老人的视觉和生活经验，提高图形符号的识别性；

（5）提高智能设备及交互界面的温馨感，设计相关的辅助学习内容，减少老人学习智能设备的心理压力。

（五）社区、居委会、村委会应进一步加强相关宣传教育，深入基层做好服务

定期邀请专业人员前来普及，积极引导提高老年人对信息获取、设备应用、观念更新的相关能力，深入了解每一户老年人家庭、生活状况，并及时有效地提供物质与精神上的多重帮助与服务，推动智慧养老的可持续发展。而老人普遍希望社区能够在“计算机、智能手机培训”“为老年人享受服务提供优惠”“加强免费 Wi-Fi 覆盖”“代为缴费”方面加以改善。其他的如“提高服务质量”“为老年人购买设备提供优惠”“专业人员帮助操作”也是老人主要诉求。突破传统的“助老”范畴，同时兼顾“孝老”和“用老”，让老人摆脱“被监控”“被服务”的束缚感。

（六）老年人应打开思想，尝试接纳、学习新鲜事物，主动配合专业机构、人员的帮助

提倡老人利用自己几十年的经验智慧，使自身发挥余热，做到“老有所为”，实现自我实现需求。

综上所述，为了促进智慧养老的进一步发展，切实有效地将互联网的资源优势与智能设备的服务方法引入到老年人生活中，需要社会各个层面的人员参与。只有这样才能实现养老生活品质提高的目的，最终推进养老产业在新时代的科技化、信息化、现代化、人性化。

五、报告总结

“莫道桑榆晚，人间重晚晴。”“银发浪潮”滚滚而来，如何安放老人们的夕阳人生成为无法回避的现实考题。尤其新冠肺炎疫情防控期间，一些地方采取了封闭式管理，对于一些居家老年人来说，加剧了生活的不便。而此间，“互联网＋养老”智慧养老模式的优势进一步凸显。有专家认为，“互联网＋养老”智慧养老模式的出现，为积极应对人口老龄化提供了有力的科技支撑，通过线上线下相结合的服务方式，可以满足老年群体多元化、差异性的养老需求，提高各层次养老机构的养老服务能力，提升老年人的生活质量和健康保障。

我国已经进入老龄化时代，且老龄化日趋严重，养老不仅是一个家庭问题，更是一个社会问题。近几年大多数老年人仍是通过传统的方式，从医院、养老院等官方机构获取相关信息，其生活方式和保健方式也比较传统。但通过改革与创新，养老产业与互联网初步融合与发展，让互联网融入了老人的生活，互联网及人工智能设备可以带给老年人更科学、便捷、及时、有效的信息与服务。我国智慧养老的服务、产品与模式也将更趋于人性化及个性化，来推动养老事业更加积极有效地发展，我们相信在国家、社会、企业和社区的共同努力下，必将为老年人营造出一个更好的养老环境，我们期待着！

参考文献

[1] 宋昕. 智能技术助力社区居家养老模式的创新与发展［J］. 建设科技，2020（11）：17－20.

[2] 王羽，王祎然，赫宸. “互联网＋”背景下社区智慧养老服务提升策略研究［J］. 建筑技艺，2020，26（10）：64－67.

[3] 肇京意. 从智能到智慧，养老服务迈向何处［J］. 新天地，2020（5）：4－5.

附录：

关于“智慧养老在疫情中的挑战与机遇”的调查问卷

尊敬的受访者：

您好！我们是来自北京工商大学的大学生，感谢您能在百忙之中抽空填写我们关于智慧养老在疫情中的挑战与机遇”调查问卷。您的回答仅被用作统计，我们向您保证调查内容将被严格保密。以下问题没有特别说明均为单选题。

感谢您的合作与参与！

基本信息

1. 您的年龄是

   A. 35 岁以下　　B. 35 ~45 岁　　C. 45 ~55 岁　　D. 55 ~65 岁

   E. 65 岁以上

2. 您的性别是

   A. 男　　B. 女

3. 您的学历是

   A. 小学及以下　　B. 初中　　C. 高中/中专　　D. 本科/大专

   E. 本科以上

4. 您的年收入（或退休金）是多少

   A. 10 000 元以下　　B. 10 000 元 ~25 000 元

   C. 25 000 元 ~50 000 元　　D. 50 000 元以上

疫情期间生活信息

1. 疫情期间，您的居住情况（目前与谁同住）

   A. 独居　　B. 配偶　　C. 子女　　D. 亲属

   E. 朋友　　F. 其他

2. 您目前的身体状况如何

   A. 非常差，完全需要别人照顾

   B. 比较差，需要被人照顾

   C. 一般，有时需要别人照顾

   D. 较好，几乎不需要别人照顾

   E. 非常好，不需要别人照顾，还可以照顾别人

3. 您身体不适时，您会及时去医院看医生吗

   A. 会　　B. 不会

4. 您生病或不舒服时选择去哪些地方就医

   A. 社区卫生服务中心　　B. 私人诊所

   C. 县级医院

5. 在疫情期间，您就医时是否感到方便？您觉得不方便的原因是什么［多选题］

   A. 交通不便　　B. 行动不便　　C. 没有人陪同

   D. 就诊不便（如挂号、缴费、取药等）　　E. 不知道看什么医生

   F. 医药费高　　G. 较近诊所的医疗水平低

关于被调查者了解相关生活、健康资讯现状

1. 请问疫情期间您是从哪些途径获取到生活、健康方面的讯息［多选题］

   A. 书籍、报纸或杂志　　B. 手机资讯

   C. 医院、养老院等官方机构　　D. 居委会、村委会

E. 电视节目 F. 相关互联网平台
G. 相关智能设备 H. 其他________

2. 您家会使用互联网来了解一些信息吗
A. 经常会 B. 偶尔会 C. 从不会

3. 您对现代科技的掌握程度［多选题］
A. 能够打电话 B. 能够发短信
C. 能够使用智能手机简单功能 D. 能够使用微信等 APP
E. 能熟练使用智能手机和电脑

4. 您对智能设备的接受态度是
A. 完全接受 B. 能接受
C. 完全不接受 D. 没有接触过但想尝试

疫情后关于被调查者对智慧养老的看法

1. 您喜欢什么样的养老方式
A. 传统家庭养老
B. 传统机构养老（养老院等）
C. 智慧机构养老
D. 智慧居家养老（手机一键定制生活照料、医疗保健、紧急救护等）

2. 您了解智慧养老的概念吗
A. 非常了解 B. 一般了解 C. 听说过 D. 不了解

3. 疫情期间，您觉得您现在的生活（或身边人的生活）有涉及智慧养老方面吗
A. 一点都没有 B. 有一些 C. 有很多 D. 不清楚

4. 通过疫情对生活带来的影响，您愿意智慧养老进入您的生活吗
A. 愿意 B. 不愿意 C. 不确定但愿意尝试

5. 您认为智慧养老进入您的生活中会对您的生活产生怎样的影响
A. 积极影响 B. 消极影响 C. 不确定是否有影响

关于被调查者对智慧养老相关设备的看法

1. 您使用过相关的智能养老设备吗
A. 有 B. 无

2. 您使用过哪些相关类型的智能家居设备
A. 智能穿戴类 B. 检测类 C. 电话通信类 D. 家居安防类
E. 一卡通类 F. 一体养老设备类

3. 您使用的智能养老设备时长
A. 1～3 个月 B. 半年 C. 半年至一年 D. 一年以上

4. 您在使用此类设备期间是否更换过或是升级过此设备
A. 是 B. 否

5. 您希望智慧养老的相关设备提供哪些服务［多选题］
   A. 生活照料（定位、洗衣做饭、打扫卫生、买菜购物、陪同外出等）
   B. 医疗远程会诊
   C. 文体娱乐活动
   D. 学习培训
   E. 亲友远程探视
   F. 心理护理（聊天解闷、心理开导）
   G. 语音讲解
   H. 一卡通服务
6. 若选择智慧养老设备终端您能承受的价格是多少
   A. 100 元以下　　B. 100 元～500 元
   C. 500 元～1000 元　　D. 1000 元以上
7. 您认为智能养老应该注重哪方面发展［多选题］
   A. 高性价比　　B. 个性化，人性化需求
   C. 高度智能化　　D. 简单实用
8. 您认为采取以下哪些举措会使您更容易接纳智慧养老
   A. 政府多提供些方便，将相关设备应用列入医保
   B. 医生专家参与建设，对智能设备进行有效的分类，提高养老生活质量，扩大影响力
   C. 网络上多一些正规的健康或养老网站提供这方面的信息
   D. 政府发布及时消息到手机上，或开发养老的手机应用，因为手机上网查询此类消息更加方便快捷
   E. 政府的参与与支持并进行相关人员的引导、培训、宣传、介绍、技术支持等
   F. 政府出台相关的网络规范条例、法律规定来规范网站
   G. 其他________
9. 过去对养老的认识与如今相比有什么不同

   ____

   ____

10. 经历过本次疫情，您对智慧养老的看法或建议

   ____

   ____

感谢您能在百忙之中完成这份调查，我们表示由衷感谢！

全面建成小康社会中的扶贫事业发展调研①

——以福田、山后李庄二村为例

张彦琛　陈欣宇

【摘　要】脱贫攻坚是党和国家对人民的庄重承诺。中国在削减贫困方面的卓越成绩得到了国内外一致认可。“十三五”期间，中国共产党秉持精准扶贫的理念，顺应时代发展的现实要求，努力实现在现行标准下农村贫困人口全部脱贫。团队基于福建省漳州市华安县马坑乡福田村、河南省新乡市卫辉市太公泉镇山后李庄村两地的深入调研，分析上述地区致贫原因，总结两地脱贫工作经验。

【关键词】精准扶贫；实地调研；改善民生；全面建成小康社会

截至2000年底，中国尚有贫困人口9422万人。2020年现行标准下的农村贫困人口全部脱贫，是党中央向全国人民作出的郑重承诺。为扎实推进脱贫攻坚工作，习近平总书记作出了“实事求是、因地制宜、分类指导、精准扶贫”的重要指示。2020年政府工作报告中提出，脱贫是全面建成小康社会必须完成的硬任务，要坚持现行脱贫标准，强化扶贫举措落实，确保剩余贫困人口全部脱贫，健全和执行好返贫人口监测帮扶机制，巩固脱贫成果。2020年是脱贫攻坚的收官之年，处在“两个一百年”奋斗目标的重要历史交汇期。为了全面建成小康社会，脱贫工作十分重要。为了深刻了解基层脱贫攻坚现状，我们的团队走进福建省、河南省的扶贫一线，与扶贫干部进行了深入的交流，实地探访贫困户，总结两地脱贫攻坚工作的经验。

一、基本情况

河南省山后李庄村位于太公泉镇政府西南方5公里处，有1个自然村，3个村民小组，居民126户352人。全村共有耕地960亩，其中有效灌溉面积450亩，退耕还林面积120亩。村集体经济收入5万元/年，主要来源是占地补偿款。全村共有低保户14户30人，五保户2户2人，残疾人口13人，全口径脱贫户35户84人，贫困发生率为0.28%。全村2014年脱贫1户2人，2017年脱贫6户14人，2018年脱贫26户69人，2019年脱贫1户4人，目前未脱贫1户1人。

福田村地处漳州市华安县马坑乡东北部，是革命老区村，北与漳平市永福镇交界，

---

① 本课题指导教师：张彦琛（北京工商大学马克思主义学院）；课题组组长：陈欣宇（计算机192）；课题组成员：苗晟源（计算机191）、王崇宇（计算机192）、刘念澍（计算机191）。

地处一个大峡谷，山势险要，岩石多，不易蓄水，有3个市级地质灾害点，拥有石英石、石墨、铁等矿产资源，距县城42公里，土地面积11.6平方公里、全村有3个自然村，有外出务工400多人，留守不到400人。全村有五保户2户2人，2016年精准扶贫户脱贫14户42人，2017年底已实现全部脱贫。村民的主要经济来源是种植、养殖和劳务输出，其中从事种植和外出务工的劳动力占到全村人口总数的80%以上。

二、调研过程

此次调研通过问卷、访谈、数据分析等方式进行。由于疫情原因，团队化整为零，分成两组，分别赴两地展开调研。

为有效采集调研数据，调研团队经过深入沟通、研讨，拟定了“关于全面建成小康社会中的扶贫事业发展调研的调查问卷”，面向两个村的村民及扶贫干部发放。调研共计回收问卷375份，有效率100%。团队成员讨论形成了访谈提纲，以便在实地调研时进一步有针对性地了解情况。我们集中调研了福田村及山后李庄村的精准扶贫工作，先后走访了十几户典型贫困户（包含已脱贫的贫困户），驻村蹲点，专题调研。经过此阶段的信息采集，团队较为全面地了解了福田村及山后李庄村的贫困户的基本情况，致贫原因以及扶贫情况等。团队在广泛收集材料的基础上，综合分析问卷及访谈结果，结合两村的具体情况，就帮扶措施、帮扶主要任务、工作目标等向扶贫干部反馈建议。为确保脱真贫、真脱贫，团队还帮助脱贫干部对照国家关于贫困户的确认标准，逐一甄别贫困户，确保精准扶贫。

三、致贫原因分析

要解决贫困问题，首先便是要了解致贫原因。根据调查问卷以及实地调研显示，两地居民致贫原因均归类为教育资源不均致贫、因要素缺乏致贫、因病致贫三类（如图1所示）。

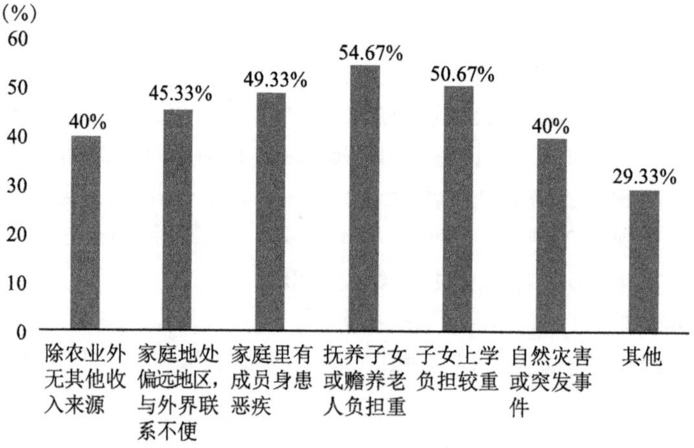

图1 问卷调查中显示的导致家庭贫困的可能原因

（一）教育资源不均致贫

受教育布局调整的影响，两地的上级教育主管部门均对地区学区资源进行整合。整合后，两村适龄学子初中和高中全部要到县城或市区就读，但是他们的家庭主要经济来源多为家长打零工。一旦子女到消费水平更高的城市求学，其生活、教育支出增长明显，导致家庭支出增加大幅度增加。经调查，因供养子女读书而致贫的占贫困户的 15%。

一些完成学业的青年由于受教育程度低，就业择业大受限制。他们仅能从事较为基础的体力劳动，收入普遍较低。他们一方面需要供养自己的子女，另一方面要赡养年迈的父母，经济压力巨大。

（二）要素缺乏致贫

1. 村中农产品的销路不畅

在走访福田村贫困户李某家中，我们了解到，李某家种植红豆杉等苗木 4 亩，另有耕地面积 3 亩，林地面积 1 亩。由于种植养殖和销售的技术缺乏，导致该贫困户家中的红豆杉和农副产品滞销。李某的家庭收入主要是其外出务工所得。家中经济林木占用了大量人力物力，却无法实现经济价值，引发其家庭贫困。

2. 务工技能缺乏

贫困人口普遍缺乏现代务工技能。根据我们走访和调研情况，两村陷入贫困的年轻人大多只能从事基础劳动，收入低、工作环境差。他们多是由于思想观念陈旧、技能培训机会较少、务工技能缺乏致贫。而村内仍具有劳动能力的留守老人多依靠务农收入、社会收入养老，部分困难户甚至连基本生活都无法保障，养老问题堪忧。

3. 融资渠道受限致贫

由于没有稳定收入支撑，贫困农户贷款难的问题较为突出。因为很难筹集到创业资金，或者创业融资成本高企，很多贫困户不愿更不敢通过贷款等方式筹集资金创业致富。这成为制约贫困群众脱贫致富的一个重要因素。

（三）因病致贫

长期以来，许多村民就近在附近工厂务工，因工作条件艰苦，防护较差，患上了多种疾病。随着年龄增长，他们的身体状况不再适应继续务工的要求，但是早年积累下的身体疾病需要治疗。对老年人而言，其大多已经失去劳动力，但由于需要长期服药，家中无主要收入来源，每月又因病需要支出医药费致贫。“新农合”医疗尽管很大程度上缓解了上述问题，但是仍有部分贫困群众受因病致贫的困扰。

在走访调查中我们发现，许多贫困户的致贫原因并不是单一的，往往是由多种因素共同造成的。因此，在了解具体致贫原因后，我们才能进一步提供有针对性的帮扶计划。

四、精准扶贫计划

（一）太公镇山后李庄村精准扶贫计划

1. 切实做好抓党建促脱贫工作

（1）不断加强基层党组织建设工作

切实加强党基层组织建设，进一步提高山后李庄村基层党组织的凝聚力和战斗力，密切干群关系，深入了解建档立卡贫困群众的需求和致贫原因，树立党在群众中的绝对威信，确保各项强农惠农政策的全面落实，切实帮助贫困群众脱贫致富。

（2）以抓党建促进基层组织建设

进一步抓好高素质基层党组织带头人队伍建设、高素质党员队伍建设工作，加强村级民主管理，提高村级民主管理的科学化、制度化、规范化水平。进一步建立健全村级各类组织，完善各类制度。两年内李庄村建立健全大量村级经济协会、组织，并协助这些组织完善各类规章制度。通过各类经济协会，形成全村发展的合力，以规模效应带动贫困群众脱贫，带动更多村民实现生活富裕。

采取定期、不定期的普法宣传教育活动，引导村民自觉学法、用法、守法，做到依法建制、以制治村、人人参与、共建和谐家园，创造良好社会治安环境，做到小事不出门，大事不出村。开展村容、村貌集中整治，组织动员村民广泛参加，实施清垃圾、清路障、清粪草堆，真正使村容村貌净化、绿化、美化，并长期保持。通过营造良好的村容村貌，努力建设社会主义新农村，推动乡村发展，带动周边旅游消费，吸引投资。

2. 积极谋划实施扶贫产业项目

（1）大力调整优化农业结构，努力增加农民收入

一是改变种植习惯，在原有传统作物的基础上，大力发展红薯、花生等经济作物，提高农户经济收入。二是扩大山林果木经济，因地制宜，鼓励发展核桃、梨等种植经济作物，帮助农民增产增收。

（2）发展畜牧养殖业

规模养殖是制约该村发展的薄弱环节。目前部分农户有养羊、养鸡、养猪的意愿和基础，建议基层党组织引导村民以各项惠农政策为支撑，精心培育羊、猪等养殖专业。同时，不定期组织畜牧专家到村、户开展养殖技术、疾病预防等知识培训；收集市场信息、协助搞好营销工作，帮助农民打开销路。

（3）大力引导和组织农业富余劳动力向第二、三产业转移发展

一是面向可转移劳动力开展引导性培训、农村实用技术培训、农民就业技能培训和资质培训等，提高劳动力的就业技能。二是积极衔接用工企业与农村富余劳动力，畅通农村劳动力就业渠道。三是鼓励同村先富带动后富，鼓励本村企业通过多种渠道帮扶贫困人口摆脱贫困。

3. 加大金融扶贫力度

为打好金融扶贫硬仗，上级部门颁布了《卫辉市脱贫攻坚工作指挥部关于印发

〈卫辉市金融信贷助推脱贫攻坚实施方案〉等六个方案的通知》等文件。政府建立健全村级金融服务站、服务部，加快农村信用体系建设，推广应用农村信用信息系统，摸清贫困户金融贷款需求，充分发挥金融信贷优势助推脱贫攻坚。借助上述惠农措施，山后李庄村基本实现有信贷需求且符合信贷条件的贫困户应贷尽贷。

4. 发挥“百企帮百村”企业帮扶作用

加快推进“百企帮百村”企业帮扶工作，充分调动全社会力量，镇政府鼓励企业直接到村建设精准扶贫就业点，吸纳贫困劳动力就近就地或异地就业。积极争取上级财政资金支持，以扶贫车间、扶贫就业点、产业基地等为载体，发挥企业帮扶作用。

5. 加大扶贫政策宣传力度

进一步加大各项精准扶贫政策宣传力度，不断提高贫困户对精准扶贫政策的知晓度。严格按照卫辉市委、市政府帮扶工作“七个一”的工作要求，开展精准扶贫政策宣传，完善帮扶工作计划，核查贫困户政策享受情况。驻村干部每周进行一次入户走访，解决困难群众实际问题，提高群众满意度。

走访过程中，帮扶责任人入户进行摸底调查，与贫困户座谈交心，宣传扶贫政策，重点讲解了最低生活保障、医疗救助、临时救助等政策的实施要点，帮助贫困户充分了解这些政策的救助范围、救助对象、救助标准、救助程序以及配套的优惠政策等具体内容。驻村干部耐心细致的工作不仅让贫困户切实了解相关政策法规，认识到了制约其脱贫的关键问题和原因，而且便于基层党组织研究精准扶贫措施，因户施策。

6. 落实好各项社会保障政策

以全面提升农村社会保障水平、落实各项社会保障政策为目标，进一步加大健康扶贫、教育扶贫、扶贫助残、危房改造清零、民政救助等工作力度，使每位贫困户做到应享尽享，不落一人。让每一位贫困户感受到党的温暖，让每一项政策在脱贫攻坚工作中发挥最大作用。

（二）马坑乡福田村精准扶贫计划

1. 开展医疗服务

针对本村由于自然环境、工作环境等问题导致的风湿类关节炎多发等现象，组织医疗组开展职业病普查，为贫困户提供医疗防控措施和治疗建议，普及各种常见疾病防治知识。在医疗方面给予精准扶贫户更多保障，在政策范围内，优先保障建档立卡贫困人口的医疗资源需求，特别是为有长期病、慢性病的贫困户提供方便。

2. 开展科技帮扶

一是面向村民组织农业实用技术培训，提升其种植、养殖能力，增强农业生产应对病虫害、恶劣天气等自然灾害的能力，为农民务农收入保驾护航。二是开展电子商务培训，帮助村民搭建电子商务平台，通过电商销售渠道让农产品走出大山，让外面的世界了解福田村。三是有针对性地帮助贫困群众通过务工技能培训等方式，提高就业能力，畅通其与用人单位之间联系渠道，帮助贫困群众走出大山，走出贫困。

3. 发展富民产业

积极扶持养殖业和种植业，为留守农民不离乡不离业增加收入创造条件、打好基础。2016 年，福田村投资 25 万元建成一座 30 千瓦光伏发电站，年可创收 3 万元，有效带动了村民致富。

4. 社会帮扶机制

脱贫攻坚是一项系统工程，需要吸引全社会力量参与其中。为推动脱贫攻坚，福田村着力构建起社会帮扶机制，助力贫困人口脱贫。一是引入社会资本结对帮扶，将非公企业纳入帮扶单位范围，壮大帮扶力量。二是多渠道募集村级救助资金，提高救助能力。三是有针对性地帮助贫困户劳动力解决创业就业问题，为其在土地承包经营权、宅基地和农宅确权方面提供支持，帮助其解决融资难问题。

五、体会思考

经过此番深入调研，我们发现脱贫攻坚工作已经接近尾声，已经到了最吃劲的时候，为如期消灭绝对贫困，我们下阶段工作应重点关注以下问题。

一是部分贫困户自身发展动力不足，思想保守、因循守旧，不愿改变、创新生产、生活方式。二是部分贫困户因病、因残致贫，劳动力缺乏，脱贫路径狭小。三是农村部分基础设施建设等相对滞后，项目扶持、资金帮扶等力度有待加强。四是社会扶贫的参与度不够，仍有许多人无法切身体会到贫困村的困难情况，没有参与到扶贫的大潮中。

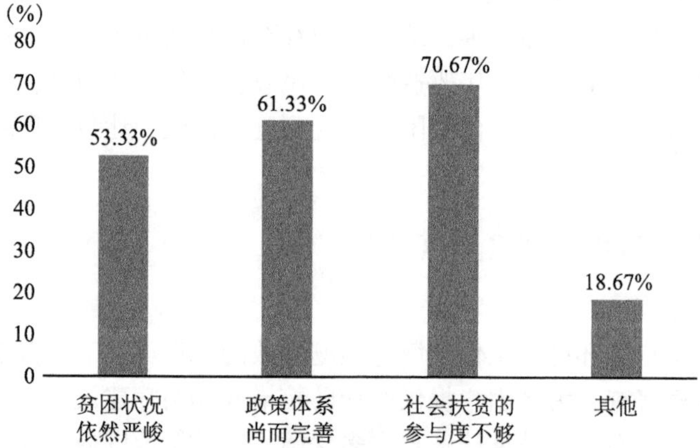

图 2　目前扶贫工作还存在的问题

按照学校统一要求，调研组认真开展调研工作，深入了解被调研地区脱贫攻坚工作的现状，仔细分析贫困人口致贫的原因，总结当地脱贫工作经验，并结合当地实际，提供有针对性的工作建议。调研中，我们重点学习了中央和省市有关的文件精神，始终把十九大精神和十九届三中、四中全会精神贯穿其中，认真学习农村政策和法规，提高思想，统一认识。

当前农村基层实际情况如何、村民生活怎样、怎样顺利开展脱贫攻坚工作，是我们此次调研需要了解的基础信息。为此，调研组结合民情以座谈会、上门走访、个别访谈等方式，深入群众开展调研。在此基础上，调研组较为全面地了解村里的基本情况，了解干部群众关系、脱贫攻坚的重点工作和难点问题。

福田村和山后李庄村均为地处偏远山区的小村庄，村民朴实勤劳，但是视野不开阔，不超前，不大胆。为了帮助贫困村民改变现状，我们着力做好宣传工作，提出大力发展第三产业的对策。调研组在调研过程中，通过多种方式向村民宣传创业就业思想，鼓励村民通过兴建养猪场、养鸡场等方式发展集约式的养殖产业；我们还联系了当地负责农业推广的科技人员定时来作指导、交流，帮助农民升级传统农业。

为确保精准扶贫落到实处，确保脱贫攻坚取得胜利，根据两个贫困村实际情况，我们全体组员齐动员，帮助驻村工作人员逐一核对，确定了剩余贫困户的脱贫年限，为两村脱贫攻坚工作贡献了绵薄之力。

通过本次对我国脱贫事业现状的调研，我们得出了如下结论。

对于实施扶贫产业项目，首先应大力调整优化农业结构，努力增加农民收入。一是改变农民传统的种植习惯，在原有传统作物的基础上，大力发展红薯、花生等特色经济作物，帮助农民增加收入。二是发展山林果木经济，因地制宜地鼓励梨树、核桃等果林种植，拓宽农户收入来源。其次发展畜牧养殖业。规模养殖是贫困村农业发展的薄弱环节，目前部分户有养羊、养鸡、养猪的意愿和基础，应以国家惠农政策为支撑，加大对养殖大户出栏补贴力度，精心培育养殖大户，通过他们带动更多贫困人口脱贫；同时，应该定期组织农业畜牧专家到村、户开展农业种植、养殖技术，农作物，牲畜疾病预防等知识培训，帮助农户解决发展中的实际问题。帮助农户收集市场信息，打通产、购、销各环节的堵点。再次做好中长期规划。认真谋划实施2018—2020年脱贫村整村推进项目，积极推进贫困村乡村振兴补短板工程。

对于加大贫困群众转移就业力度，通过入户宣讲政策等方式，积极鼓励村民外出务工，增加收入；鼓励农村富余劳动力参加各类务工技能培训，提高劳动力就业能力。

在企业帮扶方面，充分发挥“百企帮百村”企业帮扶作用，加快推进“百企帮百村”企业帮扶工作，充分调动全社会力量，鼓励企业直接到村建设精准扶贫就业点，吸纳贫困劳动力就近就地或异地就业。积极争取上级财政资金支持，以扶贫车间、扶贫就业点、产业基地等为载体，发挥企业帮扶作用。

在宣传方面，加大扶贫政策宣传力度，通过召开村民大会、帮扶责任人走访入户等方式，加强产业、就业、教育、健康、保障、低保、五保等方面扶贫政策的宣传力度，让贫困人口对党和国家的脱贫惠民政策应知尽知，真正让各项扶贫政策落实到位。

在国家政策保障方面，落实好各项社会保障政策，确保广大贫困户教育、医保、社保、残疾等方面的权利得到应有保障，做到应保尽保。

综上所述，实现全国农村贫困人口在现有贫困标准下全部脱贫，是全面建成小康社会的关键，是实现第一个百年奋斗目标的重要标志。为了国家全面建成小康社会，为了国家的繁荣稳定和长治久安，为了14亿中国人民都告别“吃不饱，穿不暖”的贫困生活，我们当代大学生也要同祖国一道，以人民为中心，加大扶贫宣传力度，力争为2020脱贫攻坚战的完胜，为共创美好中国尽一份心、出一份力。

附录1：

关于全面建成小康社会中的扶贫事业发展调研的调查问卷

您好！我们是北京工商大学计算机学院课题组。我们正在就全面建成小康社会中的扶贫事业发展调研情况展开调研，以便有针对性地制订相关提升计划。您的回答无所谓对错，但求反映您的真实想法。感谢您拿出宝贵的时间参与调研，我们将对您的回答完全保密，感谢配合！

填表说明：此次调查的目的是了解对全面建成小康社会中扶贫事业发展情况的反馈，不记姓名，非常感谢您的合作！若无特殊说明，每个问题只能选择一个答案，请在选择的选项前画“√”。

1. 您的户籍性质是

□农户

□非农户

2. 您家的主要收入来源是什么

□种植业

□养殖业

□外出经商

□外出务工

□政府的扶贫或社会保障基金

□其他

3. 您家庭的经济状况如何

□贫困

□温饱

□小康

□富裕

4. 导致您家庭贫困的原因有哪些［多选题］

□除农业外无其他收入来源

□家庭地处偏远地区，与外界联系不便
□家庭里有成员身患恶疾
□抚养子女或赡养老人负担较重
□子女上学负担较重
□自然灾害或突发事件
□其他
□无
□非贫困家庭

5. 您是否了解国家或当地政府正在实施的扶贫政策及项目
□非常了解
□比较了解
□基本了解
□不太清楚

6. 您对精准扶贫促进全面建成小康社会的看法是
□非常有必要
□有必要
□没必要
□不清楚

7. 您认为当前扶贫工作存在哪些问题 [多选题]
□扶贫资金投入较少
□对扶贫资金监管不到位
□基层贫困群众的参与度低
□领导班子不重视
□建设性项目缺乏管理

8. 您对于全面建成小康社会的目标的了解程度
□非常了解
□比较了解
□基本了解
□没有了解

9. 您认为全面建成小康社会主要包括哪些 [多选题]
□经济建设
□国家制度完善
□文明素质提高
□生活水平提高
□建设资源节约型、环境友好型社会

10. 您认为我国目前哪些方面需要进一步改善提高 [多选题]
□经济建设

□国家制度完善
□文明素质提高
□生活水平提高
□建设资源节约型、环境友好型社会

11. 您对您现在的生活水平的总体评价为
□非常满意
□比较满意
□基本满意
□不满意

12. 您认为扶贫开发事业有何意义 [多选题]
□ 事关全面建成小康社会
□ 事关增进人民福祉
□ 事关巩固党的执政基础
□ 事关国家长治久安
□ 其他

13. 您认为扶贫开发目前面临的困难有哪些 [多选题]
□ 贫困状况依然严峻
□ 政策体系尚需完善
□ 社会扶贫的参与度不够
□ 其他

14. 您认为扶贫开发过程中应注意哪些问题 [多选题]
□ 坚持扶贫开发和经济社会发展相互促进
□ 坚持精准帮扶和集中连片特殊困难地区开发紧密结合
□ 坚持扶贫开发和生态保护并重
□ 坚持扶贫开发和社会保障有效衔接
□ 其他

15. 您认为扶贫开发过程中可采取哪些举措 [多选题]
□ 产业扶持
□ 转移就业
□ 易地搬迁
□ 教育支持
□ 医疗救助
□ 纳入农村低保制度覆盖范围
□ 加强贫困地区基础设施建设
□ 其他

16. 您认为扶贫开发要重点关注哪些地区 [多选题]
□ 革命老区

☐ 民族地区
☐ 边疆地区
☐ 连片特困地区
☐ 其他

17. 您认为国家相关政策对您的生活上最大的改变是［多选题］
☐ 住房条件
☐ 医疗保险
☐ 文化教育
☐ 工薪
☐ 社会治安
☐ 社会福利
☐ 农村发展
☐ 城市绿化
☐ 精神娱乐

18. 您参与过哪种形式的扶贫［多选题］
☐ 班级或单位组织的集体捐款
☐ 慈善组织或社会捐款
☐ 其他
☐ 无

19. 您的家庭所参加的社会保障项目有哪些［多选题］
☐ 新型农村社会养老保险
☐ 农村“五保”政策
☐ 新型农村合作医疗
☐ 最低生活保障
☐ 农村医疗救助
☐ 其他
☐ 无

20. 您了解的精准扶贫工程有哪些［多选题］
☐ 医疗救助扶贫
☐ 职业教育培训
☐ 扶贫小额信贷
☐ 生态种植扶贫
☐ 修房扶贫
☐ 低保政策扶贫
☐ 旅游扶贫
☐ 其他

21. 你认为哪些工作可以为扶贫开发事业的成功提供保障［多选题］

□ 强化政策保障

□ 加大金融扶贫力度

□ 广泛动员全社会力量

□ 健全东西部扶贫协作机制、定点扶贫机制和社会力量参与机制

□ 其他

22. 您对我国精准扶贫工作和实现全面建成小康社会的目标有何建议

____

____

附录2：

关于贫困村——山后李庄村的调研日记

苗晟源

2020年8月14日，我驾车前往位于河南省新乡市卫辉市太公泉镇的贫困村——山后李庄村。通过与当地的驻村第一书记和村支书交谈，我了解到，该村在国家实施脱贫攻坚战略后，严格按照“两不愁三保障”的要求，将扶贫工作扎扎实实落到实处。截至调研时，全村现在还有1人未脱贫，全村上下的扶贫干部都在为此做出努力。

与村干部沿山后李庄村主干道考察

9：40 时，我跟随驻村扶贫干部徒步前往贫困户的家中。沿途，我看到了村内的水泥路平展，路上都装上了路灯，村内环境整洁、设施完善。在和驻村第一书记交谈中，我了解到了在前些年，村内的道路都是土路，没有一条水泥路。现在在国家的大力扶持下，村民的生活水平较前些年提高很多。

深入贫困户家调研

9：50 时，我们来到了一位村民家中，通过交谈得知，这位村民是一位残疾人，腿部残疾，无法直立行走，因此基本不具备劳动能力，该户主要的收入来源就是国家救济。在精准扶贫工作原则指导下，他被认定为“五保户”，并且享受一切残疾人的扶贫政策。在国家实施脱贫战略后，他在政府帮助下建立了育苗基地，家庭日常的温饱问题得到了解决，日常生活条件得到了很大的提升。这位村民家中有一位学龄儿童。在教育方面，由于享受各项补贴，其孩子的教育问题得到了很好的解决。

与驻村扶贫干部交流

10：30时，驻村第一书记为我讲解在扶贫工作开展以来的点点滴滴。在习近平总书记强调“扶贫路上，一个都不能少”后，全体扶贫干部“包村包户”，将各项扶贫政策在贫困户当中落实到位。宋书记说，在扶贫开发过程中，村干部严格按照“三位一体”大扶贫格局、“五个一批”“六个保障”等政策要求，进行精准扶贫。该村通过易地搬迁、建立农村合作社和带动就业等有力措施，助推脱贫攻坚。下阶段，该村将采取强化政策保障、广泛动员全社会力量、健全定点扶贫机制和社会力量参与机制等措施，确保脱贫攻坚如期完成，降低贫困人口的返贫风险。

与扶贫干部在村委会前合影

在调查走访过程中，我走遍了全村各处，认为该村贫困的原因有二。一是地理位置偏僻，离工业基地、农业基地较远，就业机会稀缺，导致村民经济来源单一。二是因病、因学不足，该村存在劳动力供需的结构性矛盾，成为阻碍经济发展的重要原因。

在此次调研过程中，我感触颇深，真真切切地感受到了贫困村的贫困情况，认识到脱贫攻坚工作的艰辛。在大学期间，我要充分利用业余时间，抓住所有机会到贫困村中帮助村民，尽自己的所能，为实现脱贫攻坚、全面建成小康社会，实现第一个百年奋斗目标贡献自己的力量。

附录 3：

关于贫困村——福田村的扶贫调研日记

陈欣宇

2020 年 8 月 21 日，我乘车前往位于福建省漳州市华安县马坑乡的贫困村——福田村。汽车行驶路上，我欣喜地发现，通往村子里的道路较之从前宽阔了许多，道路两旁种满了绿植，整洁明亮。道路的两边，我看到许多村民都盖上了新房，整个村子的面貌焕然一新。

9：30 时，我抵达马坑乡福田村，与当地扶贫干部进行了交流。通过扶贫干部介绍，我了解到截至 2020 年，福田村共有贫困户 14 户 42 人，其中国定贫困户 9 户 25 人，省定贫困户 5 户 17 人，在国家实施精准扶贫战略后，该村严格按照“两不愁三保障”要求，将扶贫事业落到实处，现已实现全部脱贫，贫困村摘帽。

与扶贫干部进行交流，了解当地扶贫工作开展情况

10：00 时，我跟随扶贫干部前往当地贫困户李庆柏家中。通过交谈得知，这位村民原先是位水泥工，2015 年底在工作时摔倒，导致双腿活动不便，暂时失去劳动力。去年年底，他的妻子患上了肝内胆管结石，再加之家中有两个孩子在上学，还有一位 80 岁高龄的老人需要赡养，这让这个本来就不富裕的家庭雪上加霜。在扶贫工作开展后，李庆柏一家被认定为省级贫困户，考虑到李庆柏的身体状况，以及家中缺乏劳动力的现实困难，福田村村委会迅速开展帮扶措施：①由村委会提供水田 5 亩，

其中果架由村委会出资帮其搭盖，支持种植百香果，并帮忙联系技术员给予技术指导。②免费提供鸭苗100只，帮助发展养殖业。③自家4亩农田用来种植单季稻和地瓜，实现粮食自给和盈利。④结合美丽乡村建设，凡是需要泥水工优先考虑介绍李庆柏去务工。上述帮扶可为李庆柏一家每年带来3.6万元收入，保障其摆脱贫困。不仅如此，在政府的补贴下，李庆柏一家通过易地扶贫搬迁政策，盖上了新房。其妻子的住院手术的费用由新农合医疗报销大部分，家中两个孩子的学费也得到了解决。在村委会和扶贫干部的不懈努力下，2017年李庆柏家实现了脱贫。谈起扶贫政策对家里的改变，李庆柏和妻子都感慨如今的政策惠民，感谢政府给予他们一家的支持和帮助。

当地扶贫干部在李庆柏家开展扶贫工作

与李庆柏一家交谈

为李德权（李庆柏儿子）辅导功课

与李庆柏一家合影

在与李庆柏一家告别后，我又跟随扶贫干部前往当地另一户贫困户李国民家中。通过与其本人及子女、父母的交谈得知，李国民先前出车祸，腿部及脑部受过伤，现已康复，但无法从事重体力活。他的老婆智力残疾，无劳动能力。家中一个儿子一个女儿正在上学，还有两位年迈的老人需要赡养。因缺劳力、因病，李国民家被定为贫困户。经过当地政府和扶贫干部的努力帮扶，李国民现负责村内保洁工作，每月可实现稳定收入。加之村委会为其购买 20 箱蜜蜂、提供鸭苗，每年共可收入近 3 万元，现已实现脱贫。谈起扶贫政策对家中的改变，李国民充满感激，他说道，如果没有政府和扶贫干部的帮忙，自己家庭的困境很难改善，如今家中有了稳定收入，孩子的就学问题也得到了解决，家人的看病难问题也不存在了，生活都在朝着好的方向发展，日子过得一天比一天好。

与李国民一家交流

与李国民的两个孩子交流学习情况

参观李国民家的扶贫产业基地（养蜂场）

与李国民一家合影

接着我又跟随扶贫干部走访了其余几户精准扶贫户。通过与贫困户进行深入交谈，我感受到了精准扶贫政策对于他们生活的影响之大。经过精准扶贫政策的帮扶，他们实现了“两不愁三保障”，生活质量得到了极大的提高，在这次的调研中，我深刻地理解了习近平总书记所说的“人民”的意义。我不由得感叹起如今党和国家对于贫困人民群众无微不至的关怀，并且深深地感受到全国人民对于打赢脱贫攻坚战的坚定决心。相信在全党全国人民的齐心努力下，我们一定能够夺取脱贫攻坚、决胜全面小康的伟大胜利！

与扶贫干部合影

新时代大学生就业意向变迁原因调研①

魏海香　裴硕知

【摘　要】随着时代与科技的飞速发展，大学生的就业意向有了较大的变迁。可以看到，由于社会形势的不断变化，每届大学生的就业方向也不断发生着变化。因此，我们通过对各年龄段的人群进行调查，以探寻大学生就业意向变迁的原因，为新时代大学生的就业方向起到一定的参考作用，以及对新时代大学生就业困难提出多元化的解决方法。

【关键词】大学生；就业意向；变迁；原因

自1977年我国恢复高考以来，大学生的数量比例逐年增高，同时也一直面临着一个难题——就业。1977年至今，我们可以看到，时代的进步不断改变着青年大学生的就业意向。尤其近几年来，毕业生找工作难、换工作勤，已经成为新时代大学生的标签。就此，我们试图在该社会现象上探寻新时代大学生就业意向的变迁，并调研各时代不同阶段的大学毕业生的就业意向，以此找到大学生就业意向变迁的原因，通过调研分析，得出结论。本次调查主要采用问卷调查及走访调查相结合的方式。由于该问题时间跨度较大、调查内容较复杂，考虑到年龄分布等问题，走访调查主要针对老年群体，线上问卷调查则是针对青年群体。

本次线上问卷是通过网络发布回收，共发布110份，收回110份，有效份数110份。其中年龄以19～26岁、37～50岁为主，其中大三学生填写份额占据19～26年龄段的大部分，占比56.41%。另外，女性填写较多，共有90份，占比81.82%；男性填写份数共20份，占比18.18%。本次调查中，多数人群表达了自己对于就业的意向与其影响因素，同时结合各年龄段我们也探究了大学生就业意向变迁的共性原因。本文将以新时代大学生就业意向变迁的原因为重点，通过探寻大学生内在原因、外界原因这两个方面，为新时代大学生就业提供新思路和理论参考。

一、内在原因

自改革开放以来，大学生逐渐成为促进社会发展的一个重要群体。在各行各业的新型人才中，我们可以看到许多大学生的身影。在成长过程中，大学生不同于其他年

① 本课题指导教师：魏海香（北京工商大学马克思主义学院）；课题组组长：裴硕知（工设18）；课题组成员：罗奕伟（工设18）、高琦（包装18）。

龄段的学生，需要在没有老师等的硬性约束下自主平衡自己的学习与各种社会生活。由此可见，大学生的身份不同于其他学段的学生，他们的身份更多了一重“社会独立性”。这个年龄也是他们正式步入社会逐步形成自身价值观的重要时刻，而自身价值观的形成不仅依赖于我们所处的环境，还依赖于我们以自身角度所探索的世界和各种事物。简而言之，自身价值观就是通过自身的种种经历，来寻求一种在所处环境中的自我认同感，而寻求自己价值体现最为直接的方式就是在不同的职业中寻求自我价值的体现。

在国家的不断发展中，因为社会的变化，不同时代的大学生的价值观也在不断变化，大学生职业的选择也在不断变化。在变迁过程中，大学生的价值观不断地受到生产劳动、人际关系、物质环境、文化发展等因素的影响。这些因素会随着社会的形势而不断发生变化，从而影响大学生价值观的形成和发展。

时至今日，大学生的价值观也经历了各种变化。在这场新的社会转型发展中，许多优秀青年重返校园，开启了知识改变命运的新生活。在经历了短暂的迷茫与困惑后，大学生作为接受转型程度最快的群体之一，开始了对自我价值的认可与强化阶段。随着社会的不断发展，更多元化的社会生活取代了相对单一的生活，不同价值观的相互冲突与融合，也使大学生产生了更多对自身存在价值的新的思考。大学生的价值观逐渐趋于理性与坚定，不再仅仅局限于不切实际的幻想，这也为其选择更适合的工作和承担更多社会责任做出了重要的铺垫。

二、外界因素

除大学生自身价值观的改变给其就业意向带来的影响外，外界环境也会对大学生就业意向的改变产生非常重大的影响。通过阅读文献与调查走访，我们将外界因素大体分为三个方面，分别为：家庭影响、政策影响以及社会价值观影响。

（一）家庭影响

中国是一个有着悠久传统文化的社会，这也决定了家庭因素会对大学生的就业意向有着十分重要的影响。但是随着时代背景等的变迁，通过调查、走访与分析，我们发现，相较于之前的大学生，新时代大学生就业选择受到家庭因素影响的比率明显呈下降趋势。

通过走访和查阅文献，我们发现，2010 年之前，大学毕业生的就业选择对于家庭的依赖性较高，很多学生基本参考父母的建议来选择自己所从事的职业方向。相关数据显示，2010 年以前的大学生中，93% 的家庭父母会参与大学生的就业选择，28. 8% 的大学生认为就业信息来源的主渠道是家庭亲戚，大部分大学生认为家庭的观念和家庭经济是大学生就业的重要原因和影响因素。而且，当时父母意见是大学生就业意愿中的工作类型、薪资待遇、城市地域等的主要参考和影响因素。

通过近期我们的调查，问卷中［题 4：影响您现在或之前选择自己的职业的因素有（由强到弱排序）］得出表 1，发现，家庭因素的影响对大学生就业影响在逐渐变小，大学生参考家庭因素的比重在逐步减小，在众多影响因素中综合评分靠后，为2. 18（总分15）。当代大学生就业因素多以薪资水平、生活稳定以及工作强度这三个方面为主要参考因素。同时通过我们的问卷调查［题8：您父母希望您从事职业的影响因素有（由强到弱排序）］得出表2，可看出父母对于大学生子女就业影响因素中，生活稳定、薪资水平以及工作环境是重要影响因素。同时56. 1%家庭表示会以子女的选择为，尊重子女的选择；36. 3%大学生表示父母建议会参考，但不会完全听从；81. 2%大学生获取就业信息的主要途径渠道不再仅来源家庭亲戚，而是多种多样。

表1　大学生就业因素评分表

大学生就业影响因素评分	
薪资水平	12. 25
生活稳定	10. 11
工作强度	9. 73
工作环境	9. 65
城市地域	9. 64
兴趣爱好	7. 58
专业方向	7. 22
个人能力	6. 75
通勤时间	6. 53
晋升空间	5. 13
个人性格	4. 15
国家政策	3. 27
社会导向	2. 98
家庭环境	2. 18
权力地位	1. 8
父母影响	0. 8
同学、老师影响	0. 4
其他	0. 33

表 2　家庭（父母）对子女就业影响因素评分表

家庭（父母）对子女就业影响因素评分	
生活稳定	13.96
薪资水平	11.96
工作环境	9.29
工作强度	8.25
城市地域	7.89
通勤时间	6.38
国家政策	3.58
晋升空间	3.33
社会导向	3.27
专业方向	2.96
家庭环境	2.95
权力地位	2.67
子女能力	2.29
子女兴趣	2.22
子女性格	2.16
同事影响	0.78
其他	0.31

通过两次对于不同时间段以及不同年龄段的调查可以看出，家庭因素对于大学生就业意愿选择有着十分重要的作用。家庭的观念、父母的职业、家庭的经济情况等都会给大学生就业意愿带来不一样的影响。同时通过对比，可看出家庭因素的影响在随着时间的推移逐渐呈下降的趋势。相比于其他影响因素，家庭因素仍占据了重要地位。因此，我们也可以得出结论：在生活稳定、薪资待遇、工作环境以及工作强度等这四个方面，子女与家长易达成共识，这几个因素的稳定性也比较大。

（二）政策影响

近十年来，随着大学生人数的激增，“就业难”“考研难”等问题越来越突出，国家也逐步推出相关政策帮助大学生就业，以改变现在的就业形势。

通过查阅资料和走访调研发现，2010 年及以前的大学生在就业政策了解方面，30.5% 的大学生认为很了解政府促进大学生就业的政策；50.8% 的大学生了解一部分；18.7%的大学生基本不了解。而近期我们的调查中，2.63%的大学生认为非常了解国家关于大学生就业的相关政策；31.58%的大学生认为比较了解政策；65.79%的大学生表示不太了解国家大学生就业相关政策。

表3　大学生对就业政策的了解程度

大学生对就业相关政策的了解程度	
非常了解	2.63%
比较了解	31.58%
不太了解	65.79%

通过查阅2010年前国家大学生就业政策，发现主要有六条：1. 鼓励高校毕业生到基层和艰苦地区工作；2. 公务员和国有企业新增专业技术人员和管理人员并主要面向高校毕业生；3. 鼓励中小企业和民营企业事业单位聘用高校毕业生，取消落户限制；4. 鼓励自主创业和灵活就业；5. 失业登记并参加社会活动给予一定报酬；6. 鼓励中小企业和民营企事业单位聘用高职学生，并有相关培训。相比于近几年最新政策发现，现新增加两项：1. 鼓励高校毕业生应征入伍服义务兵役并有相关奖励政策；2. 积极聘用优秀高校毕业生参与国家和地方重大科研项目；同时将第一项进行更详细的扩充，基层工作可包括中西部就业、"选聘高校毕业生到村任职"、"三支一扶"（支教、支农、支医和扶贫）、"大学生志愿服务西部计划"、"农村义务教育阶段学校教师特设岗位计划"等项目，并有相关详细的优待政策。

对于这些新政策，我们进行了大学生意愿调查。对于毕业后是否愿意去基层工作，13.16%的大学生表示非常愿意；63.16%的大学生表示比较愿意；23.68%的大学生表示不愿意。可见，对此政策大学生接受度较高。

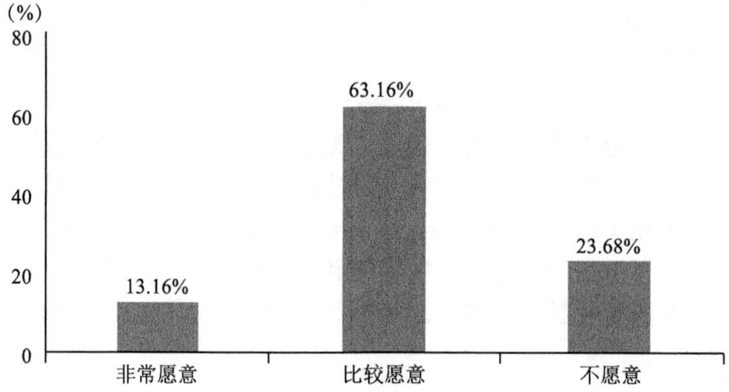

图1　大学生基层就业意愿

对于毕业后参加"三支一扶""西部计划"等项目，18.42%的大学生表示非常愿意；44.74%的大学生表示比较愿意；36.84%的大学生表示不愿意。对此政策大学生接受度不高。

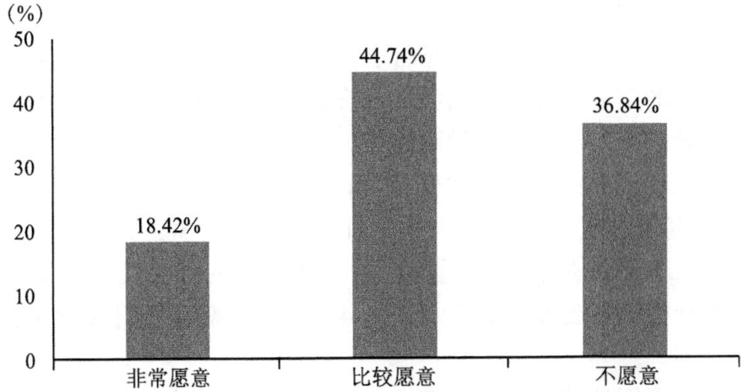

图 2　大学生毕业“三支一扶”“西部计划”等工作意愿

对于毕业后自主创业，13. 16% 的大学生表示非常愿意；47. 37% 的大学生表示比较愿意；39. 47% 的大学生表示不愿意。对此政策大学生接受度不高。

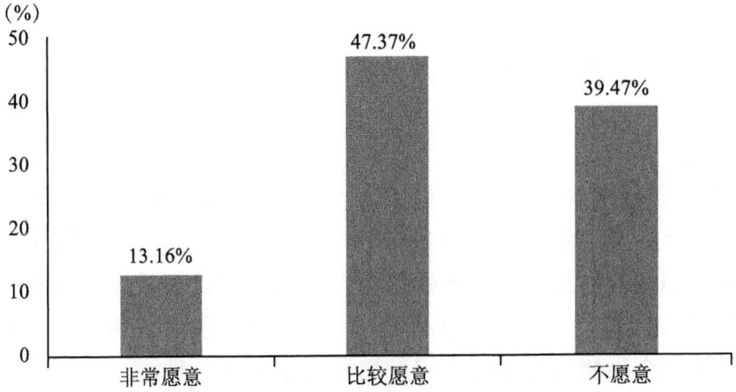

图 3　大学生毕业自主创业意愿

对于毕业后应征入伍，15. 79% 的大学生表示非常愿意；26. 32% 的大学生表示比较愿意；57. 89% 的大学生表示不愿意。对此政策大学生接受度不高。

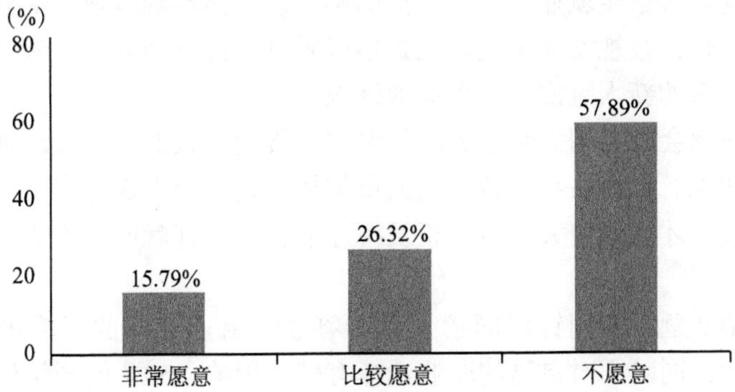

图 4　大学生毕业应征入伍意愿

通过本次就业意向调查，可看出政府的政策实施起来有一定难度，实施、宣传力度等并不大。随着时代变化，政府根据社会需要调整的就业政策本应作为当今时代影响大学生就业选择的重要指标，然而我们却在调研中发现，实际上当今大学生仍对于政府政策没有清晰的认知和理解，导致政策的实际效果无法在我们身边有所体现。当今大学生对于国家就业政策随着时间变化反而越来越不了解，并且参加积极性不高。主要问题为：1. 宣传力度不大，大学生得知政策途径过少，无具体指导，导致了解欠缺；2. 政策颁布过于滞后，无法适应信息更替迅速的新时代；3. 政策的实施不是很方便快捷，配套措施不健全，过于死板；4. 优待政策不吸引大学生，导致大学生报名意愿不是很高。

对此，政府可以因地施政，灵活变通，并且加大宣传力度，完善政策体系以及相关措施，多多听取高校大学生及公司企业的相关建议，进一步修改一些相关优待政策，使国家就业政策真正实施、真正解决大学生就业难的困境，以使政府政策真正可以成为现实影响大学生就业的重要因素。

（三）社会价值观影响

影响大学生就业意向变迁的外界因素还有社会价值观的变化，其中包含：时代趋势、同龄人的影响、社会认可度。

1. 时代趋势

在调查问卷的开放性问题中，我们让答卷人根据自身的理解写出社会上招聘大学生岗位的要求，目的是了解答卷人自身对于时代趋势的看法。在填写了该问题的答卷人中，我们按照词频进行统计，有半数认为，个人能力是很重要的因素；接近五分之二的人认为学历是要求之一；其中也不乏有人提到毕业院校是否为“985”“211”院校以及最高学历是否为研究生是用人单位选聘大学生的条件之一。可见人们普遍认为相对体面的职业对于学历和能力的要求是最主要的。

通过查阅相关资料，我们了解到，近年来部分用人单位对于大学生的选人、用人尺度确实存在一定的偏见。一是看重学历，用人单位对于初入社会的大学生了解还不够深入，在用人标准上“唯学历论”，认为学历越高能力就越强，毕业院校名气越大素质就越高，这对大学生就业观产生了负面影响。二是性别歧视，部分用人单位考虑到用人成本和风险，歧视女大学生。三是地区限制，部分用人单位考虑工作的便利性和防止刚培养起来的新人跳槽，便采取地区限制。

可见，针对社会上招聘大学生的岗位要求，接近半数的答卷人清晰地意识到了部分用人单位的偏见。在此，我们希望用人单位能够转变用人观念，实行有效招聘；创造公平竞争环境，才能够使大学生真正发挥才能，实现其就业的价值。

2. 同龄人影响

在问卷的第 9 题，我们针对同龄人对于答卷人就业意向的影响进行了提问。有 36% 的同学认为，同龄人对自己的职业选择有较大影响；50% 的同学认为有中等程度的影响，说明答卷人或多或少都会受到同龄人对于职业判断的影响。

分析其原因，是我们这代的部分大学生所定的目标过于单一。一些大学生缺乏对自己未来的长远规划，也不清楚适合自己的最佳发展方向，只是盲目跟随大流，“公考热”“考研热”就是这种现象的集中反映。与此同时，缺乏对就业具体目标的多样性选择，使得“90后”大学生在考研、公考、出国等复习考试失利后的，错过了许多好的就业机会。

可见，高达86%的答卷人都具有一定程度的从众心理。因此，我们应当摆正自己的态度，根据就业市场的需求来准确定位，有独立自主的意识，避免盲目跟随他人，用良好的心态面对求职过程中的各种变化和打击。

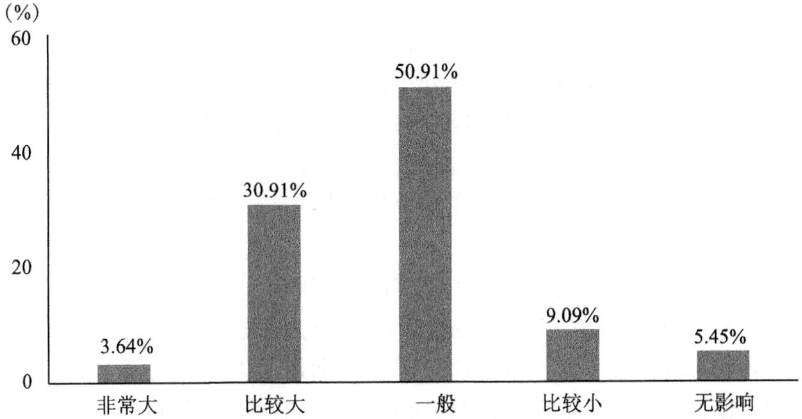

图5　选择职业时从众心理的影响程度

3. 社会认可度

关于社会上公认的体面的职业，我们采用了多选的命题方式，让答卷人从我们列举的43个广泛涵盖的社会职业当中，选出三个自认为当今社会最认可的体面的职业。

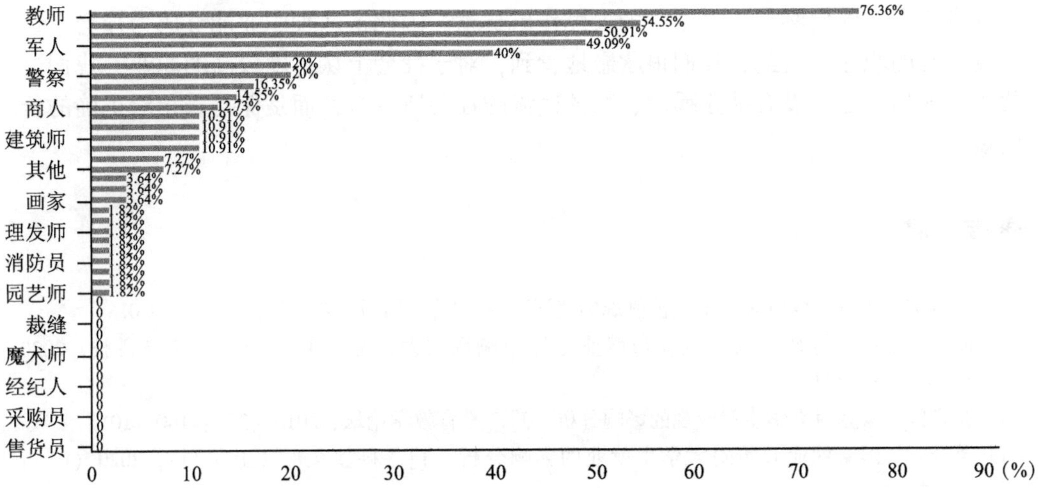

图6　社会上公认的体面职业

结果显示，排名前三的职业为：教师、科学家、工程师。其中，近五分之四的人认为教师是最体面的职业，远超过科学家、工程师。而科学家、工程师的认可度均超过半数，紧随其后的是军人、法官，占比均达到40%及以上。

结合问卷第4题“影响选择职业的因素”的调查结果，薪资水平是大学生最关心的问题。2019年12月20日教育部举行新闻发布时明确，2020年要把义务教育教师平均工资收入水平不低于当地公务员作为督导检查重点，并且还强调了在年终为公务员发放奖励性补贴以及安排下一年度财政预算时，也要统筹考虑义务教育教师待遇的保障问题。并且，各省区市要对2020年上半年教师工资收入的落实情况督导检查，如果发现落实不到位将会采取约谈甚至是问责等多种措施督促整改。这说明，当前国家的政策导向是提高教师的薪资，并使其达到大于等于公务员的水平。

教师是聘任制，虽然教师资格需要五年注册一次，但是体制内的教师除非犯了特别严重的错误才会被取消教师资格。体制内教师工作的稳定性还是相当高的，和公务员差别不大，这也是教师这一职业最吸引人的地方。另外，教师这个职业有其特殊性，假期的长度远大于其他职业，这在如今生活压力较大的社会上不免成为众多人青睐的一个原因。

如上因素导致近年来教师资格证的报考人数年年升高，从2018年的600万人，到2019年的900万人，2020年有可能超过1000万人。这一数据的变化也体现了青年人职业的选择变化趋势。可见，教师这一职业既满足了大部分大学生对于职业选择的要求，如薪资水平、生活稳定等，同时，教师这一职业也受人们所尊敬和爱戴。因此社会认可度较高。

纵观我国建设、改革、发展的过程中，一代又一代的科学家、工程师筚路蓝缕、薪火相传，不断攻克核心技术，持续破解创新难题，为我国科技进步和社会发展作出了巨大贡献。作为国家科技创新发展的战略引导力量，科学家、工程师是国家和人民赋予的荣誉，代表着信任与期待，正是这种精神深深打动了包括答卷人在内的许许多多的青年人，他们愿意为祖国、为人民作出贡献。因此这两种职业能够成为社会上认可度较高的职业。由此，我们很欣慰地看到，对于社会上认可度较高的职业，我们这代青年人的看法，没有被浮躁的、物欲横流的社会所左右，而是保持着相对正确的价值观。

参考文献

[1] 吕若楠. 改革开放以来大学生价值观的变迁研究 [D]. 绵阳：西南科技大学，2020.

[2] 胡进，王磊，何琴. 大学生参与就业指导影响因素及对策 [J]. 合作经济与科技，2020 (16)：118－121.

[3] 张良红. 家庭对大学生就业观的影响分析 [J]. 教育教学论坛，2010 (33)：100－101.

[4] 葛怿昕. 国家就业政策对大学生就业的影响分析 [J]. 科教文汇（上旬刊），2020 (07)：19－20.

[5] 张宗芳. 影响大学生就业观的因素及优化路径 [J]. 宁波职业技术学院学报，2020，24

(01)：43－48
[6] 马小青．浅析“90后”大学生就业问题及对策［J］．时代金融，2020（18）：145－146.

附录：

新时代大学生就业意向变迁原因调研

亲爱的朋友：

您好！为了解新时代大学生就业意向的变迁原因，我们特邀您参加此项调查，您的意见与建议将为我们调查研究提供宝贵的数据支持。在您填写此问卷之前，请仔细阅读填表说明。本次调查采取随机抽样不记名的方式，我们将对您的回答予以严格保密，敬请安心。感谢您的配合。祝安康！

填表说明

1. 请您在每一个合适的答案框中画钩（√）或在横线空白处填上恰当内容。
2. 第16、17题为开放性问题，请您用文字简要写出您的看法。

1. 您的性别是

○男　　　　　　　　　　○女

2. 您的年龄是

○15～18岁

○19～26岁

○27～36岁

○37～50岁

○51～60岁

○60岁以上

3. 您现在是大几

○大一

○大二

○大三

○大四

○不是大学生

4. 影响您现在或之前选择自己的职业的因素有（由强到弱排序）［排序题，请在括号内依次填入数字］

［ ］生活稳定

［ ］通勤时间

［ ］工作强度

［ ］城市地域

[ ] 兴趣爱好
[ ] 个人性格
[ ] 国家政策
[ ] 专业方向
[ ] 晋升空间
[ ] 薪资水平
[ ] 工作环境
[ ] 家庭环境
[ ] 父母影响
[ ] 个人能力
[ ] 社会导向
[ ] 权力地位
[ ] 同学、老师影响
[ ] 其他

5. 您现在或之前希望您未来的职业是［多选题］

□金融类
□文艺工作类
□教育类
□工程技术类
□科研研究类
□管理类
□国家编排公务人员类
□自主创业类
□创意设计类
□服务类
□新闻传媒类
□医护工作类
□军人警察
□农林牧渔类
□其他________

6. 您所学的专业与您今后想要从事的职业相关吗

○是
○否

7. 您希望学习哪类专业（若有多个，请选择最希望学习的2个专业）［多选题］

□文学类（如语言、新闻）
□历史学类
□哲学类

□法学类
□理学类（如数学、天文、地质）
□工学类（如机械、计算机、电子信息）
□农学类
□医学类
□体育学类
□艺术学类（如设计）
□经济学类
□管理学类（如会计）
□军事学类
□其他________

8. 您父母希望您从事职业的影响因素有（由强到弱排序）[排序题，请在括号内依次填入数字]

[ ] 生活稳定
[ ] 通勤时间
[ ] 工作强度
[ ] 城市地域
[ ] 子女能力
[ ] 社会导向
[ ] 权力地位
[ ] 同事影响
[ ] 薪资水平
[ ] 工作环境
[ ] 家庭环境
[ ] 子女兴趣
[ ] 子女性格
[ ] 国家政策
[ ] 专业方向
[ ] 晋升空间
[ ] 其他

9. 您认为同龄人对您改变自己的职业选择意愿影响大吗

○非常大
○比较大
○一般
○比较小
○无影响

10. 您认为社会上公认的体面的职业有［多选题］

□教师 □记者
□厨师 □护士
□军人 □商人
□店员 □作家
□模特 □歌手
□裁缝 □法官
□科学家 □警察
□漫画家 □翻译
□服务员 □保安
□清洁工 □花匠
□经纪人 □画家
□理发师 □设计师
□机修工 □魔术师
□邮递员 □救生员
□工程师 □管理员
□建筑师 □采购员
□消防员 □推销员
□模特儿 □售货员
□运动员 □飞行员
□机械师 □审计员
□园艺师 □主持人
□其他________

11. 对于现在国家关于大学生就业的相关政策您了解吗

○非常了解
○比较了解
○不太了解

12. 若有这些相关优待政策，您愿意毕业后去基层工作吗

○非常愿意
○比较愿意
○不愿意

13. 若有这些相关优待政策，您愿意参加“三支一扶”“西部计划”等项目吗

○非常愿意
○比较愿意
○不愿意

14. 在政府相关扶持政策下，您愿意毕业后选择自主创业吗

○非常愿意

○比较愿意

○不愿意

15. 若退伍后定向招生优先录取，您愿意毕业后应征入伍吗

○非常愿意

○比较愿意

○不愿意

16. 您认为现在社会上招聘的岗位对于大学生的要求有哪些［填空题］

____

____

17. 您对于毕业后自主创业、应征入伍、支援贫困地区、毕业自己择业这四个方面有什么看法？比较关注哪一个［填空题］

____

____

全面建成小康社会中人民群众消费需求变化的调查[①]

姜茹茹　李其润

【摘　要】现阶段，中国社会的主要矛盾已经转变为人民日益增长的美好生活需要和不平衡不充分的发展之间的矛盾。当前人民群众追求美好生活的呼声此起彼伏，消费作为人民生活的重要组成部分，是美好生活需要的具象载体，人民群众的消费需求亦已发生诸如中高端消费崛起导致恩格尔系数下降、发展性消费盛行、绿色共享嵌入消费习惯等维度的转变。因而，着手从提高绿色健康型食物的比重、保护食物源的安全性同时发展周边产业、以智慧商业协助实体与网络消费共同促进发展性消费、树立绿色共享为理念促进消费实践索引性规范等方面出发，尝试探寻符合我国现实消费国情的创新路径具有极为重要的现实意义。

【关键词】新时代；美好生活；社会主要矛盾；消费需求

本次调查主要采用互联网问卷调查以及数据收集的形式开展，调查对象是全国部分地区城乡居民。调查问卷由小组成员通过收集文字材料及各项数据，经过小组讨论最后确定调查问卷的问题设计。本次问卷由小组成员在各大社交网站发布链接，共有102人参与。

一、引言

1981年6月，中共十一届六中全会通过《中国共产党中央委员会关于建国以来党的若干历史问题的决议》，对我国社会主要矛盾重新给予切实表述：在社会主义改造基本完成以后，我国所要解决的主要矛盾是人民日益增长的物质文化需要同落后的社会生产之间的矛盾。经过改革开放40年的积累，人民群众的物质生活质量得到极大提高，温饱问题基本上已经解决，人民群众的消费特点在不断升级换代。

习近平总书记在十九大报告中强调，中国特色社会主义进入新时代，我国社会主要矛盾已经转化为人民日益增长的美好生活需要和不平衡不充分的发展之间的矛盾。这一矛盾的变化不仅仅印证了中国改革开放以来的伟大成就，以及全面建成小康社会这一历史印记，也从侧面映射出广大人民群众对物质及精神文化生活拥有了更高层次

---

① 本课题指导教师：姜茹茹（北京工商大学马克思主义学院）；课题组组长：李其润（环境191）；课题组成员：刘艺贝（环境191）、杨铮（环境191）、吴宗霖（环境191）。

的企盼，也意味着当前社会综合发展只有提升供给品质才能更充分地提升人民群众美好生活的获得感和安全感。可以说，新时代下的新矛盾正在引领和推动中国人民群众消费需求的变化。

二、人民群众消费需求的变化

从21世纪开始，我国进入全面建成小康社会的新发展阶段。特别是党的十八大以来，在以习近平同志为核心的党中央坚强领导下，各地区各部门坚持以人民为中心的发展思想，认真贯彻落实全面建成小康社会的战略目标和方针政策，居民收入水平持续较快增长，消费水平稳步提高，消费结构优化升级，生活质量明显提升，农村贫困人口大幅减少，区域性整体贫困基本得到解决，人民群众消费需求的变化也逐渐明朗。

（一）居民恩格尔系数逐年下降，解决温饱已不是首要问题

恩格尔系数，即食物支出占消费支出的比例。一般以恩格尔系数降至50%以下作为脱贫的指标。一个国家越穷，每个国民的平均支出中用来购买食物的费用所占比例就越大。具体而言，根据联合国粮农组织标准，一个国家平均家庭恩格尔系数大于60%为贫穷，50%～60%为温饱，40%～50%为小康，30%～40%属于相对富裕，20%～30%为富足，20%以下为极其富裕。所以，恩格尔系数的逐年变动是一个很好的综合的消费需求变化导向，由此我们可以大概分析出一个国家或地区的平均发展状况。进入21世纪以来，居民衣食住行标准全面提高，消费升级步伐进一步加快。2019年全国居民恩格尔系数（人均食品烟酒支出占人均消费支出的比重）为28.2%，比2000年下降14.0个百分点。分城乡看，城镇和农村居民的恩格尔系数分别为27.6%和30.0%，分别比2000年下降11.0和18.3个百分点。

从消费结构来看，温饱问题得到了彻底解决，衣食无忧的生活获得强有力保障，截至2019年恩格尔系数已经连续8年下降。按照联合国依据恩格尔系数划分的生活水平划分，当前我国的恩格尔系数指标已经远远超过小康水平，进入富足的区间。而且，我国人均衣着类消费支出占人均消费支出的比重也下降到6.2%。这些都表明，我国居民消费已经超过衣食无忧的小康生活水准。

（二）发展型消费占比逐渐增加

在生存型消费得到全面保障的基础上，我国家电、小家电、手机全面普及，汽车快速进入普通家庭，人均住房面积持续提高，物质消费远远超过小康标准。人们用于向交通、通信、教育、文化娱乐、医疗保健等方面的消费增速和占比持续提高。

以中国的笔记本电脑销售为例，2015年至2020年，销售额呈逐年升高的趋势，在2020年6月更是达到了历史最高单月销售额1 100 342.21万元。

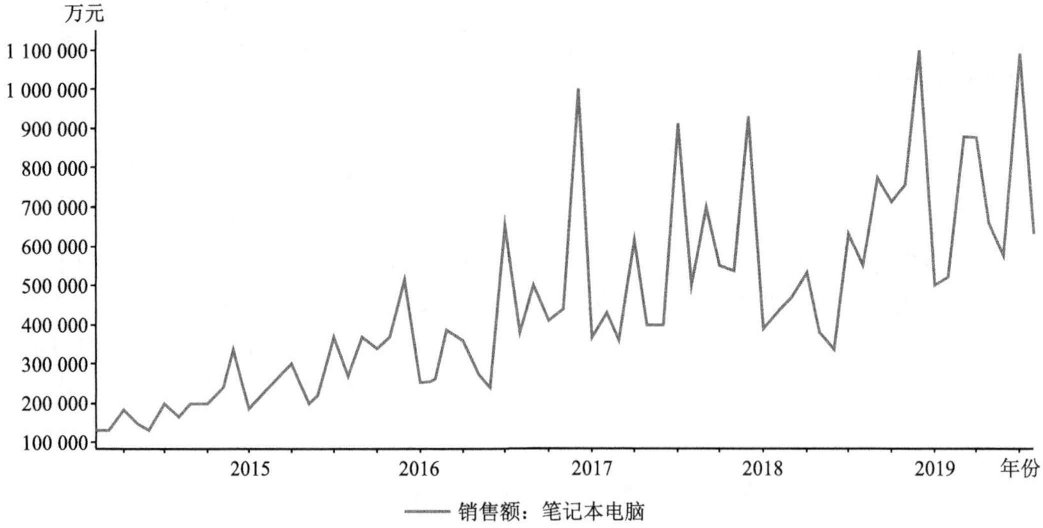

图 1　中国 2015—2020 年笔记本电脑消费额变化曲线图（源自 Wind 数据库）

智能设备的销售额在最近几年也是迅猛升高，且变化趋势同笔记本基本相似。

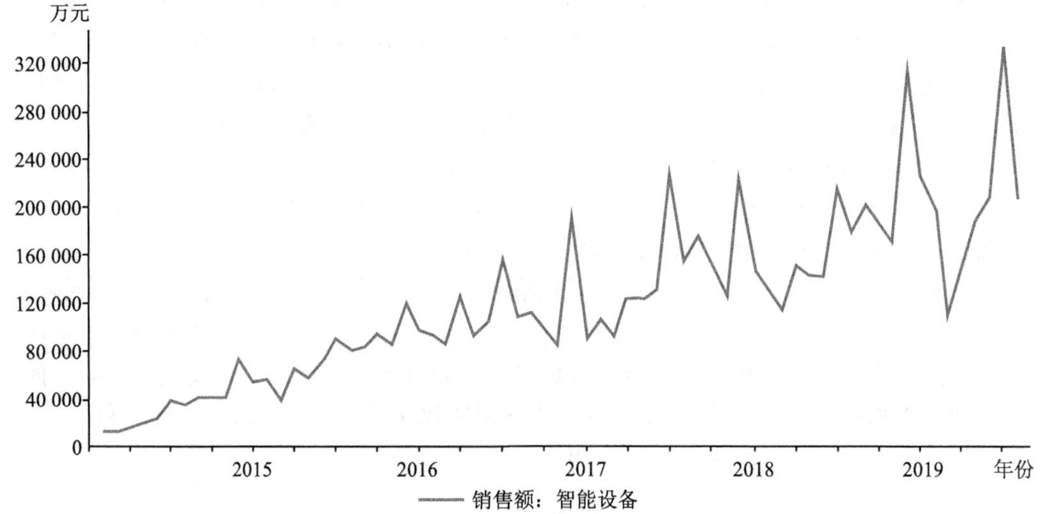

图 2　中国 2015—2020 年智能设备消费额变化曲线图（源自 Wind 数据库）

这两项数据说明，在当今的商品消费领域，创新型商品正在蓬勃发展并更受消费者欢迎，此类商品形成的系列化消费，带动了与之相关的其他产品的发展并形成更多消费亮点，带动商品消费增速保持在较高水平。

在商品经济越发活跃的今天，我国居民用于日常基础性消费的比例明显降低，人们更加迷恋多元化的发展性消费。如今我国已经全面建成小康社会，中等收入群体受众面会越发广泛，收入的增加和消费欲望的膨胀必然会使他们更中意中高端消费，从而使传统意义上数量集合的基础消费更替为蕴含高端定制及时尚个性的质量消费。

（三）绿色消费在第三产业消费中的比重将更加突出

绿色消费在第三产业消费中的比重将更加突出，原因主要有三个。

第一，党的十八届五中全会提出“创新、协调、绿色、开放、共享”的五大发展理念，绿色发展作为五大发展理念的重要组成部分，为我国政治建设、经济建设、文化建设、社会建设和生态文明建设“五位一体”的总体布局提供了发展方向。随着第三产业在国民经济中占比不断提高，以第三产业的绿色发展引领我国经济进入新常态已成为必然选择，以绿色消费理念引导第三产业的发展，符合新时期下我国绿色发展理念。

第二，长期以来，随着我国经济的不断发展，物质资源的日益丰富，奢靡浪费之风也在人们的生活中日益盛行。这种享乐而不考虑后果的生活方式，造成了严重的资源浪费和环境污染，不符合人类社会可持续发展的要求。消费作为生态循环的一个重要环节，人们的消费习惯将直接影响资源的消耗程度和环境状况。因此，在第三产业中倡导绿色消费，通过宣传教育使人们的消费理念更加合理、理智，以及在消费时更多地选择低碳、绿色商品的行为习惯，反对各种形式的铺张浪费，可以促进人们实现生活方式的绿色化转变。

我们通过调查得出，绿色消费所引导的低碳生活在民众交通出行方面也有体现，只有7.84%的人选择乘坐私家车，几乎没有人使用烧油的摩托，更多的是乘坐公交车、地铁、出租车等。据大数据了解，全国大多数地区已普及新能源出租车。

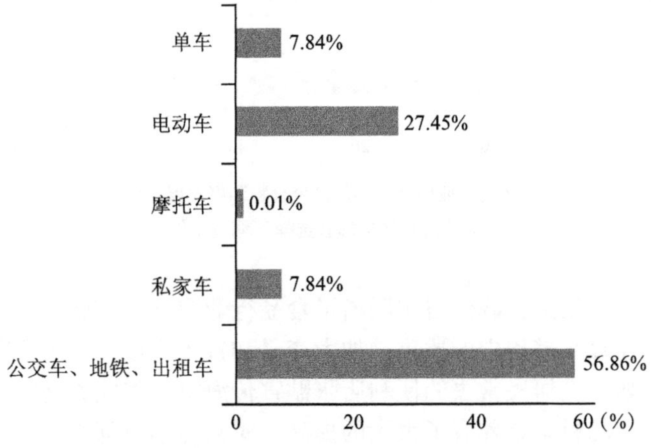

图3 “您出行最常用的交通工具是”调查结果

第三，近年来我国环境问题日益突出，传统的粗放式经济发展方式，以牺牲环境为代价，资源能源利用效率低，严重制约了我国经济的高质量发展。2015年，我国以23%的全球能源消耗量创造了全球14.7%的GDP。由此可见，我国单位GDP产出的能源资源消耗量要比世界平均水平高得多。目前，我国的能源消耗总量超过美国，成为世界第一大能源消耗国。在工业化和城镇化进程日益加快的今天，经济增长面临的资源和环境瓶颈越来越凸显。党的十九大要求我国经济从高速增长转向高质量发展，传统的依靠能源资源大规模消耗的发展模式难以为继，必须转型。转型的方向之一就是提高能源资源利用效率，降低污染物排放，大力发展绿色服务在内的绿色经济。

三、企业应对人民消费需求变化的措施

（一）针对恩格尔系数下降采取的食品经营策略

1. 加强绿色健康型食物的比重

恩格尔系数下降说明人民生活水平、经济水平总体提高。为了跟上居民跳跃式升高的生活水平，增加绿色健康型食物的比重是必要的。经调查研究发现，全面建成小康社会后的中国民众对食物的追求产生了很大的变化。从 20 世纪 80 年代前的只为解决温饱，到 20 至 30 年后的人们更注重食物本身口味，开始追求更加好吃、更吸引人的食品。时至今日，随着人们的生活水平经济水平整体提高，人民的科学素养及养生意识也逐步提高，健康绿色型的食物占到了主流。据统计，有接近三分之二的人会选择健康的低热量食物（比如蔬菜沙拉、水煮鸡胸肉、麦片等），而非不健康的高热量食物。

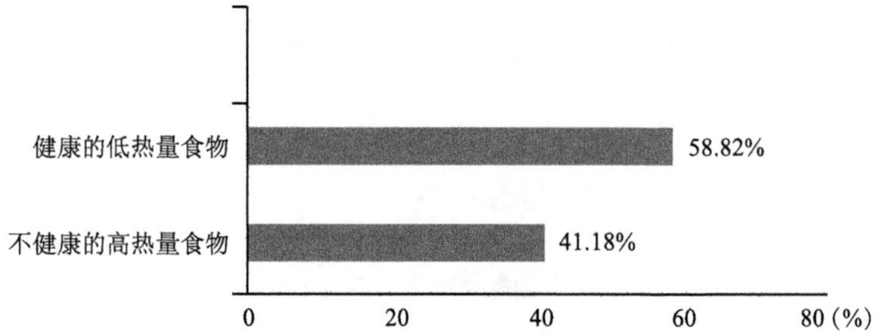

图 4　“在味道一般但健康的低热量食物和好吃但于健康无益的高热量食物中您会选择”调查结果

分析完这项调查结果，我们很快明晰了食品行业应该如何做。一方面，可以加大绿色健康型食物在食品销售中的比重，加大产量和宣传力度，增加人民群众接触此类食品的渠道。例如，在居民常去的便利店张贴宣传海报，将此类食物放在显眼易拿到的地方。虽说人们的科学素养有了很大的提高，对营养学也都略懂一二，但在如今各大视频 APP 广告都是 KFC、金拱门、必胜客等高热量食物的年代，想要抵制住高热量美食的诱惑也不是那么容易。为了加大绿色健康型食物的市场，建议各大售卖高热量食物的企业通过创新推出新的健康型菜品，像中国的麦当劳现推出“苹果片”“甜香玉米杯”“美味鲜蔬杯”“菠萝派”等一系列较为健康的食品，很好地迎合了大众的需求。另一方面，要通过技术食材创新改善绿色健康型食物味道。大多数人选择高

热量食物是因为其口感，不选择低热量食物是因为其不好吃。“鱼与熊掌不可兼得”，但当今社会，通过技术创新和新食材的引进和使用，可以达成这一效果，让有些食物既能满足消费者的味蕾，又有益于身体健康。以卡乐比（Calbee）水果麦片为例，将草莓、苹果、哈密瓜、坚果等通过技术革新与原本没有味道的麦片完美结合，形成了一种更受欢迎的即食麦片，既好吃又能让消费者获得丰富的营养价值。

2. 保护食物源的安全性同时发展周边产业

对养殖业和种植业来讲，2020 年蔓延全球的新冠肺炎疫情简直就像噩梦。首先，疫情期间对于食物的运输和农产品的检验加强，让农产品贸易变得成本更高、效率更低，加重了农产品贸易的困难。其次，从更深的角度来讲，各国的出口限制也无疑威胁到了全球贸易生意。一些国家的进出口限制等，导致我国对外农产品贸易不能正常进行。而普通民众更是对食物安全产生担忧，直接影响了人民的消费方向，这时应该如何应对呢？

以 2019 年的生猪养殖为例，随着消费旺季的来临，猪肉供需缺口将不断扩大，生猪价格一直存在上升空间。但 2019 年的非洲猪瘟疫防控是一场持久战，并将对整个生猪养殖结构产生巨大影响。

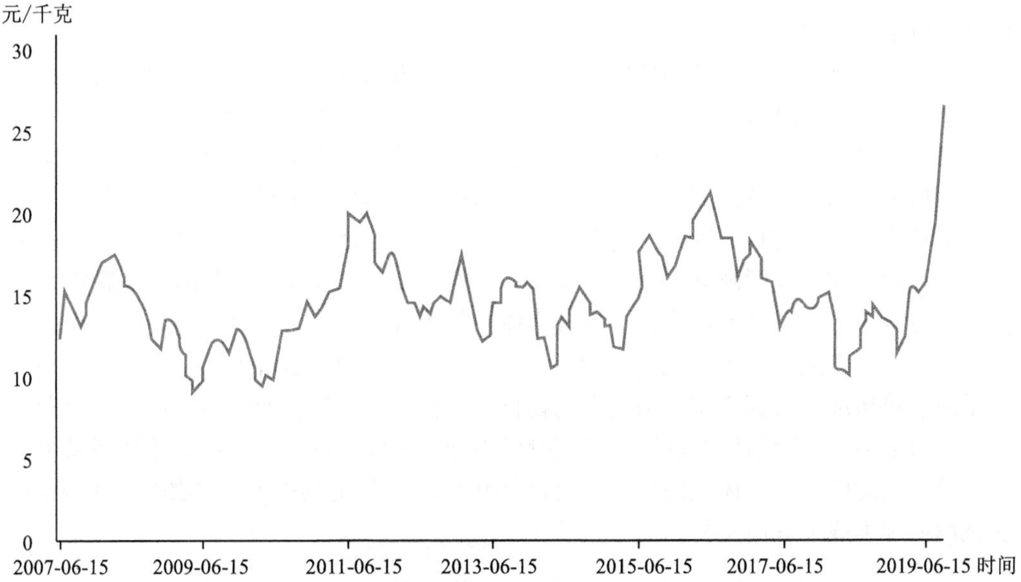

图 5　全国生猪价格（元/公斤）（源自 Wind 数据库）

对此，行业龙头是如何做的呢？他们将目光放在了动物疫苗上，原因有以下两个方面。第一，国内非洲猪瘟疫苗的研发取得突破性进展，候选疫苗的有效性和安全性均十分理想；第二，2017 年国内猪用疫苗市场规模约为 53 亿元，中性预计的情况下，非洲猪瘟疫苗的潜在市场空间为 80 亿元。一旦上市，猪用疫苗市场规模有望翻倍。也就是说，非洲猪瘟上市将推动动物疫苗行业扩容。农业政策的实施是一个渐进的过程，结果可能会与预期存在偏差；极端天气变化对于种植及养殖业都会有很大影响，具有很大不确定性。此次疫情的处理给了我们很大的启发，在积极寻求食品安全保障、加强受众食物安全信任的同时，应注重投资相关的周边产业，以保证行业的正常运行。

（二）以发展智慧商业为纽带，协助实体与网络消费共同促进发展性消费

互联网、物联网、大数据、云计算、云服务等技术的深度融合，以及相对成熟的软硬件配套设施，共同为我国的智慧商业打造了坚实基础。所谓智慧商业，是以网络信息技术为根基，革新人类商业服务理念及管理手段，提高社会综合效益的新型交易模式。

近年来，随着“支付宝”“微信”“淘宝”等互联网 APP 的兴起，电商催生出的新零售革命在给消费者带来实惠与便捷的同时，也对消费秩序带来一定干扰。一方面，网络消费滋生了大量的低端制造和虚假营销，破坏了交易的规范和诚信；另一方面，极大冲击了实体经济，压缩了大量传统性实体行业的生存空间。建设现代化经济体系必须把着力点放在实体经济上，通过推动实体经济和数字经济融合发展等举措，全力向全球价值链中高端迈进。因而如何将智慧商业发展为链接实体经济和网络消费的互动桥梁，值得深思。

首先，积极净化实体经济环境，加强自由消费市场竞争。一方面，允许更多民间资本参与进部分传统垄断实体行业进行竞争，吸引新鲜血液和资金为僵化的实体行业带来活力；另一方面，通过财政倾斜和税收减免，做强中小微实体企业，降低实体经济经营成本，凸显政策红利，提高实体投资回报率。其次，引导资金在网络与实体消费间互通流动。当前我国资金流向并不完全健康，大规模资金由实体领域流向互联网领域，导致实体行业因缺乏资金注入而萧条不振。因此，可以将互联网经济融资来的充裕资金分流一部分至实体零售，提升实体零售档次和吸引力，将自身品牌领域内的实体店面同样打造成业内典范。最后，充分探索大数据的科学价值，合理规划多种销售渠道。将精准的数据应用于消费者购物行为分析，可以让企业更清楚地了解消费者的喜好及能力，从而借助互联网的科技价值细分产品服务群体，有针对性地提供个性化服务。与此同时，实体经济还可以与网络相绑定，利用其技术载体拓宽销售渠道，实现商品线上线下双向交易。

（三）以树立绿色共享为理念指引，共筑消费实践索引性规范

由于全面建成小康社会后，国内消费需求呈现“适度化”“共享化”“绿色化”的趋势。人们除了通过商品消费满足物质生活需要，通过服务消费不断提升自我发展能力以外，消费的社会属性凸显。一方面，人们在消费时会在同等条件下选择质量更好的商品和服务，改善自身福利；另一方面，追求低调内敛的消费文化，促进社会和谐，通过选择绿色低碳环保的产品，尽量减少消费本身对环境资源的负面影响。

索引性（indexicality）一词来源于语言学，主要用来研究语句在不同情境中的不

同意义。哈罗德·加芬克尔将其延伸至社会学领域，认为人们的日常实践行动也具有索引性，即人的活动“和场景之外的社会结构之间存在复杂的关联”。正如其所言：“索引性表达作为日常行动中各种有组织的巧妙实践之权宜性具有理性表述自我诉求的功能。”

我们将“索引性”一词借鉴至消费领域，实际上想表述的是人们在消费实践活动中往往需要建立起一种隐性规范，即互动双方可以省略或隐含彼此共同遵守的消费规范，但日常的对话活动和交易买卖并不超越潜在的消费秩序，这种消费的索引性规范以一种弹性的范式对互动双方进行引导但又不从旁直接干预双方交换的进行。当前要想寻找一种既能够被不同群体认可并接受，又能够满足人们消费需求的索引性规范，绿色共享的理念可以尝试作为一种思考。一方面，利用网络、电影、电视、广告等自媒体平台的影响力进行相应的宣传教育，增加绿色共享理念的曝光度，培养社会成员绿色意识和共享色彩的日常行为举止，让其耳濡目染地贯穿在人们的思想和实践层面；另一方面，提高供给商品的“绿色含量”和共享价值，保证社会中大部分商品出厂就自带节能环保和共享属性。长此以往，消费者慢慢接受了这种消费氛围，在未来的消费选择上就会更青睐共享商品。当绿色和共享两大理念深度渗透进人们的消费理念后，自然而然会构建起健康的消费实践索引性规范。

四、小结与展望

社会主要矛盾的转化对社会消费结构的升级提出新的挑战，也对我们研究人民群众消费需求的变化提出了新的要求。

立足人民日益增长的美好生活需求和不平衡不充分的发展之间的矛盾而言，消费升级是一种梯度跟进、复杂多元的生活改善过程。当前不同阶层的消费者在消费需求方面存在着品质差异，但总体来看存在着追求高质量消费、消费自由度提升、看重文化及其副产品以及绿色共享消费理念等领域的共性特征。如今全社会中各类消费因素竞相迸发，为人们带来更多生活红利的同时，也对既有消费秩序产生冲击。因此，要想实现新时代下消费结构的顺利转型，离不开个人、群体及政府多元主体的通力协作，共同营造良性消费环境。

参考文献

[1] 方晓丹．从居民收支看全面建成小康社会成就［N］．人民日报，2020－07－27（010）．
[2] 范和生，刘凯强．新时代社会主要矛盾变迁下的消费结构转型与升级［J］．理论学刊，2019（2）．
[3] 张朴．论绿色发展理念在新发展理念中的地位［J］．现代商贸工业，2020，41（05）．
[4] 袁国华，贾立斌，郑娟尔．资源节约集约利用促进生态文明建设路径探索［J］．中国国土资源经济，2013，26（08）．
[5] 袁同凯，袁兆宇．成员与社会秩序：常人方法论的社会结构观［J］．南开学报（哲学社会科学版），2016（4）：11．

附录：

全面建成小康社会中人民群众消费需求变化的调查

1. 您的年龄是

A. 18 岁以下　　B. 19 ~ 25 岁　　C. 26 ~ 35 岁　　D. 36 岁以上

2. 您一个月的生活费大致是多少

A. 1000 元以下　　B. 1000 元 ~ 2000 元

C. 2000 元以上

3. 您平均多久去一次商场、KTV 等娱乐场所

A. 三天去一次　　B. 一周去一次

C. 半个月去一次　　D. 一个月甚至更长时间去一次

4. 您的出行交通工具一般是

A. 单车　　B. 电动车　　C. 摩托车　　D. 私家车

E. 公交车、地铁、出租车

5. 您的家中有空调、冰箱、电脑和电视等基本电器吗

A. 有　　B. 没有或不全有

6. 在味道一般但健康的低热量食物和好吃但于健康无益的高热量食物中您会选择

A. 健康的低热量食物　　B. 不健康的高热量食物

7. 如果您经济充裕，您愿意将除衣食住行以外的钱如何分配呢 [多选题]

A. 存下来

B. 拿去吃喝玩乐

C. 拿去学乐器、舞蹈、画画等来提升自己

D. 拿去旅游

E. 其他用途

8. 您一般如何就餐

A. 在家做饭　　B. 去餐馆吃饭

C. 去餐馆买回家吃　　D. 点外卖

9. 多数情况下您会选择一次性消费还是办卡持续性消费

A. 不办卡　　B. 办卡

10. 您会购买一系列的整套商品或体现整体风格的配套衣服吗

A. 会，我很注重商品的协调性　　B. 不会，我只会买喜欢的单品

11. 请您为中国现阶段的人民生活消费水平打分

A. 1 分　　B. 2 分　　C. 3 分　　D. 4 分

E. 5 分

积极老龄化视角下的老年人社会参与情况调查研究[①]

陆丽琼　蔺　达

【摘　要】随着我国人口老龄化的日益严峻，老年人社会参与成为社会普遍关注的问题之一。积极老龄化视角下，老年人参与社会是为社会发展作贡献。老年人的社会参与情况受性别、健康状况、城乡差异、文化水平、经济状况、居住情况等因素的影响。在全面建成小康社会的大背景下，老年人的社会参与情况整体乐观，但也存在一定问题。完善相关举措、提高老年人社会参与水平，需要全社会共同出力。

【关键词】积极老龄化；老年人社会参与；全面建成小康社会

导言

随着人类科技的进步和发展，医疗水平不断提高，人民群众对于健康的关注度大幅提高，人均寿命和预期寿命也随之普遍延长，人口老龄化逐步成为众多国家关怀的一大社会问题。人口老龄化是指一个国家或地区劳动力人口占总人口比例减少、老年人口占总人口比例上升的动态过程，包含两方面的含义：一是老年人占比，指老年人口在总人口占比持续上升的过程；二是人口结构，指社会人口结构呈现老年化状态，整个社会进入老龄化阶段。联合国制定的标准为：当一个国家或地区 60 岁以上的人口占总人口比重达到 10%，或 65 岁以上人口占总人口比重达到 7%，就标志着这一国家或者地区已进入老龄化社会。2006 年世界卫生组织在全球人口健康报告中建议，老年人的年龄切点应该根据各国的实际社会背景确定，即发达国家以 65 岁作为老年人的年龄界限，发展中国家的年龄界限则为 60 岁。按照我国 1982 年 4 月中华医学会老年医学学会的规则，以 60 岁作为本文采用的老年期年龄切点，则 60 岁以上被界定为老年人。

作为世界上人口规模最大的发展中国家，人口老龄化已经成为我国在发展中必然要面对的课题。全国第六次人口普查于 2010 年进行，该次人口普查结果显示：60 岁以上人口已达 1.78 亿，约占总人口 13.26%，同比 2000 年全国第五次人口普查上升 2.93 个百分点；65 岁及以上的人口为 1.18 亿人，占总人口 8.87%，上升了 1.91 个

---

① 本课题指导教师：陆丽琼（北京工商大学法学院/马克思主义学院）；课题组组长：蔺达（应化 191）；课题组成员：周欣宇（应化 191）、兰子烨（应化 191）、王沁榕（应化 191）、武子湲（应化 191）。

百分点。国家统计数据显示，截至 2017 年底，我国 60 岁以上人口有 2.41 亿人，占总人口 17.3%。到 2030 年，我国 60 岁以上人口预计将会达 3.29 亿的峰值，60 岁以上的人口占我国总人口的比例预计达到 23.66%。我国 60 岁老年人的数量在总人口数量的比例中不断增加，且保持稳定增长的趋势，我国人口老龄化现象将会不断加重。以上数据表明，我国人口老龄化程度进一步加深。党的十九大报告中明确提出了要积极应对我国当前的人口老龄化问题。我国《“十三五”国家老龄事业发展和养老体系建设规划》中，也呼吁“增强老年人参与感、获得感和幸福感，支持老年人参与社会发展”。积极应对人口老龄化，可以化被动为主动，将老龄化这一社会问题转化为可以促进社会发展和有利于全面建成小康社会的因素，实现在老龄化社会中经济的持续增长。在 2002 年《马德里老龄问题国际行动计划》一文中，“独立、参与、照顾、自我实现、尊严”被确立为 21 世纪应对老龄化问题行动计划的几个基本原则。社会参与可以使老年人在新的角色下适应当前社会，进一步发挥余热，找寻、实现自身的价值，实现物质层面、精神层面和社会层面的追求。

我们的调查研究旨在提高老年群体实际的社会参与率，对提升其生活质量及生活满意度、幸福度提出有效建议，从而促进社会的整体发展。本次调查采取问卷调查和访谈老年人结合的方法，调查共发放问卷 300 份，回收 300 份，回收率为 100%，有效问卷 300 份，有效率为 100%。其中，男性 120 人，占比 40%，女性 180 人，占比 60%；城市人口 218 人，占比 72.67%，农村人口 82 人，占比 27.33%。本次问卷调查对象全国分布范围较广，其中北京 139 人，占比 46.3%；上海 5 人，占比 1.7%；山东 27 人，占比 9%；江苏 4 人，占比 1.3%；河北 10 人，占比 3.3%；陕西 2 人，占比 0.7%；内蒙古 2 人，占比 0.7%；广东 4 人，占比 1.3%；湖南 22 人，占比 7.3%；浙江 5 人，占比 1.7%；辽宁 10 人，占比 3.3%；广西 7 人，占比 2.3%；福建 5 人，占比 1.67%；云南 4 人，占比 1.3%；重庆 3 人，占比 1%；四川 2 人，占比 0.7%；河南 3 人，占比 1%；天津 2 人，占比 0.7%；海南 25 人，占比 8.3%；贵州 3 人，占比 1%；山西 5 人，占比 1.7%；新疆 3 人，占比 1%；安徽、湖北、宁夏、青海、西藏、甘肃、江西、澳门各 1 人，各占比 0.3%。

为保证此次调查研究的质量，研究者对调查样本采取了一对一的访谈调查。即运用个案访谈法，随机抽取 10 位 60 岁以上的老年人，采用半结构访谈法对老年人的社会参与情况进行了深入了解，并记录了老年人对社会的期许与建议。访谈内容包含“老年人的日常生活”“老年人社会参与现状”“未参与社会的原因”“老年人给社会的期许与建议”等。本次调查访谈中，不仅发现了老年人社会参与方面的问题与不足，还收集了一些老年群体对社会中肯、宝贵的意见。

一、积极老龄化与老年人社会参与的含义

“积极老龄化”是世界卫生组织在 2002 年第二次老龄问题世界大会提出的老龄社会新理念，主要内涵为“健康、参与、保障”。它的基本含义是“提高老年人的生活质量，创造健康、参与、保障（安全）的最佳机遇”。主要指老年群体为了提高生

活质量，使健康、参与和保障的机会尽可能发挥最大效益的过程，强调老年人的精神健康、社会参与和代际支持。在此理念中把老化过程看作一个充满活力、正面积极的过程，它倡导老年群体要有健康的生活状态和贡献社会的机会，对于指导老年人的社会参与和社会管理具有重要作用。

社会参与是指个体在社会互动的过程中，通过扮演和介入各种角色来进行社会劳动或活动以此来实现自身价值和社会层面上的资源共享，满足自身需要并回应社会期待。社会参与是社会功能里一项十分重要的内容，它可以提供十分有利的角色支持给个体。社会参与是老年人不可被剥夺的权利。尽管目前大部分老年人都处于社会的外缘，但现实生活中大部分老年人渴望融入当前的社会，也希望能够拥有良好的人际沟通环境。老年人参与社会是综合治理人口老龄化的客观需求，也是老年人实现人生价值、获取精神慰藉的重要途径。

积极老龄化的核心之处在于“参与”，这是一个全社会参与的过程，积极老龄化强调应该努力创造条件让老人回归社会。对于老年群体而言，他们不仅要保持身心健康，更要有参与社会的机会。“积极老龄化”可以促进老年群体生存发展得到保障，可以使老年群体能够参与到促进社会发展和构建和谐社会的过程中来，并发挥他们的重要作用。

积极老龄化视角下的社会参与就是老年人根据自己的能力、需求及爱好，利用自己积累的学识、技能及经验继续为家庭、社区和社会作出贡献，创造价值。老年人的社会参与不只创造物质财富和经济价值，也创造社会价值。有效的社会参与不仅能够促进老年人身心健康，还可以使老年人在新角色中找寻自我、适应社会，以此保持积极向上的心态。

为了让被调查者更清晰理解相关概念，本次研究将社会参与的内容分为六大类——家庭活动、助人活动、志愿活动、经济活动、政治活动、文化活动。家庭活动是指为家庭发展作出贡献的行为，如在家照料孙子女、做家务劳动等。助人活动是指为社区发展出力的行为，如社区出入口站岗、街道巡逻检查、指路、讲解知识等。志愿活动是指自愿为社会作突出贡献的行为，如抗击新冠肺炎疫情、抗洪救灾、抢险救援、保障后勤等。经济活动是指为满足人的需求为目的，以劳力等生产资料换取商品和服务，如贩卖自家农产品、食品等商品、消费等。政治活动是指行使政治权利，履行政治性义务，参与社会公共管理活动等，如投票选举、群众监督等。文化活动是指为丰富文化生活的群体性事件，如参加学术研究、创造发明、技术指导、文艺创作、知识普及等。

二、老年人社会参与的现状及其影响因素分析

本部分内容将从老年人社会参与分为参与的意愿和实际参与两方面进行分析。有一部分老人有意愿也有能力为社会作贡献，积极参与社会活动；有一部分老人虽然有意愿为社会作贡献，却因时间、家庭等原因未能参与到社会活动中来；还有一部分老人既没有任何社会活动，也无意愿参与社会。另外，不同老人对于社会活动的参与倾

向也存在差异。下文我们将从老年人社会参与意愿、影响老年人参与社会的因素两个方面进行具体阐述。

（一）老年人社会参与的意愿

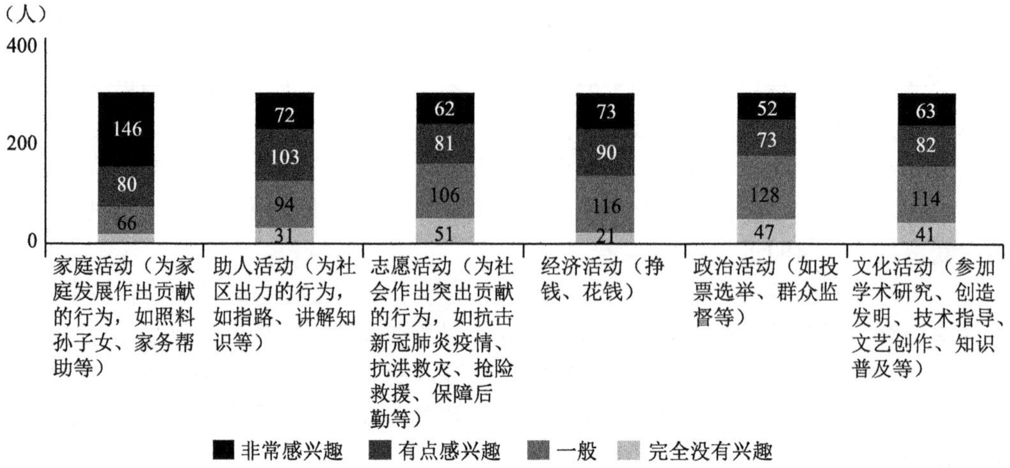

图1　老年人社会参与意愿数值图

我们将上述老年人对于六种社会参与活动的意愿选择分为“非常感兴趣”“有点感兴趣”“一般”“完全没兴趣”四个档位，同时我们对六种活动的实际参与情况进行统计，统计结果如图1所示。结果表明，在六类社会参与活动中，老年人对家庭活动兴趣最为强烈，对此非常感兴趣为146人，占比48.67%，对此有点感兴趣为80人，占比为26.67%；其次为经济活动和助人活动，对此非常感兴趣分别有73人和72人，占比分别为24.33%和24%，对此有点感兴趣分别有90人和103人，占比分别为30%和34.33%。

首先，家庭活动最受老年人喜爱。老年人在家中照顾孙子女、照顾生活起居，活动范围较小，与外界社会上的人交流接触较少；年纪大的老年人更偏爱熟悉、安静的环境，而不喜喧闹。其次，中国式家庭目前大多是父母在外忙于工作，将孩子托由老人照顾。部分老年人认为年纪大，应该在家中帮子女照顾孩子，减轻儿女负担，而非出门工作。现在大部分老人依旧秉持这种想法，因此，他们对于参与家庭活动有很大的兴趣。再者，通过调查我们还发现，一部分老年人对经济活动和助人活动的参与意愿程度仅次于家庭活动。究其原因，由于助人活动多是在社区中指路、讲解，对老年人的体力要求不高，相对轻松，因此备受老年人青睐。再次，部分老年人对经济活动的参与也有较大兴趣，如贩卖自家农产品、摆小摊，既能赚钱补贴家用，也能打发时间，在农村较为常见。最后，老年人对文化活动的感兴趣程度，在六类活动中排行居中，与老年人的性格、爱好以及环境因素都存在一定关联，还需进一步调查。

根据调查结果统计，老年人对志愿活动和政治活动的兴趣程度较低，对这两项活动完全不感兴趣的老年人分别有 51 人和 47 人，占比为 17% 和 15.67%。志愿活动更需要志愿者有较强体力，因此有志为志愿活动贡献力量的多为年轻人，更多老年人则选择参加相对简单的助人活动。老年人对政治活动的感兴趣程度不高，对此持“一般”的兴趣程度也是高达 116 人，占比较大，达 42.67%。政治活动间隔较长，组织性较强，对时间精力要求较高，大部分老人对此兴趣不深。

（二）老年人社会参与的实际情况

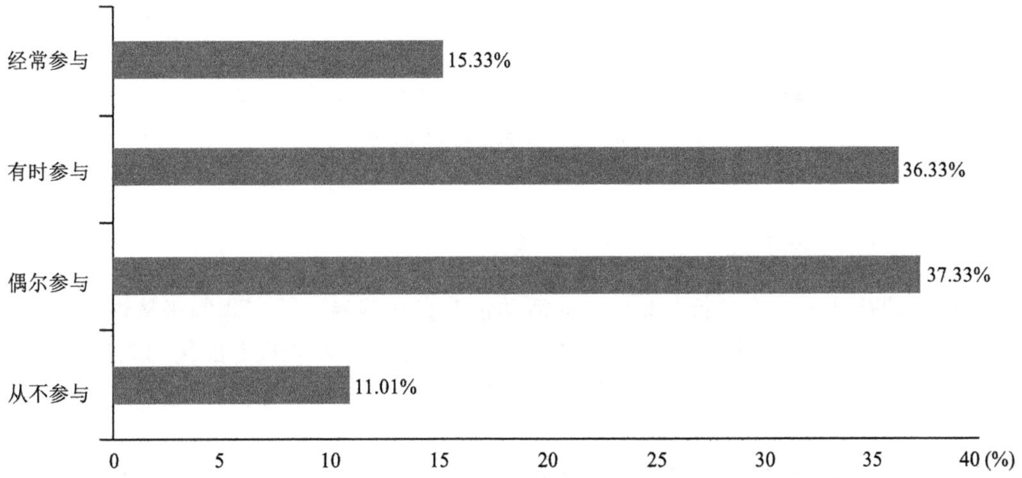

图 2　老年人社会参与情况百分比图

关于老年人的社会参与情况，如图 2 所示，经常参与、有时参与、偶尔参与、从不参与的占比分别为 15.33%、36.33%、37.33%、11.01%。由此可见，绝大部分老年人有时、偶尔参与社会活动，少数老年人从不参与。我们也调查了对于六种活动的参与情况，如图 3 所示。我们发现，在被调查者中，从不参与家庭活动的仅占 3.37%，对比上述对家庭活动非常感兴趣的 48.67%，由此得出结论，老年人对参与家庭活动高度感兴趣，也高度参与其中。对比上述老年人对助人活动和经济活动非常感兴趣的占比，经常参与这两个活动的占比仅有 14.23% 和 19.1%，因此表明持“非常感兴趣”态度的老年人，经常参与的程度并不高，但有时参加和很少参加的占比却分别高达 42.7%、27.34%、35.21% 和 33.33%。由此表明，对这两种活动老年人兴趣高，但参与频次较低，说明老年人渴望参加，但需要社会给予更多参与机会。对志愿活动和政治活动兴趣程度一般的老年人，参与情况与兴趣程度大抵一致，很少参加的占比 33.33% 和 37.45%。而对于文化活动完全没有兴趣的老年人占比 13.67%，经调查从未参加的占比却有 23.6%，可见，对文化活动有兴趣的老年人中，也存在没能经常参加活动的情况，其背后的影响因素需要进一步调查。

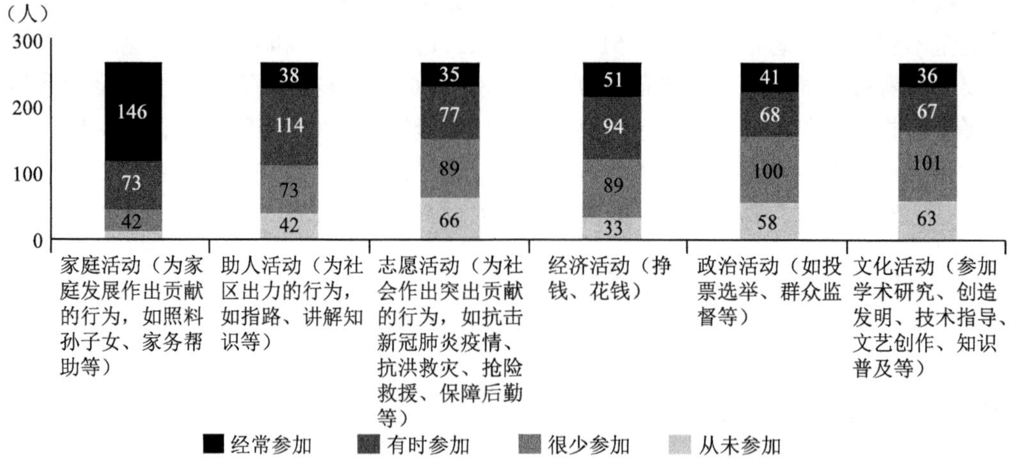

图 3　老年人参与不同社会活动频率数值图

（三）影响老年人社会参与的因素

问卷调查显示，不同老人参与社会活动情况存在差异。下文我们将从性别因素、城乡差异、文化水平、健康状况、经济状况、居住情况、对积极老龄化相关知识的了解情况这七个方面，来探究影响老年人社会参与的因素并定性分析。

1．性别因素

由表 1 的数据可知，在参与此次问卷调查的老年人中，男性 120 人，占比 40%；女性 180 人，占比 60%。通过数据对比可知，在社会活动参与程度上，男性比女性高。这与多数研究中得出“女性比男性更喜爱参与到社会活动中”的结论刚好相反。我们猜想，可能与抽样调查中样本的随机性有关，本次调查中的老年男性比女性更偏好社会参与，其背后原因需进一步地研究；也可能是因为本次问卷调查人数较少，不排除调查结果的偶然性。

表 1　不同性别的老年人参与社会活动频率表　　单位：人

	经常参与	有时参与	偶尔参与	从不参与	小计
男	25（20.83%）	40（33.33%）	44（36.67%）	11（9.17%）	120
女	21（11.67%）	69（38.33%）	68（37.78%）	22（12.22%）	180

2．城乡差异

由表 2 的数据可知，本次问卷调查中，居住在城市的老年人共 218 人，占比 72.67%，数量远多于居住在农村的老年人。从调查数据来看，城市老年人社会活动参与程度比农村老年人略高。居住在城市的老年人有 17.43% 经常参与社会活动，而同样选项在居住农村的老年人仅有 9.76%；居住在城市的老年人仅有 9.17% 从不参与社会活动，而同样选项在居住农村的老年人高达15.85%；其中不管是城市还是农村群众，都主要集中在有时参与以及偶尔参与中。调查结果显示，在社会活动参与程度中，相对于农村，城市人口居住地区人口密集，社区规划以及社区管理制度更加到位，更多地号召组织老年人参与到社会活动中来；同时社区能够收集到更全面、可靠的社会活动信息，供老年人选择参与其中。

表2　不同居住情况的老年人参与社会活动频率表　　单位：人

	经常参与	有时参与	偶尔参与	从不参与	小计
城市	38（17.43%）	73（33.49%）	87（39.91%）	20（9.17%）	218
农村	8（9.76%）	36（43.90%）	25（30.49%）	13（15.85%）	82

3. 文化水平

由表3的数据可知，本次调查中，小学及以下文化水平的老年人共14人，占比4.67%；初中学历的老年人共28人，占比9.33%；高中和中专学历的老年人共48人，占比16%；大专及以上学历老年人共210人，占比70%。参与本次调查老年人的文化水平整体偏高。

表3　不同最高学历的老年人参与社会活动频率表　　单位：人

	经常参与	有时参与	偶尔参与	从不参与	小计
小学及以下	5（35.71%）	4（28.57%）	2（14.29%）	3（21.43%）	14
初中	2（7.14%）	19（67.86%）	3（10.71%）	4（14.29%）	28
高中/中专	6（12.5%）	15（31.25%）	23（47.92%）	4（8.33%）	48
大专及以上	33（15.71%）	71（33.81%）	84（40%）	22（10.48%）	210

老年人社会参与程度与个人文化水平有一定关联。在各层文化水平中，相对于高中/中专、大专及以上文化水平的老年人来讲，初中文化水平的老年人参与社会活动的频率更高。在初中文化水平的老年人中，有占比7.14%的老人经常参与社会活动，有占比高达67.86%有时参与活动；在高中和中专、大专及以上文化水平的老年人中，分别有占比高达47.92%、40%的老人偶尔参与社会活动，从不参与社会活动的老人则占比8.33%、10.48%。

本次调查中，学历较低的老年人的社会参与程度整体高于学历较高的老年人。相对于学历较高的老年人而言，学历较低的老年人参与家庭活动，最终体现为社会参与程度较高。

4. 健康状况

本次问卷调查中，老年人身体健康状态整体较为可观。整体健康的老年人共92人，占比30.67%；基本健康的老年人最多，共177人，占比59%；不健康的老年人共31人，占比10.33%。由表4的数据可知，老年人社会参与程度与老年人健康状况呈正相关。在整体健康的老年人中，有26.09%经常参与社会活动，而仅有5.43%的老年人从不参与社会活动；而在不健康的老年人中，无人经常参与社会活动，而有高达45.16%的老年人偶尔参与活动，有25.81%的老年人从不参与社会活动。

表4 不同健康状况的老年人参与社会活动频率表 单位：人

	经常参与	有时参与	偶尔参与	从不参与	小计
整体健康	24（26.09%）	35（38.04%）	28（30.43%）	5（5.44%）	92
基本健康（身体有一点小毛病，如有时疲劳、虚弱、情绪改变、肌肉酸痛、头晕、头痛、睡眠紊乱等）	22（12.43%）	65（36.72%）	70（39.55%）	20（11.30%）	177
不健康（疾病、残疾等）	0	9（29.03%）	14（45.16%）	8（25.81%）	31

拥有良好的身体状况与精神面貌，从而具备良好的健康状态，是老年人参与社会的基础与保障。

5. 经济状况

由表5的数据可知，老年人经济状况与社会参与频率呈正相关。在调查样本中，生活费非常充足的老年人共135人，他们的社会参与程度最高，有33位老人经常参与社会活动，占比24.44%；有41位老人有时参与社会活动，占比30.37%；从不参与的老人仅有8人，占比5.93%。生活费刚好够用的老年人共138人，他们的社会参与程度较高，有11位老人经常参与社会活动，占比7.97%；有57人有时参与社会活动，占比高达41.30%，将近半数；有16人从不参与社会活动，占比11.59%。生活费不足以支持生活开销的老年人共138人，他们的社会参与程度较低，仅有2人经常参与社会活动，占比8.70%；有6人从不参与社会活动，占比26.09%。没有生活费的老年人仅4人，社会参与程度最低，经常、有时参与社会活动的人数均为零，而从不参与社会活动的老年人占比高达75%。

表5 不同生活费的老年人参与社会活动频率表 单位：人

	经常参与	有时参与	偶尔参与	从不参与	小计
非常充足	33（24.44%）	41（30.37%）	53（39.26%）	8（5.93%）	135
刚好够用	11（7.97%）	57（41.30%）	54（39.13%）	16（11.60%）	138
较少，不足以支持生活开销	2（8.70%）	11（47.83%）	4（17.39%）	6（26.08%）	23
没有生活费	0	0	1（25%）	3（75%）	4

老年人生活费的多少直接决定了其经济情况。换言之，决定了老年人的基础生活是否能够得到保障。只有温饱需要被很好地满足，老年人才能更好地参与到社会中来，为社会的贡献自己的一份力量，推动社会的进步和发展。

6. 居住情况

由表6的数据可知，老年人居住的环境对老年人社会参与情况有一定影响。在调查样本中，选择“从不参与”的人数越少，占比越低，则代表对应老年人社会参与程度越高。调查显示，与伴侣居住的老年人从不参与社会活动的人数最少，仅有8

人，占比6.15%，社会参与程度最高；与隔代子女、子女居住的老年人从不参与社会活动的人数次之，分别为4人、18人，占比分别为10.81%，11.92%，社会参与程度居中；独居、居住在养老院的老年人从不参与社会活动的人数最多，分别为7人、2人，占比分别为15.38%，13.73%，社会参与程度最低。

表6　不同居住情况的老年人参与社会活动频率图　　单位：人

	经常参与	有时参与	偶尔参与	从不参与	小计
独居	8（15.69%）	21（41.18%）	15（29.41%）	7（13.72%）	51
与伴侣居住	22（16.92%）	50（38.46%）	50（38.46%）	8（6.16%）	130
与子女居住	22（14.57%）	49（32.45%）	62（41.06%）	18（11.92%）	151
与隔代子女居住	9（24.32%）	17（45.95%）	7（18.92%）	4（10.81%）	37
居住在养老院	5（38.46%）	3（23.08%）	3（23.08%）	2（15.38%）	13

我们发现，与伴侣、子女和隔代子女共同居住，有家人陪伴、鼓励、支持，使老年人可以及时交流社会参与中的疑惑与感受，有利于老年人拥有更好的心态，从而也会更多地进行参与社会活动。其中，与伴侣居住促进效果最佳，子女、隔代子女次之；独居老年人相对孤独，缺少诉说想法的机会，而居住在养老院的老年人活动范围小，难以走出养老院，为社会贡献自己的时间与精力，二者均不利于老年人参与社会活动。

7. 对积极老龄化相关知识的了解情况

老年人社会参与程度与其对于积极老龄化的了解成正比（如图4所示）。在对积极老龄化非常了解的老年人中，有52.17%的老人经常参与社会活动，而同样选项在完全不了解积极老龄化的老人中仅占9.46%；仅4.35%的老人从不参与社会活动，而同样选项在完全不了解积极老龄化的老人的占比高达24.32%。通过调查，可以得出结论，老年人未曾或极少参与社会活动的原因之一，在于部分老年人对于积极老龄化理论的含义没有概念，更没有深刻地了解过积极老龄化的内涵。他们不知道老年人可以利用自己已有的知识与经验回馈社会，为社会发展献出自己的一份力量。

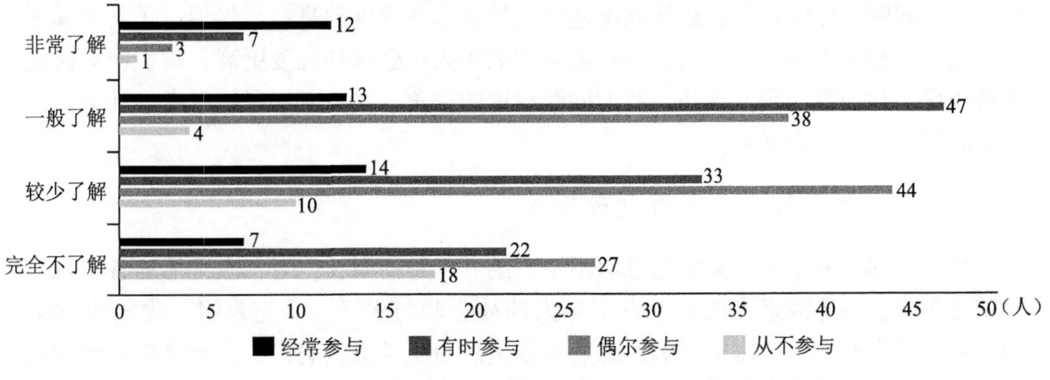

图4　老年人对积极老龄化的了解情况与参与社会活动频率关系图

老年人社会参与程度与其对于积极老龄化和全面小康的关系的认识关系则相对复杂（如图5所示）。在认为“积极老龄化和全面建成小康社会有很大关系”的老年人中，有18.07%经常参与社会活动，而同选项在认为“积极老龄化和全面建成小康社会有一点关系”“积极老龄化和全面建成小康社会没有任何关系”“不清楚积极老龄化和全面建成小康社会是否有关系”的占比分别为8.45%、40%、13.79%。认为“积极老龄化和全面建成小康社会有很大关系”的老年人中，仅有7.83%%从不参与社会活动，而同选项在认为“积极老龄化和全面建成小康社会没有任何关系”和不清楚二者关系的老年人中的占比显著升高，分别为20%、22.41%。

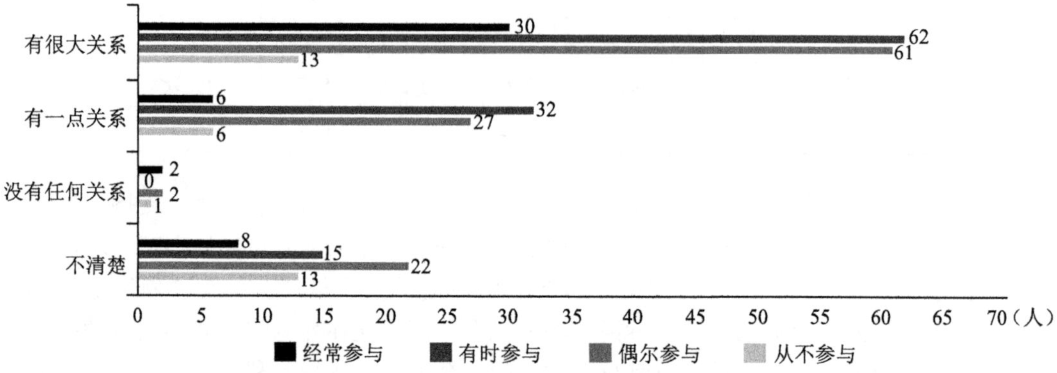

图5　老年人对积极老龄化和全面小康的关系的认识与参与社会活动频率关系图

通过调查得出结论，了解积极老龄化和全面建成小康社会的关系对促进老年人积极参与社会活动并无明显的直接关系。但从不参与社会活动的老年人中，认为积极老龄化和全面建成小康社会没有任何关系、完全不清楚二者的关系的群体占比较大。

三、老年人社会参与亟待解决的问题

在全面建成小康社会的今天，老年人社会参与情况依然存在诸多不平衡状况：男性高于女性、城市高于乡村、学历较低的老年人相对于学历较高的老年人更多参与家庭活动。同时，健康状况、经济状况越好，社会参与程度越高；与伴侣、子女共同居住的老年人相对于独居或者居住在养老院的老年人社会参与程度更高；对积极老龄化了解越深，社会参与程度越高。我们问题讨论的视角主要从老年群体本身、社会因素和政府部门三个方面展开。

（一）老年人社会参与程度较低

首先，部分老年人社会参与意愿不足。随着年龄的增长，老年人身体的各项机能也随之下降，身体因素直接影响着老年人的社会参与水平。研究表明，我国约70%的老人同时患有两种及以上疾病，患病率偏高。由于身患疾病，大多数老年人感到身体沉重、体乏无力，导致他们不愿意参与社会活动。与此同时，随着科技发展和电子产品普及，老年人不再乐于走出家门参与社会，而倾向于将注意力放在手机和电脑上。这大大减少了他们的运动量，使老年人在感到轻松舒适的同时，也减弱了他们的参与社会活动意愿。

其次，部分老年人社会参与缺乏主动性。调查问卷及采访结果呈现，老年群体缺少主动性和自发性参与社会活动，老年人虽然对本次调查涉及的六类活动有兴趣且有意愿参加，但大多属于被动参与。在被动参与的情况下，老年人对于不同社会活动的感兴趣程度和实际参与程度也存在差异：老年人对家庭活动感兴趣程度高、参与程度高；对助人活动、经济活动、文化活动感兴趣程度较高，但参与频次较低；对志愿活动、政治活动感兴趣程度低，参与程度也较低。

最后，一些年轻人对老年人社会参与的需求缺乏。现今社会，老年人独居状况越来越显现，老年群体“怕影响孩子，怕麻烦孩子”，更多倾向于参与经济活动，参与其他活动的顾虑比较多。在访谈中有的老年人表示，即使自己有想法为社会多作贡献，但由于需要照看孙辈，最终只能被动放弃参加社会活动。与此同时，部分子女不理解也不愿老年人过多参与社会，一方面是因为担心自己未尽赡养老人的义务而受到指责；另一方面还有的子女认为父母年长，担心影响老年人的健康，不适宜过多外出参与到社会中，不愿老人参与活动。

（二）老年人参与社会的平台、资源与专业引导等都很缺乏

我们通过调查发现，组织老年人参加志愿活动的缺乏组织，缺少平台，缺少专业指导。

首先，缺乏系统化组织。老年人退休以后，脱离工作单位，代表着脱离了组织，家庭和社区成为老年人主要的活动场所。从社会组织的角度来讲，社区应该更多地承担起关心老年人、组织老年人、服务老年人的功能，为老年人积极参与社群活动、社会活动搭建平台、提供服务。而现阶段，社区作为社会服务的基本组织，从总体来看功能发挥还不完善，特别是在组织和服务老年人参与社会活动方面，还有很大的发展空间。

其次，缺乏专业化指导。中国快速进入老龄化社会已是不争的事实。面对如此庞大的老年人群体，如何做好服务、加强引导，让老年人能够继续发光发热、积极参与社会活动，成为全面小康路上的参与者、推动者、受益者，需要专业化指导。从国家职能部门到各级政府机构，再到城市、乡村和街道、社区，都要有专门机构和人员，对老龄工作进行研究和谋划，制订相关的指导意见，包括为老年人提供专业化的健康、医疗、文化、旅游等方面专业化指导。在这方面，国家虽然已经制定了相关的规划，但还缺少具体可操作的实施细则。

最后，缺乏多元化资源。在访谈中，还了解到部分老年人很愿意加入志愿活动的队伍中，想要尽一份力，可是他们不知道去哪里可以参加志愿活动，也不知有什么活动老年人可以参与其中，找不到对应的组织。此外，社会舆论对老龄化理念缺乏认识和了解。有人认为老年人受健康状况的影响，更适合留在家中参与简单的家庭活动，

而无法发挥余热贡献社会；还有人认为老年人应该归属家庭，助人活动、志愿活动、经济活动等社会参与无足轻重；还有人认为，老年人不应过多参与经济活动，与年轻人争夺就业机会。由此看来，社会公众对老年群体的关注和理解不够，因此加重了老年群体自身的落寞感，影响了老年人的幸福指数，降低了其社会参与度。

（三）政府对老年人社会参与的保障与激励机制有待加强

目前，社会所提供的老年人参与社会活动的渠道少、种类少、类型少、形式单一。另外，相对于城市地区，农村地区的老年人社会参与比例尤其低，农村老年群体进行社会参与的基础更为薄弱。这导致农村老年人的社会生活更为匮乏，社会融入程度更低。

我们通过调查发现，在不同地区和不同社区，老年人的社会福利条件存在差异：发达地区的老年人不仅有退休金，还有补贴、分红等其他福利，而落后地区的老年人，只有新农保，没有退休金等福利。部分老年人不仅收入水平偏低，社会福利也有所欠缺。这也是部分老年人选择参加经济活动的原因，以此来补贴家用，改善生活。

四、促进老年人有效社会参与的建议

老年人自身要转变固有观念，积极主动地参与社会活动，家人的理解、支持与鼓励也很重要。各级政府应着力完善保障制度，设法使老年人的身心健康得以保障，从而更好地参与到社会活动之中。

（一）老年人社会参与需要年轻人的理解、支持与帮助

家庭成员首先要转变自身观念、主动关爱老人，在考虑老年人的身体状况下，做子女要尊重老年人自己的想法与需求，适当支持老年人融入社会、参与社会。积极帮助老年人选择参与自己喜爱的社会活动，鼓励他们在服务社会的过程中开阔视野、实现自身价值。年轻人要耐心帮助老年人融入信息时代，通过信息化手段积极参与老龄化，让老年人在信息时代取得新的成就。

（二）社会提供可靠的资源平台并配备专业人员对老年人社会参与进行引导

社会需要搭建与拓宽老年人社会参与的渠道，建立一个专为老年人提供各种信息与了解老年人需求的平台、建设相关活动中心等。同时，政府及相关部门应该在社区中引入专业人员来帮助老年人制定合适的参与方案，提高老年人社会参与的有效性与积极性。同时，在老年人中培养老年领袖，协同组织与带领有能力有意愿的老年人积极参与活动。此外，应高度关注农村老年人的社会参与问题，在了解他们需求的基础上，提供基础条件帮助他们融入社会生活。

（三）政府部门通过设置奖励机制促进老年人有效参与社会

除了《中华人民共和国老年人权益保障法》之外，政府可以出台为老年人增加

更多社会福利的政策，比如鼓励慈善捐款建设老龄化设施的政策。对于资助建设老年福利设施的企业和个人，政府可以通过减免税收或者冠名的方式予以奖励。对于积极发挥余热的老年人，政府部门可以加大宣传力度、进行相应扶持或给予适当奖励，通过舆论宣传、物质奖励、精神表彰等多种方式，在全社会营造积极老龄化的社会氛围，在全社会形成爱老助老的良风尚，不断提升积极老龄化水平。

总之，在全面建成小康社会的大背景下，老年人在身体健康、有保障的前提下，能初步做到老有所为，实现积极老龄化理念，参与一部分政治、经济、文化生活，并对家庭、社会、国家作出积极贡献，是有其合理性和积极意义的。在调查研究中我们发现，尽管我国养老事业的前景整体乐观，但仍存在老年人参与意愿不强、意愿与实际参与活动类型有差距、缺乏平台和信息、缺少专业引导等诸多问题。完善老年人的社会活动、提高老年人的社会参与水平、让老年人能够更好地为社会作出贡献，既需要年轻人的理解支持，也需要社会提供良好的平台，还需要政府部门发挥激励机制的作用。积极老龄化视角下的老年人的社会参与工作是一项长期、复杂的社会工作，需要全社会共同关注，共同出力，丰富老年人的晚年生活，充分动员老年人为社会作贡献，营造和谐互助的良好社会氛围，共同促进社会的发展与进步。

参考文献

[1] 郑含乐．积极老龄化视域下社区互助养老问题研究［D］．石家庄：河北师范大学，2020.

[2] 李莉莎．积极老龄化视角下文化养老研究［D］．石家庄：河北经贸大学，2020.

[3] 沈燕，刘厚莲．中国积极应对人口老龄化：来自日本科技创新的启示［J］．中国人力资源开发，2020，37（03）：93－101.

[4] 颜悦．城市老年人社会参与影响因素研究［J］．戏剧之家，2020（06）：206－207.

[5] 黎瑞红，陈雪萍，韩玉琴，计柳香．积极健康老龄化及其影响因素的研究进展［J］．老年医学与保健，2019，25（06）：871－874.

[6] 彭定萍．社会空间视角下城市老年人社会参与的研究［J］．周口师范学院学报，2019，36（06）：87－91.

[7] 李思宇．城市老年群体的社会参与行为及影响因素研究［D］．贵阳：贵州财经大学，2019.

[8] 陈妮娅．社会参与对中老年人成功老龄化的影响［J］．中国老年学杂志，2017，37（23）：5962－5964.

[9] 李宗华．近30年来关于老年人社会参与研究的综述［D］．济南：济南大学，2009.

[10] 邬沧萍，彭青云．重新诠释“积极老龄化”的科学内涵［J］．中国社会工作，2018（17）：2.

[11] 国家统计局．2017国家统计年鉴［R］．北京．中国统计出版社.

附录：

积极老龄化视角下老年人社会参与情况调查研究问卷

您好！我们是一支由北京工商大学学生组成的暑期调研队伍。为了解积极老龄化视角下老年人社会参与情况，我们组织了本次问卷调查，希望能够得到您的支持。

这是一个针对老年人参与社会活动意愿及自身参与情况的调查。感谢所有热心老年人及子女的参与，您所提供的每一份数据我们都将认真对待。您的答案没有对错之分，也不会对您本人及亲属的生活有任何影响。我们尊重您的隐私，本次调查完全匿名，请放心填写，感谢您的配合与支持。

【第一部分：个人基本信息】

1. 您的性别是［单选题］

A. 男　　B. 女

2. 您的现居住地在［单选题］

A. 城市　　B. 农村

3. 您目前的最高学历是［单选题］

A. 小学及以下　　B. 初中　　C. 高中/中专　　D. 大专及以上

【第二部分：其他信息】

4. 您或您身边的老人的身体健康状况为［单选题］

A. 整体健康

B. 基本健康（身体有一点小毛病，如有时疲劳、虚弱、情绪改变、肌肉酸痛、头晕、头痛、睡眠紊乱等）

C. 不健康（疾病、残疾等）

5. 您或您身边的老人的居住方式是［请至少选择 1 项］

A. 独居　　B. 与伴侣居住　　C. 与子女居住　　D. 与隔代子女居住

E. 居住在养老院

6. 您认为您或您身边的老人的生活费够不够花

（个人收入、子女赡养金、退休金、养老金等）［单选题］

A. 非常充足　　B. 刚好够用

C. 较少，不足以支持生活开销　　D. 没有生活费

【第三部分：积极老龄化与社会参与状况】

7. 您是否了解什么是“积极老龄化”［单选题］

A. 非常了解　　B. 一般了解　　C. 较少了解　　D. 完全不了解

8. 您认为积极老龄化与全面建成小康社会的关系为［单选题］

A. 有很大关系　　B. 有一点关系　　C. 没有任何关系　　D. 不清楚

9. 您或您身边的老人参与社会活动的情况为［单选题］

A. 经常参与　　B. 有时参与　　C. 偶尔参与　　D. 从不参与

10.1【9 选择 A/B】您或您身边的老人参与社会活动的原因包括［至少选择 1 项］

A. 时间、地点合适　　B. 喜欢、爱好参与到社会中来

C. 增加收入，补充生活费　　D. 有意愿、有能力为社会做贡献

E. 家人、朋友鼓励参与　　F. 放松身心、打发时间

G. 儿女不在身边，打发空虚闲时　　H. 其他________

10.2【9 选择 C/D】您或您身边的老人未参与/极少参与社会活动的原因包括［至少选择 1 项］

A. 时间、地点不适合

B. 家人、朋友不支持

C. 认为为社会作贡献是年轻人和中年人的事

D. 无法获取有效招聘信息

E. 没有参与社会的想法

F. 自身身体状况不允许

G. 自身能力经验有限

H. 担心受到不公正对待（如年龄歧视等）

I. 社会给予老年人的参与机会不够（如培训、兼职等）

J. 社会认可度不高（年龄歧视、社会倡导老年人参与社会的氛围淡）

K. 其他________

11. 您或您身边的老人有意愿参与的社会活动有［单选题］

11.1 家庭活动

（为家庭发展作出贡献的行为，如照料孙子女、家务帮助等）

A. 非常感兴趣　B. 有点感兴趣　　C. 一般　　D. 完全没兴趣

11.2 助人活动

（为社区出力、做公益的行为，如指路、讲解知识等）

A. 非常感兴趣　B. 有点感兴趣　　C. 一般　　D. 完全没兴趣

11.3 志愿活动

（为社会作出突出贡献的行为，如抗洪救灾、抢险救援、卫生防疫、保障后勤等）

A. 非常感兴趣　B. 有点感兴趣　　C. 一般　　D. 完全没兴趣

11.4 经济活动

（从事物质生产及其相应的交换、分配和消费活动，如从事三大产业劳动、卖东西等）

A. 非常感兴趣　B. 有点感兴趣　　C. 一般　　D. 完全没兴趣

11.5 政治活动（投票选举、群众监督等）

A. 非常感兴趣 B. 有点感兴趣 C. 一般 D. 完全没兴趣

11.6 文化活动

（参加学术研究、创造发明、项目攻关、科学试验、技术指导、著书立说、文艺创作、知识普及等）

A. 非常感兴趣 B. 有点感兴趣 C. 一般 D. 完全没兴趣

12. 【9 选择 A】您或您身边的老人目前参与的社会活动情况是［单选题］

12.1 家庭活动

（为家庭发展作出贡献的行为，如照料孙子女、家务帮助等）

A. 经常参加 B. 有时参加 C. 很少参加 D. 从未参加

12.2 助人活动

（为社区出力的行为，如指路、讲解知识等）

A. 经常参加 B. 有时参加 C. 很少参加 D. 从未参加

12.3 志愿活动

（为社会作出突出贡献的行为，如抗洪救灾、抢险救援、保障后勤等）

A. 经常参加 B. 有时参加 C. 很少参加 D. 从未参加

12.4 经济活动

（从事物质生产及其相应的交换、分配和消费活动，如从事三大产业劳动、各种劳务行为、卖东西补贴家用等）

A. 经常参加 B. 有时参加 C. 很少参加 D. 从未参加

12.5 政治活动（投票选举、群众监督等）

A. 经常参加 B. 有时参加 C. 很少参加 D. 从未参加

12.6 文化活动（参加学术研究、创造发明、项目攻关、科学试验、技术指导、著书立说、文艺创作、知识普及等）

A. 经常参加 B. 有时参加 C. 很少参加 D. 从未参加

【第四部分：促进老年人健康参与社会措施】

13. 在您看来，为了能让老年人更好地参与社会活动，老年人的家人可以改进的地方有［多选题］

A. 增加老年人生活费，让老年人有更好的经济条件参与社会

B. 开导、劝慰家里的老年人，鼓励他们积极参与到社会中去

C. 主动为老年人提供良好的健康保障（如购买养老保险），保证老年人的人身安全

D. 主动过滤虚假夸张广告，为老年人寻找可靠准确的社会参与信息，避免老年人被欺骗

E. 其他________

14. 在您看来，为了能让老年人更好地参与社会，社区、街道能做的有［多选题］
    A. 积极弘扬敬老、爱老的孝道文化
    B. 培育社区老年领袖，充分发挥网络协同作用
    C. 引入社会服务组织，提升老年人社会参与能力
    D. 建立多元社区参与平台，完善老年人社会参与机制
    E. 其他________
15. 在您看来，为了能让老年人更好地参与社会，外界（除老人自身及家庭、社区街道）可以改进的有［多选题］
    A. 政府发挥职能，出台相关政策、增加经费投入
    B. 搭建、拓宽平台，提供多元的活动种类供老年人参与
    C. 创建多元信息数据库，规范信息市场
    D. 增设活动奖励制度，扩宽老年人社会参与奖励方式
    E. 借助现代沟通和交流手段，如网络、微信的方式促进老年人参加线上活动
    F. 客观认识老年人对社会的贡献，大力倡导老年人参与社会
    G. 鼓励老年人组成志愿者服务队伍，为老年志愿者提供更多志愿机会
    H. 工作单位对已退休工作者采用“自愿＋返聘”结合的方式，鼓励老年人重返岗位
    I. 其他________

【第五部分：补充与说明】

16. 如上述问题未能贴合您的情况，请补充说明。
    （如因自身特殊原因造成的参与情况及意愿、对于老年人社会参与的建议等）
    ____
    ____

新时代有关直播带货助力特色农业脱贫的调查[①]

王艳春　翟雪童

【摘　要】目前我国处于精准脱贫攻坚、决胜全面小康的关键时刻，数字经济革新，互联网平台的发展与消费升级为脱贫攻坚赋能，直播带货更是以创新的模式成为特色农产品销售与贫困地区农户增收的驱动。本文将从直播实践基础、带货助农意义、带货助农路径、直播助农成效与直播助农前景五个方面对新时代直播带货助力特色农业脱贫进行调查研究，旨在为更深入推进中国扶贫实践提供参考。

【关键词】直播带货；新时代扶贫；特色农业

党的十八大以来，党中央全面打响新时代脱贫攻坚战，把打好精准脱贫攻坚战作为决胜全面小康社会的三大攻坚战之一。产业扶贫、电商扶贫、光伏扶贫、旅游扶贫等快速发展，推动了扶贫事业进程，增强了贫困地区的经济活力和发展动力。其中，直播带货更是以创新的模式成为特色农产品销售与贫困地区农户增收的驱动，特别是新冠肺炎疫情发生以来，面对企业停工停产、农产品严重滞销的困局，直播带货通过“不见面”“线连线”“屏对屏”方式成为线上营销新潮流，刺激和鼓励贫困地区经济发展。作为一种新型销售方式，直播带货在这次疫情中，对经济发展起到了积极作用。基于此，本文将进一步深入研究直播带货的实践基础、助农意义、助农路径等内容，以便为更深入地推进扶贫实践提供参考。

一、直播实践基础

（一）直播业的新兴

直播是近两年的新兴行业，随着互联网技术的发展，特别是4G、5G网络技术的更新以及智能手机投入市场，视频直播具备了其生长的基础条件。一方面主播可以随时随地通过手机高清摄像功能实时直播或录制视频；另一方面消费者可以随点、随看，通过网络高速传输及时接收直播。

最早进入大众视野的直播形式是游戏直播，以“斗鱼直播”“虎牙直播”为代表，游戏主播的商业模式以购买虚拟道具为主。在2015—2016年期间，直播行业迎

---

① 本课题指导教师：王艳春（北京工商大学马克思主义学院）；课题组组长：翟雪童（工商18全英）；课题组成员：魏涵倩（工商18）。

来了发展最为迅猛的时期。“万物皆可直播”成了当时盛况的最好描述。无论是游戏还是音乐、教育还是美食，花样繁多的直播形式极大地拓宽了直播行业的边界。如今则形成了带货直播的主流状态。

（二）直播发展状况

据《2020—2026年中国在线视频广告产业运营现状及发展战略研究报告》数据显示，随着抖音、淘宝直播、快手、斗鱼等平台相继入局，各大平台积极探索“直播+”模式，布局内容生态，带动自身业务发展。同时，国内网络直播用户数量亦持续增长，截至2019年6月，国内已有4.3亿用户观看直播。各种直播网红也因其个人特色迅速获取了较高知名度，其带货商品拥有极高的销量，广受大众喜爱。一些直播间也出现了明星，网红带货主播与流量明星相结合，在原本就居高不下的观看人数上又增加了许多人。明星与主播强强联手，产品则会更快售罄。老牌央视主持人也不拘泥于传统传媒模式，积极参与到直播这个领域中。如央视著名主持人朱广权等，更是大大地为直播业增添了新的可能与活力。此外，借助微博、抖音、淘宝等可以进行电商交易的APP，直播带货行业更拥有了强有力的媒介，助力了电商业的发展。

二、带货助农意义

（一）直播带货模式助力农业脱贫的可行性

大数据背景下数字经济的蓬勃发展与互联网平台的日趋成熟，为各地特色农产品行业提供机遇，原生态无公害的产品也顺应消费升级的浪潮。企业遭遇重大疫情，行业发展缓滞，特色农产品产业通过互联网直播、短视频等多元化形式促进特色农产品的外销，推动了国民经济的复苏和稳步发展；同时在农产品售卖难、渠道窄、讯息不畅通等问题方面给出了可行对策，有力地促进了贫困地区农民增收。直播带货的模式不同于传统销售模式，让更多的贫困地区农民在原生环境下销售特色农业产品，创造收益并提高了对所处地区风土人情及山川风貌的宣传程度，推动了当地旅游事业发展。

（二）直播带货模式助力农业结构优化

“特色产业脱贫”是脱贫致富的必由之路，也是支撑区域持续蓬勃发展、遏制返贫的内生动力。农业产品因其本身作为生活必需品的性质，价格与需求量受市场供求变化影响程度小，单纯增加农产品的种植量或降低农产品销售价格来实现增收的市场空间很小，存在滞销等隐患。不断优化产业营销模式，提升产品质量，拓宽渠道同时进行特色农业资源的合理配置，才能实现供需平衡，促进可持续发展。我国特色农业发展时间较短，受到多因素制约。一是地区的特色农业分布不均，生产规模小，市场需求庞大，电商直播平台激发了特色农业的发展潜力，将供需、信息、渠道、技术等协调，有效解决了分散销售的问题。通过选品等环节，在整合资源促进规模经济的同时也推动了产业的标准化进程。二是我国大多数地区的特色农业产品结构单一，服务、流通、售后等环节有所缺失，直播平台以完善的物流体系、完备的客服服务、直观的产品宣传、真实的顾客评价较好地解决了瓶颈，并根据直播评论、点赞、转发等及时反馈信息，为产业结构调整、产品价值提升提供了强大动力。

（三）直播带货品牌效益助力脱贫增收

目前，我国的大多数特色农业发展受到区域地理条件有限、宣传渠道不畅通，技术培训欠缺等多因素制约，大多在实体门店、商超等分散化小规模出售，特色农产品缺乏足够的发展空间，品牌特色构建困难，价格竞争激烈，区域辐射困难。直播带货助农，将特色产品与创新销售结合，将消费者的反馈数据化、可视化，基于用户视角对产品的包装和性能等进行了优化，促进了特色产品品牌化。特色农业品牌形成强大的区域辐射，吸引人才、资本与技术，推动特色产业集群，推动区域农业经济发展。

三、带货助农路径

在直播电商高速发展的三年里，主要带货的品类集中在美妆护肤、服装家纺、食品等品类。2019 年以来，在政府推动和平台带动下，直播带货的形式也逐步渗透到农产品销售领域，成为电商助农的新形态。

受新冠肺炎疫情影响，农产品大量滞销，许多农民当上了主播，通过直播，大量新鲜的蔬菜、水果、海鲜不断刷新让人惊叹的交易量。淘宝、抖音、快手等平台均在丰收节这一天，联合一些基层政府推出了大量视频直播农产品销售活动。

传统模式下，农产品只能通过线下市场销售，有一定的局限性，很多农民因为滞销问题可能会赔掉本就不多的积蓄。而互联网时代的到来，给农产品市场注入新的生机与活力，借助电商售卖，有效地增加了产品售出的可能性。线上与线下结合的方式更成为农户们的优选。

国家政策引导是促进直播助农的一大重要因素。近五年的中央一号文件中均提及通过互联网带动农业产业升级和农产品销售。2020 年 3 月 6 日，习近平总书记在决战决胜脱贫攻坚座谈会上指出，要切实解决扶贫农畜牧产品滞销问题，组织好产销对接，开展消费扶贫行动，利用互联网拓宽销售渠道，多渠道解决农产品卖难问题。中华人民共和国农业农村部自 2018 年起牵头发起“农货产销对接”活动，从种地的农民、农产品企业主，到“网红”“大 V”、直播明星以及一些大胆尝试的地方官员，纷纷开始借助各类直播平台销售农产品，收获了不错的效果。2020 年 4 月 20 日，在陕西考察的习近平总书记来到柞水县小岭镇金米村的直播平台前，点赞当地特产柞水木耳，成了“最强带货员”。他强调，电商不仅可以帮助群众脱贫，而且还能助推乡村振兴，大有可为。4 月 21 日，《人民日报》直播间上线 8 万多包、12.2 吨柞水木耳，瞬间售罄。柞水木耳也成为淘宝等电商平台最热销的商品。

此外，新冠肺炎疫情期间，市长、县长直播上阵，带动地方特色农产品销售高潮迭起，成为直播带货的新主力军。淘宝、抖音、快手、拼多多等平台成为市长、县长直播带货的主要阵地。市长和县长们，一改往日严肃的工作风格，熟练使用着各种直播用语，10 秒卖出 100 个瓜；5 分钟卖出 8000 多份辣酱；不到一小时卖出 10 000 份红薯；1 小时销售额突破 20 万；3 小时卖出 6000 多只扒鸡；半个小时内，直播间涌进超过 100 万名消费者，有超过 1000 万人次观看直播，百香果和脐橙售出近 2. 5 万千克……这些惊人的销售成绩带动了农产品的消费。为了帮助湖北经济的全方位复苏，4 月以来，一位来自湖北的市县长相继转换角色，走进网络直播间。在市长、县长推荐下，网友们纷纷购买洪湖莲藕、嘉鱼藕带、秭归脐橙等应季农产品，为湖北加油。在抖音 APP 内搜索“助力湖北”，可以看到“湖北重启，抖来助力”援鄂复苏计划专题页面；京东启动“买光湖北货”活动，通过平台帮助湖北农产品外销，并推出了价值 1 亿元的补贴政策；拼多多与湖北省农业农村厅签署《“乡村振兴及抗疫助农”战略合作协议》，上线“湖北优品馆”。大量漂亮的销售数据是给大胆尝试直播的市长和县长们最有力的回馈。商务大数据监测显示，一季度 100 多位市长、县长走进直播间为当地产品“代言”。直播带货成为推动农产品上行及助农脱贫的营销新形态。

四、直播助农成效

本次问卷共收集有效问卷 134 份，被调查者来自全国多个省市地区，年龄覆盖各个年龄段，其中以 18 ~ 30 岁居多。通过问卷信息与数据统计，我们可以得到以下结论。

（一）大众认可度

1. 宣传度

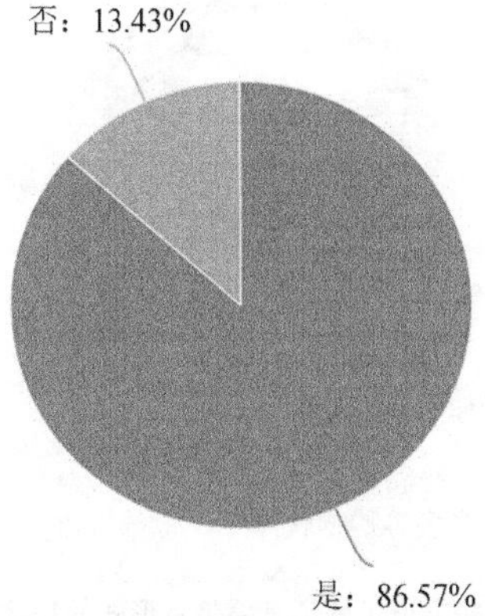

图 1　”您是否听过直播带货形式的扶贫助农“调研结果

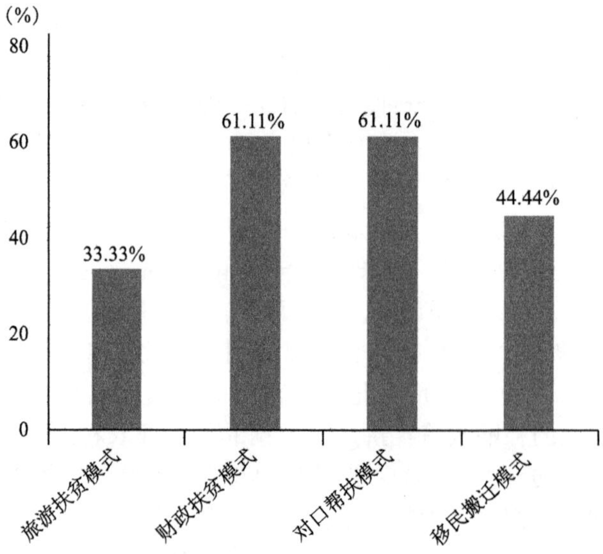

图 2　“您听说过哪些扶贫助农模式”调研结果

对直播带货扶贫助农模式有所了解的人数占比 86. 75%，说明特色直播宣传卓有成效，在未听说过该种扶贫模式的人群中，有 61. 11% 的人对财政扶贫模式与对口帮扶模式有所了解，反响良好。移民搬迁模式的宣传也深入人心。旅游扶贫模式的宣传有所成效，与其他模式相比较，还有进一步挖掘的空间。区域地理差异、经济发展速度、特色的产业开发等都拥有巨大的发展前景与挖掘潜力。

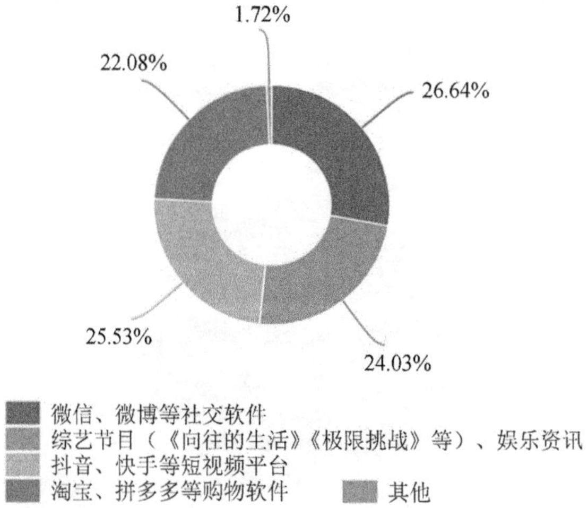

图 3　“您通过哪些渠道了解到直播带货形式的扶贫助农”调研结果

通过对受访者获取直播带货扶贫助农信息渠道的调查，微信、微博等社交软件的传播最为迅猛，为直播带货的品牌效应与用户口碑研究提供依据，综艺平台、短视频渠道以及购物软件也各有千秋，推动扶贫助农进程。

2. 参与度

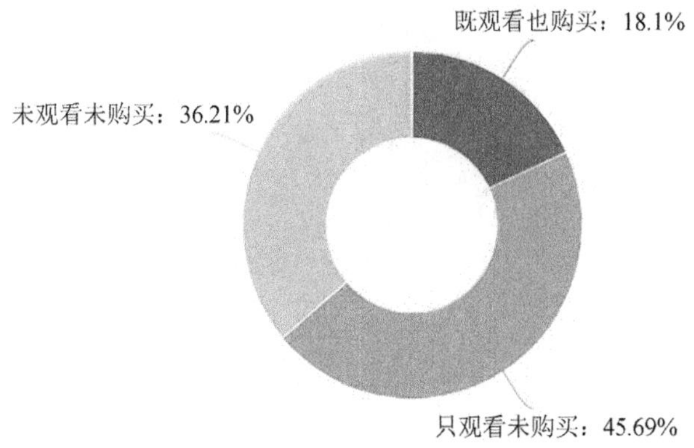

图 4 “您对直播带货形式的扶贫助农参与程度是”调研结果

基于用户的观看行为与购买行为，将参与度分为未观看未购买、只观看未购买、既观看也购买三类。调查数据显示，63.79%的人参与观看，观看人群中参与购买的仅占 28%，对其行为背后的影响因素进行问卷调查，结论如下。

（1）未观看或购买的制约因素

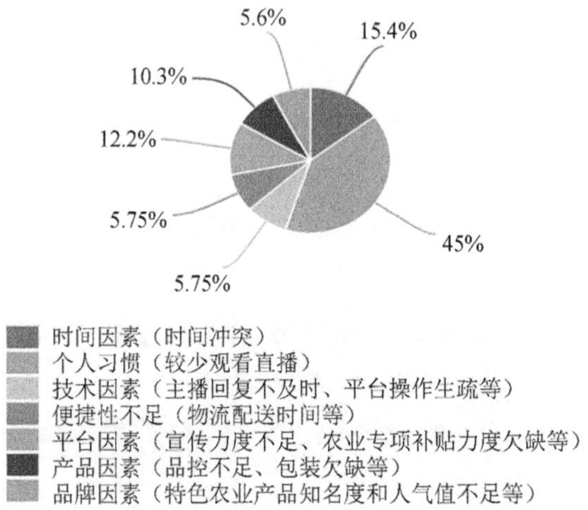

图 5 “您未观看或购买的制约因素”调研结果

45%的人表示，个人没有观看直播的习惯，创新购物平台需要时间去适应，直播平台建立规管机制与准入资格还需时日。

15.4%的人表示直播时间与个人安排有所冲突。调查显示，18：00—22：00 的直播时间段较符合现代人时间规划；22：00—24：00 的深夜时间段也很契合年轻人的生活节奏。

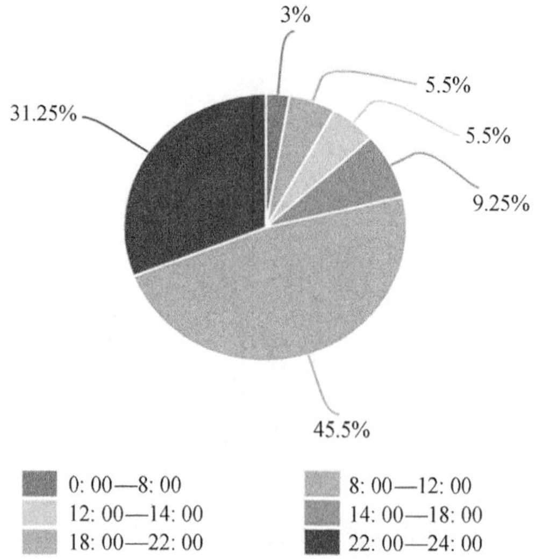

图6　“您一般在哪个时间段观看直播”调研结果

在平台方面也有许多尚待改善之处，如主播的专业性、平台的宣发机制、农业专项补贴力度欠缺等问题亟待解决；产品品控、包装单调、直播间设计、物流配送的时效性等都制约着人们观看与购买行为。

（2）观看及购买人群购买动机

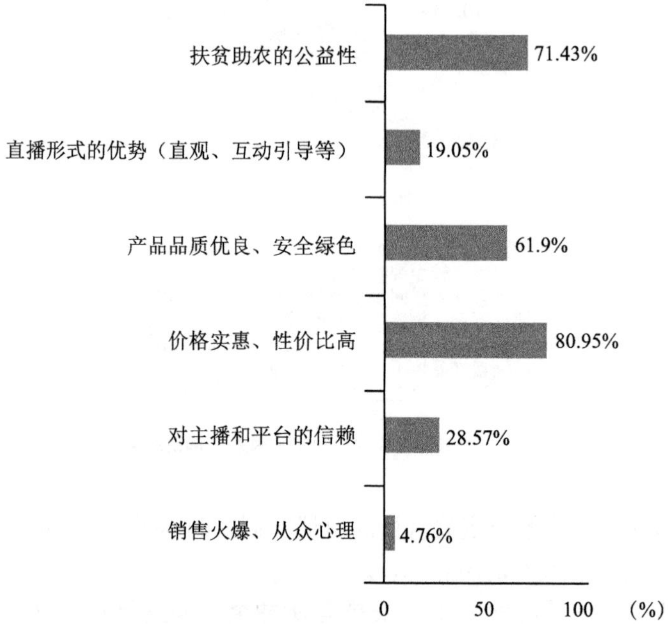

图7　“您购买动机主要是”调研结果

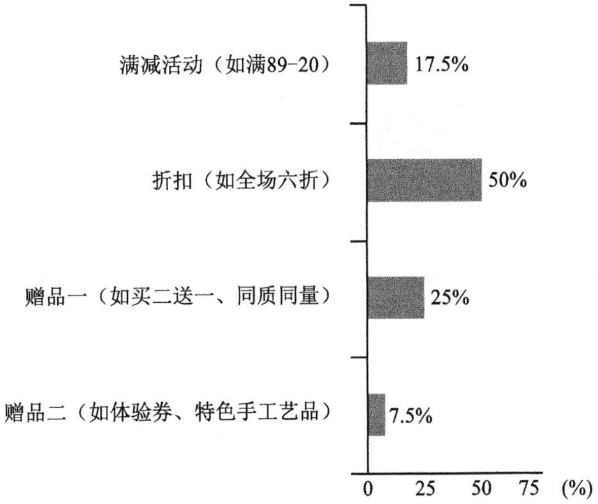

图 8 “下列哪种活动最能吸引您购买”调研结果

调查数据显示，直播带货购买的最主要动机是性价比高，创新的营销方式与直播间优惠的价格，饥饿营销的策略激发人的消费需求，尤以折扣方式为甚，同质同量的买赠活动与满减活动也在一定程度上刺激消费。扶贫助农的公益性也是参与产品购买的重要考量因素，在获得所需商品的同时也能为扶贫事业作贡献，带动产地区域经济发展，成就感与公益心促进产收增加。直播形式为产品原有状态、采摘加工过程、生产环境提供可视化条件，原生态无公害的绿色制品也契合消费升级理念，促进产销。平台口碑与客户忠诚度也促进了直播带货的购买行为。

3. 满意度

通过消费者个人偏好的影响因素与星级评价指标权重调查，数据如下。

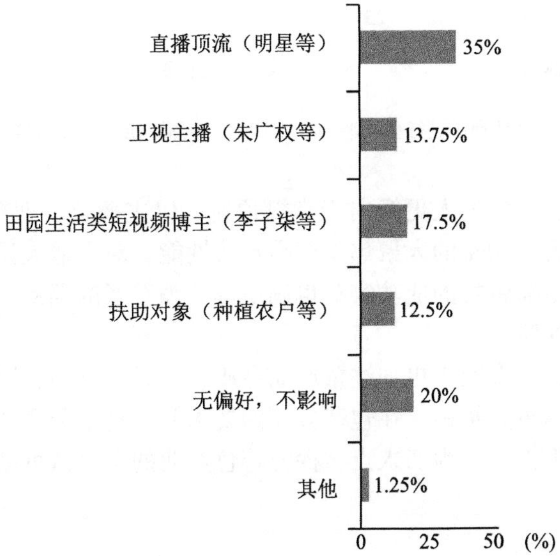

图 9 “您更倾向于哪种类型的主播直播带货扶贫助农”调研结果

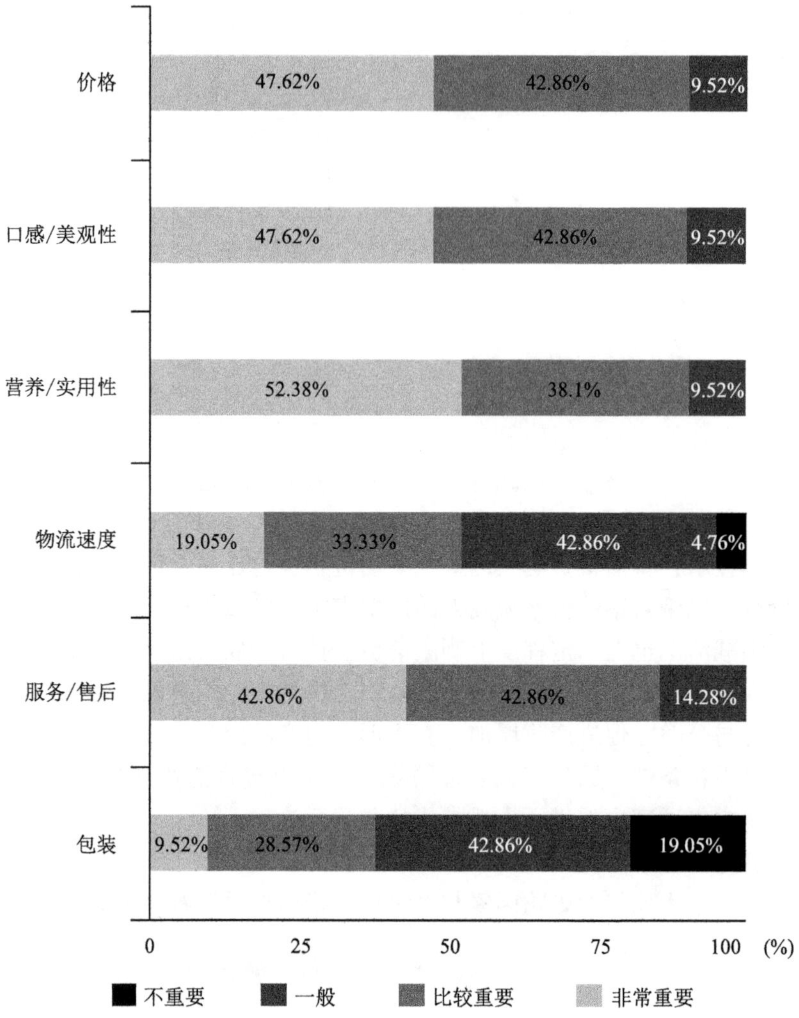

图 10 “您对所购商品进行星级评价时，下列指标对满意度的影响程度”调研结果

主播调性方面，35% 的人更倾向于直播顶流，以主播自身业务才能与流量集群，为特色产品销售助力；20% 的人聚焦于产品自身性能，对主播人设无偏好；田园生活类博主带货与央视主播带货的成功实践也满足部分消费者的期待，被扶助对象的真实讲解带货也为人所期盼。

购买过程方面，大多数人更加注重产品品质、口感、价格、服务态度与售后保障都构成满意度评价的重要指标，在包装方面的要求并不是十分严苛。

以农副产品与手工艺品为切入点，探究特色产业的渠道认可度，所得数据如下图所示。

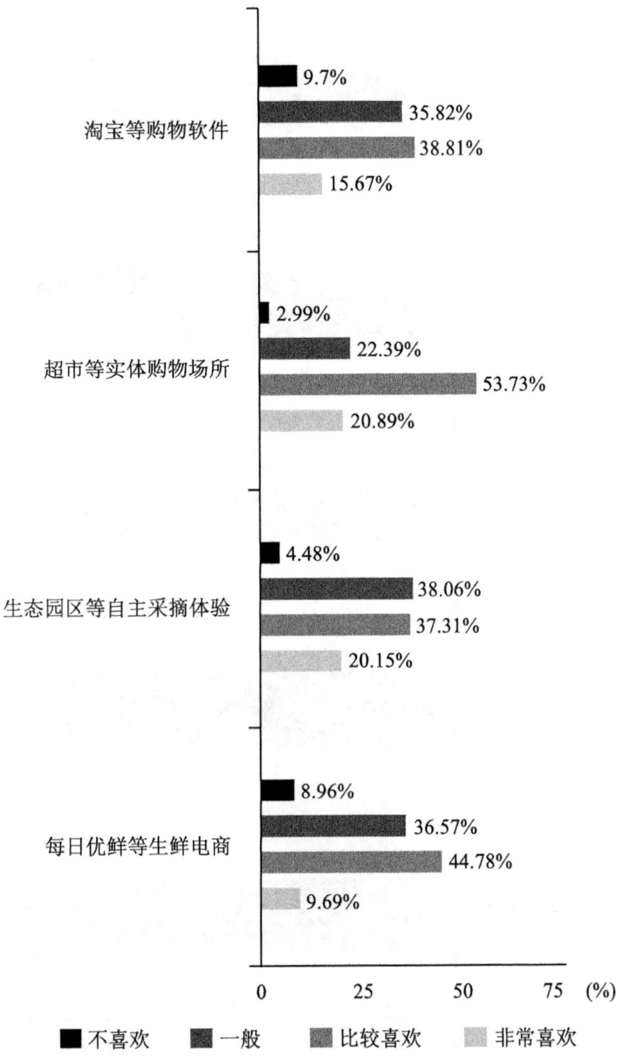

图 11 “您对不同渠道购买农副产品的偏好程度是”调研结果

在农副产品方面，人们最喜欢的是超市等实体购物场所进行采购，对生态园区等自主采摘也很感兴趣，电商平台与购物软件的用户喜爱度有待进一步提升。

在手工艺品方面，人们最喜欢在手工工坊亲手参与制作以及亲友赠送的喜悦，旅游景点销售则存在较大改良空间，需进一步挖掘当地特色，融入文化风俗，打造旅游品牌。

由此，直播形式助力特色产业扶贫也可依据上架商品属性将直播间设在实体购物场所或手工工坊，为消费者打造沉浸式体验与全景式导览，促进创收。

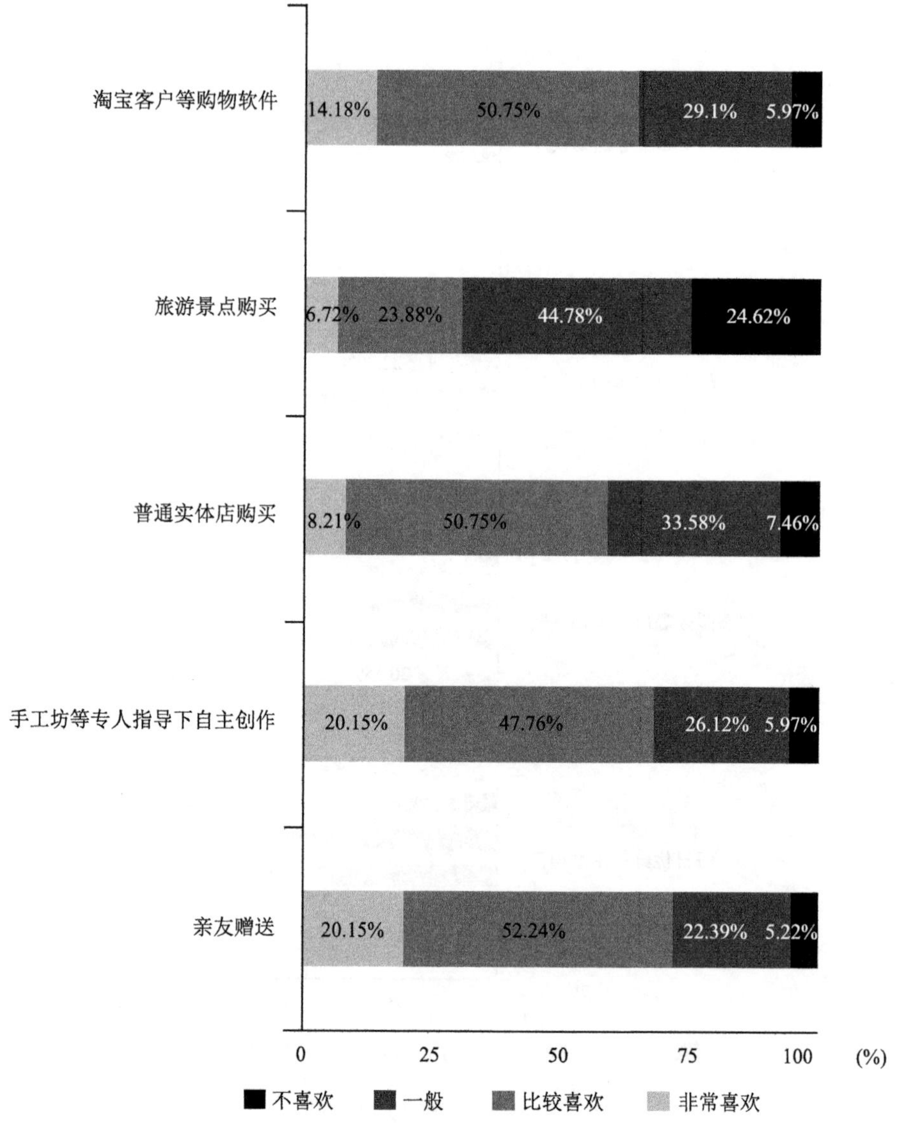

图 12　“您对不同渠道购买/获得特色工艺的偏好程度是”调研结果

（二）直播平台转化数据

据淘宝数据显示，截至 2020 年第一季度，农产品相关直播已达 140 多万场，覆盖全国 3 个省（自治区、直辖市）、2000 多个县，引导 60 000 多位新农人加入。据统计，2020 年一季度全国农产品网络零售额达 936. 8 亿元人民币（下同），增长 31%；电商直播超过 400 万场，涉农商品销售旺盛，其中肉禽蛋、粮油和蔬菜的增长较快，增速均在 70% 以上。

五、直播助农前景

未来，直播助农将是一个热门领域，也是符合时代潮流的脱贫方式。2020 年 4 月 20 日，习近平总书记在陕西考察期间，与柞水县小岭镇金米村的村民交谈时表示，“电商作为新兴业态，既可以推销农副产品、帮助群众脱贫致富，又可以推动乡村振兴，是大有可为的”。不仅有国家政策的鼓励，更有专业服务商为整个直播带货的产业链提供了细分化的服务。同时，消费者响应政府的号召，通过购买行为助力农产品上行。直播助农为广大消费者营造了所见即所得的购物体验感，缩短了消费者与生产者之间的距离，增加了信赖度，购物新鲜感也层出不穷，短期实现了很大的收益。但不可否认，也有一些需要注意的问题。比如，我国农产品生产以分散的农户为主，生产组织化程度低，导致产品形态和品质参差不齐，经常会出现消费者实际得到的商品与直播展示内容不一致的情况，影响到消费者的购买体验和重复购买行为。一些党员干部在直播带货中也容易产生政绩观偏差，导致精力投入过多，被贴上不务正业玩直播、网上作秀搞个人宣传的标签，有的可能会把线上直播作为了解人民群众的唯一途径，不再脱鞋下田、深入一线知民情、纾民困、解民忧。此外，剧增的销售量对产品供应链能力也是一种考验。大部分直播产品是地方特色农产品，通过直播，短时内需求量激增，出现临时组货、仓促打包的情况，对于供应链的时效形成挑战。而最值得注意的漏洞是还没有相应的部门对直播农产品进行监管。随着直播带货业务迅猛发展，在巨大的利益驱使下，难免有人产生浑水摸鱼的想法，虚假宣传、产品信息不全、质量难以保障、售后服务不到位等问题会影响到整个市场，侵犯消费者的权益，尤其是农产品还可能对消费者的健康带来威胁。类似情况单靠主播个人自觉很难解决，需要在直播带货前、中、后全过程的严格把控，关注到消费者的反馈以及制定相应的规章制度规范整个市场，促使整个市场能够良性发展。

综上所述，未来直播带货这个市场更加需要复合型人才来带动产业发展，不仅需要网红、站上舞台的村主任、市长、流量明星，更需要的是扎根乡土、懂电商、爱农业的电商新农人，不断优化产业链，真正做到“直播 + 助农 + 电商”的新兴产业模式，为广大人民群众谋福利，为脱贫攻坚事业作出贡献，为消费者提供便捷的购物体验。

参考文献

[1] 郭红东，曲江．直播带货助农的可持续发展研究 [J]．人民论坛，2020 (20)：74 - 76.

[2] 宋时艳，刘俊显．新时代直播带货助力特色农业脱贫新模式 [J]．合作经济与科技，2020 (15)：88 - 91.

[3] 王宇．直播带货创新公益传播 彰显媒体社会责任 [J]．中国广播，2020 (05)：6 - 8.

[4] 徐颖．平台经济视域下网络直播平台的治理困境研究——以网红直播带货为例 [J]．西安石油大学学报 (社会科学版)，2020，29 (04)：37 - 43.

[5] 刘涛，曾岑．直播带货的商业模式、配置要素和演进趋势 [J]．视听界，2020 (04)：15 - 19.

北京市保健食品安全问题研究①

杨春花　章期博

【摘　要】 随着经济发展和生活水平的提高，人们的保健意识不断增强，对保健食品的需求不断增加。北京市作为我国首都，当地的保健食品行业正呈迅速发展的态势，市场潜力巨大，但在市场规模不断扩大的同时，保健食品的安全性屡次出现问题。要合理有效地监管北京市保健食品市场，就要牢牢地抓住目前北京市最受关注的保健食品安全性问题。本文通过对目前北京市保健食品安全热点问题及其影响因素的研究，以期找到推动北京市保健食品市场健康发展的一些建议。

【关键词】 保健食品；食品安全；热点问题

中国的保健品行业始于20世纪80年代，较西方来说起步较晚。随着经济的发展、生活水平的提高和疾病模式的改变，人们的保健意识不断增强。尤其是受有机食品和保健食品潮流的影响，人们在保健食品方面的消费支出越来越大，保健食品行业已然成为我国发展最迅速、最有活力的行业之一。据不完全统计，近二十年间，我国保健食品行业的年销售达1130.68亿元，同比增长32.02%，总产值更是超过2800亿元。截至2020年底，中国的保健食品市场总量突破4500亿元，整个保健市场的规模成为全球第一。

近些年，在保健食品市场规模不断扩大的同时，保健食品的安全性屡次出现问题，被媒体曝光出大量的虚假宣传、低水平的重复建设和伪劣仿冒保健食品等负面报道。本文将通过对北京市保健食品安全问题的研究，系统地分析目前北京市最受关注的保健食品安全性问题及其影响因素，并试图通过分析找到问题的根源，从而找到推动北京市保健食品市场健康发展的一些建议。

本次调查共计发出调研问卷153份，回收153份，回收率达100%；有效问卷153份，有效率达100%。除了问卷调查之外，还进行了实地访谈。实地访谈是由小组成员通过对附近居民和药店的药师进行访谈完成的，以便针对性地了解目前北京市保健食品市场现状和最受欢迎的保健食品类型等问题。

本次调研人群中，性别方面，女性占比54.90%，男性占比45.10%，男女性别的比例较为均衡；各年龄层方面，25岁以下的青少年占比42.48%，26～40岁的青

① 本课题指导教师：杨春花（北京工商大学马克思主义学院）；课题组组长：章期博（食品182）；课题组成员：王海蛟（食品181）、吴嘉欣（食品181）。

壮年占比 27.45%，41 岁以上的中老年占比 30.07%，基本上各年龄层都有涉及；籍贯方面，北京籍占比 71.24%，非京籍占比 28.76%，但全部是在京人士。

一、北京市保健食品安全问题现状及北京市民对保健食品安全问题的态度

北京市作为中国首都，是我国最重要的城市之一，保健食品行业正呈迅速发展的态势，市场潜力巨大。根据我们的问卷数据，在问及“您的健康状况如何”时，41.18% 的人表示自己的健康状况很好；39.87% 的人表示自己的健康状况较好；17.65% 的人表示自己的健康状况一般；有 1.30% 的人表示自己的健康状况较不好。在问及“您购买保健食品的主要原因是什么”时，有 43.79% 的人是自己主动前去购买；38.56% 的人是身边人推荐后前去购买；17.65% 的人是医生要求才前去购买的。由以上数据可见，北京市民的健康状况普遍较好，对自己的身体状况也有较好的信心，但仍会购买保健食品来服用，甚至只有少部分人是在医生的要求下才去购买和服用。究其原因，一是近些年北京市民的收入水平大幅提高，有更多的可支配收入能用于自身健康方面的支出，来保障自己的健康；二是人们的保健意识不断增强，对自己的健康状况越来越重视，很多时候愿意防患于未然。

但目前北京市保健食品市场仍存在着诸多问题，负面新闻层出不穷。这些关于保健食品的负面新闻，导致消费者对于保健食品的态度也偏向于两极分化。根据我们的问卷调研数据显示，在问及“您对保健食品安全性的印象如何”时，有 87.58% 的人觉得保健食品安全性有的不错、有的很糟。在“您是否经历或听说过保健食品安全问题”这个问题上，有 93.36% 的人经历过或听说过保健食品安全问题；只有 6.64% 的人没有经历过或听说过。可见，目前的北京市的保健食品市场仍处于鱼龙混杂的状态，市售的保健食品有好有坏，质量参差不齐，还有不少人因此“中招”。所以，在保健食品需求量不断扩大的当下社会，做好保健食品安全性工作是非常有必要的。对于当下最受关注的保健食品安全问题的态度，有 69.28% 的人表示目前问题严重，必须立即严加管理和惩罚，决不姑息；有 20.92% 的人表示问题还不算严重，可以慢慢治理，其他社会问题优先；只有 9.8% 的人表示自己不关心保健食品问题。可见，对于做好保健食品安全工作，大多数市民们也非常支持和热切关注。

二、目前最受关注的保健食品安全问题

由调研问卷的数据显示，目前最受北京市民关注的保健食品安全问题主要集中在假冒伪劣保健食品泛滥、虚假宣传层出不穷与违法添加非法成分这三个问题上。同时，保健食品原料的内源性毒性和外源性污染、进口保健食品质量参差不齐与保健食品新资源、新技术、新工艺的质量安全问题，这三个安全问题也有一定的关注度。但最让人意外的是，在这些安全问题中，进口保健食品质量参差不齐的关注量最少，看来大部分北京市民认为进口保健食品的质量还是比较让人放心的。

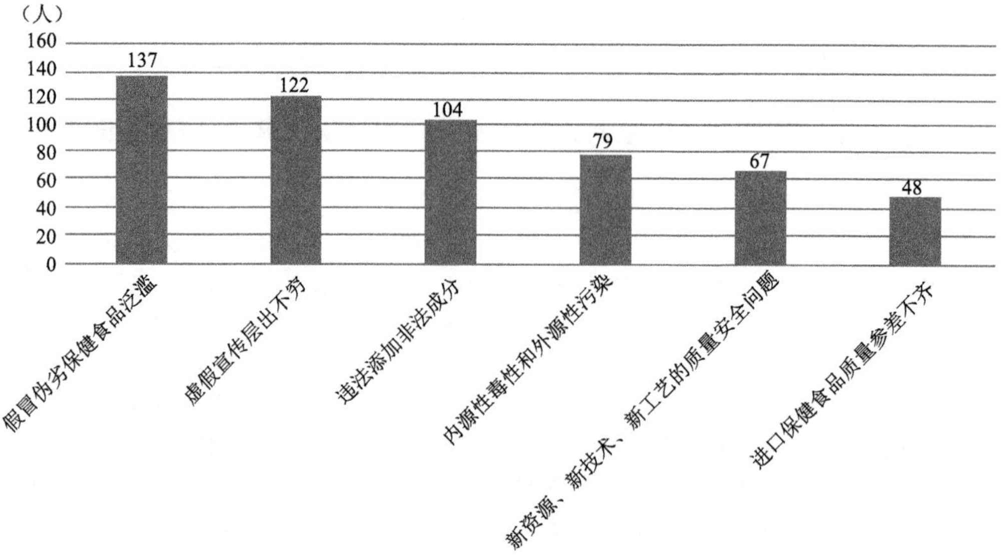

图1　“您目前最担忧和关注的北京市保健食品安全问题有哪些”调查结果（多选）

（一）假冒伪劣保健食品泛滥，低劣化、同质化严重

根据我们的调查数据显示，假冒伪劣保健食品泛滥是最受北京市民关注的保健食品安全问题。显然，这类安全问题的例子已经数不胜数了。据过去的资料显示，仅一种蜂王浆保健食品，共26批产品，但是功能成分达标的只有7批，仅占27%；甚至有3批产品中根本就不含功能物质，仅仅使用糖水来冒充蜂王浆。鱼油及鱼油类制品方面，市场抽取10个品牌的鱼油，虽然这些鱼油在外包装上标示了EPA或DHA的含量，但10个样品中，只有1个达到了标示含量，合格率仅占10%。可见，保健食品功能成分不达标已经是保健食品安全问题的常态，缺斤短两，甚至次品、无用品替换功能成分，都是厂家惯用的假冒伪劣方式，这无疑反映了目前保健产品有低劣化的趋势。

同样不容乐观的，还有同质化的趋势。根据我们对北京地区执业药师的访谈，目前市面上最受欢迎的保健食品是维生素C和钙片类的保健食品，销售的种类有很多，这无疑是好事。但这类“明星产品”很容易被不良商家瞧上，因为相比于研发一种新的保健食品，抄袭、仿制无疑是降低成本的好方法，所以厂家也就更偏向于生产出这些“明星产品”的“兄弟产品”，号称相同的定位、相同的功效。就在2020年5月13日，北京市食品药品监督管理局公布了新一批的不合格食品及保健食品名单，标注哈药集团的“同泰”牌多种维生素钙片就上了“黑榜”，被曝出维生素A含量远低于国家限制值的6.1～12.2mg/100g，有效含量仅为0.72mg/100g。这些低水平的“明星产品”仿制品因其低成本带来的低价格迅速抢占市场，一旦监管出现了疏漏，就很容易导致劣币驱逐良币，仿制品赶跑了正品。那最后的结果，必然是同质化又推动了保健食品产品走向低劣化，消费者拿到的保健食品都是低质量和无效果的“三无”产品。

另外，值得注意的是，国内保健食品市场的低劣化、同质化，导致国内的保健食品消费者更愿意相信进口的保健食品会更为安全，我们问卷调研的数据结果也证明了这一点。但事实上，进口保健食品的质量安全同样不容忽视，各类进口保健食品质量参差不齐。自改革开放起，我国经济飞速发展，巨大的市场潜力吸引了许多著名的国际保健食品企业入驻，大量“洋品牌”蜂拥而至。如我们熟知的汤臣倍健、大正力都是进口品牌，实际上“洋品牌”已然占据了中国保健食品市场的半壁江山。所以，部分消费者看到国外品牌，就觉得这些保健食品是安全的，其实这些品牌无异于“国产”，很多时候这些进口保健食品所使用的原料和国产保健食品的原料都是同源的。另外，国际上保健食品种类繁多，安全性也大不一样，有毒有害成分也屡次被查出。最轰动进口保健食品市场的，还要属2003年北京市卫生局对纽海尔斯进口保健食品的禁售通告，被曝光不合格品种多达61种。

（二）虚假宣传层出不穷

假冒伪劣保健食品的泛滥，虚假宣传也是推波助澜的一大因素，同时也是最受北京市民担忧和关注的安全问题之一。根据我们对媒体所报道的北京市保健食品相关新闻的调查，在北京市保健食品的虚假宣传多和诈骗行为挂钩，诈骗同伙多以公司、专家、名医等形式出现。先是以分发免费物品、组织所谓的“专家”健康讲座、义诊等多种形式拉拢和发展受骗者，在后续向受骗者夸大其病情，借此向受骗者推荐自己的保健食品，虚构、扩大自己保健食品的功效。等被骗者取到保健食品，意识到自己被骗时，那些诈骗同伙多早已人去楼空。在保健食品消费群体中，老年人是消费的“主力军”。一些诈骗同伙就利用老年人“有心养生，但防范意识薄弱”的特点，导致多次出现诱骗老年人购买“三无”保健食品的案件。根据《北京晚报》的报道，仅2020年上半年，海淀、昌平、通州、密云等各地警方就陆续侦破了14起涉及保健食品的犯罪案件，打掉犯罪团伙7个，抓获涉案人员59名。

除了直接与消费者接触的诈骗外，保健食品也曾多次出现广告、标签、说明书夸大宣传的现象。据统计，中消协对北京、山东等地市场保健食品说明书调查后发现，有多达73.5%的说明书有违规虚假宣传的现象。当时在南京就出现过更为明目张胆的案例，“宁心红杞胶囊”保健食品的卫生部核准是“免疫调节”，但到了保健食品广告商的手里，“免疫调节”这四个字就被改为“有效延缓衰老，提高/恢复卵巢功能，推迟更年期，改善中老年女子尿频/尿痛”。

保健食品市场的虚假宣传层出不穷与一些不良媒体的虚假炒作是密不可分的。在电视频道中，各式各样的“健康卫视”“养生频道”不断推销着自己的保健食品，一些更是号称“神医神药”。而随着互联网的兴起，保健食品的宣传就更不可能止步于电视这类传统媒体，他们开始在互联网上拓展渠道，有些在各种网页上通过弹窗狂轰滥炸，有些与网络直播卖货的网红们合作。这些虚假炒作很容易形成不良的消费导向，误导消费者去购买根本就不具保健功效的所谓的“保健食品”。

同时，根据我们的调研问卷结果显示，有10.46%的人认为服用保健食品后没有效果；有70.59%的人认为效果一般或较不好；有18.95%的人认为效果很好或较好。

由此可见，根据多数人的服用体验，保健食品从来就不像虚假宣传、媒体炒作的那样是“灵丹妙药”。保健食品的定义从一开始就决定了它不能替代药品治疗疾病，如果商家在宣传时提到“抗癌症”“治疗疾病”“包治百病”等，那无疑是虚假宣传。

（三）保健食品中添加违禁成分

保健食品中添加违禁成分，同样是北京市民最头疼的保健食品安全问题之一。因为消费大众对保健食品成分的了解必然是不如保健食品厂商的，所以信息不对称就造成了“产品质量和功效都由厂商决定，消费者处于被动低位”的尴尬局面。根据我们的问卷结果显示，在问及“您在购买保健食品时会看保健食品的成分表吗”时，只有10.46%的人表示能会看成分表且基本都能看懂；有64.05%的人表示会看成分表，但大部分看不懂；还有25.49%的人表示不会看成分表，因为看了也看不懂，只是靠外包装上介绍的功效来了解保健产品。

基于此，这种市场状况就导致厂商拥有绝对的主动权，一些无良厂商就凭借着这种主动权优势来降低生产成本，在保健食品中添加违禁成分来替代原先保健食品应有的功能成分，严重影响消费者的身体健康。然而，大多数的消费者还无法从外观、口感上判断保健食品中是否添加了违禁成分，长期服用会给身体健康带来了巨大的伤害。据资料显示，北京御之堂的“欣美姿减肥片”就曾被曝出非法添加去氢表雄酮（DHEA）。这种违禁成分会严重影响人体代谢，如果服用过多，还会引起服用者性机能减退、器官萎缩；北京与陕西的五家保健食品公司不约而同地往自家的减肥胶囊中非法添加违禁食欲抑制剂西布曲明。这种食欲抑制剂在抑制服用者的食欲、起到节食减肥作用的同时，还会引起服用者血压升高和心率加快，如果服用者有心脑血管疾病或中风病史，甚至会危及生命安全。

而随着近些年保健食品安全问题的频发，对保健食品中违禁成分的检验也越来越严格。然而，一些不良商家为逃避检测，想出了各种各样的办法——不直接添加国家违禁的化学药品，转而添加其类似化学物，避开国家的监管范围；利用制剂的特点，将违禁药物添加至胶囊壳中；在取得保健食品的批准文号后，再往保健产品中添加违禁成分；等等。

（四）其他保健食品安全问题

保健食品原料的内源性毒性、外源性污染和保健食品新资源、新技术、新工艺的质量安全问题，同样是值得北京市民关注的保健食品安全问题。

以最受北京市民欢迎的维生素类保健品为例，脂溶性维生素摄入过多，是会引起中毒现象的。当我们问北京市民这个小知识时，有68.63%的人表示不知道；仅有31.37%的人知道，这反映了北京市民对保健食品的内源性毒性的陌生。外源性污染则在以中药为原料的保健食品方面体现较多，国内的保健食品多是使用中药提取物为原料，而中草药在种植过程中，不可避免地会有农药、化肥等农业投入品的使用，加之中草药的生长时间一般较长，所以外源性污染问题就更加严重。

在保健食品新资源、新技术、新工艺的质量安全问题方面，首当其冲的是近些年最热门的转基因技术。转基因技术在保健食品原料上的应用，目前国际上尚存在争议，因为目前出现过食品营养品质改变、食品潜在毒性改变的例子，再加上对转基因技术的安全评价还需要长期的探索，所以对这类新技术的应用必须予以重视和探究。采用新菌种发酵培养的保健食品的安全问题同样也须引起注意，虽然它能为人提供高蛋白、高营养素，但在生产加工中毒株污染的情况也是备受国际关注的安全问题。

三、北京市保健食品安全问题原因分析

根据我们的问卷数据采集，北京市保健食品安全问题的影响因素主要集中在五个方面：保健食品市场的丰厚利润、消费者的保健食品知识储备不足、保健食品安全的监管体制不够完善、保健食品的安全检验工作困难和消费者举报意识不高。这些因素给北京的消费者带来了对保健品的各种不良印象。

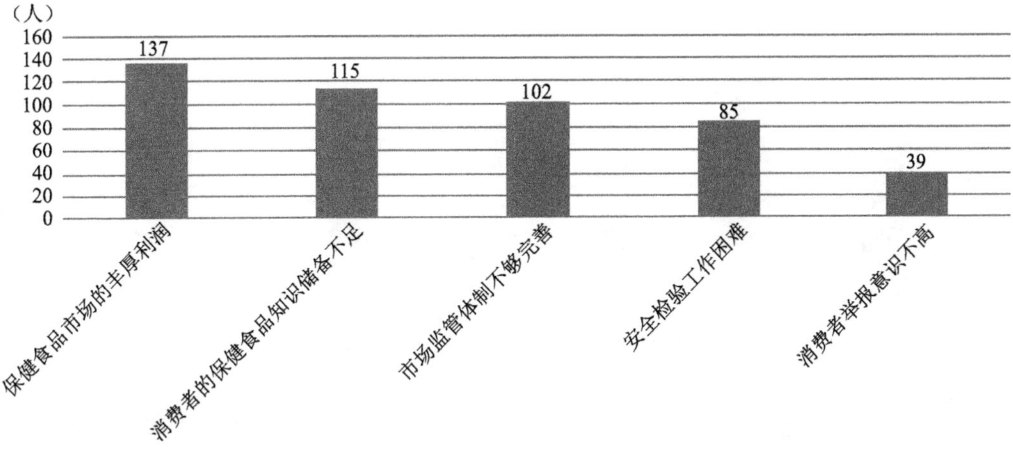

图 2 “您认为导致目前北京市的保健食品安全问题的因素有哪些”调查结果（多选）

（一）保健食品市场的丰厚利润

保健食品市场在近几年飞速发展，十分火爆，其中一个很重要的原因就是保健食品市场有相当丰厚的利润，所以各式各样的商家企业纷纷入驻。根据调查数据，保健食品的毛利率平均值一般在 60% ~80% 之间。保健食品从原材料采集到药品制成，往往成本只要几毛钱，而商家为了谋求更高的利润，将产品经过精致的包装和各大渠道的推销，摇身一变，就可以成为身价十几倍的“灵丹妙药”。以一个北京前几年十分火热的保健食品汇仁肾宝片为例子，一粒成本仅仅 0.1 元多的胶囊，被商家卖到 2.5 元的价格，这背后的利润翻了几十倍不止。

虽然这些被炒成高价的保健食品的外包装都十分精致，但是质量却不尽如人意。无良商家提高销量的方式并不是提高产品品质，而是通过大量的广告对消费者进行

“洗脑”式宣传，吸引不同年龄段的消费者，进而增加自己的业绩。如今，很多商家“重视销量不在乎质量”的行为已经让保健食品成为一类传销型产品，销售过程中用于宣传的成本远高于产品本身的成本。在来自不同渠道的“洗脑”式宣传下，不懂保健食品知识的市民常常会简单地采用“贵的总没错”的理论，错误购买各种被炒成高价的保健食品，造成了金钱和健康的双重损失，而无良的生产厂家却拿着市民的血汗钱，赚得盆满钵满。

（二）消费者的保健食品知识储备不足

根据我们的问卷调查显示，大多数人购买某一保健食品时，影响其购买的因素前三分别是功效、品牌和口碑，保健食品的成分位居第四。

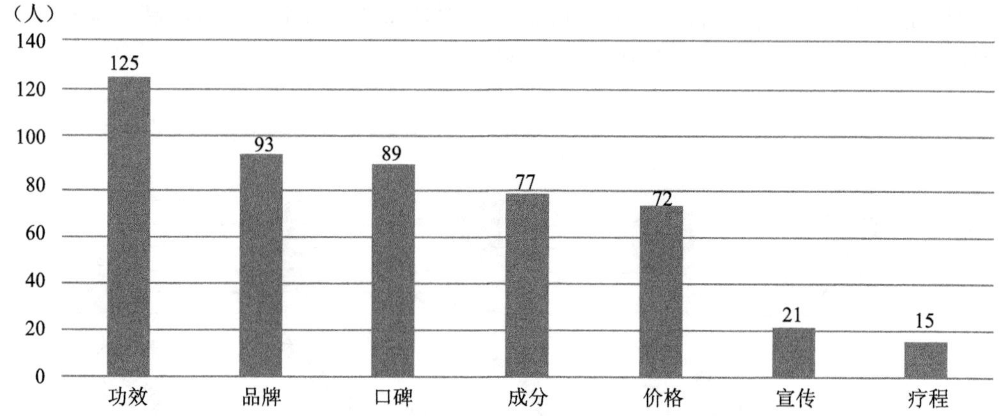

图3　“影响您购买保健食品的因素”调查结果（多选）

这说明了一个很现实的情况——保健食品的成分涉及专业知识，大多数人无法明白这些成分背后的含义，所以大众把重点更多地放在产品的主观体验和他人的评价上，而对保健食品可能带有的内源性毒性不够了解。比如中药类保健食品，相对安全、毒性较低是这类保健食品的特点，但在1980年美国FDA列出了10类中草药中的有害成分，1991年提出700～1100种中草药中具有不安全的风险成分，1996年又陆续列出100多种受到管制的中药成分。此外，维生素类保健食品是广受北京消费者喜爱的产品，但食用维生素C也有不少要注意的地方。例如，维生素C极强的抗氧化性和牛奶中的维生素B_2结合，会让两者同时失去功效；维生素C还可以和海鲜中的五价砷化物结合生成三价砷化物，造成中毒。

消费者对保健食品相关知识储备不足的后果，不仅仅表现在错误服用而造成保健食品功效不能达到预期，还有可能会造成中毒和健康受损。研究显示，服用过量的保健食品会给肝脏、肾脏造成负担，长此以往，由于内脏长期受到超出自身所能承受的压力，将大大增加肝、肾衰竭的概率。然而，保健食品的广告常常存在虚假宣传的情况，暗示本产品为保障健康的必需品，这就导致对保健食品不了解的消费者长期过量服用，对身体造成不可挽回的伤害。多年来，很多不良厂商会利用市民对保健食品知识储备不足，恶意夸大保健食品功效，这不仅侵犯了消费者的知情权，更威胁到了消费者的健康和生命安全。

（三）保健食品安全的监管体制不够完善

我国保健食品市场乱象丛生的主要原因有三点。

一是市场准入门槛过低。特别是对于中药保健品，我国的一些标准和审批都相对宽松，这导致非专业企业大量涌入，其生产的良莠不齐的商品也纷纷进入市场。大量伪劣商品的出现，增加了相关部门的监管难度，我国的保健品市场一直以来就缺少有效的监管措施，伪劣保健食品的生产量再加大，保健食品的安全问题只会越来越多。

二是相关部门的监管力度不够。市面上常会出现标签名和功效不符的情况，一些产品甚至未获得卫生部保健食品批准，就擅自在包装瓶标签和产品说明书上标注“抗癌”美容养颜”“预防艾滋病”等功效，并大肆宣传。这不仅反映了相关部门在市场监管上的疏忽，还反映了相关部门没有定期对市面上已注册的产品进行审查，或定期审查的跨度太大。因而造成“三无”产品在市面上的出现和流通，甚至无良商家将已注册商品的内在功能成分已更换多时，相关部门才后知后觉。

三是法律法规的执行力度不够。近些年《中华人民共和国食品安全法》等法律法规不断完善。2019 年 1 月，国家市场监管管理总局印发了《假冒伪劣重点领域治理工作方案（2019—2021）》，提出要开展特殊食品监管专项行动，聚焦“一老一小”，消灭保健食品市场的歪风邪气。但是相关部门的执行力不强，不同部门的职能界定还不够明确，权责不清、效率低下，无法对无良厂家进行有力打击，造成消费者利益持续受损，且无法给予应有的保护。

（四）保健食品的安全检验工作困难重重

目前针对保健食品非法添加化学药物的检测方法，基本上沿用国家市场监督管理总局颁布的批准件及其补充检验方法。而保健食品成分复杂，非法添加具有不确定性，不良商家为规避责任，不直接添加国家监管范围内的药物，转而投向了其替代品，这给检验工作带来了新的困难和挑战。

第一，检验技术的筛选范围相对较窄，专一性强，只能适用于某一特定物质，其结构类似物不易检出。可是违禁添加成分种类众多，一种非法化学药剂被查封了，不良商家就会选择该种化学药剂的类似物、同系物、衍生物等。因此，非法化学添加剂层出不穷，监管部门的检验技术却不能一次性全部检出，这给保健食品检验带来了重重难题。

第二，现如今的检测方法烦琐，试验周期很长。现有检验非法添加化学品的办法是先用薄层色谱法初筛，用高效液相色谱法定性，再用液相色谱—质谱联用法确证，最后再用高效液相色谱法定量。为了更加全面地测定保健食品的质量是否符合国家标准，检验部门往往会对有可能存在的几千种非法药剂进行检测，不同的添加剂还需要用不同的色谱环境和不同的反应试剂。检验不仅要检验保健食品中非法成分，还要进行安全性试验、功能学实验、稳定性试验、卫生学检验等多种检验项目。不需要人体试验的一般检测周期在 8～10 个月，需要人体试验的会在 10～12 个月，所以一般来说，一款符合国家标准的保健食品从研发再到出现在市民面前，需要最少一年的时间，如此漫长的检验周期让很多商家望而却步，因此走上了违法的道路。

（五）社会信仰缺失，不断突破道德底线

信仰是社会生活中每个人都要面对的重大命题，它关乎生命的价值、人生的意义以及对社会的贡献。习近平总书记在庆祝改革开放 40 周年大会上的讲话中，强调“信仰、信念、信心，任何时候都至关重要”。小到一个人、一个集体，大到一个政党、一个民族、一个国家，只要有信仰、信念、信心，就会愈挫愈奋、愈战愈勇，否则就会不战自败、不打自垮。近些年来，国内外风云突变，致使信仰淡化，甚至信仰缺失的情况时有发生，而人一旦信仰缺失，便会变得无所畏惧，不会约束自己，若利益浮现眼前，欲望便成为一个可怕的“无底洞”。

首先，信仰缺失造成人们过分注重物质利益。随着改革开放和市场经济的推进，价值规律的作用是显而易见的，它易诱导人们为追求物质利益而不计代价，毫无底线。仅以保健食品方面为例，为追求利润而引发的一系列安全问题早已数不胜数。更为可怕的是，信仰缺失所造成的毫无底线，使得一些商家在明知自己的受众人群集中在幼儿或老人时，还依旧兜售假冒伪劣产品，只为追求金钱。前些年在北京“红极一时”的圣莲牌红景天就是典型的案例，商家不仅夸大宣传产品功效、营销模式涉嫌传销，还欺骗老年患者停药，多吃圣莲红景天，对患者生命健康造成巨大损害。

其次，信仰缺失造成人们道德认知出现偏差。市场经济的趋利性使得人们的道德认知出现偏差，产生了拜金主义，而道德认知的偏差必定导致道德行为误入歧途。现如今一些保健品企业为树立形象，开始举办一些义诊活动，用“免费看病”的名义吸引附近小区的居民。然而，这看似公益行为的背后，实是在转化潜在客户。他们大可在义诊过程中或夸大病情、或夸大自己产品功效，向完全没必要购买的居民推销自己的产品，或登记下客户信息，后续不断联系推销，将公益活动摇身一变成了一颗“糖衣炮弹”，其实质还是为了谋取金钱。

最后，信仰缺失造成人们法治观念淡薄。法律信仰是信仰分类中的一种，它表现为民众对法律的强烈信念和信服，是主体内心的价值追求与法律价值取向的心灵相契。若信仰缺失，法律信仰也不免被丢到九霄云外，民众对法律的了解将会缺乏深度，更因内心价值取向与法律价值取向不符而缺少对法律的尊重和认同。目前北京保健食品市场出现过的无良商家，有几个不是知法犯法？甚至，一些人秉着“道高一尺、魔高一丈”的想法，往自己的产品添加违禁成分的类似物，以绕开国家的药物管制、避开保健食品安全检验。

四、应对北京市保健品安全问题的主要措施

当前，北京保健品市场拥有广阔的发展前景，对保健品的需求量不断增加，但要想营造出健康良性的保健品市场环境，通过前面的热点问题和因素分析可知，我们要从多元主体出发，从政府、社会、个人三个方面将保健品安全问题逐个击破，并通过信仰建设将三个主体统一起来。

（一）多管齐下，加强保健食品安全监管

近几年，国内保健品市场行业的迅速发展使得其与国家的监管范围和力度不相匹配，从而出现保健品标准过低、审批相对宽松、行业不规范等问题。所以要整治北京保健品市场乱象，就要多管齐下，贯彻落实《“健康中国”2030 规划纲要》的指导思想，加强保健食品安全的监管。

首先，要加快建设保健食品标准体系。保健食品相关标准在政府监管过程中扮演着不可缺少的角色。只有依照相关标准，监管部门才能对保健产品进行检验，从而判定保健食品质量安全的好坏优劣；只有健全相关标准，行政执法部门才能在开展监督检验工作过程中有据可依，对规范保健品市场也有重要意义。在 2019 年的全国两会上，全国人大代表卢庆国提出相关建议，尤其是加快建立保健食品原料提取物的国家标准，从根本上解决现在保健食品原料提取物无法可依的窘境。

其次，要健全保健食品安全溯源系统。安全溯源是让产品在各个环节中的相关信息都能够被追踪和追溯，使得产品的整个生产经营活动处于有效监控的状态。如此，当政府追责或消费者购买时，能及时获取产品的信息反馈。近些年，我国虽然陆续推进了建立食品安全追溯体系的工作，但主要集中在肉类、水产、果蔬等初级农产品上，范围并没有囊括到保健食品上。而随着现代人的消费不再停留在基础的生存资料消费上，不断向发展资料消费、享受资料消费拓展，健全保健食品安全溯源系统必然是大势所趋。

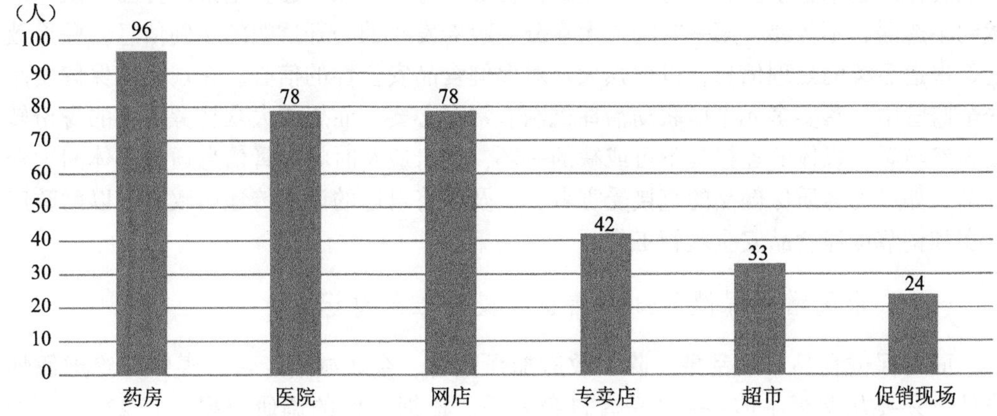

图 4 “您购买保健食品的地点”调查结果（多选）

最后，要加强对保健品交易场所的市场监管。根据我们调研问卷的数据，北京市民经常购买保健品的场所有药房、医院、网店、专卖店等，这些场所又可分为线下场所和线上场所。对于线下场所，市场监督部门要做好监督工作，确保保健品商家的营业执照齐全，没有出现“乱定价、定天价”的情况，且能主动提供正规发票；对于线上场所，市场监督部门做好上述工作的同时，也要做好对网络销售平台的监管，杜绝“三无”保健食品在网络上的泛滥。但需要特别注意的是，在北京街头常会出现一些保健品营销人员，打着免费健康讲座、义诊的幌子兜售假冒伪劣保健食品。这类诈骗式营销通常没有固定的场所，营销人员骗完一家就换一个地方。所以建议市场监管部门和公安部门强强联手，并同消费者举报结合起来，做好保健食品营销的跟踪追查工作，严惩不实营销行为。

（二）增强媒体和企业的社会责任感，充分发挥其社会职能

北京保健食品市场中假冒伪劣产品的泛滥和虚假宣传层出不穷，和无良商家的追求利润、无良媒体的炒作是脱不开关系的。不管监管多严、惩罚多重，如托·约·邓宁在《工联和罢工》谈到的那样，一旦有适当的利润，资本就胆大起来。所以想要从根本上解决问题，还要从媒体和企业的社会责任感教育入手。北京市政府应加强对社会媒体和民营企业的引导，推动他们积极开展社会责任感教育活动；对于媒体和企业来说，要想可持续发展，在重视经济效益的同时，也要兼顾社会效益，要良心做事，树立好的口碑和形象，这都将是无价的“无形资产”。

对于北京的保健品企业，在负面新闻层出不穷、消费者信任危机等不稳定的市场环境下，保健品企业要想产品卖得好，首先还是要提升自己的“硬实力”，提高产品质量，生产适销对路的保健食品，加大对科研的投入。据统计，国内保健品企业缺乏竞争力的一大原因就在于科研经费投入过低，仅占销售收入的6.54%，广告费用远超科研费用。

互联网飞速发展的当代，媒体行业在引导社会舆论、引领社会风气、带领社会风尚上的作用越来越重要，更应有高度的社会责任感。在保健品安全事故方面，媒体应做到不造谣、不传谣，第一时间与大众分享政府发布的公开透明的正确信息，并连续追踪报道后续的处理信息，以增强大众对保健食品安全性的信心。在现代的保健食品安全监管中，落实多元主体联动治理机制非常有必要，而想要大众从旁观者的身份转变为参与者，媒体的连接是不可或缺的一环，政府应及时将监管信息通过媒体向大众分享。如成为劣质保健品的直接受害者，应及时将自己的诉求传递给政府，以助政府落实和调节保健食品安全监管工作。

（三）市民增加保健品知识储备，提高防范意识

面对保健食品市场乱象，除了政府加强监管、企业诚信经营、媒体杜绝虚假炒作外，还要从购买主体——消费者自身入手。根据我们的调研数据，有22.22%的人知道保健食品的定义，即保健食品是食品的一种，能调节人体的机能，但不以治

疗疾病为目的；有51.63%的人表示知道是食品的一种，但不知道不以治疗疾病为目的；有8.50%的人表示知道不以治疗疾病为目的，但不知道是食品的一种；还有17.65%的人不知道保健食品的定义，对保健食品的概念非常模糊，这反映了北京市民保健品知识储备的不足。北京市民亟须提高自己的保健品知识储备，树立正确的健康观，提高对各类保健食品的辨别能力，避免盲目购买保健品和上当受骗。

而增加北京市民保健品知识储备的最好方法，就是做好健康教育工作。现在适逢大众的保健意识不断提高，对保健食品的需求也越来越大，健康教育正是大众所喜闻乐见的。我们的调研数据也说明了这一点，有81.70%的人表示，如果社区定期举办健康教育活动，他们愿意参加或作为志愿者协助帮忙。而做好健康教育工作，可以从以下入手：第一，在社会内定期举办健康教育知识讲座，教授保健食品与普通药品的区别、辨识鉴定方法、市面上的主要种类等基础知识，介绍一些保健品内源性毒素与外源性污染的常见例子，提高社区居民的鉴别能力和科学素养；第二，注重对特殊人群展开保健食品知识宣传教育，如社区里的中老年人就是宣传教育的重点，因为中老年人是保健品消费的“主力军”，与保健品相关的诈骗犯罪案件也常发生在中老年人当中，提高其防范意识非常有必要；第三，积极发挥高等学院食品相关专业在北京市社区食品安全教育科普工作中的作用，食品专业的大学生有相关的专业知识，也有年轻人特有的创造力，潜力无穷，有待实质性地开发和培养。

（四）加强信仰建设，提升精神境界

从多元主体角度看，保健食品安全问题可以从政府、社会、公民这三个方面逐个解决；从宏观意识角度看，保健食品安全问题的根源在于民众的信仰缺失。目前，普遍认可的、造成信仰缺失的主要原因是以马克思主义信仰为主导的政治信仰的弱化和信仰多元化时代的到来。从人类发展史中可以看出，当社会出现思想危机时，主流意识形态的引领作用非常重要，只要我们唱响主旋律，坚持马克思主义信仰的主导地位，就从思想根源上解决许多问题。所以，加强信仰建设、完善当代中国的社会信仰体系对解决信仰危机及其引发的一系列社会问题，包括保健食品安全问题，都有重要意义。

落实到具体措施，我们可以做如下四点。第一，推进与思政课一体化的马克思信仰教育的实施。青少年时期是确立马克思主义信仰的关键时期，加强对马克思主义的学习，将有助于青少年真正了解马克思主义的先进性和真理性，成为一个坚定的马克思主义信仰者，避免出现信仰淡化和信仰缺失的情况。第二，将马克思主义信仰融入政府文化、企业文化、社区文化当中，定期举办马克思主义的主题活动，在相应社群的宣传板上张贴海报或分发手册，加强学习和宣传。第三，在社区和剧院定期演出能展现民族精神的作品，弘扬以爱国主义为核心的民族精神。民族精神是一个民族生命力、创造力和凝聚力的集中体现，在面对信仰危机时，充分发挥民族精神的凝聚作用，能使人的信仰更坚定、精神境界更上一层楼，从而走出信仰缺失的窘境。第四，加大对先锋模范、好人好事的宣传，能促进社会主义荣辱观的传播。人的信仰与荣辱

观具有内在联系，当一个人的信仰确立后，他追求信仰的行为会给予他“荣”的价值判断；反之，若他的行为与信仰相悖，则会给予他“辱”的价值判断。社会主义荣辱观从八个方面概括了社会主义核心价值取向，能促使人民作出正确的价值判断，坚守自己的底线办事，绝不做损害百姓健康和财产的事。

五、结语

在北京市民对保健食品需求量不断增大的趋势下，做好保健食品安全工作是至关重要的。牢抓北京市的保健食品安全问题，对把握和理解保健食品市场现状、找到推动市场健康发展道路有重要作用。通过本次研究调查，我们希望保健食品市场所存在的问题能得到各位消费者、企业和政府的重视，消费者增加知识储备、企业加大科技投入、政府严格监管，做好三大市场主体联动，并以信仰建设联结统一。我们也相信，在消费者、企业、政府三大主体的共同努力下，未来北京市的保健食品市场会更加有序，保健食品会更加安全，保健食品消费者会更加放心。由衷希望北京市的明天会更好!

参考文献

[1] 肖波涛. 基于消费者态度的成都市保健品市场细分研究 [D]. 成都：西南财经大学，2014.

[2] 崔潇. 我国城市老年保健品市场现状及营销策略研究 [D]. 沈阳：辽宁中医药大学，2010.

[3] 叶永茂. 中国食品保健品及其安全问题 [J]. 上海医药情报研究，2005 (01)：43-49.

[4] 叶永茂. 中国食品保健品及其安全问题 [J]. 上海医药情报研究，2005 (02)：34-38.

[5] 郭晶晶. 保健品和新养生 [J]. 标准生活，2019 (03)：18-21.

[6] 王妍. 权健案落幕 保健品市场乱象思考 [J]. 新产经，2020 (02)：89-90.

[7] 邓迎春，郭旭光，徐晓楠. 保健品中非法添加化学药品的研究概况 [J]. 河南预防医学杂志，2020，31 (06)：423-425.

[8] 万浩颖，李乐园，董鑫华. 试析如何促进保健品市场良性发展 [J]. 中国市场，2019 (22)：132-133.

[9] 周保华. 关于国内保健食品安全信任及建立安全信任政策的研究 [J]. 食品安全导刊，2020 (03)：13-14.

[10] 刘之超. 保健品会引起肝脏“中毒”吗 [N]. 大众健康报，2020-06-23 (014).

[11] 陆基宗. 过量使用维生素 C 的危害 [J]. 中国农村医学，1990 (11)：14-15.

[12] 孔祥虎. 当代中国人信仰危机的应对 [D]. 重庆：重庆师范大学，2014.

[13] 张小飞，陈莉. 基于现代风险社会的信仰危机与拯救——兼论社会主义核心价值体系建设的重要作用 [J]. 江西社会科学，2008 (07)：47-51.

[14] 方轻. 论当代中国的信仰问题 [J]. 厦门特区党校学报，2012 (05)：67-71.

[15] 李英，李雪飞. 马克思主义信仰教育的整体性实现与学校思想政治理论课一体化建设 [J]. 高校马克思主义理论研究，2020，6 (02)：103-109.

附录：

保健食品安全问题调查问卷

尊敬的先生/女士：

您好！我们是北京工商大学的暑期实践小组，目前进行保健食品安全性问题的研究，为更好地了解大众对保健食品安全性的态度，特进行此次问卷调查。本次调查采取匿名方式，所提供的答案没有对错之分，希望您能尽量根据您的实际情况回答所有问题。非常感谢您的参与！

1. 您的性别是
   A. 男　　B. 女
2. 您的年龄是
   A. 25 岁及以下　　B. 26～40 岁　　C. 41～65 岁　　D. 65 岁以上
3. 您的户籍是
   A. 北京籍　　B. 非京籍
4. 您的健康状况如何
   A. 很好　　B. 较好　　C. 一般　　D. 较不好
   E. 很不好
5. 您购买保健食品的主要原因是
   A. 自己主动购买　　B. 身边人推荐后去购买
   C. 医生要求购买
6. 您购买保健食品的地点［多选题］
   A. 专卖店　　B. 医院　　C. 药房　　D. 超市
   E. 网店　　F. 促销现场
7. 影响您购买保健食品的因素［多选题］
   A. 品牌　　B. 成分　　C. 功效　　D. 价格
   E. 宣传　　F. 口碑　　G. 疗程
8. 您对保健食品安全性的印象如何
   A. 保健食品安全性都不好
   B. 保健食品安全性有的不错，有的很糟
   C. 保健食品安全性都很好
9. 您是否经历或听说过保健食品安全问题
   A. 是　　B. 否
10. 您目前最担忧和关注的北京市保健食品安全问题有哪些［多选题］
   A. 假冒伪劣保健食品泛滥
   B. 虚假宣传层出不穷

C. 保健食品中违法添加非法成分
D. 进口保健食品质量参差不齐
E. 保健食品原料的内源性毒性和外源性污染
F. 保健食品新资源、新技术、新工艺的质量安全问题
G. 其他

11. 对于以上保健食品安全问题，您的态度是
A. 保健食品安全性问题严重，必须立即严加管理和惩罚，决不姑息
B. 保健食品安全问题还不算严重，可以慢慢治理，其他社会问题优先
C. 不关心保健食品安全问题

12. 您认为服用保健食品后效果如何
A. 没有效果
B. 效果较不好或一般
C. 效果较好或很好

13. 您认为导致目前北京市保健食品安全问题的因素有哪些［多选题］
A. 消费者的保健食品知识储备不足
B. 保健食品安全的监管体制不够完善
C. 保健食品市场的丰厚利润
D. 保健食品的安全检验工作困难
E. 消费者举报意识不强
F. 其他

14. 您在购买保健食品时会看保健食品的成分表吗
A. 会看，基本都能看懂
B. 会看，但大部分看不懂
C. 不会看，看了也看不懂，基本看外包装上的功效

15. 脂溶性维生素摄入过多，易引起中毒现象。您知道这个小知识吗
A. 知道　　　　B. 不知道

16. 保健食品是食品的一种，能调节人体的机能，但不以治疗疾病为目的。您知道这个概念吗
A. 知道
B. 知道是食品的一种，但不知道不以治疗疾病为目的
C. 知道不以治疗疾病为目的，但不知道是食品的一种
D. 不知道

17. 如果社区定期举办健康教育活动，增加民众的健康知识，您愿意参与活动或作为志愿者协助吗
A. 愿意　　　　B. 不愿意

全面建成小康社会中北京市城镇居民对于分级诊疗制度认知、态度与行为选择研究①

张宏伟　杨佳艺

【摘　要】 医疗卫生体系和制度的完善是全面建成小康社会的关键一步。分级诊疗制度是全面建成小康社会和“十三五”深化医药卫生体制改革的重中之重。为了解全面建成小康社会背景下北京市分级诊疗制度实施情况和群众对于分级诊疗制度的认知、态度及其相关行为，本文选取北京市城镇居民为研究对象，通过问卷形式进行调研。研究结果表明，北京自实施分级诊疗制度以来，各项政策稳步推进落实，分级诊疗有所成效，但目前分级诊疗制度体系尚未完善，仍有许多问题需要改进。没有全民健康，就没有全面小康，改革永远在“进行时”。

【关键词】 分级诊疗；认知；态度；行为选择；基层医疗

本次调查主要采取网上调查的方式，调查问卷由小组成员在朋友圈、QQ空间、微博发送链接的方式让网友们填写并收回。共发出调查问卷220份，收回220份，回收率达100%；其中有效问卷212份，有效率达96.36%。被调查人员中18岁以下占0.94%，18～45岁占68.87%，45～65岁占28.77%，65岁以上占1.42%。其中，高中及以下学历占34.44%，大专占18.4%，本科占42.92%，硕士研究生及以上占4.25%。发放人群多为本科毕业生，占被调查网友的4.24%。与此同时，对自身健康情况了解程度中非常了解的占16.98%，了解程度一般的占65.57%，完全不了解的占17.45%，这表明人们对于卫生健康方面缺乏一定程度的重视。长期以来，我国存在医疗卫生资源配置不平衡与就诊病人流向不合理的难题，并且逐渐成为当今社会关注的焦点。本次问卷主要调查北京市城镇居民对“分级诊疗制度”的认知、态度及行为选择，分析分级诊疗制度实施的制约因素并给出相应建议。

---

① 本课题指导教师：张宏伟（北京工商大学马克思主义学院）；课题组组长：杨佳艺（财政18）；课题组成员：曹雪晨（财政18）、牛梦茹（财政18）、米凯伦（财政18）、边语诺（财政18）、程笑颖（统计181）、牛芮（统计181）、宗子瑶（统计181）。

一、北京市城镇居民对于分级诊疗制度的认知、态度及行为选择现状

（一）居民对于制度本身的认知、态度较为认可

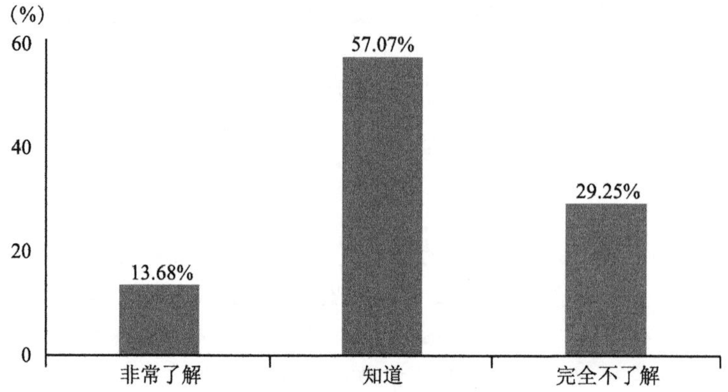

图1 对于分级诊疗制度了解程度的调查

根据图1可知，对于分级诊疗制度了解程度的调查中，将近60%的居民对于制度政策有所了解；但其中对于制度非常了解的只占13.68%；由于居民对于卫生健康缺乏重视，在调查中对于分级诊疗制度完全不了解的只占29.25%，可以看出北京市大多数城镇居民对于制度本身具有一定程度的认知。

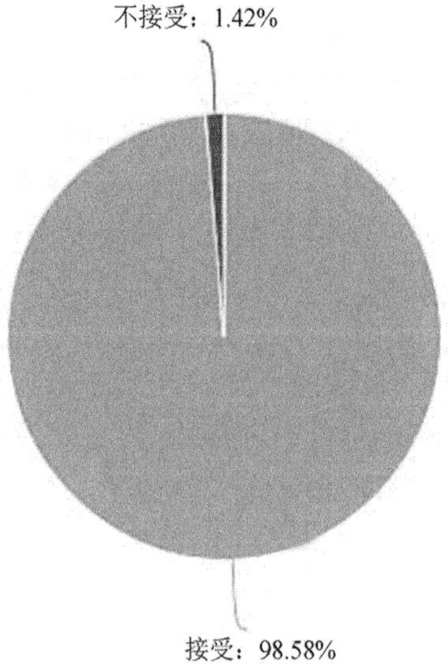

图2 实际就诊中对于分级诊疗制度接受程度的调查

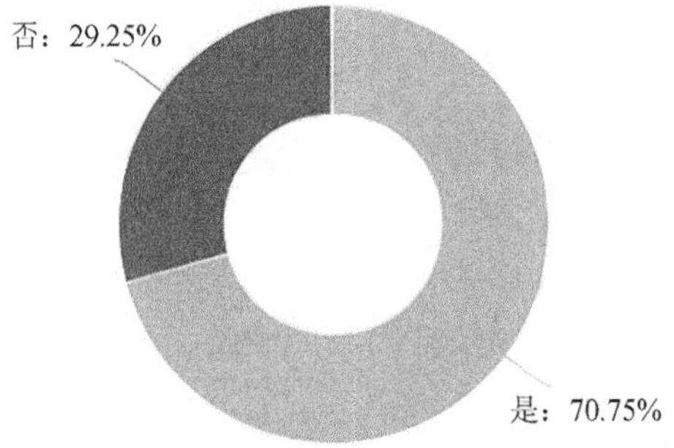

图 3　分级诊疗制度实施是否在就医上会带来便利的调查

根据图 2、图 3 可知，98.58% 的居民愿意接受分级诊疗制度的实施；有 70.75% 的居民认为制度的实施可以带来更多的便利。居民对于便利程度方面的态度和制度本身接受程度的态度对比有明显的下降，表明大部分居民对于制度在具体实施过程中的效果存有一定的怀疑，但总体来说，居民对于分级诊疗制度实施态度较为积极。

(二) 居民实际就诊的行为选择方面存在不合理流向问题

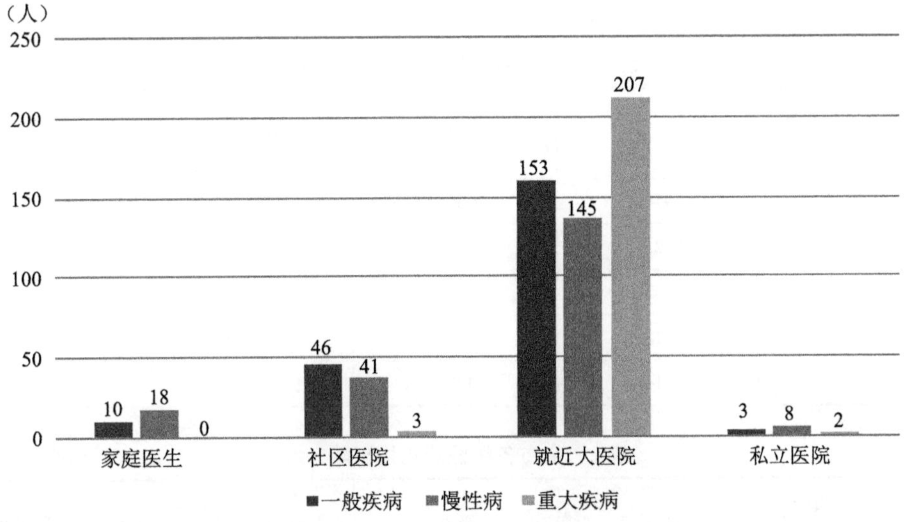

图 4　实际就诊中人们对于身患疾病所选医院级别的认知调查

在实际就诊过程中“看病难、看病贵”“小病大医”“大医院人满为患，基层医疗机构鲜有问津”等问题屡见不鲜。根据图 4 可知，居民就医首选大医院而不愿意选择基层医院进行就诊，造成基层医院和上级医院患者的不合理分流问题。

综上，居民对于分级诊疗制度本身持认可态度，但在具体的就诊过程中并没有切实实行分级诊疗政策的具体就医流程，出现意识层面和具体行为选择层面的冲突。

二、进一步分析导致分级诊疗制度难以得到有效实施面临的问题

针对上述问题，居民对于分级诊疗制度的认知和态度都比较乐观，但反映到具体制度的落实和居民行为选择上却不尽如人意。基于二者的矛盾分析，究其原因与分级诊疗有效推行的现实问题有关。以下将分别从患者和医生、大医院和基层医院几个维度入手，进一步分析分级诊疗制度实施面临的难题。

（一）患者传统的“名医名院”心理导致“小病大医”的行为选择

如图4所示，更多的居民在就医观念上有“名医名院”的心理，不论大病小病都选择前往三级医院。对于一些常见病，虽然患者也认同各级医院医疗水平差距不大的事实，但患者依旧会选择大医院。居民这种盲目的信任，以及不合理的就诊流向恰恰就是“看病难”的直接原因，同时也会导致三级医院的负担过大。

如表1所示，全市三级医院的总诊疗人次是社区卫生服务中心的1.8倍左右，出院人数相差百万人次，患者倾向于选择大医院的行为导致三级医院工作量巨大。而造成这种结果的原因有两个：一是在这期间，患者的确患有重大疾病需要前往大医院救治；二是患者虽患有如感冒、肾性高血压等病症，但名医名院的心理使他们依旧选择“小病大医”，前往大医院诊疗。

表1　全市各级医疗机构总诊疗人次　　单位：万人次

年份＼机构	三级医院	二级医院	一级医院	社区卫生服务中心
2015	11974.9	3082.6	1154.8	4890.2
2016	12525.5	3346.2	1268.5	4971.8
2017	11385.6	3203.6	1365.4	5458.2
2018	11318.8	3267.9	1470.1	6238.9
2019	12314.2	3280	1546.8	6829.5

表2　全市各级医疗机构出院人数　　单位：万人次

年份＼机构	三级医院	二级医院	一级医院	社区卫生服务中心
2015	266.8	44.7	13.5	2.2
2016	286.2	52.7	14.5	2.6
2017	300.4	53	14	2.6
2018	321.3	52.9	15.3	2.9
2019	350.7	53.4	15.3	2.6

为了更好地论证患者前往大医院就医行为不是因为重大疾病，而是“小病大医”所致。本文将根据卫生部公布的国家卫生服务调查数据，分析期间门诊服务中不同疾病的就诊情况。文本考察 2003 年、2008 年、2013 年的调查数据，同时以门诊服务“疾病两周就诊率”作为考察指标。结果如表 3 所示。

表 3　2003 年、2008 年、2013 年调查人口疾病两周就诊情况　　单位：%

疾病名称	合计	城市	农村
2003 年			
急性上感	41.9	26.5	47.2
急性胃炎	10.7	7.5	11.8
高血压	8	12.9	6.4
心脏病	5.8	10.2	4.3
类风湿性关节炎	3.8	2.9	4.1
糖尿病	1.4	3.3	0.7
2008 年			
急性上感	37.2	21.7	42.7
急性胃炎	11.9	6.3	13.9
高血压	12.3	19.3	9.9
心脏病	7.9	11.9	6.5
类风湿性关节炎	5.3	2.2	6.4
糖尿病	2.9	7.6	1.3
2013 年			
急性上感	23.1	21.5	24.6
急性胃炎	4.3	3.8	4.9
高血压	21.4	23.8	19.2
心脏病	3.1	3.4	2.8
类风湿性关节炎	1.7	1.4	2
糖尿病	5.6	7.8	3.4

可见急性上感、胃炎、高血压、糖尿病这类常见病，慢性病的就诊率均在 60% 以上；对于重大疾病如心脏病等，就诊率只在 10% 左右。在居民就医的疾病类型中还是以常见病和慢性病为主。因此，综合以上全市各级医疗机构门诊量、出院人数以及国家卫生服务调查数据疾病就诊率可知，患者就医选择确实存在“小病大医”的问题。究其根本在于患者“名医名院”的心理，正是这样的病态心理，导致“基层首诊”无法更好地推行。

（二）患者对于基层医疗服务能力不信任

医疗卫生体制改革的关键目标是强化基层医疗机构，只有基层医疗机构诊治能力得到提升，才能强化患者对基层医生的业务信任；只有有效落实基层首诊制，才能更好地推进分级诊疗制度建设。因此“基层医院是否有能力接诊”也成为限制分级诊疗制度的重要方面。

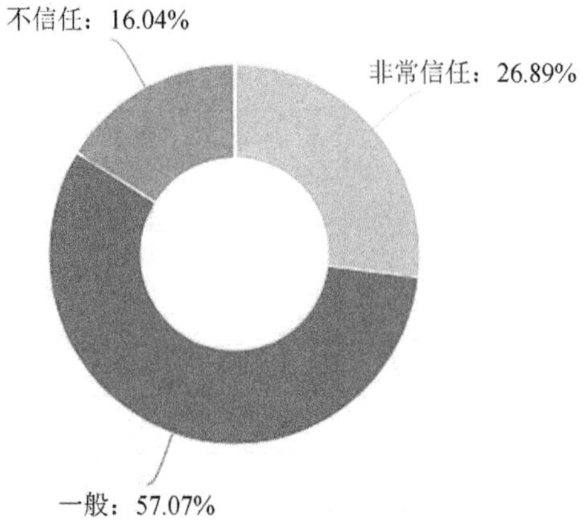

图5　居民对于社区医院的信任程度

如图5所示，在针对社区医疗水平信任程度的调查中，仅有26.89%的居民表示对社区医院能力非常信任。据此表明，大部分的居民对社区基层医疗的服务能力存疑，以下将从两方面分析基层医疗服务能力问题所在。

1. 患者对于医生专业水平不信任

居民对于医生医术水平的不信任，往往是基于对于医生培养的缺乏认识以及主观上对于基层医术水平的刻板观念。当前，基层仍是我国医疗卫生事业发展的短板，而基层人才队伍更是短板中的短板，并且我国全科医生队伍建设起步比较晚，自建立全科医生制度以来，我国就提出2020年基本实现城乡每万名居民有2～3名合格的全科医生的目标。经过近十年的建设，全科医生的数量仍显不足，而薪酬待遇、职务晋升、职业发展、社会偏见等原因，也使得全科医生的岗位稳定率受到挑战。

培养中存在“重临床、轻公卫”现象。从我国医学院校临床医学专业的课程体系看，公共卫生与预防医学大多数未被纳入专业核心课程，专业实习中缺乏疾病预防控制和公共卫生管理环节，即使有基层医院的实习，但时间短、要求低、标准不统一。全科医生规范化培训基地一般设在二级以上综合医院，他们常常侧重于培养临床实践能力而放松了公共卫生实践能力的培养。在临床医疗理论和实践为主导的培养模式下，现行的全科医生“5+3”（5年临床医学本科教育、3年全科医生规范化培训）较难达到对其公共卫生能力的培养。

在理想层面，基层全科医生的设置是提升基层医疗水平的有力“法宝”，但在实际情况中却出现全科医生配备不到位，甚至医术水平不达标的现象，加之居民旧有的主观刻板印象，使部分居民不愿意完全信任基层医生的诊治。

2. 基层药品配备不齐全

分级诊疗制度实施过程中另一重要保障就是基层医疗机构的药品配备。随着分级诊疗政策的实施，居民对药物需求的不断提升也是对基层医疗机构应对能力的挑战。

本次问卷调查结果显示，37.26%的参与者认为基层只能部分满足购药需求；有11.38%的参与者认为基层无法满足患者对大部分药物的需求。由此看出，基层的药物配备仍无法满足患者需求。一是部分社区医院药品无法通过医疗保险报销，由此降低了患者在基层购药的选择可能；二是基层药品配备不齐全，尤其是缺乏慢性病和重大疾病在康复期的长期用药；三是上下级医疗机构用药仍未实现联动衔接，基层药品耗材的使用缺乏监管，与大医院的药品价格有差异。这些原因造成了基层取药贵、无保障的局面，使得居民对基层医疗机构的信任度和依赖程度较低。

（三）大医院不愿意向下分流患者

中国现行的医疗机构结构决定了大医院与基层之间存在利益冲突，使得分级诊疗制度实施中“大医院是否愿意向下分流患者”的问题凸显。因此，针对大医院的盈利模式及医生的薪酬等问题，得出患者是医院最大的利益来源、财政对医院作用小的结果。

1. 大医院盈利模式限制资源流动

在医疗保险全面普及的时代背景下，我国的医疗服务具有非常明显的社会福利性，尤其公立医院为非营利性事业单位，其仍然需要收入以维持正常运营。经过查阅资料与采访相关人士，将大医院的收入大致分为三部分。①药品等医疗物资的附加利润。附加利润指国家规定的药品进入医院后，按照一定的加成率来使利润提升的部分，是医院最为稳定的收入部分。②高新技术产品利润。对于类似于北京三甲医院的大医院来说，高新技术服务产品才是最主要的获利途径。医院可以在疑难杂症和高难度手术等项目上自主定价，盈利空间较大。③附加服务利润。附加服务即除基本医疗之外的消费服务，如高级病房、一站式服务等，主要针对中高收入群体，且需要优质的医疗技术作为基础支撑。

2. 医师薪酬结构不合理

2018年《全国卫生健康财务年报》数据显示，公立医院医务人员工资总收入中，基本工资占22.9%，经费补贴占20.5%，绩效工资和奖金占56.6%。从各个部分占比可以看出，大医院医生的薪酬结构是非常不合理的，且存在医生投入与收益不匹配和不同医生薪酬差距过大的问题，因此成为不愿把患者资源下放的重要原因之一。

3. 上级医院向基层分流患者困难

在我国，大医院和基层医疗卫生机构业务的交叉和重叠，使之存在一定的利益冲突和竞争关系。基层医疗服务能力不足，更倾向于将病患“上转”；大医院一旦拥有病源，就相当于拥有了源源不断的利益。即使患者病情有所好转，也不愿意将其

“下转”，这就造成了“上转容易下转难”的局面。

4. 财政对于不同医疗机构补贴存在差异

财政对医疗机构补贴现状如表4所示，财政对于医疗机构的补贴支出虽然在增加，但由于医院属于非营利性的事业单位，财政仅占医院总收入的6%～7%，对公立医院效益影响微乎其微。而且财政在对不同医疗机构补贴方面存在差异，我国财政对于公共卫生的支出主要还是集中于公立医院和二级、三级医院，基层医疗卫生机构所获补贴仅占财政补贴总支出的三成。

表4　2015—2019年北京市医疗卫生机构财政拨款情况　　单位：亿元

年份	医疗卫生机构	医疗机构	社区卫生服务中心
2015	271.5	211.4	52.1
2016	293.3	243.9	52.3
2017	334	277.2	64.1
2018	395.6	337.6	71.2
2019	456.8	386	83.9

三、关于进一步有效落实分级诊疗制度的建议

结合以上调研结果，对于如何更好地推进分级诊疗制度，正确调整居民就医行为选择，给出如下建议。

（一）加大分级诊疗制度宣传，积极引导居民到基层首诊

由于居民就诊时倾向大医院的不合理分流现状，应当正确引导患者于基层首诊。政府部门、医疗卫生管理部门、各级医疗卫生单位要加大宣传力度、加强分级诊疗制度基本常识的普及。

首先，在知识传播上，可以通过电视节目、公益广告、电台广播，以各社区为单位入户讲解等方式提高公众对于“分级诊疗制度”的知晓率以及熟悉度；通过微信公众号、政府部门官网、医疗机构官网等线上渠道，普及制度所含具体内容，详细解释制度中各项政策；通过开通智能客服、人工热线等方式为公众解释与制度有关的问题。在普及制度常识过程中，重视向公众明确基层首诊病种、范围和原则。

其次，在观念引导上，注重转变和疏通居民的旧观念，宣传分级诊疗制度的实施为就诊居民自身可带来的效益。语言、信息传达要通俗易懂、可接受性强。

最后，在政策引导上，可出台相应强制性政策，要求非急诊、非危急重症的患者首诊前往基层首诊，而不是完全由居民自主选择；制定统一的转诊标准，要求各级医疗机构严格执行。

（二）改善社区医疗条件，让居民放心到基层首诊

1. 继续加强已有基层医疗建设政策落实

为解决居民对社区医疗卫生服务能力不信任的问题，各区根据本区常住人口状况及基层医疗卫生机构建设情况，完善 15～30 分钟社区卫生服务圈建设，按照辖区服务人口状况，优化调整社区卫生服务机构设置规划，使社区卫生服务中心达到良好运行状态。按照家庭医生团队服务流程，完善社区卫生服务机构服务流程。

2. 加强基层医疗机构软硬件水平，提升社区医院就诊环境

对于硬件水平，首先，要加强基层医疗卫生机构药物供给的多样性、齐全性。尽量满足就诊者、转诊者需求，保障基层医疗机构药品供给。其次，加强政府对基层医疗卫生机构硬件设备资源的投入。最后，加强基层医疗卫生机构与大医院联动规划，通过联系基层医疗卫生机构首诊及大医院的交流提高诊治病患的效率。政府在其中起到协调者、监督者作用。

对于软实力方面，首先需要加大对全科医生的培养。一是定向培养全科医生，设置全科医生培养专业。二是提高全科医生工资薪金水平，以及社会认可度。既要提高全科医生入门门槛，又要扩大全科医生数量，故要切实落实提升全科医生待遇水平。三是通过税收优惠政策为与全科医生培养有关方面予以鼓励。在个人所得税缴纳上，对基层卫生医疗机构的全科医生实行税收优惠；对于家中有在校学习全科医生培养专业（政府认定）的家庭，父母工资薪金个人所得税也可获得税收优惠。四是全科医生制度法治化，完善《中华人民共和国执业医师法》。分级医疗要求有完善的全科医生制度作为前提，需要明确全科医生的执业准入、执业注册、以签约制和转诊制为核心的执业规则、继续教育、考核和法律责任等。虽然《国务院关于建立全科医生制度的指导意见》（国发〔2011〕23 号）以政策文件的形式对上述内容做了原则性规定，但政策文件不具有法律效力，无法体现法律的规范性、明确性和执行性，同时缺乏对行政权力的制约和监督，容易导致地方执行时流于形式。全科医生法治化也为与全科医生有关的司法诉讼提供了法律依据。

实践过程中可借鉴国外经验。在英国，每位居民在就诊之前都会注册一个自己指定的全科医生，且最常接触的也是全科诊所，生病时先去全科诊所就诊，由全科医生确定是否应该接受更高水平的医疗服务。因而，英国的二级医疗机构不设置门诊，只接收全科医生提供转诊的病人；三级专科医院只接收重症患者。此外，英国对全科医生规范化管理。在英国，全科医生在医疗机构中所处的地位至关重要，它代表公立医院的“守门人”，但也导致其入门门槛高。英国拥有严格的全科医生管理条例，他们受到系统、规范化的培训。全科医生的重要地位也为全科医生提供了丰厚的薪酬待遇，使全科医生为患者服务的医疗质量得到了保障。

（三）合理配置卫生资源，为居民基层首诊提供保障

1. 完善财政对医疗机构的补贴制度，重视基层人才培养

为推动实施分级诊疗，既要保障大医院利益，又要加强基层医疗机构建设，这就

要求加快完善财政补贴投入机制，合理分配财力资源。一是需要建立财政激励机制，使财政补贴与医生绩效挂钩，保障医生收入来源的稳定性，强化绩效考核和行业评价，在薪酬方面提高医生专业能力与技术的回报率。二是优化财政在医疗卫生的支出结构，使更多财政资金补贴向基层医疗机构倾斜，促进优质医疗资源向基层下沉，提高基层医疗机构服务平，提升患者信任度。财政必须在上下级医院两头共同发力，才能改变分级诊疗中“上转容易下转难”的现状。

2. 改善医疗资源在地域分布间的不均衡，提高公平和效率

北京市医疗卫生现状为全市基层卫生资源相对丰富，整体配置情况较好，但空间布局不均衡，地理公平性有待提升。应通过科学布局基层卫生机构，加强对于偏远地区医疗卫生人才队伍建设，并建立相应支撑体系。在考虑人口特征的同时，充分考虑地理区位特征。政府资金投入应向北京市欠发达地区倾斜。为提高效率性，可推进“互联网+”医疗建设，将居家医疗护理服务与现代科技发展紧密结合。实行对基层卫生机构工作人员的绩效考核制度，通过考核以提高基层工作人员的积极性和效率。

3. 完善基层医疗机构就医报销机制

吸引居民首诊在基层，就要居民切实体会到分级诊疗制度的优越性与便捷性。适当提高基层医疗卫生机构医保报销比例，拉开基层医疗机构与三级医院医保报销比例。

（四）加强基层医疗机构与大医院之间的信息交流

要在基层首诊后还能实现双向转诊的目标，解决“上转容易下转难”的问题，就需要增强不同级层医疗机构的互联互通，加强基层与大医院之间的信息交流与共享。通过整合推进区域医疗资源和信息的共享，保证不同医疗机构间就诊信息的统一和可确认性，提升治疗质量。还要充分利用互联网、大数据等技术手段，加快居民健康信息体系建设，确保双向转诊的信息通畅，提升远程联动医疗服务的能力，提高医疗资源的有效利用率和医疗体系服务效率。

（五）疫情之下基层医疗卫生发展策略

此次新冠肺炎疫情暴露了我国当前医疗与公共卫生系统存在的问题，包括基层服务能力不强、传染病防控经验不足、分级诊疗制度推进仍需进一步加强等。

1. 需要加强基层医务人员对传染病防治知识、突发公共卫生事件预警与应急知识的培训和训练

上级医院、疾病预防控制机构、卫生监督机构要加强对基层医疗卫生机构的指导和培训，增强基层医务人员对重大疫情的预警灵敏性、报告及时性和应急处置能力。

2. 同辖区范围内其他公共机构和场所协助做好医疗救治服务

在突发事件发生时可以最为迅速和最为有效地实现机构间密切配合以及信息互联互通。

四、结论

通过对分级诊疗制度内容及实施的研究，发现当下存在“小病大医”、分流困难、信息不对称等问题，需推动分级诊疗制度进一步落地和完善。

在此次疫情防控中，城市社区和县域基层发挥了不可或缺的防控作用，赢得了居民对基层医疗机构的信任。在公共卫生服务中基层医疗卫生机构已经展现出其至关重要的作用。

分级诊疗制度是深化医药卫生体制改革的重要内容，对于完善中国特色医疗药卫生制度有重大意义。自北京实施分级诊疗制度以来效果显著，医药费用增幅下降，公众和患者给予了积极评价。但分级诊疗制度体系还未完善，存在着很多有待讨论和改进的地方，相关政策仍需推进落实。医疗环境、人民需求等都因素在不断地变化之中，改革永远在进行时。没有全民健康，就没有全面小康。居民要坚定相信分级诊疗制度会在实践中不断改进与完善，从而能够为居民健康持续提供保障的医疗体系。

参考文献

[1] 李勇，张诗雯，苏杭，等．我国分级诊疗试点现状及制约因素分析 [J]．中国药科大学国际医药商学院，2019，06：406 - 410.

[2] 郭朝红．高职通识类课程翻转课堂教学模式研究述评 [J]．才智，2015，17：120 - 121.

[3] 新华社．北京电全科医生：当好基层健康“守门人” [N]．2019 - 08 - 19.

[4] 李勇，张诗雯，苏杭，等．我国分级诊疗试点现状及制约因素分析 [J]．中国药科大学国际医药商学院，2019，06.

[5] 京卫医．北京市分级诊疗制度建设 2016 - 2017 年度的重点任务 [N]．2016，09：113.

[6] 严丹丹，茶丽菊，孙桂路．分级诊疗制度及基层医疗卫生机构的建设 [J]．经济研究导刊，2019 (25)：193 - 199.

[7] 李学成．我国全科医生制度法制化初论 [J]．中国卫生法制，2014，22 (06)：12 - 17.

[8] 郑研辉，郝晓宁，薄涛，等．北京市基层医疗卫生机构资源配置公平性研究 [J]．中国卫生经济，2020，39 (07)：46 - 49.

[9] 张冬莹，姚弥，王家骥，等．农村地区基层医疗卫生机构新型冠状病毒感染防控工作指引 (第一版) [J]．中国全科医学，2020，23 (7)：763 - 769.

[10] 傅卫，秦江梅，黄二丹，等．新型冠状病毒肺炎疫情下的基层医疗卫生发展策略 [J]．中国全科医学，2020，23 (10)：1199 - 1201.

全面建成小康社会中人民群众对保健品安全需求调研[①]

孟繁宾　杨洪基

【摘　要】自2020年新冠肺炎疫情暴发以来，人们深刻意识到人体免疫力和身体健康安全的重要性。保健品行业门槛低，相关企业参差不齐。人民群众了解保健品安全知识与商家宣传的手段密切相关；购买保健品时关注的方面在年龄和地域上并无显著性差异；购买保健品时遇到的主要安全问题与了解相关知识的途径密不可分；不同年龄段的人群对保健品的需求并无显著性差异；人民群众认为企业和政府在保健品的安全保障上有提升的空间。

【关键词】人民群众；保健品；安全需求

保健品（保健食品的简称）是食品的一个种类，具有一般食品的共性，能调节人体的机能，适用于特定人群，但不以治疗疾病为目的。《中国膳食营养补充剂行业发展报告（2019）》显示，中国成为亚洲第一大保健品销售市场。根据市场监管总局发布的数据显示，2019年曝光了100多个保健品相关案例，没收罚款6.64亿元，有效地整治了保健品行业。但长期以来，保健品行业受虚假宣传、违规添加禁用原料、非法销售等手段的影响，保健品质量参差不齐，严重影响了人们的身体健康，甚至使人们对保健品行业产生了信任危机。暑假期间，我们小组每隔两三天在腾讯会议上召开视频会议进行激烈地讨论，20时开始，最晚至23时。小组成员通过查阅各类文献，征求并结合老师的意见，最后确定选题——全面建成小康社会中人民群众对保健品安全需求调研。确定选题后，小组成员划分为三个小队，各出一份问卷，开会商讨后，在8月初确定最后的问卷（见附录）。小组成员主要通过线上的方式发放和回收问卷，但也有少部分问卷是通过线下（街道上寻访）发放和回收。小组成员各自分工，对不同的数据交叉深入分析，了解到人民群众对保健品安全需求的看法。

---

① 本课题指导教师：孟繁宾（北京工商大学马克思主义学院）；课题组组长：杨洪基（机械194班）；课题组成员：汤迎玮（机械194班）、梁倩（机械194班）、耿智怡（机械194班）、李红存、温杰文（机械194班）、刘建航（机械194班）、乔子栩（工设19）、王安琪（机械193班）。

一、调查对象和调查方法

（一）调查对象

本问卷对江苏、重庆、广西、新疆、山西、天津等12个地区进行了调研。本次共发放问卷316份，回收304份，回收率达到了96%。其中男性151名，占比47.78%；女性165名，占比52.22%。20岁及以下122名，占比38.61%；20~40岁108名，占比34.18%；40岁及以上86名，占比27.21%。农村居民114名，占比36.08%；城市（县城）居民202名，占比63.92%。

（二）调查内容

主要包括：性别、年龄、居住所在地、学历；了解保健品安全知识渠道、购买保健品渠道、购买保健品时的关注内容、人民群众对保健品在生活中的重要程度认同度、购买保健品遇到或了解的安全问题及相应的维权方式；政府对保健品保障的满意度、政府需要进行哪些改进，企业对保健品保障的满意度、企业需要进行哪些改进。

（三）调查方法

本次调查主要采用了问卷调查的方法，问卷主要通过小组成员利用线上（微信、QQ等）方式发放和回收。将回收数据导入Excel和网络版的SPSS进行了分析。

二、调查结果的分析

（一）了解渠道、购买方式及关注方面

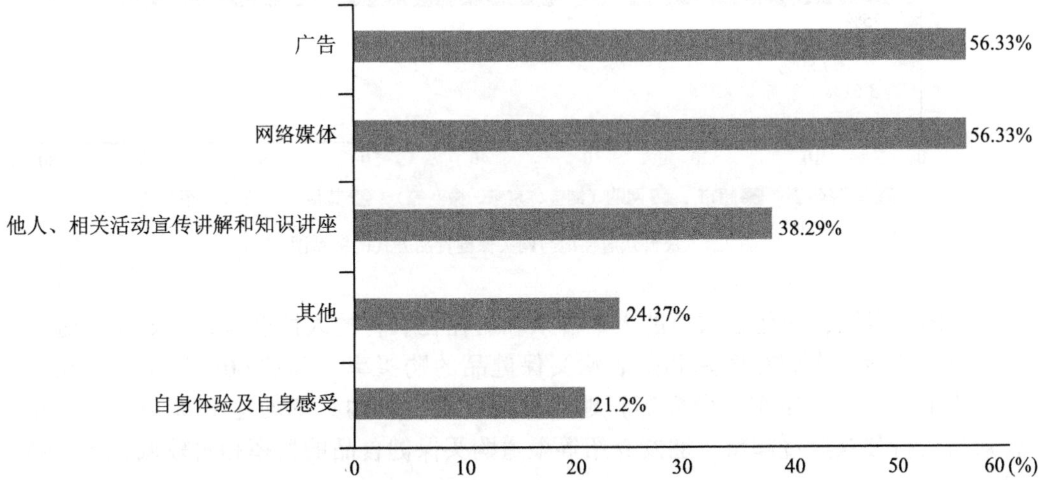

图1　人民群众了解保健品安全知识的渠道

由图1可知，通过广告和网络媒体了解到保健品安全知识的占比56.33%，其中保健品行业的营销模式起到很重要的作用。保健产品安全知识大部分通过结合营销模式来传播，这种方式对于保健品的销售十分有利；同时对于安全知识的普及是高效且降低成本的，因此以这样的途径了解保健品安全知识成了一个主流方式。

其次就是通过他人、相关活动宣传讲解和知识讲座的方式来了解保健品安全知识的调查对象占比38.29%。例如四大营销方式中的会议营销模式，主要就是采取各种会议来宣传保健品，能够有效挖掘潜在客户，全面了解消费者的需求，风险低、投入少。因此这种方式也成了商家销售和宣传保健品的主要方式，人民群众也借此了解到保健品的安全知识。

自身体验及自身感受来了解药品安全知识占比21.2%，以体验营销模式来进行产品销售的企业是人们了解保健品的主要方式。自身体验的形式让人们通过自身真实的体验得出一个令人信服的结果，从群众中获得口碑，以促销产品。

通过其他方式了解保健品安全知识的占比24.37%，此类是由营销模式中的其他方式所引导，或是其他营销模式所产生，或者是来自此方面的专业人士。

由此得出结论，人们了解保健品安全知识的渠道与经销商、企业的宣传方式呈现正相关。宣传借助的媒介越便捷，人民群众从其中了解到相关安全知识的机会就越多。

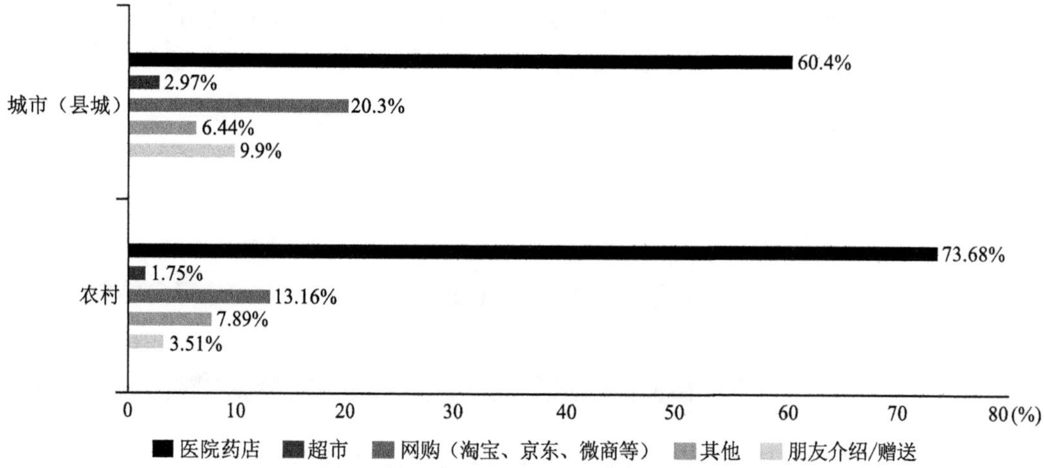

图2　人民群众居住地与购买保健食品方式的关系图

由图2得知，居住在城市的人民群众和居住在农村的人民群众，在购买保健品时具有一致性。人们在医院和药店购买保健品的购买率均高达60%以上。其次是在网络上（淘宝、京东、微商等）购买保健食品，其购买率均达13%以上。城市公众与农村公众通过超市、朋友介绍等渠道购买保健食品的概率相对较低，均不超过10%。

市场监管总局发布的数据表明，网络上保健品安全问题层出不穷。但仍超过

10%的人民群众在网络上购买保健品，这与人民群众中56.33%通过网络媒体了解保健品安全知识的渠道密不可分。

由此得出结论，公众对保健食品的购买相对保守。为确保保健品质量及安全，应通过医院药店和网络保健食品官网购买，但人民群众了解保健品的方式会影响他们的购买选择。

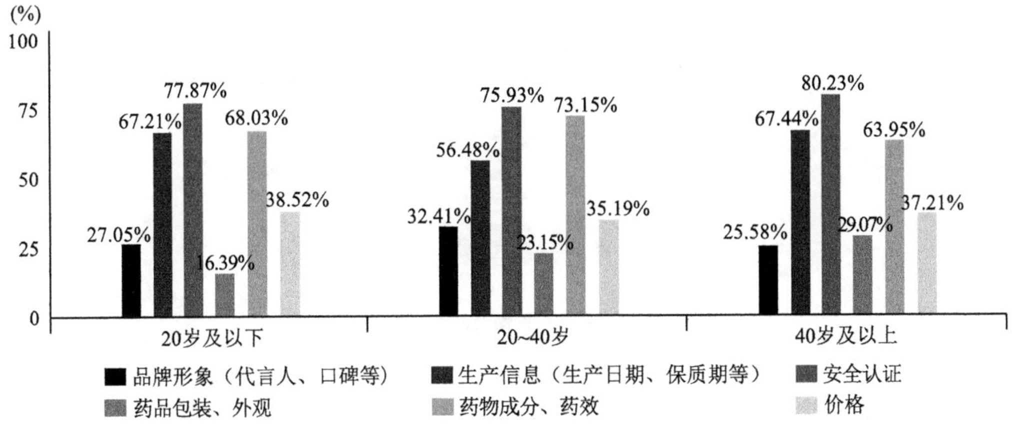

图3　人民群众的年龄与购买保健品时关注的方面关系图

由图3表明，各个年龄段的人民群众对保健品各方面内容的关注程度有细微的差别。其中40岁及以上的公众对生产信息（生产日期、保质期等）、安全认证最为关注；而20～40岁之间的公众对安全认证最为关注。但无论是哪个年龄段的人民群众，在购买保健品时都会关注生产信息（生产日期、保质期等）、安全认证、药物成分、药效，其关注度也都高于56%。人民群众对保健食品的品牌形象（代言人、口碑等）、药品包装、外观、价格等关注度较低。品牌形象不再是保健品行业的“头牌”。自《中华人民共和国广告法》发布以来，保健品行业不再请明星代言人，这也是导致人民群众关注保健品品牌形象比例偏少的原因之一。

由此得出结论，人民群众在购买保健品时对保健品安全质量十分重视，因此相关企业与经销商在未来的发展之中应着重提高保健食品质量。

（二）保健品满意度、购买时遇到的安全问题及维权方法

图4表明，保健食品功效被过分夸大成为人们在购买保健品时的主要问题，原因有二。第一，个人不了解保健食品概念，对保健食品抱有过多期望；第二，保健食品广告夸大其词，生产商不注重保健食品的质量问题，导致出现假冒伪劣商品以及三无产品，是生产商的失职也是监管部门的失职，对于小部分过期产品仍在售更是市场部门监管不力。

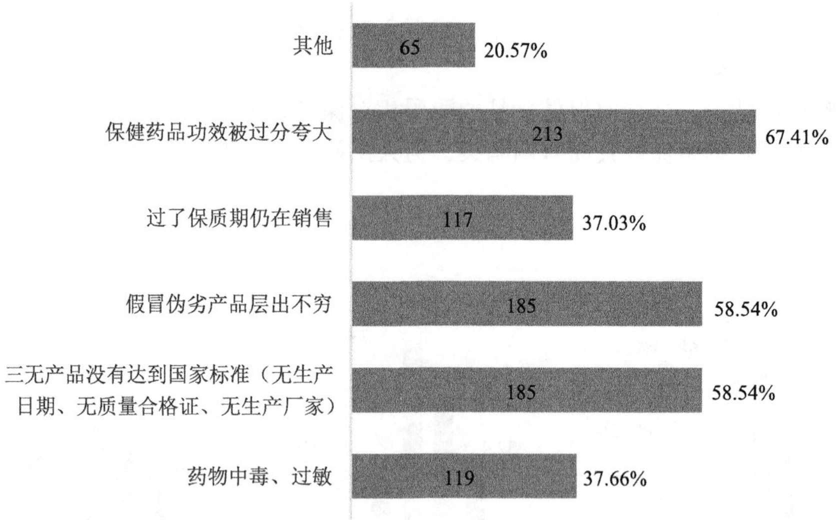

图4　人民群众购买保健药品遇到的安全问题

表1　典型安全问题与典型了解渠道的关联性

	广告	网络媒体
假冒伪劣产品层出不穷	0.205	0.127
保健药品功效被过分夸大	0.177	0.027

表1表明，广告和假冒伪劣产品层出不穷、保健品功效被过分夸大有着显著的正相关关系（$p>0.1$）。网络媒体和假冒伪劣产品层出不穷之间有着显著的正相关关系（$p>0.1$），但网络媒体和保健药品功效被过分夸大之间并没有显著的相关关系（$p<0.1$），与司法大数据体现出的网络诈骗案例相印证。

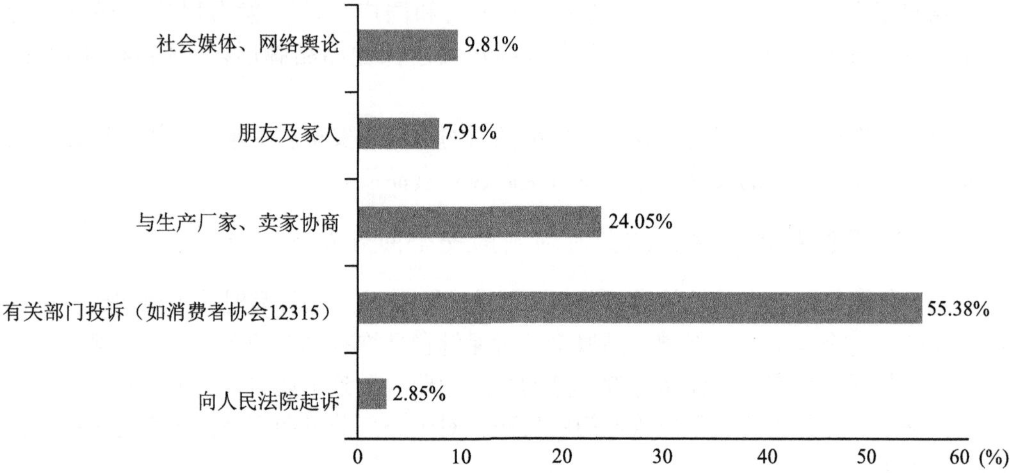

图5　维权方式

图 5 表明，当购买到不合格的保健品时，多数人会选择向有关部门投诉。这说明随着时代的进步，无论农村还是城市且不分年龄，人们大多已经具备了维权意识，并学会运用法律武器维护自己的合法权益，会用多种方式例如通过网络、朋友、生产厂家甚至起诉合理维权。

（三）人民群众对企业和政府在保健品的安全保障上的看法与建议

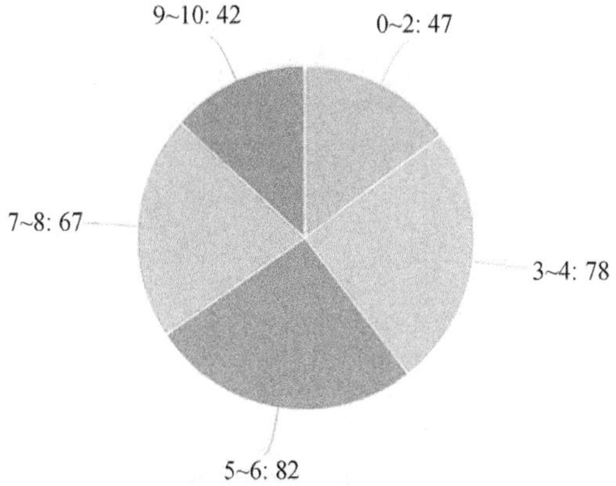

图 6　对于政府满意度的饼状图

满意度（0 ~ 10 区间）划分为五个程度，0 ~ 2 为十分不满意，3 ~ 4 为不满意，5 ~ 6 为一般，7 ~ 8 为满意，9 ~ 10 为十分满意。图 6 表明，人民群众对政府在保健药品安全的保障上，平均打分值为 5. 39，其中打分为 3 ~ 8 的占绝大多数。离散程度较低，表明人民群众的满意度多为均值，满意程度一般。

由此得出结论，我国政府在保健品安全的保障上有不可推卸的责任，政府应采取措施来保障保健品的安全，以提高人民群众的满意度。

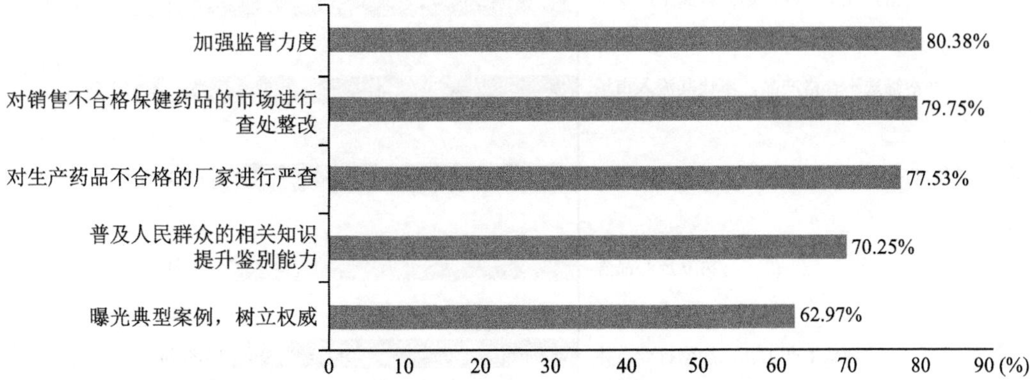

图 7　不同措施建议的占比情况

图7表明，80.38%的人民群众希望加强监察力度，79.75%的人民群众希望对销售不合格的保健品的市场进行整改，77.53%的人民群众希望对于不合格的厂家进行严查，70.25%的人民群众希望普及相关知识、提升鉴别能力，62.97%的人民群众希望曝光典型案例，树立权威。每一项政府措施建议均超过60%。

由此得出结论，人民群众对于政府采取措施进行整改、规范市场秩序、改善保健品安全状况的愿望强烈。

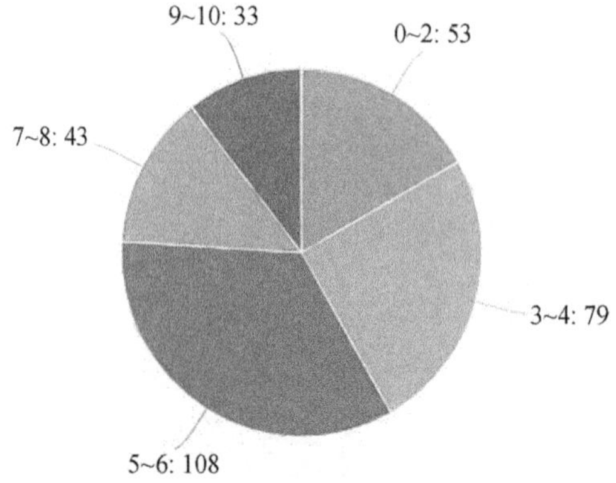

图8　对于企业满意度的饼状图

满意度（0～10区间）划分为五个程度：0～2为十分不满意，3～4为不满意，5～6为一般，7～8为满意，9～10为十分满意。图8表明，人民群众对企业在保健品安全的保障上，平均打分值为5，其中打分为3～6的占绝大多数，表明人民群众的满意度多数偏低。离散程度较大，总体满意程度一般，与政府满意度相比较有所降低。

由此得出结论，我国企业在保健品安全的保障上有不可推卸的责任，企业应采取措施来保障保健品的安全，以提高人民群众对保健食品安全的满意度。

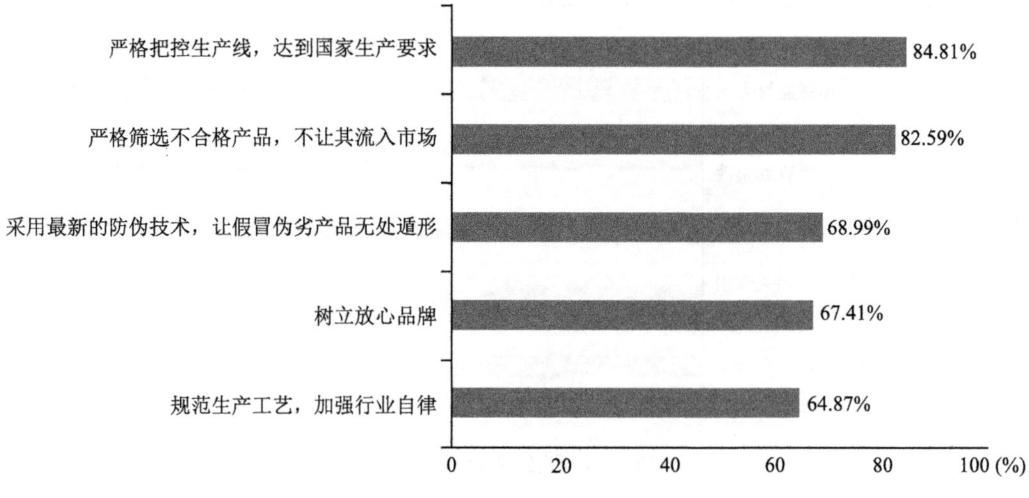

图9　不同措施建议的占比情况

图 9 表明，84.81% 的人民群众希望严格把控生产线，达到国家生产要求，82.59% 的人民群众希望严格筛选不合格产品，不让其流入市场，68.99% 的人民群众希望采用最新的防伪技术，让假冒伪劣产品无处遁形，67.41% 的人民群众希望树立放心品牌，64.87% 的人民群众希望规范生产工艺，加强行业自律。每一项企业措施建议均超过 60%。

由此得出结论，人民群众殷切期盼对企业采取措施规范生产流程，推出防伪技术，改善保健品安全状况。

三、关于保健品安全问题的思考和建议

（一）对政府在保健品监管时的建议

人民群众对政府在保健品安全的保障满意度上，超过 60% 的人不满意政府的行为。据国家食品药品监管总局发布的文章表示，2019 年全国对重点行业、领域进行了监督检查，立案 2826 件，总案价值 29.1 亿，结案 774 件，罚款 1.59 亿，同时曝光了 16 个典型案例。要想使保健品行业更加规范，政府应做到如下几点。

保健品行业进入门槛较低，但产品利润丰厚。政府应该提高进入保健品行业的相关门槛，定期对各大保健品企业、厂商进行审查，定期对不符合行业规范的企业、厂商进行处罚或查封，肃清保健品行业“脏乱差”的坏风气。在整理保健品企业的信息时，做到责任到人。在案件查办时，相关人员对检查情况负责。政府执法人员可对不符合规范的企业自行宣传保健品的活动进行暗访，记录结果并立刻开始专项行动。按照整顿和规范相结合，专项行动和日常监管相结合的原则，立足长效监管机制，加强制度建设。

如前文图 1 所示，人民群众了解保健品的主要渠道上，政府的相关广告管理部门应该严格规范保健品相关广告在网络、新闻电视媒体上的投放，制订相应的投放标准。政府在保健品行业上面的重视应同其他行业一样，出台相应的扶持政策，加入政府鼓励资金，有效引导保健品行业向研发方面发展，开发出具有科技含量、保健效果显著的保健品。政府应当强化宣传，提高人民群众对保健品安全知识的知晓率。可利用“×××保健品宣传月”“×××保健品交流周”等活动日发放宣传单，开展安全知识讲座。

（二）对保健品行业企业的建议

人民群众对企业在保健品安全保障的满意度方面仍旧集中在 6 分以下，超过 70% 的人数对此不满意，对此提出如下建议。一个保健品企业应形成自己的一个良性循环系统，建立标准化的运作流程。打造一个严谨的质量控制体系，营造一个健康的生产环境。在生产药品上始终立足于人民群众的安全和健康需要上。提高自身保健品的科技含量，应广纳人才并和高校等科研机构合作。建立自身的完整应急体系，注重培养和发展“危机公关”，在危机来临时才能在逆流中站稳脚跟。形成一个让人民群

众放心，自身能够长远发展的品牌。

企业自身的营销模式应多元化。直销可以利用“网络广告+终端”的营销模式，将销售的触角伸进每家每户之中。针对传统的体验式营销和宣传式营销，建立社区健康服务中心，开发维护客源，提供亲情服务，平和地沟通和交流，增强人民群众对保健品的体验度。利用良好的物流体系和健康服务中心，达到宣传式营销及买卖的效果。对会议营销进行改进，将营销融入顾客和员工的生活，并使营销人员团队化，各尽其职，方便随时随地营销。建立合格的数据库，利用云数据为顾客制订合理的方案，留住顾客，保持顾客对该品牌的忠诚度。企业要有自身的一个市场定位，防止品牌形象老化，不断注入新的元素。放弃短期营销的行为模式，不过分注重短期目标及营销策略。树立长远的发展格局，建立自身的强势品牌，保障企业在保健品行业越走越远。

（三）对人民群众购买保健品的建议

1. 人民群众购买保健品时应关注的内容

人民群众购买保健品选择场所时，要到具有合法经营资质的商场、药店或保健品专卖店购买。切勿贪图便宜，到街头摊主处或流动促销场所购买。对于只能通过邮购或者送货上门等网络途径获得的产品，应谨慎购买，以免上当。

注意保健品外包装的批准文号上的区别，查看产品外包装上的批准文号，凡是批准文号标示“国药准字××××××”的产品均为药品。从2000年起，卫生部负责保健食品审批工作，保健食品的外包装的批准文号为“卫食健字（四位年份代码）第××××号”（国产）和“卫食健进字（四位年份代码）第××××号”（进口）两种；2003年10月以后由国家食品药品监督管理总局负责保健食品审批工作，批准文号为“国食健字G+四位年份代码+四位顺序号”及“国食健字J+四位年份代码+四位顺序号”。其中，“国”代表国家食品药品监督管理局，“G”代表国产，“J”代表进口。一般食品没有批准文号，其产品外包装只标注食品生产企业许可证编号。

人民群众对保健品的鉴别可以有多种方式。一是看包装上是否有“小蓝帽”。根据规定，保健食品在包装或标签上方必须标有保健品的特殊标识——“小蓝帽”。一个类似蓝帽子的图案，下面有“保健食品”四个字。没有“小蓝帽”的就是假冒保健品。二是看批准文号。保健品在包装上一定能够看到国家药监局的批准文号——国食健字G（J）或卫生部的批准文号：卫食健字（卫食健进字）。三是看卫生许可证号。食品在包装上标示有“卫生许可证号”，以各省的简称开头，后面是流水号，如豫卫食证字、粤卫证食字、沪卫食证字等。四是看配方、功效成分及含量。保健品的配方成分必须具有科学依据和明确的功效成分。功效成分是保健品的功能基础。五是看适合人群及不适合人群。保健品适合特定人群食用，如免疫力低下者、处于缺氧环境者、中老年人。不适宜人群如少年儿童、孕妇、乳母，其保健食品的功能必须经卫生部指定机构进行动物功能试验、人体功能试验和稳定性试验，证明其功能明确、可靠。功能不明确、不稳定者不能作为保健品。

购买时还应注意索取凭证。人民群众在购买保健品后一定要索取并保存好发票等消费凭证。消费凭证上应注明商品名称、数量、价格、日期等内容。当购买的保健品出现安全问题时，向消费者协会维权也会有维权依据。

2. 人民群众维权的方法

维权不只是通过向消费者协会状告，也可通过以下方式进行维权。

消费者与经营者在发生争议后，在自愿、互谅基础上，通过直接对话，摆事实、讲道理，分清责任，达成和解协议，使纠纷得以解决；消费者与经营者之间发生消费者权益争议后，请求消费者权益保护委员会调解，即由第三方对争议双方当事人进行说服劝导、沟通调和，以促成双方达成解决纠纷；消费者和经营者发生权益争议后，可请求有关行政部门解决争议；双方当事人达成协议，自愿将争议提交仲裁机构调解并做出判断或裁决；消费者因其合法权益受到侵害，可向人民法院提起诉讼，请求法院依照法定程序进行审判。上述维权方式可供选择。

参考文献

[1] 万浩颖，李乐园，董鑫华．试析如何促进保健品市场良性发展［J］．中国市场，2019（22）：132－133

[2] 黄璞琳．虚假宣传界定处罚与《广告法》规定相衔接［N］．中国工商报，2017－09－26（007）．

[3] 孙睿，刘莹，刘尧，李宪刚，姜范成，胡啸天，张敬武．2018年某市公众关注食品药品问题分析［J］．食品安全导刊，2018（33）：36－37．

[4] 钟桂鸿，余小冬，刘丙龙．公众食品药品科普信息需求调查与分析［J］．中国药业，2020，29（10）：103－107．

附录：

人民群众对保健品安全需求的调研

尊敬的女士/先生：您好！

我们是北京工商大学的在校学生，正展开一项关于保健品安全需求的调研。保健品具有调节生理功能的作用，其安全性一直以来是我们担心的问题。为了更深入准确地了解相关信息，以做出最恰当的对策支持，真诚希望您能给予我们最准确、真实、完整的信息反馈。本次问卷调查仅作为调研使用，采用匿名方式，并严格做到保密，请您放心填写！感谢您对我们的支持！

1. 请问您的性别是［单选题］

○男　　○女

2. 您的城市是［填空题］

____

3. 您目前所在地是［单选题］

○城市（县城）　　○农村

4. 您的年龄是［单选题］

○20 岁及以下　　○20～40 岁　　○40 岁及以上

5. 您的最高学历（含目前在读）是［单选题］

○小学及以下　　○初中　　○高中/中专/技校　　○大学专科

○大学本科　　○研究生及以上

6. 您一般通过哪些渠道了解保健品安全知识［多选题］

□广告

□网络媒体

□他人/相关活动宣传讲解；知识讲座

□其他

□自身体验及自身感受

7. 您一般在哪购买保健品［单选题］

○医院药店　　○超市

○网购（淘宝、京东、微商等）　　○其他

○朋友介绍/赠送

8. 您在购买保健品时比较关注哪些方面［多选题］

□品牌形象（代言人、口碑等）

□生产信息（生产日期、保质期等）

□安全认证

□药品包装、外观

□药物成分、药效

□价格

9. 您认为保健品安全在日常生活中的重要程度是

［0（不重要）到 10（重要）的数字］

____

10. 当您购买保健品时，遇到或者了解到的安全问题有哪些［多选题］

□药物中毒、过敏

□三无产品没有达到国家标准（无生产日期、无质量合格证、无生产厂家）

□假冒伪劣产品层出不穷

□过了保质期仍在销售

□保健药品功效被过分夸大

□其他

11. 当您购买到不合格的保健品时，会通过何种方式维护自身权益［单选题］

○社会媒体、网络舆论

○朋友及家人

○与生产厂家、卖家协商

○有关部门投诉（如消费者协会12315）

○向人民法院起诉

12. 政府对保健品安全的保障上，您的满意度是

［0（不满意）到10（满意）的数字］

____

13. 您认为政府需要从哪些方面来提高保健品的安全性［多选题］

□加强监管力度

□对销售不合格保健药品的市场进行查处整改

□对生产药品不合格的厂家进行严查

□曝光典型案件，树立权威

□普及人民群众对相关方面的知识，提升鉴别能力

14. 企业对保健品安全的保障上，您的满意度是

［0（不满意）到10（满意）的数字］

____

15. 您认为企业需要通过哪些方面来提高保健品的安全性［多选题］

□树立放心品牌

□严格把控生产线，达到国家生产要求

□严格筛选不合格产品，不让其流入市场

□采用最新的防伪技术，让假冒伪劣产品无所遁形

□规范生产工艺，加强行业自律

城乡居民居家养老与机构养老模式比较研究①

赵春丽　王　猛

【摘　要】 中华人民共和国成立70年来，我国人口再生产类型发生了两次转变。随着老年型人口年龄结构初步形成，中国开始步入老龄化社会。人口老龄化的加速将加大社会保障和公共服务压力，减弱人口红利，持续影响社会活力、创新动力和经济潜在增长率，是进入新时代人口发展面临的重要风险和挑战。基于此，本文通过分析不同老人对于居家养老和养老院养老的看法，对比两种养老模式的异同，使两种模式更好地结合，达到"老有所养"的目的。

【关键词】 居家养老；养老院；需求；老有所养

一、居家养老模式及其存在的主要问题

（一）居家养老模式概述及现状调研

居家养老模式主体分为三种情况，总体情况比较复杂，发展状况较为良好。我们调查了身边居家养老的共计27位老人，情况如下：65周岁以上80周岁以下占比74%；老人独自居家养老占比48%，与子女一起生活占比44%，请保姆照顾老人占比8%。针对上述三种居家养老的不同情况，我们进行了数据调研及收集分析，以获得更有针对性的数据。通过电话访谈，我们认识到这三种情况下的老人对于生活支出的顾虑不大，大部分老人每月的退休金还有足量剩余，加上子女对于老人生活起居的补贴，可以说，城市老人的居家养老生活满足小康社会的基本需求标准。在精神需求方面（如娱乐文化生活方面）上，三种不同情况的老人均表现出对与子女一起生活的需求，且都相处比较融洽。由于老人受城市文化影响较深且社交圈多集中于城市之内，因而对城市居家养老模式较为推崇，满意度较高。同时，在城市生活的老人对于文化娱乐生活有较高需求，比较容易获得满足感。

---

① 本课题指导教师：赵春丽（北京工商大学马克思主义学院）；课题组组长：王猛（财政18）；课题组成员：李晨（经济182）、贺泽西（财政18）、郑东升（财政18）、施鼎辰（财政18）、赵煦宁（保险18）。

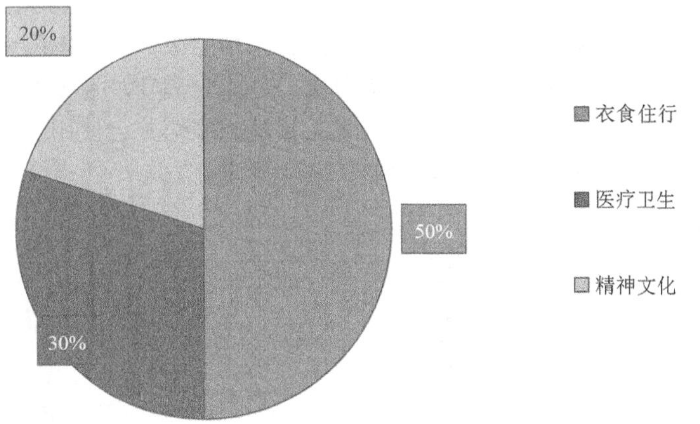

图1　老人生活支出占比

（二）老年群体对居家养老模式的认知与需求

对于政府给予老人的社会保障方面，老人普遍的认知集中在财政资金对每月生活的补贴及社会医疗保障。由于老人的生活支出大多集中在饮食起居及健康管理上，因此我们可以认为，政府对于老人的社会保障是比较到位的，财政资金的支出是有效果的。考虑到城市养老人群对于财政资金的看法，我们对三种不同情况的老人进行了调查：85%的老人认为，目前的退休金额较为合理；8%的老人认为，应当加强对非公职人员的退休金额流动状况加以监管，以确保老人退休金额可以准确快速地投入老人生活当中；43%的老人认为，应当在医疗保障方面加大改革及投资力度，尤其是在老人高风险的易发病上，希望能对药物及有关治疗方面予以政策上的进一步关怀。总体来看，就目前社会的经济状况而言，我国在养老方面的社会保障体系基本满足小康社会的需要，但仍应加强监管以及加快对于政策的深化改革。

对于养老群体与社会保障体系建设之间的关系，我们从两方面对三种类型的老人进行了调研。

一方面是养老群体对于社会保障体系建设的需求。在调查的独自居家养老的老人中，77%的老人希望可以建设更多适合老年人娱乐的项目及活动场所；62%的老人希望可以建设社区食堂，并给予一定优惠；40%的老人希望社区可以组织适合老年人的政策解读或是技能培养服务。在调查的与子女一起生活的老人中，85%的老人希望可以建设更多适合老年人娱乐的项目及活动场所；36%的老人希望社区可以组织适合老年人的政策解读或是技能培养。在调查的请保姆照顾老人的情况中，50%的老人希望可以增加公共场所的辅助设施，帮助有困难或有障碍的老人更好地出行；50%的老人希望社区可以组织适合老年人的政策解读或是技能培养。

另一方面是社会保障体系建设的发展对于老人的要求。在调查的独自居家养老的老人中，74%的老人了解健康码并会使用；78%的老人在疫情中进行了社会服务；

63%的老人了解如何进行垃圾分类，并愿意遵守垃圾分类的各项要求。在调查的与子女一起生活的老人中，42%的老人在疫情中进行了社会服务；81%的老人了解健康码并会使用；78%的老人了解如何进行垃圾分类，并愿意遵守垃圾分类的各项要求。在调查的请保姆照顾老人的情况中，50%的老人了解健康码并会使用；50%的老人了解如何进行垃圾分类，并愿意遵守垃圾分类的各项要求。

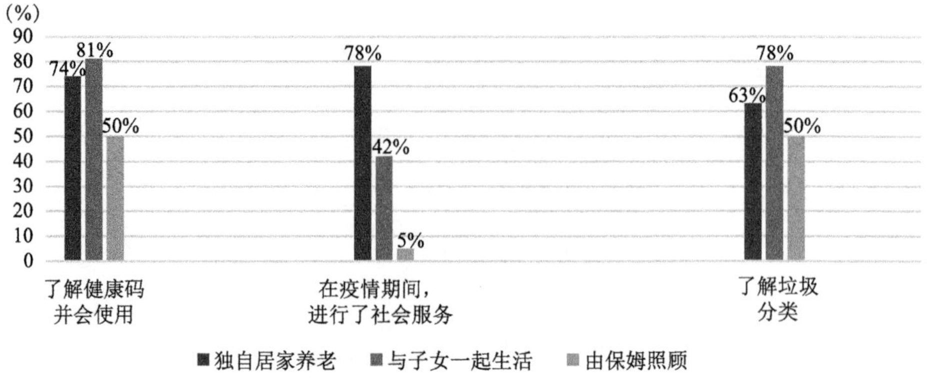

图2　疫情期间社会对老人提出的技能要求

在居家养老的调查中，大部分居家老人都是在65岁以上80岁以下这个年龄段，并且将近一半的老人是独自居家养老。这个年龄段老人的子女，大多数都是30岁到60岁之间，有的是忙于工作，有的是忙着带隔辈孩子。对于有自理能力的老人来说，居家养老既能满足老人自由出行以及生活、娱乐方面的需要，又能在老人退休金预算之内，解决老人生活的基本要求。在65岁到80岁居家老人的生活支出占比中，衣食住行占了将近50%；医疗卫生占了将近30%；精神文化方面则占了20%，可以说老人的衣食住行和医疗占了最大的比重。

社会保障方面，对于不同地区的老人来说，居家养老是最省钱的一种养老方法。从各地的补助、补贴以及各地生活所必需的支出来看，老人的退休金能够让老人有不同程度的生活保障。目前在我们调查范围内，绝大多数老人都认为退休金额比较合理，还有少部分老人觉得在医疗保障方面，应该加大改革和投资力度，尤其是在老人高风险易发病上，能够有药物及相关治疗方面的政策关怀。

社会建设方面，在我们的调查中，绝大多数老人希望能够建设更多适合老年人的娱乐活动场所，并且修建社区食堂给予一定的优惠。但是在老人获取信息方面，无论老人是独自居家还是与子女一起生活，都有一定的问题。不同地区、不同文化程度、不同年龄层次中不同接受能力的老人，对于新时代信息的接受程度和掌握程度是不一样的。我们组在调研过程中发现，很多老人在出行及对其他社会信息的了解和掌握程度，都几乎与社会脱节。在平时生活中，很多老人到目前为止还是不会使用微信支付。出行方面，一些老人依然不会在手机上使用APP打车出行；更有甚者，在买火车票时，因为不会使用手机购票造成了诸多不便。近期，因不会使用健康码而导致出行困难的老人更不在少数。

（三）居家养老模式存在的主要问题

一是社区是否建立老人居家养老档案，能否及时在老人需要帮助的时候给予帮助，抛开“面子工程”，老人能否在有需求时得到及时照顾。

二是政府对于老人养老方面的政策以及退休金的发放，能否更加透明公正。

三是老人作为在这个快节奏社会中被落下的一代人，能否有相关的信息服务平台或是信息反馈中心，让政府以及老人对各自的情况及时了解。社区居委会是否能够与政府联动，使老人的出行以及对新事物的及时掌握更加便捷。

四是根据调查到的支出比例以及其退休金总量，能够看出居家老人的生活消费支出较高，用于娱乐消费的支出较少，这里面就反映出了一个很隐晦的问题——老人不知道如何在现代社会享受娱乐生活。中国的传统是人老了需要享受与家人在一起的天伦之乐，但是在现代社会一个很明显的问题就是无论哪种养老方式，子女很难让老人享受到这种快乐。城市中的老人大部分是不缺钱的，但是他们不会花，不会利用物质财富创造快乐，也不懂其中的渠道，这也涉及上面说到的问题。老人与社会脱轨，所以不能有效地享受现代的娱乐生活，我们认为这是现在这个特定时代的特定现象。现在大部分老人都是“40 后”到“60 后”，这些人可以说成长在一个精神状态与现在完全不同的社会。那个时代给予了他们太多精神烙印，他们很容易就被新时代的新发展甩在后面，但是在他们之后的“70 后”到现在的“20 后”将不会再出现这个问题，所以这个问题的主要人群集中在前一个年龄段的人之中。解决办法就是不要强迫他们去跟上时代，而是在他们周围尽量营造出如同过去那个时代的环境，居家养老老人的子女必须了解过去时代的样貌来理解老人的精神思想，代替老人利用其一部分钱财去创造出那个环境。

二、机构养老模式概述及现状调研（以北京为例）

（一）机构养老情况概述

在北京，养老院分能自理、半自理、不能自理和特别护理四个等级。根据我们给养老院人员提供的几类老人情况来看，半自理只是腿脚不方便，需要拄拐杖的老人护理费 1800 元/月，有脑血栓的半自理老人护理费 2000 元/月，半身不遂的半自理老人护理费 2500 元/月，坐轮椅而且患有老年痴呆症不能自理的老人 7500 元/月。餐饮费 1500 元/月，押金也因为户口的原因收费不同。调查中的两个养老院，京户口的押金分别是 3 万元和 5 万元，其他地方的户口是 6 万元和 8 万元。能自理的老人一个月的总费用是 4000 元左右，半自理的老人一个月的总费用是 6000 ~ 8000 元，不能自理的老人一个月的总费用是 12 000 元左右，特别护理的老人一个月的总费用是 23 000 元左右。

针对问卷的调查，我们发现以下几点。

一是大部分老人选择养老院养老出自两个原因。一个是家庭原因，一般是子女生活工作繁忙，无暇照顾，生活不融洽，抑或老人独自生活；另一个原因是老人的生活较为单一，娱乐生活较少，精神需求无法得到满足。

二是社区养老院与专业老年照料中心区别较大，社区养老院分布在城市之内，占地面积较小，一般以满足老人的基本生活需求为核心，在饭菜提供等方面给予一定优惠。由于社区养老院人数较多，所以以满足老人物质生活为核心，费用较低。

三是专业老年照料中心一般在城市近郊，占地面积较大，设施比较完善发达，且多元化的个性服务不但能满足老人对于未来生活的精神需求，而且可以对基本生活进行保障。同时，专业老年照料中心运用大数据作为支撑，以智能化信息和更好的人性化服务为主打，以满足老人多方面需求为核心，因而费用较高。

四是养老院作为政府与老人沟通的重要途径，需要加强政策宣传和先进技能的培养，通过养老院的政策宣讲及文化普及等多种模式的配合，以期提高老人的素质及生活水平，更好地推动国家政策的实行，达到“老有所养”的目的。

（二）机构养老模式存在的主要问题

一是日托式社区养老组织标准化不足。通过对西宁地区社区养老机构的调查，我们发现，社区养老虽然能够节省许多方面的开支，但是其服务水平、服务内容参差不齐。我们认为，这是因为没有一个普遍的标准去衡量。在老人餐饮或是老人的娱乐场所建造上没有一个既定的要求。这些问题由于不同地区文化差异的不同，导致制度上的统一变得十分困难，这是现在社区化养老所欠缺的。

二是养老院市场化的程度不足。在调查中我们发现，不同养老院在服务能力上有着一定的差别，究其原因我们认为，这是由于公办养老院和民办养老院在市场化的区别较大。要想办好一个养老院，服务的质量、宣传、资金的正常运转以及稳定的人才来源都必不可少。公办相比民办来说，缺少对于市场信息的及时反馈，无法针对市场变化做出及时调整；民办相比公办来说，缺少财政资金的支持，以及政府对其服务的监管，二者的口碑在不同领域都有相应不足。在人才分配上，养老服务业并不是市场就业的优质选择，很多应届毕业生把在养老院的工作认定为实习经历，无长久工作的打算。综上所述，民办在市场化的程度上较为领先，但二者在市场化的人才领域都有很大的缺口。

三是养老院的基础设施分布及应急医疗保障体系不足。在调查中我们发现，养老院数量不足，或者说空间分布不均匀。除去那些较好的民办养老院，大部分养老院都不具备完善的医疗保障体系，由于身处近郊，距离城市中心的医院较远，一旦老人出现突发情况，在无对应保障体系的情况下易造成很大损失。

四是养老院服务人员的水平及人才缺失。在调查中我们发现，养老院的护工专业化水平低，年龄失衡，缺少年轻力量的注入，社会地位低，离职率高。

五是传统思想影响养老机构入住率。固化的“养儿防老”思想以及个人生活舒适圈的适应程度造成老人抵触养老院。而未来新环境的种种不确定性也会造成老人对于养老机构的忧虑。

三、两种养老模式对比

通过定向数据分析，我们认为两种养老模式在资金使用情况、安全保障程度、娱乐设施需求以及新事物的接受程度上存在很大差异。

首先，因老人资金情况的不同，老人对于养老方式的选择也不相同。机构养老的老人多为资金充裕者，居家养老的老人不能在保障意外风险的情况下，大多数选择居家养老。在满足有自我选择权的资金水平下，机构养老更能满足小康社会的基本需求。

其次，独自居家养老是受欢迎的一种选择，当前居家养老的老人中一半以上偏向独自养老，但由于老人年岁较高，随着身体机能的下降，患病概率上升，导致独自居家养老存在很大的安全隐患，而养老院的政策支持目前满足小康社会的基本需求，尤其是安全性上获得了老人以及家属的认可。此外，老年人娱乐活动的增加是老年人普遍的需求，居家养老的老人在娱乐方面偏向于以社区为单位进行娱乐活动，但目前大多数社区对于老年人娱乐设施的提供是不完善的；而机构养老以养老院为单位进行，在娱乐生活方面相对于居家养老来说更加丰富，更能满足老人在娱乐方面的需求。

最后，随着年龄的增加，老年人对新时代信息的接受程度和掌握程度不同，适应力较弱。目前外出购物基本采用线上支付方式，尤其是疫情期间，线上操作空间更大，老人对此需求是上升的，居家养老的老人相对于机构养老的老人对此需求更大。养老院有专门负责生活服务的人员，老人在生活中可享受到更个性化、专业化、便捷化的生活照料服务，故在增强老人与现代社会的连接需求上，机构养老的老人对此稍低一些。

四、对两种养老模式提出的建议

（一）对居家养老模式提出的建议

一是医疗保障体系的完善对于老人的晚年生活至关重要，在政府责任方面我们可以采取这三点优化老人医疗保障体系。第一，增加财政支持，适当增加老人医疗报销比例，提供安全、有效、便利、实惠的医疗服务。第二，在投入成本固定的情况下，使医疗系统全面覆盖城乡，使老人可就近就医。第三，提高公立医院的效率，使老人在就医流程中更简便快捷。

二是在社会支撑方面，我们应尽量避免老人出现严重疾病，故可以采取这三点进行优化。第一，提供更多医疗设施，令老人就近就医质量提高。第二，鼓励老人参加社会活动，老人多多参加社会活动可以保证他们不会与社会产生巨大脱节，保证其心理健康。第三，以社区为基础的疾病防治计划，给予老人长期的护理服务，这样可以预防老人基础疾病严重化，早发现早治疗。

三是增加老人娱乐生活，增强老人与现代社会的连接。开展部分娱乐活动是老年人普遍的需求，基础物质生活得到满足后，退休后老年人对娱乐的需求是递增的，故我们可以以社区为单位，在附近建立老年活动室、老年人交流区，由社区组织一些娱乐活动，丰富老人的退休生活。

四是提升老人信息能力，随着年龄的递增，老年人的适应能力是下降的，作为在这个快节奏社会中被赶超的人群，能否有相关的信息服务平台或是信息反馈中心能够让政府以及老人对各自的情况及时了解，是十分重要的。所以我们建议政府应该增加老年人信息交流平台，组织当代年轻人引导老年人接触新社会、新信息。另外，老年人日常生活中，受科技影响而产生的最大改变之一是支付方式的改变，故政府应加速推广对老年人更友好的支付方式，或者提供老人适应电子支付方式的相关帮助。

（二）对机构养老提出的建议

一是因地制宜，建立一个当地的衡量标准进行制约和监管，使得日托式社区养老组织管理更加规范化。

二是公办养老院应及时收集市场信息并做出调整，使公办养老院的管理更加灵活，更有针对性。给予民办养老院更多政策扶持及补助，同时加强监管。人员方面可以与各大医护高校建立对口合作项目，形成优势互补。

三是建立养老院与当地优质医院的合作体系，使得老人能够在身体出现问题时得到及时救护，并且继续建立医养结合的养老院，使得老人在出现身体不适时能得到更好的医疗保障。

四是提高养老院服务人员的福利待遇以及政策上的鼓励，提高其薪资水平，保障服务人员五险一金的缴纳，给予政策上的关怀，通过官方媒体多多宣扬优秀护工事迹，提高护工社会评价。

五是发展 AI 进入养老市场代替护工人员，结合市场大数据定向制作 AI 设备并投入社会，完成养老行业的人员革新。

六是从教育抓起培养公民社会化养老的观念，打破固有思维在传统社会中的投射，完成社会思想革新。

七是充分发挥因地制宜思想，在兴办新的养老院之前对该地区实地考察，切实保证养老院辐射范围内养老需求的合理性，以及配套社会服务（如医院设施）的齐全。

北京市民对老旧小区电梯安装工程的满意度调查报告①

杨小燕　刘心如

【摘　要】习近平总书记指出："党的一切工作都是为老百姓利益着想，让老百姓幸福就是党的事业。"电梯安装工程作为北京市老旧小区改造中的重要一环，在提高人民幸福感、美化城市面貌、拉动内需等方面有着重要作用。本文着重研究北京市民关于老旧小区电梯安装工程的满意度，分析电梯安装工程成效，发现不足和问题，并据此提出解决方案。这对于了解人民需求、提高工作效率、落实惠民政策决胜全面建成小康社会有着至关重要的作用。

【关键词】老旧小区改造；电梯安装工程；惠民政策

一、北京市老旧小区电梯安装工程的基本情况

城镇老旧小区电梯改造是满足人民群众日益增长的美好生活需要、惠民生扩内需的重要民生工程。根据《国务院办公厅关于全面推进城镇老旧小区改造工作的指导意见》中的工作目标，2020 年全国新开工改造城镇老旧小区 3.9 万个，涉及居民近 700 万户；到 2022 年，基本形成城镇老旧小区改造制度框架、政策体系和工作机制；到"十四五"期末，结合各地实际，力争基本完成 2000 年底前建成的需改造城镇老旧小区改造任务。

全面建成小康社会以来，北京市将老旧小区加装电梯提上重要议事日程，连续出台文件，逐步探索既有多层住宅增设电梯工作，取得了丰厚的成果。据新华社报道，2010 年至 2016 年，部分中央单位和驻京部队的老旧小区加装电梯 255 部；2017 年，完成 274 部；2018 年，完成 378 部；2019 年，新开工电梯 693 部，完成 555 部。2020 年 6 月，北京市住建委公布了 2020 年第一批老旧小区综合整治计划及涉及的社区名单，综合整治老旧小区共计 153 个。

目前，北京市老旧小区电梯改造步伐不断加快的同时，仍存在着较大缺口。全国 17 万个老旧小区中，北京老旧小区总量位列全国前三，旧改空间大。贝壳研究院数据显示，北京老旧小区数量为 5100 个，占全市存量小区比重接近一半。而根

① 本课题指导教师：杨小燕（北京工商大学马克思主义学院）；课题组成员：刘心如（贸经 181）、方斐（金融工程 182）、李昕滢（金融工程 182）、孙铭雪（金融工程 193）、范欣悦（金融工程 181）。

据北京市住建委披露的信息，2019 年北京加装电梯实现新开工 693 部，完成 555 部，累计完成 1462 部电梯安装，距实现老旧小区全部加装电梯的目标仍有较大实现空间。据调研结果显示，27.59% 的住户表示已完成老旧小区电梯安装工程；70.69% 的住户表示安装电梯工程还未开启；1.72% 的住户表示已经在商量筹备电梯安装的相关事宜。由此可见，北京市电梯改造工程已有较大成果，但未来仍有较长的路要走。

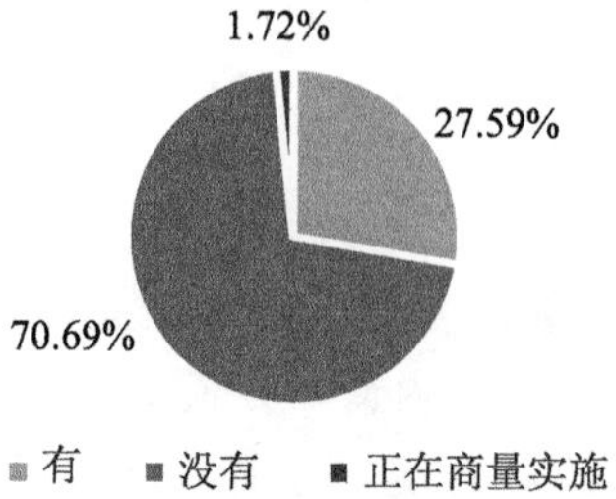

图 1　关于老旧小区是否安装电梯的调查结果

二、北京市民对老旧小区电梯安装工程的满意度数据分析

本小组对北京市部分已改造小区居民对电梯安装工程的满意度进行调查，并对居民满意度展开了分析。

（一）总体满意度

我们对已安装电梯的满意程度从 1 到 5 划分为 5 个等级，数字越低表示对安装的电梯越不满意。其中有 46.55% 的住户表示满意程度为中等（等级 3），有 20.69% 的住户表示了低满意度（等级 1 和 2），32.76% 的住户表示了较高的满意度（等级 4 和 5）。其中，选择等级 5 非常满意的人数为 12 人，占比 20.69%，为等级 1、2 的人数之和。因此我们得出结论，对于旧小区已经安装的电梯，大多数居民呈现出满意的状态，这与电梯安装后的有利影响和电梯安装中的人性化措施密不可分。

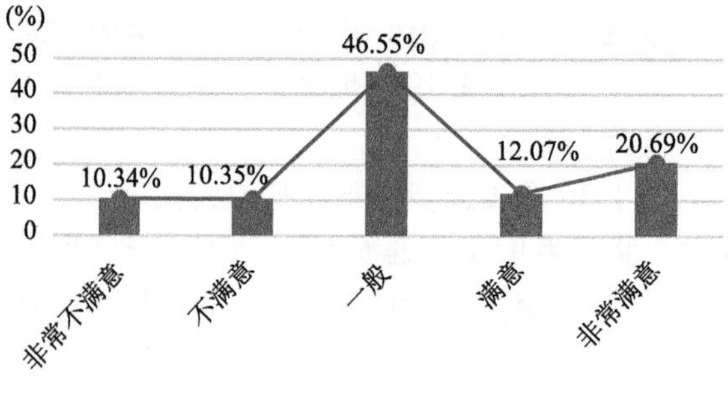

图 2　对于电梯改造的满意度

电梯安装涉及出资、维护、安全、采光等多方面的问题，又承担着美化环境、运载货物等多方面的作用。在本调研中，我们对电梯带来的积极作用和消极作用进行了调查。在受访者中，有5.17%的人认为老旧小区的电梯改造没有任何积极影响，非常反对；而20.69%的居民认为老旧小区电梯改造没有弊端，十分支持。在关于积极影响的各选项中，“老年人上下楼梯更加便利”“节约上下楼时间”“方便运载质量重体积大的物品”这三项的支持率高于50%；“方便老年人上下楼梯”的支持率更是高达82.61%。反观关于消极影响的各选项的选择率均低于50%。因此我们认为，老旧小区电梯安装既有消极影响又有积极影响，但是积极影响的作用较大，居民对电梯各项好处的满意度较高，且现阶段继续对老旧小区安装电梯，对于构建老年宜居环境建设，为居民生活提供便利仍有重大意义，受到居民的支持。

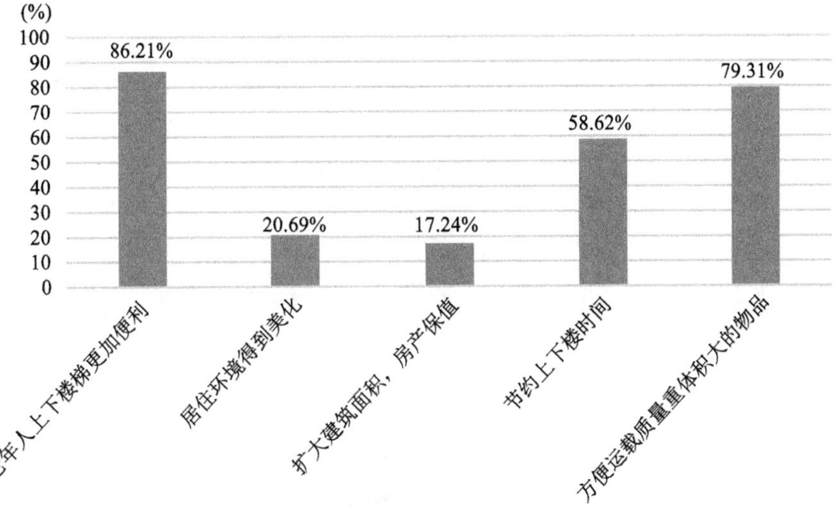

图3 老旧小区电梯改造的积极影响

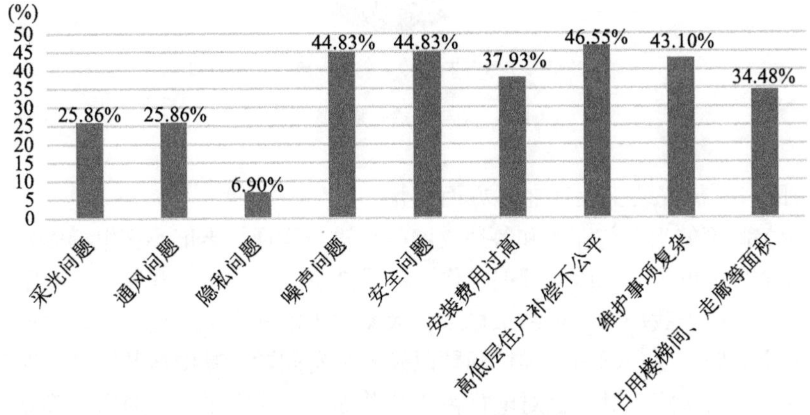

图4 老旧小区电梯安装的消极影响

（二）存在的问题

1. 电梯安装的支持率不够

居民对于老旧小区安装电梯这一事项各持己见。在我们的调研中，有 60% 的住户表示有必要安装电梯，31% 的住户表示没有必要安装电梯。其中 19% 的住户认为没有必要安装的原因是安装电梯弊大于利，12% 的住户认为安装电梯没有用处，还有 9% 的住户表示无所谓。虽然数据显示超过一半的人是支持安装电梯的，但是根据 2020 年 5 月 20 日北京市住建委等 5 部门联合印发的《北京市老旧小区综合整治工作手册》，既有多层住宅加装电梯的意向及初步方案应当充分听取拟加装电梯范围内全体业主的意见，并经专有部分占该单元住宅总建筑面积三分之二以上的业主且占总人数三分之二以上的业主同意，且其他业主不持反对意见。也就是说当三分之二业主同意且其他业主不持反对意见时，就可以加装电梯。虽然较之前 100% 的住户同意的标准有所降低，但是依然高于我们调研结果的 60% 的支持率，统一业主意见依旧是电梯安装工程亟待解决的主要困难。北京房地天宇特种设备安装工程有限公司（下称"房地天宇"）董事长刘敬良表示："有业主考虑邻里关系，不愿意直接表态；还有部分房子常年不住人，联系不上业主，又因为联系不上一位业主而作罢。"关于"其他业主不持反对意见即可实施"刘敬良则表示："主要从政策层面考虑邻里和谐，遇有明确反对的业主，希望通过沟通达成一致意见，如果个别坚持反对只能放弃，这也导致这一工程很难顺利进行下去。"

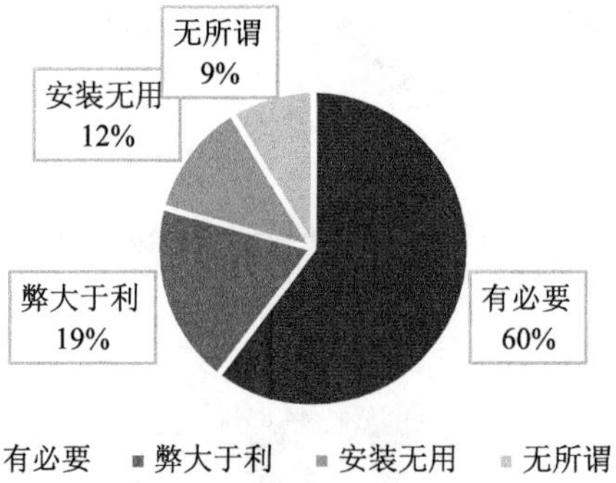

图 5 对于电梯安装的态度

2. 居民对电梯安装工程存在各方面担忧

随着相关政策的出台与完善和各地政府的推进与沟通，老旧小区电梯安装工程已提上日程，各个小区也争先恐后地开展工作，但是随着工程一步步开展，所面临的各种问题也逐渐显现。根据我们的调查结果显示，大家对于电梯安装工程的担忧主要集中于补偿问题、安全问题、噪声问题、维护问题以及安装费问题。其中涉及经济问题和管理问题的事项令多数人头痛，其次是对电梯占用公共面积和带来采光、通风、隐私问题的顾虑。据了解，低层住户成为反对加装电梯的主要群体。在北京多个老旧小区电梯加装中，低层住户无须分摊费用或分摊费用很少，但出于对噪声、采光、安全、隐私等方面的担忧，尤其是房屋贬值问题，他们持坚决反对态度。在加装电梯前，老旧小区房价从低层到高层逐步递减；在加装电梯后，高层住宅具备采光和视野的优势，房子会有较大幅度升值，而低层住户由于电梯的影响，房子可能会出现贬值的情况。据经济观察网记者调查采访，2019 年北京市住建委下发朝阳区劲松二区小区 219 号楼 1 单元、2 单元增设电梯工作项目确认书，原计划 10 月 24 日公示结束后启动加装工程，但加装电梯需要煤气管改道，一楼住户担心改道后的燃气管线形成安全隐患而反对，至今仍处于停工状态。在我们的调研中，只有 42.9% 的低层住户（1～2 层）表示有必要安装电梯，这相对于中层用户（3～4 层）63.6% 的支持率和高层住户（5 层及以上）68.2% 的支持率要低得多。

3. 电梯安装相关费用仍为重要矛盾

由于改造规模较大，整体成本较高，费用的承担就成了大家非常关注的问题。根据调查，大家也提出了相应的解决方法，比如在我们的调研中，有超过 40% 的受访者支持政府住户共担，但是在实际操作中这种理想化的模式却并不能轻易实现。相关部门一直倡导“居民出一点、社会支持一点、财政补助一点”多渠道筹集资金，但是效果一直不佳。一位在北京从事老旧小区改造的工作人员计算，由于老楼加装电梯需建设一个独立基坑，一个基坑花费约 15 万～20 万元，北京电梯加装指导价大约 90 万元，报价包含电梯安装、结构加固、基坑处理等工程，但不包含可能出现的管线改造等费用。还有电费、人工成本、后期运维成本、折旧等费用。各地各区政府补贴标准不一，只能推算出剩余费用在 50 万元左右，这并非一个小数目。由于政府补贴的申请需要一定的时间，很多居民是不愿意出资的。虽然说随着居民消费观念的逐步形成，居民缴费和乘梯率可能会逐步增加，资金平衡的矛盾也会有一定的改善，但是改善需要时间。所以说，这对于相关部门是一个不小的挑战，接下来的电梯改造工程要如何继续推进，还需要创新的筹资渠道和模式。

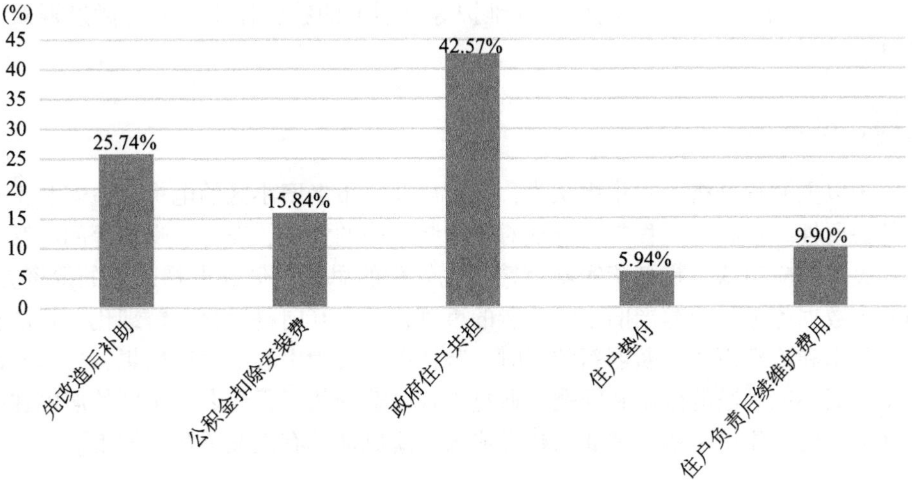

图 6　改造费承担问题

三、建议

（一）充分利用社会资本

缓解电梯改造成本压力的重要措施是充分利用社会资本，在保持政府主导的前提下提高社会资本参与度，通过 PPP 等投资模式加强与企业的合作，并贯彻到电梯建设、维修和管理中，帮助缓解电梯工程建造过程中筹资难的问题。加强完善相关政策规定，明确产权界限、政府责任等，为社会资本的参与提供保障，让政策更清晰、灵活，吸引社会资本注入。

（二）明确责任主体，统筹协作

电梯改造要坚持综合改造设计先行，在社区内部建设之前要进行综合衡量，重点关注小区安装电梯的结构性适配问题。在涉及绿化、财政、公安等多个相关单位时要明确责任主体，简化申报手续，保证资金到位，提高建设速度。在区域内实行统一、长效的建设机制和规章制度，对于部分特殊小区和楼房也可采用试点改造。

（三）提高群众参与度

在关于如何优化老旧小区电梯改造的问题中，67.24%的受访者表示希望提高群众参与度，41.8%的群众愿意协助街道办事处制定工作流程，48.28%的群众愿意参与确定试点和建设内容的工作当中，另有29.31%的群众愿意劝说邻居进行改造。因此在老旧小区电梯安装的改造过程中，群众是我们需要团结的巨大力量。在改造之前要充分尊重群众的知情权、选择权、参与权，做好建设前的社会调研工作，明确改造标准，使政策从群众中来、到群众中去；在建设工程中要充分尊重群众的监督权，使建设工程真正得以高质量地落实。此外，可以发挥群众、基层党组织、居委会等在协调沟通住户、监管电梯后续维护等事项上的独特作用，充分激发群众的参与热情。

四、总结

基于以上调查分析，本小组认为，现阶段北京市老旧小区的电梯改造安装工程完全有其必要性。在改造过程中，群众对于加装带来的资金、安全、噪声等问题存在担忧。相关部门应当认真贯彻落实城市精细化管理的思路，创新电梯改造的筹资方式，利用好大数据等工具统筹老旧小区改造的事宜，助力其向科学化、精细化、智能化发展。在技术和治理模式不断创新的同时，坚持以人民为中心的发展思想，处理好改造过程中老旧小区居民的困难和问题，通过电梯改造安装工程让老旧小区的居民住得安心、住得方便、住得幸福，把北京建设成为一座更加具有人文关怀的城市。

参考文献

[1] 李政清. 推进老旧小区综合改造的问题与对策建议 [J]. 中国物价, 2018 (06): 67-69.

[2] 中国老旧小区暨建筑改造产业联盟. 我国老旧小区综合改造模式研究 [J]. 城乡建设, 2016 (05): 9-11.

[3] 吴二军, 王秀哲, 甄进平, 段苏洋, 姬文鹏. 城市老旧小区改造新模式及关键技术 [J]. 施工技术, 2020, 49 (03): 40-44.

[4] 张承宏, 穆冠霖. 城市老旧小区改造现状及难点与对策分析 [J]. 宁波职业技术学院学报, 2016, 20 (06): 77-79.

[5] 向鼎立, 刘亮. 老旧小区电梯安装与监管治理难题探讨 [J]. 中国设备工程, 2020 (06): 133-134.

全面建成小康社会中不同养老模式存在的问题与解决①

——以北京市、银川市、潍坊市、毕节市为例

江 燕 郑奥莹

【摘 要】在全面建设小康社会的过程中，养老问题一直是舆论热点。本文基于北京市、宁夏回族自治区（以银川市为重点）、山东省（以潍坊市为重点）、贵州省（以毕节市为重点），通过选择地理位置、经济状况、人口特点不尽相同的四个地区，对比发现养老模式中存在的问题。本小组主要利用问卷调查、数据分析的手段，深入探讨居家养老、居家社区养老与机构养老中存在的问题，以及解决措施与成果，以回顾四个地区的改革发展成效。

【关键词】养老模式；养老改革；养老人才

党的十八大报告首次正式提出全面建成小康社会。2012 年至今，在习近平总书记的领导下，各行各业的劳动者都投身于建设小康社会之中。2020 年，是全面建成小康社会的收官之年，八年来的耕耘成果正在等待着人民群众的检验。

“加快发展社会事业，全面改善人民生活”是全面建成小康社会的目标之一。其中，养老产业是社会保障体系中不可忽视的一环。国家统计局 2020 年 1 月 19 日最新公布数据显示，截至 2019 年末，我国 60 周岁及以上人口达到 25 388 万人，占总人口的 18.1%。其中 65 周岁及以上人口 17 603 万人，占总人口的 12.6%。相较于 2018 年底，老年人口增加约 439 万，劳动年龄人口有所减少。随着老年人口数量上升，解决养老问题刻不容缓。

本小组调查的主要目的是对比四个地区的家庭养老意愿。本小组五位成员主要来自北京、山东、宁夏、贵州四个省市地区，分别代表了华北、华东、西北、西南地区。希望通过问卷结果，较为全面地反映目前大家所偏爱的养老模式，并结合相关政策预测未来的养老模式趋势，为解决当前三大养老模式不足提供意见建议。

---

① 本课题指导教师：江燕（北京工商大学马克思主义学院）；课题组组长：郑奥莹（新闻 192）；课题组成员：刘冠卿（新闻 192）、王玉菊（新闻 192）、代梦琪（新闻 191）、杨颖（新闻 192）。

问卷通过“问卷星”平台发布，经过2020年7月15日至2020年7月19日5天时间，共发出调查问卷140份，回收140份，问卷回收率达100%；有效问卷140份，有效率达100%。调查问卷涉及家庭月收入、家庭需要抚养的老人数量、最看重的养老环节、当前应用的养老模式等问题，能从多方面反映这些因素与养老意愿的联系，并辅助小组进行调查。

一、四个市区老年人数量及占常住人口比重

（一）北京市老年人数量及占常住人口比重

北京市老龄化程度呈现出不断加剧的态势。经统计，北京市近乎四分之一的人口为老龄人口，老龄化水平高居全国第二名。

2017年，80岁以上的老年人口数量已经大幅度增长，由2012年3.3%提高至4.1%，呈现老年人口增长速率快、长寿人口增长率高的特点。截至2018年底，全市60岁及以上户籍老年人口约364.8万，占户籍总人口的16.9%，与2017年相比增加6.6万人，平均每天增长180.8人；其中丰台区老年人口占比最高，大兴区老年人口占比最低。

如此严重的老龄化现象也加重了我国养老的负担。根据每日财经网统计，截至2017年，每百名劳动年龄人口抚养的老年人口由29.4人提高到39.7人。这意味着2017年北京市约每2.5名劳动力抚养1名老年人。

究其原因有三点。首先，由于北京长期实行的计划生育政策，导致劳动力人口低下，老年人口占比增加；其次，因为经济不断发展，导致人们的生育率和生育意愿有所下降；最后，由于我国医疗体系不断完备，人们更加注重自身健康，促使我国长寿人口比例大幅度增加，人们的普遍寿命延长。

综上所述，北京市老龄化极为严重，制定合理的养老方式与养老政策迫在眉睫，既要保证老年人的身心健康，又不能为大众造成过重的压力。

（二）银川市老年人数量及占常住人口比重

宁夏回族自治区地处中国内陆西北地区，虽然银川市是省会城市，但仍旧属于三线城市。根据《银川市人口调查数据报告》显示，从人口结构背景看，截至2018年底，银川市户籍老年人口共28.78万人，占户籍老年人口的14.88%；失能（伤残）老年人口3万人，占老年人口数的10.8%；享受低保老年人口1.04万人，占老年人口的4%；空巢（独居）老年人口2万人，占老年人口数的7%。并且预计老年人口数量将会持续增加。

再从劳动力市场看，25～34岁求职者的求职比重下降了6.49%，35～44岁求职者的求职比重上升了6.53%，45岁以上的求职者的求职比重上升了6.04%。从以上数据看，作为人口小省的宁夏，银川市已经是人口老龄化城市。

（三）潍坊市老年人数量及占常住人口比重

2015年，潍坊市60岁以上老年人人口已达166万人，占总人口的18.8%，人口老龄化发展呈现快速化、高龄化、失能化的趋势。2020年，全省60岁以上的老年人达到2208万人，占全省总人口的22.3%。

与全国平均水平相比，山东省人口老龄化形势更加严峻，社会养老负担偏重。1982年，山东省老年人口抚养比仅比全国平均水平高出0.8%；到2017年，这一比例高出全国4.2%。截至2017年底，山东省家庭人口中含有60岁及以上老年人的户数比例为39.4%，家庭老龄化趋势愈加明显。在有60岁及以上老年人的家庭中，“空巢”家庭比例高达60.4%。

（四）毕节市老年人数量及占常住人口比重

根据毕节市统计局和老龄部门统计，2014年的总人口数为654.12万人；2015年的总人口数为660.61万人，其中城镇常住人口达到204.13万人，占总人口比重31%；2017年末，毕节市常住人口数量达到665.97万人，城镇人口数达到274.51万人，占比41%，其中60岁及以上常住老年人口达103.4万人，占常住人口15.53%。由此可见，毕节市地区的人口发展形势十分严峻。

通过对比研究，我们可以发现，毕节市的总人口数量变化并不大，但是城镇人口的数量却在急剧增加。2014—2015年之间的增加尤为明显。大部分的农村常住人口迁往城镇，其中青年人占比最大，导致农村空巢老人和留守儿童大大增加，农村劳动力薄弱，导致老龄人口数量增加。

二、“养老模式偏好小调查”数据分析

（一）背景情况

1. 地区分布状况

本次问卷调查覆盖全国11个省、自治区、直辖市。其中，北京、山东、贵州、宁夏的填卷人数位居前四，达到了之前的预计效果。参与调查的140人中，北京有74人，山东有30人，贵州有9人，宁夏有6人。

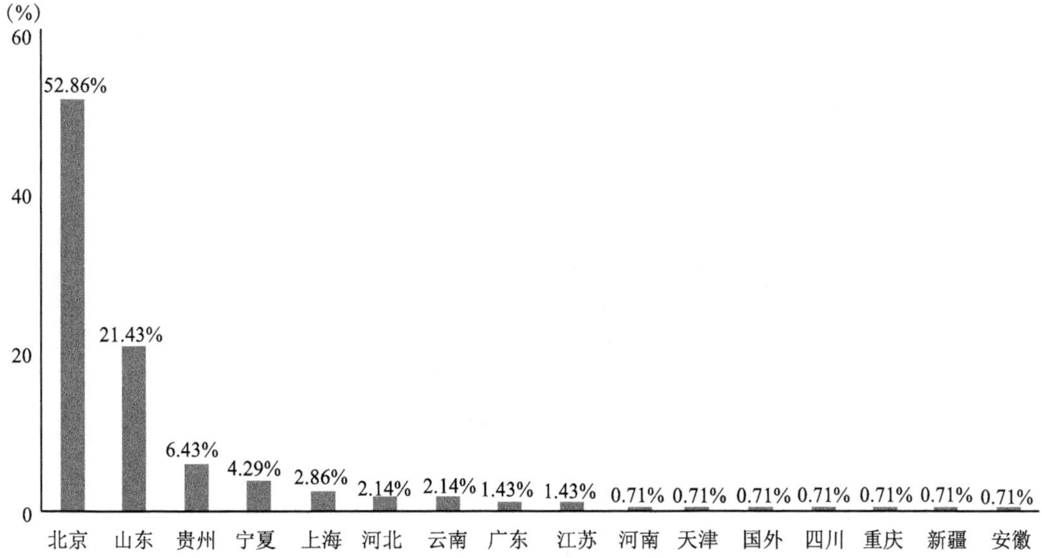

图 1　填卷人所在地区分布情况

2. 年龄分布状况

按照中国标准的年龄分段，我们将填卷人年龄划分为 18 岁以下、18 ~ 28 岁、29 ~ 40 岁、41 ~ 64 岁、65 岁以上五个层次。

能够明显看出，填写人多为青年人与中年人。其中 29 ~ 40 岁的填写人与41 ~ 64 岁的填写人占到了 56. 42% 。在这两个年龄阶段，多数人的父母基本正在逐步迈入老年行列，由此看来，本次问卷调查在调查人群方面具有参考价值。

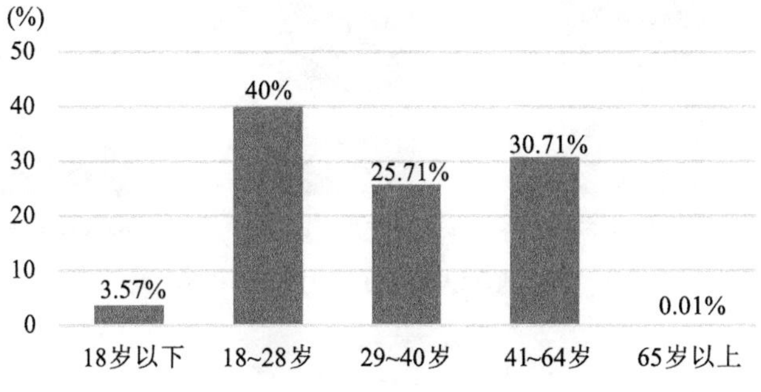

图 2　年龄分布百分比

3. 婚姻状况

填写人的婚姻状况主要分为未婚与已婚两类，基本与填写人的年龄分布呈正相关。其中，已婚人士占多数，为 58. 57% 。这说明，养老的义务由填写人和其伴侣二人承担，这也是目前中国在 29 ~ 64 岁期间较为普遍的家庭结构。所以，从填写人的婚姻状况能达到问卷调查所期望的目的。

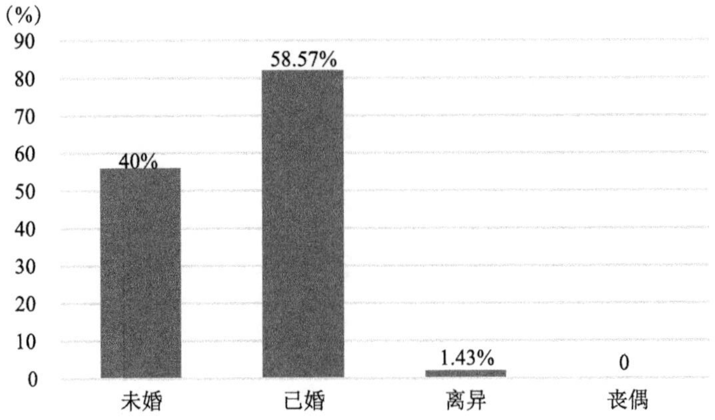

图 3　填写人的婚姻状况

4. 家庭成员工作状况

根据询问家庭成员的工作状况可知，在被调查的 140 人当中，选择“部分有工作”的填写人占到了 56.43%，说明并不是具有工作能力的成年人（不包含正在求学的成员，例如大学生）都有工作。虽然每个家庭的特殊情况有所不同，但不可否认，这反映了从儿女处获得的养老资金并没有达到完全充足的状态。

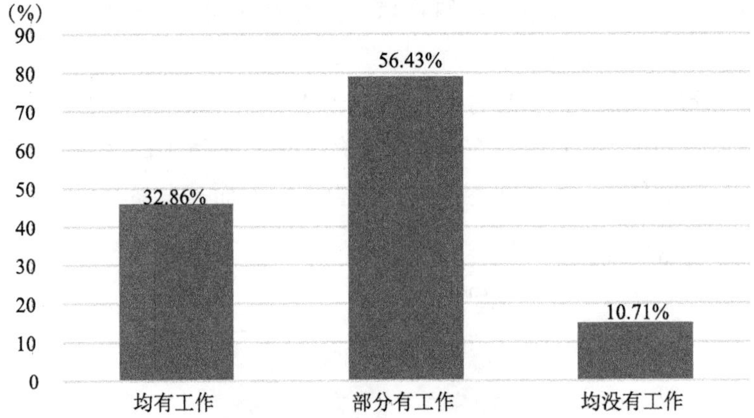

图 4　填写人的家庭成员的工作状况

（二）调查结果

1. 家庭月收入——子女给予的养老资金有限

家庭收入状况是维持一个核心家庭的基本生活保障。作为“上有老，下有小”的青年人与中年人，不仅要维持自己小家的经济稳定，还要抽出部分收入赡养父母。通过调查家庭月收入，基本可以推算给予老年人的养老资金的占比。

首先，我们可以从下方统计图得出，来自 11 个省、自治区、直辖市的 140 位被调查者的家庭月收入状况。其中，家庭月收入（仅包括填写人自己、填写人的伴侣与孩子）在5001元~10 000元的家庭最多，其次是20 000元及其以上的家庭。由此看出，被调查者大多是中产阶级家庭。但是，其中半数以上都是在北京生活的家庭，收入情况也要依据当地的物价水平参考。

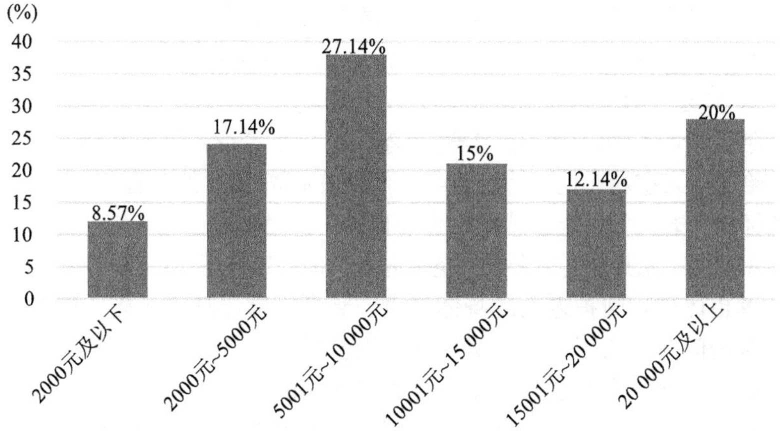

图5　填写人的家庭月收入状况百分比

北京人均收入在这四个地区当中是最高的，但是北京的物价水平也高，位居榜首。家庭月收入20 000元以上的家庭占到33.78%，即便如此，需要赡养两位以上老人的家庭负担仍旧不减。更何况目前大多都是独生子女赡养四位老人，还需要抚养一个或两个孩子。所以，20 000元以上的收入可以说是满打满算，更不要说5001元~10 000元的家庭了。

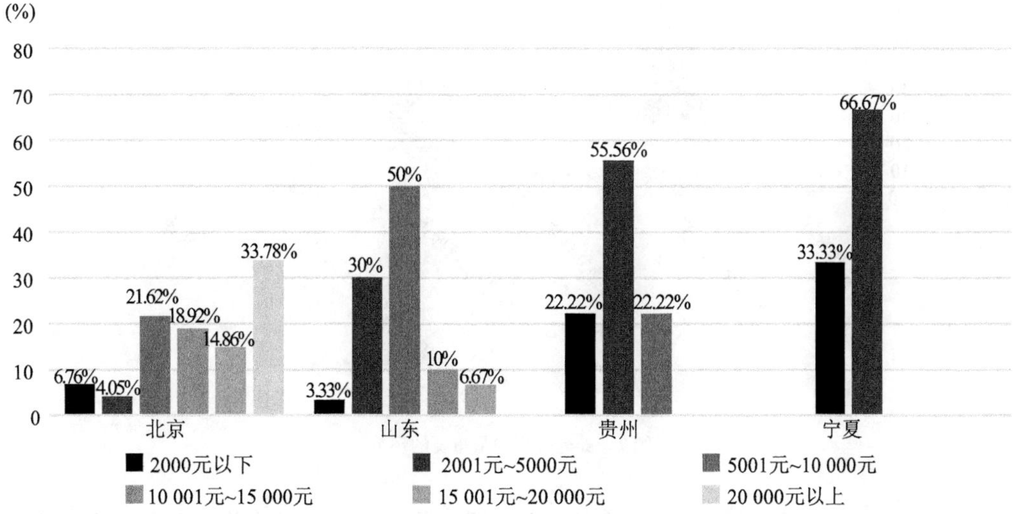

图6　北京、山东、贵州、宁夏家庭月收入状况百分比

山东、贵州、宁夏的情况与北京的月收入情况相差较大，均未出现20 000元以上的情况，更多集中在5001元~10 000元之间甚至以下。在主观调查中，许多被调

查者表示经济条件是养老过程中的一大限制，也是选择养老模式的重要标准之一。由此看来，家庭月收入低导致子女能给予老人的养老资金有限。

2. 养老中最重要的环节——陪伴、尊重、呵护

对于退休后的老年生活，究竟何种需要才是对于老人来说最重要的呢？140 位填写人中，半数以上认为“陪在老人身旁”是养老过程中最重要的环节。次之是“完备的医疗服务”与“给予老年人充分的社交空间”。

首先，陪伴体现了中国传统的“孝”。孝，不仅是给予老年人富足的物质条件，更要在精神上给予老人慰藉。他们曾经将半生倾注在抚养儿女的过程中，待到儿女长大，离开他们的怀抱，老人们一定会感到不舍与孤独。长时间地让老人们独处，会增强他们的失落感、焦虑感，尤其是失独老人、空巢老人，他们患上精神疾病的风险会大大增加。

其次，孝也体现在呵护老人的身体健康。衰老常常伴随着病痛，许多城市都有就医难、看病难的问题。为了让老人尽可能享受公平的医疗资源，呵护他们日渐脆弱的身体。完备的医疗条件在养老过程中也是不可或缺的。

最后，孝还体现在对老人生活方式的尊重。许多老人一生都生活在一个社区，身边早已有了自己熟络的社交圈。即便子女费尽心思想把老人接到环境更好的高档社区居住，老人也会不情愿，甚至会想尽办法推辞掉。因为到了一个新的环境，他们需要重新熟悉，在这期间他们会小心谨慎，心情得不到完全放松。这就是为何老人跟随子女搬到一个新环境后，长期闷闷不乐的原因所在。综上，尊重老人的生活方式，给予他们自由、快乐的生活环境同样很重要。

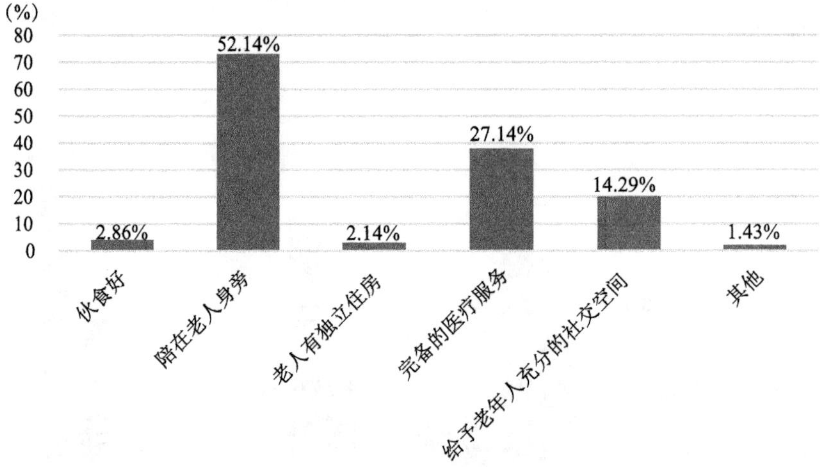

图 7　养老过程中最重要的环节

3. 养老模式偏好——以家庭养老为主，居家社区养老与机构养老逐渐成为趋势

在全面建成小康社会的过程中，国家早已意识到我国正逐步迈向老龄社会。21 世纪初，我国借鉴率先进入老龄化社会的发达国家的养老案例，引进了居家社区养老和机构养老。不可否认，这两种方式在近二十年的发展过程中取得了一定程度上的突

破。但是，根据此次调查数据得出，家庭养老模式仍旧是被众多家庭所采用的模式。究其原因，我们应该先来看看为何家庭养老得到如此偏爱。

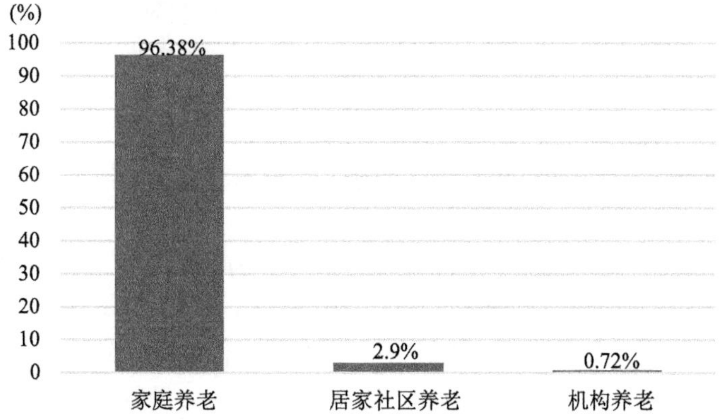

图 8　11 省市自治区养老模式偏好百分比

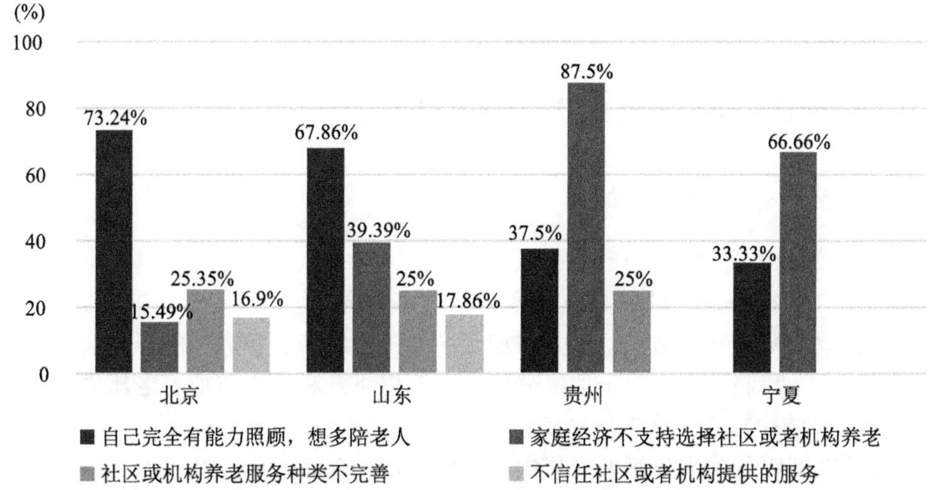

图 9　北京、山东、贵州、宁夏选择家庭养老的原因

从以上统计图中可以看出，四个地区“自己完全有能力照顾，想多陪老人”的选项均有出现并且在北京与山东均占多数。这说明受到传统孝道观念的影响，多数人希望能尽到自己陪伴父母的责任。父母将子女带到世界上并抚育成人，在中国的传统文化当中，父母有恩于子女，子女必定要在之后倾其所有，报答父母。所以，相比西方国家，在中国即使子女工作再忙，也一定会抽出时间多陪伴暮年的父母。

再者，我们发现，贵州与宁夏地区的家庭选择“家庭经济不支持选择社区或者机构养老”的百分比相较于北京与山东有大幅提升。宁夏深居西北，贵州地处西南，两地的经济发展水平远不如北京与山东，所以经济条件成了两地选择家庭养老的重要原因之一。

最后，人们对于社区服务种类少、不信任社区或者机构提供的服务少等也是选择家庭养老的重要原因。近几年，服务人员虐待老人的新闻屡见不鲜。2020 年 7 月 21 日，北京市朝阳区再次曝出一名 85 岁失语老人遭到保姆掌掴、推搡数次的新闻，不禁令众人愤怒。此外，社区或者机构提供的养老服务单一，有些社区仅配备了可供身体状况良好的老年人娱乐的活动中心，却没有考虑到一些失能老人需要接受专人护理的情况。上述两种主要原因成为子女宁愿自己多劳累驱车回家照顾父母，也不愿意选择居家社区养老和机构养老的原因。

然而，居家社区养老和机构养老仍旧会逐渐成为趋势。由于 1982 年开始实施的计划生育基本国策，老龄化已经成了不可逆转的趋势。不论城市等级高低，进入老龄化只是时间上的问题。随着经济不断发展，子女的工作越发忙碌，他们不再有充沛的精力和时间照顾老人，他们能做的是尽自己经济能力为父母购买满意、贴心的养老服务。在调查过程中，许多被调查者都表示，如果国家能够给予更多的养老补贴，他们会更愿意倾向于选择居家社区养老和机构养老。一方面能让父母享受到更好的服务；另一方面也减少了自己的压力。如果这种平衡能够成为现实，中年人的养老负担、经济负担也能减轻，将有利于社会的平衡稳定。

三、养老模式中存在的共性与特殊性问题

（一）家庭养老中存在的问题

1. “4+2+1”家庭结构造成养老压力大

“4+2+1”指的是一对夫妻要供养四个老人，养育一个子女。这样的养老模式是计划生育政策所带来的结果，大大增加了一对夫妻经济、精力上的压力。

经过总结，我们认为，四个地区分别主要有以下几种原因造成养老压力大。

（1）家庭结构导致经济支出平衡难

北京地区家庭月收入金额大多集中在 5000 元～10 000 元、10 000 元～15 000 元以及 20 000 元以上的区间。虽然平均月收入看似不少，但是如果在两位老人依然健在的前提下，除国家供给的养老金和工作单位的退休金来供养老人之外，仍有 22.97%被调查者会选择用自己的工资赡养老人。在物价相对较高时，一个月开销要在 2000 元左右。

山东省有 50%的受访者的家庭需要供养两位老人，有 13.33%的受访者的家庭需要供养三位老人，有 33.33%的受访者的家庭需要供养四位老人，青年人的养老压力普遍较大。

而在银川市，农村家庭主要依靠男人，女人多在家操持，有时家中会有孩子上学，一个人的收入供养一个家庭很有负担。有时也会因为农村的封闭和老人们和子女文化水平都不高，以至于有些国家养老优惠政策得不到贯彻。

（2）城市养育子女消费高、农村维持生计收入低

家庭结构导致经济支出平衡难。第一，子女教育补习成风，费用十分高昂。北京的大多教育机构一小时收费在100元~200元左右，一对一、小班教学等形式的个性化教育收费会更加高昂。通过自身经验来看，一些补课机构一对一的费用甚至可以高达一小时800元。第二，农村地区经济供养水平不足。以银川市为例，因为农村家庭的经济收入主要来源于农业生产、外出打工等低效益的工作，同时随着年龄的增加老人的身体机能会不断出现问题，在就医方面的费用对于低收入的农村家庭来说是极大的负担。

依此来看，若要在日常生活基础上用工资的四分之一去供养老人，对于一些中产家庭来说是不小的压力。例如来自北京的刘同学，她的奶奶去世前处于失能失智的状态，需要有人全天监护。除了聘请护工以及医院治疗外，父亲辞职在家全职照顾老人，生活的压力全部压在了母亲的肩上，所以即使一人收入较高，也要承担着供养全家的压力。

潍坊市目前仍以家庭养老模式为主，主要由子女赡养老人。随着老龄化加剧，平均每个青壮年所需供养的老人增多，加之育有子女，生活压力普遍较大。随着人口老龄化不断发展，高龄、失能、空巢老人数量和比例也将大幅度增加，养老和医疗保障支出持续增长，农村养老形势更加严峻，家庭和社会养老压力进一步加大。再者，面对养老服务业结构不合理，城乡、区域发展不平衡，产业化、市场化、社会化水平不高，农村老龄事业起点低、困难大、老龄工作体制机制不健全，基层基础薄弱，人才队伍短缺等一系列养老问题，应对人口老龄化任务十分繁重。

2. 独居老人、空巢老人现象逐渐普遍

作为省会城市的银川，虽然经济实现了飞速发展，但由于处于西北地区，当地民风朴实、人们大多思想保守，并且受到传统的“养儿防老”的思想影响，无论是农村还是城镇，对赡养老人都更偏向于家庭养老，根据我们小组的调查也印证了这一结果。

从老人自身的生活状况来看，第一，空巢现象增加。随着城市化和价值观的变化，大多数青年人想要寻求更多机会和创造更多财富，使得农村人口逐渐外流，农村剩余劳动力转移，造成老年人与子女的两地分离，留下了许多年老体弱的人。第二，由于社会“弱肉强食”的法则和工作竞争压力的增大，大部分的青年为自己的事业而奋斗，无暇顾及年老体衰的父母，或许能满足老年人经济上的需求，但不能给老年人生活和精神上的安慰，使老年人感到孤独，这同样给我国农村养老带来困难。大量的农村成年子女及夫妻离开原本的家庭和土地来到城市工作，年迈的父母留守于农村，造成农村空巢家庭越来越多，以及人口“半城镇化”现象。

3. 老人精神慰藉无法得到满足

四个地区的问卷填写者一致认为，“陪伴在老人身旁”是养老的最重要环节。但随着社会变迁发展，不论是城市还是农村，子女都无法长时间陪伴在老人身旁，无法让老人获得精神慰藉。

在城市地区，由于工作压力大的原因，即使与父母相隔“半条街”的距离，子女能够去陪伴他们的时间也少之又少。

在农村地区，大部分子女工作在城市，老人则留守于农村。两者的追求不同，年轻人追求事业，老人则更需要子女的关心，使得老人的精神需求得不到满足。在城市打工的子女平时照顾不到老人，只能通过视频电话偶尔问候一下父母。再加上农村缺少老年人娱乐消遣活动的设施，以及老年人自身文化程度偏低和经济生活条件所限，他们的生活形式非常单一，不像城市里的老人那么多的兴趣爱好。老人们的休闲娱乐活动有看电视、下棋、打牌、串门聊天等。部分老人在孤独寂寞或者思念子女心切时，往往会进行农作，用“与土地说话”的方式来舒缓精神压抑。

（二）社区养老中存在的问题

1. 专业人才缺失

居家社区养老是在城镇化不断提升的前提和背景之下不断发展而来的，传统小区以及新兴商品房形成的小区造就了这种养老模式。然而，一直以来，无论是社区居家养老，还是公共机构养老，都存在一个共同的问题，即专业人才的缺失。

在《北京日报》的调查当中，北京市养老护理人员的需求量在 3 万人左右，但目前全市养老护理人员总数仅在 5000 人左右，远远低于需求的数量。在西部地区，社区养老兴起晚，需求较少。正因为没有获得关注，政府也任其发展，使得基础设施、服务机制、专业人才缺乏，没有太正式和模式完备的社区养老机制，由于贫穷也难以雇佣本就稀缺专业的人才。

“重硬件，轻软件”一直是我国管理的突出问题。在老年食堂、老人驿站，老人娱乐等硬件条件不断完善的同时，也面临着数量上护理人员过少、质量上护理人员素质较低、受教育程度低等问题，无法满足相关特殊需求老人的医护需求。据统计，当前相关就业人员不超过 28 万人，而拥有社会工作者职业资格证书和国家养老护理员资格证书的不超过 2.5 万人，不足老年护理人员的 10%。

造成这个问题的原因有三点。首先由于社区养老人员管理制度的不完备，相关补贴以及工资过低导致一些素质较高的护理人员不考虑社区护理。并且，由于社区护理人员的社会地位较低，不能受到他人足够尊重和重视，一些专业护理人员都会考虑去医院或者专业医疗机构就职。

再者，政府不够重视专业人才的培养。例如，毕节市在多年前就有养老机构，但是老年服务依然不乐观，甚至缺乏养老地点和服务人才。在 2017 年 7 月 9 日的“1 + 7”新闻发布会上，政府提出了加强人才队伍建设的要求。至 2020 年，学历教育招收养老相关专业学生 2000 名以上，政府或社会层面开展职业培训 3000 人次以上。

最后，社会宣传不到位，导致养老服务人才空缺。2018 年 1 月 29 日，毕节市人民政府下发了《毕节市人民政府办公室关于印发毕节市老龄事业“十三五”规划的通知》，要求各县根据要求抓紧养老服务的建设。通过政府大力宣传养老服务，让全体群众都了解养老服务，并且投入养老事业当中，贡献自己的一份力量，共同促进养老事业发展。

2. 传统观念转变难

根据我们的调查报告显示，西部地区社区养老发展较为缓慢。参与本次调查的银川市民无人选择社区养老。为何社区养老无法在西部地区拓展呢？主要还是因为传统观念难以改变，以及经济条件限制，西北地区的社区养老兴起晚，农村的空巢老人增多，但他们不理解社区养老。在新时代，他们的思想观念依旧停留在“养儿防老”的层面。他们认为去社区养老是一件“丢脸”的事，会让儿女担上“不孝”的罪名，也会让街坊邻里觉得自己无人关心、十分可怜。

3. 产业发展融资难

由于全社会对人口老龄化的严峻性和紧迫性认识不足，养老政策系统性、协调性、针对性亟待强化，养老服务业存在结构不合理的问题。城乡、区域发展不平衡，产业化、市场化、社会化水平不高，机构养老普及程度低等原因，导致当前还存在一系列难点亟待突破。

主要表现在养老产业与金融业的契合度不高，养老金融产品较少，金融机构对养老项目定位不清，社会资本参与方式不多，社会资本对养老产业的投资热情不高，政府在财政、税收、土地等扶植力度较小等方面。因此地方政府和金融部门需从多方面为养老产业提供支持，如加强金融业和养老产业对接，引导社会资本进入养老产业，协调有关部门加大金融扶持力度等。

（三）机构养老中存在的问题

1. 基础设施不完善

首先，养老机构床位分配地域差异大。中国养老服务机构床位地域分布情况主要集中分布于我国的东部和中部，东部西部差异极大，南部北部差异较大。

究其原因，东部、中部的大中城市较西部、南部相对落后的城市基础设施更完善。同时，也侧面反映出大中城市的机构养老体系相对更加完善。我国在发展机构养老的过程中，不应该只注重大中城市机构养老的基础设施完善和体系建设，也应该关注西部、南部、北部的机构养老基础设施建设。并且，随着我国医养结合养老模式的推进，机构养老不仅仅包括照顾老人的养老服务，更应该包括医疗服务等多元化的服务，由此解决养老医疗分离的局面。这也需要更加完善的医疗设施与养老设备，以及具有专业知识和高素质的医护工作人员。

此外，机构养老的安全设施、餐饮设施、服务质量也不完善。以毕节市为例，从2017年以来，毕节市民政部开展了为期4年的由卫生计生、公安、质监、老龄等部门共同参与的养老院服务质量建设专项行动。根据毕节80%以上养老院为农村敬老院的实际情况，毕节市在2018年出台的深化养老服务业改革发展的实施意见中，发布《农村敬老院服务质量建设专项行动工作方案》，从敬老院消防安全、食品安全、服务规范环境改造等各个方面提质改造，加强基础设施的建设；毕节市“十三五”

规划还要求改革基本措施，提高养老服务质量。因此，改善养老院的服务环境和服务质量是当前最重要的任务。

2. 专业护理人才缺口大

随着社会老龄化的不断加重，对于机构养老的需求将会不断增加，然而我国机构养老除了呈现出地域性质的基础设施短缺情况，还呈现出专业护理人才缺口大的不足。经过调查我们认为主要有以下原因。

首先，养老医护工作者流失率较大。在2017年“两会”汇报当中，某一线城市养老流失率高达30%。除此之外，养老服务机构中从业时间不足5年的人员占71.3%；养老服务机构就业的护理专业毕业生第一年的流失率为40%～50%，第二年的流失率为60%～70%，第三年的流失率达80%～90%以上。专业护理人才流动性过大会导致机构养老之中护理人员不固定，从而无法持续性满足老年人的需求。

其次，社会给予从事养老护理工作人员的认可度低。大多数人不愿从事养老护理的工作，认为这是一项低人一等、收入低下、又累又脏的工作，就连学习护理的学生也不愿去做。养老护理相比于在医院的护理来说工作前景较差，社会地位和声誉较低，所以大多数护理人才不会长久就职于养老机构。作为机构养老的护理人员，担负着照顾老人的一切责任，工作量很大，要照顾老人各个方面，事情烦琐，还要受老人家人和社会带来的精神压力。

最后，有心奉献，却没有知识或技能的人员较多。照顾护理老人是一项技术活，需要护理人员有足够的专业能力和知识结构。但是，政府在这方面拨发的资金很少，导致护理人员的培训费用不足，造成养老机构中护理人才的缺失。

由于养老服务标准制订、实施和监管水平有待提升，养老服务业社会化、市场化、产业化水平不高，人才培养、培训和激励机制仍需要建立和完善，因此需要建立一支职业化、专业化的养老服务队伍和志愿者队伍，以鼓励引导市内大中专院校开展养老服务方面的专业教育，培养老年医学、康复、护理、营养、心理等方面的专门人才。因此积极推进养老护理员持证上岗人员补贴制度，确保养老人员队伍的稳定；推动家庭医生签约服务，实现每个老年人家庭拥有一名合格的家庭医生，引导保障对象优先利用居家护理和社区护理服务；完善社区全科医生上门服务制度，重点保障失能失智、空巢老人医疗需求；加强老年康复医师、康复治疗师与康复辅助器具配置人才培养的任务迫在眉睫。

3. 城乡资源分配不合理

养老资源布局不合理，城乡之间的差距十分突出，在西南地区的差距更为明显。养老床位大部分设置在农村敬老院，而真正需求较大的城区，养老机构却相当匮乏。例如，根据毕节市统计局的数据显示，截至2016年，毕节市各类养老服务的床位总共有2.5万张，其中农村敬老院的数量达到240个，共有床位11 260张。再者，农村幸福院有590个，城市社区居家养老服务站、老年人日间照料中心等共有51个。由此可见，养老服务资源分配有很大的差异，城乡之间的矛盾十分突出。

4. 对机构养老信任程度较低

根据山东潍坊填写者的调查结果显示，有超过96%的受访者采用家庭养老的模式，仅有3.45%的受访者采用居家社区养老的模式。由此可见，潍坊市的养老模式仍以家庭养老为主，机构养老的普及程度不高。

有超过60%的受访者认为养老过程中最重要的是陪伴在老人身边，这是人们普遍选择家庭养老的重要原因之一。此外，还有超过67%的受访者认为自己完全有能力照顾老人，想多陪伴老人，有39.29%的受访者表示家庭条件不支持选择社区或者机构养老，有25%的受访者表示社区或养老机构服务种类不完善，有17.86%的受访者表示不信任社区或机构提供的服务。由此看来，人们对养老机构的信任程度较低，这与近年来频频曝光的养老机构虐待老人、诈骗老人财产的事件有关。如2017年北京养老院殴打老人事件、河南郑州养老院虐老事件、安徽灵璧养老院殴打老人事件，护工粗暴对待老人，甚至为一己之私虐待老人致死的事件层出不穷。此类事件的曝光在很大程度上影响了人们对养老机构，尤其是民办养老机构的信任程度。

四、居家养老与机构养老相关问题的解决

（一）加快模式创新

1. 老年人能力评估——促进养老资源高效利用

老年人能力评估是我国由日本、美国、英国、澳大利亚等国家引进的老年人评估工具，根据中国的国情适当调整后形成的一套辅助提高养老效率的工具。

国家统计局2019年度数据显示，我国65岁以上人口已经达到17 599人，占总人口的12.56%，老年抚养比达到17.8%。也就是说全国平均每100名劳动力要抚养近18名老人，解决养老问题刻不容缓。老年人能力评估能够较为精确地评估老年人的生活活动能力、认知能力、精神状况等。通过评估结果为老人准备不同梯度的养老服务，从而达到养老资源的高效利用。

民政部在2013年发布了《老年人能力评估规范》；北京市民政局从2015年开始着手草拟关于老年人能力评估的细则，如今已到较为成熟的阶段。能力评估费用本着全心全意为老年群体服务的原则，实行全市统一指导价格，入户上门为60~80元，评估机构检测为40~50元左右，收费合理，价格公道。并且，从2013年开始，北京市民政局审批了几所专业的评估机构为老年人服务。例如，北京市倍能公益组织能力建设与评估中心、北京清源创社会组织能力建设与评估促进中心、北京春泽社会服务能力促进与评估中心，等等。北京市的老年人能力评估经过近几年的发展，逐步建成了体系化的评估系统，为全市需要养老服务的老年人带去了福利。

另外，2020年7月，人社部、市场监管总局、国家统计局发布了九个新职业，其中就包括“老年人能力评估师”。这项举措不仅解决了新时代人才就业供给的矛盾，同时为养老服务更具专业化、精细化作出了贡献。

2. PPP 模式吸引社会融资

养老是一种公益性质的产业，但是却需要更加完善的设备以及服务，政府的鼓励性质的政策和措施只能改善养老产业的部分机能，单靠政府的资金和能力无法支持养老产业全面的发展。此时需要社会资本融入其中，为养老产业提供更加强劲的动力。

PPP 模式是指一种更加灵活的融资模式，政府资金和社会资金共同合作参与相关建设。这样的融资模式不仅可以更加广泛地融合社会的资本，提升资金来源的途径，更重要的是可以增加养老产业的支柱来源，使养老产业更加高效地运行，与此同时也减轻了政府的压力。在老龄化日益加剧的中国，PPP 模式与养老的结合无疑是十分必要的。

在我国 PPP 模式与“医养结合”的过程中，广西、深圳等地进行了托管结合的探索和尝试。在公立医院、政府、社会资本三方合作的过程之中进行了托管安排，即公立医院所有权归政府所有，经营权归社会资本所有，签订契约、三权分立，在相互制约的情况下保障养老的公益性，延长了托管期限。使托管期限增至 70 年后，养老与医疗人数大幅度增加，带来了很好的效益。另外，在天津市南开区，政府采用与社会资本相互结合的模式，建立了一所汇集养生、休闲、养老、医疗的综合性、示范性养老机构。在经营理念上，综合了 PPP 的管理模式和“医养结合”的管理方法，同时加强了护理人员的培训，由此成了 PPP 模式与“医养结合”相融合的典范。

从 2014 年起，毕节市也积极探索“公建民营”或“委托管理”模式，将国家投资新建养老服务机构，后续投入和运行通过招商引资或招投标形式，引入社会力量和团体进行投入、管理、运转。通过后续投入换取一定年限经营权，同时承担一定比例的“三无”或低收入家庭老人养老，超出比例的应由政府承担养老服务，政府按成本价或微利价购买该机构服务。

潍坊市政府也响应号召，积极与民间资本和民营企业合作，有效增加了养老机构的社会融资，从而为养老机构的发展提供资金支持。为了提高社会参与积极性，潍坊寿光市出台多项规定保障养老事业平稳运行，对扶持养老服务市场的资金优先划拨，用于发展服务业的资金重点向养老事业倾斜，将福彩公益金优先用于养老服务体系建设，等等。一系列优惠配套政策的实施，极大地调动了社会参与养老事业的积极性，在全市形成了投资多元化、运营市场化、服务规范化的发展格局。此外，通过政府购买第三方服务的方式，招募了有养老运营经验的第三方建立养老服务信息平台，建立老年人、特困人员及失能人员基本数据信息库，整合各类服务资源。为老年人提供助餐、助浴、助医等线上线下服务，从而扎实推动养老模式多元化改革。积极开发健康养生、养老度假产品，拉动消费增长，加快旅游业与养老服务业互动发展。例如，潍坊市峡山区政府推动建设“恒信康养小镇”，打造集生活、文化、休闲、运动、居住于一体的养老服务机构，建立满足多层次健康养老人群需求的高端康养基地，从而推动峡山区生命健康与养老产业迈上新台阶。如高密市为提高全市特困人员集中供养率，拟采取民办公助、购买服务等方式，将 13 家公办敬老院供养老人合并在 4 家养老机构集中供养，从而实现扩大办院规模，推升服务。

但同时也存在着亟待解决的相关问题，例如伙伴关系较松散、未能实现真正的三方分立、有资本驱动导致公益性事业变质等问题。这就需要管理人员和政府相关人员的解决和改良。

3. 智能化养老成为普遍趋势

智能化养老是现在养老模式创新的大势所趋。基于现有技术的不断发展和创新，5G、大数据、人工智能的存在都为智能化养老提供了一个应用的平台。并且，随着老年人口的不断攀升，技术的应用是尤为必要的，只有应用智能科技手段才能实现全面的个性化养老的良好效果。

"互联网+"养老模式火热，互联网平台为养老提供了更多的可能性。首先，互联网平台是紧急情况时与家属、医护人员联系的"报警器"。当老人遇到紧急情况的时候可以利用远程呼叫，使医疗急救达到速度与质量的统一。与此同时，这也更适合社区居家养老和家庭养老的养老模式，让子女更加放心老人独自在家。其次，"互联网+"养老模式促进了老人身体信息数据库的建立，老人和信息一一对应，在治疗或养老的过程中可以迅速了解老人的身体状况、个人偏好等，实现较个性化的服务。这也方便了护理人员获取老人信息，提升了养老服务的质量。再者，"互联网+"养老更是一种创新平台，带动社会产业创新发展，为企业的发展提供了新的机遇与新的发展模式。各个企业针对养老的智能化服务进行创新，拉动了社会的产能，以及技术创新的水平。

2020 年 4 月，上海发布首批 12 个智慧养老应用场景的需求，从中我们可以看出，智能化养老应用的范围是十分广泛的。其中包括照护服务、情感关怀、安全防护、健康服务四个大类。可以看出，智能养老的范围不仅仅局限于老人的身体健康等问题，更关注了老人的情感诉求，在情感关怀之中，老年人可以与人工智能贴心交流，还可以通过多样的方法表达自己的情绪。

银川市于 2018 年就运用"N+3X"的运营养老服务及统一监管的模式开创了银川市智能化养老的先河。其中"N"指的是服务团队家庭社区养老机构，社会组织等；而"3X"指的是服务监督员现场监督服务情况。服务平台工作人员通过电话回访的形式，检查各项服务满意度，以及通过内部监督、满意程度等进行整改和反馈，形成一系列完整、一体化的特色养老服务。

此后，智能化养老不断发展形成"互联网+养老"的模式，政府和整个社会都非常支持企业和电商运用互联网的技术手段创新居家养老服务模式，以及加快推进智能化设计服务养老的平台建设。例如银川市等会根据养老服务建设的进度安排专项资金，用于加快和推进智能化社区居家养老服务网络平台的建设。

综上所述，智能化养老是大势所趋，前景良好，但同时也需要相关部门的规范管理，避免相关隐患。

（二）调整养老金

1. 北京市——增加金额是趋势，高龄老人有福利

月基本养老金是基础养老金和个人账户养老金之和。2020 年 7 月 14 日，北京公

布了企业事业单位养老金新的调整方案，2020 年北京的养老金又一次变化和上调。其中每名退休人员每人每月增加养老金 50 元。

其中，缴费年限满 10 年及以上的退休人员，缴费年限每满 1 年，每月增加 3 元，对于不足整年的月数，每月增加 0.25 元；缴费年限不满 10 年的，每人每月增加 30 元；缴费年限不满 15 年的建设征地农转工退休人员，每人每月增加 45 元，与养老金水平挂钩。按照退休人员 2019 年底前的月基本养老金水平，以 2019 年居民人均可支配收入水平为基准线划分两档，5646 元（含）以上的每人每月增加 30 元，5646 元以下每人每月增加 65 元。为了兼顾公平，针对少数退休人员按与养老金水平挂钩调整后低于 5711 元的，还将进行差额补足。在此基础上，也向高龄老人补助倾斜，65 至 69 周岁的退休人员每人每月再增加 45 元；70 至 74 周岁每人每月再增加 55 元；75 至 79 周岁每人每月再增加 65 元；80 周岁以上每人每月再增加 75 元。

在养老保险方面，2020 年北京人力资源社保局发布了北京城乡居民基本养老保险缴费标准的通告，其中最低缴费标准为年缴费 1000 元，最高为年缴费 9000 元。其中对选择最低缴费至 2000 元以下标准的，每人每年补贴 60 元；选择 2000 元至 4000 元以下的，每人每年补贴 90 元；选择 4000 元至 6000 元以下的，每人每年补贴 120 元；选择 6000 元至最高缴费标准的，每人每年补贴 150 元。

这样的调整与补贴，提高了退休人员的养老金的保障，可以提升他们的生活水平，加快北京倡导的“老有所养”目标的实现。

2. 贵州省——养老金按梯度分发，医疗保险逐步落实

据《贵州 2015 年企业退休人员基本养老金调整方案解读》，从 2015 年 1 月 1 日起，贵州省调整企业退休人员基本养老金。此次待遇调整，惠及全省近 100 万的退休人员。据了解，此次的调整是该省连续 11 年进行养老金待遇调整，调整幅度为 10.57%，略高于全国 10% 的平均水平。

贵州省调整企业退休人员基本养老金每人每月最少增加 145 元。省人社厅相关负责人称，此次企业退休人员基本养老金待遇调整分别为：2014 年 12 月 31 日以前办理退休手续的，每人每月增加基本养老金 110 元，在此基础上再按照本人缴费年限（含视同缴费年限，不含折算工龄）予以增加，缴费年限每满 1 年增加 3.5 元，缴费年限不足 1 年按 1 年计算。其次，对符合《关于建国前参加工作的老工人退休待遇的通知》规定的退休的中华人民共和国成立前参加革命工作的老工人单独予以调整，按照参加革命工作时间的不同时间段，每人每月分别增加 550 元、530 元、510 元。

在“十三五”规划指标中，城镇职工基本养老保险参保人数 2015 年是 21.73 万人，2020 年上升到 45 万人；另外，城乡居民基本养老保险参保人数由 307.39 万人上升到 330 万人。由此可见，贵州省十分重视养老事业，力求从养老金上刺激养老事业的发展。

除了养老保险的调整外，国家政府还增加医疗保险，而且格外重视老年人的医疗保险。建立健全重特大疾病保障机制，实现与城乡居民医保、大病保险和医疗救助的无缝衔接。2020 年，城镇职工基本医疗保险参保人数达到 34 万人，城乡居民医保参

保人数达到 716 万人，参保率稳定在 95% 以上。

3. 潍坊市——新增优待项目，提升老年人幸福指数

《山东省老年人权益保障条例》修订实施后，潍坊市政府出台了一系列支持发展老龄事业、促进养老体系建设的政策文件，老龄法规政策体系不断完善。建立了城乡一体的基本养老保险和基本医疗保险制度，推行和落实了居民大病保险、失能困难老年人护理补贴制度，开展了职工长期护理保险试点，推动了老年人意外伤害保险工作，完善了高龄津贴制度，养老保障和老年福利水平持续改善。

同时还修订颁布了《优待老年人规定》，增加了优待项目，拓宽了优待范围，提高了优待标准。同时多支柱、全覆盖、可持续的养老保障体系更加完善，老年人生活水平和老年人医疗保障水平都进一步提升，老年人健康素养提高，人均预期寿命达到 79 岁，使老年人的获得感、幸福感、满足感显著提升。

首先，适时调整和提高对公办养老机构服务的经费，保障公办养老服务机构的建设和运行的投入，使养老机构建设的财政投入资金及时到位。其次，创办社区居家养老服务机构和农村幸福院经费补助机制，制定养老扶持管理的条例，对正规和验收合格的社区居家养老院和农村幸福院通过市财政给予运营补助，如提供居家养老服务的日间照料室等。最后，依据困难程度提供政府养老服务，如低收入困难家庭和失能、半失能、高龄、独居、残疾等老年人进行养老补贴和提供养老服务。

（三）改革医疗体制

1. 推进“医养结合”

“医养结合”指的是将老人的医疗和养老放到更加重要的位置上，实现医疗和养老的有机结合，其中我国的医养结合主要针对家庭养老和社区居家养老等养老方式之中。

在医疗方式上，针对家庭养老和社区居家养老的老人，相关社区会定期组织专家会诊，为这些老人进行专业化的健康维护。例如，在北京一些专业的大医院，如阜外医院、协和医院等十大医院都在逐步建立北京临床远程会诊中心，针对 60 岁以上的老人进行减免医师服务费；而在海淀区，更是进行了专家进社区的三甲医院与社区的良好合作，一些有需求的病患可以提前预约相关专家，进行专家会诊，由此形成“医养结合”的良好循环。与此同时，二级以上医院也将为老人开启绿色通道，使老人挂号就医更加便利。

在医疗体系上，国家也更加注重护理人员的培训，不断提升医疗人员的专业程度、护理技术，增加老年医疗的质量与水准。同时建立了“三边四级”养老服务体系。所谓的“三边四级”养老服务体系，是指依托区级养老服务指导中心、街乡养老照料中心和社区养老服务驿站等区域性养老服务平台，统筹区域内企事业单位和社会组织提供的各类专业服务和志愿公益服务，实现老年人在其周边、身边和床边就近享受居家养老服务。

据毕节市统计，全市有卫生机构 5365 个，床位 31 629 张，其中医院 243 个，医

院床位 21 200 余张。卫生基础设施完善，医疗资源丰富，床位众多，全市新型农村合作医疗参保人数达到 670 余万人。因为有合作医疗承担大部分医疗费用，住院康复和治疗人员增加较快。据对医院住院病人的调研，超过 30% 病人为老年人。2013 年，毕节市民政局积极与卫生局协调，决定下发整合乡镇卫生院等医疗卫生资源的文件，开展针对 60 周岁以上老年人的康复养老服务，推动“医养融合”发展，加快养老服务质量的改善和提升。

山东寿光市则鼓励各级医疗卫生机构开展养老服务，推动医疗卫生服务向社区、家庭延伸，鼓励执业医师到养老机构设置的医疗机构多点执业，支持有专业特长的医师及专业人员在养老机构规范开展疾病预防、营养、中医调理养生等非诊疗行为的健康服务。鼓励各级医疗卫生机构和医务工作志愿者定期为老年人开展义诊，加强老年康复医师、康复治疗师与康复辅助器具配置人才培养。

银川市在医疗体制方面，着力推进医疗卫生和养老服务的融合发展，推进市区的卫生服务机构，与一些医疗机构同社区的托老所和养老机构加强合作，为老年人提供家庭医生上门护理、健康状况评估等健康管理服务。支持有条件的养老机构设置医疗机构，符合条件的医疗机构申请医疗保险定点服务。并鼓励护理型养老院的建设，为老年患者开通绿色通道，在符合本市医疗机构设置规划内的原则下，支持社会力量举办护理院、康复医院和提供临终关怀服务的医疗机构。

（四）注重基础设施建设

基础设施建设在西部地区和东部地区是亟待解决的问题之一。毕节市和潍坊市纷纷给出积极解决当地问题的对策。

毕节市各县建成 500 张床位左右的综合示范性养老服务机构，该项已纳入市政府 2018 年“十件民生实事”。同时，加强养老机构的建设，增加公共设施的建设，“十三五”规划中也提出了注重基础措施的建设。

首先，积极推动开展创建老年宜居社区活动，加强公共基础设施、社区服务设施、居家环境等建设，为老年人提供安全、便利和舒适的居住和生活环境。“十三五”期间，力争 30% 城市社区达到老年宜居社区基本条件，20% 农村具备老年宜居社区基本条件，大部分老年人的养老服务需求能够得到满足。

其次，大力推进老年人住宅“适老化”改造。建立防火和紧急救援网络，完善老年人住宅防火和紧急救援救助功能，鼓励发展老年人紧急呼叫产品与服务，鼓励安装独立式感烟火灾探测报警器等设施设备。对于居住在城市高层住宅的老年人，安装老年式电梯，便于老年人出行。对老年人住宅室内设施中存在的安全隐患进行排查和改造，有条件的地方可对于特困老年人家庭的改造给予适当补助。潍坊市为完善养老服务的基础设施建设，积极建设幸福大院。全市众多集体经济条件较好和闲置场所较多的村都建起了以养老为主，兼有就餐照料、文体娱乐等功能于一体的幸福大院。如孙家集街道三元朱村在新农村规划中，集中为年满 80 周岁以上的老年人建设了幸福大院，该院设置了 30 间 50 平方米的老年房，并设置活动室、卫生室等各项功能室，能满足老年人医疗、护理、娱乐等多项服务需求。

再次，潍坊市还积极建设老年公寓。各村在农村改造过程中，结合相关政策，采取“大户套小户”模式或集中建设老年房的方式，建设老年公寓，为机构养老、社区养老提供了基础。同时，基层老年文体设施建设成效显著，助力老年文体活动更加丰富多彩，实现老年人精神文化生活水平不断改善。

最后，潍坊市政府还积极整合养老资源，探索亲情互助式、虚拟养老院式等居家养老服务模式，盘活土地承包经营权、宅基地使用权和住房所有权等资源资产，依托风景区和生态旅游地，为开展“候鸟式”“旅游式”“度假型”“安家型”“互助型”等异地养老提供了政策支持。在农村，发挥农村基层党组织、村委会、老年协会作用，依托农村社区综合服务中心（站）、幸福院、卫生室、农家书屋、健身设施，为农村留守、孤寡、贫困、残疾等老年人提供关爱服务。

（五）重视专业人才培养

1. 专科院校培养专业化人才

1999年，我国正式进入老龄化社会，至今已有二十余年。归根结底，要想发展好居家社区养老和机构养老，就一定要重视专业的养老人才的培养。

北京市老年人口众多，“纯老家庭”人口已达52.14万人。作为急需养老服务的地区，北京市养老服务产业需要在质量、种类、数量上加快推进建设，作为投身养老服务行业的人才更需要专业化、职业化，助力养老服务发展。

北京市在养老服务人才的培养方面，着重调整高等专科学校的专业，以便适应北京市的养老服务需求。北京劳动保障职业学院是率先推出“老年服务与管理专业”的高等专科院校之一。

专科院校比本科院校更加注重实践，而养老护理工作就是一项“重实践”的爱心工作。专科院校不仅传授学生基本的护理知识与技能，还争取与日本、澳大利亚等国家相关专业合作的机会，学习发达国家较为成熟的养老护理模式，让学生更具备国际视野，打造全方位、国际化的人才。此外，北京市的“老年服务与管理专业”的学生还积极参加护理比赛，提升自己的专业技能。例如，北京劳动保障职业学院的2010级学生首次参加“第三届全国职业院校民政职业技能大赛养老护理员专业大赛”便载誉而归。

毕节市人民政府在“十三五”规划和2018年7月9日的“1+7”新闻发布会上，都提出了加强人才队伍建设的要求。在《加强养老服务人才队伍建设的子工作方案》中，提出开展学历教育和职业技能培训相结合，支持市医学高等专科学校、职业技术学院等大专院校以及各县（区）中职学校设置养老服务类专业。例如，毕节市职业技术学院和毕节医学高等专科学校都是培养专业技术人员的职业性学院。同时，定期对看护人员进行思想教育和技能培训，并调整工作制度，分为日间看护和夜晚陪伴，增加看护员的耐心。

2. 政府投入资金支持

财政拨款能够最大限度地缓解养老机构融资难的问题。

以贵州省为例，据调查，2017—2019 年，贵州省财政厅向各地发放补助资金 12.18 亿元，为贵州养老服务产业提供了资金帮扶。2018 年，贵州省建立了养老产业发展基金，重点投向符合贵州养老服务产业政策要求，符合贵州经济转型升级产业导向的优质项目。另外，对社会力量兴办的非营利性养老机构，床位数达到 30 张及以上、符合相关资质条件的，除省级按每张床位 3000 元标准给予一次性建设补助外，市、县两级同时也要给予一次性建设补助，两级合计补助金额不低于 3000 元，并逐步提高运营补贴标准。

对不同类型的养老机构，提供减税或免税支持。2019 年 5 月 1 日起，贵州将城镇职工基本养老保险（包括企业和机关事业单位基本养老保险）单位缴费比例统一降至 16%。2019 年 5 月 1 日至 2020 年 4 月 30 日，工伤保险继续以现行八类行业基准费率为基础下调 20%。2019 年 12 月 18 日，贵州省财政厅负责人在新闻发布会上透露，2019 年贵州积极争取世界银行和法开署联合融资贷款贵州养老服务体系建设项目。其中世行贷款 3.5 亿美元（贷款期限 34 年）、法开署贷款 1 亿欧元（贷款期限 20 年），贷款总额折合人民币约 32 亿元。这个项目将在贵阳市、遵义市、六盘水市、黔西南州和黔南州 5 个市（州）的 48 个县（市、区、特区）实施。这个项目的实施，在很大程度上促进了养老产业的发展，加快了养老产业前进的步伐。

3. 志愿者补足人才缺口

山东省寿光市在鼓励养老机构发展，在养老服务带动就业发展基础上，将着手建立一支职业化、专业化的养老服务队伍和志愿者队伍。鼓励引导市内大中专院校开展养老服务方面的专业教育，培养老年医学、康复、护理、营养、心理等方面的专门人才，并积极推进养老护理员持证上岗人员补贴制度，确保养老人员队伍的稳定。

参考文献

[1] 李桂杰. 老年人能力评估师：对政府花出去的钱负责 [N]. 中国青年报，2020-07-17 (002).

[2] 胡建兵."老年人能力评估师"让养老更趋专业化 [N]. 贵州日报，2020-07-15 (005).

[3] 付晶. 我国社会养老服务体系建设存在的问题及对策建议 [J]. 中外企业家，2020 (19)：248.

[4] 林剑花."互联网+"时代智能化居家养老服务模式探讨 [J]. 辽宁经济，2020 (06)：58-59.

[5] 马彦，徐刚. 养老服务机构护理人员流失原因分析及对策研究 [J]. 广东职业技术教育与研究，2020 (02)：80-83.

[6] 杨红燕，陈鑫，聂梦琦，罗萍，秦昆. 地方政府间"标尺竞争""参照学习"与机构养老床位供给的空间分布 [J]. 中央财经大学学报，2020 (02)：106-116.

[7] 童媛媛. 人口老龄化背景下我国城市社区居家养老模式研究 [J]. 科技资讯，2020，18 (05)：208-209.

[8] 王承强．农村老年人经济供养的现状与对策［N］．中国人口报，2019－10－17（003）．
[9] 阳旭东．新时代背景下西部民族地区农村家庭养老问题探究［J］．农村经济，2018（12）：74－78．
[10] 王兆鑫，叶樊妮，王蓬．“医养结合”养老服务模式的发展对策［J］．陕西行政学院学报，2018，32（03）：34－41．
[11] 张博，韩俊江．人口老龄化背景下发展智慧养老产业研究［J］．云南民族大学学报（哲学社会科学版），2018，35（04）：125－128．
[12] 韩曙光．中国人口老龄化与养老产业问题研究［D］．乌鲁木齐：新疆大学，2018．
[13] 武赫．人口老龄化背景下我国养老产业发展研究［D］．长春：吉林大学，2017．
[14] 郑婷．我国养老护理服务专业人才现状分析及破解对策［J］．现代商贸工业，2017（32）：75－76．
[15] 丁锡山．毕节市养老服务业发展现状及对策建议［N］．中国社会报，2017－05－19（007）．
[16] 张邦辉，杨乐．贵州省劳动力流出地农村老年人养老服务供需现状研究——基于毕节市农村老年人的问卷调查［J］．贵州社会科学，2017（02）：97－103．
[17] 赵强社．农村养老：困境分析、模式选择与策略构想［J］．农业经济问题，2016，37（10）：70－82＋111．
[18] 田蕊，刘生军，徐涵．基于社会公平的养老设施规划思考——以毕节市中心城区为例［C］．中国城市规划学会．城乡治理与规划改革——2014中国城市规划年会论文集（12——居住区规划）．中国城市规划学会：中国城市规划学会，2014：478－488．
[19] 王莉莉．中国城市地区机构养老服务业发展分析［J］．人口学刊，2014，36（04）：83－92．
[20] 聂建明．公共政策视角下的中国养老地产研究［D］．北京：中国社会科学院研究生院，2014．
[21] 杜娟．关于毕节市养老机构建设情况的调研报告［N］．毕节日报，2013－08－02（002）．
[22] 倾力养老事业　成就幸福晚年——北京劳动保障职业学院老年服务与管理专业［J］．北京教育（高教），2012（12）：81－82．
[23] 管乐乐．我国母婴产品消费者行为研究［D］．上海：华东理工大学，2013．
[24] 唐毓懋．贵州省毕节市农村贫困研究［D］．北京：中国农业科学院，2011．
[25] 母婴市场现状分析［J］．科技创业，2008（05）：59－60．
[26] 安翔．对银川市劳动力要素与经济增长关系的实证分析［J］．太原理工大学学报（社会科学版），2004（03）：13－16．

附录：

“养老模式偏好小调查”的调查问卷

尊敬的填写人，您好！

我们是北京工商大学的大一学生，正在针对全面建成小康社会中养老问题进行实践调查。本次调查采取匿名的形式，我们保证不会泄露您的个人信息。本问卷的项目分为单项选择、多项选择与填空三种类型，请您一定按顺序作答。感谢您抽出宝贵的时间参与本次调查，您反映的真实情况将为我们的实践调查提供宝贵参考。由衷感谢您的参与！

1. 您的年龄［单选题］

○18 岁以下　○18～28 岁　○29～40 岁　○41～64 岁

○65 岁以上（跳转至第 6 题）

2. 您的婚姻状况［单选题］

○未婚　○已婚　○离异　○丧偶

3. 您的家庭需要供养几位老人［单选题］

○1 位　○2 位　○3 位　○4 位

○4 位及其以上

4. 您家庭成员的工作状况［单选题］

○均有正式工作　○部分有工作　○均没有工作

5. 您家老年人的收入来源［多选题］

□国家发放养老金　□退休金

□工作收入　□其他收入

6. 您目前收入来源［多选题］（跳转至第 7 题）

□国家发放的养老金　□退休金

□工作收入　□其他收入

7. 您的月收入金额［单选题］（跳转至第 10 题）

○4000 元及以上　○3001 元～4000 元

○2001 元～3000 元　○1501 元～2000 元

○1001 元～1500 元　○500 元～1000 元

○500 元以下

8. 您的家庭月收入金额［单选题］

○2000 元以下　○2001 元～5000 元

○5001 元～10 000 元　○10 001 元～15 000 元

○15 001 元～20 000 元　○20 000 元及以上

9. 您目前的常驻地区［单选题］

○一线城市或新一线城市　○二线城市

○三线城市　○四线城市及以下

10. 您的婚姻状况（老年人）［单选题］（跳转到第 11 题）

○未婚　○已婚　○离异　○丧偶

11. 您认为养老过程中最重要的环节是什么［单选题］

○给予老年人充分的社交空间　○完备的医疗服务

○老人有独立住房　○陪伴在老人身旁

○伙食好　○其他

12. 您的家庭目前采用的养老模式［单选题］

○家庭养老（跳转到第 13 题）　○居家社区养老（跳转到第 14 题）

○机构养老（跳转到第 15 题）

13. 您为何选择家庭养老 [多选题]

☐自己完全有能力照顾，想多陪伴老人

☐家庭经济不支持选择社区或者机构养老

☐社区或机构养老服务种类不完善

☐不信任社区或者机构提供的服务

14. 您为何选择居家社区养老 [多选题]

☐给予老人更自由的社交空间　　☐养老服务经济实惠

☐工作忙，没有多余时间照顾　　☐其他

15. 您为何选择机构养老 [多选题]

☐养老机构环境好，服务周到

☐养老机构能扩大老年人社交面，丰富他们的业余生活

☐老年人身体情况不好，需要专业照料

☐工作忙，无暇照料

16. 对于目前所选择的养老模式，您认为有哪些不足 [填空题]

____

____

新时代大学生就业问题调查①

马　静　刘选丽

【摘　要】从1999年开始，高校连年扩招，2019年我国的高等教育毛入学率超过50%，进入高等教育普及化阶段。在这个新的时代背景下，大学生群体的就业形势越来越严峻，“就业难”已经成了每年毕业季都会有的关键词。大学生是我国宝贵的人力资源，也是政府高度关注的重点就业群体，其就业情况关系到经济持续健康发展、民生改善与社会和谐稳定。本文分析了目前大学生就业中存在的一些问题及产生的原因，并在此基础上给出一些建议。

【关键词】新时代；大学生；就业

习近平总书记在十九大报告中指出：“青年兴则国家兴，青年强则国家强。青年一代有理想、有本领、有担当，国家就有前途，民族就有希望。”青年是决定未来中国社会走向的关键性群体。随着中国高等教育步入大众化阶段，大学生群体成为我国青年人群中最为重要的组成部分。自高校扩招以来，我国大学毕业生人数快速增长，高校毕业生数量连年创历史新高。严峻的就业形势使得大学生“就业难”成为社会公众广泛关注的一个社会问题，高校毕业生也一直是政府高度关注的重点就业群体。高校毕业生的就业状况关系到经济持续健康发展、民生改善与社会和谐稳定，促进高校毕业生就业也是我国持续推进“稳就业”的重中之重。因此，对大学生就业问题进行深入调查，探讨问题产生的原因及可采取的应对措施，对更有针对性地促进大学生就业，用好大学生这一宝贵人力资源，有力推动“稳就业”具有重要的理论价值。

本次调查主要采取问卷调查的形式，通过“问卷星”平台在线上调查，共发出问卷111份，回收有效问卷111份，有效率为100%。本次调研人群主要为在读大学生，少数为已毕业大学生（其中95.5%为在读大学生，4.5%为已毕业大学生）。

一、当前大学生就业体系中存在的问题

第一，在就业市场上大学生供过于求，求职竞争加剧。从1999年开始，我国高等院校连年扩招，致使高校毕业生规模持续大幅度增长。到2019年，高职扩招100万人，我国高等教育毛入学率超过50%，进入高等教育普及化阶段。随着大学生数

---

① 本课题指导教师：马静（北京工商大学马克思主义学院）；课题组组长：刘选丽（生物技术182）；课题组成员：况昕珏（生物技术182）、李以洪（生物技术182）。

量的不断增多，大学生已经不再是稀缺群体，在就业市场上，大学毕业生也早就由“卖方”变成了“买方”，大学毕业生就业的竞争越来越激烈。在此背景下，大学毕业生要想求得一份不错的工作越来越难。

一些用人单位明确表示只招“985”“211”学校的学生，让许多普通大学的学生连“进门”的机会都没有，本科院校的院校特性也成了他们耿耿于怀的“一处伤”。为了能在简历上多些亮眼的成绩，许多大学生热衷于考各种证书。由于实习经历能在求职中更具优势，实习渐渐地几乎成了必做题，在实习上也有了文章可做。

《实习岂是生意》一文中写道：“据媒体报道，针对毕业生希望入职名企实习增加求职竞争力的需求，一些中介做起了付费内推实习的生意。去国际投行实习一个月要花1.7万元，去国内头部券商实习要2万元……明码标价的实习机会背后，中介往往打通了内部关系，与内部员工‘里应外合’，将实习生安排在重要岗位上。”大学生有去名企实习、增添简历光彩的需求，于是推动了付费内推实习生行业的兴起。表面上双方有买有卖、各取所需，看起来没什么问题，但实际上，这扰乱了正常的实习秩序，挤压了其他走正常渠道学生的实习机会。对那些有能力但没有足够支付能力的人来说，这是不公平的。

除了同级的竞争，还有硕士、博士的前辈们也在竞争职位。大学生数量的增多，使得大学生这一身份已经不再具有竞争力，许多高层次的岗位也都要求学位至少是硕士及以上。在这种环境下，有越来越多的人选择大学毕业后继续读研究生。在本次调查中，有45.95%的人毕业后打算继续读研。问及他们读研的原因时，56.86%的人选了“为了提升学历，以便更好地求职”。在求职竞争日益激烈的今天，大学生该如何有效增加自己的就业竞争力是一个值得探讨的问题。

第二，大学毕业生就业的结构性矛盾突出。当前的大学教育中更注重专业知识的学习，考核的内容大多是对所学知识的掌握程度、学习能力，甚至对一些学生而言，考核的是应试能力。而大学在培养学生的解决问题的能力、沟通与表达能力、创新能力等软技能和素质方面却心有余而力不足，这些恰恰是用人单位更看重的东西。

中央电视台举办的“人才对话”节目，邀请李开复先生作为企业界的代表，陈章良先生作为大学的代表。以李开复代表需求方，陈章良代表供给方，分别给出人才的关键词。李开复给出的是“人品、智慧、团队精神、激情”；陈章良给出的是“创新、执着、自信”。可见大学培养人才的标准与企业所需人才的标准是有差异的，而这种差异也是不可能通过一方让步于另一方来实现统一的。毕竟大学存在的意义不是迎合市场，而是“文化育人”，培养出有健全人格、良好品行、有专业素养的学生，并探求真理、推动学术的发展。而以盈利为目的的企业考虑到用人成本，也不可能对大学生照单全收。这就导致一部分大学生因为素质达不到企业要求而难以就业，而企业也要花更大的成本从社会上招聘。

同时，大多数大学生眼中的理想工作是那些看起来“高大上”的工作，比如白领、公务员，对一些基层工作不感兴趣，而市场中的基层职业和技术工作是缺乏人才的。在《2019年第三季度全国招聘求职100个短缺职业排行》中，42个属于《中华人民共和国职业分类大典（2015 版)》中的第四大类——社会生产服务和生活服务人员，36 个属于第六大类——生产制造及有关人员，17 个属于第二大类——专业技术人员，4 个属于第三大类——办事人员和有关人员，1 个属于第一大类——党的机关、国家机关、群众团体和社会组织、企事业单位负责人。可见，与我们预期的不同，缺乏得最多的不是高技能、高技术的人才，而是那些普通的职业。

可以说，一边是高校毕业生就业难，另一边是用人单位找不到所需人才。

第三，学校提供的就业服务不够具体。目前，在就业服务方面，各高校提供的主要是职业生涯规划课程、大学生就业指导课程、邀请前辈或 HR 来学校讲授经验、老师讲授面试和简历制作的经验。如表 1 所示。

表 1　学校为学生提供就业服务情况调查结果

选项	小计	比例
A. 职业生涯规划课程	76	68.47%
B. 大学生就业指导课程	70	63.06%
C. 邀请前辈来学校传授经验	57	51.35%
D. 邀请公司 HR 来校讲授经验	45	40.54%
E. 专门的就业咨询和服务机构	44	39.64%
F. 有老师传授面试和简历制作经验、技巧	36	32.43%
G. 参观企业和创业园区	28	25.23%
H. 职业体验	27	24.32%
I. 其他	1	0.9%
本题有效填写人次	111	

在“对学校提供的就业服务满意吗”这一问题中，有 20.72% 的人选择“满意，满足了我关于求职的所有需求”，有 63.96% 的人选择“比较满意，有一定的作用，但还有欠缺”，有 15.32% 的人选择“不满意，感觉没多大作用”。由此可以看出，大多数学生都认为学校提供的就业服务有待改进。

在“学校在就业服务方面还需要改进的地方有哪些”这一问题中，有 72.97% 的人选择“多增加求职相关的实践活动（如写简历、模拟面试、职业体验）来练练手”，68.47% 的人选择“开设职业技能相关课程，如 Office 办公软件的操作、人际交往等”，51.35% 的人选择“多请职场中的专业人士来学校讲授经验”。

从以上调查结果来看，目前学校主要提供的就业服务——职业生涯规划课程、就业指导课程、邀请专业人士到校传授经验等，都存在太过宽泛的问题。即只是在理论的宏观层面上告诉学生相关的概念和应该做什么，缺少具体、可执行的方法指导和实践的机会，以及缺乏长期的、持续的监督和反馈机制（为提高某项职场所需能力需要长期坚持做什么、怎样算是在这项能力上有所进步）。目前这样的指导在普及相关就业信息方面有一定的作用，但大学生想要的是在毕业前做好进入职场的准备，显然这样的服务还不能满足大学生的需求。这也是调查中 79.28% 的人认为学校提供的就业服务有待改进的原因。

第四，大学生的就业观念有一定问题。就业选择是大学生在成长历程中必须要面临的重要抉择，它反映了大学生对未来职业的一种价值评价和倾向度。合理的就业选择既可以为青年自我价值的实现和未来职业发展提供切实的保障，也有利于整个社会人力资源的合理分配。大学生就业选择的意愿或观念是与社会变迁背景下社会的主导价值取向相吻合的，往往带有时代的印记。我国社会结构的深刻变动与社会流动的加速，使得大学生的就业观念处于不断流变的过程中，在不同的时期呈现出不同的特点。尤其是自改革开放以来，随着市场化进程的推进，社会的整体活力得到极大程度地释放，市场经济变革下的个体得以摆脱各种社会限制和束缚，按照自己的意愿选择就业的方向、自主择业。当然，市场化改革也打破了传统的权力分配与利益格局，冲击了旧有的体制机制和主流价值观念，社会变革的发生势必影响到大学生的择业理念。

当问及“选择职业时，你会优先考虑哪些因素”时，64.86% 的人表示工资对自己来说是优先考虑的因素，优先考虑城市发达程度的占 63.96%，优先考虑专业是否对口的占 56.76%，优先考虑兴趣的占 53.15%，优先考虑发展空间的占 47.75%。其他因素如居住地距离、福利、企业氛围和人际关系、能否在该单位学到东西、工作时间和强度，有 40% 的人会在择业时优先考虑。由此可见，和前几年一样，大学生选择工作时优先考虑的依然是工资、城市的发达程度。

调查“你期望的签约月薪是多少”时，得到的结果如图 1。由“2018—2019 年应届毕业生期望签约月薪与实际月薪”（图 2）可以看到，2019 届毕业生的实际签约月薪 90% 在 8000 元以下。而在本次调研中有 34.24% 的人期望月薪在 9000 元以上，期望月薪与实际情况相比，整体的正态分布都往高薪方向移动了一个档次。这说明，部分人对月薪的期望过高，这与现在自媒体上经常营销的“只要会 × ×（写作、PS、理财、Python……），轻轻松松月入过万”有很大的关系。随着互联网的发展，互联网成了一个重要的营销渠道，而大学生是使用互联网的一个主要群体，铺天盖地的网络营销使得许多大学生有了“月入过万很轻松”的错觉，期望严重偏离实际情况。过高的期望必然会阻碍其正常的职业选择，用不切实际的期望是找不到满意的工作的。

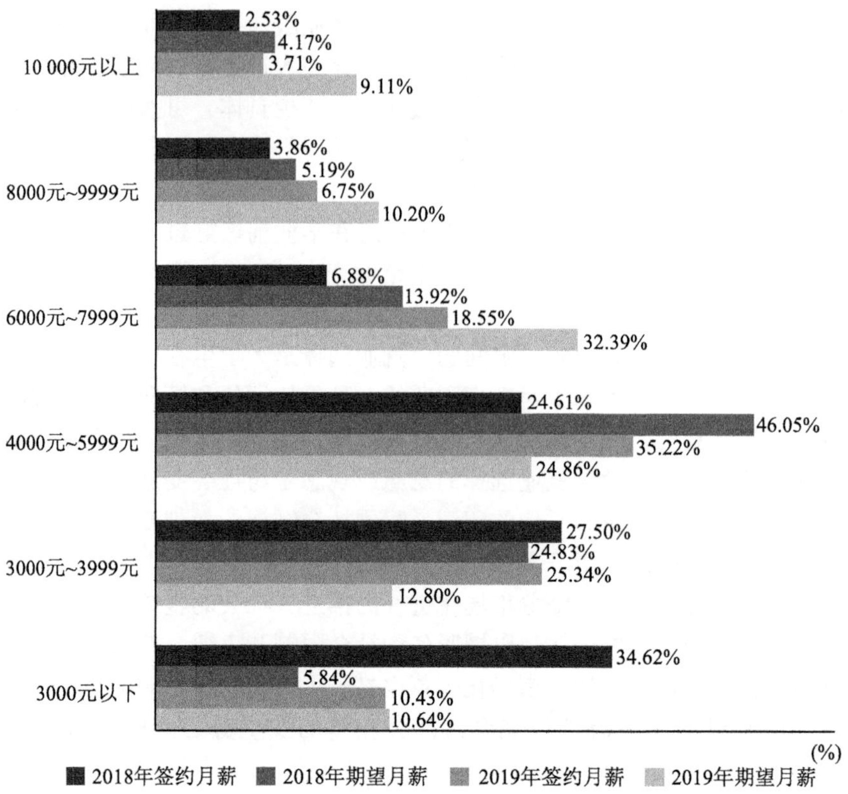

图 1　2018—2019 应届毕业生期望月薪和实际签约月薪

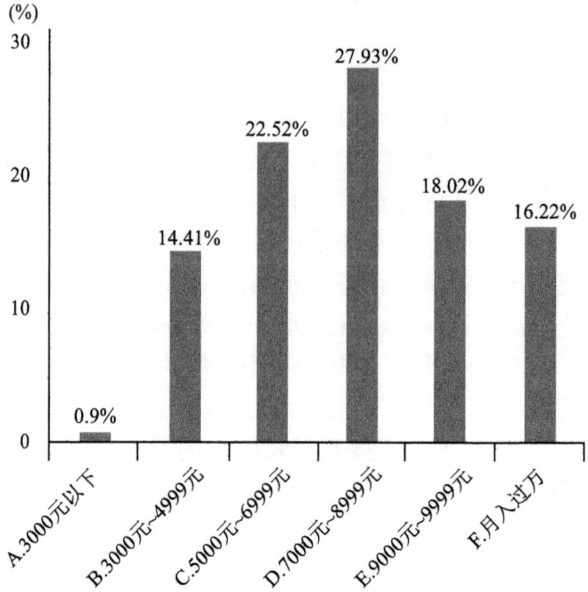

图 2　大学生期望薪资

第五，大学生获取就业相关信息的渠道杂乱无章，消息相对闭塞。人们形容大学是“象牙塔”，远离现实社会的黑暗与残酷，相对单纯、美好。比起现实社会，身处大学校园的学生们所面对的大部分只是学业问题，用心学习就能得到一个不错的成绩，而且这种结果在期末考试的时候能如实地反馈到自身。然而，在现实社会中，人们需要面对的是有更多因素影响的、非线性的复杂问题。不是做了某事就能达成目标的，我们还需要弄清楚有多少种因素共同影响这件事、做这件事有多少种方式、哪种方式最有效、要落实这件事需要进行的步骤有哪些、在每一个步骤我们落实了多少、要以怎样的标准来评价这件事做得好不好……就业问题也是如此，不是学习成绩好、拥有名校学历等单一因素就能确保我们一定能找到好工作，就业需要的是多方面的综合能力。就业是一个宏大的问题，从学生到职场人的转变，之间有很多具体的问题需要解决，而能否意识到这些问题的存在，取决于当事人对该事物的认识。如果没有清晰的认识，看到的就只是问题的起点和终点，以及一条简单粗暴的直线路径，最后，等到真正地着手去做这件事的时候，就会备感艰辛、困难重重。

在就业问题上，大学生是如何获得相关认识的呢？在问卷调查中，针对“你会主动提前去了解就业相关信息吗？是通过哪些渠道？”这一问题，有 16.36% 的人认为大四再了解相关信息也不迟。67.57% 的人会在知乎、B 站、公众号等平台上看一些职场相关信息。有 58.56% 的人会去招聘网站上了解职业岗位、薪资、要求等信息。有 58.56% 的人会去了解学校官网提供的相关就业信息。有 34.23% 的人会去政府官网了解相关政策。可以看出，大多数人会主动提前去了解就业相关的信息，大学生更倾向于去知乎、B 站、公众号等常见的大众平台上了解相关信息，也有超过半数的人会去招聘网站上了解职业岗位、薪资、要求等具体信息，只有 34.23% 的人会去政府官网上了解相关信息。

大学生获取就业相关信息的渠道多而杂、传播程度不一，这就造成因信息不全面而认识片面的问题。马克思主义认识论指出，认识对实践具有反作用，认识指导着实践。大学生用片面的认识去指导自己在就业方面的实践，必定达不到期望的效果。比如，盲目追随考证热潮、只顾理论学习而不重实践、意识不到现实社会中的竞争压力而只顾及时享乐等，这些行为都会使大学生错过真正提升自我能力的机会。

那么，是什么导致这样的现象发生呢？为什么只有部分人会提前了解相关信息？为什么大学生对各种信息获取渠道的偏爱程度不同呢？是人的天性使然。短视和懒惰是人的天性，比起两三年后才会发生的事情，人们更关心今天吃什么。人类社会的许多技术革新都是在为人类提供便利、省去麻烦，在为人类偷懒，在这个问题上同样如此。所以有人选择在大四的时候再去了解就业相关信息，大学生更喜欢在知乎、B 站、公众号等氛围更轻松、内容更通俗易懂的平台上了解相关信息，也很少有人会为了弄清楚一个问题去所有平台了解信息。

所以，大学生获取相关就业信息的渠道杂乱无章且小众是一个值得注意的问题，也是一个需要技巧解决的问题。

二、新时代大学生就业问题的原因

（一）高等教育普及化是国家发展趋势所向

一个国家的实力有两个方面：一个是“硬实力”；另一个是“软实力”。“软实力”的核心和重点就是大学的兴衰。一个国家变得越来越强，其表现的一个方面就是大学的教育水平和普及率越来越高。发达国家的高等教育总体毛入学率到2014年已升至74.31%，且还在持续增长，其他发展中国家的高等教育也在不断发展。所以，大学教育从精英教育到大众化教育的转变是不可抵挡的历史发展趋势，我们能做且应该做的是积极地适应，而不是消极地抱怨。

（二）对大学生软性技能和素质的培养难以落实

一直以来，学校对教育的定位都是育人为本、全面发展，也在以人为本的教育发展观中提到“把德育、智育、体育、美育有机融合在教育活动的各个环节中，教育学生不仅要学会知识，还要学会动手、学会动脑、学会生存、学会做事、学会做人。促进学生全面发展，优化知识结构，丰富社会实践，加强劳动教育，着力提高学生的学习能力、实践能力、创新能力，提高综合素质”，这些也正是学生最需要的能力。但是，不像专业知识具有一个明确、具体的考核形式和标准，这些软性技能和素质没有相应的考核机制，也没有强制的达标要求。

不强制要求、与涉及人群没有直接利益相关的事情，大多数时候都是难以落实、只会沦为一句口号。就如同新实行的垃圾分类，大家都知道这样做有利于资源回收，可以减少垃圾处理量和处理设备，降低处理成本，减少土地资源的消耗，具有社会、经济、生态等多方面的效益，但是这些好处都是宏观层面的、长远的，不深入思考是体会不到这样做对此时此刻、对个人有什么直接好处的。对大多数人来说，没有什么非做不可的理由，而且垃圾分类还需要耗费脑去学习区分各种垃圾、耗费更多的体力把不同的垃圾分装，所以如果没有强制措施，垃圾分类的工作是很难推进的。例如某些小城市，虽然垃圾回收点摆放着有分类标识的垃圾桶，但是很多嫌麻烦的人依然是把所有垃圾放在一个袋子里，然后随意丢进一个垃圾桶里。在上海实行的垃圾分类取得了很好效果，最大的原因就是采取了强制措施。在垃圾回收点安排了专门的人监督，违规就罚款，这样一来，人们就清楚地感知到做这件事的必要性，因为不做就会受到惩罚，有利益损失，于是人们就会自觉去做这件事了。

软性技能和素质的培养也一样，大多数时候人们没有把这些软性技能和素质的培养放在心上，教师们能做的只是口头上强调这些很重要，希望学生自己能重视，而学生则只忙于应付考试，做完该做的事情就不再花时间、精力做自我教育。最后，一些大学毕业生就只会应付考试而对其他事情手足无措，也没有职场所需的软性技能和素质，找不到合适的工作。

（三）大学生对自身、对就业的了解和理解不够

从小学到高中，一路走来，学生和家长们都把焦点放在考试成绩上，目标也一直是考个好大学。学校的教育对他们来说大多只是学好各学科的知识，然后考个好成绩，忽视了对学生的认知、对周围现实环境的认识等心理层面的东西。在做选择（比如填高考志愿、选工作）的时候，有很多人是不知道自己该怎么选。一方面是对自己不了解，不了解自己真正喜欢的、想要的是什么，不了解真实的自己是什么样的，不了解自己的优势、劣势；另一方面是对现实状况不了解，从小到大学生们都只是生活在家和学校的保护伞下，所了解的只是家和学校的基本结构和内部关系，而对社会中其他更大的结构（比如某个企业、某个行业、某个领域）及其中的关系知之甚少。既对自己没有客观的认识，不清楚在现实情况中自己的真实水平，又不清楚就业市场的真实情况和用人要求，就会有不切实际的期待和盲目自信。这是导致大学生难以找到满意工作的一个重要原因。

三、新时代大学生就业问题的应对建议

（一）建立软性技能和素质的具体培养和考核机制

第一，在现有的教学内容基础上增加培养能力的项目。现在的大学教学依然是以专业知识技能的传授与训练为主，考核的也只是对知识的掌握程度。实际上，这样的学习方式和考核方式并没有最大程度地利用好“学习专业知识”这个过程的价值。接收和理解知识只是完成了学习的第一步，更重要的、难度更大的是对这些知识的处理过程。在网络高度发达的今天，各种知识都可以在网络上找到，重要的不是记住这些知识，而是利用这些知识来发展自己的能力。那么，在学习专业知识的过程中怎样发展能力呢？

一方面，可以在这个过程中培养学生的思考能力。在授课时，老师有意识地引导学生去思考，教会学生基本的思考方法和方向。授课后，学生对所学领域的知识有了一个基本了解。这时，可以布置一些需要学生认真思考后才能完成的作业，比如用思维导图梳理某一主题/领域的基本框架、探究各个要素之间的逻辑关系并用图表示出来、探索由当前的这个知识可以联想到其他领域/生活中的什么知识/现象（横向思考）、这个原理的本质是什么（纵向思考）……

另一方面，可以在这个过程中培养学生的学习能力。首先，要让学生了解到学习的基本过程是：初次接触并理解知识，及时巩固知识，在做题（实践）的过程中加深对知识的理解并查漏补缺，用自己的方式整理、总结知识，有间隔地回顾知识。而不是学习只有听课和考前复习两步。其次，学习的过程还涉及笔记技巧、时间管理技巧、情绪和心态调整、认知和记忆规律、身体状态调整（睡眠、饮食、运动、休息）。这些都是以学习为任务的学生需要知道的。可以通过开设网络公开课/公共选

修课、引导阅读相关书籍来实现。

思考和学习的能力可以说是最基本的能力，相信如果学生能够学会高效思考和学习，去学习职场中的事情也不会有太大难度。

第二，开设职场通用能力的培训课程。在学校提供的现有就业服务中缺少有针对性的职场通用能力培训，本次调查中大多数学生也表示希望学校能提供相关的课程。在这里，大学提供职场通用能力培训并不意味着大学向市场让步、迎合市场，因为职场通用能力指的是沟通与表达能力、良好的心理素质、使用办公软件的能力等，这些能力不仅是职场中需要，在学习、生活中也需要，如果拥有这些能力，人的一生都会受益。大学可以提供沟通与表达、人际关系和社交礼仪、心理学（认识自我、了解他人）、情绪调节、Office 办公软件的使用等相关公共选修课/网络公开课，学生自主选择需要的课程。

（二）根据各专业涉及领域制作一本相关职业通识电子书

在就业压力方面，本次调查中有 36.94% 的大学生表示没有就业压力，有就业压力的占比高达 63.06%。关于有压力的原因，分别有 74.29% 和 68.57% 的人选了“对职场中的事务不熟悉，担心自己不能完成上级交代的任务”和“自身条件不足（学历、能力没有竞争力）”；有 57.14% 的人选了“畏惧、不想处理职场中的人际关系”；有 45.71% 的人选了“自己的心态问题，就是很害怕职场这种高压的环境”。

从调查结果来看，导致大学生感到就业有压力的原因主要是未知带来的恐惧（不熟悉职场中的事务）以及对自身条件的不自信。人际关系上的压力、对高压环境的心理承受能力弱也是压力的重要来源。

归根结底，就业压力的问题来源于当事者对所要做的事情有期待，却没有把握做好。具体来看，没有把握做好的原因是什么？就是以上提到的四个方面——对职场工作形势的不熟悉、自身条件不足、人际关系的压力、对高压环境的心理承受能力低。这也是缓解大学生的就业压力情绪的关键所在，从这几个方面入手，必定会有效缓解大学生的就业压力。

压力来源的后三个方面都可以通过以上提到的能力培养建议来缓解，对职场工作方式不熟悉的问题则可以通过制作一本专业相关领域的职业通识电子书（可以是全国通用的，也可以是各学校各专业自己根据具体情况制作）来解决。比如化妆品领域，相关的职业有化妆品研发人员、原料采购员、化妆品包装设计师、文案策划、销售人员、人事专员、项目经理、科研工作者等，这个职业通识电子书就可以把各个职业系统地陈列出来，然后具体介绍其工作内容、所需能力、薪资水平等。有条件的话可以制作一些小视频展示各个职业的工作环境、一天的工作流程是怎样的，还可以配上往届学生的工作去向案例。

通过这样的形式，学生可以对本专业领域涉及的职业有一个大概了解，即便以后想从事跨专业领域，也可以从本专业相关领域的职业情况推测出其他领域的大概情况，对未来的规划更清晰、更明确一些。

（三）建立一个面对高校毕业生群体的信息交互平台

目前，大学生想要了解就业相关的信息需要浏览各个平台，光是招聘网站就有前程无忧、智联招聘、58招聘、应届毕业生网等80余个，还有国家的就业政策、学校的就业服务也要通过不同平台了解。先不说是不是所有学生都知道各个网站的存在，各个网站的信息量、可靠程度、传播程度也良莠不齐，这给大学生求职带来不少麻烦。

如果可以建立一个官方的面向高校毕业生群体的就业信息交互平台，将会方便很多。这个平台可以是一个APP，各个用人单位实名注册且需要获得官方认证，在上面发布招聘信息，并实时显示招聘进度、申请人数；政府在上面发布就业政策以便高校毕业生及时了解；学校在上面发布就业服务相关信息、校内招聘活动信息；学生实名注册，在上面找实习处、找工作。用人单位、政府、学校、大学生四个主体在同一个平台中有了直接互通信息的机会。还可以充分利用大数据分析技术，每隔一段时间发布一个各行业/各城市的就业报告、各单位的求职竞争激烈程度比较，让大学生可以实时了解就业趋势，以更好地择业。

各个学生注册到其学校名下，其工作情况在上面都有准确记录，也让各高校的就业统计核查工作更加方便。设置一个举报功能，若学生遇到虚假招聘或其他就业权益受到侵害的情况，可以向平台举报，及时查处、封禁相关招聘方，避免更多人的权益受到侵害。开设一个“求职科普”的栏目，里面可以有面试技巧、简历制作技巧、职业发展、生涯规划、自我探索等方面的课程或优质文章。

若这个APP能够制作出来并推行到高校毕业生群体（硕士、博士也可以注册）中，学生能获得更全面、可靠的求职信息，能对就业市场有基本了解，并及时了解相关政策，也能像刷微博、知乎一样在上面刷职场相关文章、课程。

（四）引导大学生改变就业观念，主动提升自我

在被问到“有提前为求职做什么准备吗”时，得到的结果如表2。可以看到大多数学生都有在为求职做着一些准备，其中最多的是考证，其次是学习办公软件的使用。这两项也是最常见的选择，大多数人考的证书可能指的是英语四六级证书、计算机二级证书，Office办公软件日常学习中会经常使用到Word和PPT。所以，只有30%～50%的人做了真正有效的、能提升求职竞争力的准备（学习加分技能、实习、注重各方面能力的培养）。因此，还是很有必要引导大学生主动提升自我的。

表 2 大学生为求职所做的准备

选项	小计	比例
A. 现在不急，大四再说	9	8.11%
B. 考各种证书	66	59.46%
C. 学习 Office 办公软件的操作	59	53.15%
D. 学习 PS、视频制作、Python 等加分技能	53	47.75%
E. 实习或计划在毕业前有实习	38	34.23%
F. 注重自己各方面能力的培养（解决问题的能力、沟通能力、心理建设等）	32	28.83%
G. 其他	0	0%
本题有效填写人次	111	

可以在大学的职业生规划课程中加入对大学生群体求职趋势的解读，让大学生知道现在已经是高等教育普及化阶段，大学生的身份已经不再具有稀缺性，大学生要想求得一份好工作，必须主动提升自己各方面的能力，以增加求职竞争力。

参考文献

[1] 李明志. 实习岂是生意 [N]. 联合日报，2020-08-07.
[2] 别敦荣，易梦春. 普及化趋势与世界高等教育发展格局 [J]. 教育研究，2018 (4).

全面建成小康社会中我国残疾人社会保障和劳动就业问题的研究①

张印举　邹颖凡

【摘　要】在我国全面建成小康社会的进程中，残疾人作为特殊的社会群体，其社会保障和劳动就业问题是我们亟待进一步解决的社会问题。本文基于国内外社会保障概论及马克思主义劳动学说，论述了国家完善残疾人社会保障和劳动就业体系的理论基础及其必要性。并且，通过问卷调查法、个案研究法、文献研究法、跨学科研究法等方法，针对当前我国残疾人社会保障体系的教育、康复、扶贫三方面以及劳动就业体系的自主就业、集中就业模式、按比例就业模式三种残疾人就业保障制度存在的问题进行了研究，最后对我国残疾人社会保障和劳动就业问题提出相应建议。

【关键词】全面小康社会；残疾人；社会保障；劳动就业

随着改革开放的不断深化，党的十六大以后我国经济社会发展取得重大成就。在经济基础变化的客观形势下，党的十八大报告首次明确提出“全面建成小康社会”。在全面建成小康社会的进程中，残疾人作为特殊群体，应当更多地被关注。根据中国残疾人联合会调查结果数据显示，1987 年我国各类残疾人总数约为 5164 万人，到 2010 年底已达 8502 万人，2020 年我国残疾人数突破 1 亿。与此同时，在这样的特殊群体中，贫困人口所占比例不小。尤其是在农业户口残疾人中，贫困人口所占比例接近一半。基于此，各级党组织与各级政府不懈努力，贯彻落实《贫困残疾人脱贫攻坚行动计划（2016—2020 年）》，截至 2019 年底，全国 719. 3 万建档立卡贫困残疾人中，已有 674. 1 万脱贫，比例超过 93%。然而，2020 年是我国全面建成小康社会的收官之年，残疾人口的脱贫压力依然不小。为攻克这个难题，如何完善残疾人社会权利和保障体系是我们必须研究的课题。其中，残疾人的社会保障建设是整个体系建设的重要环节。残疾人是推进中国特色社会主义发展的一支重要队伍，是中华民族大家庭中的平等人员，他们不仅仅是全面小康的受益者，也应该成为全面小康建设进程中的建设者、奉献者。因此，残疾人的劳动就业也对全面建成小康社会具有极其重要的意义。通过线上问卷调研，我们发现超过九成的受访群众（含残疾人近亲属）最为关注残疾人劳动就业和社会保障方面的权利。同时，关于残疾人权利保障的主体，超

① 本课题指导教师：张印举（北京工商大学马克思主义学院）；课题组组长：邹颖凡（法学 193）；课题组成员：廖艾羽箫、侯雨晴、石洪瑞（法学 193）。

过九成的受访者在政府、法院检察院、人大、政协、残联、企业等主体中首选政府。基于此，我们进行了更为具体的问卷调研，并联系残疾人的近亲属进行电访。调研表明，残疾人的教育、医疗康复等问题与其就业水平息息相关，同时受城乡、东西部基础设施建设水平差异影响，残疾人社会保障及就业水平有所差异。结合我国现行法律法规及政府工作报告，我们将分析全面建成小康社会中残疾人劳动就业和社会保障的发展现状、问题瓶颈，并提出建议、期许。

一、研究设计

（一）研究目的

此次研究秉持从理论到实践这一经典理念，验证全面建成小康体系下我国残疾人社会保障和劳动就业有关制度的落实情况及其发挥的实际效果，并得出相关结论和展望。

（二）研究方法

1. 研究设计的说明

在本次暑期社会实践中，我们综合运用了调查法、个案研究法、文献研究法、跨学科研究法等调研全面建成小康社会中残疾人社会权利和保障体系。

（1）问卷调查法

首先制订问卷一“全面建成小康社会中残疾人社会权利和保障体系建设研究的初步调查”，就残疾人主要的社会权利编制成题，线上分发给不同群体填写答案，并回收整理、统计。结果为：年龄集中在18～30岁群体最多，占比为92.2%；参与调查人群中残疾人近亲属为10.3%；在残疾人权利保护中，参与群体认为应关注领域中社会保障和劳动就业分别占比为94.8%和93.51%。借此，分析后得出“超过九成的受访对象最为关注残疾人劳动就业和社会保障方面的权利”这一结论。之后，我们以问卷一数据为基础，并采纳多方建议，进一步制作出与劳动就业和社会保障二者相关的详细问卷——“全面建成小康社会中残疾人社会保障和劳动就业调研”。发放回收后，得出更为具体的数据和结论，其中残疾人近亲属占比为9.5%，服务于后续研究。在劳动就业方面，灵活就业为主要的渠道群体有60.3%，占比最多（且进一步调查显示，选择应为残疾人就业提供帮扶的主体，人大和政府、残疾人福利企业分别占87.3%和93.6%）；在残疾人就业创业优惠政策保护措施上，资金支持、岗位补贴和社会保险补贴最为受访者推崇。在拓宽残疾人就业渠道方面，鼓励“互联网+就业”、建立就业年龄段残疾人就业和培训实名信息系统三种渠道得到的认同居多。在社会保障方面，在选择“应被关注的残疾人群体类别”时，未成年人和老人分别占85.7%和80.9%。在未成年教育问题上，认同“特殊学校就读”的受访者占比70.37%。其中医疗、康复、教育是社会保障关注中的三大重点，基于此，由问卷一和二得出指向性信息。本小组完善深化以上有关内容的研究，并进行了专项电话访谈。

(2) 个案研究法

我们联系到三位健康程度不同、年龄差异较大且来自不同地域的残疾人，具体分析他们的问卷答案，并联系其近亲属直接了解情况，通过电话采访了其家人，得到了更为直观的成果。

(3) 文献研究法

本次研究还通过查阅相关书籍、期刊、报纸等文献来获得数据，进一步了解我国全面建成小康社会中残疾人社会保障和劳动就业的现状，有助于调查问卷的制作和具体访谈。之后在获取一定调查数据的基础上，再具体问题具体分析，查找关联度更高的文献，了解事物全貌，为调研问题提出对应解决方案。

(4) 跨学科研究法

此次调研运用了社会学、法学和经济学等学科的理论、方法和成果，交叉研究全面建成小康社会中残疾人权利问题。

2. 研究质量和局限性的说明

首先，考虑疫情因素，此次调研完全采用线上方式，研究方式受限。其次，问卷调查的受众集中于 18 ~30 岁之间，多为在校大学生群体，其他年龄段的受访者为少数，样本多样性受限。再次，实际联系到的电访对象未达到预期计划数量，且三位电访对象皆来自云南、贵州等西部欠发达地区，未获得预期的空间差异数据。

二、理论研究成果分析

(一) 社会保障基本理论

1. 社会保障的定义

社会保障是一个综合性问题。庇古、凯恩斯认为它是一种收益分配的手段，而柏拉图、培根、莫尔、康帕内拉则更关注它实现人类社会发展的终极目标和社会公平的价值。从理论上，社会保障问题的复杂性和学科的交叉性给了研究者丰富而又开放的视野和素材。就其发展而言，它更像是历史得出来的结论。自古以来，贫困就是国家需要解决的重要课题，政府、组织以及个人以援助的形式让需要帮助的人脱离生存困境。这种援助就是社会保障的内核。

综合参考国际性组织，国家政府及学者的定义并结合具体国情，对社会保障有如下界说。

社会保障是一种对弱势群体进行救助，保证对象脱离生存困境以及普惠全体，增进福利使人的权利和尊严得到保护的一种社会机制。它通常以现金给付和服务的形式表现，并尽力给需要者提供帮助和精神慰藉。

2. 社会保障的目标和功能

当今市场，逃脱不了两个基本规律：其一，市场是实现国家繁荣、财富积累的根本手段；其二，人们并不能平等地分享市场经济带来的财富。

财富不能被社会全体平均享有，这种不平等在经济阶梯中最上层和最下层之间有着明显的体现。由于经济差异造成的贫困问题常常是决策者面临的最大困难。贫困有可能导致不幸遭遇，而受到这种问题影响的群体更可能犯罪，且更容易成为犯罪的牺牲品。

亚当·斯密在《国富论》中提及“看得见的手”在此刻发挥的作用是：设计出良好的公共政策以提升经济效率，来改变消除经济福利上的巨大不对称性。虽然此举不一定会保证每一个人获得理想化的生活满足，但会使得资源平等分配，从而改变市场结果。进一步讲，社会保障作为国家重要的公共政策，其目标不单单是帮助需要者脱离生存困境，改善和增进全体福利以及保证社会和谐、国家稳定。

3. 社会保障的特征和原则

社会保障是一种普惠制的福利。计划者除了效率之外，还应关心经济福利水平在市场上的所有买卖双方之间是否能够达成平等。

就本质而言，市场贸易中获益竞争好比把一块蛋糕分配给不同的市场参与者。其中涉及两个主要问题：一是平等；二是效率。前者在于如何切蛋糕并且在参与者中分配；后者在于如何做好蛋糕，使资源得到合理的利用。依照经济学的观点，这里的平等指的是经济成果的性质如何在社会公民中进行平均分配。但显而易见，现实情况是市场和政府都无法做到绝对的平均化分配。

对于某些物品和利益，市场和政府也许能让所有人不费成本地获得，从而避免稀缺性问题，但并非所有的物品和利益都能如此。归根结底，世上不存在无限的物品和利益，如果真的存在这样的物品，那其本身也失去了作为财富的价值。这样看来，不论人们贫穷还是富裕，都需要面对稀缺性问题。当人关注于稀缺性资源的分配时，就会产生各种情绪，产生两方面的价值冲突：一是在于划定稀缺的边界，即社会据以决定分配的受益者的价值标准；二是在于以人道主义为准的保障公民幸福生活的道德价值标准。想要使道德不贬值，需在分配的过程中参考人类世界中被普遍认同的美德。因此，社会保障并非平等的制度，而是一个公平的制度。也就是说，必须打破各种限制，平等对待国民，使其在社会权利方面享有同等的保障。特别要着重关注且维护好弱势群体的利益，从而达到贫富差距缩小、促进社会健康和谐发展这一目标。同时，这种公平的制度会呈现出社会化特点，该社会化不单纯表现为制度的开放透明和服务的普及普惠，也鲜明地表现在筹资上，具体反应在财政投资、企业缴费、个人缴费乃至募捐、发行福利彩票等多个渠道。

4. 社会保障的意义

人类反对的各种不公，追根溯源都是一种经济上的不公（或者其延伸）。设立社会保障从根本上就是为了解决社会公平。卢梭认为“人类生来就是自由的，但也无处不在枷锁之中”。在人类中有两种不平等，一种是自然上或生理上的不平等，它由人的年龄、健康、体力以及智慧和心灵的性质不同而决定；另一种被称为精神上或政治上的不平等，起因于一种协议，该协议由人们的同意而被设定或者至少它的存在是为多数人所认可的。社会保障因其公平的特点，既要解决精神上的不平等，更要克服自然上的不平等。自然在人与人之间所造成的生理性的不平等，应被社会基本契约以公平取代，以合乎道德和正义的公平替换。当公平被实现，人才会拥有自己的权利和尊严。

残疾人是典型的生理性不平等人群，和正常人相比，其力所能及的事情有限，所以他们的选择也带有先天性的不平等。

（二）我国残疾人劳动就业的理论分析

1. 保障残疾人劳动就业权利的必要性

根据马克思主义哲学，从历史唯物主义的角度来看，人的价值是创造价值和享受价值的统一。作为特殊群体，残疾人可以通过劳动就业来满足社会、他人和自己的需要来实现社会价值；同时也获得社会的认可、尊重，满足了自我价值。社会保障固然解决了很大一部分残疾人的基本生活所需，但在此基础上再大力推进残疾人就业可以进一步帮助残疾人实现其价值，从物质和精神层面关注残疾人。

首先，劳动是人的存在方式，残疾人可以通过劳动和奉献来创造价值。在全面建成小康社会的进程中，劳动实践是残疾人实现人生价值的途径，也是拥有幸福人生的途径。其次，社会提供的发展、工作等客观条件是人们实现人生价值的前提。我们提倡政府、福利企业等主体积极推进残疾人就业，是因为残疾人群体本身是相对弱势的一方，需要倾斜性扶助。最后，不可忽视，需要引导残疾人群体建成正确的价值观和积极的就业态度，残疾人群体在劳动中充分发挥主观能动性，全面提高个人素质，即为全面建成小康社会献力。

2. 我国残疾人就业现状

（1）我国残疾人就业数据概况

根据《2019 年中国残疾人事业发展统计公报》，截至 2019 年底，我国城乡持证残疾人就业人数已达 855. 2 万人（核减已注销和超年龄段残疾人）。其中按比例就业 74. 9 万人，集中就业 29. 1 万人，个体就业 64. 2 万人，公益性岗位就业 14. 4 万人，辅助性就业 14. 3 万人，灵活就业（含社区、居家就业）228. 2 万人，从事农业种养 430. 1 万人。据此可知，残疾人就业主要形式集中在农业种养和灵活就业，共占据总体残疾就业人数的 77%；而作为残疾人就业保障制度的重要工具——按比例就业制度和残疾人集中就业制度并未充分发挥其保障残疾人就业的主要作用。

（2）我国就业保障制度现状

其一，法律保障残疾人的就业权利。《中华人民共和国残疾人保障法》第四章对残疾人的劳动就业做了明确的规定。《中华人民共和国就业促进法》就政策支持、公平就业、就业服务和管理等方面做了详细规定。《残疾人就业条例》则进一步明确了残疾人就业方针、用人单位责任、保障措施、就业服务及法律责任等。同时，最高人民法院发布典型案例，地方人大和政府也颁布了促进残疾人就业、鼓励残疾人创业的规范性文件，来切实保障残疾人平等就业。我国通过完善法律法规，以切实保障残疾人劳动的权利，切实维护残疾人的合法权益。

其二，不断完善残疾人就业政策体系。为贯彻党的十八大精神，加快推进残疾人小康进程，各方相继出台了一系列扶持和保护残疾人就业的政策，借此不断加大对残疾人的就业援助力度。据了解，我国残疾人就业形态并存的格局已经形成。与此同时，为了促进农村贫困残疾人脱贫，有关部门制定了《贫困残疾人脱贫攻坚行动计划（2016—2020 年）》，将农村贫困残疾人全部纳入精准扶贫建档立卡范围，强化分类施策和精准帮扶。同时持续实施“农村基层党组织助残扶贫工程”，依托“农村电商”等项目来搭建平台，鼓励社会力量参与残疾人扶贫开发。通过政策、项目等对贫困残疾人进行倾斜性保护，是为了确保在全面建成小康社会的进程中，不让任何一位残疾人掉队。

三、实践研究成果与分析

（一）电访结果分析及成果

1. 调查内容详解

本小组前期通过问卷收集信息，联系到三位残疾人近亲属，随后对其进行了深度采访。首位电访者赵某某来自云南大理，是一位一级残疾聋哑人的侄女，其伯父的残疾为 50 年前生病用错药物导致的后天意外事故。在社会保障方面，该电访者的伯父由于时间环境所限，并未接受过识字教育，没能学过正式手语，因此在与他人交流表达时存在明显障碍。在劳动就业领域，他像当地大多数残疾人群体一般通过学习手艺养家糊口。先在理发店当过学徒，后又经营个体理发店兼配制钥匙生意，并在近十年开始享受税收减免等福利政策。

第二位电访者李某来自云南丽江，是一位先天唐氏儿的叔叔，其侄儿由于家庭因素既在普通学校又在特殊学校就读过。在社会保障方面，本小组通过详细了解其现状得知，该唐氏儿目前就读的特殊学校离家距离较近，且为当地唯一一所特殊学校。该特殊学校设置开展从一年级至初三的教育活动，但针对不同症状的残疾孩童并未有个性化等特殊内容。仅从电访者现在上小学四年级的侄儿的教育方式谈及，该校教育只是通过带领学生唱歌跳舞等方式满足基本照料。此外，该校每天流动人员为 70 人左右，其中有十几人常住在校，每人每天所接受的补贴仅为 4 元，家长再提供 2 元。在劳动就业方面，先天唐氏儿由于智力发育等不利因素，其家长对孩子的期望是识字，能够从事手艺相关工作即可。而此时孩子年龄尚小，无法长远规划。仅从孩子目前所处环境入手，特殊学校所提供的教育和衔接并不能够完全满足安全照料以外的需求保障；而在普通学校环境中，孩子由于身份特殊和就读孩童低龄等问题，其中存在被歧视可能，也不利于孩子学习成长。

综合以上两位电访者在教育领域所面临的困境，我们得出以下结论：聋哑人伯父后天致残发生于 50 年前，距今时间相隔较远，同时其所处乡村环境中所提供的相关教育资金补助并不完善，所以在其接受教育的过程中不能满足其基本的教育需求。相比较而言，先天唐氏儿男孩在时代发展进程中，很多面对乡村教育的制度以及对残疾人的权利保障都有所加强，但是从环境和经济领域来看仍有待完善。在环境领域上，由于我国东西部发展不平衡，教育资源分配上很多有效制度保障实际上还未能在西部欠发达的乡镇学校得以落实。在经济领域上，由于乡镇和城市发展仍有差距，无论是器械还是师资上，对于残疾人的个性化需求仍不能合理满足。

2. 社会保障制度的问题

（1）教育问题

第一，差异群体所面临的歧视问题。《残疾人教育条例》第二条表明："国家保障残疾人享有平等接受教育的权利，禁止任何基于残疾人的教育歧视。"通过电访调查，该先天性侄儿在普通学校就读阶段，曾由于其智力障碍无法自制，导致其他孩子及家长向校方提出意见，因而被普通学校劝退。在这一过程中，虽无其他明显歧视行为，但不免让家长不安，认为孩子可能遭受潜在的歧视，甚至霸凌行为。在后期同李某的沟通中本小组成员了解到，虽然家长期望孩子能够得到与普通孩子相同的教育，但其身心发展存在先天差异是客观事实，而普通学校并无针对残疾人的特殊关照和服务。李某侄儿问题的解决不单取决于该地区硬件设备的调整改善，更有赖于当地民众对残疾人认知意识的提升。

第二，城乡差异造成的教育资源分配不均，残疾人需求无法得到有效落实。在电访阶段，李某提及关于特殊学校的配置以及补助落实仍有待完善。在特殊学校硬件配备方面，该校未能对不同种类和程度的残疾孩童进行更个性化的培养教育。大多孩子都仅能享受到限于安全层面的照料。《我国西部地区特殊教育信息化指标体系构建及应用研究》一文提出"培智学校学校应该增加其认知、平衡功能等训练，利用多媒体电脑提供声音和影像，帮助特殊学生重获新的生活能力"。而电访结果显示，多媒体的投入和使用包括系统性增强学习计划并未良好体现。据李某提及，其侄儿在学习过程中仅涉及简单歌舞娱乐内容，保证其心情愉悦即可。基于此，无论是李某侄儿还是当地该所特殊学校的教育发展，都存在明显局限性。

（2）补助康复问题

本小组联系到的第三位受访者杨某某来自贵州贵阳，是一位脑血栓后遗症残疾人的侄女，其姨父在患病后智力退化，身体瘫痪，不便行动。虽然杨某某姨父持有残疾证，但是由于已经退休，原单位没有义务进行后续康复补贴。在申请相关康复补助上，杨某某伯父采用的是主动向当地政府申请的方式，现在每个月能够获得约 800 元～1000 元的补助费。前文提到的先天唐氏儿亲属李某反映，孩子并无稳定的康复计划和补助。

综上，我们在采访两位残疾人近亲属后得出有关结论。杨某某姨父退休后所得到补助的唯一途径来自政府，在接受进一步康复医疗上由于家属有相关护理经验才得以获得合理照料；而反观李某侄儿，在补助康复领域接受帮扶来源途径有限，欠缺对医疗康复了解，且无合理康复安排，也得不到相关组织的有效补助帮扶。在社会保障方面，存在以下两点问题。

第一，补贴力度不够或者还未落实到位。根据《残疾预防和残疾人康复条例》

第二十六条“国家建立残疾儿童康复救助制度，逐步实现0～6岁视力、听力、言语、肢体、智力等残疾儿童和孤独症儿童免费得到手术、辅助器具配置和康复训练等服务；完善重度残疾人护理补贴制度；通过实施重点康复项目为城乡贫困残疾人、重度残疾人提供基本康复服务，按照国家有关规定对基本型辅助器具配置给予补贴”，杨某某姨父和李某侄儿的康复补贴实际还有更大待落实空间。

第二，对于接受残疾人的医疗康复途径不够。《残疾预防和残疾人康复条例》第十七条规定：“县级以上人民政府应当组织卫生、教育、民政等部门和残疾人联合会整合从事残疾人康复服务的机构（以下称康复机构）、设施和人员等资源，合理布局，建立和完善以社区康复为基础、康复机构为骨干、残疾人家庭为依托的残疾人康复服务体系，以实用、易行、受益广的康复内容为重点，为残疾人提供综合性的康复服务。县级以上人民政府应当优先开展残疾儿童康复工作，实行康复与教育相结合。”而电访中杨某某姨父在康复方面，由于家人有护理经历，所以康复照顾大多依靠的是家庭支撑，而离开康复服务机构后，杨某某姨父沟通频率下降，对于其心理健康和社会归属感实际上无法有效保障。而针对李某侄儿无定期康复训练和关注的现状，乡级以上人民政府及有关群体对该群体的康复照料实际上是不够的。

（3）扶贫开发与扶助问题

根据前文所述信息，结合实际访谈情况得出以下结论。

三位电访对象分别来自云南大理、云南丽江、贵州贵阳，相比北上广深大城市而言，均属于欠发达地区。我国地域广阔，由于地理因素和经济因素等多重原因，导致地域间发展存在明显差异。以上三位电访者位于我国西南地区，针对残疾人的应对措施很大程度上有待完善。

在社会保障方面，据《中国残疾人扶贫的发展历程与政策变迁》研究表明，我国现有扶贫主体从单一向多元化发展。但通过研究发现，虽然全国整体而言扶贫主体已经由单一的政府转变推至多种社会力量，再到社会力量，从农村乡镇企业、农村专业大户，扩展到党政机关、企事业机关，再扩展到国际公益组织和国际扶贫组织群体。但是实际上一些较为偏远地区的残疾人不能够得到多元主体及时有效的帮扶，优质资源很大程度上都分布在北上广等较为发达的城市，各乡镇地区有潜在发展趋势但尚未完全普及落实。

3. 残疾人社会保障制度的完善

（1）解决措施及建议教育问题

首先，对差异群体所面临的歧视问题应从第三视角和自发角度对民众宣传和教育。第一，以第三视角来看，问卷调查显示保护主体中，人大和政府残疾人福利企业分别占比87.3%和93.6%，为民众更为青睐的对象。从人大和政府的角度来看，在此过程中应该加大对相关条例的改进调整，合理参考他国有效经验措施。例如美国《残疾儿童平等教育法》规定：“所有残疾儿童都有在最少受限制的环境中接受教育的权利，并且要求教育部为每个残疾学生设计一个个别化的教育计划（IEP）。”此类个性教育计划不仅有利于不同种类和伤残程度的残疾人得到合理照料学习，同时还为其后期工作发展提供了合理保障。从残疾人福利企业来看，也可借鉴德国庇护工场模式，将生活、训练、工作三者合一，对残疾人及其周边环境进行维护和改善。此外，不同阶段中涉及尊重和帮扶残疾人的意识应该加强。第二，多年来，随着民众知识水平的提高以及观念的转变，对残疾人的歧视问题应该自发形成意识并积极改善。在此次调查研究中我们发现，当提出建设完善设施和专业照料的帮扶时，残疾人亲属对将孩子送至普通学校就读仍有所顾虑，仅从师资设备提升是不够的。《中华人民共和国残疾人保障法》第三条规定："残疾人在政治、经济、文化、社会和家庭生活等方面享有同其他公民平等的权利。残疾人的公民权利和人格尊严受法律保护。禁止基于残疾的歧视。禁止侮辱、侵害残疾人。禁止通过大众传播媒介或者其他方式贬低损害残疾人人格。"事实上，在保证残疾人群体接受教育的过程中，其周围同学及家长的生活条件状况及素质水平必然有所差异，在此基础上想要保证残疾人群体享有真正平等的权利，就需要每一个公民自我提升对残疾人的尊重意识。其次，面对教育资源差异导致的个性化教育需求不能落实问题，应加强有关部门和群体的政策落实，将资源更为细致的整合分配，并将落实效果体现到每一个残疾人身上。

（2）康复问题解决措施及建议

在社会保障方面，中国残疾人联合会副理事孙先德先生曾表明："我国 80 % 以上的残疾人生活在农村，他们面临更严重的生存问题，是农村中的特殊困难群体。"鉴于此，补助康复除改善该群体生存需要外，还需促进这部分特殊困难群体得到提升恢复的有效途径。《我国残疾人社会保障的现状、问题及对策探究》一文提出："随着各类康复训练服务机构数量的增加，残疾人接受相应的服务人数并未大幅增长，这就说明机构的开放性和完备性不够。"同时，电访得到的实际信息也表明残疾人和对应机构所建立的联系度不够密切，在政策提出时，有关机构部门并未使得这些资源和残疾人的需求良好对接。因此，除了改善康复训练服务机构和残疾人需求对接实现康复帮扶外，还应注重残疾人脱离康复机构后的心理关怀和定期复查，有关部门可以采取技术追踪和数据反馈收集，确保每一位患者的身体状况，甚至社区和群众团体可以自发对该类残疾人进行有效帮助。同时在补贴方面，开展建立丰富多元的制度有利于拓展辅助康复工程。据了解，日本在残疾人社会保障体系上颇有成就。自 2005 年开始，日本政府建立的残疾人自立援助法案中便明晰了对残疾人开展的一系列有关护理补贴、培训补贴、地区生活支援事业等具体内容。此类丰富细致的康复工作，实际上有效缓解了这些残疾人照料问题。日本残疾人社会保障制度更为完善的措施，我国亦可借鉴。

（3）扶贫问题解决措施及建议

扶贫开发能够有效解决残疾人群体中大部分占比人数的生存需要，注定得投入极大精力。同时该问题也是"打赢脱贫攻坚战，全面建成小康社会"的重要部分，更是保障人权和促使残疾人能够实现公平必不可少的环节。基于此，本小组在社会保障方面提出建议：应将相关有待补贴政策精准落实到每一个贫困残疾人的身上。在国内，应加大农村乡镇企业、农村专业大户，党政机关、企事业机关及各类民间公益组织等主体的投入占比力度，实现多元化帮扶计划，为残疾人脱贫提供更多有效渠道。

同时国际扶贫组织实施的有效措施和有利资源合作也应及时、合理调整分配到我国各地，尽可能减少由地域导致的差异和不公。

（二）问卷内容分析及成果

1. 我国残疾人就业保障制度的问题

结合问卷调查结果和我国现行政策，我们发现在残疾人劳动就业保障制度方面，存在以下三点问题。

（1）灵活就业问题（侧重“互联网＋”就业）

灵活就业是不同于传统的有稳定单位和工作场所全日制就业的，是与此不同的各类就业形式的总称。残疾人灵活就业则包含社区、居家就业。根据问卷调查结果显示，超过六成的受访者认为灵活就业是残疾人就业的最主要渠道，同时《2019年中国残疾人发展事业统计公报》显示灵活就业的残疾人达228.2万之多，仅次于选择农业种养的残疾人人数。灵活就业是多数残疾人较为方便的就业渠道，我国是世界上互联网经济最发达的国家之一。2015年，第十二届全国人大三次会议首次提出“互联网＋”行动。自此，该种新型经济发展模式已逐渐成为我国经济发展的重要模式，同时近年脱贫攻坚工作也利用“互联网＋”取得不错成果。在全面建成小康社会的进程中，一方面，各地残联也积极开展“互联网＋助残服务”。例如安徽省残联成立“互联网＋政务服务”工作领导小组，统筹全局、协调推进落实安徽省残联“互联网＋政务服务”工作；另一方面，根据有关政策，残疾人可以通过“互联网＋”获得更多灵活就业的机会。然而，截至2015年，淘宝云客服需求总量为26万人，但残疾人云客服只有2.2万人；残疾人云客服的报名和上岗人数的百分比为68.87%。据此，残疾人“互联网＋”就业还存在如下问题。

第一，残疾人互联网专业知识储备不足。

目前互联网居家就业门槛较低，对从业人员要求主要是技术要求，而非资金要求。然而根据数据显示，目前我国特殊教育整体水平并不高，残疾人自身就业竞争力普遍不高。据统计，我国0～6岁的残疾儿童数目约有168万，其中，贫困家庭数目约22万，占比13.1%。到2018年底，依然有25.2万残疾儿童还未解决好义务教育问题。2019年，我国特殊教育普通高中班（部）共设有103个，在校生共有8676人。全国被普通高等院校录取的残疾人共有12 362人，接受特殊教育的学生占比仅达到16.6%。且特殊教育学校招生规模较小，特殊教育的教师队伍人员配备不足。因此相当一部分残疾人互联网操作能力和专业的知识储备有限。

第二，国家扶持残疾人居家“互联网＋”就业的政策体系尚不健全。

目前，部分省、市、地区已出台了一些与此关联的扶持政策，从资金等方面出发来扶持残疾人依托互联网实现就业。但仍然缺少国家层面的保障，诸如相关立法等政策保障。同时，缺乏细化规定以及统一和具体的扶持政策，是“互联网＋”就业这一残疾人就业模式的发展规划方面的短板。

（2）按比例就业、集中就业问题

按比例就业制度及集中就业制度是法律明确的就业渠道，是政府倡导的主要就业形式。然而根据2019年数据统计，残疾人就业主要形式集中在农业种养和灵活就业，共占据总体残疾就业人数的77%，按比例就业仅占比9%。同时根据问卷和电访结果可知，群众对该两种就业方式了解有限，制度体系发挥作用有限，难以充分发挥其保障残疾人就业的重要工具作用。原因有以下几点。

第一，制度自身存在一定制约性。按比例就业制度比例设定低，集中就业制度运行缺乏规则保护。首先，《中华人民共和国残疾人就业条例》规定："用人单位安排残疾人就业的比例不得低于在职职工总数的1.5%，具体比例由省级政府规定。"然而这一比例与日本的2.1%、德国的6%相比，显然不够高，不足以满足当前我国经济发展水平下残疾人的需求。其次，我国的集中就业制度缺乏规则保护。以集体就业的典型盲人按摩举例，按摩行业门槛低，没有法律对从事按摩行业进行一定限制，除去税收优惠，盲人按摩机构与其他按摩机构在按摩行业竞争激烈，一定程度上没有达到安排集中就业所需的效果。

第二，无障碍环境建设力度不足。对于残疾人群，无障碍环境的建设与满足残疾人走出家门、参与社会生活的基本条件紧密相关。然而公共场所的无障碍设施不健全、盲道等设施被占用等，造成残疾人出行难；企业等用人单位考虑成本难以配备残疾人无障碍通道和工位，造成残疾人工作难；公共传媒无障碍技术设备水平不够高，部分文字信息和语音服务信息不能准确传达，造成残疾人与外界交流不通畅。种种问题使得在今天这样一个信息交流高速、交通便捷迅速的时代，残疾人仍无法与社会紧密联系，失去了实现自身价值的机会。

第三，社会上长久以来的歧视观念。有些企业对残疾人采用不合理的考核标准、同工不同酬等行为严重违反了平等就业权，企业用人单位即便是面对掌握知识技能的高学历残疾人仍然选择不录用，甚至有些企业录用残疾人后不再对其进行升职加薪。国家虽已制定了残疾人就业保障的相关扶持政策，但鼓励用人单位积极安排残疾人参与劳动就业、抵制残疾人就业歧视现象的舆论宣传力度小，执法力度不够，多数用人单位在招聘岗位的公告中直接取消残疾人群体的报名资格。

（3）自主就业问题

在今天这样一个提倡"大众创业、万众创新"的时代，引导残疾人通过自主就业、创业的途径解决就业问题，实现自我价值，是迎合时代潮流的必然选择。但在当前环境下，由于残疾人自身特殊性、受教育的困难性，就业难度可想而知。为了解决这个问题，各方也相继出台了优先采购、信贷优惠、岗位补贴、社会保险补贴等一系列针对残疾人就业创业优惠政策。问卷调查显示，近八成的受访者对此类政策知之甚少，甚至未曾听闻，制约残疾人自主就业。

第一，资金渠道不丰富。残疾人想要创办自己的事业，最先要解决且最难解决的就是资金问题。然而，一些残疾人家庭受制于种种原因，生活负担重，难以给予足够资金帮助残疾人创业。因此，残疾人需要各方在制度上给予相应支持，如税收优惠、专项资金等。但是纵观现实，相应的福利政策有限，无法满足残疾人创业需求。且大部分政府资金是引导资金，份额不足。而创业贷款又多为营利性质，审核较为严格，对残疾人群并不友好。

第二，政策支持存在一定局限性。一方面，支持残疾人自主就业制度的政策相较于支持集中就业制度、按比例就业制度政策数量较少，且各地重视程度差别大，目前尚未有统一的政纲领性策，难以照顾有意向的残疾人。另一方面，政策扶持范围小，相关政策支持的多为从事传统自主创业的残疾人群体，却在当前较为流行的电商项目上涉及较少，使残疾人失去了在互联网时代足不出户便能就业的机会。

2. 残疾人就业保障制度的完善

首先，加大残疾人“互联网 +”就业帮扶力度，提高灵活就业质量。①在大力发展残疾人特殊教育事业的基础上，积极推进残联和社区职业教育学校的合作，统筹安排专业人员对残疾人开展相关技能培训，提高其对手机、电脑等信息化工具的运用能力、操作能力。同时重视培训后效果的监督检查工作，以保证培训的频率适当，也根据培训后期的反馈来适当调整培训的重点，进而逐步提高残疾人就业技能，最终达到提升残疾人的就业率的效果。②完善残疾人互联网时代居家就业政策体系。从残疾人互联网就业现状出发，结合各省、市已有的实践成果，可以出台更完善的残疾人互联网就业相关政策，明确各层级主体的权责，加大资金、技术等方面的投入。同时，发挥社会组织的功能性，以政府为主导联合各类主体，共同参与到帮扶体系建设中来。例如，社会公益性组织开展残疾人知识、技能培训，并与福利性企业需求对接，为残疾人提供更多的岗位。

其次，完善按比例就业制度和集中就业制度。①提高按比例就业制度比例，完善差别比例制度。首先，我们应根据当前经济发展水平，对于按比例制度的最低标准进行修改。其次，据数据显示，我国不同地区按比例就业制度的比例设定不同，如北京市1.7%，上海市1.6%，广州市1.5%。这实际上是一种差别比例的体现，但是对于性质不甚相同的企业、不同地区的企业，我们需建立一定的制度体系进行区分和甄别，有效促进残疾人就业和企业的发展。②召集多方主体参与保护集中就业的残疾人。对于残疾人集中就业的部分领域，行业组织应设立一定的入门门槛与从业准则；相关职业培训组织需发掘残疾人从事该领域的特殊技能，帮助残疾人掌握此项技能，提高残疾人就业竞争性；进行一定社会宣传，打造残疾人就业的吸引特质，帮助其完成就业。③营造无障碍环境，建设良好氛围。我们应努力让普通群众了解了公共场所无障碍设施畅通无阻的重要性，让群众支持该种场所的建设。将无障碍设施的总体规划列入城市的总体规划中，通过合理利用空间来给残疾人提供一个良好的无障碍环境。针对残疾人集中就业的用人单位，应设立一定规则帮助和要求建立特殊工位、特殊电梯等。

最后，促进残疾人自主就业。①拓宽就业资金途径，畅通贷款渠道。需要政府出面担保，制定相关政策和法规影响信贷组织，让相关金融机构考虑残疾人偿还债款的能力，借助贷款的风险等因素，降低对残疾人年龄、担保等限制因素。帮助有创业意向和创业能力的残疾人完成自己的事业。②加大就业技能支持的力度，给残疾人提供更多有关职业技能的培训。同时，提高相关就业服务机构服务质量，提高残疾人就业机构服务人员的专业指导能力和信息把握能力；广泛开展各类残疾人职业技能提升培训和职业技能竞赛活动，在开发岗位的基础上，根据市场所需培训残疾人适应电子商务、云客服等职业活动。

四、结语

习近平总书记说："2020年，我们将全面建成小康社会。全面建成小康社会，一个也不能少；共同富裕路上，一个也不能掉队。"我们将举全党全国之力，坚决完成脱贫攻坚任务，确保兑现我们的承诺。我们要牢记人民对美好生活的向往就是我们的奋斗目标，坚持以人民为中心的发展思想，努力抓好保障和改善民生各项工作，不断增强人民的获得感、幸福感、安全感，不断推进全体人民共同富裕。一个都不能少，一个也不掉队地全面建成小康社会，关键就在于"智慧"的发挥。坚持以人民为中心的中国已经可以看见全面建成小康社会胜利的曙光，但调查显示需要做的事情还有很多。也许政府能直接以现金给付的形式解决物质财富的分配问题，但权利的保证和精神上的成长需要考虑更多因素。小康并不是一个简单的脱贫问题，全面建成的小康社会应是一个经济、政治、文化、社会、生态"五位一体"的小康社会；是不断发展社会生产力，社会全面进步与人民幸福指数协同提高的小康社会；是以促进人的全面发展为价值导向，实现多领域协同发展，惠及全体中国人的小康社会。我们期待那一天的到来。

参考文献

[1] 中华人民共和国国务院新闻办公室．平等、参与、共享：新中国残疾人权益保障70年［N］．人民日报，2019－07－26.
[2] 潘跃．940万残疾人就业是怎样实现的［N］．人民日报，2018－08－06.
[3] 潘跃．五年来超五百万贫困残疾人脱贫［N］．人民日报，2018－05－11.
[4] 焦若水，李国权．残疾人就业：互联网时代的机遇与挑战［J］．残疾人研究，2019（04）：45－53.
[5] 刘笑桐．我国残疾人就业保障问题研究［J］．农村经济与科技，2020（14）：164－166.
[6] 刘权．我国残疾人就业保障制度的完善［D］．苏州：苏州大学，2018（04）.
[7] 同春芬，夏亦煊．关于残疾人就业保障的研究综述［J］．社会福利（理论版），2018（08）：39－41.
[8] 孙先德．论健全我国残疾人就业保障体系［J］．科学社会主义，2006（03）：97－100.
[9] 王丹．我国残疾人社会保障的现状、问题及对策探究［J］．商，2016，（01）：74.
[10] 侯立文．提升残疾人就业与社会保障服务水平的策略研究——基于上海普陀区的调研［J］．社会福利（理论版），2020（01）：52－58.
[11] 吴敏．中国残疾人扶贫的发展历程与政策变迁［J］．西部论坛，2016（06）：74－82.

[12] 鲁奔，丛惠媛. 关于经济社会发展下中日残疾人社会保障体系的比较研究 [J]. 知识经济，2017 (22)：28 - 19.
[13] 程子非. 德国残疾人社会保障体系及其启示 [J]. 中国人民大学学报，2020 (13)：51 - 53.
[14] 杜林，李伦，雷江华. 美国残疾人支持性就业的发展及对我国的启示 [J]. 中国特殊教育，2013 (09)：14 - 20.

试析全面建成小康社会中地摊经济的现状及对策①

——以江西景德镇和四川成都为例

徐秀春　金泽豪

【摘　要】受疫情影响，全球经济呈下行趋势。面对2020年全面建成小康社会的艰巨任务，在保障安全的前提下，恢复经济发展是实现一切建设目标的基础。其中，地摊经济在社会发展的过程中发挥着积极作用，可以有效缓解疫情冲击下社会发展面临的种种问题。但同时地摊经济本身也存在一些问题，阻碍其健康有序发展。本文通过线上问卷调查与实地调研相结合的方式，了解城市地摊经济的发展现状，分析城市地摊经济目前存在的问题，并对城市地摊经济的未来发展提出改善性对策。希望通过此次调查，能够为促进城市地摊经济健康良性发展提供现实依据和参考意见。

【关键词】地摊经济；城市；发展现状；改善性对策

受疫情影响，本次调查以线上问卷调查为主，实地调研为辅的方式进行。调查问卷以“问卷星”平台为媒介，于各大网络社交平台发放。共发出调查问卷247份，收回247份，回收率达100%；有效问卷247份，有效率达100%。两个城市问卷发放数量大致相同，其中景德镇市占56%；成都市占44%。18岁以下的受访者占12%；18~30岁占51%；31~45岁占29%；46~60岁占7.7%；60岁以上占0.3%。被调查人群多为18~45岁之间的青壮年人，占被调查人数的80%。本次主要调查市民对地摊经济发展现状的了解情况及认识情况、市民对地摊经济的感受评价及改进意见，目的在于了解地摊经济的发展现状、目前存在的共性问题以及市民对其提出的改进意见。

一、全面建成小康社会中地摊经济的发展现状

2020年既是“十三五”规划的收官之年，又是决胜全面小康的关键之年。面对全球疫情的冲击，国务院总理李克强2020年6月1日在山东烟台考察时表示，地摊经济、小店经济是就业岗位的重要来源，是人间的烟火，和“高大上”一样，是中国的生机。

地摊经济是个相对宽泛的概念，主要是指通过摆地摊来获得收入的经济模式，由

① 本课题指导教师：徐秀春（北京工商大学马克思主义学院）；课题组组长：金泽豪（经济192）；课题组成员：王裔茨（经济192）、王宇（经济192）、曾慧敏（经济192）、王黄美景（经济192）。

于其合法性存在争议，一直被人们称作一种边缘的经济形态。地摊经济是人类最原始、最有生命力的商业活动之一，它繁荣了经济市场，弥补了老百姓购物的一段空白，有助于增强社会创造力并丰富城市文化结构。

2020 年，受新冠肺炎疫情影响，社会经济发展缓慢，随之涌现大量人口就业问题，而地摊经济可以有效解决就业问题。为此，城市大力发展地摊经济也成为当前疫情社会下稳定经济发展的有效手段。

（一）地摊经济处于边缘地位

经历了 40 多年的改革开放，我国城市化建设步伐越来越快，城市的商业化性质也越来越强。在城市化的过程中，城市管理变得越来越科学，各种各样的硬件设施不断完善，而存在争议的地摊经济也逐渐处于边缘地位。

据针对地摊业主第 9 题“您的摆摊原因是”的专项调查，41.7% 的摊主一直以摆地摊为生计。其中一半的摆摊者月平均收入不足 400 元；另外一半摆摊者月平均收入在 800 元 ~ 1430 元，全部属于低收入水平。

同时在针对 139 名消费者第 15 题“您大概每个月去地摊的次数是”和第 17 题“您在地摊上大概每月花费多少钱”的专项调查中，91.4% 的消费者每月都会选择地摊消费，其中 89.9% 的消费者每月在地摊花费 300 元及以下。

地摊业主收入水平低，市民地摊消费水平也有限，这都说明了地摊经济一直处于城市经济发展的边缘地位。

与此同时，地摊经济又是影响市容环境、整体风貌的关键因素，例如在部分地区摆地摊会造成交通堵塞、环境污染、交易不规范、暴力抗法等问题。种种不良现象成为地摊经济走向主流的桎梏。

（二）发展地摊经济具有显著优势

一方面，地摊经济的“三低”特质使其具有独特优势：创业门槛低，没有店铺租金的压力；没有太高的学历、技能要求；失败风险低，船小好调头；商品价格低，能让市民拥有更多选择，享受更多实惠；既降低了商户运营成本，也增强了消费市场主体活力。

另一方面，地摊经济解决了部分群众的就业难题。因疫情影响而失去工作的群众通过摆地摊实现灵活就业。成都作为地摊经济率先发展的城市，出色的城市规划使其解决了 10 万多人的就业难题。

2020 年第一季度我国 GDP 同比下降 6.8%，这是过去几十年从未出现过的。虽然现在各地都在复工复产，但事实上，未来很长一段时间，我国还是要靠消费来拉动经济增长。而地摊经济在一定程度上能刺激市民的消费欲望，从而使中国在这场全球危机下，缓解就业压力，稳定经济发展。

据第 6 题调研结果显示：过半数市民认为发展地摊经济较其他购物方式更加经济实惠，同时还能丰富城市文化，促进民俗文化发展；超过 60% 的市民认为发展地摊经济能够缓解就业难题、方便居民生活，地摊俨然成为居民休闲娱乐的好场所；超过70%的市民认为，在全球疫情持续蔓延的今天，发展地摊经济可以有效缓解其带来的负面影响，增添市场活力，为我国部分城市经济复苏保驾护航（见图1）。

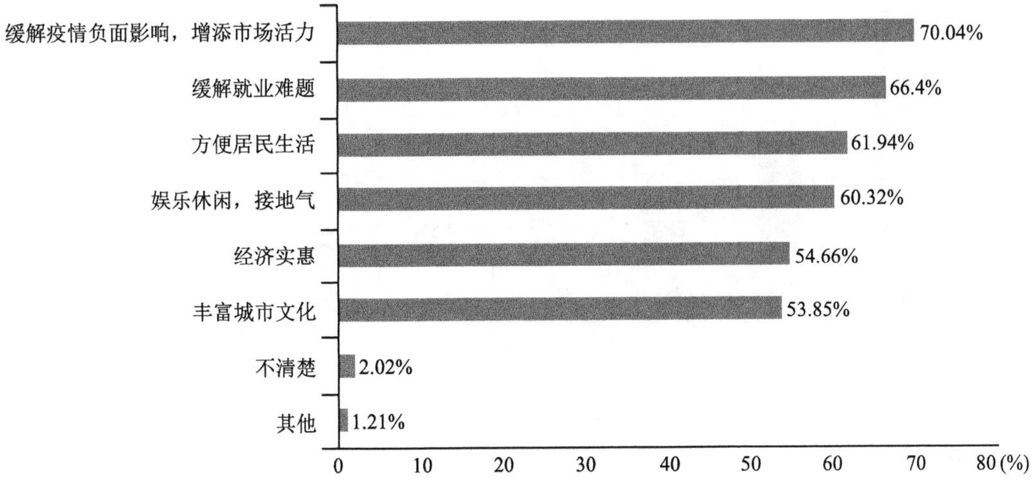

图1　发展地摊经济的优势调查

（三）城市居民普遍接受地摊经济

据第7题“您愿意选择地摊消费吗”调查显示，67%的市民愿意选择地摊消费，支持发展地摊经济；30%的市民持中立态度；而只有2.4%的市民对地摊经济持否定态度。这表明地摊经济的存在是被普遍认可与接受的。

根据第8题的调查，在受访者中，56%的市民属于地摊消费者；21%的市民属于地摊附近居民；地摊业主占4.9%；附近店铺商家占4.5%；辖区政府人员占0.9%；城管占0.4%；与地摊经济无关人员仅占比7.7%。其中87.9%的居民生活与地摊经济息息相关，城市居民也已经习惯、适应了拥有地摊的城市生活（见图2）。

与此同时，据第22题“您能接受摊主被驱逐吗”调查，只有16.6%的居民能够接受摊主由于不同原因被驱逐。说明至少在这两座调研城市中，市民不愿意看到地摊主被驱逐，导致地摊经济发展受到抑制；说明地摊经济已经融入市民的生活之中，它的存在与发展对市民的生活起到了举足轻重的作用。

截至2020年6月4日，已有济南、南宁、郑州、南京、成都、合肥、厦门、长春、杭州、长沙、石家庄、青岛、宜昌、黄冈、德阳、攀枝花、广安、南充、资阳、遂宁、彭州、上海等城市，以及陕西、辽宁、江西、甘肃等省份先后明确鼓励发展地摊经济。

各省市政府出台鼓励发展地摊经济的政策，充分说明当下发展地摊经济是一个较为合理的、且有发展必要的战略方案，同时也说明发展地摊经济将在更广阔的地域里得到接受与认可。

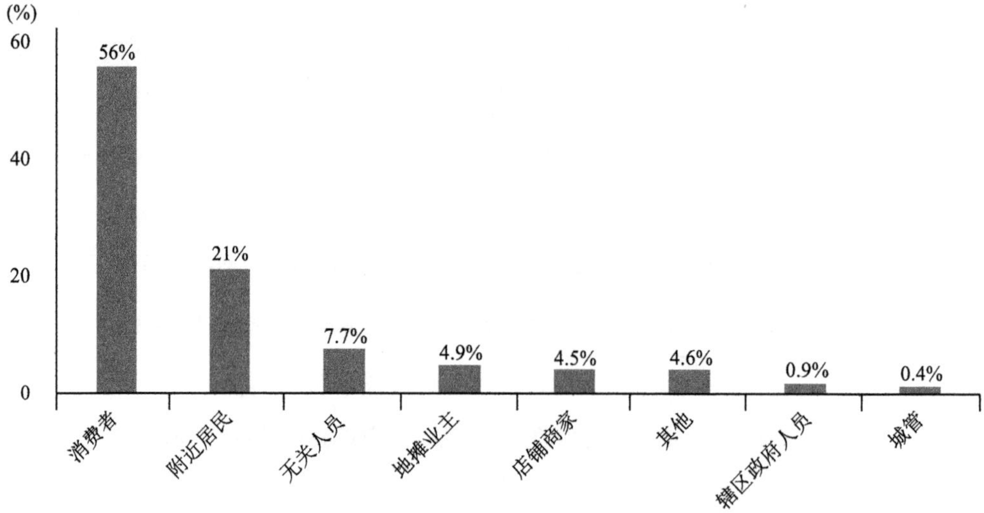

图 2　受访者与地摊经济的相关调查

二、全面建成小康社会中地摊经济目前存在的问题及分析

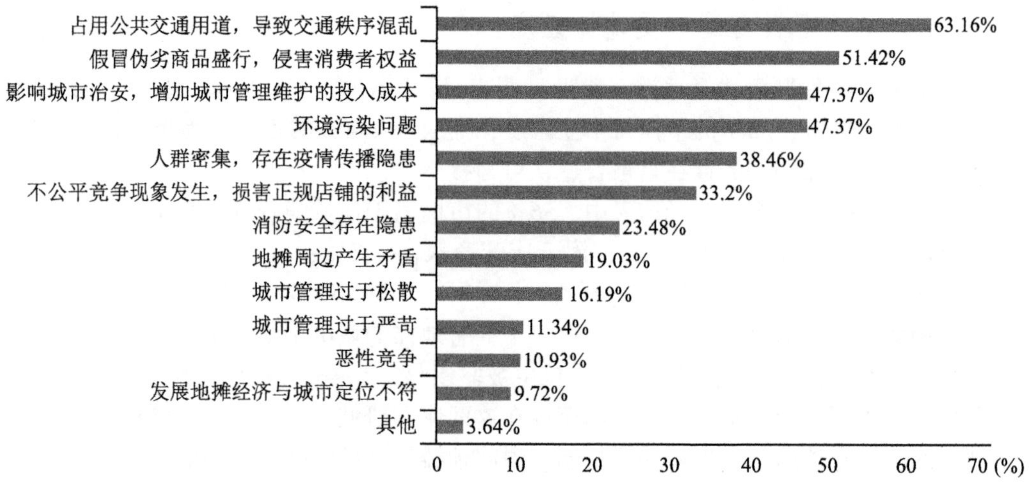

图 3　地摊经济发展存在问题的相关调查

（一）交通影响

地摊经济多自发形成并繁荣于居民区、学校、医院附近等人群聚集、人流量相对较大的地方。在利益驱动下，摊主往往选择道路两旁的空地摆摊设点，占用公共交通用道。由于商品价格低廉且存在诸多便利，吸引了大量消费者蜂拥而至，类似的马路

市场也就应运而生。

本次调研的景德镇市与成都市都是如此。据第31题调研结果，63.16%的市民反映地摊经济占用公共交通用道，导致交通秩序混乱。以景德镇市为例，在学生下课和居民下班时段，由于道路狭窄，加之摊主在道路两侧摆摊，拥堵现象时有发生。由此引发市场外溢、人流车流混杂、秩序混乱，造成交通堵塞，甚至引发交通事故，无序的地摊市场也扰乱了附近居民和学生的正常生活。

2020年3月15日，成都市出台了《成都市城市管理五允许一坚持 统筹疫情防控助力经济发展措施》，允许设置临时占道摊点、允许临街店铺越门经营、允许大型商场开展占道促销等，但仍然存在非规定时间内占用公共通道的问题。

（二）环境污染

在摊主聚集处，环境卫生状况不容乐观。据第31题调研结果，47.37%的市民反映身边地摊经济存在环境污染问题。

1. 地摊业主的自身经营产生垃圾

一些商贩环境卫生意识淡薄，只顾盈利，给环境卫生整治造成了很大的压力。例如，在景德镇市调查时发现：在餐饮类摊主分布的地方遍地垃圾，更有甚者地上洒满油污。虽然据第13题“您会关注并清理自己摊位周围的垃圾吗”调研结果显示，75%的摊主表示一直会，25%的摊主表示经常会；但在景德镇市实地考察时，摊主走后，地面上仍遗留不少垃圾。对此，很多居民都抱怨摊主经营是小区门口脏乱差的直接原因。

2. 消费者随手丢弃垃圾

一些消费者素质不高，消费时也会将废弃物随意丢弃，是环境污染的直接祸根之一。据第23题“您会将因地摊产生的垃圾随手丢弃吗”调查，18.71%的消费者表示自己偶尔、经常、甚至一直会随手丢弃地摊产生的垃圾。

3. 摊位附近居民饱受地摊所产生的噪声影响

实地考察时，景德镇市夜晚仍有不少摊位聚集地发出噪声，影响附近居民的正常生活。

居民一方面享受着地摊带来的好处；另一方面又不得不忍受着地摊经济带来的环境污染。我们清醒地知道，一个综合水平高、市容市貌光鲜亮丽的城市，不仅离不开大马路的宽敞漂亮，更离不开这些市井百姓经常光顾的地摊市场的干净整洁，所以，如何兼顾整治地摊环境污染和发展地摊经济是当前城市发展面临的普遍问题。

（三）不公平竞争现象发生，损害正规店铺的利益

消费者在满足了廉价产品的需求之后，其他消费需求可能有所减少。正规店铺如果在质量、服务、店铺氛围上没有竞争力，会受到地摊相同商品的不同程度损害。在第31题的调查中了解到，45.45%持有经营许可证的正规店铺商家都在抱怨地摊经济给他们带来的冲击。

同样一种商品，虽然进货价格、商品质量都大同小异，但因为店铺商家需要交付店铺租金、水电费、各项税款等，其经营成本随之会大幅增加。相反，地摊业主由于经营灵活、投入成本少、无税费支出，经营成本与正规门店经营者相比低许多，竞争优势明显。政府鼓励发展地摊经济后，这种差异更加明显。店铺商家要取得利润，其同一商品的销售价格必然高于地摊业主的价格，而消费者当然会购买价格便宜的同质商品。可以说，两类商贩不在同一个起跑线上，地摊业主抢夺了店铺相当一部分客源，对正规经营的商家和行业造成了不小的损失。

（四）假冒伪劣商品盛行，消费者维权意识薄弱

地摊上吃、穿、用各类商品琳琅满目，因价格低廉受到广大消费群体青睐。不可否认，的确有一部分商品物美价廉，但同样不能忽视的是，也有部分商品质量低下，属于假冒伪劣产品。因为没有固定经营场所且贩卖的商品质量低下，产品及服务不受相关部门监督，某些不法分子为了谋求更大的眼前利益而欺骗消费者，缺斤少两、以次充好的现象时有发生，更有甚者铤而走险，销售违禁物品。这些都违背了市场经济公平、诚实的基本原则，侵犯了消费者的安全权、知情权，也不同程度地扰乱了经济秩序。

据第 31 题调研结果显示，51.42% 的市民反映身边地摊经济存在假冒伪劣商品盛行、侵害消费者权益的问题。地摊成为假冒伪劣商品的聚集地，那些进不了正规商场的假冒伪劣商品，往往通过地摊这种经营方式流向市场，“污染”经济。从表面上看，消费者得到了小实惠，殊不知他们的消费权益正受到肆意侵害。

消费者维权意识薄弱，使得无良者更加肆无忌惮。据第 20 题“如果遇到地摊货的质量或食品安全问题，您会采取什么措施”的调研结果显示，至少 68.34% 的消费者遇到质量或食品安全问题不会选择维护自己的合法权益。

（五）城市管理问题

地摊经济既体现了一座城市的烟火气，也是城市综合治理能力与治理水平的一个刻度与窗口。地摊经济往往沿街为市，给城市管理带来了巨大压力。据第 31 题调研结果显示，16.19% 的市民反映所在城市管理过于松散；11.34% 的市民反映所在城市管理过于严苛，可见城市管理力度把握难度之大。

在政府鼓励发展地摊经济后，部分地区由于城市管理压力过大，无法有序地发展地摊经济，造成了弊大于利的局面，不得不直接取缔地摊经济。“一刀切”是否正确，俨然成为一道城市治理的大考题。

（六）关于弱势群体扶持问题

支持地摊经济的主要目的是给弱势群体和中低收入阶层一个较为宽松的生活门路和收入渠道，其支持和援助的对象主要是那些无业、失业和收入来源较少的城乡人群。据第 28 题“您认为发展地摊经济应该给予弱势群体以政策倾斜吗”的调查，

73.28%的市民认为发展地摊经济应该给予弱势群体以政策倾斜。

然而地摊经济在“放”“管”过程中，无一例外地都有集装箱、电动经营车这样的经营设施，不可避免地提高了摆地摊的“本钱”和“门槛”，增加了摊主的经济负担。对于弱势人群来说，这是一道不易两全的难题，若不加扶持，很多弱势人群就会望而却步，就不了业、挣不来钱。

（七）供给与需求不匹配

根据第12题和第18题的调查，摊主销售的商品类型与消费者会购买的商品类型相差悬殊，供给与需求不完全匹配，导致部分地摊商品滞留，资源被浪费。第12题和第18题调研结果显示，摊主更倾向于销售服饰类、生活家居用品类商品，分别占33.33%和25%；而消费者更倾向于购买食品类和工艺品类商品，分别占70.5%和33.81%（见图4）。

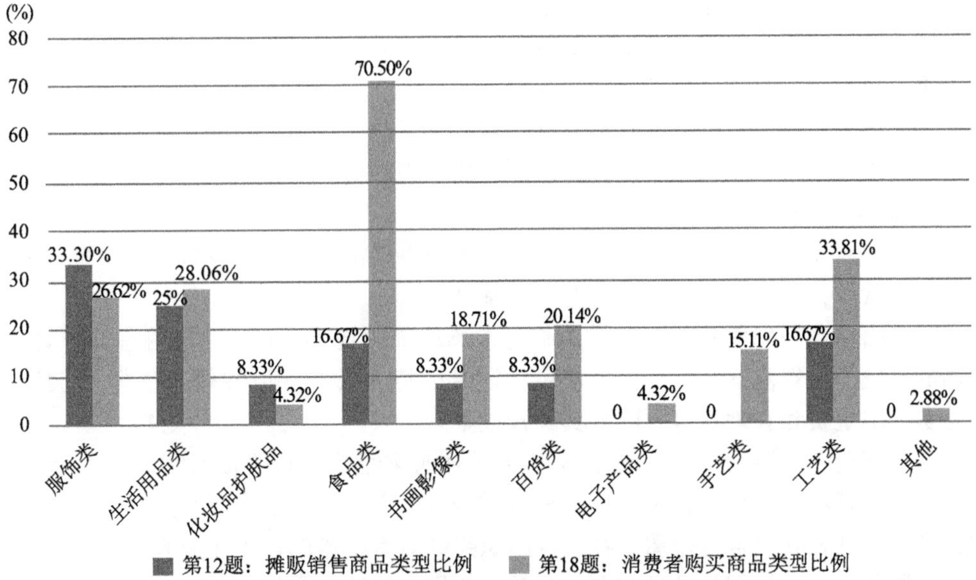

图4　地摊经济供需商品匹配度的相关调查

除以上主要问题外，地摊经济还存在影响城市治安、摊主周边相关矛盾、消防安全隐患、疫情隐患、恶性竞争等问题亟待解决。

三、对全面建成小康社会中发展地摊经济的对策与建议

（一）宏观治理层面

1. 合理划分市场区域

根据实际情况划分市场摊区并及时向社会公开发布，规范流动商贩经营地

点。政府及相关部门可为摊主统一规划经营用地，将其集中在某一个或几个既不妨碍城市秩序、居民生活，又能接近消费人群的地区，达到便民、惠民等多方共赢的目的。

2. 促进地摊多元化发展

充分利用6月至9月户外消费旺季，将地摊经济与旅游经济、小店经济、网红经济等相结合，引入体验式、娱乐式、互动式等多元业态。借此可在一定程度上缓解供求不匹配问题，进行合理的资源分配协调和多元化发展。

3. 加大政府资金投入

政府要合理安排资金，把促进地摊经济发展作为一项民生问题来抓，加大环境卫生整治、市场管理等方面的资金投入，优化环境，形成特色，为地摊经济发展提供有力支持。

4. 加强宣传教育力度

一是引导摊主。利用网络、报刊、电视、广播等多种形式大力宣传卫生管理、诚信经营、依法纳税等知识，营造良好氛围，不断提高摊主经营素质，预防销售劣质商品等不良经营行为。

二是引导消费者。以贴标语的方式提示消费者保护环境，不随手乱扔垃圾；在摆摊区域设置垃圾桶，创造一个更为干净的地摊销售环境。

5. 弱势群体扶持问题

一是政府投入一定资金。建设和完善发展地摊经济的软硬件设施，如添置可流动的电动经营车，为从事地摊经营创造物质基础。

二是出台各种减免政策。对进入临时市场或临时地摊的经营者，在登记、建卡、立档的基础上，规范其经营行为。对生活困难的特殊人群减免各种证照费、店招费、摊位费、卫生费和管理费等，降低其经营成本。

三是营造和谐经营氛围。各个城市要针对地摊经济制订灵活且更具人性化的措施，通过提高治理的精细化水平，规范地摊经济，激发市场活力。有关部门要加强管理，及时发现并处置各种矛盾。社区等组织要针对有困难的摊主送爱心、送温暖，提供贴心服务，解决他们的各种难题，使其安心摆好地摊，增加收入。

6. 因地制宜

各地政府在出台相关政策时要充分调研，每个城市都有自身的独特之处，政府应该发布适合本城市特点的政策。从长远来看，地摊经济融入城市发展大局尚需时日，规范化经营地摊经济还有很长的路要走，特别是在如何实现城市治理与经济重建双提升双促进的层次上，地摊经济需要在破与立中做出权衡。因此，推动地摊经济良性循环，既要严禁放任自流，又要摒弃“一刀切”思想，行之有效的办法是因地制宜，有的放矢，在整体推进中找准适度与适量的契合点。如从问卷调查第31题可看出，景德镇和成都的地摊问题除了共性的占道经营和假冒伪劣商品盛行外，景德镇自身的环境问题更突出，而成都自身的治安问题更突出，故两地措施实行的侧重点应有所不同。

（二）经营规范层面

1. 允许合理占道经营

在不占用盲道、消防通道，不影响行人、车辆正常通行，不侵害他人合法利益的前提下，允许在居住区、公园、广场、步行街等附近开辟临时占道摊点、摊区，引导自产自销农户、流动商贩规范经营。

2. 适度允许店外经营

允许临街小微商户在自身门店外临时设置、摆放促销商品；允许大型商场在商场门前自有区域内设置展棚、展位开展促销活动。适度允许店外经营，可在一定程度上减少店铺商家的压力。

3. 规范摊主的经营行为和经营时间

各部门需不断强化对地摊的安全管理，规范摊主经营行为，尤其是卫生、产品质量等方面，可考虑制定准入许可。对不规范的经营行为，要加大整治力度。如随意丢弃垃圾、占位摆摊等现象，要明文规定相应的处罚办法，促进其文明经营。同时规定经营时间，不得影响居民休息生活，共同营造一个良好的消费环境、经营环境、生活环境。

4. 实行负面清单管理模式

“负面清单管理模式”是指政府规定哪些经济领域不开放，除了清单上的禁区，其他行业、领域和经济活动都许可的管理模式。

政府应规定摊主在经营项目方面，禁止活禽销售及活禽宰杀；禁止室外经营油污、油烟过大的餐饮项目。在经营行为方面，禁止室外明火作业等危害公共安全的行为；禁止露天烧烤、噪声扰民等污染环境的行为；禁止占道加工作业等影响市容和交通的行为；禁止损毁绿地、树木，破坏城市绿化环境的行为。

（三）监管防控层面

1. 维护市容整洁

各区域监管部门要加强对摊区的监管，制订奖惩制度，落实环境卫生到具体的商贩、个人，并及时跟进环卫保洁和垃圾收运。应监管各类经营者必须清理所在摊位垃圾，保持经营区域卫生整洁，做到垃圾即产即清；对不服从管理、不讲究卫生及有其他不当行为且经教育拒不整改的各类经营者，纳入失信名单，取消在全市任何地段经营的资格。

2. 监控消防安全

各主管部门要协同开展规范管理，指导摊主安全用气、用电等，对经营中存在的消防安全等隐患进行排查和处置。

一是监管摊主。注意安全用电，不私拉乱接电线，及时更换老化线路，注意电瓶充电时的安全措施，谨防电瓶充电起火；注意用火、用气、用油安全，经营餐饮的摊位上煤气罐、油等易燃易爆物品要妥善保存，并定期对灶台的进气橡胶管进行防漏检查。

二是监管消费者。不随意扔烟头，特别是在烧烤摊、大排档等较为凌乱的就餐环境下；不携带易燃易爆物品，摆摊街道属于人员密集场所，一旦发生火灾，危及面广；不占用消防通道，消费者的车辆停放严禁占用、堵塞疏散通道、安全出口、消防车通道。

3. 保障消费者权益，提供维权渠道

市场监管部门在例行检查中，应当对消费者投诉多、反映多的摊位进行严格检查，对不能按期解决问题或按时与消费者达成调解的摊主，严格追究其责任；消费者权益保护协会要充分发挥其工作职能，加强工作宣传力度，畅通消费者维权渠道，比如提供专线电话，使消费者知晓维权程序；相关维权部门要联合起来，形成消费者维权程序的一站式办公体系，让消费者的诉求能够及时有效得到回应和解决。

4. 统筹兼顾疫情防控

各区政府要根据国家和省市关于新冠肺炎疫情防控的部署和当地疫情防控形势，严格落实疫情防控责任。坚持做好扫码、登记、测温、戴口罩“四保”工作，落实戴口罩、防聚集、勤消毒等常态化防控措施，指导经营者做好疫情防控工作，力保商户防疫复工两不误。

5. 加强和改进市场监管

一是建立地摊经营者登记制度。将摊主与摊位信息绑定，使消费者了解经营者信息，也为管理者的有效管理提供便利。

二是加强商品质量监管。管理部门要切实负起责任，将那些经营假冒伪劣商品、缺乏诚信的摊主坚决予以取缔。

三是加强税收监管。合理确定税收征收标准，既不能加重经营者负担，又不能放任税款流失，要兼顾国家、经营者和消费者的利益。

四是实行包容监管机制。执法部门和执法人员应文明规范开展执法管理活动，坚持柔性执法和审慎包容监管，对轻微违法以教育疏导为主，慎用处罚和强制措施；对拒不遵守禁止性要求的商户，依法取缔其经营和促销活动。

发展地摊经济存在诸多优势，是社会经济复苏的良好方案。无论是从必要性还是从合理性来说，发展地摊经济都是当今社会做出的正确选择。但地摊经济存在的诸多弊端也绝对不能忽视，所以地摊经济的发展必须经过“扬弃”的过程。继承和发扬传统地摊经济内部积极、合理的因素，同时抛弃和否定其内部消极、落后的因素，才能让地摊经济更好、更快地发展。

参考文献

[1] 张慧. 发展“地摊经济”应给予弱势人群扶持 [N]. 定西日报，2020-06-18.

[2] 刘中才. 发展“地摊经济”重在因地制宜 [N]. 企业家日报，2020-06-18.

[3] 于志明. 放管并重，促进“地摊经济”良性健康发展 [N]. 咸阳日报，2020-06-29.

[4]“引导灰色经济发展的正规化探索”实践创新小组．试析地摊经济的正负效应及对策 [J]．全国商情（理论研究），2013，(15)：17－20.

附录1：

景德镇市与成都市地摊经济发展现状调研调查问卷

您好！我们是来自北京工商大学的学生。2020年既是“十三五”规划的收官之年，又是决胜全面小康的关键之年。为了更好地了解地摊经济的发展状况并对其完善，我们正在进行一项有关地摊经济发展状况的问卷调查。感谢您能在百忙之中抽空填写我们“景德镇市与成都市地摊经济发展现状调研”调查问卷。本问卷实行匿名制，所有数据只用于统计分析，请您放心填写。以下问题没有特别说明均为单选题，对您的配合和参与表示由衷感谢！

1. 您所在的城市是

   A. 江西省景德镇市　　B. 四川省成都市（跳转3）

2. 您的月平均总收入范围是

   针对景德镇：

   A. 380元以下（跳转5）　　B. 380元～800元（跳转5）

   C. 800元～1430元（跳转5）　　D. 1430元～6500元（跳转5）

   E. 6500元～12 000元（跳转5）　　F. 12 000元～25 000元（跳转5）

   G. 25 000元以上（跳转5）　　H. 经济未独立（跳转4）

3. 您的月平均总收入范围是

   针对成都：

   A. 400元以下（跳转5）　　B. 400元～630元（跳转5）

   C. 630元～1800元（跳转5）　　D. 1800元～5000元（跳转5）

   E. 5000元～10 000元（跳转5）　　F. 10 000元～20 000元（跳转5）

   G. 20 000元以上（跳转5）　　H. 经济未独立

4. 您的月平均总生活费范围是

   A. 800元以下　　B. 800元～1500元

   C. 1500元～2500元　　D. 2500元～5000元

   E. 5000元～10 000元　　F. 10 000元以上

5. 您的年龄是

   A. 18岁以下　　B. 18～30岁　　C. 31～45岁　　D. 46～60岁

   E. 60岁以上

6. 您认为发展地摊经济有哪些优势 [多选题]

   A. 缓解疫情负面影响，增添市场活力　　B. 缓解就业难题

C. 经济实惠　　D. 方便居民生活
E. 丰富城市文化　　F. 娱乐休闲，接地气
G. 不清楚　　H. 其他________

7. 您愿意选择地摊消费吗
A. 非常愿意　　B. 愿意　　C. 一般　　D. 不愿意
E. 非常不愿意

8. 您大多数时间所属的与地摊经济相关的身份是
A. 地摊业主　　B. 消费者（跳转 14）
C. 店铺商家（跳转 28）　　D. 附近居民（跳转 28）
E. 城管（跳转 24）　　F. 辖区政府人员（跳转 26）
G. 无关人员（跳转 28）　　H. 其他________（跳转 28）

针对地摊业主：

9. 您的摆摊原因是
A. 一直摆地摊维持生计
B. 一直兼职摆地摊补贴家用
C. 因疫情失业，以此维持生计
D. 地摊经济兴起后，兼职补贴家用
E. 地摊经济兴起后，对摆地摊感兴趣
F. 其他________

10. 政府鼓励发展地摊经济给您的生活带来哪些改变[多选题]
A. 摆摊受限减少　　B. 收益增多　　C. 收益减少　　D. 竞争加剧
E. 内心愉悦　　F. 其他________

11. 您摆摊获得的月平均总收入能达到多少
A. 300 元以下　　B. 300 元 ~600 元
C. 600 元 ~1000 元　　D. 1000 元 ~1500 元
E. 1500 元 ~3500 元　　F. 3500 元 ~6000 元
G. 6000 元 ~12 000 元　　H. 12 000 元以上
I. 不固定，差异性大（影响因素是________）

12. 您摆摊时销售什么类型的商品［多选题］
A. 服饰类（衣服、鞋帽、配饰）
B. 生活家居用品类
C. 化妆品、护肤品
D. 食品类（小吃、零食、饮料、果蔬等）
E. 书画音像类（影音、书刊、绘画等）
F. 百货类（儿童玩具、学习用品等）
G. 电子产品类

H. 手艺类（贴膜、美甲、理发等）

I. 工艺品（陶瓷、木雕、玩石等）

J. 其他________

13. 您会关注并清理自己摊位周围的垃圾吗

A. 一直会　　B. 经常会（跳转28）

C. 偶尔会（跳转28）　　D. 从不会（跳转28）

针对消费者：

14. 政府鼓励发展地摊经济给您的生活带来哪些改变［多选题］

A. 减少家庭支出　　B. 因竞争加剧，地摊商品价格上涨

C. 购物更加便利　　D. 内心愉悦

E. 没有改变　　F. 其他________

15. 您大概每个月去地摊的次数是

A. 0 次　　B. 1～5 次　　C. 6～10 次　　D. 11～15 次

E. 16～20 次　　F. 21～25 次　　G. 26～30 次　　H. 30 次以上

I. 不固定

16. 您去地摊消费的原因是［多选题］

A. 经济实惠　　B. 购物更加便利

C. 凑热闹，感受烟火气息　　D. 旅游纪念

E. 其他________

17. 您在地摊上大概每月花费多少钱

A. 20 元以下　　B. 20 元～50 元　　C. 50 元～100 元　　D. 100 元～300 元

E. 300 元～600 元　　F. 600 元～1000 元　　G. 1000 元～2000 元　　H. 2000 元～3500 元

I. 3500 元以上

18. 您会购买什么类型的地摊商品［多选题］

A. 服饰类（衣服、鞋帽、配饰等）

B. 生活家居用品类

C. 化妆品、护肤品

D. 食品类（小吃、零食、饮料、果蔬等）

E. 书画音像类（影音、书刊、绘画等）

F. 百货类（儿童玩具、学习用品等）

G. 电子产品类

H. 手艺类（贴膜、美甲、理发等）

I. 工艺品（陶瓷、木雕、玩石等）

J. 其他________

19. 未来您希望地摊出售哪些商品

____

20. 如果遇到地摊货的质量或食品安全问题，您会采取什么措施
A. 自认倒霉，下次不买了　　B. 吸取教训，下次谨慎购买
C. 找摊主积极维权　　D. 向有关部门反映投诉
E. 其他________

21. 请将下列影响您地摊消费的因素按影响程度从大到小进行排列
(排序题，至少选择 5 项并排序)
A. 商品质量　　B. 商品价格　　C. 商品类型　　D. 商品外观
E. 摊位位置　　F. 环境卫生　　G. 摊主服务　　H. 他人推荐
I. 满足好奇心　　J. 其他________

22. 您能接受摊主被驱逐吗
A. 能接受　　B. 不能接受　　C. 无所谓

23. 您会将地摊产生的垃圾随意丢弃吗
A. 一直会（跳转 28）　　B. 经常会（跳转 28）
C. 偶尔会（跳转 28）　　D. 不会（跳转 28）

针对城管：

24. 政府鼓励发展地摊经济给您的执法工作带来哪些改变［多选题］
A. 违法占路问题增多
B. 市容环境卫生问题增多
C. 无照经营增多
D. 摊主周边产生相关矛盾增多
E. 城市管理维护的投入成本增加
F. 管理机制有所完善
G. 消防安全隐患增多
H. 疫情安全隐患增多
I. 与摊主关系有所改善
J. 放宽管制要求
K. 无明显改变
L. 其他________

25. 您所在部门对地摊经济的管制情况是［多选题］
A. 因鼓励发展地摊经济，对地摊业主放宽管制（跳转 28）
B. 因存在问题多仍会对地摊业主进行限制（跳转 28）
C. 并未采取针对性措施（跳转 28）
D. 针对性措施仍在完善（跳转 28）
E. 其他________（跳转 28）

针对辖区政府：

26. 您所属地方政府配合中央出台的鼓励发展地摊经济政策情况是
    A. 暂时没有出台相关助力发展地摊经济的政策
    B. 已经出台相关助力发展地摊经济的政策
    C. 相关助力发展地摊经济的政策正在出台中
    D. 不太了解
27. 您所属地方政府对地摊经济管制的监管较中央鼓励发展地摊经济以前有什么变化
    A. 监管力度加大（跳转28）
    B. 监管力度变小，对摊主更宽容（跳转28）
    C. 暂时没有明显变化，针对性措施正在完善中（跳转28）
    D. 没有明显变化（跳转28）
    E. 其他________（跳转28）
28. 您认为发展地摊经济应给予弱势群体以政策倾斜吗
    A. 应该　　B. 无所谓　　C. 不应该（跳转30）
29. 您可以接受对弱势群体给予哪些政策倾斜
    A. 资金扶持　　B. 提供货源　　C. 提供专用场地　　D. 其他________
30. 您认为您所在地区适合发展地摊经济吗
    A. 适合　　B. 不适合
31. 您身边地摊经济发展存在哪些问题［多选题］
    A. 占用公共交通用道，导致交通秩序混乱
    B. 环境污染问题
    C. 假冒伪劣商品盛行，侵害消费者权益
    D. 不公平竞争现象发生，损害正规店铺的利益
    E. 摊主周边产生矛盾
    F. 影响城市治安，增加城市管理维护的投入成本
    G. 城市管理过于松散
    H. 城市管理过于严苛
    I. 发展地摊经济与城市定位不符
    J. 消防安全存在隐患
    K. 人群密集，存在疫情传播隐患
    L. 恶性竞争
    M. 其他________
32. 政府鼓励发展地摊经济后，您所在地区哪些问题有所改善［多选题］
    A. 占用公共交通用道，导致交通秩序混乱
    B. 环境污染问题
    C. 假冒伪劣商品盛行问题
    D. 损害正规店铺利益的不公平竞争现象

E. 摊主周边产生矛盾
F. 城市管理维护投入成本的增加问题
G. 城市管理过于松散
H. 城市管理过于严苛
I. 发展地摊经济与城市定位不符
J. 消防安全隐患问题
K. 疫情传播隐患问题
L. 恶性竞争问题
M. 其他________

33. 您认为哪些对策的实施能使地摊经济有更好的发展［多选题］
A. 全面恢复、积极拓展并合理划分市场摊区
B. 规范摊主经营时间
C. 允许合理占道经营
D. 适度允许店外经营
E. 免除业户相关费用
F. 将地摊经济与旅游经济、小店经济、网红经济等相结合，促进体验式、娱乐式、互动式等多元化发展
G. 政府加大环境卫生整治、市场管理等方面的资金投入
H. 加强卫生管理、诚信经营、依法纳税等方面的宣传教育
I. 设置“一摊一桶”，加强卫生环境管理
J. 加强和改进市场监管
K. 加强服务保障
L. 统筹兼顾疫情防控
M. 给予弱势人群以政策倾斜
N. 其他________

34. 对于地摊经济的发展，您的看法是
A. 支持，发展地摊经济有利于国计民生
B. 不支持，发展地摊经济弊大于利
C. 地摊经济必须改革，才能更好发展
D. 无所谓，地摊经济可有可无

35. 您对于地摊及地摊经济的其他看法及意见：____

____

____

感谢您能在百忙之中完成这份调查！我们表示由衷感谢！

——北京工商大学

附录 2：

问卷整体数据统计

小组成员根据反馈回来的调查问卷进行了统计与分析，得出所调查“景德镇市及成都市地摊经济发展现状”调查问卷统计表如下。

	选项 题目	A	B	C	D	E	F	G	H	I	J	K	L	M	N
由于8题选A	1	138	109												
	2	5	1	13	62	10	4	1	42						
	3	8	0	11	21	6	3	4	56						
	4	17	55	25	0	1	0								
	5	30	126	71	19	1									
	6（多选）	173	164	135	153	133	149	5	3						
	7	66	100	75	5	1									
	8	12	139	11	52	1	2	19	11						
	9	2	2	3	1	3	1								
	10（多选）	9	5	2	3	4	0								
	11	5	1	1	2	1	0	0	0	2					
	12（多选）	4	3	1	2	1	1	0	0	2	0				
	13	9	3	0	0										
由于8题选B	14（多选）	18	41	92	50	22	0								
	15	12	81	17	7	2	0	0	2	18					
	16（多选）	91	92	60	15	3									
	17	25	31	29	40	10	2	1	0	1					
	18（多选）	37	39	6	98	26	28	6	21	47	4				

续表

	题目＼选项	A	B	C	D	E	F	G	H	I	J	K	L	M	N
由于8题选B	19（填空）	略													
	20	13	82	24	19	1									
	21（排序）	128	128	89	93	66	121	101	27	35	4				
	22	23	56	60											
	23	4	4	18	113										
由于8题选E	24（多选）	1	0	0	0	0	0	0	1	0	0	0	0		
	25（多选）	0	1	0	0	0									
由于8题选F	26	1	1	0	0										
	27	1	0	1	0	0									
	28	181	39	27											
由于28题选A/B	29	115	192	99	9										
	30	224	23												
	31（多选）	117	82	156	127	95	24	47	58	117	40	28	27	9	
	32（多选）	130	62	63	41	79	62	62	56	83	28	31	25	15	
	33（多选）	179	155	127	142	87	102	80	68	52	67	55	64	60	6
	34	161	23	5	58										
	35（填空）	略													

全面建成小康社会中居民就医认知、态度与行为选择调查①

陈美灵　袁玲玉

【摘　要】随着时代变迁，人民生活水平的提高，科技的不断进步，我国居民对医疗卫生问题的关注度与重视度达到新高度。在此基础上，我们小组就居民就医认知、态度与行为选择情况展开调查。全文以全面建成小康社会中社会环境发生的变化为基本前提，分别对就医认知、就医态度和行为选择展开论述，采用对比的方式，结合具体数据、图标，研究居民对医疗卫生的认知。我们发现就改革开放以来，居民健康意识形态逐步成型，愈加重视身体健康情况，治疗恢复效果和医疗环境情况也影响着人们的选择。最后，我们根据现阶段医疗水平和科技发展水平对未来的医疗卫生系统形态展开合理论述。

【关键词】医疗环境；就医行为；就医认知；就医态度；行为选择

本次调查主要采取网上调查的方式。调查问卷由小组成员在朋友圈发出，让群众填写并收回。共发出调查问卷 135 份，收回 135 份，回收率达 100%；有效问卷 135 份，有效率达 100%。本次调查报告填写人群主要以 18 ~ 40 岁的青年为主，占 90.63%；17 岁以下占 0.75%；41 ~ 65 岁占 8.59%。参加此次问卷调查的人群 72.66% 为学生群体，90.63% 为大专/本科及以上学历。随着社会的发展，居民文化水平的提高，以及在党的积极领导下，越来越多的人开始重视健康问题，因此对就医行为的研究调查在完善医疗卫生系统方面和解决民生问题方面起着不可忽视的重要作用。

一、全面建成小康社会以来国内医疗环境的变化

（一）三甲医院数量增多

我国在 2020 年实现全面建成小康社会，经济翻一番的情况下，国内医疗环境也发生了巨大变化。全面建成小康社会之前，国内三甲医院数量少、水平低。经过多次扩张以及完善，国内三甲医院的数量明显增多，且达到亚洲第一水平或者世界一流水

① 本课题指导教师：陈美灵（北京工商大学马克思主义学院）；课题组组长：袁玲玉（保险 18）；课题组成员：李意琛（保险 18）、李敖（保险 18）、胡靓（保险 18）、孙懿（保险 18）。

平的科室也不断增加。国家对三甲医院的综合评审标准要求很高，对于医院的服务、科室、人员、管理等多方面都有严格的要求。达到三甲医院评审标准的医院都有强大的医疗队伍、医疗服务、优质的环境。从而赢得了群众的认可。根据小组问卷调查显示，有76.64%的人就医时选择按医院等级高低、优势科室进行挑选。

（二）民营医院占比增大

国内民营医院的数量逐渐增多。在2014年前，我国公立医院数量明显多于民营医院，然而从2015年开始，民营医院开始“逆袭”，达到14 518家，从数量上首次超越公立医院。2015—2018年，三年间一共增加了6459家民营医院，已经远远超过公立医院的数量。这种公立医院与民营医院并立，非营利性医院与营利院结合的情况能够明显降低医疗费用，对非营利性医院产生一定的竞争作用。

但是民营医院大部分是单科室或者几类疾病的诊疗，在综合性上仍然无法与公立医院竞争，所以公立医院的垄断地位仍然没有被打破。

通过实证分析发现，当前环境下，民营医院数量的增多可以形成对公立医院的竞争，对效率提升具有一定影响。但是，民营医院进入的影响并不显著，在门急诊人数和住院人数等方面还是无法打破公立医院垄断的格局。

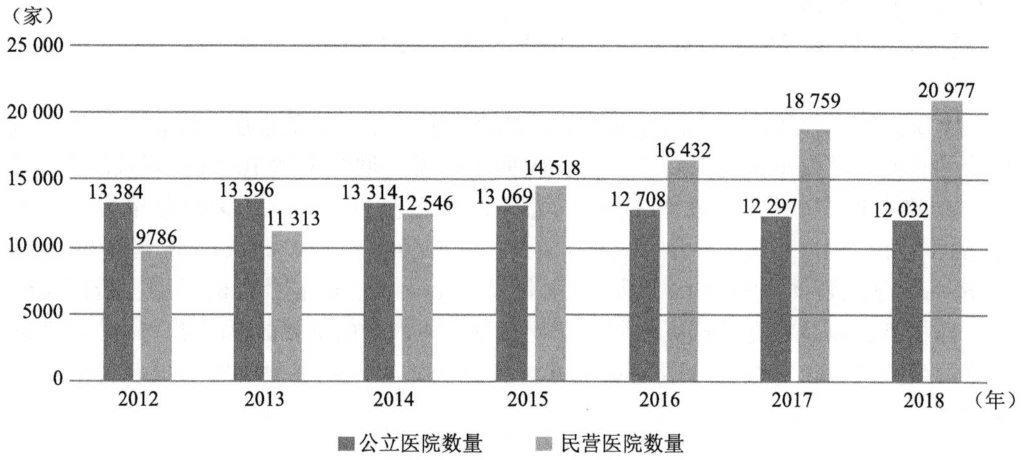

图1　医院数量变化统计分析

（三）基层医疗机构明显增多

基层医疗机构呈现逐年递增的态势，截至2018年末，基层医疗机构已经达到943 639家，与2012年相比，增加了31 019家。这样的发展态势，反映了医改“强基层”的理念，近95万家基层机构覆盖了广大城乡基本医疗的就医人群。三甲医院数量上的扩张，也反映了城市化进程中大城市人口不断增多随之带来的就医需求激增，不仅仅反映在数量上，对医疗质量的要求也不断在提高。

二、全面建成小康社会中居民就医认知

就医认知是患者在治疗过程中对就医行为的认识。本次调查主要体现在就医认知中的中西医选择、疾病认识、预防疾病三个方面。

2020 年是全面建成小康社会的收官之年，而小康社会是在 20 世纪 70 年代末 80 年代初时提出的，因此我们主要采用最近 40 年的变化来进行分析。

（一）对中西医认知的转变：从西医到中西医结合

首先我们调查了受访者对中医和西医的倾向性，有 63.28% 的人选择了西医，36.72% 的人选择中医。选择西医的人大多是更喜欢西医的快速见效和明确的用药方向。西医的特点就是能把人相对快速地从病症引起的不适中解救出来，让患者更舒服。每款药品都会配有说明书，会明确指出药物的适应证和用量，使人们在面对一些比较轻的病症时能自行用药，不用再特意去一次医院，并且部分疾病只能通过西医手术治疗。而选择中医的人则更信任中医药的副作用小，相对于化学合成的西药来说，纯天然的中药更让人信赖。

多数人选择信任西医的原因一个是心理层面上的见效快，虽然中西医的疗程差不多，但西医能在短时间内减缓患者的不适，使患者在心理上能得到更多安慰。再者就是在改革开放初期，西方文化思潮进入我国，使民众的关注点转向西医，缺少了对中医的关注和宣传。但随着小康社会建设的推进，文化建设的加强，人民的文化自豪感增强，同时积极推进中医药文化传承和发展，弘扬中医药文化精髓，实施中医药健康文化素养提升工程，越来越多的人开始重新认识中医。在面对一些治疗周期较长，需要对身体进行整体调养的疾病时会选择中医，并把中医的食疗理念融入生活。同时，我国也在推进中西医协调发展。健全中医药学与现代医学互为补充、惠及大众的中医药健康服务体系，加强中西医结合，促进中医药原创思维和现代快速发展新技术、新方法的有机结合，寻找防治疾病的创新路径和手段，促进中西医药协调发展。

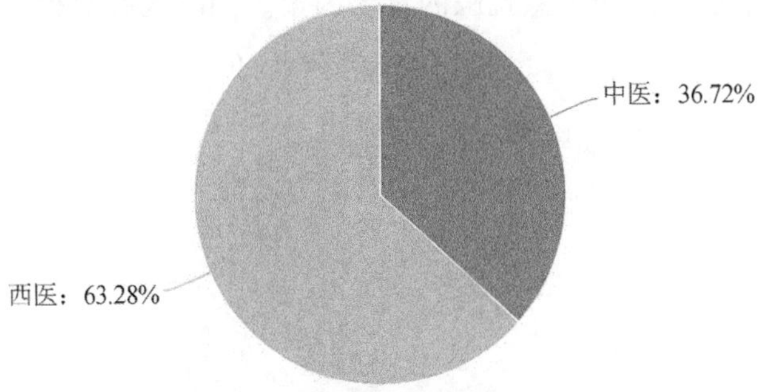

图 2　受访者相信中医还是西医

（二）对疾病和自身健康认知的改变：从被动接受治疗到主动面对疾病

我们调查了受访者对疾病和自身健康的重视程度。六成多的受访者选择在疾病初期感到不适的时候就去医院就医；少部分选择自行治疗或到不得已时再就医。少部分人不愿意去医院的理由一是觉得只是小病，可以自行康复，或可以根据经验治疗；二是由于到医院就诊挂号、检查、就诊等待时间太长，耗不起。

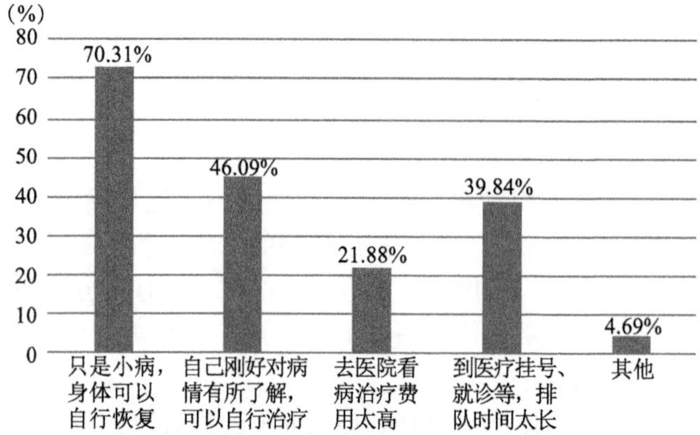

图3　受访者为什么不选择去医院治疗（多选）

在新农合、社保还不太健全、覆盖面不太高时，去医院就诊的经济负担较重，再加上社会文化水平普遍偏低，缺少很多重大疾病初期轻症的广泛科普，很多人都会选择不去医院或自行治疗，以致后期高昂治疗费用的产生，使患者更难以负担，从而使老一辈人对就医产生负面印象。在全面建成小康社会的过程中，覆盖城乡居民的社会保障体系基本建立，实现人人享有基本医疗卫生服务，就医看病的经济问题已经不是最主要的问题。而且随着文化建设的推进，对于重大疾病的全民科普增多，也减少了因为延误治疗导致的费用激增。目前比较大的问题是看病难，就医时间过长、过于繁杂成为民众不愿就医的首要因素。同时也针对行动不便的老龄人群

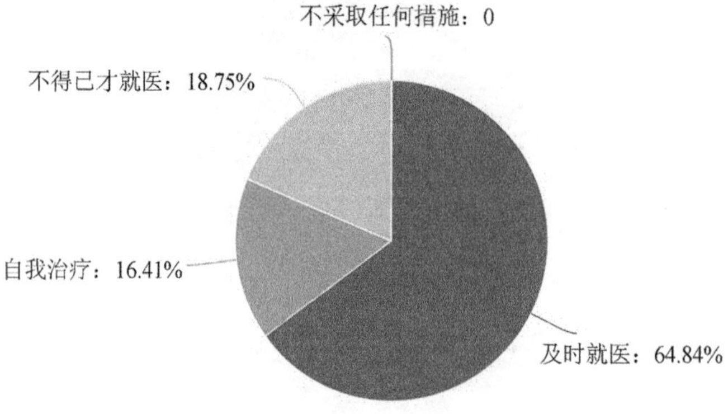

图4　当受访者身体出现不适时的选择

健全老年健康服务体系，重点发展社区健康养老服务，提高基层医疗卫生机构，为居家老年人提供上门服务的能力，专门为老年人提供挂号、就医等便利服务的绿色通道，加强综合性医院老年病科建设，减轻老年人看病的繁杂程度，提升老年人就医体验。

（三）对疾病预防认识的改变：以体检为例，多管齐下强化疾病预防

我们以体检为例调查了受访者对疾病预防的态度，有 27.34% 的人表示从来没有主动去过；24.22% 的受访者表示有过想法，但最终还是没有去；能够做到定期去体检的只占 23.44%；剩下的受访者会不定期进行体检或只主动体检过一两次。

体检是一种可以有效发现一些疾病初期不易被察觉的变化的方法，因此每年定期体检是有必要的。从调查中可以看出，很多人是有体检的意识的，而且很多单位、公司也会定期组织员工进行体检。但在改革开放初期或更早的时期，很多人没有体检的意识。随着社会的发展，体检渐渐深入人心，《“十三五”卫生与健康规划》就是为了推进健康中国建设，根据《中华人民共和国国民经济和社会发展第十三个五年规划纲要》和《“健康中国 2030”规划纲要》而制定的。实施健康中国战略，要完善国民健康政策，为人民群众提供全方位、全周期的健康服务，坚持预防为主，倡导健康文明生活方式，预防控制重大疾病。同时推进职业病防治工作，开展职业病危害普查和防控，提升医疗卫生机构职业病报告、职业健康检查和职业病诊断、鉴定、救治能力。从企业员工自身、企业主体、市场监管几方面加强职业病防治建设，基本实现了粉尘和化学物接触类职业危害因素的有效控制。在常见病方面，将高血压、糖尿病等有庞大患者群的常用药纳入医保范畴，大幅降低了药品费用，减轻了患者负担。

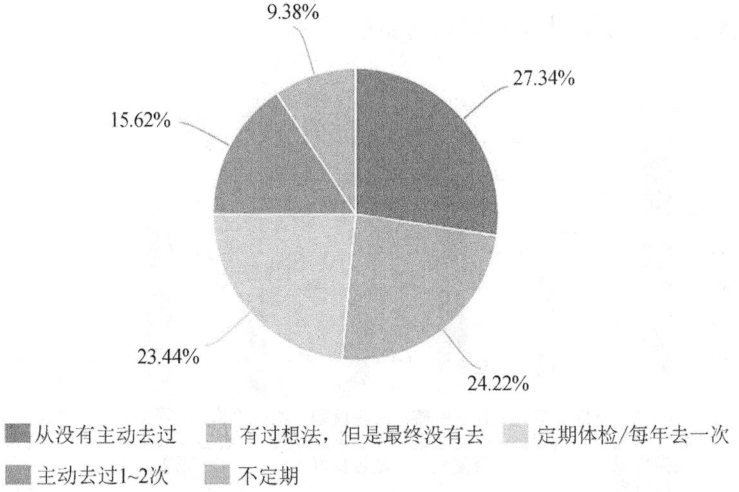

图 5　受访者主动到医院体检的次数

三、全面建成小康社会中居民就医态度的变化

（一）就医态度变化情况

1. 社会保障医疗水平有了显著提升

从调查数据中分析得出，购买商业医疗险的人群少于不购买的人群。而从图 6 中可以看出，大多数不购买的原因是购买了社保。也有很多人群觉得身体很好，不太需要此保险。由此看来，大部分人由于对社保的依赖，会忽视商业医疗保险的价值，但是从另一方面讲，也可以看出全面建成小康社会中社会保险的健全。

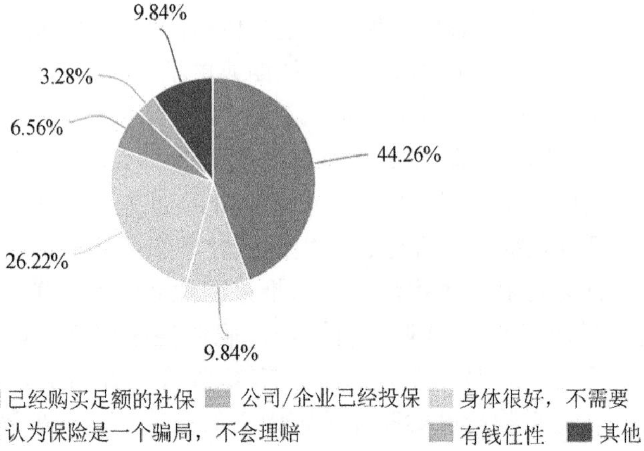

图 6　不购买医疗险的原因

2. 人们对医疗质量和体验有了较高要求

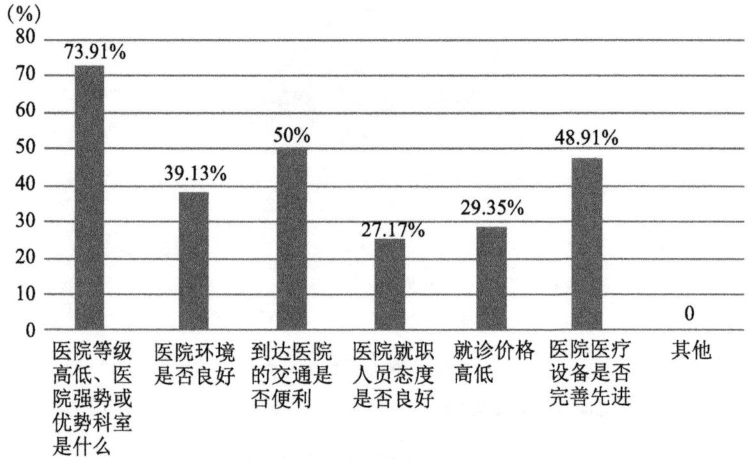

图 7　选择就诊医院的首要标准（多选）

图 7 显示：73.91% 的人会优先考虑医院等级高低以及医院的优势科室，39.13% 的人考虑医院的环境问题，48.91% 的人考虑医院的医疗设备。这些数据看出全面建成小康社会的过程中，人们对医院的质量有了更高的要求。也有相当一部分人比较注重就医感受，比如：50% 的人选择到达医院的交通便利问题，27.17% 的人注重医院人员的态度。我们还应该注意的是还有少部分人会考虑就诊的价格（占比 29.35%），这说明价格问题依然是部分人没有解决的难题。

3. 全面建成小康社会中人们对医生的医治水平更加信任

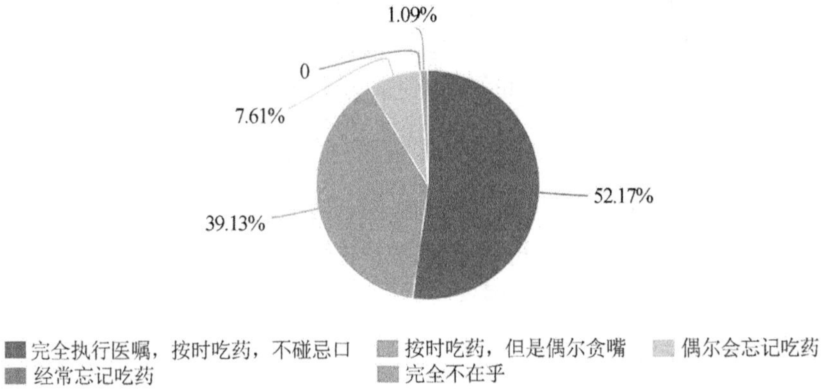

图 8　对医嘱的执行力度

从我们收集的数据来看，有 52.17% 的人会完全执行医嘱，按时吃药，不碰忌口；而完全不在乎的人只占了 1.09%。数据对比表明，全面建成小康社会中，人们对医生的医治水平越来越信任，更加依赖医生的建议，选择配合医生来恢复身体健康。同时也充分表明现在的社会环境中，医生和患者的相处模式越来越和谐。

我们基于购买商业医疗保险的角度、选择医院的态度角度和对医嘱的执行力度角度，可以分析出，全面建成小康社会中医疗体系不断改善，人们对社会医疗越来越信任。

（二）全面建成小康社会中居民就医态度的变化因素

1. 全面建成小康社会中居民就医态度的变化因素：社保政策的完善

随着社保政策不断地完善，社保水平逐步提升，大多数人表示已经有了社会保险，没有必要再购买商业医疗保险。

在 2020 年的社会保险政策中，我们可以明显地看到，国家大力鼓励社会机构养老，加大对养老床位的建设，使国家的养老水平能够满足今后的养老需求。随着全面建成小康社会步伐的推进，未来养老不再会是大家担忧的难题。

社保政策的完善提高了社保水平，同时也让人们越来越依赖社会保险，提升了人们的幸福感。

2. 全面建成小康社会中居民就医态度的变化因素：医药卫生体制改革持续深化

2020 年 1 月 13 日，全国卫生健康工作会议召开，公布了 2020 年医改任务。改革任务中强调要完善疾控体系，规范医联体建设和管理工作，推进公立医院高质量发展。2019 年，公立医院进行了一场大面积的革新，其中着重加强医疗资源配置的优化，扎实推进国家药品集中采购和使用试点工作，让公立医院更好地服务人民群众看病就医。国家卫健委发布的《关于印发公立医院章程范本的通知》，宣布我国公立医院合同制时代正式到来。

不仅仅是 2020 年，从有了明确的全面建设小康社会的目标以来，对医疗卫生体制改革的脚步从未停下。这也是为什么越来越多的人选择相信医生，相信正规的医院的原因。相信我国公立医院合同制时代的到来会让人们这种信念越来越根深蒂固。

（三）全面建成小康社会医疗体系中依然存在的问题

虽然全面建成小康社会中医疗改革取得明显的成效，人们的幸福指数以及对社会医疗的信赖程度有了非常明显的提升，但是从数据中可以看出依然还有未解决的问题。

1. 医疗的供给量与需求量不均衡

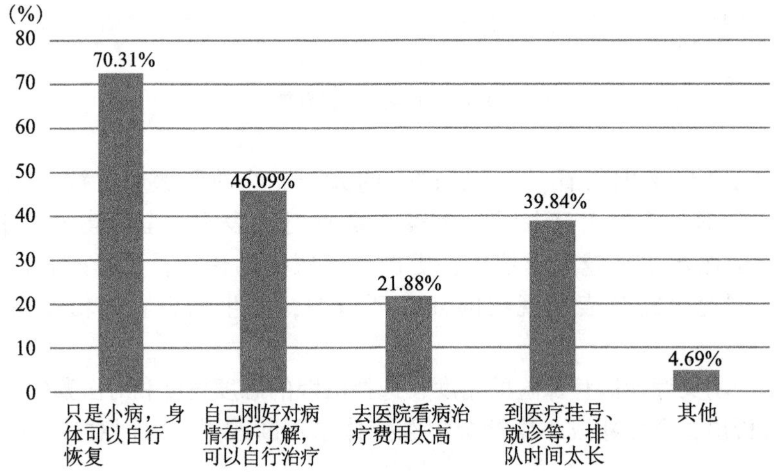

图 9　不选择去医院就医的原因（多选）

绝大部分人不去医院的原因是觉得自己得的是小病，可以自行恢复，但是我们还关注到，有 39. 84% 的人觉得到医院就诊在挂号、就诊等环节排队时间太长。这说明全面建成小康社会中医疗的供给量远远不足，无法满足患者对医疗的需求。这是我们亟须解决的问题。

2. 医改福利的普及不够全面

从图 9 来看，有 21. 88% 的人觉得去医院看病治疗费用太高。这说明还有相当一部分人由于各种各样的原因（可能因为户口、职业等因素）并没有享受到医疗福利，负担不起高昂的医疗费用。

3. 作为社会个体的我们对全面建成小康社会医疗改革的积极响应

作为这个社会的个体，从我们自身的角度来看，我们可以做能做到的小事情以促进全面建成小康社会医疗改革。例如：对身边的医疗问题提出建议，关注医疗变化以及中央医改下发到地方的实施力度。这也是我们每个人力所能及的。

四、全面建成小康社会中居民就医的行为选择

（一）商业医疗保险方面的行为选择，大部分居民未购买商业医疗保险

我们调研发现，在 128 个样本量中，未购买商业医疗保险的样本有 85 个，占到约 66.41%；购买了商业医疗保险的样本有 43 个，约占 33.59%。可以明显地看出大部分居民并未购买商业医疗保险。

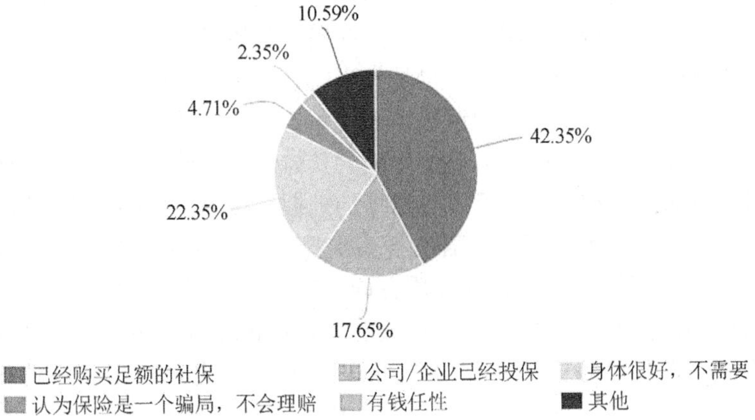

图 10　不购买商业医疗保险的原因

如上图，在不购买商业医疗保险的原因中，最主要的是因为居民认为社保的存在已经足够保障，认为自己身体好和公司已经投保分别占到 22.35% 和 17.65%，也是影响到居民选择不购买商业医疗保险的重要因素。大部分居民是基于即使不投商业保险，自己的医疗保障也足以匹配自身的身体状况所做出的选择。

在购买商业医疗保险的样本中，有 33 人未曾获得理赔，占到 76.74% 的比重；有 10 人获得过理赔，占约 23.26%。获得理赔人数占投保总人数的比重较高，这与投保人的身体状况水平相对较差是有密切联系的，通过做出购买商业医疗保险的行为选择使得自己的医疗保障程度能够匹配自身的身体状况。

（二）就医过程中居民的行为选择情况

1. 关于中医与西医的行为选择中，西医是居民的主要选择

分析居民在关于中医西医的行为选择情况时可对居民选择有所了解，之所以出现这种情况，可以从供给和需求端考虑原因。

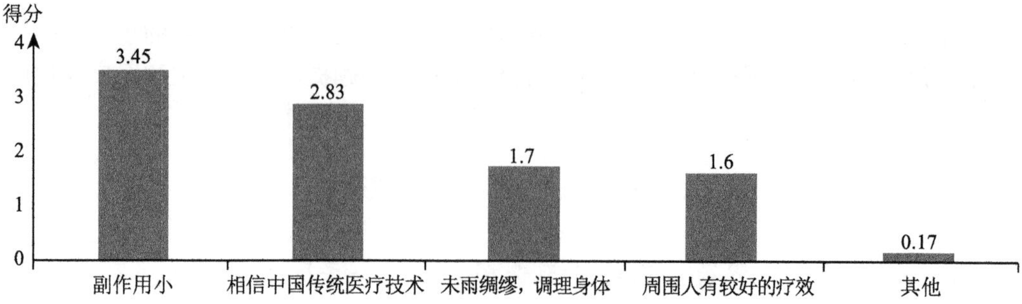

图 11　受访者选择中医的原因①

如上图，在更相信中医的人当中，副作用小和相信中国的传统医疗技术是影响选择中医最大的两个因素。可以从侧面反映出在全面建成小康社会的过程中，居民就医需求已经不仅仅是在获得治疗层面上，而是在向治疗质量、治疗水平更好要求层面上提升，这说明就医方面上的行为选择也是与当前社会主要矛盾。

而西医更受欢迎的原因如下图调研结果显示。西医能够对症下药、用药方便以及病理明确是使大部分人选择西医的重要原因。具体表现在药用机理透明的现代西药可以使患者对自身的症状和治疗过程有更清晰的把握，可以更放心地接受治疗。从这些现象中能够看出，在就医过程中，居民行为选择是在满足能治病的基本要求的基础上，向治疗更好、更快、更准确的优质方向上转变。从供给端的角度看来，培养一名中医所需要的时间和成本要远高于培养一名西医的时间与成本。从当前来看，西医远多于中医、西医院远多于中医院的状况，也是影响居民在就医选择时的重要因素。

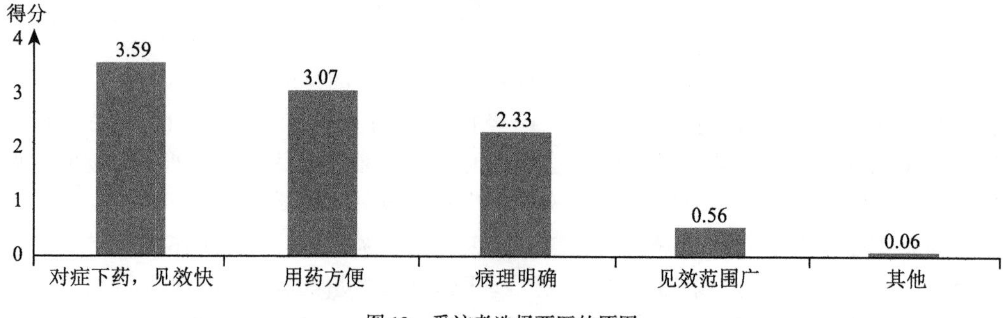

图 12　受访者选择西医的原因

① 平均综合得分：选项平均综合得分是由问卷星系统根据所有填写者对选项的排序情况自动计算得出的，它反映了选项的综合排名情况，得分越高表示综合排序越靠前。计算方法为：选项平均综合得分 = （Σ频数 × 权值）/本题填写人次。权值由选项被排列的位置决定。例如有三个选项参与排序，那排在第一个位置的权值为 3，第二个位置权值为 2，第三个位置权值为 1。

2. 就医及时性的行为选择，大多数居民积极及时就医

根据调研结果显示，128 个样本在就医及时性上的行为选择如下图所示。

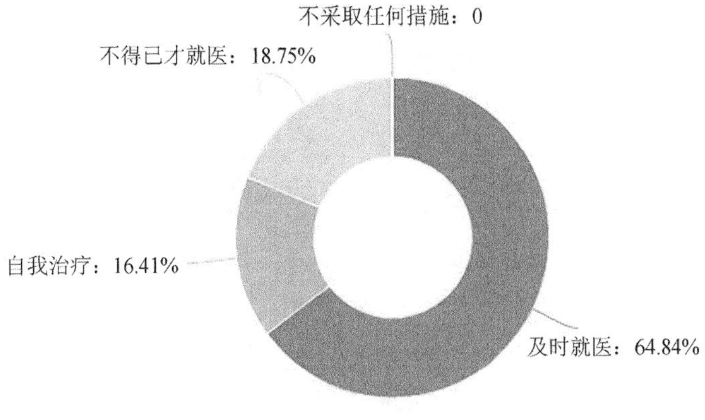

图 13　受访者不适时的选择

可以看到，大部分参与调查的居民都选择了及时就医，不得已才就医的人有 24 个，只占到 18.75%，当身体出现不适时大多数居民都会选择积极的应对举措。及时就医反映出在当前社会情况中，整体呈现积极选择的特征，这是基于医疗水平的提升与居民对于自身身体状况越来越重视的情况下所呈现的结果。医疗水平的提高使得患者在积极就医后能够得到较为满意的身体状况反映和治疗方法，对于一些疾病能够及时发现，使患者得到有效地治疗。居民平均医疗知识水平的增加使得在一些身体较轻不适的情况下，第一反应选择自我治疗的比重有所增加。这两者同样离不开居民的主观原因，即对自身健康状况的不断看重。根据马斯洛的需要层次理论，第一层次是生理上的需要，如水、食物、睡眠等这些如果任何一项得不到满足，人类个人的身体机能就无法满足正常运转的需要；第二层次是安全层面的需要，健康保障就属于这一层面上的需求。在全面建成小康社会的过程中，第一层次的需要不断得到满足的情况下，居民就更加重视更高层面需求的满足，所以在当前国家的发展状况下，居民在就医上越来越重视健康保障是需要层次提高的反映。

3. 体检方面的行为选择，提前检测仍有不足

从图 14 来看，从没有主动去过以及有过想法，但最终没有去这两种情况占比合计超过了 50%，这与居民在身体不适时的积极就医行为相比显得较为消极。能够反映出在居民总体对健康状况愈加重视的情况下，比起防患于未然的行为举措，居民更偏向于在身体不适时再采取积极的就医选择。

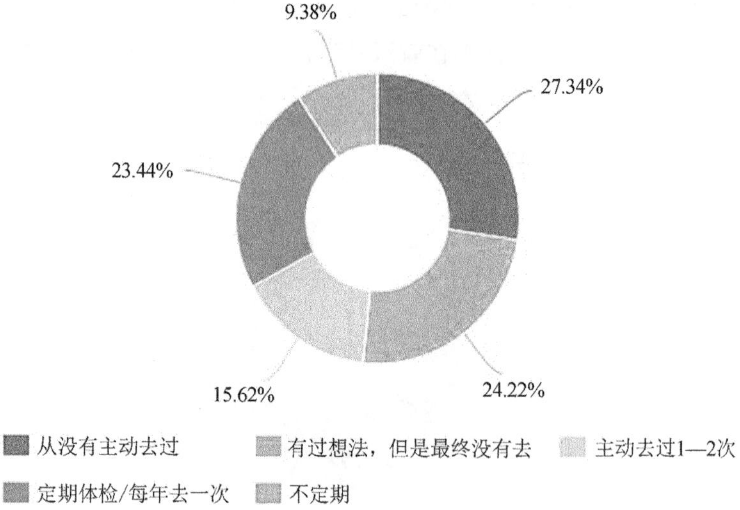

图 14　受访者去体检的次数

4. 选择就医医生的行为选择，“互联网 + 医疗健康”发展迅速

对于多选题“如果您到医院看病，您会通过什么方式寻找医生”的调研结果显示如下。

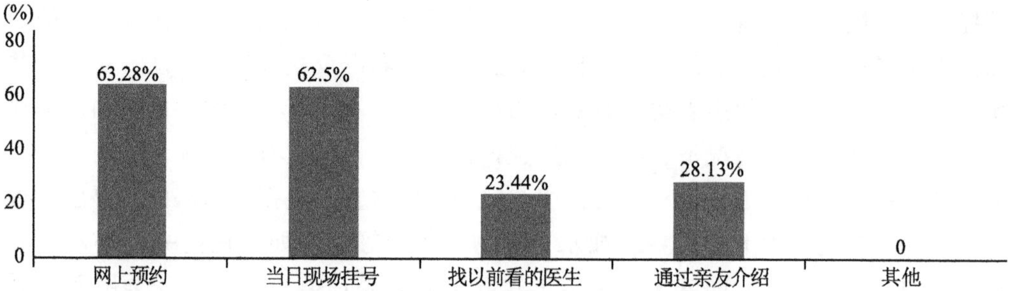

图 15　受访者的就医方式

网上预约和当日现场挂号是选择最多的方式，分别有 63. 28% 和 62. 5% 的人选择；网上预约能够得到大部分的选择是与互联网技术和医疗改革密切相关的；在国务院办公厅关于促进“互联网 + 医疗健康”发展的意见中提出要从服务体系、支撑体系、加强行业监管和安全保障等有效规范“互联网 + 医疗健康”的发展，以满足百姓日益增长的医疗卫生健康需求，从供给端进行提升来适应需求端的增长。

5. 就医时的行为选择情况，总体呈现积极配合态度

如下图，在是否能准确诚实地回答医生问题上，有 105 人选择是，占比 82. 03%；有 23 人选择否，占比 17. 97%。而在当医生对自己的情况有不明白的情况下，是否会询问医生到了解为止的问题上，有 108 人选择是，占到 84. 38%；有 20 人选择否，占到 15. 62%。可以看出在和医生的配合上，绝大部分的人还是保持积极配

合的态度，来辅助医生做出更为准确的判断。之所以存在一定的消极配合情况，是由于部分居民虽然有着主动积极就医的倾向，但受到对医疗方面接触相对偏少、部分居民文化水平和表述能力等不足，不能够充分准确表达自己的症状以及害羞等心理因素的影响，使得呈现出当前情况下的调研结果。随着社会文化水平的提升，这些因素对就医的影响会逐渐下降，向着积极配合就医的方向发展。

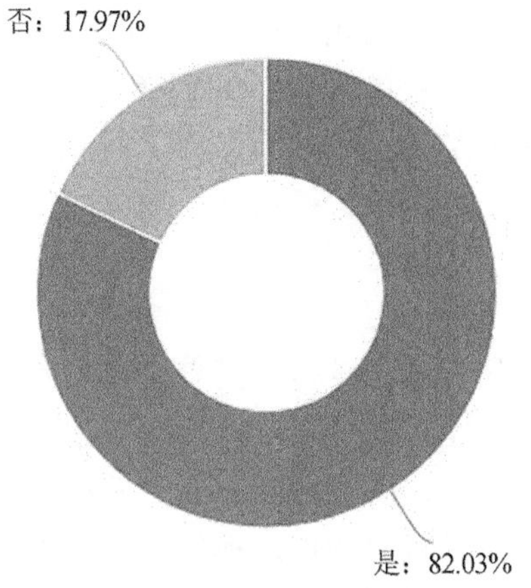

图 16　受访者能否诚实回答医生的问题

6. 就医后的行为选择，重视医嘱与恢复

如下图所示，在是否能够遵从医嘱方面，有 68 人能够完全遵从医嘱，占到 53. 12%；总体遵守医嘱，偶尔贪嘴不注意忌口以及忘记吃药的人分别占到 35. 16% 和 10. 16%；而经常忘记吃药和完全不在乎医嘱的人各有一个。可以明显看出，在就医后的治疗过程中，有 98% 左右的人能够较好地配合医生治疗，比较重视治疗的规

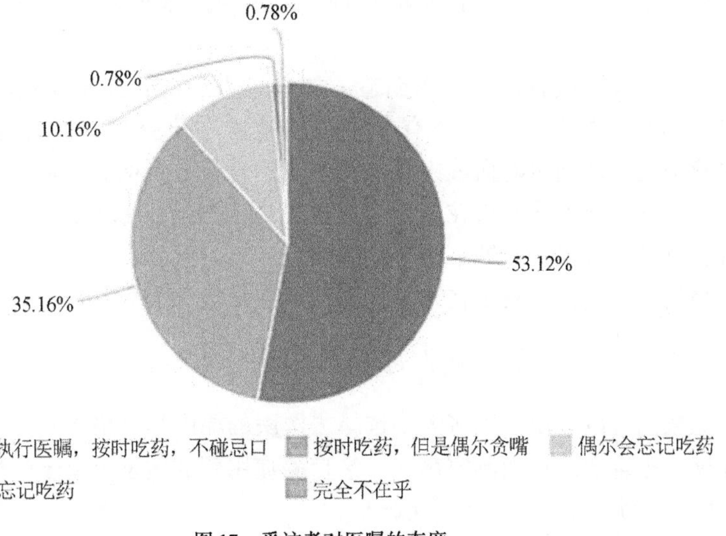

图 17　受访者对医嘱的态度

范性和有效性，向着科学治疗的方向发展，也能从侧面反映出居民总体对于全面建成小康社会过程中医疗技术和医生水平的信任。

五、对于未来医疗的合理想象

“十三五”以来，我们的医疗水平越来越高，医改的成效愈加明显，人们的医疗体验感越来越好。虽然存在一些小问题，但是整个社会的医疗建设有了明显成果。

依据前列数据和以上各个板块的分析，我们能明显感受到医疗向好的变化趋势。不难想到，未来的医疗将会愈加健全，将有三个方面的提升：一是远程医疗的健全；二是医疗技术越来越发达；三是医疗价格更低，被大部分群体所接受。

（一）远程医疗的健全

近来，对于远程医疗的研究越来越多，随着科技发展，远程医疗越来越健全。能够让远程医疗高质量实施对于全面建成小康社会有着重要的意义。

远程医疗是指通过计算机、遥感等技术，充分发挥大医院或专科医疗中心的医疗技术和医疗设备优势，对一些条件差的偏远地区、海岛等地方的病人进行远距离的诊断治疗。近些年远程医疗在我国得到了充分的重视和发展。

随着全面建成小康社会的步伐，我国愈加重视起远程医疗。远程医疗可以为我们解决排队时间长等难题，还可以让我们选择更加优质的资源，减少医治的地理障碍。更加有意义的是，可以为偏远地区的医务人员提供更好的医学教育。

（二）医疗技术越来越发达

医疗技术的发展能够提高医疗效率，减少医治成本，能够促进全面建成小康社会的实现。现在依然有很多无法医治的疾病，但是在未来很多无法治疗的疾病将可以治愈。

在这之前，我们就有很多发明创造，如通过人造的合成感光器将让盲人恢复视力，让更多的盲人恢复光明。还有非常多的技术在研究中，如对精神疾病鉴定新法——血液检测，即通过对血液中特定蛋白质的含量进行检测，将为诊断精神分裂症和抑郁症提供一种新方法。现在还有非常多正在探索的技术，如3D打印，这项技术的成功将会有利于解决人体器官的替换问题。

能预测到，这些医疗技术在未来会更加成熟，造福人类。

（三）医疗价格更低，被大部分人群接受

从以上数据可以看出，很多人不选择去医院的原因是价格太高。现在很多家庭会因为治疗癌症等重大疾病而倾家荡产，治疗癌症用到的质子重离子治疗技术不在社保报销范围内，一个疗程便是30万元起步。

下表是25种大病平均的治疗和康复费用。

表 1　25 种大病平均的治疗和康复费用

序号	大病种类	治疗康复费用	备注
1	恶性肿瘤（癌症）	12 万～50 万元	CT、伽马刀、核磁共振等治疗项目为社保不报销或部分报销项目，同时 80% 以上进口特效药不在社保医疗报销范围内
2	急性心肌梗死	10 万～30 万元	需要长期的药物治疗和康复治疗
3	脑中风后遗症	10 万～40 万元	需长期护理和药物治疗
4	重大器官移植术或造血干细胞移植术	20 万～50 万元	心脏移植、肺胀移植不属于社保报销项目，器官移植后均需终身服用抗排斥药物
5	冠状动脉搭桥术（冠状动脉旁路移植术）	10 万～30 万元	冠状动脉造影属于社保部分费用报销项目，搭桥每条桥 4 万元，需长期药物治疗和康复治疗
6	终末期肾病	10 万元/年	换肾或长期依赖透析疗法，透析费用属于社保部分报销项目
7	多个肢体缺失	10 万～40 万元	假肢 3～5 年需更换一次，并需要长期康复治疗
8	急性或亚急性重症肝炎	4 万～5 万元/年	该病并发症多，并且需要长期药物治疗
9	良性脑肿瘤	5 万～25 万元	需要长期的诊疗及药物治疗
10	慢性肝功能衰竭失代偿期	3 万～7 万元/年	需要长期药物和护理治疗
11	脑炎后遗症或脑膜炎后遗症	3 万～5 万元/年	需要长期药物和护理治疗
12	深度昏迷	8 万～12 万元/年	需要长期药物和护理治疗
13	双耳失聪	20 万～40 万元	安装电子耳蜗 15 万～30 万元，还需每年 1.5 万元维护费
14	双目失明	8 万～20 万元	移植角膜费用 2 万～4 万元左右
15	瘫痪	5 万～8 万元/年	长期护理及药物、康复治疗
16	心脏瓣膜手术	10 万～25 万元	需终身抗凝药治疗
17	严重阿尔茨海默病	5 万～8 万元/年	需终身护理及药物治疗
18	严重脑损伤	4 万～10 万元/年	需终身护理及药物治疗
19	严重帕金森病	5 万～10 万元/年	终身护理及药物治疗，进口特效药不是社保报销药品
20	严重Ⅲ度烧伤	8 万～20 万元	需多次手术整形
21	严重原发性肺动脉高压	10 万～20 万元/年	心肺移植及终身药物治疗
22	严重运动神经元病	6 万～15 万元/年	长期护理及药物治疗
23	语言能力丧失	8 万～15 万元	依据病因治疗费不同
24	重型再生障碍性贫血	15 万～40 万元	骨髓移植及长期药物治疗
25	主动脉手术	8 万～20 万元	依据病因治疗费不同

虽然对于大部分人来说，价格问题已经不足以阻碍治疗，但是我们可以看到，上表的 25 种大病的医疗费用高昂，普通家庭是不可能担负得起的，这就导致现在很多

人放弃医治。目前，我们的技术并没有达到这种程度，医疗的成本不会在短时间内下降，最棘手的问题应该是完善社保政策，扩大对疾病的报销范围和报销力度，提升公民的幸福感。这对于实现全面建成小康社会有着重要作用。希望未来通过技术的提升，可以降低医疗成本，让看病贵成为过去式。

以上对未来医疗的展望并不是凭空想象，而是基于对目前医疗情况的判断。全面建成小康社会仅仅是实现中国梦的其中一步，我们作为中华人民共和国的个体以及祖国未来的希望，心中要有为了实现中国梦而奋斗的责任心，对于一些力所能及的事情要献言献策。作为公民，我们更应该有责任监督身边医疗机构落实政府政策，为促进全面建成小康社会贡献智慧。

参考文献

[1] 李林，刘国恩．我国营利性医院发展与医疗费用研究：基于省级数据的实证分析 [J]．管理世界，2008 (10)：53－63.
[2] 杜晓璐．医院竞争对我国医疗服务市场质量的影响及效应研究 [D]．杭州：浙江财经大学，2014.
[3] 徐文英，李超，吴明．我国卫生资源配置失衡的实证分析———基于医疗竞争模式的视角 [J]．经济管理，2011 (8)：156－161.

附录：

居民就医认知、态度与行为选择的调查问卷

“十三五”规划实施以来，全民健身国家战略得到进一步实施，全国各大小医院先后进行制度改革、医疗技术设施升级、医护人员培训，公共医疗取得一定成就，人民健康生活发生了大变化，为具体了解全面建成小康社会中居民就医认知、态度与行为选择，我们特此制作此问卷。此问卷不涉及任何商业性质，请您放心填写，填写时不必署名，感谢您对我们工作的支持。

1．您的年龄是 [单选题]

○少年 (17 岁以下)　　○青年 (18～40 岁)

○中年 (41～65 岁)　　○老年 (66 岁以上)

2．您的最高学历是 [单选题]

○小学　○初中　○中专/高中　○大专/本科

○本科以上学历

3．您的职业是 [单选题]

○学生　○公职人员

○企业管理人员　○工人（含农民工）
○农民　○个体户

4. 您是否购买商业医疗保险［单选题］
○是（转第6题）　○否（转第5题）

5. 您为什么不购买商业医疗保险［单选题］
○已经购买足额的社保　○公司/企业已经投保
○身体很好，不需要　○认为保险是一个骗局，不会理赔
○有钱任性　○其他________

6. 如果您已经投保，商业保险是否得到理赔［单选题］
○是　○否

7. 您更相信中医还是西医［单选题］
○中医（转第8题）　○西医（转第9题）

8. 您选择中医的主要原因是［多选题］
○副作用小　○周围有人较好的疗效
○相信中国传统医疗技术　○未雨绸缪，调理身体
○其他________

9. 您选择西医的主要原因是［多选题］
○用药方便　○对症下药，见效快
○病理明确　○治疗范围广
○其他________

10. 当您身体出现不适时您的选择是［单选题］
○及时就医　○自我治疗
○不得已才就医　○不采取任何措施

11. 您为什么不选择去医院就医［多选题］
○只是小病，身体可以自行恢复
○自己刚好对病情有所了解，可以自行治疗
○去医院看病治疗费用太高
○到医院就诊挂号、就诊等，排队时间太长
○其他________

12. 当您身体不适，选择寻求外界帮助时，您的第一选择是［单选题］
○询问学医的朋友，根据朋友的建议进行治疗
○社区诊所就诊
○普通医院就诊
○专科医院就诊
○三甲医院就诊
○其他________

13. 您主动到医院体检的次数是［单选题］

○从没有主动去过　○有过想法，但是最终没有去

○主动去过 1 ~ 2 次　○定期体检/每年去一次

○不定期

14. 如果您到医院看病，您会通过什么方式找医生［多选题］

○网上预约　○当日挂号

○找以前看过的医生　○通过亲友介绍

○其他________

15 您选择就诊医院的首要标准是［多选题］

○医院等级高低

○医院强势、优势科室是什么

○医院环境是否良好

○到达医院的交通是否便利

○医院就职人员态度是否良好

○就诊价格高低

○医院医疗设备是否完整先进

○其他________

16. 您认为医护人员的社会地位如何［单选题］

○医生是神圣的职业，妙手回春，值得人们尊敬

○医生是普通的职业，和你我一样

○医生会拿回扣，经常小题大做，赚的是黑心钱

○其他________

17. 对于医生误诊/医疗事故，您的态度是［单选题］

○人难免会出错，都可以理解

○在其位司其职，医生的诊断关系着病人的生死，误诊坚决不原谅

○视情况而定，小错可以原谅，大错不可原谅

○其他________

18. 您认为给医生“送红包”的主要原因是［单选题］

○担心得不到医生好的服务

○医生的暗示

○我认为不会发生这种情况

○其他________

19. 看病时，医生对您的解说有不明白的地方时，您是否会询问医生到了解为止［单选题］

○是　○否

20. 就诊时，您是否能准确诚实地回答医生的问题（是否会因为害羞等原因撒谎）[单选题]

○是　　○否

21. 您是否能够遵医嘱 [单选题]

○完全执行医嘱，按时吃药，不碰忌口

○按时吃药，但是偶尔贪嘴

○偶尔会忘记吃药

○经常忘记吃药

○完全不在乎

22. 您在就医过程中，是否有过“重复检查”的经历 [单选题]

○是　　○否

23. 您对中国现在的医疗环境满意吗？为什么 [填空题]

____

____

24. 您在就医过程中遇到过印象深刻的事情吗 [填空题]

____

____

关于丰巢智能快递柜收费事件的调研①

王俊峰　张悦贤

【摘　要】2020 年是全面建成小康社会的目标实现之年。全面建成小康社会，重要的也是更难做到的是“全面”二字。全面小康，是“五位一体”全面进步的小康，强调的是发展的平衡性、协调性和可持续性。中国取得了令人瞩目的经济成就，但也要看到，人民日益增长的美好生活需要和不充分不平衡的发展之间的矛盾日益凸显，已成为当代中国社会的主要矛盾。2020 年 4 月，丰巢智能快递柜收费事件就是反映社会主要矛盾的一个典型事件。本文将采用问卷调查、访谈等方式，在收集整理相关资料的基础上，对智能快递柜的产生、丰巢收费事件及各方博弈等进行分析。问卷调查主要涉及：居民快递柜的使用情况、对丰巢快递柜收费事件的看法、对丰巢公司后续处理的看法等。调研表明，新时代人民权利意识的增强是客观事实，应予以尊重。政府部门、企业等必须牢固树立以人民为中心的理念，把人民的利益放在重要位置，更好地维护和发展人民的根本权益，更好地满足人民日益增长的美好生活需求，共同努力为全面建成小康社会添砖加瓦。

【关键词】快递柜；丰巢；收费；全面建成小康社会

2020 年是全面建成小康社会的目标实现之年。全面建成小康社会，重要的也是更难做到的是“全面”二字。全面小康是经济建设、政治建设、文化建设、社会建设、生态文明建设“五位一体”全面进步的小康，强调的是发展的平衡性、协调性和可持续性。尽管我国已经稳居世界第二大经济体的位置，人民生活水平有了大幅度的提升，但是“人民日益增长的美好生活需要和不平衡不充分的发展之间的矛盾”依然存在，并将随着时间的推移而日益凸显。人们不仅对物质文化生活提出了更高要求，而且对民主、法治、公平、正义、安全、环境等方面的要求也日益增长。2020 年的丰巢智能快递柜（也叫“智能快件箱”）收费事件就是当今社会主要矛盾的一个典型案例，值得重点观察和深入分析。

一、智能快递柜应运而生

互联网技术的深入发展和广泛普及，深刻改变了人们的思想观念、消费观念和购

① 本课题指导教师：王俊峰（北京工商大学马克思主义学院）；课题组组长：张悦贤（视传 183）；课题组成员：徐梦婷（视传 183）。

物方式。网上购物已经成为人们尤其是年轻人的主要消费方式，并成功地推动了我国快递行业的迅猛发展，成为我国经济的重要增长点。2011—2015 年期间，我国快递行业的业务量连续保持 50% 左右的高速增长，快递数量从 50 亿件增长至 200 亿件，在 2014 年快递数量成为世界第一。2017 年达到 400. 6 亿件，2019 年达到 635. 2 亿件，2020 年快递业务量达到 700 亿件。快递业务量的惊人增长，给快递物流行业带来了一系列难题和挑战。其中，如何提高效率和降低成本是最需要解决的难题，而末端配送的物流效率是解决这一难题的关键一环。

末端配送模式除了快递员送货上门，还有菜鸟驿站、便利店代收等。但在提高效率方面都不太理想。因为大部分网购群体为学生和上班族，快递员送件的窗口期和收件人取件的窗口期往往会产生冲突。快递员送货上门时对每个快件的平均等待时间约 3 分钟，如果客户没能按时领取，还会产生多次配送，不仅给客户造成麻烦，也会大幅降低快递员的配送效率。而其他几种配送模式虽然减少了快递员等待客户取件过程所消耗的时间，但需要依托一定的固定场所，需要专门的人员看护值守，限制了收件人取件的灵活性。

为了更好地解决末端配送问题，一种无人值守的新型电子智能快递柜出现在人们的视野中。它是一种具有 24 小时自助取件功能的服务设施，不仅拥有收件和取件的功能，而且有些快递柜也会提供寄件服务。《智能快件箱》（YZ/T 0133—2013）的定义是：智能快件箱是设立在公共场合，可供寄递企业投递和用户提取快件的自助服务设备，简称快件箱，由数十个格口及控制柜组成。一组标准的快递柜包括一个控制柜和两个副柜，柜高约 2 米，有大小数十个格口，控制柜上有键盘区、扫描区等，柜子周围有 24 小时监控系统，保证快件的安全。智能快递柜将互联网技术应用于快递邮寄服务，投放在写字楼、地铁口、住宅小区等人员流动较为频繁的地方，为快递员、用户等各方都带来了好处，消费者在自己不方便取快递的时候有一个很好的安全代收的方法，快递员利用快递柜也能大大提高工作效率。因此，快递柜的出现深受大家的欢迎，赢得了广泛赞誉。其中，丰巢就是智能快递柜的代表。作为快递企业自建自营的“丰巢”快递柜，本着为物业公司、社区业主及快递公司、行业用户、电商企业打造智能“快递管理终端”的目的，专注于快递自助服务，以免费、方便、快捷的优势迅速在市场中崛起并占据主导地位。

二、丰巢收费及各方博弈

2020 年 4 月 30 日，丰巢快递柜突然宣布推出会员服务，快递由最初的不限时长免费保管到现在的非会员用户包裹免费保管 12 小时，超出后按每 12 小时 0. 5 元的标准收费，3 元封顶。会员则可以享受会员有效期内不限时长的服务，会员卡办理分为月卡每个月 5 元，季卡每季度 12 元。丰巢快递柜由免费服务变为收费服务的这一举动立即引发全国多个地区的小区和用户的强烈不满，杭州、上海、南京等城市相继出现社区抵制丰巢的事件。即使丰巢后来已将保管时间延长到 18 小时，但用户依旧不买账。互联网的传播更是扩大了这一事件的影响力，也将丰巢、用户、快递员等利益相关方之间的博弈提到了新的高度。

尽管丰巢解释说，收费的主要目的是鼓励用户及时取件。但用户的关注点则聚焦在“收费”这一举措的合理性上，并将“事先未通知便投柜”的争议再次摆上台面。对消费者来说，自己的快递在未经允许的情况下被放入快递柜，如今又要被迫支付超时费用，自然是不合理的。对于大部分上班族来说，往往早出晚归，在公司加班或因路途遥远，也会造成超时收费。在未得到收件人允许的情况下，将快件放置快递柜违反了我国消费者权益保护法、邮政法、快递暂行条例，特别是《智能快件箱寄递服务管理办法》的具体规定。因此，未征得同意放入快递柜导致超时收费与免费保存时间过短是引起消费者不满的重要原因。

对于企业而言，营利是其主要动力，企业想要营利无可厚非。中国智能快递柜市场从出现到今天已经十年。截至 2019 年末，我国快递柜的投放数量已经超过 40 万组，其中丰巢快递柜在市场中占比较大。2020 年 5 月 5 日，丰巢收购速递易的消息再度引发关注。作为快递柜两大头部企业，此次整合似乎意味着相关市场的垄断加剧。丰巢收购速递易后，其智能快递柜达 26. 4 万组，市场占有率超过 67%，由此成为行业寡头，但这并不意味着丰巢会马上盈利。实际上，丰巢从 2015 年成立以来至今已经累计亏损约 20 亿元。据顺丰公布的数据显示，2020 年 1—3 月，丰巢未经审计的净利润亏损约 2. 45 亿元，而 2019 年同期亏损约为 7. 81 亿元。

对于快递员而言，他们一直是智能快递柜的最大受益对象，也是智能快递柜的初始收费对象。智能快递柜直接方便了快递员，省去了他们与用户的沟通环节，也免去了他们爬楼、等待用户的辛苦，大大节约了时间成本，进而提升了工作效率。对快递员收取少量费用，是合情合理的。尽管令一些快递员有些不满意，但总体上还是可以接受的，并未形成社会热点和舆论风波。而如今的双向收费，不免会让人反感。快递员在未征得用户同意的情况下使用快递柜，反映出快递员在生存压力与利益诉求中做出的理性选择。借助快递柜可以节省时间以派出更多件快递，从而抵消掉使用快递柜的成本。取舍之间，是快递员群体利益权衡。衬托之下，双向收费的做法则显得不合理。快递柜之所以深受消费者欢迎的根本原因就在于它的便捷性和免费性。这种无接触的配送方式，在新冠肺炎疫情期间的优势就显得格外突出，更加赢得了广大消费者的青睐。而丰巢此次未经深度调研和意见征询，“空降”收费则显得不近人情，有点“趁火打劫”的味道，必然会遭到消费者的强烈抵制。

这次事件也表明，人民对于美好生活的向往和追求从未停止，不平衡不充分的发展问题依然存在。这就要求党和政府必须从我国的国情出发，从我国社会的主要矛盾变化出发制定政策、落实措施、推进工作，重视和加强社会治理体系和治理能力建设，为全面建成小康社会奠定更加稳固的社会基础，赢得更多民众的支持和参与。

三、调研数据与结果分析

本次调查人数为 256 人，有效问卷数为 250 份，其中男女人数分别为 123 人和 127 人。从年龄来看，18 ~ 25 岁人群占比 50. 4%，25 ~ 45 岁人群占 31. 2%，45 岁及以上人群占比15.6%。调研内容主要涉及快递柜的使用情况和人们对丰巢收费事件的看法等。调研结果如下。

（一）人口学变量与快递使用情况

1. 性别差异与快递使用频次

通过调研我们发现，在性别和每月快递使用次数的交叉分析中，男性和女性是有所差异的。部分男性每月使用快递1～3次，占比38.21%；8次以上占比13.82%；大多数男性为3～8次。女性四种区间占比平均，8次以上相对较多，占比28.35%（见图1）。女性使用快递的频率高于男性。这可能是由于男女本身性别差异而导致的。相对女生而言，男生的购买欲比较低。阿里公司普查显示，男女网购人数比为2∶8。我们也有道理相信，女性更多使用快递的调研数据真实有效。从消费心理学角度分析，女性是容易冲动消费购物的群体，她们习惯采用感性决策方式来处理购物问题，会选择买下她们心仪的全部商品，而非只选择其中之一。

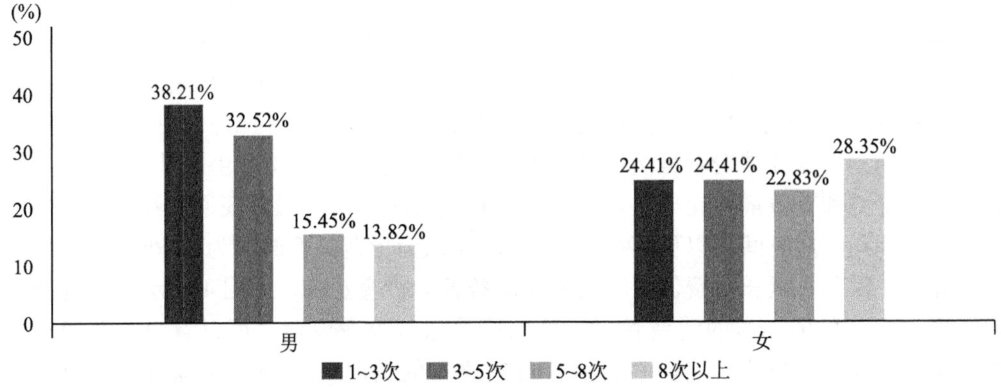

图1　性别与快递月使用次数交互关系图

2. 性别差异与快递取件方式

图2反映了男性和女性关于快递取件方式的偏好。调查数据表明，男女都偏好于

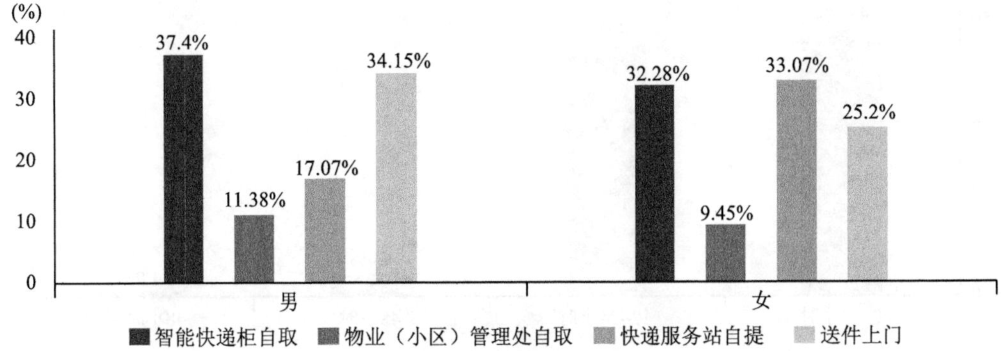

图2　居民使用快递终端配送方式调查图

智能快递柜自取。智能快递柜已成为当今时代的主流选择，它在一定程度上解决了快递末端配送问题，为民众生活提供了便利。不过女性更愿意到快递服务站自取，而男性更偏向于送货上门。女性普遍偏好快递服务站自取快递占比 33.07%，而男性仅为 17.07%，差别较为明显。其原因在于女性普遍购物次数高于男性，通过快递自取更加方便，避免了频繁取快递的烦琐，也降低了一些不安全事件的发生概率。

（二）丰巢收费事件中的焦点问题

1.“免费存放时间过短”的问题

调研结果显示，在 0～12 小时之内取走快递的消费者占总数的 48.4%，在 12～24 小时之内取走的占 46%（见图 3）。可以看出，大部分快递是在 24 小时之内取走的，但是有近一半的消费者无法在 12 小时前取走快递。所以不少人认为 12 小时的免费保存时间太短，应该在 18～24 小时为宜。正常的上班群体朝九晚五，甚至更晚时间回家，是不可能 12 小时将快递取走的。这种无法在 12 小时内将快递取走并不是故意拖延取快递的时间，而是上班族的无奈，是没有办法的选择。强行收取这部分人员的超时费是不正确的。丰巢宣称收费是为了防止顾客拖延取快递，加快快递流动，而正常上班族是不能被归类为拖延取快递这类群体的。这表明，丰巢采用的会员制度中免费保管时间为 12 小时是不合理的，损害了大部分人的实际利益，势必造成大量消费者的抵制，而其他消费者虽然可以在 12 小时之内取走，但也会由于社会共情心理，假想角色定位和效益最大化导致观点偏移，其观点通常为“虽然我通常 0～12 小时可以取走，但我希望时间可以更宽裕一些”，因而认为免费保管时间为 12 小时的规定是不合理的。因此，延长免费保管时间成为消费者的普遍要求。如图 4 所示，若延长免费保管时间，有 68.8% 的消费者表示可以接受超时收费政策。可以看出，消费者并非不愿意承担任何费用，而是在自身权益被尊重的情况下表现出了理解、包容和支持。可见，“免费存放时间过短”问题的确是丰巢收费事件的各方博弈的焦点问题之一。

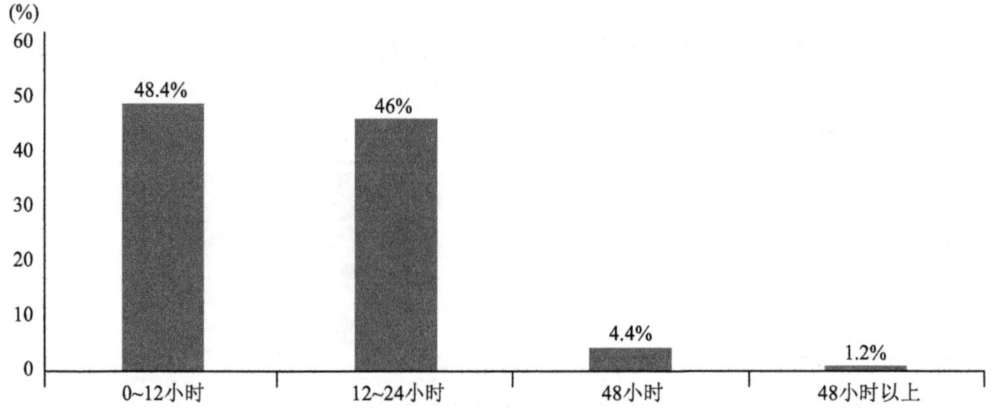

图 3　快递存放时间数据图

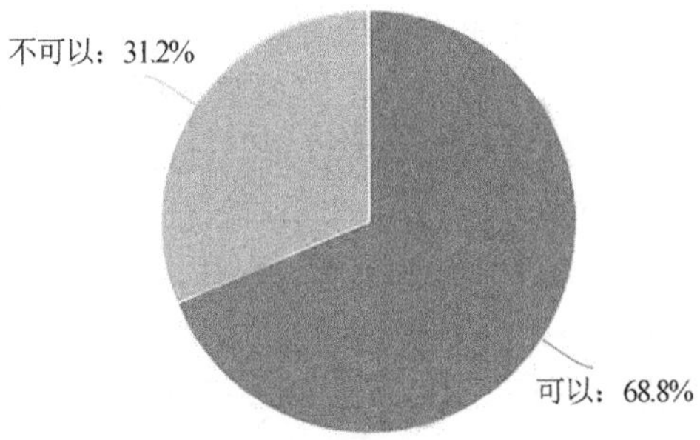

图4　若延长免费存放时间，是否可接受超时收费

2.“未征得同意放入快递柜”的问题

在调查中，有68.4%的消费者认为，如果征求消费者自身同意，再将快递送入快递柜是可以接受的，无论是否包含超时收费政策，至少消费者的知情权得到了尊重和保护。从图5的调查结果可以得出结论，消费者并非完全不买单，他们在乎的是自身权益是否得到保护与尊重。相关政策文件明确规定，快递员在将快件放入快递柜之前，必须征得用户的同意。然而在实际操作中，大部分快递员在很多时候都会直接把快件放到快递柜，而未征得消费者的同意。其实，快递员并非不知晓《智能快件箱寄递服务管理办法》的具体规定，但是依旧选择不通知消费者而直接入柜，这也不难看出物流行业中快递员的生存压力和利益需求。尽管快递员的操作并不合规，侵犯了消费者的知情权和选择权，但大部分消费者对此还是理解和支持的，毕竟快递柜的服务是免费的，而且的确方便了消费者。不过丰巢宣布收费后，未征得消费者同意放入快递柜，费用由消费者承担就成了问题。这也是丰巢收费遭到抵制的原因之一。

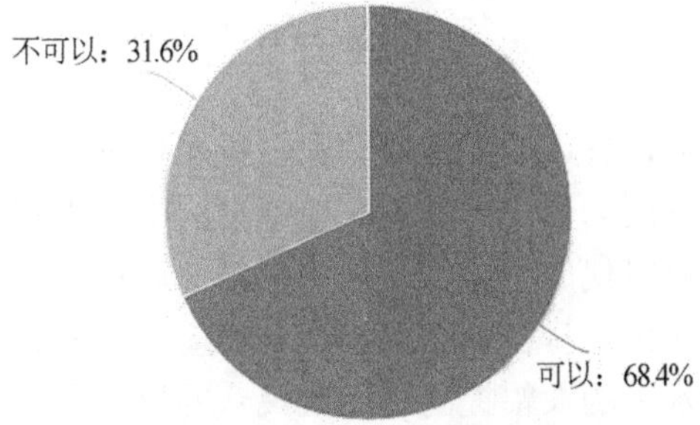

图5　若通知消费者，是否可接受超时收费

3.“快递柜向消费者收费”的问题

31.6%的人坚持认为事件的问题并不在于是否被告知，而是收费制度本身就不合理（见图5）。从消费者角度来看，消费者在网络购物时已支付过快递费用，在快递运送的全过程中不应该再被要求支付任何费用，即便是终端配送环节也应该是免费的。从快递员角度来看，将快递放入快递柜中，已经支付了相应的费用；丰巢科技公

司宣布向消费者收费，快递员开始也并不知情。丰巢的这种“双向收费”做法引起了消费者、快递员等多方的质疑。况且，正值疫情期间，无接触配送方式正是急需，丰巢应和其他快递柜一样免费，突然收费给人以不近人情的感觉，是一种自私自利、道德感欠缺的行为。即便是要求双向收费，丰巢科技公司理应保证大多数人在短时间内获取收费通知，了解收费规则。但在调查中显示（如图 6），有近 46% 的消费者并不知超时收费一事，在对丰巢科技公司关于快递柜事件的申诉书上也如下明示，要求丰巢科技公司将收费通知张贴在快递柜上，以便大多数人了解。

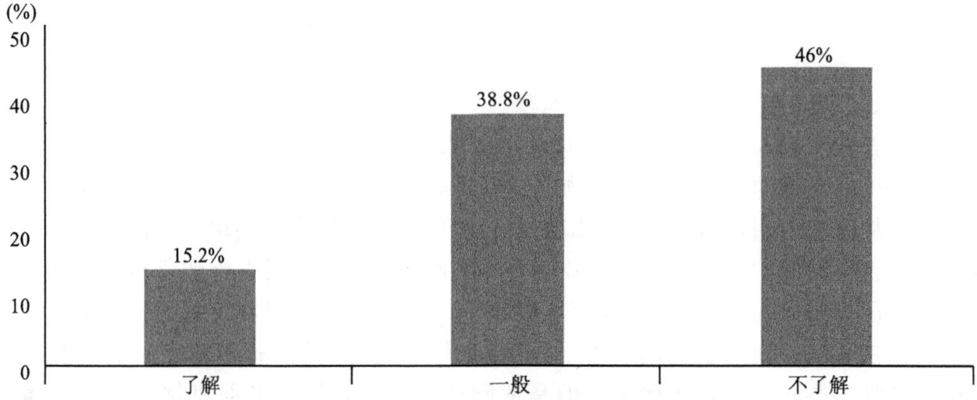

图 6　对丰巢快递柜收费制度了解程度

综上所述，丰巢科技公司在收费一事上表现差强人意，收费制度明显不合理，通知下达并没有及时到位，导致消费者抵制丰巢科技公司的快递柜进入小区，这样的结果并不出人意料。

四、启示

丰巢收费事件，最后以各方的妥协而结束。丰巢科技公司在广泛吸取相关利益方的意见后，做出了一定程度的修改，相关政府部门、中消协等对快递业做了进一步的规范。这次事件给进入新时代的中国治理提供了如下启示。

首先，对新时代广大民众日益增强的权利意识应予以尊重和维护。随着物质文化生活的日益丰富和生活水平的大幅提高，广大民众的权利意识也有了较大提升，维权意识日益增强，并付诸行动。智能快递柜的出现，为广大消费者带来了很大便利，但快递员在未征得消费者同意的情况下就私自决定将快件投放到快递柜，快递柜企业未广泛征求消费者意见的情况下突然决定收费，免费保管时间和超时收费金额的不合理性等，都在一定程度上侵犯了消费者的知情权和选择权。当丰巢宣布收费后，损害了消费者的利益，立即遭到了全国各地小区和业主的普遍反对和强烈抵制。人们通过各种途径表达诉求，要求延长免费保管时间、将收费细则张贴在快递柜上等，努力发出自己的声音，共同维护自身的切身利益。这次事件表明，人们对美好生活的向往和需求，不仅仅表现在对更高水平物质文化生活的向往和追求，更是对公平、正义、民主等权利的追求和维护。这一点在我国全面建成小康社会之后，迈向建设社会主义现代化国家的进程中会更加明显。人们的权利意识应该得到更大的尊重，维权行动应该得到更好的引导，切实利益应该得到更好的维护。唯有这样，全面小康社会的根基才会更加稳固，社会主义现代化国家的建设才会更加顺利。

其次，企业要寻求自身规范发展和用户放心满意的最佳结合点。市场经济条件下，企业以追求经济利益为目标无可非议，值得肯定。但企业不能只讲求经济效益，而不履行社会责任。一个不履行社会责任的企业在市场中是无法生存下去的，一个牺牲用户体验的企业必将被消费者所抛弃。丰巢收费事件暴露了有关企业在实现盈利目的的过程中，并没有将人民的切实利益放在重要位置。丰巢宣称收费的初衷是为了解决快递滞留问题，却忽视了快递柜使用的较大群体（上班族）的实际情况。上班族不及时收取快递而造成快递滞留，并非故意所为，而是一种无奈之举。这表明，一项与普通民众切身利益密切相关政策的制定和出台，都应该多做实际考察，多做调查研究，多听取民意，否则必将产生负效果，不得民心的同时，企业也将面临困境。此外，丰巢收费事件发生在新冠肺炎疫情猖獗期间，通过快递柜收取快递这种非接触方式成为最受欢迎的方式。在此背景下，丰巢快递柜在不通知到位的情况下突然收费，这种逆社会的行为，显得不合时宜且不得体，势必引起广大民众的极力反对。这些都表明，任何企业要发展，都要寻求和用户放心满意的最佳结合点，维护好企业与消费者之间的平衡关系，做到依法经营、诚信经营、人本经营，为全面小康社会的建成贡献自己的力量，为满足人民群众日益增长的美好生活需要贡献自己的力量。

最后，各地党和政府要不忘初心、牢记使命，牢固树立“以人民为中心”的发展思想。我们党是全心全意为人民服务的马克思主义政党，为人民谋幸福、为民族谋复兴、为世界谋大同是我们党的初心和使命。这就要求各级党和政府要坚持“以人民为中心”的发展思想，积极回应人民诉求，尽心尽责为群众化解难题，将心比心体恤民情，努力以新作为推动新发展。此次丰巢收费事件发生后，各地监管部门、中消协都及时做出了回应。浙江、上海、福建、山东等多地明确表示，快递需经收件人同意后方能放置在智能快件箱中。中国消费者协会则指出，快递柜应该参照公共服务价格管理方式标准进行收费，应当保护消费者的合法权益。国家邮政局也约谈了丰巢科技公司，指出此次事件存在着全局站位不高、风险评估不够、征询意见不足、应对处置不妥等问题，应进行深刻反思，吸取教训。在党和政府各部门的工作下，丰巢科技公司最终做出了回应和相应的调整。这充分说明，各级党和政府只要坚持“以人民为中心”的发展思想，就一定能够实现好、维护好、发展好最广大人民的根本利益。

总而言之，丰巢快递柜收费事件只是在特定时期发生的事件，看似偶然，实则必然，是新时代“人民日益增长的美好生活需要和不平衡不充分的发展之间的矛盾”在某一领域的具体体现。各级党和政府要坚持以人民为中心，以全面深化改革为动力，以新的发展理念为指导，着力解决好发展不平衡不充分问题，大力提升发展质量和效益，更好地满足人民对美好生活的诉求和愿望，更好地推动人的全面发展和社会的全面进步。

参考文献

［1］习近平关于全面建成小康社会论述摘编［M］. 北京：中央文献出版社，2016：15.

［2］尚玉冰. 我国智能快递柜发展现状分析［J］. 经营与管理，2016（8）：36－38.

附录：

关于丰巢智能快递柜收费事件的调查问卷

您好！我们是来自北京工商大学的学生，正在进行关于丰巢智能快递柜收费事件的调研。现在将对此事进行受众态度调查，收集结果将用于作业统计分析。此问卷实行匿名制，请您放心填写。请您按照自己的实际情况填写，感谢您的帮助。

1. 您的性别是

○男　　○女

2. 您的年龄段是

○18 岁以下　　○18～25 岁　　○25～45 岁　　○45 岁以上

3. 您的职业是

○学生　　○上班族　　○个体　　○待业

○其他________

4. 您平均每个月的网购次数是

○1～3 次　　○3～5 次　　○5～8 次　　○8 次以上

5. 您更倾向于哪种取件方式

○智能快递柜自取　　○物业（小区）管理处自取

○快递服务站自提　　○送件上门

6. 您使用智能快递柜的频率是

○几乎不（每季度一两次）　　○偶尔（每月一两次）

○经常（每周一两次）

7. 对于智能快递柜，您更在意什么［多选题］

□地理位置　　□使用成本　　□操作难易度　　□隐私安全系统

8. 您的快递一般会在快递柜里存放多久后取出

○0～12 小时　　○12～24 小时　　○24～48 小时　　○48 小时以上

9. 您是否要求过快递员派件时投放入指定地点

○要求过，有执行　　○要求过，没有执行

○没有要求过

10. 您对丰巢快递柜收费制度是否有了解

○了解　　　　　○一般　　　　　○不了解

11. 您对丰巢快递柜普通用户免费保管包裹12小时，超时后每12小时收取0.5元，3元封顶的收费制度有什么看法［多选题］

□12小时保存时间太短，来不及取

□买家已经支付运费或者包邮

□侵犯了消费者权益，原本说好是免费的

□快递员未经允许放入快递柜

□丰巢疫情期间垄断，先免费再收费行为恶劣

12. 如果丰巢快递柜延长免费保管时间，您是否可以接受超时收费

○可以　　　　　○不可以

13. 如果可以延长免费保管时间，您可以接受延长至多长久

○18小时　　　　○24小时　　　　○36小时　　　　○48小时

○48小时以上

14. 如果快递员提前告知您再将快递投放至快递柜中，您是否可以接受丰巢快递柜的超时收费

○可以　　　　　○不可以

15. 您是否需要丰巢智能柜为您提供其他服务［多选题］

□不需要　　　　□量贩零食　　　　□共享雨伞　　　　□共享充电宝

□临时存放货物　□其他________

16. 丰巢快递柜会员用户月卡为5元/月，季卡为12元/季，有效期内不限保管次数，7天长时存放，且享丰巢寄件折扣优惠及品牌联合权益。您对丰巢快递柜会员制有什么看法

○会长期办理　　　　　　　　　　○若有需要会办理（短期）

○不会办理

17. 您觉得快递柜还可以从哪方面怎样改进（如寄存件收费制度、是否需要其他服务等）［填空题］

____

____

全面建成小康社会中大学生社会地位认同调研①

班高杰　王楚伦

【摘　要】 2020 年是决胜全面小康的关键之年，在党中央坚强有力的领导下，全国各族人民正在为取得最后的胜利而奋斗。本次调研围绕大学生社会地位认同展开。在全面建成小康社会的过程中，大学教育的普及程度越来越高，大学生的数量也较之前有极大程度的增加，大学生在全面建成小康社会中有很大的贡献，其社会地位认同也随着大学生的贡献而发生变化。

【关键词】 小康社会；大学生；社会地位认同

受疫情的影响，本次调研以线上调查问卷的形式展开，该调查主要与全面建成小康社会中的文化建设方面相关联。我们认为，大学生的社会地位可以反映出社会与国家对于文化教育的重视程度。加强国家的文化建设可以明显提高全民族的文明素质。社会公共文化服务体系系统的基本建立，文化产业在国民经济中占比明显地提高、国际竞争力也会随之显著增强。调查问卷中的问题从大家对于全面建成小康社会的认识和了解程度、建设小康社会以来大家对于大学生社会地位认同的变化情况、大学生社会认同变化的原因、大学生在全面建成小康社会中的作用以及大学生在全面建成小康社会过程中的切实体验这五方面展开。问卷共有 85 人填写，其中 18 岁以下的占 5.88%，18 ~25 岁的占 80%，其余为 25 ~55 岁的人群。

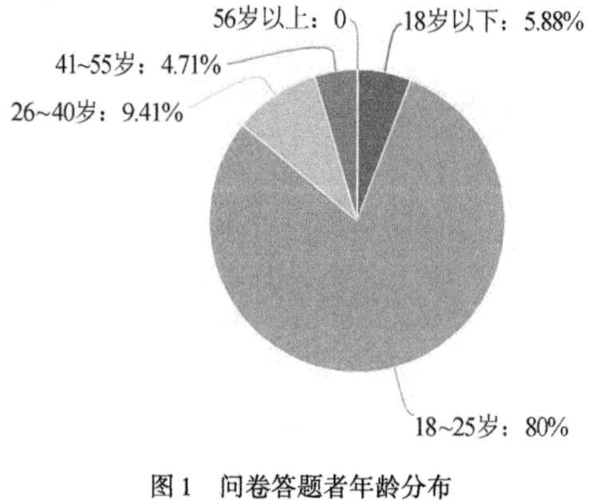

图 1　问卷答题者年龄分布

① 本课题指导教师：班高杰（北京工商大学马克思主义学院）；课题组组长：王楚伦（生物工程 192）；课题组成员：周易（生物工程 192）、汪静（生物工程 192）、史家馨（生物工程 192）、牛敬雯（生物工程 192）。

一、调研数据分析

（一）对于全面建成小康社会的认识和了解程度

小康社会是由邓小平在20世纪70年代末80年代初为规划中国经济社会发展的蓝图而提出的战略构想。党的十八大报告首次正式提出全面建成小康社会。2020年是全面建成小康社会的关键之年。通过问卷调查可知，对于全面建成小康社会非常了解的被调查者仅占3.53%，绝大部分的人对其是基本了解或只了解一点，这说明大部分人对于全面建成小康社会的了解是很片面或者只停留在听说过的程度，并没有对其深入了解。在被调查人群中，约70%的人认为我国目前基本达到了小康水平。

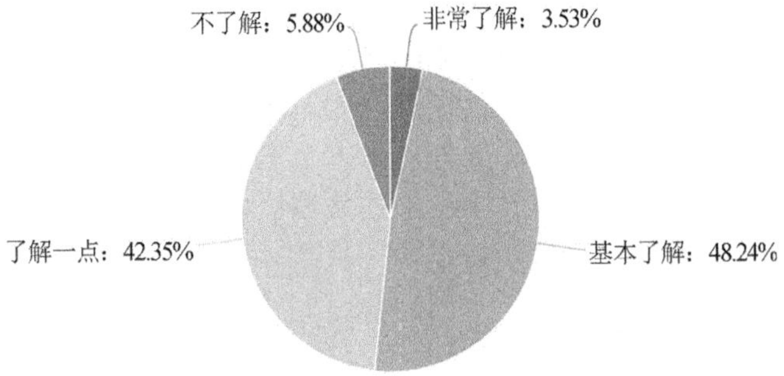

图2　对小康社会了解程度的调查结果

判断我国是否达到全面小康，要看是否达到小康标准。所谓小康标准，包括人均国内生产总值超过3000美元、城镇居民人均可支配收入1.8万元、农村居民家庭收入8000元、恩格尔系数低于40%、城镇人均住房建筑面积30平方米、城镇化率达到50%、居民家庭计算机普及率20%、大学入学率20%、每千人医生数2.8人、城镇居民最低生活保障率95%以上。只有当我国国民情况可以完全满足以上十项时才可以说我国已经全面建成小康社会。

（二）建设小康社会以来人们对于大学生社会地位认同的变化情况及其原因

通过调研可知，约70%的人认为随着小康社会的建设，大学生的地位有所变化；认为大学生社会地位变高和变低的人各占一半。通过详细查阅问卷填写情况可知，几乎年龄在25~55岁的人都认为大学生社会地位有变化且地位变高；大部分年龄在18~25岁的人则认为大学生的社会地位有变化且地位变低。从中可以看出，年龄的不同会导致被调查者对该问题的选择不同。因此可以得出，在全面建成小康社会的进程中，不同成长阶段的人对于大学生地位认同有明显区别。

通过对最能影响大学生社会地位因素的调查我们发现，超过90%的人认为受教育水平是最能影响大学生社会地位的因素；超过 80% 的人认为大学生的言行举止、着装方式、外貌等也对其社会地位产生极大影响。

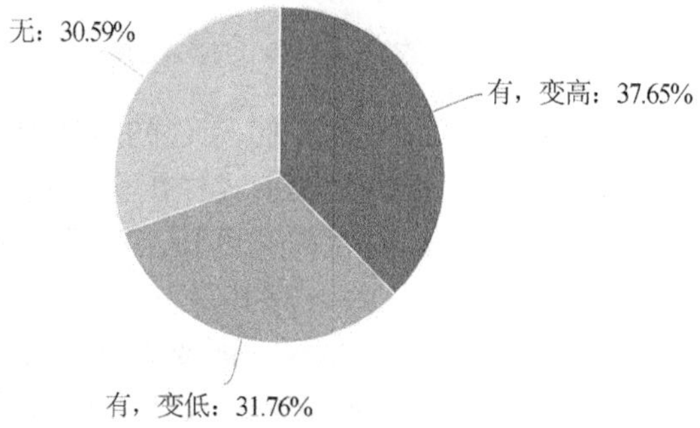

图 3　大学生的社会地位是否有变化

经过分析数据可知，认为大学生地位变高的主要原因是大学生在建成小康社会过程中参与返乡创业或就业、加快了家乡产业发展、大学生在学校中积累有效知识为建设小康社会作贡献；也有一部分人认为大学生还未参与社会分层体系，所以没有一定的社会地位。这是大家对于大学生社会地位认知产生分歧的主要原因。

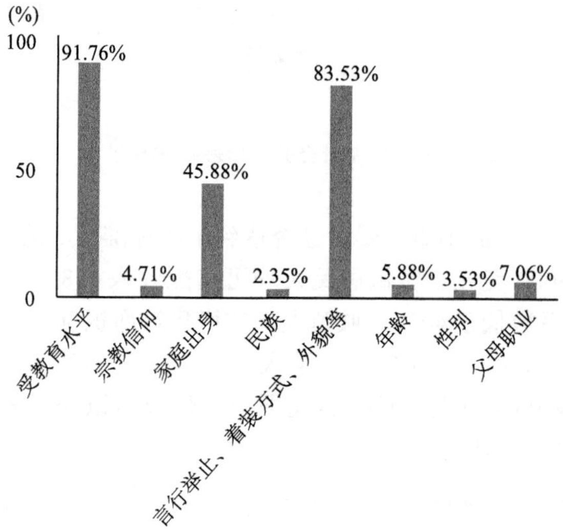

图 4　影响大学生社会地位的因素

（三）大学生在全面建成小康社会中的作用

由调查结果可知，超过 60% 的人认为大学生在全面建成小康社会过程中起到了很大的作用；36% 的人认为大学生在其过程中的作用一般。大学生是一个具有十足活力的群体，他们有相当的创新能力并且具有一定文化基础。这些都可以为他们的发展助力，同时也为社会注入了发展的活力，所以很大一部分人认为大学生在全面建成小康社会过程中起到很大的作用。有一部分人认为大学生在全面建成小康社会过程中的作用并不是很大，因为研究生这些有着更高学历的群体相较于本科生群体来说，社会认同度更高，所以导致一些人认为大学生的社会地位并不是很高。结合之前关于影响社会认同感原因的调研可以得知，受教育水平是影响大学生群体社会地位最为主要的因素。

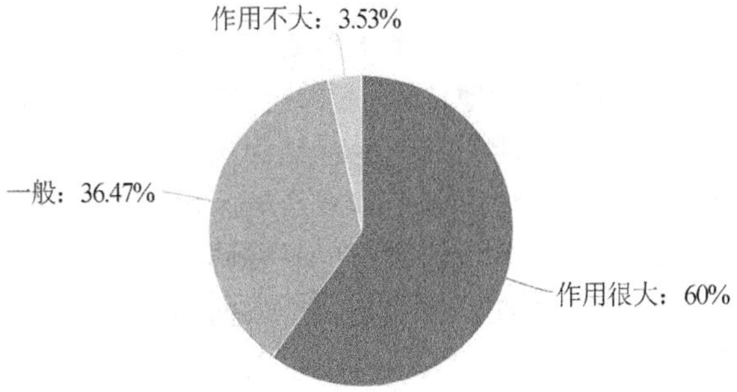

图 5　大学生对全面建成小康社会的作用

（四）大学生在全面建成小康社会过程中的切实体验

我国全面建成小康社会以来，国家越来越重视学生的教育，同时也将大学入学率是否达到 20% 作为衡量全面建成小康社会的一项参考标准。由此可见，国家对于教育问题非常重视，这点从大学生在全面建成小康社会过程中的切实体验方面可以体现出来。经过此次调查，超过 70% 的大学生都在全面建成小康社会过程中享受过国家的优惠政策，如低保、助学金、奖学金、助学贷款、医疗保障等，这足以看出国家对于大学生的重视。这些政策同时也为达成 20% 大学入学率提供了有效的支持，使绝大部分由于经济原因无法完成学业的学生可以享受国家的优惠政策，继续追求自己的梦想。

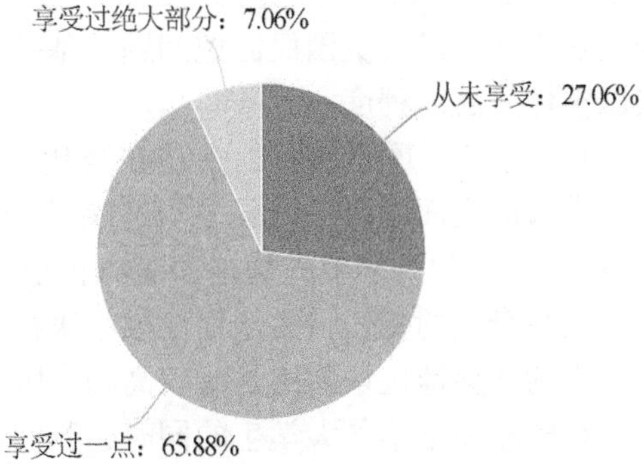

图 6　大学生是否享受过国家优惠政策

二、调研结果及建议

通过以上调查结果的分析和汇总，我们可以了解到，人们对于国家全面建成小康社会各方面的政策和情况并不是特别了解。

我国正处于全面建成小康社会决胜阶段，并在达成目标的过程中不断努力着。2020年是极具有里程碑意义的一年，在这一年里，我国将全面建成小康社会，并实现第一个百年奋斗目标。我们相信，在真正建成小康社会后，人们会对小康社会有更为真实和具体的体验，进而会清晰地认识小康社会的建成对所有国民意义重大。只有国民的生活水平提高了，人民才能更真切地感受到国家的繁荣与昌盛。

在全面建成小康社会的过程中，国家重视经济、政治、文化、社会、生态文明的建设等方面。本次调研属于文化建设的层面，粗略调查了全面建成小康社会过程中大学生社会地位的变化情况。在回收、处理和分析数据的过程中，我们发现，不同年龄段的人对于这一问题持不同的态度。大部分中年人都认为大学生的地位与他们成长的年代相比是很高的；但很多18～25岁的学生认为大学生的社会地位并不是很高。然而，当今大学生所能接受到的教育及其成长的环境，比上一代人发生了翻天覆地的变化。因此在新一代人眼中，当今大学生如果只是接受普通的本科教育是远远不够的，或者说，以当前的受教育水平远不能为国家建设作出更大贡献。所以，他们还需要国家提供更多可以锻炼和发展能力的平台和机会。

尽管多年以前就有人说“现在大学生遍地都是”，但到目前为止，我国大学生仅占全国总人口的10%左右，本科毕业率也只有约4%。地区的教育水平、学校的教育资源分配、学生的家庭情况等各方面的差异，都将直接或间接影响学生学历。党的十九大报告指出“建设教育强国是中华民族伟大复兴的基础工程”，教育兴国，教育强国，教育是民族重大任务的基石。围绕三大战略“育人才，创新路”的中心，国家积极展开、颁布多项政策以缩小地区间教育资源水平不同造成的差异。这一点从大学生的切实体验上可以看出，绝大多数的大学生都享受过国家对于他们学习、生活上的帮助，诸如贫困生补助、助学金、助学贷款、医疗保障等，都是国家给予大学生优厚的待遇。由此可见，国家对于大学教育十分重视，也体现了国家对于文化建设的重视。重视文化建设应当是建立在已经解决国民温饱问题的基础上，我国对于文化建设的重视程度足以证明我国整体发展的程度。

“教育是民族振兴、社会进步的重要基石，是功在当代、利在千秋的德政工程，对提高人民综合素质、促进人的全面发展、增强中华民族创新创造活力、实现中华民族伟大复兴具有决定性意义”，当代大学生的精神面貌和价值取向将正面影响到国家面貌，广大青年大学生应正视身上的责任，为全面建成小康社会贡献一份力量。

总的来说，当代大学生的社会地位认同度是比较高的，因为大学生是一个被委以重任、寄予希望的群体。在国家注重培养大学生的同时，我们也应该不断严格要求自己，努力完善自己，为我国第二个百年奋斗目标贡献出自己的一份力量，把我国建成富强、民主、文明、和谐、美丽的社会主义现代化强国。到那个时候，我国物质文明、政治文明、精神文明、社会文明、生态文明将全面提升，中国也将以更加昂扬的姿态屹立于世界民族强国之林。

附录：

全面建成小康社会中大学生社会地位认同调查问卷

1. 您的年纪是［单选题］
○18 岁以下　○18～25 岁　○26～40 岁　○41～55 岁
○56 岁以上
2. 您认为大学生在目前社会中的地位［单选题］
○很高　○一般　○不高
3. 您自认对全面建成小康社会了解多少［单选题］
○非常了解　○基本了解　○了解一点　○不了解
4. 您如何看待我国的小康社会建设情况［单选题］
○完全达到　○基本达到　○没达到　○不了解
5. 随着全面建成小康社会的目标实现，您觉得大学生地位有无改变？变高变低［单选题］
○有，变高　○有，变低　○无
6. 大学生的社会地位主要以声望或社会评价的形式表现出来，您认为下列最能影响大学生社会地位的因素有［多选题］
□受教育水平
□宗教信仰
□家庭出身
□民族
□言行举止、着装方式、外貌等
□年龄
□性别
□父母职业
7. 您认为大学生在全面建成小康社会中，社会地位变化的原因有［多选题］
□大学生在全面建成小康社会中参与返乡创业或就业，加大家乡产业发展
□精准扶贫下大学生参与文化扶贫，提升贫困地区文化软实力
□作为未来建设小康社会的主力军，在学校中积累有效知识为全面建成小康社会作贡献
□大学生还未正式进入社会分层体系，没有一定的社会地位
8. 您认为大学生在全面建成小康社会的过程中作用大吗［单选题］
○作用很大　○一般　○作用不大

9. 您认为大学生在全面建成小康社会的过程中的作用有［多选题］

□增强创新能力　□奠定文化基础　□提供先进理念　□注入发展活力

10. 在全面建成小康社会过程中，您作为大学生是否享受国家优惠政策（如低保、助学金、助学贷款、医保等）［单选题］

○从未享受　○享受过一点　○享受过绝大部分

全面建成小康社会中居民就医认知、态度和行为选择研究①

——以河南省驻马店市和南阳市为例

赵婧怡　杨红娟

【摘　要】 通过调查河南省驻马店市和南阳市居民对当地医疗相关的优惠政策的了解程度、对医院服务的看法以及对医患关系的看法，了解在全面建成小康社会中河南省在为市民提供医疗服务和医疗相关知识普及的落实情况，验证河南省驻马店市和南阳市对于市民应当享有的医疗服务是否有做到正确、广泛地普及。

【关键词】 全面建成小康社会；就医认知；就医态度；就医行为

2020年已过半，全面建成小康社会这个对于我们来说只出现在政治课本上的概念，就这样实实在在得到落实。在本次调查中，非常了解和基本了解小康社会的占七成。受2020年疫情的影响，人们宅家不出，时刻关心新闻报道的各地疫情情况。在初期，大家最关心的自然是个人所在地对疫情采取的防护措施的速度和程度，而河南省因其防疫措施迅猛、精准、范围广，疫情防控工作卓有成效，被广大网友评论为“三好学生”。基于河南省政府对疫情防控的重视，本次调研意在验证其在“拉长线”的医疗知识普及、医疗政策普及、医疗服务完善等与市民健康息息相关的方面是否做到了与这次疫情的防控一样优秀。

于是我们选择调查河南省驻马店市和南阳市市民的就医行为选择和认知变化，以此来了解他们对就医的正确认知、对医疗相关政策的认识以及对医院医疗服务的态度，从而大致得出验证的结果。本次调查发放问卷100份，回收100份，回收率100%。调查对象18岁以下占18%，45岁以上占6%，处于18~45岁的中青年一代占大部分，共76%。其中，承上启下、进入社会就业的中青年群体是我们的重点调查对象。

一、居民就医状况概述

在这次调研中我们了解到，驻马店市和南阳市市民注意自己身体状况的定期检查，看病过程体验较往年大有改善，对医保和医疗相关政策内容了解并且确保自己能

---

① 本课题指导：教师赵婧怡（北京工商大学马克思主义学院）；课题组组长：杨红娟（材料191）；课题组成员：王倩（材料191）、刘文艳（材料191）、贾勇星（材料191）、张凯琳（材料191）。

从中受益，觉得医院药物收费和诊疗费用不大合理，关注医院内医生的医疗水平，对医护人员的服务基本比较满意。政府的努力还未达到满分，但这两个地区的就医情况在全面建成小康社会中都得到了比较大的改善，人民就医越来越便利，能享受到的医疗福利也越来越多。

二、居民就医认识、态度及行为的影响因素

（一）对医疗保险和药物优惠政策的了解情况

1. 对医疗保险的了解情况

从调查的统计数据来看，河南驻马店和南阳的100份有效问卷中，只有6%的人非常清楚地知道医保定点医院、可报销项目及流程；45%的人一般清楚，基本了解医保定点医院、可报销项目及流程；42%的人有购买医保但是不太清楚；7%的人没有购买医疗保险。

医疗保险是指通过国家立法，按照强制性社会保险原则，基本医疗保险费应由用人单位和职工个人按时足额缴纳。不按时足额缴纳的，不计个人账户，基本医疗保险统筹基金不予支付其医疗费用。以北京市医疗保险缴费比例为例：用人单位每月按照其缴费总基数的10%缴纳，职工按照本人工资的2% +120元的大病统筹缴纳。医疗保险是为补偿疾病所带来的医疗费用的一种保险。职工有疾病、负伤、生育等情况时，由社会或企业提供必要的医疗服务或物质帮助的社会保险，如公费医疗、劳保医疗。中国职工的医疗费用由国家、单位和个人共同负担，以减轻企业负担，避免浪费。发生保险责任事故需要进行治疗时按比例付保险金。

结合调查结果和医疗保险的含义，我们可以推断，在河南南阳和驻马店两个市，有超过一半的人购买且基本了解医疗保险。其中，超过90%的人购买了医疗保险的基本事实说明当地医疗保险的普及率高，人们对于自身安全保险非常重视；而剩余7%的人对医保的重视程度尚缺。未购买医保可能有以下原因：一是因为不够了解医保所以排斥，人在面对自己不了解的东西的时候，通常不会轻易尝试，因为怕交了钱却没有享受到应有的优惠；二是觉得那些重大疾病离自己很远，不愿意以防万一，不舍得交保险的钱，觉得自己不会轻易出什么事故。但这些想法无疑都是侥幸心理，没有为自己的安全负责。医疗保险对于减轻病人的经济负担有非常大的作用，我们一定要学会为自己的生命安全留条后路。

2. 对药物优惠政策的了解情况

根据我们的样本数据统计，12%的人了解所在地区的药物优惠政策；36%的人比较了解所在地区的药物优惠政策；52%的人完全不了解当地的药物优惠政策。也就是说，根据样本推断，河南省南阳市和驻马店市可能有超过一半的人不了解当地的药物优惠政策，在药物优惠政策上普及率还不够。造成这种结果的原因是什么？首先，是政策的覆盖面不够广，执行力度不够大，可能有些地方未严格执行药物降价政策，从而使老百姓根本不了解国家的政策。其次，有些降价药物离我们的生活太远，以至于

没有多少人关心它的价格，更不会了解相关优惠政策。

然而，河南省的药物优惠政策的落实情况还是非常不错的。据河南省落实国家组织药品集中采购和使用试点扩围工作动员部署电视电话会上获悉，河南省于2019年12月31日前全面启动实施试点扩围工作。此前由国家组织集中采购确定的25种药品将执行最新的中选价格，平均降幅达到59%，2020年全省可节约药费20.3亿元。河南省医保局相关负责人介绍："试点扩围后，包括河南在内的全国20多个省份组成采购联盟，由国家联合采购办公室'打包'医疗机构零散的采购量，以'团购'的方式向药品生产企业购买明确数量的药品，并最终确定了我省25个中选药品。"此次25个中选药品多为慢性病患者用药，每个药品有1家中选企业。该负责人表示："其中，高血压、高胆固醇等心脑血管病用药10种，精神类疾病药物4种，抗肿瘤药物3种，其他类药物8种，包括阿托伐他汀钙片、蒙脱石散等常用药。"

国家组织药品集中带量采购进一步挤干药品价格水分，大大减轻了患者药费负担，此次25种中选药品平均降价幅度达到59%，尤其是糖尿病、高血压、乙型肝炎等常见慢性病药品降幅较大。如治疗慢性乙肝的恩替卡韦分散片从10.82元/片降至0.196元/片，降幅达98.19%；降血脂的阿托伐他汀钙片从4.44元/片降至0.13元/片，降幅达97%，这对于需要长期服药的慢性病患者有极大好处。由此可见，河南省的药物优惠政策无疑是不错的，数据也从侧面反映了这个事实。调查问卷也显示，调查对象普遍认为当地的药物政策是好的，但是药物优惠政策的普及问题亟待解决，市民只有足够了解药物优惠政策，才能对医院放心看病且不用担心医药费用问题。

（二）对医院服务的看法

1. 就诊时倾向于选择医院的类型

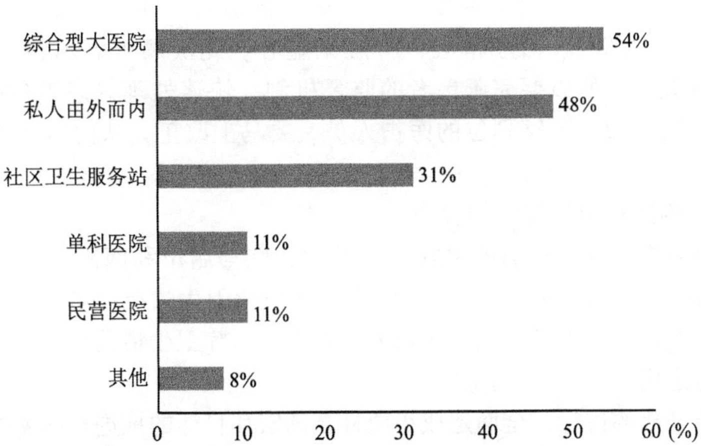

图1 调查问卷中河南省驻马店市和南阳市就诊医院类型比例

据图1可知，调查人群在就医行为上对综合型大医院和私人诊所有明显的倾向性。选择综合型大医院原因是科室齐全、各科专业人员全、技术水平高；选择私人诊所的原因是就医比较方便；只有少部分人会选择单科医院、民营医院或其他方式就诊；选择社区卫生服务站的人数居中。

影响人们选择医院的因素有很多，比如年龄、文化程度、月收入等。人们选择医院的影响因素是指其患病需要到医院就诊时，影响其选择某特定医院就诊的因素。它是以患者自身基本情况为出发点，“通过对不同医疗服务的了解与感知，综合对各医院的认知程度而做出的最终抉择，其结果是对医疗市场的主观判断”。社区卫生服务机构因其距离可及性、时间可及性、费用低廉、服务较好等优势理应成为人们就医的首要选择。但目前社区医疗机构普遍存在技术水平低、设备条件差、药品种类少等缺点。由调查数据可知，社区卫生服务站并不是大部分人的首要选择。医疗机构设置有高低级别，目的是不同级别的医疗机构负责不同程度的健康问题，“人们应该按照各自的健康需求选择相应级别的医疗机构，使各级卫生服务资源能够被充分而合理地利用”。

2. 对医疗服务的看法

根据调查数据显示，93%的人很满意医疗人员的服务态度，只有7%的人表示不满意，说明在过去几年里驻马店市和南阳市的医疗服务行业取得很大进步，但仍需要积极做好医护人员服务意识的培养。对于医疗机构来讲，医院医护人员的服务质量不仅与患者就诊时的体验有关，同时也影响着患者的治疗效果。在接受治疗的过程当中，患者已经不单是要求医护人员按部就班地进行治疗，而是希望医生能详细解释自己的病情，关注患者的心理感受，态度温和、工作仔细，以便于在治疗期间自己的生理和心理状态都能达到最佳，从而提升治疗的效率。因此，要求医生拥有优质的服务态度，积极开展以病人为中心、处处体现尊重病人、关爱病人、方便病人、服务病人的人文精神，把“一切为了病人”和“为了病人的一切”的服务态度落实到医疗的每一个环节。医院也应在院内各个医疗服务环节大力开展“四心”服务，即解释耐心、检查细心、治疗精心、听意见虚心。此次调查显示整体服务水平良好，但还是有欠缺，所以要完善患者的监督机制，快速处理好患者的投诉和反映。对于有不规范的、做的不够到位的医护人员，要马上改正，从而达到医疗服务整体质量的提升。

3. 对医院内医疗卫生情况的看法

在本次调查中，针对目前的医疗卫生情况，驻马店市和南阳市的调查对象中有28人认为目前医疗卫生情况好，70人认为目前医疗卫生情况一般，2人认为目前医疗卫生情况不好。由此可见，绝大多数人对目前的医疗卫生情况持满意态度，极少数人持有不满意态度。

随着改革开放的进行、全面建成小康社会的宏伟目标的推进，国家的各方面实力迅猛发展，硬件设施和医疗条件的改善日益显现出来。为了保障医院内的医疗卫生，国家颁布实施了传染病防治法、职业卫生法、母婴保健法等10部卫生法律，《医疗机构管理条例》《公共场所卫生管理条例》等37部卫生行政法规和处方管理办法等180余件部门规章，组织制定（修订）了1800余项卫生标准，形成了比较完善的卫生法制体系。全国有98.3%的市（地）和96%的县（区）建立了卫生监督机构，综合执法能力不断提高，依法行政能力不断增强，切实维护了公众健康权益。

我国卫生事业取得的成就是举世公认的，世界卫生组织曾经赞誉我国用最低廉的成本保证了世界上最多人口的健康。然而，用“以人为本”和科学发展观重新审视我国的卫生事业就会发现，“我国卫生事业发展滞后于经济和其他社会事业发展，卫生医疗服务体系与人民日益增长的健康需求不适应的矛盾还相当突出，卫生事业发展存在着不全面、不协调的问题”。这也是为何在此次调查中仍有一小部分人不满意目前医疗卫生水平的原因，我国的医疗卫生水平仍需大力发展。

4. 认为医院的收费是否合理

在此次调查中，有41%的人认为医院有讹钱行为，59%的人认为医院无讹钱行为，两者比例相当。而认为看病难、贵的原因如图2，绝大部分的人认为看病的诊疗费用高，其他选项的选择比例平均。市民对于国家基础医疗条件改善的优先度如图3。从以上数据看来，针对医院的收费是否合理问题，大家都各持自己的态度，并且认为医院收费不合理的人们也各持自己的意见。在知乎上相关问题的讨论中，有的认为太便宜了，物价翻了十倍，医疗价格还跟几十年前一样；有的认为既然享受了医疗服务，多少钱都能接受，让人接受不了的是医院的乱收费、毫无理由的收费；还有的认为医院收的高额医疗费不知去向，而提供医疗服务的医护人员薪水微薄，待遇不够好，往往成为医闹中被迁怒的对象，等等。物价收费管理在医院的管理经营上是一个非常关键的组成部分，在医疗收费中是一个基础环节。

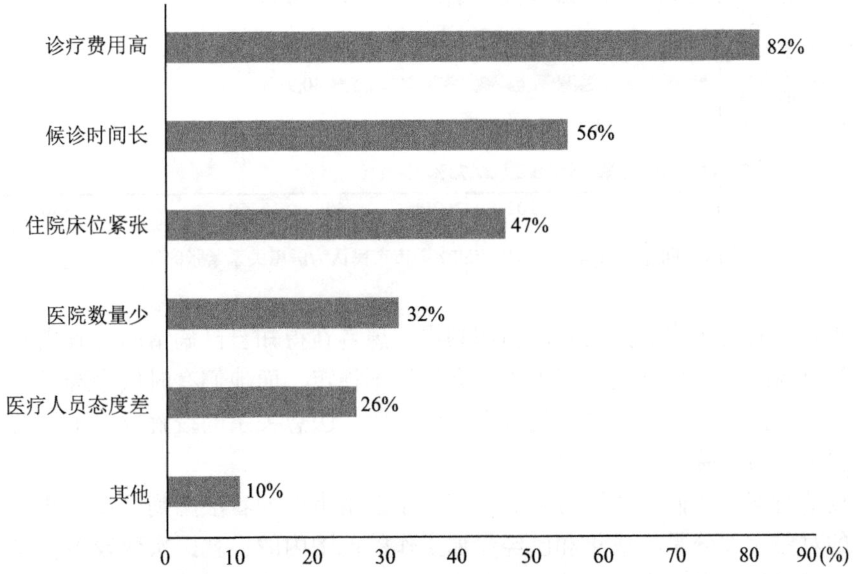

图2　问卷中河南省驻马店市和南阳市市民认为“看病难、看病贵”的原因

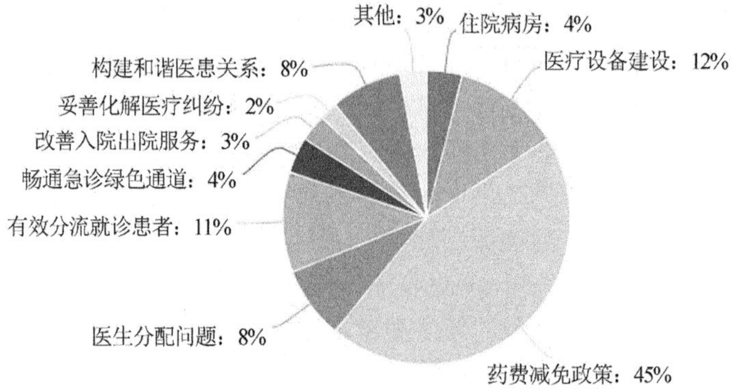

图3 问卷中河南省驻马店市和南阳市市民认为国家应该首先改善的医疗基础条件

从此次调查数据来看，医院在药物的收费管理及收费行为上存在较多的问题。规范医疗收费行为并采取合理的收费政策，加强医疗收费行为管理，按照国家的法规进行医疗收费，才能为患者提供优质良好的服务，从而提高医院的社会效益以及经济效益。

（三）对医患关系的看法

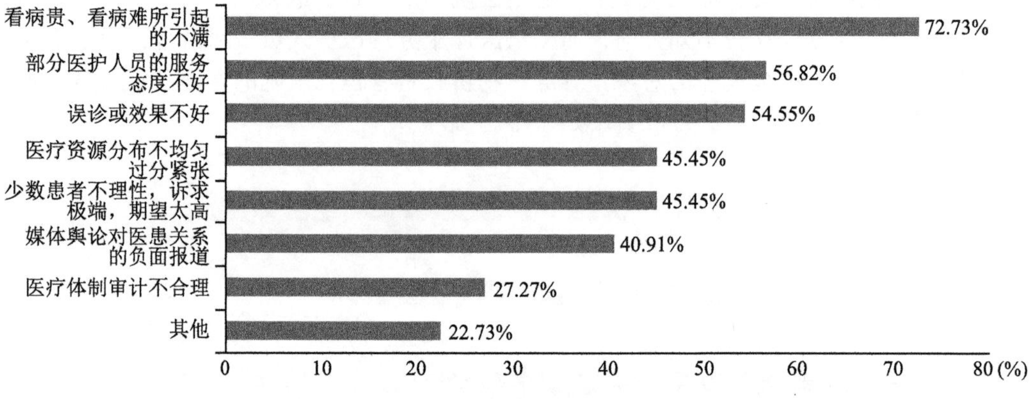

图4 问卷中河南省驻马店市和南阳市市民认为医患关系紧张的原因

近年来，有关医患关系紧张的新闻频出。患者在得知自己病情的时候或者病人家属在得知有风险的情况下失去亲人可能会情绪不稳定，而他们有时候会选择迁怒于告诉他们结果的医生。在无法选择病人素质的时候，医患关系的缓解取决于病人对医生的信任程度和对医院水平的信赖。

在疫情时期，我们对关注时事的人们对于医闹事件的看法感到好奇，并且由于我们采访的对象大部分是在成年和已经参加工作的范围内的，就医次数较多，也会对医院内部亲眼所见的事有亲身所感。在调查之后，认为医患关系紧张的和不紧张的各占一半。在认为医患关系紧张的人中，大多数认为是因为药太贵和诊疗费用贵。由此我们认为，社会应更多地关注医患关系并努力提升处理医患关系的能力。培养一名医生的过程漫长而辛苦；五年的本科学习，大四实习要去医院所有的科室轮一圈，正式工作时要在医院所有的科室再轮一圈，决定好才开始正式接手就诊病人。也就是说，国家投入培育医生的成本，比失去理智甚至砍伤医生要花的成本多得多。千里之堤溃于蚁穴，这类新闻不算罕见，我们的目标是让事件减少直到不再出现。医生医治的是疾病，拯救的是生命，而不应成为各种医闹事件的牺牲品。

三、总结与分析

根据本次调研，在南阳市和驻马店市调查的100份调查问卷中，我们可以看出河南省两市的政府不仅仅对疫情的防控到位，对提升市民对医疗服务的了解，提升市民的生活水平健康状况等方面也做得很好，但也有一些需要改进的地方。

我们向后看，发现已经比以前好了很多；再向前看，要能够改善没解决的旧问题和现在出现的新问题。人们可以根据自己的意愿和具体情况选择就诊医院，希望人们在选择就诊场所时可以充分考虑自己具体的健康需求，充分利用医疗资源。绝大多数人对就医过程中医疗人员的服务态度是很满意的，当然也存在少数不够满意的情况。希望社会各界共同努力，从医疗人员培训与公民素质等方面入手，共同提升患者就医时的满意程度。

关于医疗卫生情况，我们看到只有少部分人认为目前的医疗卫生情况较好，这反映出患者就医时的医疗卫生情况是我们需要改进的地方。好的医疗卫生情况对患者痊愈会产生一定的积极作用，给患者带来更好的就医体验。关于医院的收费问题，“看病难、看病贵”确实是客观存在的实际情况，但是医疗本身的费用也很高。希望国家未来可以更加规范医疗费用的收取，并且医院方应将收费细则交给患者，让患者充分了解到费用具体花在什么地方，尽量消除胡乱收取费用的现象。

根据调查了解，两个市当地的医疗政策是相对完善的，也是对群众有益的。无论是医疗保险政策还是药物优惠政策都是非常优惠的，并且这些政策还在不断完善当中，未来将会有更多的优惠政策造福民众。虽然政策非常有利，但其中存在优惠政策不为民众所知的情况，这就会导致一些民众就医时享受不到国家有关政策。一方面，民众要主动关注和了解当地的相关医疗政策，让自己切切实实享受到这些福利；另一方面，也是需要社会强化的一个方面，国家相关的卫生机构可以多多向民众宣传相关医疗政策，让他们在生活中就了解到国家的医疗政策。患者就医时，医务人员一定要主动向患者解释清楚其应该享受到的医疗政策。

最后，在全面建成小康社会的进程中，希望社会各界共同努力，让就医这件与人类生存生活息息相关的事情变得更加方便。

参考文献

[1] 陈鑫. 利好！12月31日前25种国家集中采购药平均降低59%，河南患者用药更便宜［N］.

河南日报，2019-12-19.
[2] 张妍，谢子秋，刘忻，等．患者选择医院的影响因素分析[J]．医学与社会，2010，23(10)：71-73.
[3] 任晓晖，李宁秀，刘东．成都市居民“看病难、看病贵”现况调查研究[J]．中国卫生事业管理，2007，23(3)：148-150.
[4] 梁二贵．医疗卫生大变迁[J]．医疗卫生的改革与变迁，2016，4(26)：1-13.

附录：

全面建成小康社会中居民就医认知态度与行为选择研究调查问卷

您好！我们是北京工商大学的学生，正在进行一项关于全面建成小康社会中居民就医认知态度与行为选择研究的调查，想邀请您用几分钟时间填答这份问卷。问卷实行匿名制，请您根据实际情况认真填写，谢谢！

1. 您的年龄是
   A. 18岁以下　B. 18~30岁　C. 30~45岁　D. 45~60岁
   E. 60~75岁　F. 75岁以上
2. 您对全面建成小康社会的了解如何
   A. 非常了解　B. 基本了解　C. 完全不了解
3. 您是否会定期体检
   A. 是，有定期体检　B. 是，非定期体检
   C. 没有体检
4. 您觉得看病还像几年前那样麻烦吗
   A. 非常麻烦　B. 麻烦　C. 不麻烦
5. 您是否清楚自己医疗保险的相关内容
   A. 非常清楚，清楚知道医保定点医院、可报销项目及报销流程
   B. 一般清楚，基本了解医保定点医院、可报销项目及流程
   C. 有购买医保但是不太清楚
   D. 没有购买相关医疗保险
6. 您了解所在地区的药物优惠政策吗
   A. 了解（跳转到第7题）　B. 比较了解（跳转到第8题）
   C. 完全不了解（跳转到第8题）
7. 如果了解，您认为您所在地区的药物优惠政策好吗
   A. 好　B. 不好

8. 您认为医院有讹钱的行为吗

A. 有　　B. 没有

9. 您认为目前医院的医疗卫生情况如何

A. 好　　B. 一般　　C. 不好

10. 当身体不适时，您的态度是［多选题］

A. 马上去正规医院就诊　　B. 去当地私人小诊所看病

C. 根据以往经验自己吃药　　D. 轻视，认为是小毛病，扛一扛就过去了

11. 您一般就诊选择的医院是［多选题］

A. 社区卫生服务站　　B. 综合型大医院

C. 单科医院　　D. 民营医院

E. 私人诊所　　F. 其他

12. 在医院就医时，除了病情，您最关注的是［多选题］

A. 医务人员的医疗水平　　B. 就医的费用

C. 就医时医务人员的服务　　D. 其他

13. 您对医疗人员服务态度的满意程度

A. 非常满意　　B. 比较满意

C. 比较不满意　　D. 非常不满意

14. 您认为现在的医患关系紧张吗

A. 紧张（跳转到第 15 题）

B. 不紧张（跳转到第 16 题）

15. 您认为医患关系紧张的原因是［多选题］

A. 看病贵、看病难所引起的不满

B. 误诊或效果不好

C. 医疗体制审计不合理

D. 媒体舆论对医患关系的负面报道

E. 医疗资源分布不均匀导致过分紧张

F. 部分医护人员的服务态度不好

G. 少数患者不理性，诉求极端，期望太高

H. 其他

16. 有人认为“看病难、看病贵”，您认为难、贵在何处［多选题］

A. 医院数量少口诊疗费用高　　B. 住院床位紧张

C. 医疗人员态度差　　D. 候诊时间长

E. 其他

17. 您认为国家应该首先改善哪部分医疗基础条件

A. 住院病房　　B. 医疗设备建设

C. 药费减免政策　　D. 医生分配问题

E. 有效分流就诊患者　　F. 畅通急诊绿色通道

G. 改善入院出院服务　　H. 妥善化解医疗纠纷
I. 构建和谐医患关系　　J. 其他

18. 您认为当地医疗条件与五年前相比如何
A. 有很大进步　　B. 有进步但不是很大
C. 基本还是老样子

19. 您现在的医疗费用主要花在哪里［多选题］
A. 药品费用　　B. 诊断及仪器检查费用
C. 治疗费用（除药品）　　D. 其他

20. 您对社会就医问题还有什么建议

____

____

疫情期间民众食品安全需求调查研究①

——以甘肃、四川、海南为例

陈红敏　唐　甜

【摘　要】 抗疫期间，食品质量和食品安全问题成了社会反映强烈的热点问题。本研究调查了疫情期间甘肃、四川和海南地区消费者对其所在地关于食品安全标准的实施情况和满意度，以及疫情期间可能存在的食品安全隐患。调研疫情期间消费者购买食品的场所、购买食品的种类和采购食品时的顾虑；了解消费者对日常食品的关注重点，遇到食品安全问题后采取的措施，对《中华人民共和国食品安全法》的知悉程度；收集消费者对本地食品安全管理的看法，获取食品安全知识的途径，以及他们对食品管理政策的想法和建议。此次调查发现民众在疫情期间对食品安全存在较大顾虑，对食品安全相关法律的了解程度较低，大多数民众在自身权益受到侵害时，不能拿起法律武器来有效地保护自己。

【关键词】 疫情；食品安全；安全隐患；监管力度

一、前言

从“三文鱼案板上发现新冠病毒”到“豆制品销售区域样品阳性”，再到“百事工作人员确诊”，仿佛什么食物都会被拉进黑名单，成为新冠病毒的传染中介。每当新冠病毒与食品联系在一起时，总会人心惶惶。疫情期间民众的食品安全需求成了一个亟待解决的问题，因此我们决定调查甘肃、四川、海南这三个地区民众在疫情期间的食品安全需求，从局部反映疫情下社会民众食品安全需求的变化。

首先，食品是如何沾染病毒的？一直以来，微生物都是食品安全中一类主要的污染因素，主要存在三种情况：①存在致病菌，如大肠杆菌、沙门氏菌、李斯特氏菌、金黄色葡萄球菌等；②存在病毒，如禽流感病毒、猪瘟病毒、甲乙型肝炎病毒等，以及新型冠状病毒；③存在可以产生真菌毒素的真菌类微生物，如曲霉菌。

这些微生物一部分是在食品生产过程中产生的；一部分是在农作物生长和农产品贮藏过程中产生的，如黄曲霉毒素、玉米赤霉烯酮、赭曲霉毒素等；还有一部分是在

① 本课题指导教师：陈红敏（北京工商大学马克思主义学院）；课题组组长：唐甜（信息 191）；课题组成员：王小燕（信息 191）、任静静（信息 191）。

食品加工过程、运输贮存过程中由于环境污染和个人卫生等因素产生的，如大肠杆菌、沙门氏菌等；另外，疫情期间在食品的加工过程中，也有因操作人员不慎感染病毒导致食品污染的事件出现，如甲乙型肝炎病毒、新型冠状病毒。这些污染都会造成食品的不安全。

其次，病毒真的会在一切表面存在和传播吗？病毒的生存需要合适的环境条件，一些病毒对环境的耐受比较高，生存能力也比较强，如肝炎病毒。而另一些病毒对环境的耐受能力比较低，生存能力比较差，如新冠病毒。其中，病毒在水产品、畜产品和部分含水量多的食品中生存能力较强。在食用上述食品时，如果不注意个人卫生、厨房卫生、生食或冲洗不充分等问题都会有感染的风险。

同时，需要注意的是带包装的食品感染病毒的风险也是存在的：一是食品加工时可能被感染，这就需要对食品加工企业加强监管，做好食品原料、加工环境的食品安全；二是包装材料在运输过程中被污染，这就需要经常对运输工具进行消毒，对运输人员进行每日体温检测和定期核酸检测，消费者也要及时处理外包装，并对食品充分加热后食用。

最后，食品出现安全问题，应该怎么处理？相关部门发现食品生产存在安全问题时，不仅要将该阶段生产的食品做封存处理，还要将已经进入市场的食品做下架和召回处理。对于已经销售的受到污染的食品，消费者应该不再食用。

另外，新型冠状病毒主要通过空气传播，食品也是病毒传播的良好载体。因此，日常生活中，我们在接触食品时应该注意个人卫生，要勤洗手，对于鲜食的水果要清洗干净，尽量少食或不食未经加热处理的凉菜，食品要充分加热后食用，菜板和刀具要清洗干净并保持干燥，防止新冠病毒通过食物传播。

二、基于调查的数据分析

（一）研究目的

食品安全关系到广大人民群众的身体健康和生命安全，关系到经济的健康发展和社会稳定，关系到政府和国家的形象，食品安全已成为衡量人民生活质量、社会管理水平和国家法治建设的一个重要方面。本次调查以甘肃、四川、海南三个地区为研究区域，以疫情期间民众安全需求为研究内容，从政策、市场、消费者之间的关系着手，深入发掘食品安全现状和存在的问题，分析问题背后的成因并结合民众的意见与建议，研究如何逐步建立和完善整个社会的食品安全卫生法律法规体系。

本次调查共发放问卷（见附件）306 份，回收 306 份，回收率 100%。其中男性占比 50%，女性占比 50%；甘肃占比 33.33%，四川占比 33.33%，海南占比 33.33%；18 岁以下占比 7.52%，18～35 岁占比 61.44%，36～55 岁占比 26.14%，55 岁以上占比 4.9%。

（二）调查结果及分析

1. 食品安全关注度对比

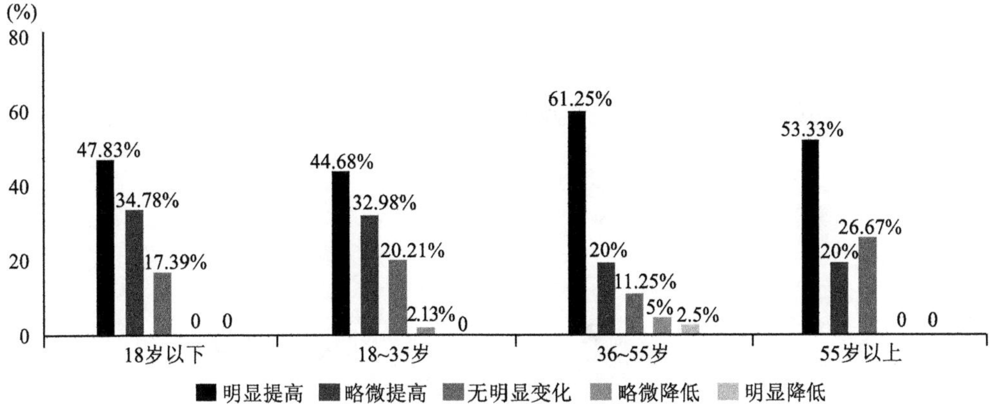

图 1　不同年龄段群体对食品安全关注度对比

由图 1 可知，疫情期间，每个年龄段民众对食品安全关注度较之前相比都有明显的提高。其中“36～55 岁”的“明显提高”占比高达 61.25%，其次是“55 岁以上”，占 53.33%；而“18 岁以下”（47.83%）和“18～35 岁”（44.68%）占比相似。在一定程度上反映了民众对食品安全的需求是增加的。

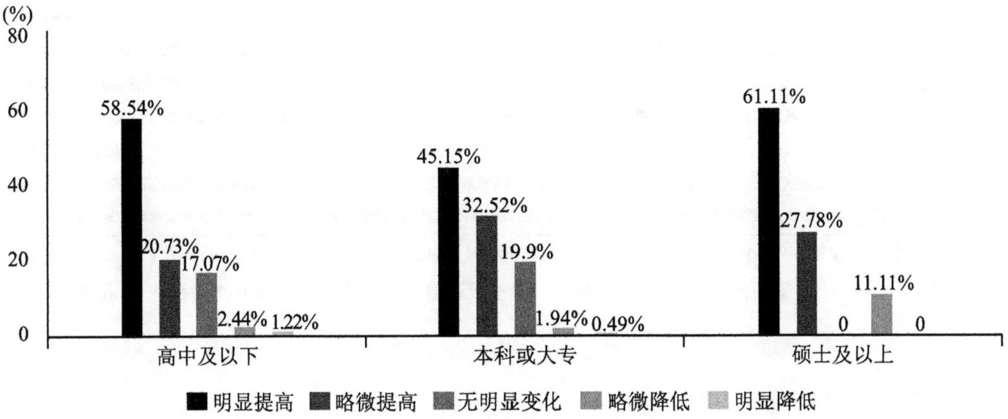

图 2　不同学历群体对食品安全关注度对比

由图 2 可知，各学历段民众对食品安全关注度的也存在明显地提高。其中，“硕士及以上”群体较之前明显提高的占比为 61.11%，其次是“高中及以下”（58.54%），再次是“本科或大专”（45.15%）。虽然“本科或大专”群体较其他两个群体明显提高的占比要低，但是“本科或大专”群体的“略微提高”的占比（32.52%）均高于其他两个群体（硕士及以上 27.78%，高中及以下 20.73%），原因可能是本科或者大专之前就已经非常重视食品安全。这次疫情的出现，让他们对食品安全的重视程度有了一些增加，但是没有“硕士及以上”和“高中及以下”群体的重视程度提高明显。随着民众关注度的提高，食品安全治理刻不容缓。

2. 购买食品的场所、种类、关注点及顾虑分析

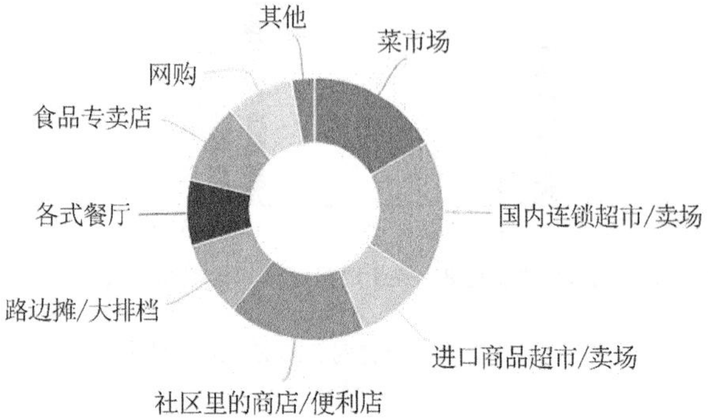

图 3　购买食品的场所

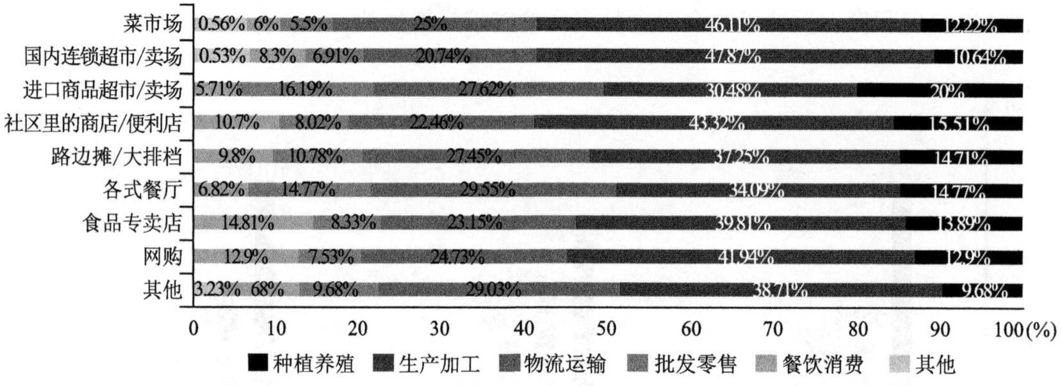

图 4　购买食品的场所和生产环节交叉分析

由图 3、图 4 可知，国内连锁超市/卖场、社区里的商店/便利店和菜市场是民众疫情期间购买家中食品的主要场所，而选择其他场所所占比例较低。由疫情期间民众购买食品的场所和顾虑的分析可知，民众最可能是出于食品生产加工和物流运输这两个环节的顾虑，所以在购买食品时选择网购、各式餐厅、食品专卖店、路边摊/大排档、进口商品超市/卖场和其他的比例较低。

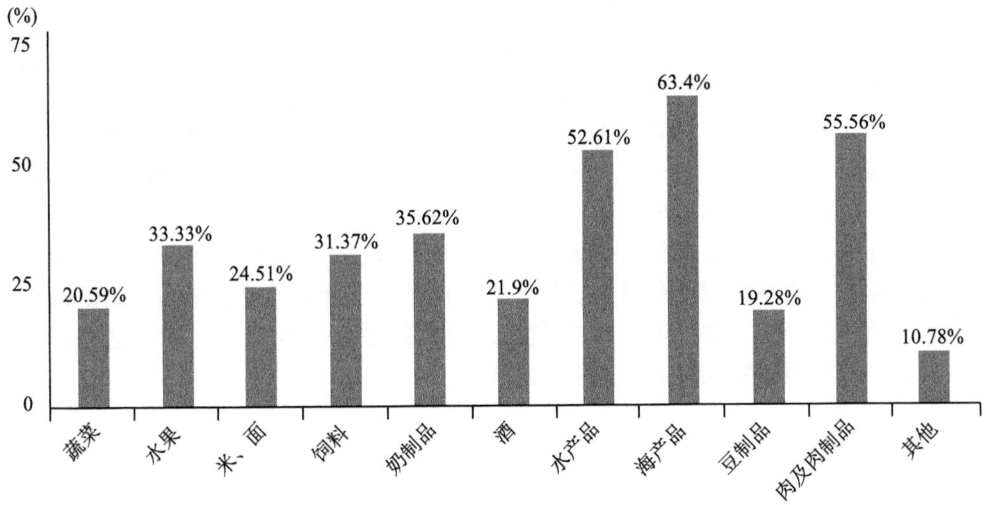

图 5　存在顾虑的食品种类

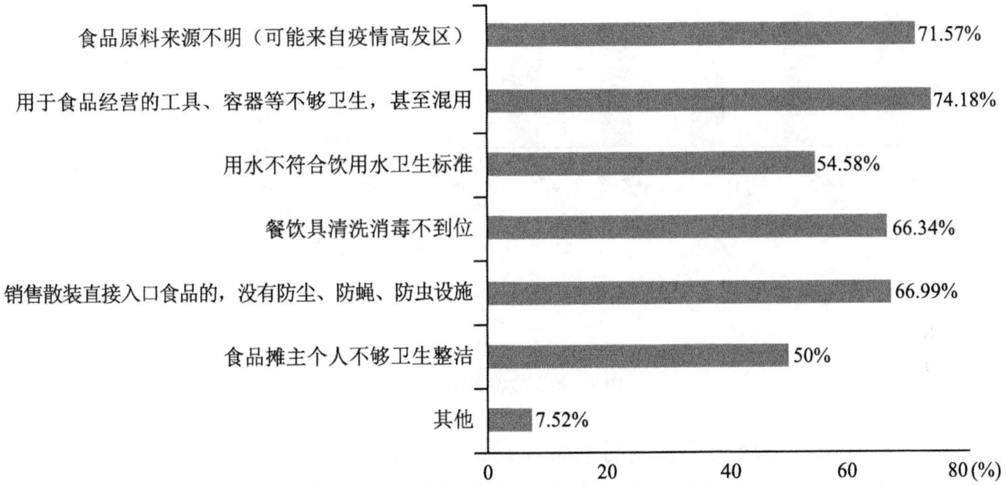

图 6　存在顾虑的原因

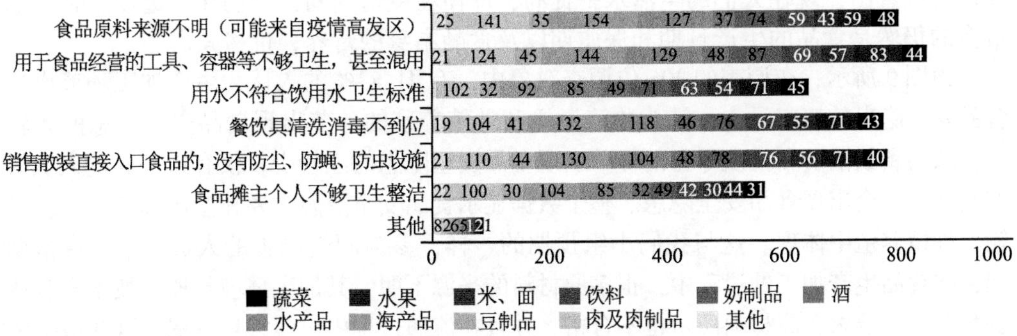

图 7　存在顾虑的食品与原因交叉分析

由图5、图6、图7可知，疫情期间，63.4%的民众认为海产品的可靠性得不到保障，其次是肉及肉制品、水产品，这两类占比都超过50%，水果、饮料、奶制品占比超过30%，蔬菜、米，面、酒占比超过20%，豆制品和其他占比较低。由民众购买食品的顾虑和最不放心的种类交叉分析可知，民众最不放心海产品主要是担忧食品原料来源不明（可能来自疫情高发区）；用于食品经营的工具、容器等不够卫生，甚至混用；食品摊主不够卫生整洁。民众对肉及肉制品、水产品不放心的主要原因除了上面三种外，还有餐饮具清洗消毒不到位；销售散装直接入口食品没有防尘、防蝇、防虫设施，这些说明民众对这三种食物的食品安全标准的需求最高。而由民众购买食品时的顾虑分析可知，前六种所占的比例都高达50%及以上，说明这些都是我们在食品安全方面需要改善甚至消除的隐患。

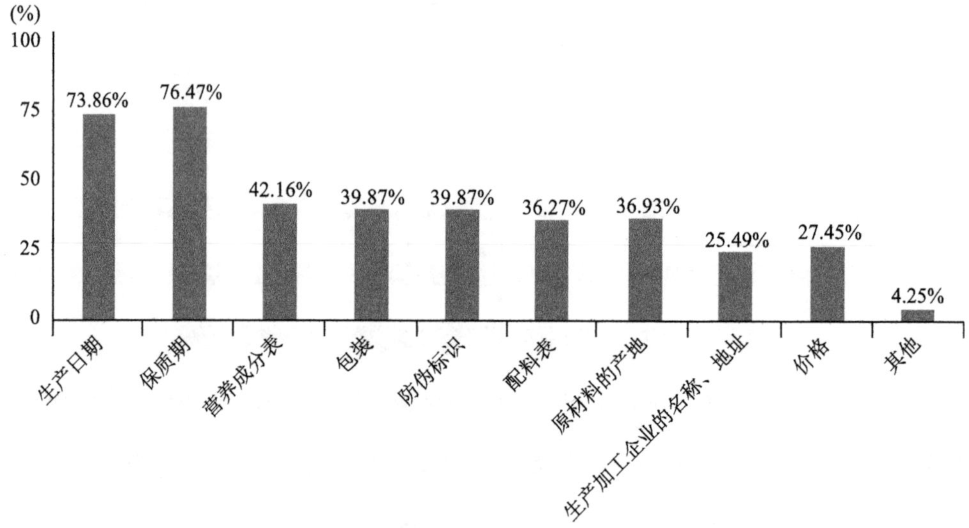

图8　购买食品的关注重点

由图8可知，民众购买食品时最常注意到的信息是食品的保质期和生产日期，这两种占比高达70%；其次是营养成分表，占比42.16%。之后是包装、防伪标识、配料表和原材料产地，占比30%以上。最后是生产加工企业的名称、地址、价格和其他。可以看出，现在人们的生活水平提高，即使在疫情期间，人们在挑选食品时考虑最多的仍然是食品的生产日期和保质期以及食品本身的营养，价格其次。

由图9所示，在调查的306位调查对象中，有41.83%的人认为生产加工环节出现食品安全隐患的概率最大，认为物流运输和种植养殖的环节出现食品安全隐患的人较多；认为餐饮消费和批发零售的环节出现食品安全隐患的人较少；仅有0.33%的人认为在其他环节会出现食品安全隐患。整个数据显示食品安全隐患主要在生产加工、物流运输、种植养殖中体现。这与我们小组预期的一样，参与问卷调查的人员表示，疫情期间，在食品生产加工的过程中，很多原材料的来源不明，其加工环境与加工技术没有达到相关卫生要求，原材料质量也不合格，并且在流通过程中出现管理纰漏。这些情况都可能会造成食品在加工的过程中出现病菌污染的问题，从而危害人体健康。

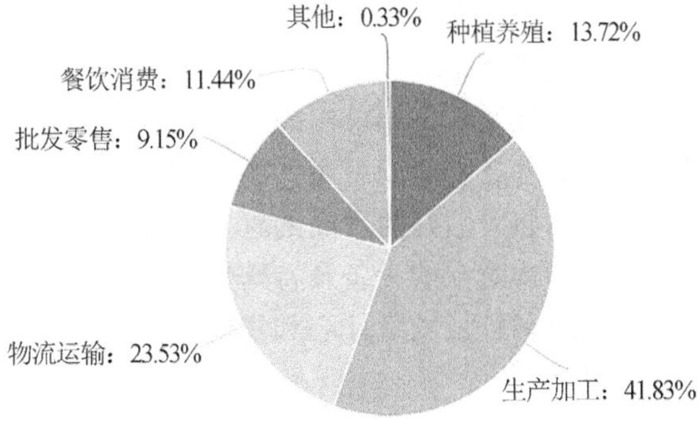

图 9　出现食品安全隐患环节的概率对比

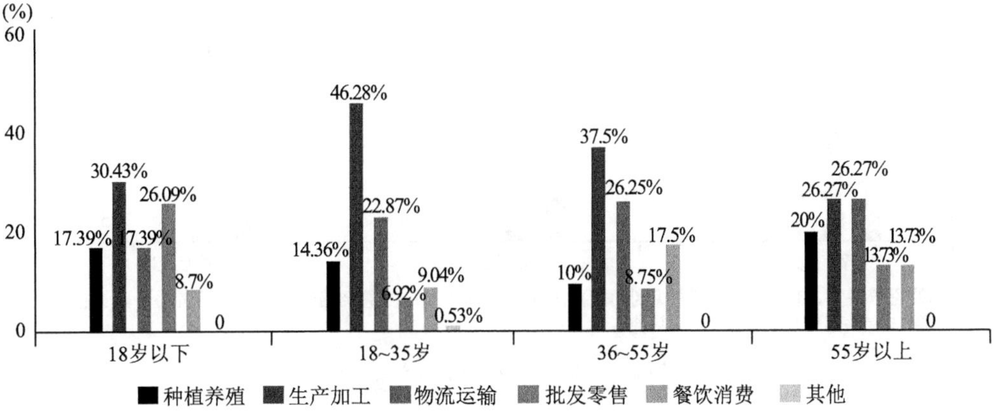

图 10　不同年龄与环节交叉分析

我们知道 18～55 岁的成年人有相对成熟的判断力和价值观体系。从数据上来看，在 18～55 岁的人中，大多数人认为生产加工环节食品安全隐患最大。这既反映了实际问题，又基本说明了存在某些黑心商家的利欲熏心的情况。18 岁以下的大多数人

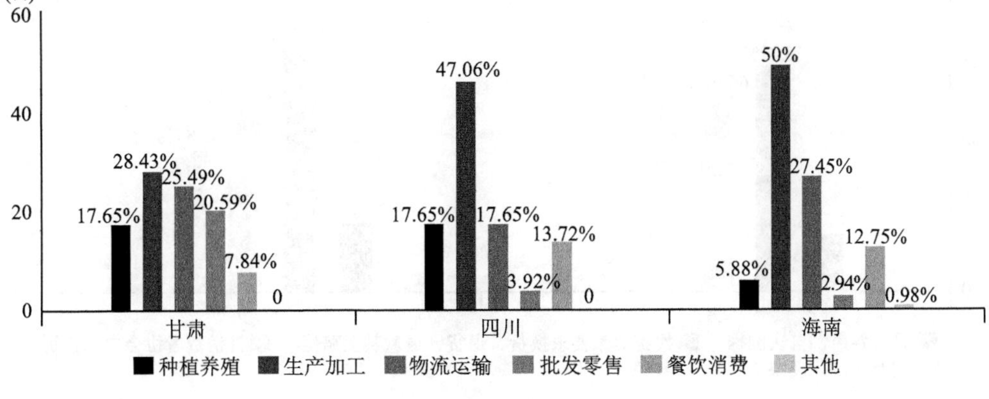

图 11　不同地区与环节交叉分析

认为在批发零售环节出现食品安全隐患概率较大，但是18岁以上只有小部分人认为批发零售环节出现食品安全隐患概率较大。

通过地区分析得出，认为批发零售环节出现食品安全隐患概率较大的人大多数来自甘肃省，认为生产加工环节食品安全隐患最大的人大多数来自四川省和海南省。

疫情期间，在生产过程中如何做好对食品的管控，我们认为首先应对原材料进行严格的控制；其次就是对于影响质量的设备及特殊性工具的使用和维护；最后除了对技术人员的专业要求外，还应有较强的责任心和集体意识。

3. 问题食品的处理方式

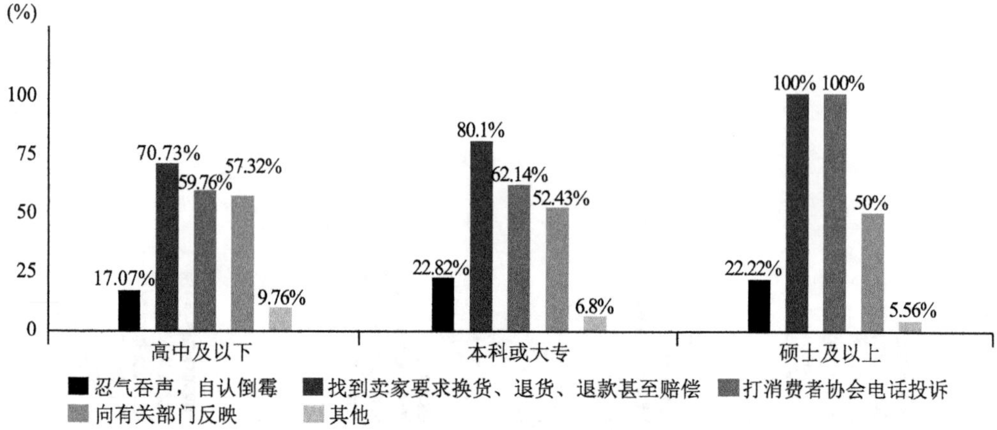

图12　不同学历与处理方式交叉分析

由图12可知，疫情期间，在拥有高中及以下学历和本科或大专学历的人群中，处理问题食品的方式基本相同，在拥有硕士及以上学历的人中，他们买到问题产品后则都会找到卖家要求换货、退货、退款甚至赔偿和打消费者协会电话投诉。通过研究分析我们发现，这与硕士对食品安全关注度明显提升的调查结果相一致。

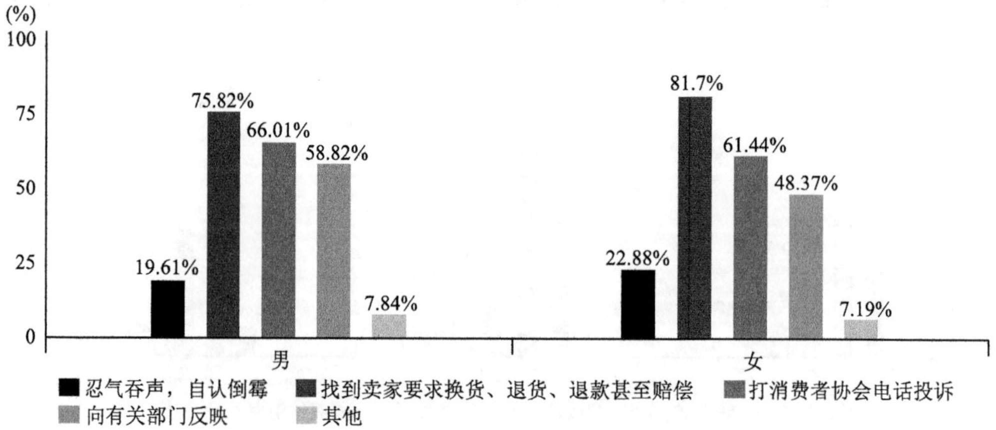

图13　不同性别与处理方式交叉分析

由图 13 可知，疫情期间，无论是男性还是女性，大多数的人在遇到食品问题时都会选择找到卖家要求换货、退货、退款甚至赔偿、打消费者协会电话投诉和向有关部门反映。通过“性别”与“最高学历”交叉分析得出参与调查问卷填写的人中，女性的学历略高于男性的学历。我们猜想在处理食品问题时，女性的维权意识更强一些。

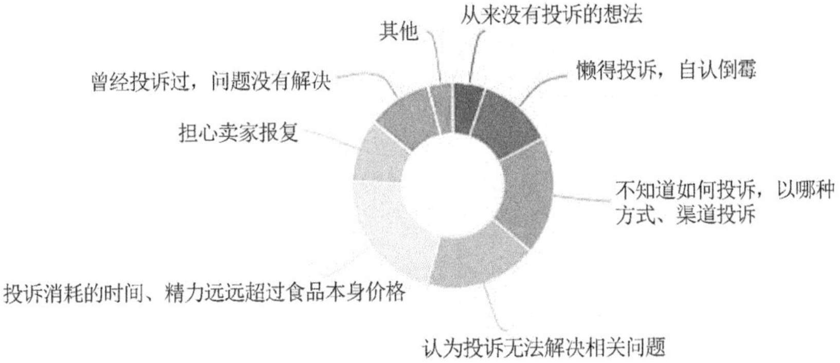

图 14　不愿意投诉的主要原因

根据图 14 调查结果显示，绝大多数人有时候不愿意投诉或者放弃投诉的想法是因为投诉消耗的时间、精力远远超过食品本身的价格。也有大部分人认为不知道如何投诉，以哪种方式、渠道投诉并且认为投诉无法解决相关问题。调查发现，也有一小部分人曾经投诉，但没有结果，长此以往，他们就会懒得投诉、自认倒霉。

如何在维护自己权益的同时又能节省时间和精力，是我们值得思考的一个问题。我们要待人宽容，但宽容不是无限度地纵容和姑息迁就，而是有限度、有原则的。我们在遇到食品问题时，可以和商家协商或者拨打市场监督投诉电话 12331。

4. 造成食品安全事件的主要原因

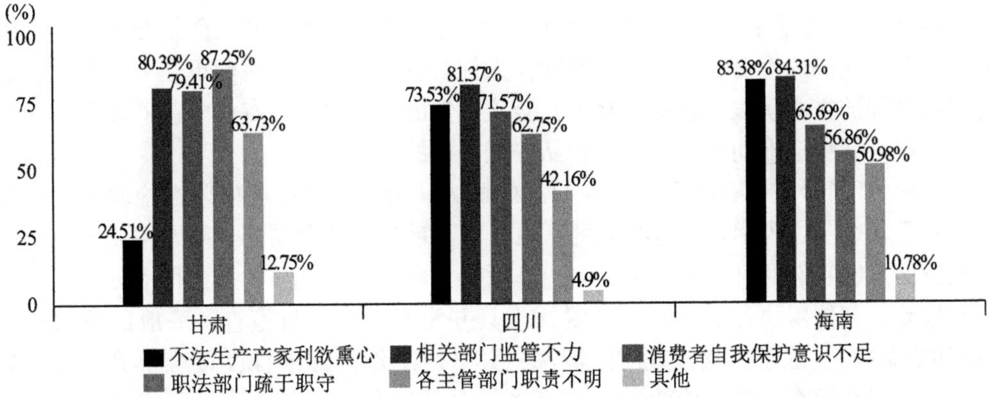

图 15　不同地区与主要原因交叉分析

从图15的数据来看，三个地区中四川省与海南省的数据大致相同，多数人认为相关部门监管不力、不法生产厂家利欲熏心、消费者自我保护意识不足是造成食品安全事件的主要原因。相比之下，甘肃省和他们的数据相比大同小异，其中只有小部分人认为造成食品安全事件的主要原因是不法生产厂家利欲熏心。通过数据研究发现，在甘肃省的问卷参与中，学历为高中及以下和硕士及以上的人数较多，可能是因为学历的不同和对食品安全了解程度的高低造成了此差异。

5. 食品安全知识获取、了解程度与管理看法

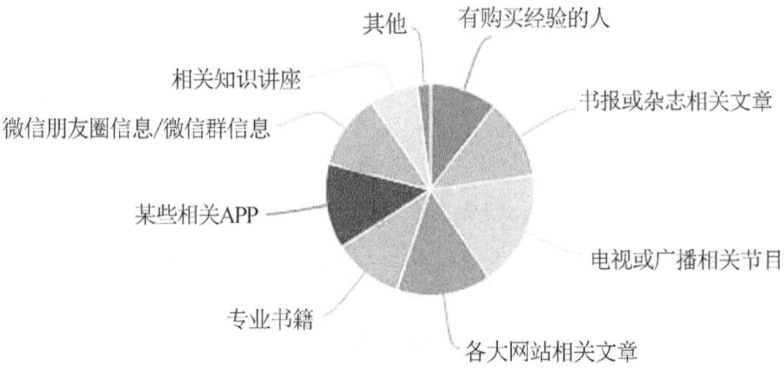

图16　获取食品安全知识的途径

如图16所示，从数据上来看，在306位调查对象中，绝大部分的人获取食品安全相关知识的途径是通过电视或广播相关节目。这说明虽然随着互联网的发展和网络的越发普及，但大多数人依旧依赖于电视或广播节目。大部分人获取食品安全相关知识的途径是通过各大网站相关文章，这既反映了实际情况，又基本说明超半数的人都通过各大网站关注各种食品安全知识。网站文章紧跟时事变化，且经过官方认证的文章可信度大，能适时满足人们对食品安全知识的需求。一部分人通过某些相关APP获取食品安全知识。除此之外，一部分人通过书报或杂志相关文章、微信朋友圈信息/微信群消息、专业书籍、有购买经验的人来获取食品安全知识。食品安全在很大程度上关系着我们的生命安全，疫情期间，人们对食品安全的关注度更是大大提升，通过多种多样的方式获取食品安全知识，会让我们的饮食安全更有保障；群体食品安全意识的提升，更会推动整个社会在食品安全方面的进步。

如图17所示，调查结果显示有41.5%的人认为应该通过严格监督检验的方式来保障食品安全，这表明在将近半数的人看来，目前出现的食品安全问题主要来自监督检验方面。在我们的日常生活中，路边小贩所售卖的即食食品，大都得不到正规的监督和检验，其使用的食品原料以及餐饮工具并没有专业人员检查，一般的餐饮店铺(例如奶茶店)，除了正式检查前的清洗，其平时工作的标准程度很难得到检验，如果能通过偶然抽查、严格检验等方式来确保食品安全，一定会让我们的食品更有保障。有21.57%的人认为应该倡导生产经营者诚信、自律。解决问题从源头出发，如果每一位生产经营者都能按照标准制作食品，那么食品安全问题就能从根本上得到解

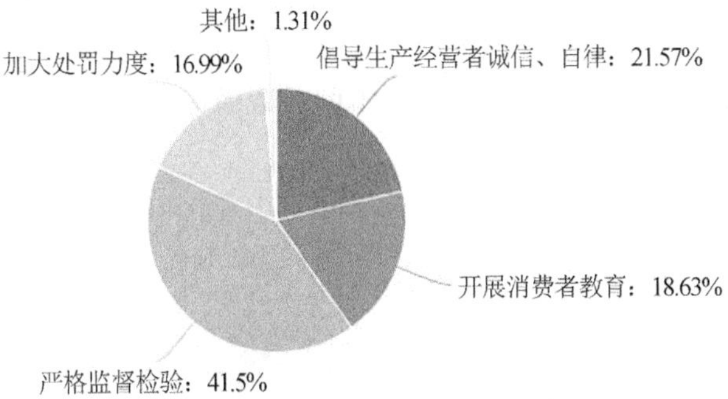

图 17　保障食品安全的重要措施

决，加强对生产者的诚信教育极为重要。有 18. 63% 和 16. 99% 的人分别认为应该开展消费者教育和加大处罚力度来保障食品安全。应倡导消费者少去或者是不去没有食品安全许可证的地方购买食品，加强对出现食品安全问题店铺的处罚力度，这些都能在一定程度上抑制食品安全问题的发生。

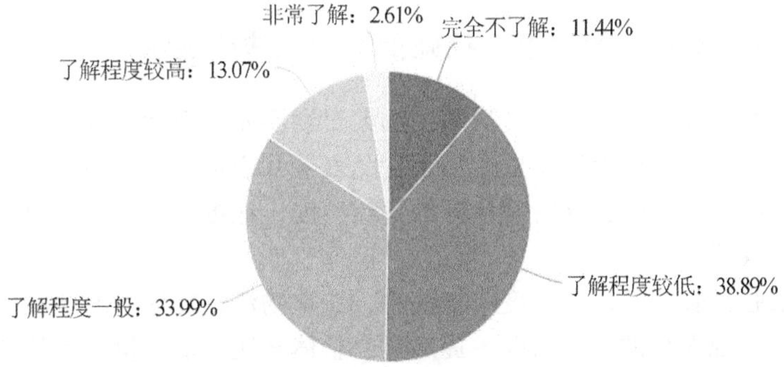

图 18　对我国食品安全法的了解程度

如图 18 所示，根据调查显示，有 38. 89% 的人表示对我国食品安全法的了解程度较低，我国食品安全法是为了保证食品安全，保障公众身体健康和生命安全而制定的，其中包含多条对食品安全的规定，了解食品安全法既有利于商家遵法守法，也有利于消费者在遭遇不良食品侵害时，运用相关知识，拿出法律武器来保护自己。有三分之一的调查者表示对我国食品安全法的了解程度一般，仅有 13. 07% 的人表示对它的了解程度较高，甚至有 11. 44% 的人表示对我国食品安全法完全不了解，在他们遇到食品安全问题时，很难保护自己的合法权益。作为新时代的公民，我们生活在法律社会当中，应该知法懂法、遵法守法，更要学法用法。

如图 19 所示，调查结果显示，受访者中有 59. 48% 的人认为本地的食品安全管理问题较少，可以解决，这说明在近六成人心中，当今社会对于食品安全的管理有一定成效，遗留下的一些问题也可以解决。合法的管理制度，严格的执法举措，把每一个细节做到位，才能有效解决食品安全问题。有两成的受访者表示当地有部分食品安全问题较难解决，这也说明我们的食品安全管理在落实到行动上时，仍有部分问题难以解决。在解决食品安全这条路上，我们依旧需要做出更大的努力。

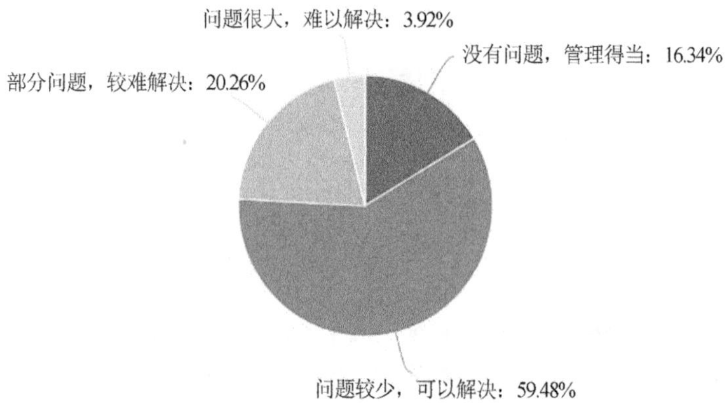

图 19　对食品安全管理的看法

三、对食品安全监管政策和实施情况的想法或建议

第一，疫情期间尽量减少人员流动，加大对食品安全卫生的监管力度，严格管控冷冻食品，把每一项措施落到实处，加大食品安全知识宣讲，加深人们对食品安全相关法规的了解程度，加强食品管理政策的宣传力度，让维权之路不再艰难，丰富和完善相关法律和惩戒制度。

第二，加强品牌监管以及年度审核抽检，注重物流运输带来的感染问题，加大对违反食品安全法规人员的处罚力度，提高社会整体素质，端正执法人员态度，拒绝三无食品的生产、流通及贩卖。要求食品生产运输相关信息公正公开，严格执行我国食品安全法的相关标准，对卫生条件不达标的商家以及厂商严厉处罚。

第三，加大对散装产品的审查力度，加强对商家的排查力度，以社区为单位指定食品商家进行经营销售，禁止未经许可的商家在社区经营和售卖。加强进口食品输入监管和疫情高发地区的食品流动检疫，倡导商家知法懂法，不能知法犯法，提高全国公民食品安全意识，自觉遵守相关法律法规，保障食品安全生产。

第四，严厉打击弄虚作假情况，疫情时期提醒相关部门不要松懈对食品安全的监管，增加突击检查次数，严格检测食品原料，严管食品添加剂，促进各职能部门互相协调，共同合作，确保疫情期间及未来的食品安全。

全面建成小康社会中不同年龄群体对养老认知的调研①

李永梅　郑善美

【摘　要】随着中国社会老龄化进程的明显加快，养老问题成了我国在全面建成小康社会中的重大挑战之一，关乎社会稳定以及社会保障工作体系的完整性。课题组通过随机发放问卷的方式深入调研分析了不同年龄群体在养老心理、养老模式、养老规划和养老需求上的异同，并从个人和国家角度出发给予相关建议。团队希望通过此次调研，使人们能够针对养老问题产生较为全面的了解，培养广大人民群众的忧患意识，重视养老问题；同时为社会调查居民养老认知度、普及度提供现实依据和理论支撑。

【关键词】养老认知；心理；不同年龄；小康社会；养老意识；养老规划

本次调查主要采取的是网上问卷调查小程序（问卷星），并通过微信朋友圈好友传播发放方式，共发出调查问卷203份，收回203份，回收率达100%；有效问卷203份，有效率100%。共向被调查者提出三方面问题，分别是人员年龄性别信息、对当下养老的满意度以及未来想采取的养老方式、对社会养老举措加强的建议等。目的在于通过了解人们对于养老认知的不同，从而体现养老知识的普及度，使人们注重养老问题，并增强年轻人的养老意识。调查不同年龄段对于养老问题的心理问题，避免过度忧虑，以及不同年龄段喜欢的养老方式。

一、全面建成小康社会背景下的养老现状

（一）成就与问题

改革开放以来，随着城市化、工业化和市场化带来的人口大规模流动和家庭小型化、家庭养老功能的衰弱，人口老龄化程度呈现不断加剧的趋势——根据我国第六次人口普查数据显示，60岁及以上人口为1.78亿，占总人口比例为13.26%；65岁及以上人口为1.19亿，占比8.87%。不可否认，我国已然迈入了老龄化社会的行列。同时，中国“空巢老人”的群体庞大——至2050年，我国无子女赡养的老年人将达

① 本课题指导教师：李永梅（北京工商大学马克思主义学院）；课题组组长：郑善美（金融192）；课题组成员：周昱希（金融192）、刘真语（金融192）、侯文欣（金融192）、林境葆（金融192）。

到7900万左右，独居和空巢老人将占比54%或以上。这表明养老问题必然会演变成为被大众广泛关注的社会问题。

《国务院办公厅关于推进养老服务发展的意见》指出，我国养老服务市场活力尚未充分激发，存在发展不平衡不充分、有效供给不足、服务质量不高的问题。根据我们的调查，86.63%的人感到全面建成小康社会对养老有积极的影响，但是仍存在14.37%的人认为无影响甚至消极的影响。由此可见，人民群众的养老服务需求尚未得到有效满足。此外，社会普及率低也是亟待解决的问题之一，仅38.12%的人对养老的社会关注度感到满意，故而可知社会对于养老的重视程度并不乐观。

（二）对策与方案

我国政府对养老问题高度重视，及时把握发挥要求，加强养老服务顶层制度设计，推动出台了一系列的法规政策——如2016年颁布的《关于全面放开养老服务市场提升养老服务质量的若干意见》、2017年颁布的《“十三五”国家老龄事业发展和养老体系建设规划》等，养老产业面临前所未有的机遇。十七大提出社会建设与人们幸福安康息息相关。必须在经济发展的基础上，更加重视社会建设，着力保障和改善民生，推进社会体制改革，扩大公共服务，完善社会管理，促进社会公平，努力使全体人民学有所教、劳有所得、病有所医、老有所养、住有所居，推动建设和谐社会。政府、社会都在积极支持探索、创新多元化城市养老模式，解决在创新养老模式中所遇到的各种问题，为更好满足老龄人口的需求做出切实可行的行动。

2020年不仅是“十三五”规划的收官之年，也是“60后”的老年群体涌入养老市场的阶段。因此，可以说2020年是养老产业的“创新之年”。即便新冠肺炎疫情暴发，但政府及有关单位亦未懈弛，依然积极踊跃为养老服务的有序发展出谋划策——如进一步深化放管服改革、推动养老服务的转型发展、健全完善保障机制等。政策的提出与推行，皆成为养老服务高质量发展的重要基石。

二、关于不同年龄段对养老问题的调查及分析

当今社会中国的经济发展速度较快，发展潜力较大，老龄化程度加剧。中国65岁以上老年人占总人口比重在2001年为7.1%，略高于联合国设定的7%警戒线；到了2019年末，中国65岁以上人口总数为17 603万，占据总人口比重的12.6%。以当前的速度，中国的老年人口比重将于2022年增至14%——届时中国将进入深度老龄化社会。伴随着这一现象，人们的养老认知也在发生着较大的变化。因此，我们就养老心理、养老模式、养老规划、养老需求四个方面进行论述分析。

（一）养老心理

从整体来看，人们对于当下或未来的养老问题存在一定的准备与思考，对于父母养老问题的担忧也占据了很大比例。因为这个年代的大部分年轻人都是独生子女，同

时随着高等教育的发展，我国年轻人的综合能力与文化素质与前几代人相比有着显著提高，然而饱和的就业市场与居高不下的房价使得现在的年轻人面临前所未有的巨大压力。因此，无论是对于自己还是父母未来的养老规划，感到忧虑和压力已成为这个特定时代下的主旋律（如图1）。

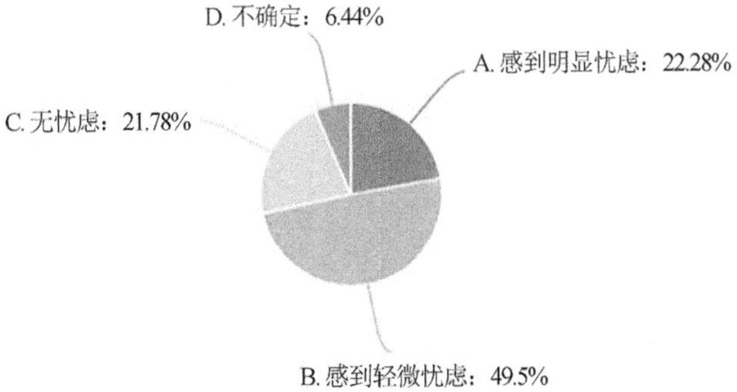

图1　是否对自己养老感到忧虑的调查结果

不同年龄阶段的人们对于养老心理状态存在显著差异。养老的心态是由多方面因素引起的，比如年龄、性别、家庭状况等。在18～24岁的年龄阶段，大部分的人而处于学校或者刚开始工作的时期，由于社会工作压力较小，对自己和父母未来的养老问题并未做出充分的思考与规划。处于这个阶段的年轻人对自己未来的养老规划大部分集中于感到轻微忧虑和无忧虑，分别占比41.43%和35.71%。而面对父母的养老压力，大部分同样也感到压力负担较小以及无压力的整体占比高达75.71%。反之，处于事业与家庭高峰的25～45岁这一年龄段的人来讲，尤其是男性，由于收入、子女、赡养问题的接踵而至，父母也处于退休的年龄，对于当下和未来考虑的事情就会变得更为复杂。无论是对于自己的还是对于父母的养老问题，都会感到压力，同时也会有相应的措施。

从调查结果可以看出，这个年龄段的人对于父母养老问题的忧虑程度高达90.19%，同时，在面临养老压力的情况下对于自己的收入状况和工作造成的影响存在占比较高的焦虑，分别达到92.16%和82.35%。因此，开始着手为养老做规划的人群也大量集中于此年龄段，占比70.3%。

再来分析一下已退休的年龄阶段人们心态上的变化。通过数据可以清楚地发现，此年龄段，无论是对于自己还是父母的养老，压力都减轻了许多，大部分的占比都在轻微忧虑和无压力之间。家庭经济状况中，主要赡养人经济状况、主要赡养人的关系对老年人的心态占据了主要的影响因素。由此可以得知，在全面建成小康社会的社会背景下，老年人的后顾之忧有一定程度的改善，这时候更应该着眼于家庭关系和子女的陪伴上（如图2）。

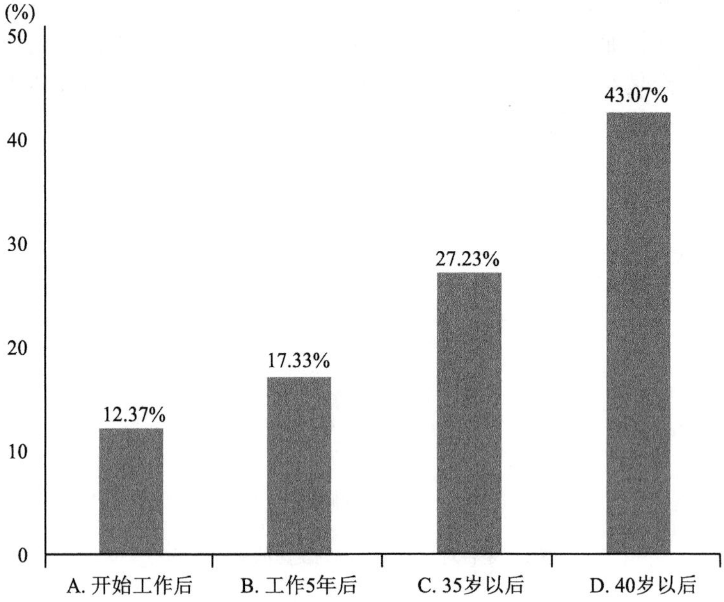

图 2 打算什么时候为养老做规划调查结果

（二）养老模式

养老模式可分为养老费用的来源和养老方式。

首先，我们调查养老费用的来源。“经济基础决定上层建筑”，养老费用的来源在关于养老模式的问题中起基础性作用。我们对四个年龄段人群的五种养老收入来源进行了调查，即商业养老保险、退休金、子女的赡养费、自己金融活动的盈利部分和自己的积蓄。我们得出不同年龄段人群对于养老费用的来源既有共性也有个性的结论。

共性在于无论是工作 5 年内、工作 5 ~ 20 年、工作 20 年到退休还是退休人群，其最注重的养老收入来源都是退休金、自己的积蓄和商业养老保险，且注重的比例接近或高于以上。退休金成了养老收入的首位选择，反映了我国自改革开放以来至全面建成小康社会，社会保障体系逐渐建立并完善。自己的积蓄作为被注重的养老收入则反映了随着小康社会的全面建成，社会经济稳步发展，人们的收入水平增加，在保证衣食无忧的生活条件下，可以攒下积蓄以备老年生活。而商业养老保险名列前茅的原因可以归结为随着生活逐渐趋于稳定和安乐，人们的忧患意识提高，促进了保险业的发展，购买养老保险未雨绸缪。

个性主要集中于子女的赡养费和自己金融活动的盈利部分两个方面。根据结果，有 35. 71% 的 18 ~ 25 岁年龄段的被调查者和 52. 5% 的退休人群选择注重子女的赡养费，而 25 岁到即将退休的被调查者中只有 20% 左右的人选择注重子女的赡养费。导致数据差异较大原因如下。

第一，18～25岁年龄段的人群作为刚出象牙塔的青年，对生活充满希望，相信可以凭借自己的力量报答父母。正因如此，也希望自己的子女在长大成人后赡养父母。

第二，退休人群有超过一半的被调查者选择注重子女的赡养费是由于现实所迫，在退休后没有其他收入维持生活，需要借助孩子的帮忙。

第三，25岁到即将退休的被调查者中，只有20%左右的人选择注重子女赡养费。是由于他们正承担着赡养父母和抚育孩子的义务，深谙其中的不易。因此希望减轻自己孩子的压力，所以较少注重子女的赡养费。

而对于金融活动的盈利部分来说，38.57%的18～25岁年龄段的被调查者和42.7%的退休人群选择注重子女的赡养费，而25岁到即将退休的被调查者中只有17%左右的人选择注重金融活动的盈利部分。如此大的数据差异，调查组认为归根结底在于时代的不同。当今时代年轻人受教育水平提高，有一定的理财观念，所以勇于涉猎金融活动；退休人群比较清闲，有较多的时间研究金融活动，如股票、基金、债券等。而作为工作几年后到退休的人群而言，承担较大的经济压力，因此在投资方面较为保守。

接下来，我们对四种养老方式进行了调查，分别为退休金养老、机构养老、乡村养老、以房养老。

根据调查结果我们可知，无论哪个阶段选择退休金养老的比例都是最高的，这与人们最关注的养老收入是退休金收入有着密切关系的。

就机构养老而言，所有阶段的人群都较少选择，而数据差异比例很大。18～25岁、45岁到退休和退休后可能选择机构养老的人群比例为30%左右，而作为25～45岁的青壮年人群，未来选择机构养老的人群仅占7%。这与我国传统的落叶归根思想和养老机构建立机制的不健全有着千丝万缕的联系。

就乡村养老而言，不同年龄段的人群，选择的差异很大。对于18岁到即将退休的生活在城市的人们而言，乡村生活过于遥远，只有20%的人们选择乡村养老。而对于60岁以上已经退休的老人，有接近50%的老人会选择乡村养老，究其原因是老年人曾经经历过乡村生活的美好，想要在年老的时光重温“种豆南山下，草盛豆苗稀”的生活。

就以房养老而言，从青年到退休前的老人都较少以此作为养老收入来源的主要部分。而退休的老人中有42.5%的人以此作为养老的主要收入来源，这是因为老年人那一代的房价较为便宜，人们只要有买房意识，手里有两到三套房产都是很常见的，而当今社会的房价过高，青壮年们在负担一套房产的情况下，很难有余力去继续购买其他房产。

（三）养老规划

根据前面对“您打算什么时候为养老做规划”这一问题的数据分析，可以看出43.07%的人群选择了40岁以后规划养老。经过调查追踪我们发现，其中有72.51%

归于 18 ~25 岁的年龄段，由此可看出当代年轻人对养老的认知度较低。年轻一代或认为养老距离他们过于遥远，所以选择了在一个临近退休的年龄才开始规划这一重大问题；而 45 岁到退休的中老年群体则倾向于更早做养老规划。从生活经验来看，中老年人对养老的认知更具有前瞻性且较优于年轻人，是值得年轻群体借鉴学习的。综上，对养老认知度越高的人群越倾向于更早地进行养老规划。

此外，根据“是否有必要让年轻人了解并学习养老”这一问题，有超过 80% 的人群希望年轻人更多了解养老，提高养老认知度。从不同年龄段筛选来看，年轻人渴望提高自身的养老认知度，中老年人也同样认为年轻人了解、认识养老是非常有必要的。根据我们的意见，可以适当地在中学、大学阶段为学生们多多开设关于养老知识方面的讲座，让年轻群体初步接触并了解养老，认识社会现状，增强这方面的知识储备，从而更好地选择自己的养老规划起始时间。

（四）养老需求

在进入全面建成小康社会后，人们更加关注身体的健康和亲人的陪伴。在“拥有幸福晚年应具备的条件”（图 3）这一问题中，选择健康的身体占 93%，足够的收入占 63.8%，家人的陪伴占 63.2%，爱好兴趣占 60.9%，朋友的陪伴占 51.5%。从这些数据不难看出，健康的身体是拥有幸福晚年至关重要的条件。基于此，稳定的经济来源和家人朋友的陪伴，也是不可或缺的条件。这个问题同样可以提醒当代年轻人，养老并不是一个遥遥无期的问题，我们现在就应未雨绸缪，提前规划。

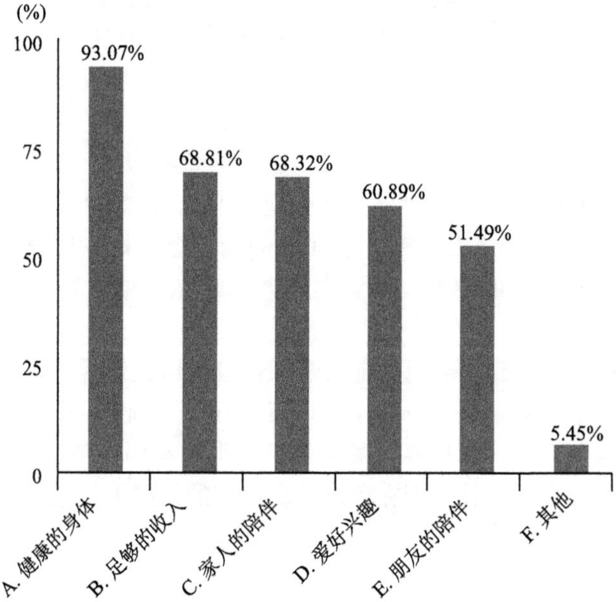

图 3　拥有幸福晚年应具备的条件调查结果

关于人们“对养老最担心的问题”——80.69%的人群选择了生病无人照顾；69.8%选择了没有足够金钱，物质生活水平不高。可见比起客观物质层面的满足，人们更渴望情感上的支撑、亲人的悉心陪伴；此外，根据我们的初步推断，对收入的担忧一方面是由于人们对全面建成小康社会背景下的养老认知度较低；另一方面是想在步入年迈之时的生活质量上得到应有的保障；而缺乏朋友和子女的陪伴，说明人们在内心深处始终是渴望得到陪伴的，无论朋友或是子女；在退休后，人们其实惧怕着无所事事、生活空虚，因此在社区养老中，我们要更多地关注老人的兴趣爱好，并努力帮助他们达成。

综合以上两个问题，在全面建成小康社会的背景下，针对养老有四点需求。第一需求为健康的身体，第二需求为老年生活水平和收入的保障，第三需求为亲人和朋友的陪伴，第四需求则是寻求热爱与实现自我价值。

三、针对养老问题的建议

（一）根据个人能力进行养老规划

如今，伴随着老龄化进程加快，老年人群体也出现着一系列的问题：退休后收入减少，无法保证支出，而且退休时间延长，养儿防老等传统养老方式难以为继，“广覆盖，低保障”的社会养老保险仅能满足老年人基本生活保障，医疗支出增加，老年人对生活品质要求提高，等等。因此，有关个人的养老规划宜早不宜迟。

首先，由数据可以看出，大部分的人都选择以退休金养老为主要方向，退休金是一种主要的养老保险待遇。对于退休金这一养老方式，需要的是加强防范诈骗的意识，并且采用多样化的退休金储存方式。

其次，很多时候社保基金只能维持退休时的基本生活所需。在有条件的情况下，建议应以社会养老保险和商业养老保险满足退休后的基本支出，以报酬率较高的投资满足退休后的生活支出。同样，现在市面上的养老投资工具十分丰富，主要有：社会养老保险、企业年金、商业养老保险、银行存款、国债、高等级企业债券、银行理财产品、基金、股票、实物投资（房产）等。因为养老投资要注重安全性、收益性、多样性、流动性，建议可以按照基本养老保险、企业年金、个人储蓄性养老保险、商业性养老保险的顺序，依照个人的经济能力投资。

再次，在人们退休后，会经历一个生活分段。人们可以在不同的阶段选择不用的养老方式。在退休前期（65岁以前），这时尚有工作能力，条件允许也可选择兼职工作；在退休中期（65~75岁），这时老人们具备积极的生活能力，这是退休支出高峰期，可外出旅游，发展业余爱好；而退休后期（75岁以后），这时医疗护理支出增加，宜以居家为主。

最后，是有关养老个人精神层面上的规划。子女的孝道教育是非常重要的，这一点也能在调查问卷中得到充分展示，很多人会担心老无所依，缺乏子女的关怀，生病无人照顾等问题，认为要加强子女的孝道教育也占了60.4%。为自己未来养老做物质上的投资规划仅仅只是“治标”，而真正提高子女关爱父母的意识才是“治本”。多数老年人在晚年十分孤单，是需要爱与陪伴的。因而，孝道教育必须尽早提上日程。

（二）国家是助力养老事业发展的中坚力量

首先，国家需要提高社会整体的文化素养，培养忧患意识。根据我们对养老关注度方面的调查（如图4），仅30.2%的国民十分关注并了解这个问题——说明人们对养老“未雨绸缪”的忧患意识比较欠缺，知识匮乏。教育促进文化传播，在人的教化与培育上始终扮演着重要角色。国家可以通过教育传播部分养老常识，从小培养起学生居安思危的忧患意识；同时，加强有关养老方面的人才培养，践行孝道教育，传承孝道美德。

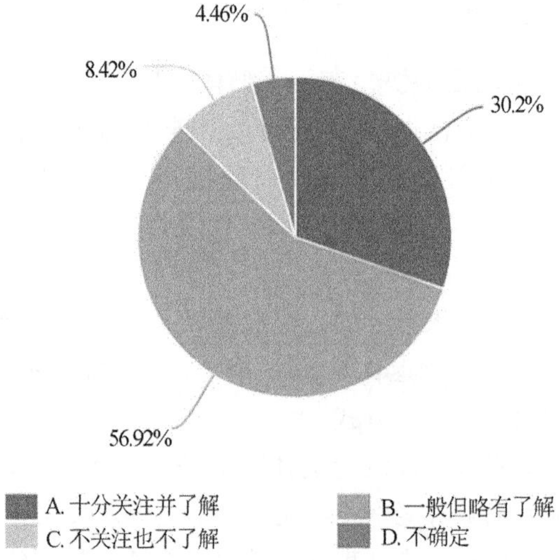

图4　是否关注并了解养老问题的调查结果

其次，加大财政对养老服务业的投入与政策扶持力度。调查研究表明（如图5），近四分之一的人认为养老机构少、社会医疗保障度不高、老年生活水平得不到保障，同时对老年人没有足够的关怀和尊重。因此，政府应完善相关基础设施建设，统筹安排福利性养老服务设施项目，并给予福利性与非营利性养老服务机构一次性开办补助。此外，提高老年人的医疗保障水平，可设立社区医生定期检查。以医疗卫生为关键推进医疗卫生与养老服务相结合，以坚持公益性导向为前提发挥政府与市场的双重作用，推进老年医疗服务体系建设。

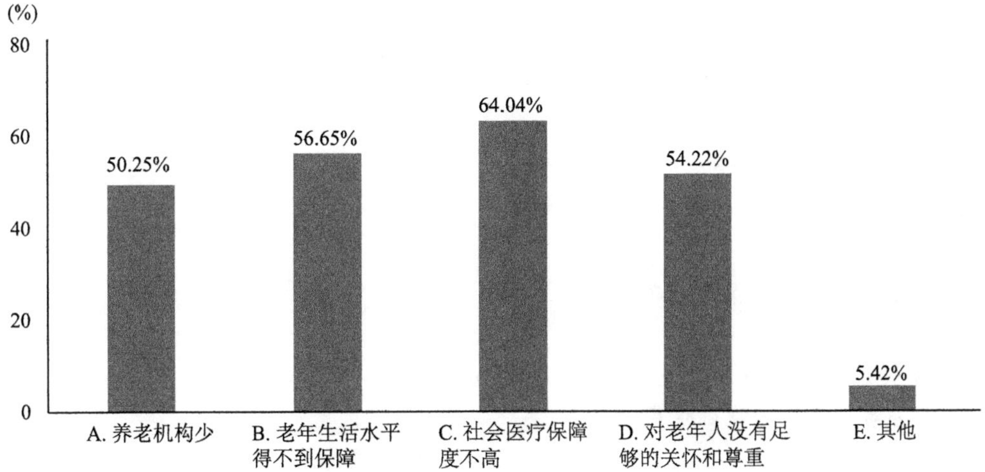

图 5　目前社会在保障老人生活方面，哪些地方做得还不够的调查结果

最后，丰富老年文娱生活。对此，社区应注重配置文化娱乐活动设备，以此来提升整体社区服务质量，且为老年人营造良好的精神文化氛围，充实业余文化生活；可组织志愿者积极宣传老年人文化活动，通过定期发布活动消息，提供与老年人生活密切相关的信息，从而有效满足其日益增长的获得感和幸福感。

附录：

全面建成小康社会中完全民事行为能力人对养老认知的调查问卷

尊敬的受访者：

您好！我们是来自北京工商大学的大学生，感谢您能在百忙之中抽空填写我们关于“全面建成小康社会中不同年龄群体对养老认知的调研”调查问卷。您的回答仅被用作统计，我们向您保证调查内容将被严格保密。以下问题没有特别说明均为单选题。

感谢您的合作与参与！

1. 您的性别是

A. 男　　B. 女

2. 您的年龄区间是

A. 18～25 岁　　B. 25～45 岁　　C. 45 岁到退休　　D. 已退休

3. 您对目前全面建成小康社会背景下的养老关注度满意吗

A. 满意　B. 一般　C. 不满意　D. 不确定

4. 全面建成小康社会是否对您的养老有积极的影响

A. 明显感觉有积极的影响

B. 感觉有积极的影响，但是并不清楚

C. 无影响

D. 有消极的影响

5. 您是否关注并了解养老问题

A. 十分关注并了解　B. 一般但略有了解

C. 不关注也不了解　D. 不确定

6. 您是否对自己养老感到忧虑

A. 感到明显忧虑　B. 感到轻微忧虑

C. 无忧虑　D. 不确定

7. 您是否对父母的养老感到压力

A. 感到明显压力　B. 感到轻微压力

C. 无压力　D. 不确定

8. 您感到焦虑或压力原因是［多选题］

A. 收入　B. 对自己工作生活的影响

C. 子女压力　D. 家庭关系

F. 赡养问题　G. 其他

9. 您会采用什么养老方式［多选题］

A. 退休金养老　B. 机构（养老院）养老

C. 乡村养老　D. 以房养老

10. 您认为目前社会在保障老人生活方面，哪些地方做得还不够

A. 养老机构少　B. 老年生活水平得不到保障

C. 社会医疗保障度不高　D. 对老年人没有足够的关怀和尊重

E. 其他

11. 您会看重哪些养老收入来源

A. 商业养老保险　B. 退休金

C. 子女的赡养费　D. 自己金融活动的盈利部分

E. 自己的积蓄

12. 您打算什么时候为养老做规划

A. 开始工作后　B. 工作 5 年后　C. 35 岁以后　D. 40 岁以后

13. 要想拥有幸福的晚年，您认为最应该具备哪些条件［多选题］

A. 健康的身体　B. 足够的收入　C. 家人的陪伴　D. 爱好兴趣

E. 朋友的陪伴　F. 其他

14. 您对养老最担心的问题有哪些

A. 生病，不能自理无人照顾

B. 没有足够金钱物质生活水平不高

C. 缺乏朋友和娱乐方式整天无所事事

D. 缺少子女的感情关怀

E. 其他

15. 您觉得有必要让年轻人了解并学习养老吗

A. 很有必要　　B. 略有必要　　C. 无所谓　　D. 没有必要

16. 您认为下列关于社会养老方面哪些政策您比较赞同［多选题］

A. 提高对子女有关孝道的教育

B. 加强有关养老方面的人才培养

C. 增加老年人的医疗保障水平

D. 安排社区医生

E. 多组织相关志愿者活动，并把志愿者活动时长列入退休金评判标准

F. 多组织社区老年活动，关注老年人的精神文化娱乐活动

G. 其他

全面建成小康社会中城乡居民养老制度调查①

杜　凡　邢可欣

【摘　要】此次调查发现，我国的城乡居民养老制度虽有长足发展，但也存在许多问题，随着人口老龄化问题的日渐严重，城乡居民面临养老成本高、养老环境有待优化、子女赡养不易、农村老龄人口缺少足够的养老保障、思想观念还滞留于“养儿防老”等问题。完善公费医疗、推进有利于老年人口养老的相关法规制定、改善城乡养老环境是目前迫切需要解决的问题。

【关键词】人口老龄化；养老制度；养老保险；医疗保障

一、我国的养老制度现状

数据显示，2019 年中国的出生人口数降至 1500 万，65 岁及以上的老年人口比重逐步上升至 12.6%，人口老龄化问题日趋严峻。社会的教育医疗成本和居民养老的负担逐渐加重，养老成本增加，社保矛盾将不断加剧，这让政府必须重视起我国养老制度的一些问题。虽然政府已经做出了许多政策上的调整，例如鼓励生育、扶持养老产业发展，但这些都不能立刻解决繁重且复杂的养老难题。

目前，我国的城乡居民养老制度十分复杂，养老模式多样，养老保险制度对于城乡居民来说，差异也比较明显。城镇职工大多数拥有事业单位提供的养老保险以及自身购买的商业养老保险和医疗保险，而农村的老年人多数都是秉承着“养儿防老”的观念，更多依赖于子女的赡养。除了社保外，对于商业养老保险以及医疗保险的需求很少。对于养老保险需求的不同、养老模式的不同以及养老成本的考量，城乡居民的养老水平存在极大的差异，这成为我国养老制度发展面临的难题，急需做出积极应对。因此，尽快建立全国统一的基本养老制度，保证国家合理的财政支出，为老龄人口提供更加便捷高效且舒适的养老环境刻不容缓。

二、调查结果分析

本次研究我们主要通过问卷调查的方式进行。

---

① 本课题指导教师：杜凡（北京工商大学马克思主义学院）；课题组组长：邢可欣（保险 18）；课题组成员：王艺霄（保险 18）、果雨晴（财政 18）、张冰倩（保险 18）。

表 1　问卷实际调查人员性别分布

性别	小计	比例（%）
A：男	46	30.26
B：女	106	69.74
本题有效填写人次	152	

表 2　问卷实际调查人员年龄分布

年龄	小计	比例（%）
A：20 岁以下	17	11.18
B：20～30 岁	35	23.03
C：30～40 岁	31	20.39
D：40～50 岁	55	36.18
E：50～60 岁	12	7.89
F：60 岁以上	2	1.33
本题有效填写人次	152	

本次调查一共回收问卷 152 份，从性别来看，女性占比 69.74%，男性占比 30.26%；从年龄来看，20 岁以下占比 11.18%，20～30 岁占比 23.03%，30～40 岁占比 20.39%，40～50 岁占比 36.18%，50～60 岁占比 7.89%，60 岁以上占比 1.33%，接受调查的人以 20～50 岁的女性为主。

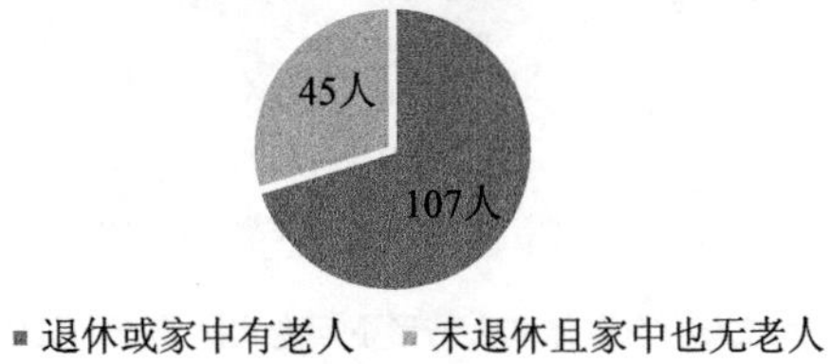

图 1　问卷实际调查人员退休状况

因课题为全面建成小康社会中城乡居民养老制度，所以退休人群的问卷反馈格外重要。本问卷中，退休或家中有老人的共有 107 人，占比 70.39%；未退休且家中也无老人共有 45 人，占比 29.61%。

如图2，未退休且家中也无老人这部分人在职业分布上，以企业单位工作者、事业单位工作者、农民和无工作人为主。

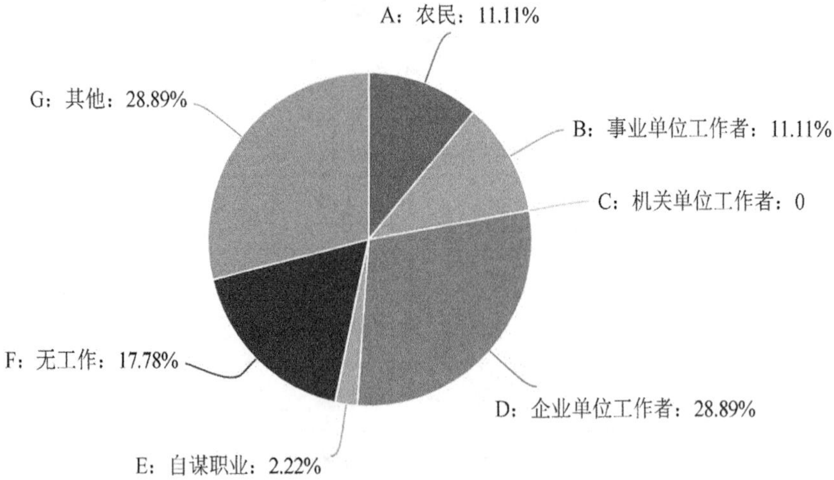

图2　未退休且家中也无退休老人情形下问卷调查人员职业分布

如图3，退休或家中有退休老人这部分人在职业分布上，以企业单位工作者、事业单位工作者和农民占比为主。

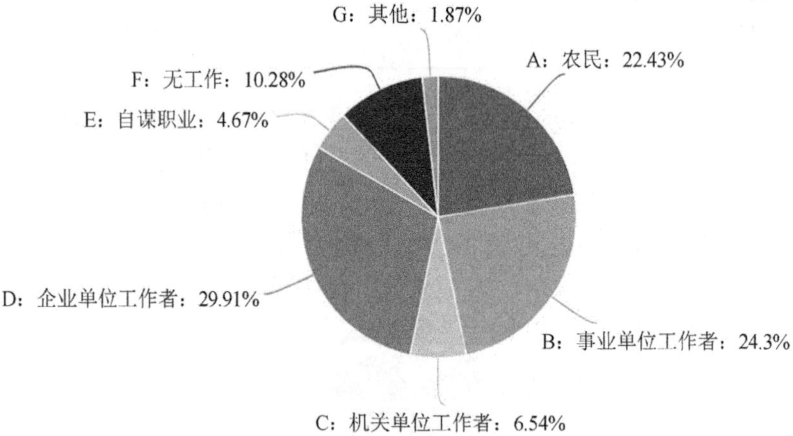

图3　退休或家中有退休老人情形下问卷实际调查人员职业分布

如图4，未退休且家中也无老人这类人员大多数都拥有稳定且具有规范性的社保，或选择自己购买个人储蓄性的养老保险作为补充，目前无保险的大多为学生。

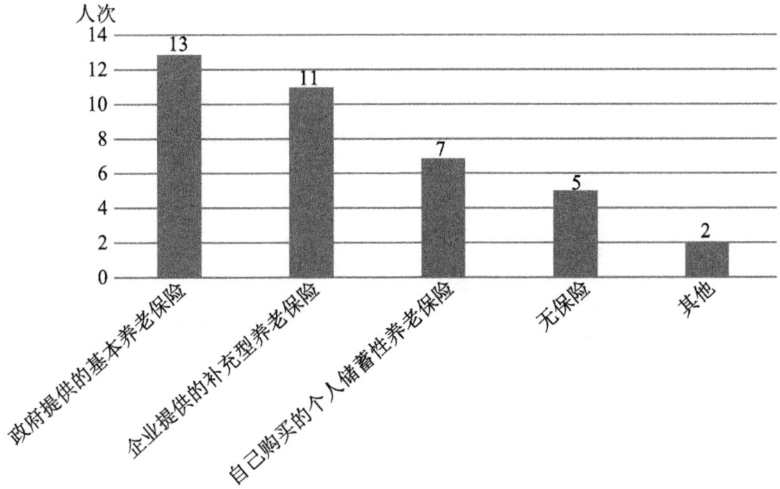

图 4　未退休且家中也无退休老人情形下问卷实际调查人员持有养老保险情况

如图 5，退休或家中有退休老人这类人中 91.59% 都拥有养老保险，其中多以政府提供的基本养老保险为主，但仍有少部分人没有保险，未来这部分人在日常生活中可能会有问题产生。

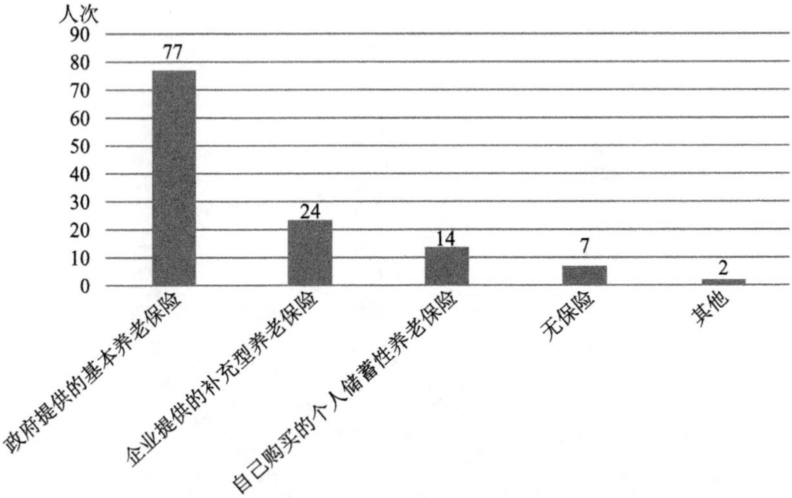

图 5　退休或家中有退休老人情形下问卷实际调查人员持有养老保险情况

从国家制度层面了解到，2020 年养老保险企业的单位缴费费率为 20%；医疗保险单位缴费费率为 10%；失业保险单位缴费费率为 1%。新农村养老保险缴费基数为 11 660 元，按 5% 比例年缴费标准为 583 元；按 10% 比例年缴费标准为 1166 元；按 20% 比例年缴费标准为 2332 元；按 30% 比例年缴费标准为 3498 元。

除此之外，退休或家中有退休老人这类人群中，如图 6 所示，主要经济来源除养老金外，三分之一的人员选择自己劳动，继续工作以维系生活，还有三分之一的人员依靠子女供养。

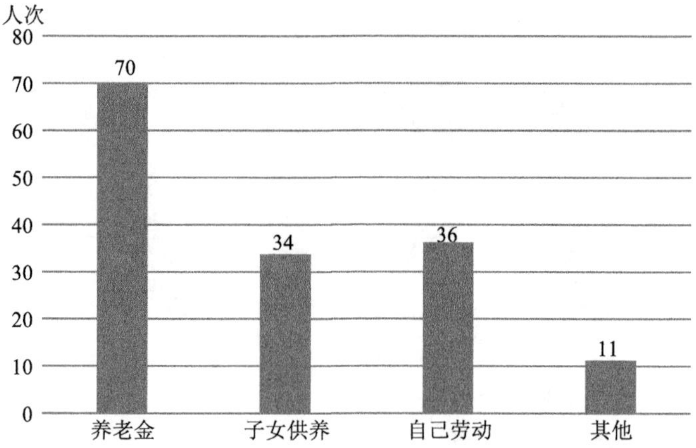

图6　退休或家中有退休老人情形下问卷实际调查老人经济来源分布

未退休且家中也无老人这类人群中，选择未来养老不与子女住在一起的主要原因有：子女精力有限，无法顾及老人情绪和日常生活等细节；与子女在观念和日常交流上常常产生冲突；老人有独自生活的意愿与能力；未来不愿给子女添麻烦。如图7所示。

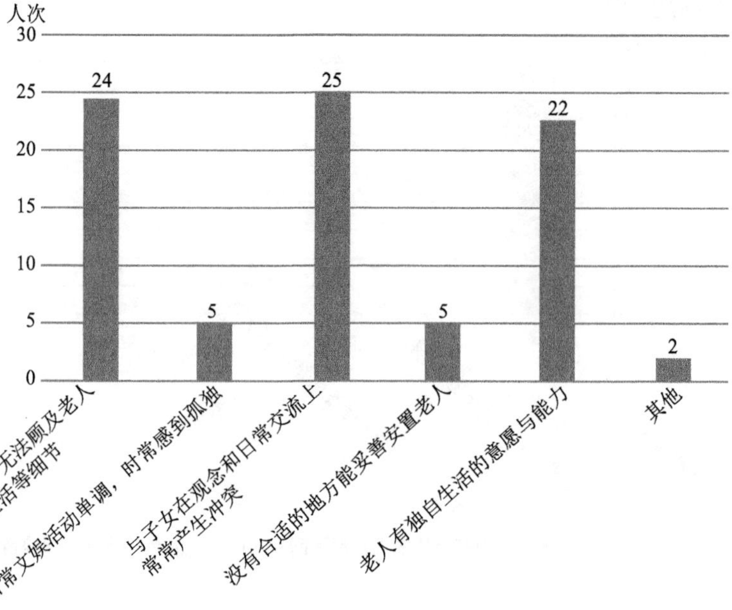

图7　未退休且家中也无退休老人情形下问卷实际调查人员不与子女同住理由

选择未来养老与子女住在一起的主要原因有：退休后更有时间和精力，能够帮助子女照看小孩或处理其他家庭琐事；一直没有分开住，习惯生活在一起；对专业养老机构（养老院）不信任；无资金支持居住在养老机构中。如图8所示。

如图9所示，退休或家中有老人这类人群中，选择未来养老不与子女住在一起的主要原因有：老人有独自生活的意愿与能力；与子女所处居住地不同；子女客观条件不允许。

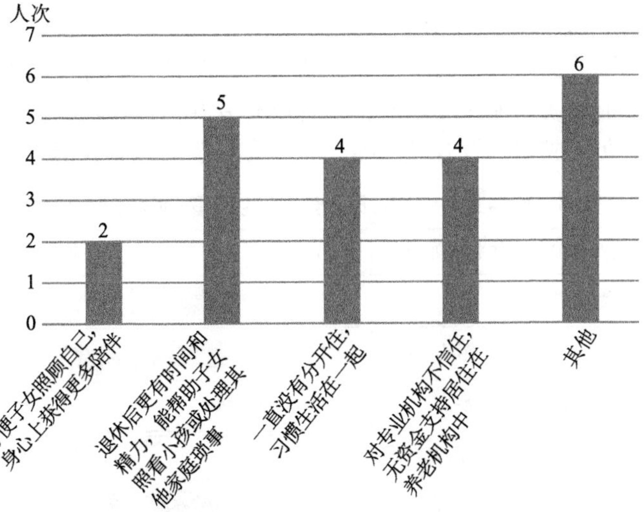

图 8　未退休且家中也无退休老人情形下问卷实际调查人员与子女同住理由

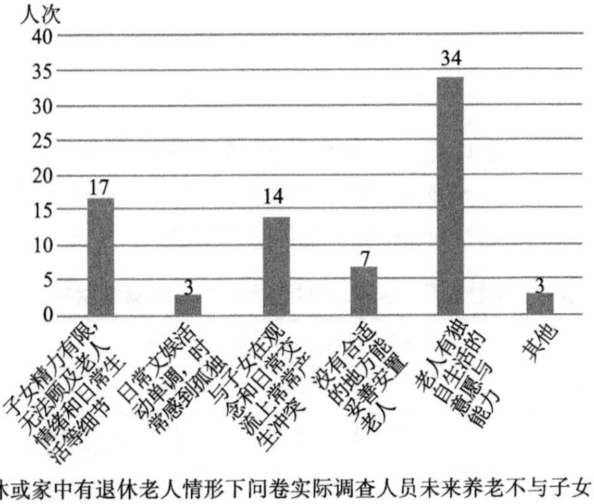

图 9　退休或家中有退休老人情形下问卷实际调查人员未来养老不与子女同住理由

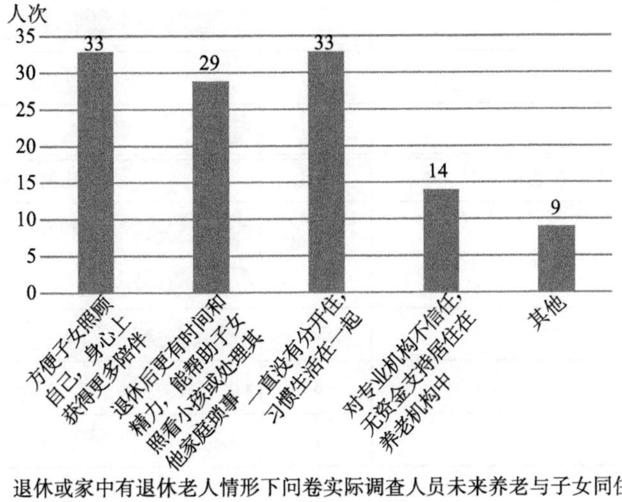

图 10　退休或家中有退休老人情形下问卷实际调查人员未来养老与子女同住理由

如图 10 所示，退休或家中有老人这类人群中，选择未来养老与子女住在一起的主要原因为：方便子女照顾自己，身心上获得更多陪伴；退休后更有时间和精力，能够帮助子女照看小孩或其他家庭琐事；一直没有分开住，习惯生活在一起。而其他的原因中包括：子女未成家，没有经济独立和没有多余的独立住房。

表 3 问卷实际调查人员身体状况以及医院就诊状况分布

您（或已退休老人）目前的身体状况如何	小计	比例（%）
A：很健康，常参与锻炼活动	37	34. 58
B：比较健康，虽有些小毛病，但不影响生活	59	55. 14
C：身体不是很好，需要常去医院检查	11	10. 28
您（或已退休老人）生病是否及时去医院就诊	小计	比例（%）
A：十分重视身体健康，会及时去医院医治不适	44	41. 12
B：大病会去医院治疗，但头疼感冒等小毛病会选择在家吃药解决	63	58. 88
C：无论什么病都不去医院治疗	0	0

如表 3 所示，现今的退休老人更加注重身体健康和保养，老年人身体多少都会有老年疾病困扰，所以退休后在医疗方面的需求会增加。如今更多的老人参与运动锻炼，老年人对于娱乐设施和活动场地的需求也会增加。

表 4 问卷实际调查人员对现行养老制度满意状况分布

您对现在施行的养老制度满意吗		
未退休且家中也无老人	小计	比例（%）
A：满意	7	15. 56
B：比较满意	15	33. 33
C：一般	23	51. 11
D：不满意	0	0
E：非常不满意	0	0
退休或家中有老人	小计	比例（%）
A：满意	33	30. 84
B：比较满意	36	33. 64
C：一般	34	31. 78
D：不满意	3	2. 8
E：非常不满意	1	0. 94

对现行养老制度上，未退休且家中也无老人这类人群的满意度较低，而退休或家中有老人这类人群满意度与之相比较高，但与此同时存在着少量对养老制度极度不满意的人员。

表 5　问卷实际调查人员对现行养老制度不满之处与未来改进期望

现在养老制度的施行不够满意的地方（未退休且家中也无老人）	小计	比例（%）
A. 养老金太少难以满足老年人日常生活需求	14	60.87
B. 看病难，医疗不便利，看病住院花费多，难负担	16	69.57
C. 没有合适的养老机构和完善的社区服务	14	60.87
D. 社会对养老制度等不重视，政府拨款少	6	26.09
E. 精神世界被忽视，社会缺少对老年群体心理和娱乐的内容	10	43.48
认为“完美”的退休生活（未退休且家中也无老人）	**小计**	**比例（%）**
A：挂号简单，看病花费少，医疗治病有保障	36	80
B：退休金充裕	33	73.33
C：养老机构设施完善，服务安全周到，居住便利，价格便宜	33	73.33
D：文娱生活多考虑年老群体	24	53.33
E：社会能给予老人更多帮扶	21	46.67
现在养老制度的施行不够满意的地方（退休且家中有老人）	**小计**	**比例**
A. 养老金太少难以满足日常生活需求	26	68.42
B. 看病难，医疗不便利，看病住院花费多，负担重	24	63.16
C. 没有合适的养老机构和完善的社区服务	13	34.21
D. 社会对养老制度等不重视，政府拨款少	11	28.95
E. 精神世界被忽视，社会缺少对老年群体心理和娱乐的内容	9	23.68
F. 其他	3	7.89
认为“完美”的退休生活（退休且家中有老人）	**小计**	**比例（%）**
A：挂号简单，看病花费少，医疗治病有保障	91	85.05
B：退休金充裕	66	61.68
C：养老机构设施完善，服务安全周到，居住便利，价格便宜	67	62.62
D：文娱生活多考虑年老群体	49	45.79
E：社会能给予老人更多帮扶	51	47.66

总体来看，大家所在意的多为医疗和养老退休金这两大块，希望退休后的日子舒适有品质，能及时就医保证身体健康。随着物价的上涨和通货膨胀，养老金是否充足，也是没有工作的退休老人格外重视的。随着老年人年事渐高，在生活方面或多或少都会感到吃力，而城市的社区和农村的村委会更要重视、担起责任来，帮扶退休老人。

三、对于我国现行养老制度的建议

从调查问卷上看，未退休且家中也无老人这类人群对现在施行的养老制度的满意度较低，超半数为比较满意；而退休或家中有老人这类人群满意度基本处于一般程度以上，但存在几例不满意和非常不满意的情况。可见，目前未触及养老制度的人群对制度的展望持一般态度，而涉及养老制度的人群存在对制度内照顾不周而极度不满的情况，并且两部分的人群均提出养老金少和看病难、看病贵问题。

由于我国采取的是代际养老的方式，随着现在人口老龄化趋势明显，加上生育率的降低，这使得政府养老和家庭养老双双陷入困境。对此，我们应以家庭与社会共同养老为出发点，着眼于制度化养老和家庭养老有机结合的方式解决中国的养老问题。针对上述情况我们提出下列方案。

首先，完善养老保险制度。变逆向激励缴费为正向激励缴费。借鉴改革开放“先富带动后富”的经验，养老保险制度也可采用富人与穷人适度公平的原则，改变如今人口老龄化和代际养老金制度带来的危机现状。从调查中我们得知，如今人们养老金的来源是社会和企业保险。由于我国城乡居民养老保险缴费是固定的，随着经济的增长，会存在“后劲不足”的问题，所以需要兼顾高低两部分群体，设置多个缴费系数，顾及低收入群体的缴费能力，并满足高收入群体的缴费需求，最大限度扩大养老保险制度覆盖面。

其次，加强养老金的前期供给。现如今，年轻人们越发关注起自己的老年生活，而我国的人口老龄化趋势和代际养老方式使年轻人感到危机。随着我国全面建成小康社会的步伐接近尾声，我国应着眼于向福利社会发展。借鉴这次新冠肺炎疫情免费治疗后带来的社会安定的效果，我们认为给予百姓们长久稳定的社会福利，养老效果也会随之提高。因为我国民众有储蓄的传统，施以长久的福利帮持，使人民自主储蓄备用养老，能一定程度上缓解退休后社会保险发放的养老金不足问题。

再次，进一步解决养老制度中的医疗问题。建立多层次医疗保障，让经济发展福利惠及急需人群。从本次调查情况看，大部分人对现在的养老医疗制度是能接受的，但还应更多考虑重大疾病患者的看病和治病问题。比如建议购买普惠性补充商业保险，或社会代为补助为其提供重疾的保障措施，如重疾医药费报销项目的扩增，研发价廉的同效用药物，打击医疗药品用品行业的垄断行为等。

最后，提高养老服务机构效能。设置个性化套餐，分需求提供服务。其实我国现阶段的养老服务机构资源十分丰富，但应用效率不高，近40%处于空置状态，这与养老金水平和群众需求有关。这需要我们在完善养老金制度的同时，要考虑到群众高中低三级的需求，提供高精尖高水平需求服务和低水平普惠型服务，扩大服务范围，优化资源配置，使养老服务资源得以充分利用。

此外，全面建成小康社会中城乡居民养老制度不仅仅要着眼于老年人物质上的需求，更应该满足其精神方面的需求，保证每一位城乡居民拥有幸福而充实的晚年生活。

参考文献

[1] 齐鹏. 中国城乡居民养老保险问题研究［D］. 济南：山东大学，2016.
[2] 陈烁. 平安养老险打造普惠创新可持续发展新格局［J］. 中国人力资源社会保障，2021(03)：27.
[3] 屈银桥. 论我国养老制度［D］. 成都：四川大学，2012.

北京市民对医疗保险结算方式认知度与满意度的调查报告①

杨小燕　程嘉璐

【摘　要】医疗保险作为保障市民最基本生活的社会保险的重要组成部分，对国民健康以及经济和社会发展起着重要作用。本调查小组以北京市民为调研对象，采用文献法与问卷法相结合的方法，通过对北京市民对医疗保险结算方式认知度与满意度的调查与反馈，透视全面建成小康社会进程中我国医疗保障事业的日益进步；同时分析存在的问题，对医疗保险结算方式的改革提出建议。

【关键词】小康社会医疗保险；结算方式

一、研究背景及意义

在全面建成小康社会宏伟目标实现之际，一方面，我国基础设施不断完善，科技能力、经济水平持续发展；另一方面，医疗费用占国内生产总值比重持续加大，医疗科技发展使医疗成本提高，加之人口老龄化逐渐加剧，具有低水平、广覆盖的社会医疗保险（以下称医保）就显得至关重要。

医保是保障市民最基本生活的社会保险的重要组成部分，对国民健康以及经济和社会发展起着重要作用。本调查通过研究北京市医保结算方式的变化，透视全面建成小康社会进程中我国医疗保障事业的日益进步，同时对北京市医保结算方式存在的问题加以分析，对医保结算方式的改革提出建议。

本次线上问卷共回收 261 份，有效问卷 261 份。其中，以 18 ~ 35 岁的青年为主要对象，36 ~ 55 岁的填写人数次之，18 岁以下、56 岁及以上的人数较少。总体来说，问卷调查对象均具备合理、客观分析问题的能力，故问卷调查结果可信程度较高。

---

① 本课题指导教师：杨小燕（北京工商大学马克思主义学院）；课题组组长：程嘉璐（贸经 181 班）；课题组成员：隗婉（贸经 181 班）、辛雅风（贸经 181 班）。

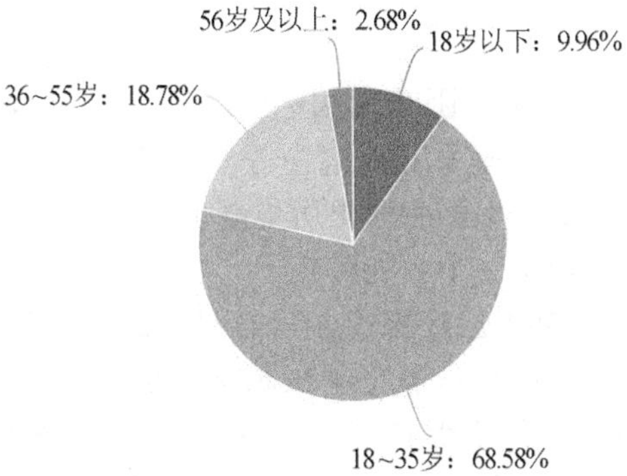

图 1　调查对象年龄分布情况

二、北京市医保结算方式演进过程及基本情况

（一）20 世纪 90 年代—2001 年，各自单位为主体，清欠“白条”

20 世纪 90 年代，北京市职工医保报销并没有实现统筹，都是各自单位为主体，效益好的能及时报销，效益不好的就打“白条”等有钱了再报销。到了 1995 年的时候，政府建立了市属和区属企业的大病统筹，这才解决了大病住院报销的问题。

（二）2001—2010 年，建立职工基本医疗保险制度，医保“蓝本”结算

2001 年《北京市基本医疗保险规定》的印发，标志着企业职工大病统筹过渡到基本医疗保险的框架搭成。在国家住院统筹的基础上，同时建立了门诊统筹，即门诊报销制度。基本医疗保险制度建立之后，2001—2010 年，医保结算经历了以下两个阶段。

一是实施“市民卡”结算。2001 年，《北京市基本医疗保险规定》同期的新事物还有“市民卡”。“市民卡”的最初设想，是医保个人账户的钱会存入市民卡，参保职工就诊拿着市民卡结算。但发行不久，在试点发行使用“市民卡”结算的积水潭医院、友谊医院等出现排长队现象，一个人结算要十多分钟。如果近 100 万的企业参保职工都进来，会造成严重的结算阻碍。另外，当时的设计部门想象的“市民卡”功能太强大，甚至包括指纹识别、人脸识别等，而当时信息技术还不够强大，各医院的信息系统建设也跟不上，于是“市民卡”暂停使用。

二是实施“医保蓝本、医保存折”结算。“市民卡”暂停使用后，作为补救方案被提出的医保蓝本、医保存折应运而生，其中蓝本用了十年，而医保存折沿袭至今。2001 年 4 月 1 日，医保蓝本正式启用。

（三）2010 年至今，社保卡结算

2010 年，为解决市民因生活困难无法垫付医药费以及报销款迟滞等问题，全市推行社保卡。社保卡结束了之前手工报销一等“少则三月多则半年”的历史，十几秒内完成结算。之后，医保蓝本彻底退出历史舞台。从医保报销的手工管理变成数据管理，社保卡的出现，实现了一个大的跨越。

从 2001 年建立起职工基本医疗保险制度以来，北京医保发展至今，已实现了人群全覆盖。同时，参保人员所享待遇也越来越高，从门诊报销 50% 到 70%，再到社区就诊的 90%；从住院报销封顶线 17 万元到 30 万元；门诊特殊病范围也从最初的 3 种扩充到了 11 种，医保的全覆盖令参保人员对医保的未来充满信心。

三、北京市民对医保结算方式的认知度与满意度分析

（一）正面反馈

在问题“您对医保结算方式变化的态度是”中，超过半数的市民选择了很快接受并采用新结算方式，达到 52. 11%，与之不相上下的选项“大部分人都采用新结算方式后再采用”占到 43. 68%。由此可以看出人们对于医保结算方式变化的态度是积极的，人们不排斥采用新方式来结算，并且能够很快适应这种模式，可见我国已经落实了由医保蓝本向社保卡的转变模式，大家也能够逐渐采用并熟识这种医疗保险的政策，这一变化方式能够在一定程度上反映我国医保蓝本向社保卡的转变对于我国全面建成小康社会起着正面的作用。

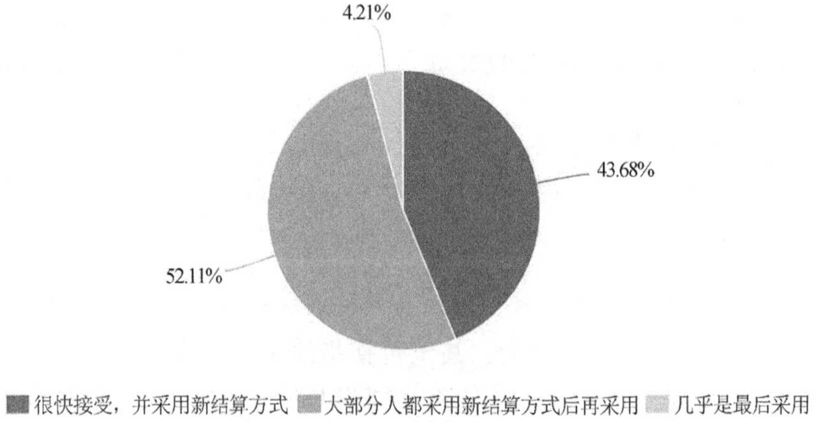

图 2　调查对象对医保结算方式的评价

具体分析，北京市民对医保结算方式有以下认可。

1. 补贴高，减轻后顾之忧

在问题“您对于现在的医疗保险制度满意吗”中，54. 79% 的人对当前医保制度

比较满意，他们认为在看病就医时，医保制度能缓解自身经济问题，做到心中有底。选择很满意和一般的人数相差不多，各占 19. 16% 和 20. 69% 。有一小部分人选择了不太满意，认为政府的补贴少，福利待遇低。可见大多数居民都认为医保的不断完善能够让自己或家人看得起病、看得上病，并且能减轻看病所带来的经济负担。由此可以看出，医保制度的不断完善得到了大部分居民的肯定，也能大大减少居民看病时的顾虑，并减轻看病引起的经济负担。

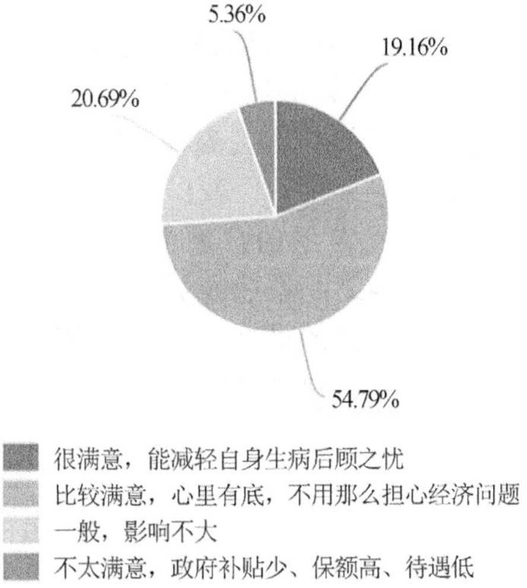

图 3　调查对象对医保制度满意度的评价

2. 卡比本快

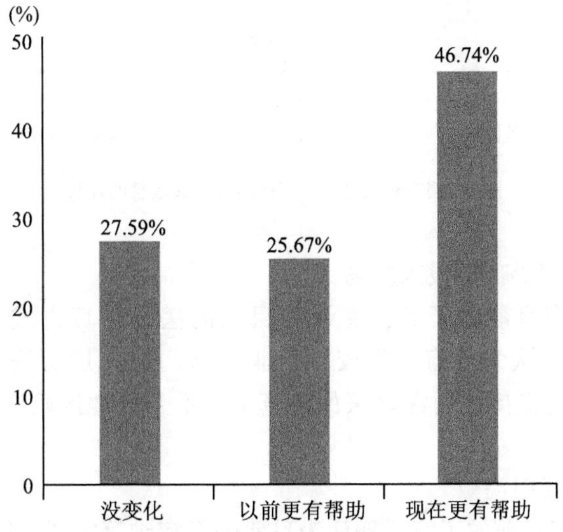

图 4　调查对象对医保改革前后的评价

在问题“以2010年为分界线，您认为医疗保险对您的帮助在此前后有何变化”中，近半数的人认为现在的医保对自己更有帮助，达到46.74%；认为以前医保更有帮助的人数与认为没什么变化的人数相差不到2%。可以看出，社保卡的出现加快了医保结算速度，简化了烦琐的程序，大部分市民认为现在的医保结算更有帮助。医保结算制度的不断完善也令居民实实在在地感受到便捷快速、秩序井然的就医环境，帮助居民实现高效的看病结算。

3. 医保覆盖范围大

在问题“根据您目前的了解，您认为目前的医疗结算方式在哪些方面有所改善”中，超四分之一的市民选择了医保覆盖的地区范围变大，在所有选项中占到了最多。紧随其后的居民选择了节省结算时间，就医流程通畅，秩序井然以及政府、学校、企业等部门投入度更高。从调查结果中可以看出，这些年医保的改进中，医保覆盖范围变大最能让人印象深刻，覆盖范围的扩大也是医保结算改善中至关重要的一步。从前，医保不能覆盖的地区通常是偏远的贫困落后地区，而如今医保范围的扩大则是对曾经无法享受医保优惠市民的最大福利。在决胜全面小康社会、决战脱贫攻坚的进程下，抓住医保扶贫工作，保障贫困人员的医疗保障待遇也是重中之重的一项任务。

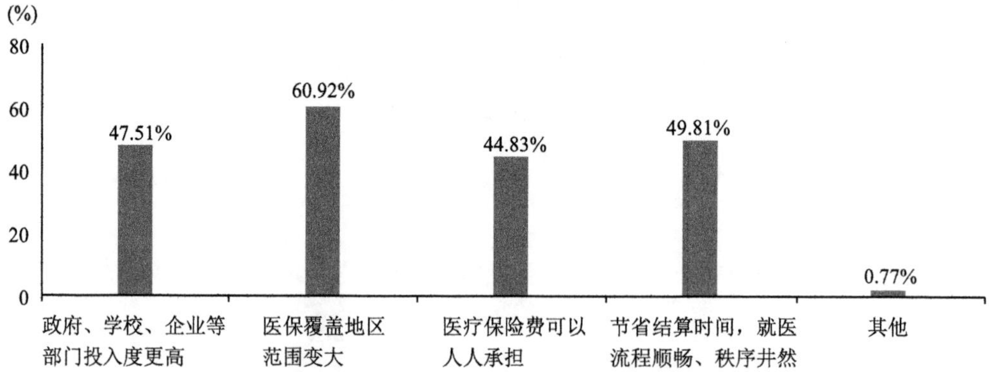

图5　调查对象对目前医疗结算方式改善的评价

4. 政府企业学校等部门投入度高

在问题“根据您目前的了解，您认为目前的医疗结算方式在哪些方面有所改善”中，近半数的人认为政府、学校、企业等部门投入度更高了。医保结算方式离不开社会各部门的支持，而深化医保改革也离不开各地区政府和企业等部门的高度投入度。

5. 有序通畅，省时高效

在问题“根据您目前的了解，您认为目前的医疗结算方式在哪些方面有所改善”中，近四分之一的人认为目前的结算方式节省时间，使就医流程变得通畅，就医秩序也有所规范。近几年，我国通过不断深化应用智能技术，构建结算智能平台和体系，使医保结算迈入一个全新的智能时代，并呈现基于数据智能与网络协同下的数字化、平台化的发展趋势，从而使医保结算整体有序。

（二）负面反馈

1. 医保卡与结算

在问题“您对目前医保结算方式的感受如何”中，有超过半数的人选择了“一般满意，还有提升空间”；合计有超过70%的人认为目前的医保结算方式有提升空间。医保结算可以分为结算工具——医保卡和社保卡；结算方式——人工和自助。先来看医保结算的工具，即医保卡和社保卡。从调查问卷可以看出，市民们在医保结算中主要关注效率和便捷两个方面。近几年，各家医院已经通过发行医院就诊卡实现医院内部的诊疗一卡通，虽然提升了就医效率，但“一院一卡”的制度增加了市民不同医院就医的烦琐程度，造成了患者就诊不便、重复办卡、就诊信息不连续、资源浪费等诸多问题。除此之外，市民就诊时还需要同时携带社保卡和医保卡去医院，大大降低了结算效率。

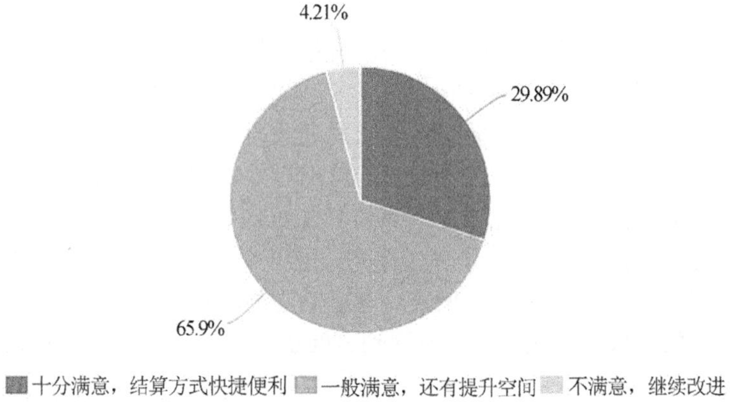

图6 调查对象对目前医保结算方式的评价

当市民在异地就医时，社保卡起到的作用很明显要比医保卡更大，市民使用社保卡结算时将更加便捷优惠。虽然目前全国各地将落实医保卡跨省异地就医直接结算的功能，但目前看来还未普及社会大众，效果不明显。另外，随着电子支付功能的普及，节约医保结算时间必然需要与电子支付相结合。如果将微信等电子支付功能加速落实到全国的医保结算中，医保结算的效率也会大大提高。

2. 自助终端和人工结算

再来看结算方式，在问题“在自助终端医保结算您遇到或是担忧的问题”中，约四分之三的人在自助医保结算中遇到问题，选择“部分科室不可用医保”的人最多，紧随其后的问题有“人太多排队时间长”“医保实际可用额度不足”“不知使用方法，操作困难”，其中因为“机器故障无法使用”而造成困难的人最少。

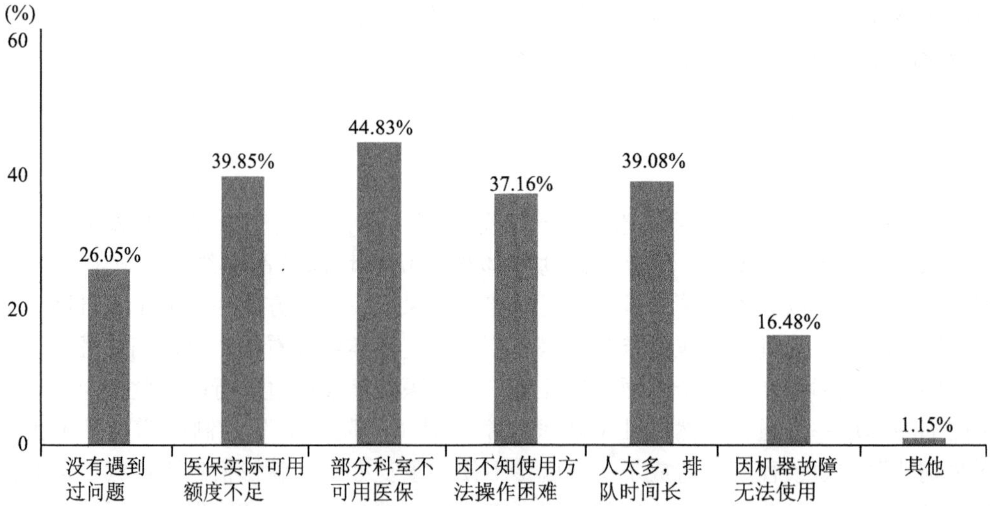

图 7 调查对象对自助终端医保结算的评价

可以看出，在自助医疗保险结算的过程中，因为结算设备硬件出现问题的情况并不多，而因为市民个人和其对医保结算的了解程度等主观因素出现的问题较多。还可以分析出的是，有些问题的出现是互相联系的，如果市民在使用自助医保结算的设备更加熟练，就可以减少因人多排队时间太长的现象。人们对医保结算知识的掌握程度也与这些问题息息相关，若清楚掌握自己的医保有效额度，了解哪些科室医疗项目可以用医保，有些问题可能会在此基础上得到解决。

在问题“在使用人工医保结算时您遇到或是担忧的问题”中，因为人工结算相对于自助端结算少了很多操作上的困难，遇到问题的人也相对减少了许多，问卷分析显示有 72. 03% 的人表示在人工结算时遇到了问题。在上个问题中出现过的“人多排

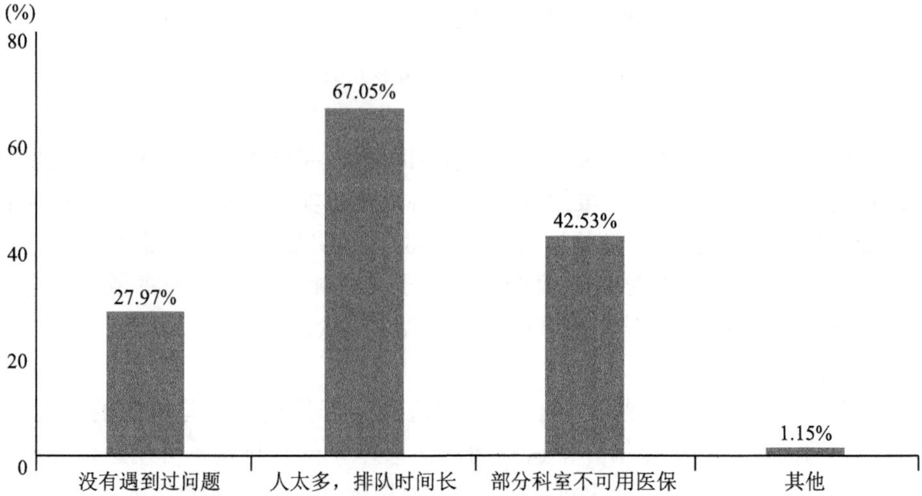

图 8 调查对象对人工医保结算方式的评价

队”这一现象也得到了超过半数人的选择，达到67.05%。这里出现的问题可以直接联想到各级医院人员以及硬件设施的安排，比如是否增加医保结算的窗口，增派医疗结算工作的人数；或者根据人们的偏好考虑是否增加自助医疗结算设备，减少人工负担，这也成为医院日常需要思考和调查的问题之一。

根据上述两个问题的问卷调查结果，本小组主要从病人和医院两个角度延伸出了医保结算中出现的弊端。

3．特殊情况下个人负担过重

在人工和自助结算问题调查中，部分科室不能用医保是一个重合的部分，它体现了医保结算中保险覆盖面的广度问题。而部分医疗保险覆盖面的缺失导致部分人的个人医疗负担过重。这些人包括农牧的退休职工和其他岗位的退休老工人，这些人的个人可支配资金较少，若他们进行了医保无法覆盖的医疗项目，那么他们将用自己的资金支付。但一些高昂的科室项目是无法承担的，从而导致这些人“有病不敢看，有病不能看”的后果，给患者的经济和精神方面都造成了压力，也对社会整体环境造成了不好的影响。

4．结算服务不规范

医院的医保结算服务涉及方方面面，首先是和就诊息息相关的买药问题。有些医院在提高医疗技术的收费价格后，并没有降低药品的价格，导致药品价格的虚高。这些价格虚高的药品中，有一部分不在医保结算范围内，这更增加了病人的经济负担。

除了上述提到的结算排队时间过长问题，很多医院还存在手续烦琐、重复挂号、药品名录不对应从而导致看病效率低下等问题。在每天医院工作时间固定的情况下，尽量提高效率才能让市民享受更高质量的医疗服务。更严重的服务问题还有使用不必要的一次性医疗材料或高额的医疗器械，最后导致医保结算的金额充斥大量水分。这样做不仅浪费国家医疗资源，还会加重市民医保结算的负担。因此，创造合理且高效率的医保结算服务环境，使广大市民享有的医疗保险得到充分应用，应是各大医院单位致力的目标。

四、建议与展望

（一）加强对医保结算知识的宣传和普及

在对北京市民进行医保结算的调查后，可以很明显地看出很多市民对于医保结算仅知皮毛，对于其深入了解的并不多。因此在进行医保结算中，市民所存在的不满和意见有一部分源于自身的认知，比如大病如何用医保，药品怎么购买更加合适，住院或手术哪些项目可以用医保。这种情况并不是出现在个别人身上，而是大部分市民的感受。例如，大病医保、最高支付限额、个人可支配医保额度等与医保结算紧密相关的名词。许多市民不知道它们的含义或者在以前的医保结算中存在误区，也有很大可能会在以后的结算中出现个人的损失，更严重的是与医院的纠纷。针对这种情况，社区或当地政府应展开定期的医保结算相关科普宣传活动，可以采取社区宣传板、打印分发宣传单、展开趣味性主题活动等方式。

除此之外，市民对大病的风险防范意识较差，虽然大病医保能够有效地减轻家庭负担，但是更需要每位市民、每个家庭能根据自身情况选择多种方式进行大病风险规避或者预防。当然，这些较低的防范意识依然来自市民对医保不够充分的了解，后续如果大病病情继续恶化，则又会增加普通家庭的负担。对于此类问题，本调查小组建议，在固定时间安排一定数量的志愿者，对社区管辖范围内的老人和病患等可能会常用到大病医保的人群进行“一对一”或“一对多”的医保结算知识讲解，让依赖医保就诊的市民们不仅懂医保也会用医保，使市民尽可能百分之百地利用医保得到最好的医疗服务。

（二）医保结算方式更加智能化和人性化

在“您对未来的医保结算方式有什么期待”的调查中，选择身份证结算的人达到了将近70%，接下来依次是使用指纹和面部识别结算。总之，大多数人希望结算方式进一步简便快捷。

在如今科学技术越来越发达的条件下，为了防止人工或自助结算不可控因素造成的时间浪费，医疗相关部门可以利用科学技术开发指纹或面部识别系统，和现在的付款功能一样，达到本人只要在场就能成功完成秒结算的目的。又因为面部识别需要较高的环境条件和一些因为人脸本身存在的偏差，指纹识别相对于结算来说更加便捷。以上两个功能在自助终端结算具有很大的优势，但在人工结算窗口，身份证识别相对来说更加严谨有意义。例如，减少了多卡结算的烦琐程度，也可以提高结算效率，使市民看病体验更好，手持一张人人都有的身份证显得极具优势。

除此之外，医保结算制度从建立以来，人工结算方式一直是市民们的首选。但随着就医人数增加，人工结算的负担越来越重，医保结算则越来越受到大家的认可。但是部分市民因为不清楚自助结算的操作而选择人工结算，还有些医院因为没有自助结算设备只能依靠人工。依据这些原因，医院或政府需要考虑是否增加自助结算设备的数量，或者能否在自助设备旁边增派人员引导市民正确结算。

（三）对医保结算实施科学管理

首先，建立合理高效的医疗结算评价体系。可以采取公众号或网站的形式，在市民完成一次医保结算后邀请参与医保的人做一次关于此次结算的体验评价，以利于医院和相关部门根据评价得出的结果对医保结算进行有针对性地改进和完善。

其次，进行医保结算费用研究。研究医保费用主要是为了监察和改进。监察就是监督医院等医疗部门是否有虚报价格、开出昂贵医疗处方等违规行为。改进是指观察市民在医疗中花费比重较大的项目，例如昂贵的医疗合作项目，这里单指医院为追求高医疗费用而提高的药价；还有我国过多引进国外医疗器械的行为，在关税和器械本身都有很高的成本。这些成本将体现在市民的医疗结算费用中，最后导致市民负担较重。所以进行医保结算费用研究非常有必要，对进一步改进医保结算很重要。

最后，实行新型方法定点实验。政府可以考虑对当今提出的若干种结算方式进行调查或试验性研究。比如对专家或民间呼吁较高的成熟的新型结算方法开展民意调查，并根据调查结果开展实验，又或者对现有的新型结算方法进行改进研究。其中的调查或试验可以从效益（社会和经济）、效率（结算和运行）、实施效果等方面进行综合评价。

2019 年 11 月，党的十九届四中全会审议通过了《中共中央关于坚持和完善中国特色社会主义制度、推进国家治理体系和治理能力现代化若干重大问题的决定》。城市治理现代化是国家治理体系和治理能力现代化的重要内容。习近平总书记更是强调指出："提高城市管理水平，要在科学化、精细化、智能化上下功夫。"医保结算是社会管理中的重要一环，也是紧贴市民的一项生活必备项目，它与市民的健康和经济生活紧密联系，是重要的民生工程。我们期待在医疗保险事业快速发展的同时，医保结算的改革也能做到"快中求稳"。"快"体现在结算效率，"稳"体现在有问题及时反馈解决并改进，使得医保结算真正成为市民就医看病时的坚强后盾。

参考文献

[1] 傅鸿翔. 医疗保险费用结算制度 [C] // 2011 年浙江省医学会医疗保险分会学术年会暨浙江省医院协会医院医疗保险管理专业委员会成立大会资料汇编，2011.

[2] 刘亚歌，彭明强. 医疗保险费用支付方式改革对医院管理的影响 [J]. 中国医院管理，2011 (07)：52－54.

[3] 王水莲，韩朝升. 农村村民对城乡居民医保报销认知及使用现状分析 [J]. 卫生软科学，2017，031 (005)：43－46.

[4] 胡广宇，刘婕，付婷辉，等. 我国按疾病诊断相关分组预付费改革进展及建议 [J]. 中国卫生政策研究，2017，10 (009)：32－38.

[5] 崔壮，李长平，郑纺，等. 我国医疗保障制度研究的现状分析与对策建议 [J]. 中国卫生事业管理，2010，027 (009)：599－601.

[6] 郝锦秀. 对医疗保险实施中几个难题的思考 [J]. 新疆农垦经济，2007，000 (012)：64－65.

[7] 章青妹. 浅议医疗保障基金结算方式存在的问题及对策 [J]. 中国集体经济，2019 (31).

[8] 高延. 京津冀医疗一体化发展政策法律问题研究 [D]. 石家庄：河北大学.

[9] 王媛媛. 医疗保险按病种分值付费研究 [D]. 北京：中国社会科学院研究生院.

[10] 徐苑玲. 提效率社保卡"一卡通"代替就诊卡 [J]. 人民之声，2019，326 (02)：44－44.

[11] 吴辉. 医保卡实现跨省异地就医直接结算 [J]. 理财，2019 (6)：46－47.

全面建成小康社会背景下北京城乡居民养老问题研究[①]

陈晋文　贾翀寒

【摘　要】本文通过问卷调研北京养老各方面政策调整的数据——养老金、养老保险的上涨情况，北京地区老人社会保障体系的完善，社会优待服务范围的扩大等，得出老人对这些方面的调整是基本满意的结果。同时通过问卷调查也发现了养老方面的问题——老人普遍认为入住养老院不便宜，入住养老院会增加子女的资金负担。老人年岁渐长，与子女分开独立居住，对于家政服务方面的生活问题感到担忧。同时非常需要来自身边的家人朋友给予心理和身体健康的关照。针对问卷调查和实地采访反映出的问题，我们提出国家应对于如养老院等养老机构进行资金、人力等方面的扶持，减轻老年人的经济负担，同时进行社会居家养老模式的普及和建设推广等建议。

【关键词】养老体系；北京城乡居民；养老政策

“十三五”时期是我国全面建成小康社会的决胜阶段，也是我国老龄事业改革发展和养老体系建设的重要战略窗口期。在全面建成小康社会的目标中也对养老事业的改革发展有着战略目标上的阐述：形成比较完善的全民健身和医疗卫生体系的总目标；在社会建设方面做到覆盖城乡居民的社会保障体系的基本建立，人人享有基本生活保障；人人享有基本医疗卫生服务；社会管理体系更加健全等。根据国家统计局的数据显示，在2018年末，全国60岁及以上人口为24 949万人，占17.9%。其中，65岁及以上人口为16 658万人，占11.9%。老年人口比重持续上升，其中60岁及以上人口增加859万人，比重上升0.6个百分点；65岁及以上人口增加827万人，比重上升0.5个百分点，人口老龄化程度继续加深。我国已然进入老龄化社会，这是不争的事实。但由于北京地区计划生育政策的实施，使得当今的“70后”“80后”大部分人需负担至少4位老人、1个小孩，这无疑会给他们带来很大的压力。本次研究调查的目的是通过北京地区老年人对于养老政策变化的满意程度及相关意见，提出一些关于居家养老与社区养老相结合的北京养老新模式的见解，并增强养老设施、养老院的普及程度的措施，让同祖国一同奋斗的这一辈老人们能够老有所养、老有所依。

---

① 本课题指导教师：陈晋文（北京工商大学马克思主义学院）；课题组组长：贾翀寒（人力19）；课题组成员：王帅新（人力19）。

一、最新养老政策的调整及居民对此的反应情况

（一）现行的养老政策

养老金方面，65 周岁不满 70 周岁的、年满 70 周岁不满 75 周岁的和 75 周岁不满 80 周岁以及 80 周岁以上的老年人，养老金每人每月依次分别增加了 40 元、50 元、60 元、70 元。养老保险方面，虽然个人缴费从 180 元上涨到了 300 元，但政府持续加大财政补贴力度，针对城乡老人部分的个人补助增加了 1000 元，人均 4180 元/年。同时政府提高报销待遇，增强兜底保障功能。在 2019 年将居民医保的住院封顶线提高到 25 万元的基础上，2020 年 1 月 1 日起，本市城乡居民在区医院、区中医院、区中西医结合医院等区属级医疗机构发生住院、特殊病种门诊的，报销比例提高 3 个百分点，提高到 78%。在社会优待服务方面，老人免费乘车、逛公园等的社会优待服务由原来的 65 周岁下调到了 60 周岁，让老人能够更早享受到社会的优待服务。

总的来说，近些年养老金呈逐步上涨趋势，享受到养老保险的离退休人员的人数越来越多，且能够拿到的金额也逐渐增加。

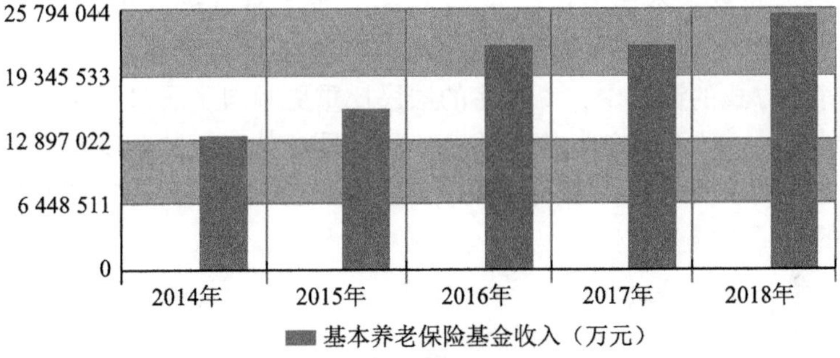

图 1　北京基本养老保险基金收入

资料来源：国家审计局数据资料

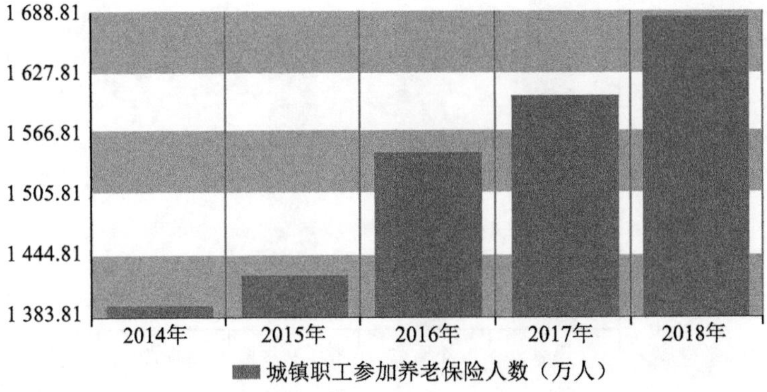

图 2　北京城镇职工参加养老保险人数

资料来源：国家审计局数据资料

（二）老年群体现状

老年人生活时间的自由度增大，闲暇的时间大大增加，他们要求居住环境能提供更多的室内外空间进行各种休闲娱乐活动，以充实生活内容，做到“老有可为”。同时家庭住房和社区环境成了老年人生活的主要空间，家庭养老的主要场所也即在此。老年人生理和心理的变化要求居住空间既能满足他们居住活动独立性的要求，又能在需要时及时得到子女和邻里的帮助，这种帮助包含物质和精神这两个方面。老年人的健康状况需要社区能提供较完备的各种服务，包括医疗保健、家务照料和其他需求。这些福利措施与家庭养老是互为补充的。

（三）养老政策变化下的居民看法

本次调查的数据来源于问卷调查和公园随机采访调查老人。调查问卷是由小组成员在朋友圈、QQ 空间，以及群转发链接的形式让网友填写并收回。调查人群主要为 60 岁以上的老年人。我们的问题从对政策的调整变化入手，调查老人对政策变化的满意度，得到的结果是 100% 的满意情况。同时调查老人对进入养老机构养老的态度，约 42% 表示同意，不愿意的仅占约 27%。而不愿意进入机构养老的原因中约 86% 为希望享受家庭生活等情感因素，其次为观念上不同意，经济条件原因占约 21%。对于养老方式的调查中，一半多的居民比重更倾向于居家子女养老。选择机构养老的仅占约 2%。对于影响养老幸福感因素的调查中，老人更倾向的三大因素为身体健康、心态情绪以及与朋友家人的关系。整体调查下来，大部分老人对自己的老年生活是满意的。

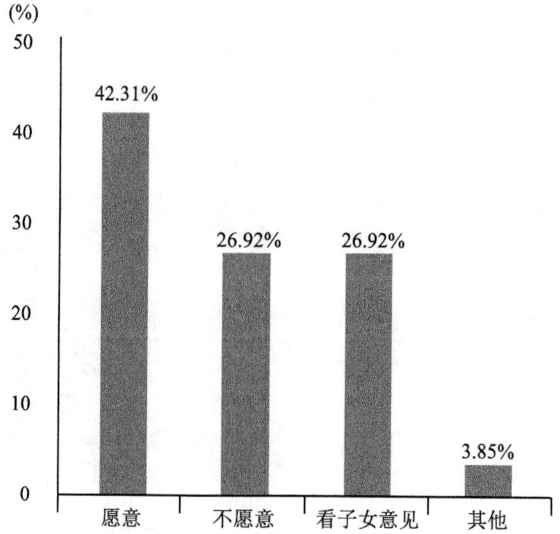

图 3 老人是否愿意进入养老院态度调查

资料来源：调查问卷信息数据汇总

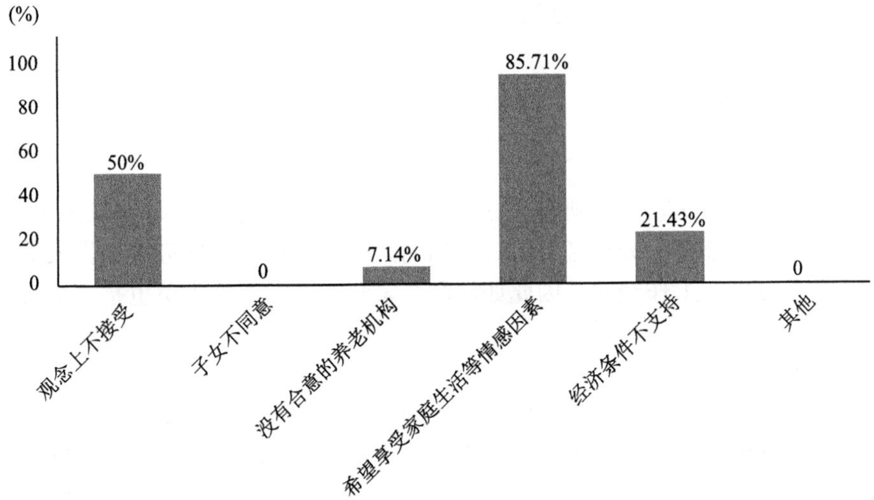

图 4　老人不愿意进入养老机构的原因综合表

资料来源：调查问卷信息数据汇总

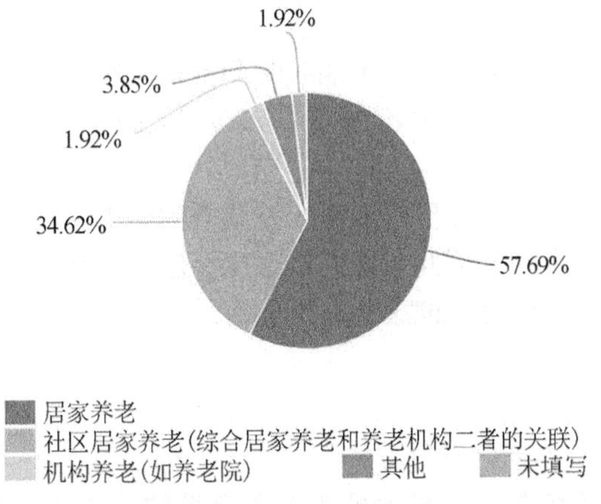

图 5　老人倾向的养老方式

资料来源：调查问卷信息数据汇总

（四）老人的心声

北京现有的养老机构都是比较完善的，但口碑好、信誉度高的养老机构价格也是比较贵的，每个月有着固定的费用，还不包括个人用餐等费用的支出。被采访的老人们说，虽然令人们欣慰的是退休金也在增长，但达不到去心仪的养老院的水平。而且北京的养老院大多都在四环以外，地处偏僻，子女看望不便，希望可以有所改善。

二、存在的问题及解决措施

（一）存在的问题

1. 家政服务方面

由于老人们年岁比较大、腿脚不好，子女们无法花费全部的时间与老人们同住，因此定期的家政服务是十分有必要的。来到老人家中进行家政服务的工作人员需要知根知底、有着良好的工作经验，因此如何联系家政服务的工作人员也是一个很重要的问题。

2. 午饭储备方面

北京的老人们生活习惯普遍是每天上午到公园锻炼、超市买菜，在中午之前回到家中。在一天之中午饭是最为重要的，老人们需要营养均衡、吃到干净卫生的饭菜，而每天做饭对老人来说是很辛苦的事情，因此社区的“小饭桌”服务也是很重要的。相较于首都北京，南方的上海、杭州都拥有着很成熟的社区“小饭桌”服务体系，也得到越来越普遍的实行。北京也应将社区“小饭桌”服务提上日程，更好地减轻老人们关于做饭的负担。

3. 心理方面

由于子女忙着工作、抚养孩子，不能时时刻刻地陪在老人们的身边，而老人们很需要热热闹闹的聊天氛围，可以对老人们的心理进行关照，让他们可以开心生活。

4. 医疗保健方面

老人们的身体健康是最为重要的事情。在调查问卷中，所有参与调查的老人们也都表示身体健康是最在意的。因此老人们的医疗保健问题是首要的。医疗保健、医疗设施的普及，可以让老人们度过健康的晚年生活。

（二）解决方案

1. 依附于社区居家养老的解决方式

社区居家养老的优势在于能够满足老人在熟悉的环境中享受服务，且服务费用低，覆盖面广，能够弥补家人照料的不足，一定程度上减轻政府对于养老方面的财政支出负担。

（1）家政服务问题：居家养老与社区养老相结合的新模式在“家政服务”的问题上可以有所解决的办法。社区的老人们需要定期的家政服务，而且来到老人家中进行家政服务的工作人员肯定是需要知根知底、有着良好的工作经验的。社区居委会可以作为中间的媒介统一帮社区的老人们推荐信誉度高的家政服务的工作人员，更好地为老人们服务。社区居委会也可以成立家政服务志愿小分队，定期为老人家中进行清扫，满足老人们对定期家政服务的需求。

（2）社区“小饭桌”服务：即针对社区的“小饭桌”服务，可以就近的几个社区联合起来，共同成立街道的小饭桌，在一天中最为重要且老人们做起来比较费事的午餐中提供干净的、营养均衡的配餐，减轻老人们做饭的负担，让老人们可以在上午遛弯后有可口的饭菜吃，吃完便可直接回家休息。满足老人们对于营养卫生的午餐的需求。

2. 其他方面的解决建议

（1）心理关照问题：社区可以为老人提供一个供老人们娱乐、聊天的场所，让老人们可以感受热热闹闹的氛围，保持积极乐观的情绪。社区的工作人员也需要时刻关注老人们的心理健康，对他们进行定期的心理疏导，鼓励他们多多聊天，使老人们的心理保持健康的状态。心理健康也是衡量一个人是否健康的很重要的标准，希望老人们都可以度过开心无忧的晚年生活。

（2）医疗保健问题：对于医疗保健问题，要将社区卫生站普及起来。大型的医院设在家门口是不太现实的，但是社区的卫生站可以实现看老年常见病的需求，对于高血压、心血管等一些常见的老年病可以很方便地到社区的服务站问诊拿药，社区的卫生站同样可以执行北京老人的医疗保障政策。同时社区的卫生站还可以设立家庭医生的服务，定期为老人们进行身体检查，这些都可以使老人们最为关心的身体健康问题得到保障。

对于现行的退休金上涨的问题要精确地落实到位，对于退休金达不到去养老院的水平的问题，国家应对于如养老院等养老机构进行资金、人力等方面的扶持，减轻老年人的经济负担，让更多的老人住得起养老院。在养老机构的位置选择上，尽量选择交通便利、不是很偏僻、环境好的地方开设，便于子女经常探望，以享天伦之乐。让住养老院不再成为老人们的负担，并都可以安享晚年生活。

三、小结

通过整个调查来看，老人对于现行的养老政策是满意的。但是尽管我们的物质水平大大提高，老人的对于入住养老院的意向也并不排斥，但就北京普通家庭的薪资收入来看，入住养老院无疑会加大子女的经济负担，而且对于居家养老模式下的老人也存在着对于家政服务、身体、心理关照等方面的需求。

参考文献

[1] 田振，郭伟，张科学，陈娇娇，周苏，陈玮，金英良，张训保．社会转型期“空巢”老人生活满意度分析 [J]．中国老年学杂志，2010；6：820－822.

[2] 章晓懿，刘帮成．社区居家养老服务质量模型研究：以上海市为例 [J]．中国人口科学，2011，(3).

[3] 赵亚平．生活政策分析架构下的社区居家养老服务浅析：以北京市西城区为例 [J]．中共郑州市委党校学报，2010，(2).

[4] 柴彦威，李昌霞，沈洁，等．中国城市老年人的活动空间 [M]．北京：科学出版社，2010.

附录：

访谈实例

王帅新：感谢您对养老政策，满意度的评价，对于现行的养老政策您有哪些建议？

老人1：我最近在看养老院的相关资料，咱们北京的养老院大部分都在四环以外，设施还是很完善的，就是价格比较高。一些口碑好、信誉度高的都是价格比较高的，养老金的增长是国家给予的福利，但是达不到去养老院的水平。现在可以选择居家养老和社区养老相结合的方式，等到年迈需要照顾的时候还是希望去养老院，不给子女添麻烦，他们现在压力也挺大的。

王帅新：明白了，感谢您的建议，我们已经将您的建议记录下来，会将其体现在我们的论文之中，再一次感谢您的参与，谢谢您！

贾翀寒：感谢您对养老政策满意度的评价，对于现行的养老政策，您有哪些建议？

老人2：我觉得现在的生活都挺好的，国家出现疫情，还不忘我们老年人的养老问题，将养老金上调，真的是很满意。每天我就是来咱们天坛公园锻炼锻炼，上超市买买生活所需的用品，生活还是挺有规律的。有一点是社区小饭桌问题，还是不太方便。你说我上午出来遛弯，中午就懒得再回家做饭，我们老人又吃不了很多东西，营养搭配就行。我了解像苏杭都有这种“小饭桌”的政策，我觉得咱们北京的社区也可以实施起来，这样我们老人吃午饭就可以变得更加方便。

贾翀寒：明白了，感谢您的建议，我们已经将您的建议记录下来，会将其体现在我们的论文之中，再一次感谢您的参与，谢谢您！

北京地区养老模式现状调查报告①

徐秀春　王天月

【摘　要】随着城市化进程的加快，养老问题日益突出，并且引发很多人的关注。目前，解决养老问题将是社会不得不面对的重要任务。本文通过问卷调查的方式对北京地区养老模式现状进行调研。本小组选取了三种具有代表性的养老模式，分别是社区养老、家庭养老和异地养老，以此来分析这三种养老模式的现状和优缺点，并提出了改善养老状况的建议和对策。希望通过此次调查能够为人们选择养老模式提供指导性意见，帮助人们根据自身需要和偏好来选择更适合自己的养老模式，并为提升北京市居民养老质量和改善养老情况提供现实依据和参考意见。

【关键词】养老模式；社区养老；家庭养老；异地养老

在构建社会主义和谐社会的时代下，养老问题不仅是老年人口的福利问题，而且是一个关系国家长治久安的大问题。本文通过对社区养老、家庭养老和异地养老的分析，提出改善养老状况的建议和对策。本次问卷通过网络发布回收，共发出136份，收回136份，回收率达100%；有效份数136份，有效率为100%。其中受访者年龄以30~40岁、50~60岁为主，分别占47.79%及27.21%。女性填写较多，有112份，占比82.35%；男性24份，占比17.65%。此问卷主要调查三种养老模式的优缺点、影响人们选择养老模式的因素和人们对这三种养老模式提出的改进意见，以便为改善养老状况和寻求更好的养老模式提供建议。

一、影响人们选择养老模式的因素

根据调查问卷的第10题可知，选择家庭养老、社区养老、异地养老模式分别占66.18%、22.06%、11.76%。根据调查结果的分析，我们认为影响人们选择不同的养老模式的因素主要有以下几点。

（一）受教育程度

通过问卷的第3题发现，学历对养老模式的选择有一定影响。随着学历的提升，选择异地养老的人占受访者群体的百分比升高，分别为0、11.6%、26.7%。但选择

① 本课题指导教师：徐秀春（北京工商大学马克思主义学院）；课题组组长：王天月（财政19）；课题组成员：马铭洋（财政19）、杨雨辰（财政19）、吕然（财政19）。

家庭养老的人占受访者群体的百分比下降，分别为70.2%、66.7%、60%。因此，从数据中发现，随着人们受教育程度的提高，人们更偏向于选择异地养老，放弃家庭养老。这可能是因为文化水平的提高能够改变人们的思考方式和思维能力，能接受更多国家和社会的养老政策，能更好地接受和更快地适应新思想、新事物。而受教育程度低的人们思想较为封闭，对社会认知不足，呈现出守旧的状态，不能较快地接受新兴的养老模式，受传统养老思想的禁锢，热衷于选择家庭养老。

（二）经济情况

通过调查和研究发现，收入越高的老年人越倾向于异地养老，而收入越低的老年人越倾向于家庭养老（见图1）。这种现象的背后是老年人对社区养老和异地养老意愿的向往，以及收入条件不允许情况下依赖于家庭养老的现实。其中，异地养老对于老年人有诸多吸引力，选择异地养老模式的人们主要认为，异地养老可以远离大城市的喧嚣，且外地比北京环境好、风景好、空气新鲜。并且，异地养老是一种新兴的养老方式，南“飞”过冬，北“漂”避暑，养老的同时还能旅游。这说明异地养老切实提高了老年人晚年的生活质量。但是，与较为完善的异地养老机构的服务体系和优美的居住环境相对应的，是异地养老成本较高。异地养老机构以营利为目的，收费较高，高档的异地养老机构每月费用可达上万元。对于已经实现经济独立与经济自由的老年人来说，在选择养老方式时，受经济条件的约束较少。这一类老年人更看重居住条件和服务质量，可以结合自身喜好和需求选择适合他们的养老方式。恰巧，异地养老机构符合他们的想象。然而，收入较少的老年人无法支付异地养老机构收取的较高费用，他们甚至需要依靠亲属进行经济供养，因此不得不选择经济成本低的家庭养老。

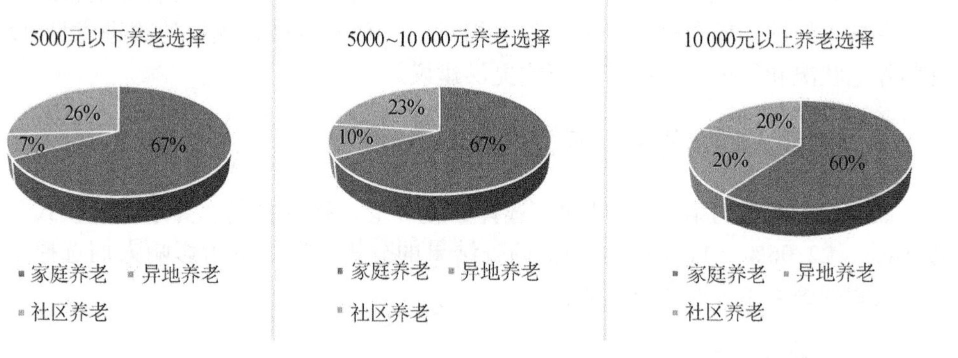

图1　不同月收入的居民养老模式的选择

（三）身体健康情况

老年人的身体健康和自理状况是养老选择的基础和限制性条件，同时对养老模式的选择起着至关重要的影响。多数研究表明，老年人健康状况越好，越希望进行异地养老。经过调查发现，人们认为异地养老最显著的优点是休闲宜居，在环境优美的异地适合度过晚年生活。而健康状况差的老年人会比健康状况好的老年人更有可能选择家庭养老。由此可见，老年人的身体健康状况会影响养老模式的选择。

(四) 传统观念的根深蒂固

从人们对第 10 题的回答来看，选择家庭养老的人占受访者群体的 66.18%。其中，60 岁以上的老年人大多选择家庭养老。我们通过分析发现，这些人之所以选择家庭养老模式，主要原因在于受传统观念的熏陶，“养儿防老”“天伦之乐”是他们所追求的晚年生活。因此，这一老年群体大多不能够接受异地养老以及社区养老服务的形式，认为子女就是自身养老的保障，无须借他人之手。所以，家庭养老模式使老年人既可以得到子女的关心和照顾，又可以在自己熟悉的环境下生活。老年人可以获得心理上的安慰和精神上的慰藉，还可以获得足够的安全感，最大限度地满足了这部分老年人对晚年生活的要求。此外，由于受到传统观念的熏陶，选择社区养老的人数很少，在调查结果中只占到 22.06%。

二、养老模式的现状

(一) 社区养老

社区养老是将机构养老中的服务引入社区，实行社区的在家养老。它吸收了家庭养老和社会养老方式的优点和可操作性，把家庭养老和机构养老的最佳结合点集中在社区。社区养老是老人住在自己家里，在继续得到家人照顾的同时，由社区的有关服务机构和人士为老人提供上门服务或托老服务。并且，社区养老是以家庭为核心，以社区为依托，主要为老年人提供日常照料、生活护理、家政服务和精神慰藉的养老方式。其内容包括建立养老福利机构、设立老人购物中心和服务中心、开设老年人“小饭桌”、建立老年医疗保健机构和老年活动中心、设立老年婚介所、开办老年学校、开展老人法律援助等。根据调查发现，社区养老不但能让老人感受到家庭温暖，还能使他们在同龄人中获得认同感和归属感。并且，社区养老可以提供吃、住、行等方面的帮助，让老人生活更加方便。

(二) 家庭养老

家庭养老是我国的主要养老方式，反映的是家庭内代际间的互动，更反映了中国传统文化价值观和道德基础。提倡家庭养老模式也是弘扬中国传统孝道文化的一种方式。自古以来，赡养老人被视为天经地义的事。这种以孝为传统的赡养方式在国人的思想观念中根深蒂固，指导着当今社会道德及人们的行为规范。

在本次调查的各个年龄层次的 136 人中，偏向家庭养老的有 90 人，占总调查人数的 66.18%。第 12 题的回答结果显示，大部分人选择家庭养老是因为习惯家里的生活环境和对家周围的环境熟悉。由此可见，家庭养老成为人们的首选最大的原因就是环境因素，很多人选择家庭养老是因为不想改变已经熟悉的环境。

（三）异地养老

随着国内人口老龄化问题日趋严峻，对当下老年人的生活起居照顾成为亟待解决的社会问题。为进一步满足老年人除日常生活服务保障外的休闲需求，加之扩大老年人的娱乐范围，异地养老模式成了当代最时尚的养老方式。老年人希望通过旅游观光来丰富自己的休闲生活，提高健康水平。发展异地休闲养老服务，可以帮助家住北方的老年人冬天到南方小住旅游避寒，又可以帮助家住南方的老年人夏天到北方小住旅游避暑，即南“飞”过冬、北“漂”避暑。而且，养老生活将逐渐走出社区，拓展到周游四方寻求晚年娱乐。除此以外，开展旅游观光团、出国旅行与参与夕阳红支援团队等新型经济发展项目成了养老发展模式中为顺应时代潮流推进，而逐步转型、日渐兴起的必然趋势。

约 2012 年起，我国老年人外出旅游逐年增长。通过查询旅游局发布的相关数据发现，我国近年来对外养老开始有所需求，从最初的探亲访友到异地疗养，随着经济水平的提高，旅游观光与休闲度假两种异地养老模式逐渐流行。2016 年，我国老年旅游市场规模为 10 250 亿元，比上年同期增长 13. 71%。2017 年，我国老年旅游市场规模为 11 857 亿元，比上年同期增长 15. 68%。由于旅游市场不规范、导游强制消费事件频出，2018 年老年旅游市场增速有所放缓，2018 年我国老年旅游市场规模约为 12 520 亿元，同比增长 5. 6%，相比 2017 年的增速回落 10 个百分点。

图 2　2012—2018 年我国老年旅游市场规模

老年人搭乘的交通工具包括高铁、火车和飞机等，这表明老年人愿意为旅游观光的异地养老模式付出不低的经济成本。通过调查我们发现，北京市社区的异地养老模式已经取得一定成效，但也存在一些仍待解决的问题。总之，异地养老模式的推广，在一定程度上提高了居民生活质量。

三、养老模式的优缺点分析

（一）社区养老

1．优点

社区养老的优点可概括为三方面。第一，可以缓解养老机构床位供不应求的问题。北京市大中型养老机构现均有千人以上的排队预约，有入住养老机构需求的人数约为现有养老机构床位数的 8 倍。第二，满足了老人的心理需要。根据马斯洛需求层次理论，无论是哪种养老方式，都不仅需要满足老年人最基本的生理需求和安全需求，还需要满足老年人的社交需求和尊重需求。在我们的问卷调查结果中，有 78.68% 的人认为社区养老最大的优点是有其他老人作伴，可以相互交流沟通。老人不想被年轻一代看作“老弱病残”，而社区养老中有老年活动中心，可以满足社会交往的需求，单身老人有可能通过社区养老找到自己的伴侣。第三，社区养老的模式让老人可以白天享受专业的养老机构服务，晚上享受子女的陪伴。既解决了异地养老缺失子女陪伴的问题，又解决了家庭养老没有专业服务的问题，可谓一举两得。

2．缺点

社区养老有益也有弊。在我们的调查中，绝大部分人认为虽然社区养老有着一系列的服务，但设备与专业养老机构相比相对薄弱，服务水平有所欠缺。具体不足表现在以下几点。

（1）日常生活需求与服务不匹配

由于社区养老资金是政府买单，社区找相关专业机构为老人提供服务，这些服务受到了老年人群体的普遍欢迎。但由于受到资金等方面的限制，服务项目极其有

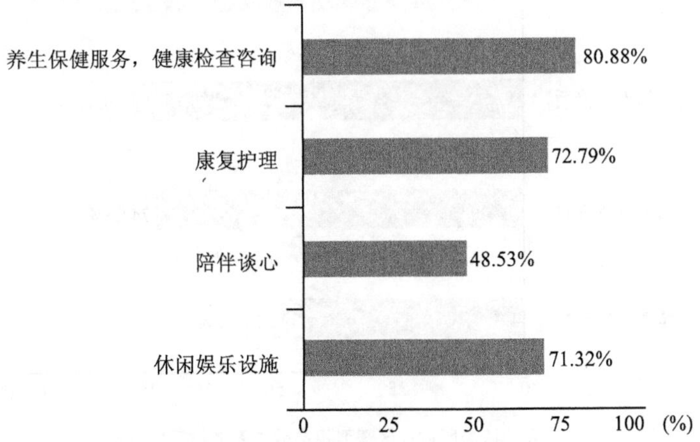

图 3　人们希望社区养老可以提供的服务

限，很多服务项目不能实现。目前所提供的大多数的服务只限老年活动站、老年"小饭桌"等基础项目。在调查问卷的第 15 题中，有 80.88% 的人希望增加一些专门的健康检查服务，有 72.79% 的人希望增加康复护理服务，有 71.32% 的人希望增加休闲娱乐设施。由此可见，以上这些服务是老年人十分需要但现在却没有提供的。

（2）医疗卫生服务需求满意度低

为了实现广大社区居民的医疗保障需求，解决大医院人满为患、就诊不及时的困境，社区设置了医疗卫生服务站。调查中我们原以为社区医疗站有着距离近、就医便利、可以节约大量排队等待时间的优势，老年人就医的首选一定是去医疗卫生服务站。但经过调查得知，不少社区中的老人反映医疗卫生服务站的设备比较陈旧、药品的数量较少、医护人员数量较少且专业度不高、工作人员的态度也不尽如人意。可见，对于老年人群体来说，医疗卫生服务站虽然路很近，但没有发挥应有的作用。而在我们的调查中，人们认为养老最重要的便是医疗保障，所以医疗卫生服务在社区养老中应得到高度重视。

（3）服务设施满意度低

在问卷的第 16 题中，有 85.29% 的人认为社区养老中应该健全服务设施。在服务设施方面，60% 的老人愿意到社区老年人活动站活动，但活动站空间比较狭小，空气不流通，而且有较多的活动室已经变成了棋牌室。30% 的老人愿意到社区阅览室阅读书籍，但老年阅览室里的书籍、报纸、杂志大多数比较陈旧，难以满足年人的需求。因此，我们发现很多社区的基础设施建设都明显落后，其主要表现为：数量不足，社区重视度不够，且质量不高。突出表现为设计落后，不能很好地体现"以人为本"的理念，更有一些设施是社区为了应付上级的检查而设，并无实际意义，服务比较形式化，从而导致现有设施的实际利用率不高。

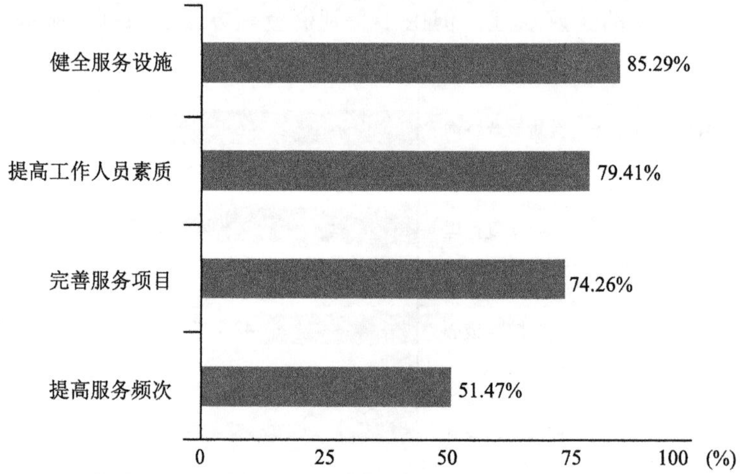

图 4　人们认为所在社区需要提高养老服务质量的方面

(4) 居民对社区养老服务反馈冷淡

多数居民对社区养老建设表现出漠不关心的态度，这表明社区居民缺乏反馈意识。当社区养老服务或设施出现问题（如养老设施陈旧、社区工作人员的服务态度令人不满意）时，积极主动地提出改进建议才是社区居民该有的行为。只有积极反馈，才便于提升社区养老服务质量。

（二）家庭养老

1. 优点

(1) 家人陪伴时间长

儿女孝顺、含饴弄孙是许多中国老年人一生的追求。家庭养老的一大优点就是家人陪伴时间长，老人可以和家人生活在一起，享受天伦之乐。并且，子女回家陪伴父母的频率很大程度上影响着和父母的关系以及父母的心理健康。子女陪伴父母时间越长，越会强化与父母的互动关系，增强代际间交流。相比于异地养老和社区养老，家庭养老使老年人有更多的机会和子女生活在一起，有效降低了老人的孤独感和出现心理疾病的可能性。

(2) 给予老年人精神归属感

家庭是人们情感的归宿和生活的港湾，更是老人毕生努力的结晶。家庭在为老年人提供精神慰藉和情感维系方面的作用是无可替代的。家庭养老可以使老年人从家人身上获得情感慰藉，满足老年人的情感需求。

(3) 老人对家周围环境熟悉

从调查问卷第 6 题的回答来看，78.68% 的人认为家庭养老的优点是老人对家周边的环境非常适应。许多老人在同一个小区生活了几十年，因此对生活环境很熟悉，而且家周围也有同龄的老年人互相陪伴。

2. 缺点

(1) 容易产生家庭纠纷

问卷第 7 题表明，46.32% 的人认为家庭养老的缺点是容易产生家庭纠纷。在生活节奏快的北京，许多子女工作忙碌辛苦，如果和老人居住的话，很容易因为小事与老人发生冲突，特别是久病卧床的老人家庭。俗话说久病床前无孝子，如果长年照顾老人，那么个别子女难免心生嫌隙，给家庭和睦造成一定影响。

(2) 加重子女负担

受到 20 世纪 70 年代末的计划生育政策的影响，年轻一代多为独生子女，这加速了中国社会老龄化趋势，给养老带来很大困扰。最典型的表现就是家庭规模的缩小和“四二一”家庭结构的出现。随着时间的推移，独生子女慢慢长大，结婚之后有了自己的家庭，他们上有老下有小，一对夫妇不仅要抚养自己的子女，还需要承担起两家老人的赡养负担，可见家庭养老会加重子女负担。

（三）异地养老

1. 优点

从自然环境的角度看，异地养老是符合老年人的生理健康需要的。在北京市，有些老年人会选择周边自然环境比较优越的郊区或周边城镇进行观光旅行，这可以使他们摆脱嘈杂喧嚣的城市生活，享受清新的空气、纯净的水质、新鲜的食物、开阔的活动空间。而且这样不必跨越大距离，便可在优美的环境中安享晚年生活，这是有益于老年人的身心健康的。也有些老年人会选择远距离跨省养老，例如南“飞”过冬、北“漂”避暑，云南与广东等地成了迁徙热点省区。这样当天南地北的老人都聚到同一个旅游景点时，在不断地了解接触后就有可能结识新的朋友，这可以丰富老年人的晚年生活，利于提高生活幸福指数。

2. 缺点

虽然异地养老模式逐渐实行，但并非所有老年人都有经济能力和身心条件来参与。离退休老年人异地养老仍存在很多困难，主要存在以下问题。

（1）离子女太远，缺少来自家庭的关心和照顾

问卷第5题中，76.47%的人认为异地养老的缺点是离子女或亲友太远，探视不便。异地养老会在一定程度上导致精神赡养义务的弱化。有些人认为，异地养老类似于集中式“养老院”，这样的养老机构并不符合人们享受天伦之乐的自然天性。居住在异地养老机构的老人们缺少了代际间交流和人文关怀，长期在这样的环境中生活，可能会影响到老年人的心理健康。

（2）医疗保障问题

随着老年人生病的风险增大，他们能否承受“异地”这一路途过程，这是老年人及其子女们普遍担忧的问题。其次，老年人到了异地，可能不适应当地的生活环境、饮食习惯、天气环境的变化，有的甚至可能因此引发疾病或发生意外。当发生意外或者生病时，人们担心外地医疗条件不如北京，看病不放心，这些安全问题都可能在异地养老过程中发生。

（3）养老金数额问题

不同的老年人养老金数额不同，对于养老金只能维持日常开销的老年人来说，他们没有足够的经济能力来承担旅游中高昂的费用。由于退休福利中并不包括对娱乐消费的报销，因此选择旅游出行的高龄家庭仍占少数。

四、养老模式的改善性建议

（一）社区养老的改善建议

面对以上不足，为了让老年人的养老质量得到提升，政府和社区应齐心协力改善现有问题。

1. 政府方面

（1）加大资金投入，为推进社区养老服务工作提供经费保障

针对目前开展社区养老服务工作上存在的政府投入不足、工作经费短缺、社区经济薄弱、高龄空巢老年家庭居多、老龄化严重的实际情况，造成社区养老服务内容较少、不能满足老年人的真实需求。因此政府应加大老年养老福利事业的经费投

入，列入年度各级财政收入的预算。同时可以动员社会力量，引入社会资金和专业人才，兴办各种老年人养老福利事业。并且可以积极培养专为老年活动服务的一支专业队伍，引入相关专业的大学生和技术人员，从资金和人员上保证社区养老服务的顺利开展。

（2）制定帮扶政策，为推进社区养老服务工作提供政策保障

社区养老服务工作作为一种社会福利性和保障性的工作，政府需要有一定的政策扶持和倾斜力度。例如加大对社区医疗站的扶持力度，通过制订相关的政策吸引更多优秀的医务工作人员走进社区，到社区医疗站提供服务，提升社区医疗站的医疗水平及服务质量，方便老人就医等。

（3）建立培训机制，为推进社区养老服务工作提供专业人员保障

针对社区养老服务人员数量较少、专业技能普遍较低的现状，政府应着手开设养老服务应用知识方面的培训，努力培养出一批真正有益于老人养老、推进社区养老服务工作的专业人才。

2. 社区方面

（1）落实政策

在社区领导的带领下，应努力贯彻落实好国家在养老方面的政策。特别要发挥好北京地区的自身优势，宣传好、贯彻好、落实好养老方面的政策。

（2）多安排丰富多彩的活动

每个社区应结合实际，针对老年活动时间短、覆盖面窄的情况，适度地安排一些老年活动，例如相应的文艺比赛、知识讲座，让他们在活动中逐步消除寂寞、化解忧愁，感受到社区给他们带来的温暖。

（3）设置意见箱或微信群，及时了解居民的需求

社区可设置意见箱或微信群及时得知居民的想法。积极组织定期与不定期的讨论会、座谈会，讨论研究老年工作中存在的问题，并及时提出解决问题的措施和办法。

（二）家庭养老的改善建议

中国的家庭养老模式是传统社会下的一种养老模式，是对于中国传统孝道文化的传承。然而目前这一现象慢慢被年轻一代淡化，很多家庭代际间关系发生了微妙变化，老年人养老面临危机，因此在家庭养老的基础上需要社会资源的介入。针对家庭养老的不足，本小组提出以下完善北京家庭养老的对策与建议。

1. 弘扬传统孝文化

随着现代经济的发展，社会文化价值观念的转变及传统思想的逐渐褪色，孝文化也在发生着变化。一方面，传统家庭中老年人“一家之主”的地位受到了挑战。由于社会平等观念的加强，以及子女在家中经济地位的提升，子女无论在家中事务还是经济方面都相对独立。老年人的感受和意见往往被忽视。另一方面，现代社会中竞争

压力增加，出现了严重的“代际倾斜”。年轻人把生活和经济的中心都倾向于下一代，而忽略了上一代。加之社会中多元的价值因素，导致孝文化的淡化。面对传统家庭养老功能弱化这一现象，需要弘扬中华传统的孝文化，积极营造尊老、敬老、养老的社会文化氛围，强化家庭养老功能。

2．加大相关政策支持力度

为了推动家庭养老服务，政府应当注意调整家庭养老服务发展思路，明确政府在其中的定位，加强对养老政策的扶持力度，规划家庭养老发展，同时也需要对低收入家庭进行家庭养老福利保障。

3．建立家庭养老服务监督机制

建立相关的老年人诉讼体制与法规，确保老年人得到的利益最大化，并且建立服务维权渠道，保障老年人的权益。同时建立家庭服务监督体制，限制家庭养老服务运营者的不道德行为。

4．推动新鲜血液加入家庭养老服务行业

鼓励大学开设家庭养老相关专业，扩大人才来源，增加宣传，留住行业中的新鲜血液。通过组织社区活动，使志愿者不仅服务于机构养老院的老人，还可以走入社区，为更多的老年人提供服务。

（三）异地养老的改善性建议

1．坚持养老保险的转移能够得到条件保障

从医疗条件上来讲，异地养老的医疗保险转移是一个亟须解决的问题。因为在调查问卷的第 18 题中，绝大多数的人们在选择异地养老机构时，优先考虑的因素是医疗条件。由第 19 题可以看出，进行异地养老的老年人最为担忧的就是医疗方面。由于老年人的身体条件是一个不稳定因素，因此尽快解决医疗保险异地结算问题，成为异地养老值得重视的问题。

2．将理财业务知识普及到老年人的生活中

从老年人个人生活水平上来讲，适当理财有利于提高经济水平从而有能力进行异地养老，因此老年人平日可以在子女、银行存储专业人士的帮助下对养老基金等理财项目多加关注。

3．迎合消费市场拓宽异地养老经济链，注入活力

从社会水平上来讲，异地养老应遵循经济规律，走政府引导、市场化运作的发展模式。要从老年人的需求出发设计产品，培育消费群体，逐渐形成具有一定市场规模、又逐渐完善产业链的新兴行业。此外，政府可以投资异地互动养老的企业提供土地廉价批租、税费减免等政策。

参考文献

[1] 何西民. 中国老年人的经济状况对养老方式选择的影响 [D]. 济南：山东大学，2018.

[2] 徐蕾. 北京市家庭养老服务问题研究 [D]. 大连：大连海事大学，2014.

[3] 辛涛. 我国城市家庭养老现状及问题研究 [D]. 北京：清华大学，2014.

附录：

北京地区养老模式现状调查问卷

您好！我们是来自北京工商大学暑期社会实践活动调查小组的调查员，我们正在进行一项关于北京地区养老模式的调查，恳请您用几分钟时间帮忙填答这份问卷。本问卷实行匿名制，所有数据只用于统计分析，请您放心填写。谢谢您的配合！

第 1 题　您的性别是 [单选题]

选项	小计	比例（%）
男	24	17.65
女	112	82.35
本题有效填写人次	136	

第 2 题　您的年龄是 [单选题]

选项	小计	比例（%）
30～40 岁	65	47.79
40～50 岁	26	19.12
50～60 岁	37	27.21
60～70 岁	6	4.41
70 岁以上	2	1.47
本题有效填写人次	136	

第 3 题　您的学历及月收入是［单选题］

选项	小计	比例（%）
高中及以下，5000 元以下	26	19.12
高中及以下，5000 元～10 000 元	9	6.62
高中及以下，10 000 元以上	2	1.46
大学本科，5000 元以下	16	11.76
大学本科，5000 元～10 000 元	33	24.26
大学本科，10 000 元以上	20	14.71
硕士研究生及以上，5000 元以下	1	0.74
硕士研究生及以上，5000 元～10 000 元	11	8.09
硕士研究生及以上，10 000 元以上	18	13.24
本题有效填写人次	136	

第 4 题　您认为异地养老的优点是［多选题］

选项	小计	比例（%）
自由度高，享受体验度高	60	44.12
机构所在地环境优美	60	44.12
休闲宜居	84	61.76
通过旅游观光来丰富休闲生活	78	57.35
本题有效填写人次	136	

第 5 题　您认为异地养老的缺点是［多选题］

选项	小计	比例（%）
离子女或亲友太远，探视不便	104	76.47
外地环境陌生，生活不习惯	64	47.06
外地医疗条件不如北京，看病不放心	89	65.44
饮食不习惯	39	28.68

续表

选项	小计	比例（%）
担心不能享受北京的居家养老或其他福利政策	55	40.44
成本高	34	25
本题有效填写人次	136	

第 6 题　您认为家庭养老的优点是［多选题］

选项	小计	比例（%）
子女陪伴	96	70.59
成本低	64	47.06
生活质量高	62	45.59
隐私性好	59	43.38
老人对家里周围环境适应	107	78.68
老人自由度高	73	53.68
本题有效填写人次	136	

第 7 题　您认为家庭养老的缺点是［多选题］

选项	小计	比例（%）
子女工作忙，陪伴时间不够	99	72.79
容易感到孤独寂寞	62	45.59
容易产生家庭纠纷	63	46.32
加重子女负担	78	57.35
本题有效填写人次	136	

第 8 题　您认为社区养老的优点是什么［多选题］

选项	小计	比例（%）
社会成本低	69	50.74
可以与其他老人一起，不孤单	107	78.68

续表

选项	小计	比例（%）
减少家庭负担	76	55.88
时间空间较为自由	60	44.12
本题有效填写人次	136	

第9题　您认为社区养老的缺点是［多选题］

选项	小计	比例（%）
社区的养老基础设施薄弱	100	73.53
社区在养老资金上存在不足	72	52.94
社区养老管理经验不足	76	55.88
社区服务水平低	84	61.76
本题有效填写人次	136	

第10题　您（未来）会为自己选择哪种养老模式［单选题］

选项	小计	比例（%）
异地养老	16	11.76
家庭养老	90	66.18
社区养老	30	22.06
本题有效填写人次	136	

第11题（由于第10题选异地养老的数据）您选择异地养老的主要原因［多选题］

选项	小计	比例（%）
可以远离大城市的喧嚣	13	81.25
外地比北京环境好、风景好、空气新鲜	13	81.25
改善居住环境，在外地住得更宽裕、舒适	10	62.5
本地价格合适、中意的养老机构都住满了，住不进去	1	6.25

续表

选项	小计	比例（%）
本地高档的养老机构收费太贵，住不起	5	31.25
与亲朋好友结伴到外地养老，不寂寞	9	56.25
可以增长见识，交到更多朋友	6	37.5
本题有效填写人次	16	

第 12 题（由于第 10 题选家庭养老的数据）您选择家庭养老的主要原因［多选题］

选项	小计	比例（%）
习惯家里的生活环境	84	93.33
喜欢和子女在一起	40	44.44
对家周围的环境熟悉	63	70
生活方便，有熟人	55	61.11
本题有效填写人次	90	

第 13 题（由于第 10 题选社区养老的数据）您选择社区养老的主要原因［多选题］

选项	小计	比例（%）
减轻赡养压力	19	63.33
相比于养老机构费用较低	13	43.33
相应配制满足要求	12	40
老人的自由性较高，吃、住、行等方面可由社区提供帮助，生活较方便	21	70
社区养老让老人既享有家庭温暖，又能体会同龄人认同，给他们带来归属感与认同感	22	73.33
本题有效填写人次	30	

第 14 题　影响您为自己选择养老模式的因素是［多选题］

选项	小计	比例（%）
家庭经济情况	94	69.12
照顾关怀问题	84	61.76
心理健康	47	34.56
身体情况	83	61.03
本题有效填写人次	136	

第 15 题　您希望社区养老能够提供哪些服务［多选题］

选项	小计	比例（%）
养生保健服务，健康检查咨询	110	80.88
康复护理	99	72.79
陪伴谈心	66	48.53
休闲娱乐设施	97	71.32
本题有效填写人次	136	

第 16 题　您认为您所在的社区需要在哪些方面提高养老服务质量［多选题］

选项	小计	比例（%）
健全服务设施	116	85.29
提高工作人员素质	108	79.41
完善服务项目	101	74.26
提高服务频次	70	51.47
本题有效填写人次	136	

第 17 题　您认为养老最重要的两点是什么［多选题］

选项	小计	比例（%）
有亲人在身边	59	43.38
有自己感兴趣的活动	79	58.09

续表

选项	小计	比例（%）
热闹，有人聊天	23	16.91
医疗设施配套齐全	95	69.85
本题有效填写人次	136	

第 18 题　如果选择异地养老机构，优先考虑的因素是［多选题］

选项	小计	比例（%）
收费价格	73	53.68
硬件设施	74	54.41
服务质量	91	66.91
医疗条件	94	69.12
周边交通（含距北京远近）	67	49.26
本题有效填写人次	136	

第 19 题　如果进行异地养老，您比较担忧或者顾虑哪些方面［多选题］

选项	小计	比例（%）
交通	83	61.03
价格	61	44.85
医疗	101	74.26
老人的生活品质	96	70.59
本题有效填写人次	136	

人间烟火的“小确幸”：地摊经济[①]

——疫情下“新”经济发展模式研究

王　悦　卢佳君

【摘　要】地摊经济，是指通过摆地摊获得收入来源形成的一种经济形式。原先由于其非合法性存在而被视为城市里的边缘经济形式，而实际上，地摊经济对某地区或城市都扮演着重要的角色，会直接或间接地影响到当地居民的生活。在探寻地摊经济的发展模式时，要求地摊摆设的使用面积、布局和时间等既要方便当地居民，又不能影响城市形象和道路交通，也要方便管理，同时还要考虑地摊经营者的成本和税收的平衡，这些与所在城市的地域区位、文化习俗和经济发展水平有关。

【关键词】地摊经济；疫情；新模式

由于疫情原因，为了保障民生，国家大力推行地摊经济，目前全国各地已出台相关政策，鼓励发展马路经济。“摆地摊”成本低，摊类多样，不仅丰富和便利了人们的生活，还可以有效地解决就业和生计问题。在生活与就业的双重压力下，以需求拉动增长，地摊经济的发展势在必行。可当热度逐渐下降，这种“新”经济是否能维持下去。它只是特殊时期的一种经济补充，抑或是长期维持国民经济发展的一种商业模式？为此，我们通过文献查阅、问卷调查及访谈等方式对地摊经济现行模式展开调查。调查小组成员在辽宁、广西、江苏、福建等地发放问卷填写并提问，由网络回收问卷。共发放问卷 407 份，回收 407 份，回收率 100%；有效问卷 407 份，有效率 100%。其中我们还对问卷进行了分类，面向的对象有两类：摊主与消费者。其中，摊主有效问卷 50 份，消费者有效问卷 357 份，目的在于观察疫情状态下我国经济所遭受到的影响和地摊经济在此背景下的发展情况，并着重了解地摊经济本身的优点和缺点和大众对此发展模式的看法。并通过地摊经济来研究此类经济的发展的可持续性，以及该如何创新地摊经济的发展模式。

一、疫情下地摊经济的发展

（一）发展背景

自 2020 年新冠疫情暴发以来，国家经济遭到打击。上半年经济为负增长，对就

① 本课题指导教师：王悦（北京工商大学马克思主义学院）；课题组组长：卢佳君（英语 191）；课题组成员：杨冰哲（英语 191）、谭佳宜（英语 191）、吴俊怡（英语 191）。

业、居民收入带来压力。数据显示，上半年全国居民人均可支配收入 15 666 元，同比增长 2.4%，扣除价格因素实际下降 1.3%。经济负增长对就业、居民收入带来压力。

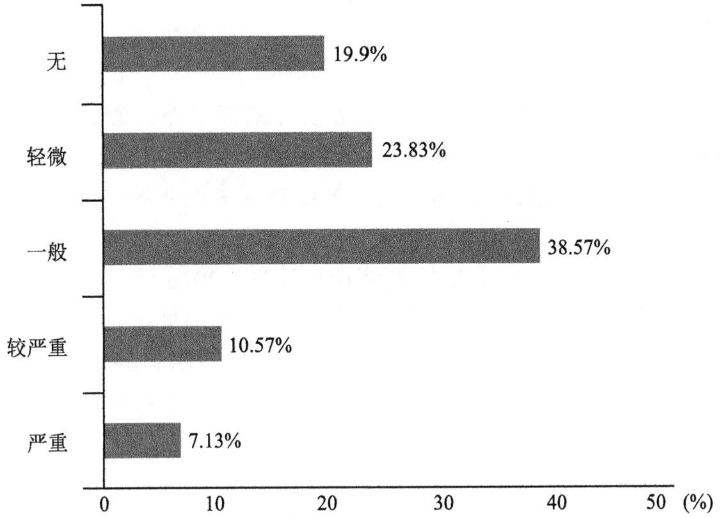

图 1　疫情对居民收入的影响程度

数据显示，在调查中完全没有受到疫情影响的居民占比为 19.9%，剩余的 80.1% 表示在疫情期间收入或多或少都受到了疫情的影响。其中，严重和较严重的情况共占比 17.7%。

由此可看出，我国经济发展受疫情影响极大，给终端产业提出了极大的生存挑战，社会总需求短期受到抑制，群体及个体性需求收缩，就业及疫情期间居民收入问题突出。为进一步刺激经济增长，推动就业，提高居民收入，地摊经济方兴未艾。

与此同时，国家开始大力扶植地摊经济的发展。在全国两会记者会上，李克强总理点赞成都的地摊经济。而全国多地业已出台了相关政策，为摊主划定经营区域，甚至有城管打电话请摊主出来摆地摊，鼓励发展马路经济。由经济现象看来，地摊经济是后疫情时代促进民生和经济社会发展的重要活力引擎，它已然成为中国特色社会主义市场经济的重要组成部分，对全国经济社会发展起着重要促进作用。

另外，地摊经济热度上升主要归因于疫情期间的失业问题，但同时存在部分经营者摆地摊并非出于经济压力的状况。经实地采访，我们了解到其中存在一定的文化因素，例如摊主的个人爱好，大学生对创业经验的积累，等等。其中，年轻人摆摊比例较以往大幅增加，这也得益于互联网的发展。随着短视频平台、新闻网站对摆摊的宣传，更多年轻人走出家门，开始自己的摊主生涯。

（二）发展情况

2020 年 5 月 27 日，中央文明办已明确在 2020 年全国文明城市测评指标中，不将占道经营、马路市场、流动商贩列为文明城市测评考核内容，推动文明城市创建在恢复经济社会秩序、满足群众生活需要的过程中发挥更加积极的作用。

这一新规定极大消除了各方对发展地摊经济的后顾之忧，也缓解了地方的财政压力。2020 年 5 月 28 日，李克强总理出席记者会并回答中外记者提问时提到，西部有个城市，按照当地的规范，设置了 3.6 万个流动商贩的摊位，结果一夜之间有 10 万人就业。总理的发言毫不掩饰地表达了对地摊经济促进就业的称赞，也强有力地推动了地摊经济的迅速发展。

2020 年 5 月 29 日，阿里发布地摊经济帮扶计划。2020 年 6 月 1 日上午，国务院总理李克强在山东烟台考察时表示，地摊经济、小店经济是就业岗位的重要来源，是人间的烟火，和“高大上”一样，是中国的生机。这一明确的表态坚定了各方发展地摊经济的决心，增强了大家的信心，各地各方积极响应总理号召，地摊经济一夜之间席卷中国大地。

在各方的共同努力下，地摊经济对于经济、民生问题的解决也是效果显著，就业形势总体稳定。由国家统计局公布的 2020 年上半年经济数据可见，按可比价格计算，我国 GDP 第二季度同比增长 3.2%，居民消费价格同比上涨 3.8%，全国居民人均可支配收入同比增长 2.4%，居民消费意愿较第一季度上升 1.3 个百分点。6 月末，全国城镇调查失业率为 5.7%，是 2020 上半年以来的次低值，全国城镇新增就业 564 万人。

二、地摊经济的发展的可持续性

（一）地摊经济优点

1. 经济成本低

因为摆摊者多为疫情期间遭受经济打击的下岗工人，地摊经济投入成本较低，符合摆摊者的经济条件，也缓解了他们的就业问题，减少了社会的不稳定性，减小了政府负担。

2. 流动性强，交易效率高

地摊经济便利群众生活，活跃市场。调查显示，摊主一般在远离大型超市或缺乏市场而人口较多的地方出售物品。如在道口、工棚区等售卖日用品等，客观意义上，地摊经济便利了群众生活。

3. 商品花样多，交易成本低

有利于降低群众生活成本、促进收入增长、丰富线下消费。地摊经济中的消费者以低收入或无收入者居多，打工者、学生等是重要消费对象。地摊商品在消费者眼里是物美价廉，由于经营者不需要多大投资，无须租门面店铺且流通环节少，经营灵活，同质商品售价较正规商场低，消费者可以较低的费用获得较大的效用，节省双方的交易费用。近年来，由于互联网的飞速发展，线上购物形式充分发展，形式便捷多样，以及各地政府规范市容的要求，线下购物形式减少，尤其是小商贩经营的地摊。

（二）地摊经济缺点

1. 存在损害消费者权益的现象

尽管现在的地摊经营已经建立起了行业规范，但是由于地摊的流动性较强，且地摊数量多分布散，管理较为困难，市场上仍存在着以次充好、强买强卖等侵犯消费者合法权益的情况，其商品质量无法得到强有力的保证。

2. 对城市管理以及公共秩序的维持存在一定的影响和安全隐患

地摊现状目前是由政府部门建立规范条例统一集中管理，但有的地方的地摊的客流量较大，时常出现人挤人现象，存在安全隐患。再者，人流量大导致游客与孩子失散、物品丢失及被盗等事件常发生，这使得公共秩序的维持难上加难，管理者的工作量突增。

3. 一定程度上会损害正规店铺的利益

地摊的经营成本低，投资风险较小，流动性强，无须交高昂的店面租金，其商品种类繁多，相较于正规店铺价格便宜，深得消费者青睐，因此地摊摊点剧增，分散了正规店铺的客源，可能导致其营业额下降等，使其利益蒙受损失。

4. 部分地摊影响居住环境，并存在疫情反复的可能性

如图 2 所示，部分调查者表明地摊经济存在“晚上吵闹，卫生环境变差”的问题，小部分调查者反应会增加疫情传播的风险。而通过实地走访我们发现，由于部分地摊管理不到位，确实存在摊走垃圾满地和叫卖噪音过大现象。

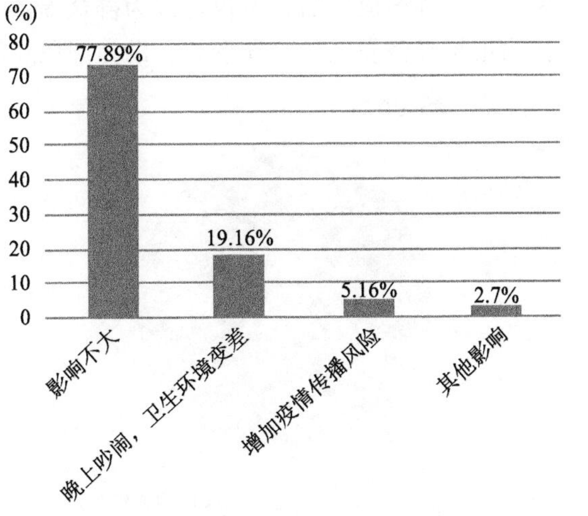

图 2　地摊经济对周边环境的影响

（三）发展前景

1. 地摊经济没有想象中的火热

根据调查数据结果分析，投身于摆摊经济的人数并不算多。而对于是否经常逛地摊这一问题，仅不到五成的人表示会经常逛地摊。由此分析，目前摆摊市场的客流量较小，地摊经济市场有较大的拓展空间。此外，我们推测这与部分疫情严重地区出行困难存在一定关系。据调查显示，多数摊主摆摊日收入处于人民币 0 元～100 元范围内，但未参与摆摊者的理想预期摆摊日收入多在 51 元～300 元，60% 的摊主表示摆摊收入和自己预期相差较大（如图 3），可见地摊经济的背后有许多的探索性、未知性以及风险性，需要公众谨慎看待，忌盲目跟风。

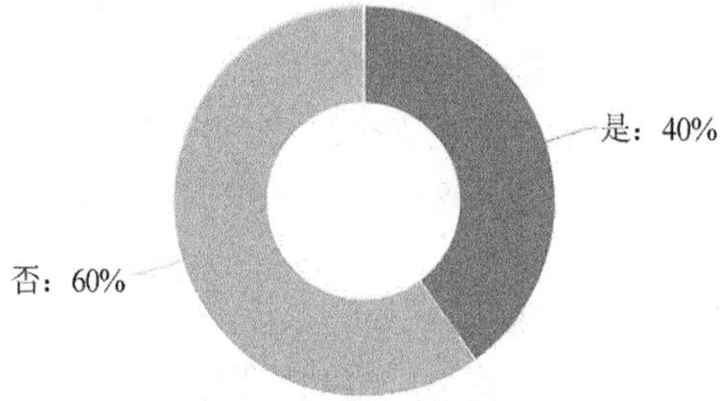

图 3　摆摊收入是否达到摊主的收入预期情况

2. 总体发展前景好，群众支持力度高

关于疫情结束后是否支持地摊经济再发展，90.91% 的受访者表示十分赞同和支持地摊经济在疫情结束后继续发展下去（如图 4）。虽然目前摆地摊的收入较少，但这一特殊时期，它为人们提供了收入来源，改善了人们的生活。疫情结束之后，可支持地摊经济进一步发展，当它逐渐成熟后，不仅可以为群众提供收入来源，丰富人们娱乐活动，而且可以作为市场经济发展的补充形式，助力国民经济繁荣发展。

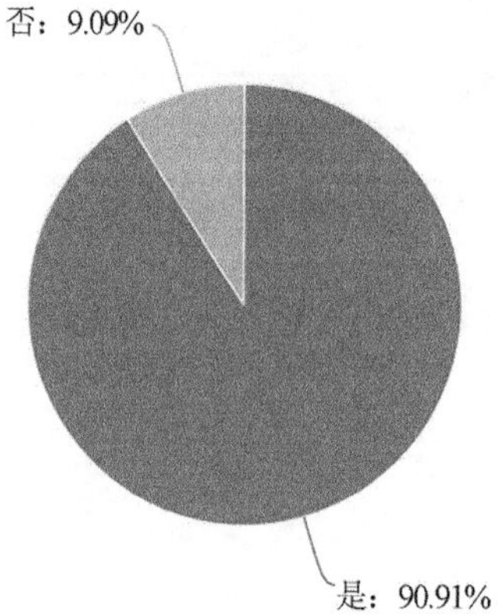

图 4　疫情结束后群众是否支持地摊经济再发展

三、地摊经济发展模式

实际上，地摊经济对某地区或城市都扮演着重要的角色，会直接或间接地影响到当地居民的生活。在探寻地摊经济的发展模式时，要求地摊摆设的使用面积、布局和时间等既要方便当地居民，又不能影响城市形象和道路交通，也要方便管理，同时要考虑地摊经营者的成本和税收的平衡，而这些还与所在城市的地域区位、文化习俗和经济发展水平有关。实践证明，对于地摊经济，只有通过合法的手段规范和引导其发展，才能使其对促进城市经济的发展具有重要的意义。

为更好地促进社会经济健康平稳发展，我们试图从地摊经济的多方参与者的角度出发，窥见地摊经济发展的可行性。以下是我们的总结。

（一）地摊经营者角度

1. 充分考察市场，不盲从，合理投资

综合考虑各地段人流量、该地段消费主力人群、自己的出摊距离和成本，选择已有的聚集性市场，安排好出摊计划。

2. 寻找好的货源渠道

通常可通过线上进货和线下进货两种方式。一是线上进货，阿里巴巴、京东、拼多多等电商平台基本上可以满足地摊对绝大部分货源的需要，但需要地摊经营者深入摸索，找到合适、稳定、品质有保障的供货商。二是线下进货，深入当地产地或大型批发市场了解情况，比如农产品种植基地、商品市场等。保障好商品质量，以品质赢得客户青睐，杜绝强买强卖的行为，给予消费者良好的消费体验。

3. 开拓互联网思维

灵活利用微信、支付宝等互联网工具，建立福利群，将顾客引流到自己的微信和支付宝。或是用微信、支付宝的信用积分打破人们对地摊货的各种负面质疑，塑造个人口碑，打造“地摊 + 微商”双向发展模式，促进地摊经济创新发展。年轻群体如大学生更可以结合现今爆火的直播形式，尝试“地摊 + 直播”的电商模式。

4. 自觉遵守行业规则，形成良性竞争

杜绝无下限地降低价格追求销量，避免扰乱市场价格造成摊主经济亏损，共同创造地摊经济链条，减少商品同质化。例如某摊主经营烧烤小吃，另一摊主经营啤酒、饮料，两位摊主可以达成合作，促进摆摊共赢。

5. 自觉遵守国家条例法规

文明营销，降低噪声，注意环境卫生，做到摆摊不留垃圾，协调卫生与经济利益的关系，提升地摊经济整体素质。

6. 摆脱惯性思维

一些企业也可以加入地摊经济的大潮中，从商场和专卖店脱离出来。比如 2012 年初，武汉服装企业玩起了新花样，避开商场、专卖店，直接在厂门口摆摊甩卖。商场里动辄上千元的服装，在企业门前花几十元就能买到，吸引了大批市民前去扫货，使得往常江汉经济开发区内少人走动的景象不见了，取而代之的是拎着大包小包的人群。在厂门前小范围地甩卖，既可以节约资源，还能为企业带来一定的收益，可谓一种新尝试。

（二）政府角度

1．加强地摊文化建设

宣传地摊经济的重要性，强调和谐摆摊的意义。同时正确引导，促进地摊经济发展，为地摊经济的长期发展创造精神文明和谐氛围。

2．加快城市立法

不再一律封杀马路摊点，承认地摊经济的合法性。许多经济学家都大力支持地摊经济的发展，并支持全面解禁对地摊经济的限制。在当前疫情的影响下，建立和健全完善关于推动地摊经济发展的法律法规是一个必要的疏解之道。承认其合法性，规范市场秩序，打造一个公开安全、公平交易、公正管理的地摊市场，对国家经济发展具有重要意义。

3．加强政府部门监督

加强地摊商品品质保障工作，为消费者创造良好的消费环境。地摊经济之前因其脏乱差的形象、食品不安全问题被政府所不提倡。因此，在重新发展地摊经济时，应加强政府对市容的要求和食品安全的监督。同时可让城管等执法人员的执法行为部分公开化，让市民参与监督，增强市民对政府工作的理解以便民众更好配合，市民与政府携手共同推进地摊经济的健康发展。

4．规范摆摊地点

有序开放马路摊点，对摊点设置进行规范，限时限道，分区、分场所、分时间经营。各地政府为了规范经济，必须打造良好的市容市貌，要求卖东西必须置办商铺，而一般租赁门面店铺也是不菲的开支。如今从地摊经济发展现状看来，有序开放马路摊点，对摊点设置进行规范，限时、限道，分区、分场所、分时间经营，也不失为一个可实施的方法。

（三）消费者

1．理智消费

学会辨别不同的商品，避免贪小便宜吃大亏或与他人发生消费冲突大打出手，产生争执。正确做法应该是积极参与地摊经济的建设，与地摊经营者、政府共同营造出和谐的市场氛围。

2．文明消费

遵守卫生管理条例，文明逛地摊，不随手乱扔垃圾，不随地吐痰，不恶意消费。

3．依法维权

若消费权益遭受侵害，需要正确寻求帮助，寻找合理的解决方式。

附录 1：

地摊经济调查问卷

1. 您所在的省市是［填空题］

____

2. 您的月收入水平是［单选题］

A. 0 元　B. 1 元～3000 元　C. 3001 元～5000 元　D. 5001 元～10 000 元

E. 10 001 元及以上

3. 这次疫情是否对您家庭产生了经济冲击［量表题］

A. 无　B. 轻微　C. 一般　D. 较严重

E. 严重

4. 您身边的亲朋好友是否摆地摊［单选题］

A. 是　B. 否

5. 地摊的出现是否影响了您的居住环境［多选题］

A. 是，晚上吵闹，卫生环境变差　B. 是，增加疫情传播风险

C. 是，其他影响　D. 影响不大

6. 您是否支持地摊经济在疫情结束后继续发展［单选题］

A. 是　B. 否

7. 您是否摆过地摊［单选题］

A. 是　B. 否

8. 您是否萌发过自己摆摊的想法［单选题］

A. 是　B. 否

9. 如果摆摊，您会选择卖什么种类的商品［多选题］

A. 食品　B. 化妆品　C. 饰具　D. 生活工具

E. 其他

10. 您猜测摆一个地摊的日收入会是多少［单选题］

A. 0 元～50 元　B. 51 元～100 元　C. 101 元～300 元　D. 301 元及以上

11. 您是否经常逛地摊［单选题］

A. 是　B. 否

12. 您有在地摊上买过哪些种类的商品［多选题］

A. 食品　B. 化妆品　C. 饰具　D. 生活工具

E. 其他

13. 您的摊位日收入大致为多少［单选题］

A. 0 元～50 元　B. 51 元～100 元　C. 101 元～300 元　D. 301 元及以上

14. 摆摊收入是否达到您的收入预期［单选题］

A. 是　　B. 否

15. 您卖的商品种类是［多选题］

A. 食品　　B. 化妆品　　C. 饰具　　D. 生活工具

E. 其他

16. 家里是否支持您摆地摊［单选题］

A. 是　　B. 否

17. 您觉得客流量如何［量表题］

A. 很不满意　　B. 不满意　　C. 一般　　D. 满意

E. 很满意

18. 您开始做地摊时本金是多少［单选题］

A. 0 元～50 元　　B. 51 元～100 元　　C. 101 元～300 元　　D. 301 元及以上

19. 您是否因为摊位问题与其他摊主或城管发生过冲突［单选题］

A. 是　　B. 否

20. 您对地摊经济的发展有何建议［填空题］

____

附录 2：

访谈

采访某摊主　时间：2020. 8. 9　采访人员：卢佳君　地点：龙岩市漳平市

Q：首先我想问下除了摆摊之外，平常的月收入是多少，大概的数就好。

A：大概七八千。

Q：您觉得这次疫情是否有对家庭的经济产生影响？

A；没有，对我来说是没有。

Q：那身边的亲朋好友是否也有摆摊呢？

A：没有。

Q：自己出来摆是吗？

A：对。

Q：您是否觉得地摊经济是一个比较好的发展模式，倾向于什么样的发展，个体吗？

A：其实，对于我来说是完全就是个人爱好，如果说你真要从摆摊开始发家致富的话，个人感觉希望比较渺小。

Q：那您一天的摆摊的收入大概是多少？

A：不一定，有可能十多块，有可能一两百。

Q：那您觉得这个收入有达到当初您摆摊的预期吗？

A：有吧，对于这个没有说抱有很大的期望。

Q：现在您家里人知道您在摆摊吗？

A：知道。

Q：是支持的吗？

A：家里很支持的。

Q：那您觉得客流量是满意的吗？

A：客流量的话，反正对于漳平来说吧，流动性比较少，如果说流动人口多的话收入比较多一点，较小的城市肯定流动量有局限性。

Q：那您刚开始做这个的时候本金是多少？

A：好像没有计算过，就是一直投。

Q：那您有因为摊位的问题跟其他的摊主发生过争执吗？

A：没有，大家友好相处就好。

Q：那您觉得地摊经济有一些比较严重的问题吗？

A：如果说饮食这一块肯定是卫生吧，其他的话也还好，个人没有什么感觉。

Q：那采访就到这里结束了，谢谢您。

采访某管理人员　时间：2020. 8. 1　采访人员：吴俊怡　地点：徐州市贾汪区

Q：您好，关于政府提出的地摊经济刺激经济发展之后，我们贾汪区是从什么时候开始响应政府号召、刺激地摊经济发展的呢？

A：一个多月了。

Q：刚开始群众对这个地摊经济的反响非常热烈吗？

A：非常热烈。

Q：出现了很多摊主是吧？

A：对！非常多。

Q：那政府是怎样规范管理这些摊主的呢？有什么措施吗？

A：设专人执勤，每天晚上我们局里面抽调人员，专门在这里执勤，给他们划线，规范每个摊位，另外主要从安全上对他们监督管理。

Q：这期间有没有出现过什么问题？

A：有的。不按设定的点位经营，还有就是超出这条街的范围，经过我们规范以后都到了这条街上。

Q：那您认为地摊经济对我们贾汪区的经济有什么好处吗？

A：主要是从保民生这个角度，我们认为对活跃贾汪区的经济和旅游市场非常有好处，也得到了老百姓的拥护。

Q：那您对地摊经济的发展和未来的发展有什么看法吗？

A：我们需要进一步规范管理，做好这个工作。

Q：那辛苦您了，谢谢！

某摊主采访 时间：2020. 8. 1 采访人员：吴俊怡 地点：徐州市贾汪区

Q：接下来可以问您几个关于地摊经济的问题吗？

A：你好，你讲。

Q：您是从什么时候开始摆地摊呢？

A：刚摆几天。

Q：那您之前是做什么工作的？

A：之前好多工作都做过。

Q：噢，那您这个是专职还是兼职呀？

A：哦，最近是专职。

Q：这次的疫情对您的家庭收入有没有影响？

A：有，不大。

Q：这个地摊每天的客流量多吗？

A：多。

Q：每天的收入大概有多少？

A：收入不太多，我感觉是逛的挺多买的很少，有人买。

Q：您前期成本大概投入了多少？

A：2000 元吧。

Q：在摆摊期间有没有与其他摊主发生过冲突？

A：暂时没有。

Q：政府管理得怎么样？

A：还行。

Q：您对地摊经济有什么看法吗？

A：看法就是没有想象得那么好，虽然说成本很低，但是我这个买的人不太多。

Q：非常感谢您。

采访某摊主 时间：2020. 8. 9 采访人员：卢佳君 地点：龙岩市漳平市

Q：您好，我是大学生，现在想对您做些调研可以吗？

A：可以。

Q：好的，谢谢。就是我想先问下您摆摊一天的收入大概是多少？

A：100 元左右。

Q：噢，那还很不错，那您觉得有达到你们的收入预期吗？

A：算是有吧。

Q：您客流量一天大概是多少？

A：十几个吧。

Q：家里人知道您摆摊吗？

A：知道。

Q：家里人支持吗？

A：算支持吧。

Q：应该也不会不愿意您出来摆摊吧？

A：也不会，就当一个锻炼嘛。

Q：那您刚开始的本金是多少？

A：1000 元左右。

Q：那现在回本了吗？

A：回了。

Q：那您觉得这个摆摊经济的模式怎么样？

A：怎么便宜怎么来，把本金压到最低。

Q：您觉得这种模式好吗？就是这种做生意的形式好吗？

A：我们不太了解，因为我们也算是业余的，如果说发展，对我们来说肯定是好的，毕竟可以真实地带来收入。

Q：那您觉得这种方式还可以继续下去吗？

A：我觉得是可以的。因为就算不摆摊我们也很喜欢逛这种夜市。

Q：您觉得对这种经济目前它还存在哪些问题吗？比如摊位之间的问题，是否应该要颁布一些法令之类的来解决它？

A：我觉得要，目前来看摊位还是存在一些问题。摊位固定一下会更好，眼下摊位的位置之争还是有的，还是固定一下比较好。

Q：好的，感谢您接受采访。

新时代北京“六型地铁”建设与管理调查研究报告①

赵慧杰　赵翔锐

【摘　要】新时代下，北京市居民对于日常出行有着更高的要求及期望，国家、政府对人民的切实需求需要进行合力规划与建设，建设符合全面小康要求的“六型地铁”是提升北京市民生活质量必不可少的一环。北京地铁相关企业的高速发展、新技术的引进、工作理念的创新等为“六型地铁”建设提供必要的技术准备与思想指导。同时在地铁的理念上也更注重提升其人文内涵，坚持提升乘客对地铁的乘坐体验。

【关键词】“六型地铁”理念；创新；全面小康

一、研究综述

北京不仅仅是我国的首都，更是一个有着超过2153.6万人口（截至2019年末）的超大型城市。它作为我们国家的标志，承担着经济、政治、文化等各种各样的重要职能，如此众多的人口在这座城市中生活，因而北京市在全面小康中的地位变得格外重要。

北京市的全面小康建设进程中包含许多方面，而人民生活水平和质量则是我们作为普通市民最为关心的。地铁作为一种现代化的公共交通工具，在北京这个拥有巨大人口基数、占地面积广阔的城市面前，在为人们提供便捷高效的出行服务上发挥着至关重要的作用。

地铁建设与经济的高速发展密切相关。作为高度现代化的交通工具，不论是建设、维护，还是运行管理，都离不开巨大的资金投入与支持。如若经济发展不够快，资金投入不到位，那么地铁的建设与发展绝对会受到阻碍，北京居民的生活质量必然受到影响。

在新时代全面小康的要求下，生态环境质量的保持与提高也不能忽视。绿水青山就是金山银山，如若在建设与发展地铁设施过程中没有采用新技术、新方法、新能源、新理念，任由废料随意丢弃、不加处理地排放到自然当中的话，如何能保住北京

---

① 本课题指导教师：赵慧杰（北京工商大学马克思主义学院）；课题组组长：赵翔锐（西语18）；课题组成员：王佑鑫（西语18）、王诚至（法193）、蔡李阳（西语19）、佟小涵（新闻191）。

生态环境呢？

面对新时代的要求，北京地铁相关部门于2009年提出了“六型地铁”——“平安型地铁”“人文型地铁”“高效型地铁”“节约型地铁”“法治型地铁”“创新型地铁”的战略目标，助力首都北京“四个中心”功能建设和“四个服务”水平的提升。而后，出台了《北京市“十三五”轨道交通建设计划》这一中长期计划。到2020年底，北京16区实现区区通轨道目标，113个区分享“三环四横八纵十二放射”轨道交通网，中心城区轨道交通750米站点覆盖率达90%。到2021年底，北京轨道交通在建20条（段）线路将全部通车，总长338公里，车站160座。这为北京地铁助力决胜全面小康提供了明确的规划与目标。

接下来主要结合“六型地铁”中的“平安型”“高效型”“人文型”“创新型”这些理念来看看具体内容。

二、“六型地铁”理念下的基础设施建设

（一）“高效”“平安”是地铁建设的基础

在建设“六型地铁”中，“高效”是指提高运力、增加运量；而“平安”是指突出安全可靠、长治久安。这两点在北京地铁现在的成果中十分明显。

截至2017年，北京地铁年乘客量达到45.3亿人次，日均客流为1241.1万人次，单日客运量最高达1327.46万人次。截至2019年12月，北京市轨道交通路网运营线路达23条、总里程699.3公里、车站405座（包括换乘站62座）。截至2019年12月，北京地铁在建线路15条。到2025年，北京地铁将形成线网由30条运营，总长1177公里的轨道交通网络。列车则是全部使用新型空调列车。

2019年北京地铁在五一期间安全运送乘客1412.67万人次。5月1日至7日，地铁共运送乘客1412.67万人次，日均201.81万人次，比2004年同期增长20.13%；最高日为5月1日，客运量达到228.76万人次；全线共开行列车9810列，其中加开临客215列；列车运行图兑现率为100%，正点率为99.77%。

如此巨大的运量、如此通达的铁路网以及如此安全的运营状况，正是对“平安型”地铁以及“高效型”地铁建设成果的肯定。

（二）“创新”理念在地铁基础设施建设中至关重要

北京市的地铁能够发展至现如今的规模，离不开经济的高速增长和创新驱动战略的实施，这些都是“创新型”地铁——突出改革创新、创新驱动的具体体现。

首先，资金是地铁建设的重中之重。截至2014年末，北京地铁总运营里程为526.7公里，拥有322个站点。京投公司为北京市18条运营线路的投资总计2513亿元，足够建造110个鸟巢。这些资金一部分来自北京市政府根据项目进度和每年财政预算确定的轨道交通专项资金，目前是每年155亿；另一部分由京投公司依靠外部融资解决。

在此过程中，相关公司企业积极改革、不断创新，才使地铁建设获取如此巨大的资金投入。

北京地铁相关企业的改革是经济发展的第一步。20 世纪 70 年代，在改革开放的新形势下，北京市地下铁道总公司实行了专业化管理。从起初归为军用设施到现在的民用交通设施，其职能也从运营管理、战备人防扩展到新线建设和投融资并引进外资。随后在北京奥运会举办的影响之下，更加大了对于北京地铁建设的投资。

另一关键因素是新投资手段等的应用。以地铁 16 号线的资金问题为例。2007 年至 2014 年，技术经济指标从约 5.71 亿元/公里逐步增长到约 10.07 亿元/公里。其中包括建设费用、拆迁费用、设备购买费用等。这些资金给政府的财政带来了巨大压力，所以在 16 号线的建设中，引入特许经营方的融资模式成为市场主流，PPP 在国际上是一种比较流行的公共部门和私营部门合作共同提供社会公共服务的模式。

北京地铁 16 号线项目总投资 495 亿元，工程投资建设划分为 A、B 两部分：A 部分包括洞体、车站等土建工程，投资额约为 345 亿元，约占项目总投资的 70%，由政府投资；B 部分工程包括车辆、信号等设备资产，投资额为 150 亿元，约占项目总投资的 30%，由通过市场化方式引入的社会资本组建的特许经营公司负责投资建设，这充分得益于我国社会主义市场经济的优越性。以国有经济为主导，以私有经济为补充，在原有的基础上改良创新。

2020 年 4 月 9 日，中共中央国务院关于构建更加完善的要素市场化配置体制机制的意见中指出，完善要素市场化配置是建设统一开放、竞争有序市场体系的内在要求，是坚持和完善社会主义基本经济制度、加快完善社会主义市场经济体制的重要内容。而 16 号线项目除通过特许经营方式引入社会资本投资外，还通过股权融资方式引入财务投资人投资。16 号线所采用的复合型投融资模式，大大减少了对资本金的需求，缓解了政府出资压力。

其次，创新驱动战略的指导对地铁建设也产生了深远的影响。近年来，地铁公司党委把握了国有企业党组织发挥领导作用的要求，坚持推进理念创新、制度创新、体制机制创新，以引领地铁相关企业的发展。

同样在建设理念上，从起初的“高度集中、大联动机、半军事化”，到后来的“抓小防大、安全关前移”“安全运营、基础取胜”“安全运营，管理是关键”等安全工作理念，再到现在“六型地铁”的建设理念，无一不体现着理念创新为地铁建设作出的巨大贡献。

再次，是科学技术在地铁建设中的创新与应用。不断引进国外先进技术，进行技术改造，实现了企业升级。地铁的具体设施则更是科技创新的体现。在地铁发展的过程中，不断有性能更好、服务功能更完善的地铁电动客车投入运营。现在仍在使用的最老车型为 1969 年生产的 DK2 型车（后经技术改造，现为 DK11 型车），即将被更新淘汰。而截至目前，最新的车型为八通线新型交流电动客车。并且在“十三五”的规划下，于近年全部列车都将更换为新型空调列车。

同时，我国地铁积极建设 5G 网络覆盖，京港地铁官方微博发布首份顾客服务承诺，提到将在部分地铁线路覆盖5G信号。其中，将实现16号线5G信号全覆盖，并将积极推进5G网络建设工作，在4号线及大兴线、14号线陆续实现5G信号覆盖，进一步提升出行体验。相较于外国地铁没有信号、影响工作效率等问题，我国的信号通信建设则是以人为本，保证人民的体验。

在北京地铁的建设上，我们看到了北京地铁在与北京一起迈向全面小康。

三、北京地铁的运营管理数据分析

就地铁的运营管理而言，重要的就是促进人民生活质量与生活水平的提高。北京市政府在新时代背景下，在地铁的管理上更加注重构建地铁中的人文内涵。在各个线路建设地铁文化墙，让人民群众在乘坐地铁的同时感受中华文化的魅力，使冰冷的地铁有了人文的味道。同时，也让来华友人感受到中华文化的源远流长、博大精深，让中华文化深入人心。而“六型地铁”理念的提出更是来源于北京地铁优秀文化的积淀，来源于北京地铁的文化价值。

在新理念、新构想指导下，北京市对于地铁的管理究竟取得了怎样的成果呢？我们对此进行了问卷调查——北京地铁乘坐情况调查。本次问卷共设18道题，其中有15道题直接反映了北京乘客乘坐地铁的现状。接下来我们就结合问卷来具体看一看新理念下的地铁管理的现状。

（一）“高效”的出行方式

表1 从居住地到最近的地铁站所需时间统计表

5分钟以内	10	10.64%
5～10分钟	40	42.55%
10～20分钟	34	36.17%
20分钟以上	10	10.64%
本题有效填写人次	94	

表2 每周乘坐地铁频率统计表

<10次	66	70.21%
10～20次	22	23.41%
>20次	6	6.38%
本题有效填写人次	94	

根据本次调查问卷数据显示，90%的人从家到地铁站所花费的时间在5～20分钟之间，仅10%的人所花费时间超过20分钟。就总体数据而言，地铁站选址合理，符合大众对于地铁“高效性”的需求。

另外，大部分旅客在众多交通工具中选择地铁出行的比例占50%～80%，每周乘坐地铁频率在20次以内的高达93.62%，另外据高德地图发布的统计数据显示，目前北京市民选择公交、地铁等绿色出行方式的意愿居于全国50个主要城市首位。

表3　乘坐地铁主要出行目的统计表

每日上下学，上下班	59	60.2%
外出游玩	59	60.2%
走亲访友	22	22.45%
去往火车站、飞机场、长途汽车站等	33	33.67%
外出办公	20	20.41%
其他	2	2.04%
本题有效填写人次	98	

在对乘坐地铁出行的目的调查调查中，上学、上班、外出游玩三个选项位居前列。说明大部分人们愿意以地铁出行的方式作为完成主要社会活动的交通工具。

这足以体现地铁作为北京重要的交通运输方式，通达度高、速度快、环境好、价格合理，满足了极大部分人的需求。这也恰恰体现了“高效型”地铁的卓越建设成果。

（二）“人文型”地铁的建设仍在奋斗中

作为一种高度现代化的交通工具，地铁的人文内涵一直都是人们十分注重的。因而北京市提出了建设“人文型”地铁，突出以人为本、提升服务水平与质量这一理念。

1.“人文型”地铁的建设成果

为了解北京市民对于北京地铁的乘坐感受，我们也对相关问题进行了调查研究。我们主要针对车站、车厢环境、换乘体验以及发车间隔做了调查。据调查数据显示，近90%的人选择了地铁换乘便利；87.8%的人选择了地铁发车间隔短，很快就能乘车；分别有66.3%及86.7%的人选择了车厢内环境及车站环境良好的选项。

从这些数据不难看出，地铁管理人员在地铁的日常环境维护与改善乘客乘坐体验上付出了巨大努力，并取得了突出的成果。因此在今后的管理工作中应继续发扬之前的工作精神，努力将北京地铁打造成人们喜爱的公共交通出行方式。

2.“人文内涵”在管理中仍需进一步加强

虽然在“人文型”地铁的建设已经取得了突出的成果，但是在一些重要问题上仍然有所需要改进的地方。首先是在票价这一与每位乘客密切相关的问题上。

表 4　对于地铁采用阶梯式计价的看法统计表

合理	87	88.78%
不合理	11	11.22%
本题有效填写人次	98	

表 5　对现在地铁票价的看法统计表

有点贵	40	40.82%
没感觉	42	42.86%
挺便宜	16	16.32%
本题有效填写人次	98	

据调查问卷的数据显示，57%的人每月在地铁上花费的费用少于50元，34%的人则在50元~200元之间，不足10%的人花费在200元以上。据另一项调查结果看，人们对于地铁票价的看法，大都集中在“没感觉”和“有点贵”的两种意见中，二者不相上下，只有16%左右的人选择了“挺便宜”的选项。由此可见，地铁票价改革之后，即使有一部分旅客对于地铁票价并没有太大的意见，但还是有不少旅客表示票价有些高。

尽管如此，北京地铁的票价制定也远比其他国家合理得多。现在北京地铁乘车3元起步价，单程最高票价目前是9元（按公里数计价）。北京轨道交通（不包括机场）调整具体为6公里（含）内3元；6公里至12公里（含）4元；12公里至22公里（含）5元；22公里至32公里（含）6元；32公里以上部分，每增加1元可乘坐20公里，严格保证大多数人有经济能力坐上地铁，保证人民的出行方便。

纽约地铁作为全球第七大地铁系统（北京第一，上海第二，广州第六），已经极为落后了。究其原因，还是他们心中不在乎人民的利益，不能像我国一样代表最广大人民的根本利益，从而加大基础建设，推动地铁建设发展。北京地铁还应推出更加妥帖的价格计算方案，来满足更多乘客的出行需求，例如欧洲推出的“青年卡”就可以作为一个供我们学习的范本，抑或是日本推出的地铁周卡、月卡等，都是非常利于当地居民出行的价格方案。

根据这些调查背后所反映的票价问题，我们的观点是对于地铁票定价的问题上，应该基于对北京市居民收入的调查，以切实了解北京市民的收入水平作为参考，应该让绝大部分人觉得地铁票价经济实惠，这样才有利于提升乘客的乘坐满意度。

同时在定价时，不应该把营利放在首位，甚至可以牺牲部分利益来补贴人民群众，因为地铁本就是用来为人民服务的交通工具。如果价格令大部分人觉得偏高，甚至占据个人收入的很大一部分比例时，何谈其人文关怀呢？

（三）"创新"理念是解决管理问题中的一剂良药

1."创新"为改善乘客的乘坐体验

在问卷中，我们还收集到了有关旅客对于乘坐北京地铁感到不便的信息。

表6　乘坐地铁出行不便之处统计表

票价高	22	22.45%
换乘麻烦，费时间	47	47.96%
居住地附近地铁站稀少	19	19.39%
车厢内环境吵闹	20	20.41%
行驶噪音太大	23	23.47%
经常要站很久	66	67.35%
其他	6	6.12%
本题有效填写人次	98	

其中，长时间站立、站与站之间的换乘、地铁噪音、票价、环境吵闹几个问题得票数高于其他选项。由此，我们可以大致提出一些关于北京地铁未来改进方案。如优化地铁扶手，或增加站内外座椅以供长途旅客休息；升级列车隔音效果，以减少列车行驶对于乘客听力造成不可逆性损伤；讨论研究并广泛征求大众的相关改进意见；设立轨道交通文明公约，对于违反公约者进行惩罚。

对于地铁的管理工作者来说，更应该积极运用"创新"思维解决问题。如设计新的地铁车厢结构以增加座位等来提高乘客乘坐舒适度；设计新的运输设施来节省乘客的换乘时间；对地铁铁道内及地铁车厢材质等重新设计以减少行驶噪音等。这些都应以本着创新为理念进行新时代的北京地铁运营管理工作。

2."创新"为地铁运营管理解决人才短缺难题

近年来，随着北京城地铁线路的辐射，运营里程的稳步增长，为了保障地铁的安全、便捷运行，人才如何补充和培养，也成了一道绕不过的考题。

依据行业经验和相关机构排名，为了保障轨道交通安全、便捷运营，目前北京包括其他地方的各条地铁，每公里运营平均大致需要60～70人。而在香港，这一数字为50～55人。北京地铁未来三年缺口约2.5万人。究其主要原因，是受到当前轨道交通技术的限制，以及轨道交通人才的偏年轻化。由于初级工偏多，为了保证地铁安全运营，只能在人数上进行调整。

据了解，地铁每公里所需要的六七十人包含在一线工作和后方支持的各种工种。比如地铁司机、站务员、行车调度人员、轨道、信号、通信、供电、电梯维保、车辆维保等相关工作人员。其实，其中有很大一部分地铁工作人员我们是“看不到”的。因为他们有一些是在地铁以外的，如维修车间等地方工作，还有很多是地铁停运后才去现场工作。而且，这个数字还不包括安检员、保洁员、车站助理等人员，因为这些工种基本都是地铁运营方委托有资质的第三方公司聘请的工作人员。

每公里需要的运营人员数量多，加之城市地铁建设的步伐加快，人才匮乏的问题就更加凸显出来。那么北京地铁行业的人员缺口，究竟有多大呢？据了解，截至2017 年底，北京市轨道交通运营总里程 608 公里，根据《北京城市总体规划（2016—2035 年）》，2020 年，北京轨道交通里程达到 1000 公里左右。“远的不说，未来三年，就要新增约 400 公里地铁里程，每公里需要 60 ~ 70 人。如此推算，最近三年，我们就要准备好 2.5 万 ~ 3 万的轨道交通人员。”京港地铁人力资源部副总经理周新说。

相比之下，更令行业苦恼的是目前地铁行业人才结构的年轻化。例如，京港地铁职工的平均年龄是 28 岁，再过两年职工平均年龄并不会是 30 岁，很可能是 27 岁。这是因为北京正在不断地开新线、招来的人才却大多数是新人，拉低了平均年龄。

城市轨道交通的迅猛发展和城市规划建设的加快，是地铁人才匮乏的主要原因。资料显示，从 2008 年到 2017 年，北京轨道交通路网增长了约 400 公里，平均每年增长 40 余公里。而从 2018 年算起，今后三年，北京每年都有地铁新线开通试运营，新增里程总计约 400 公里。

同时，培养周期长，也是导致人才匮乏的一个原因。人才招到了地铁运营公司后，还有一个学习培养上岗的过程。轨道交通行业培养一个合格人员，需要花费一年左右的时间。像电子维修等专业技术人才的培养，甚至需要几年甚至十几年。

还有一个原因，就是相关行业之间竞争导致招人难。近年来，城市地铁在发展，全国的高铁也在不断发展，线路和总里程数更大。由于高铁的发展同样需要轨道相关人才，城市轨道交通与高铁的一些专业、技术有相通的地方，会分流一部分地铁行业所需的人才。

地铁人才缺口大，但并不意味着随便招一个人就能胜任这份工作，原因有多方面。第一，需要专业知识扎实的人；第二，要有进取心，能够快速反应，有效解决问题，保障乘客和运营的安全；第三，要对行业有正确的态度，要有服务意识和奉献精神。而这样的人才，则不是一朝一夕所能够培养出来的，所以创新的重要性和急迫性就体现了出来。

为解决技术性人才短缺问题，在相关人才的培养上当然要加快步伐，但是在新技术、设备的开发上更应该加大力度。通过新技术、新理念，打造简单易操作的高效设备，这样就放低了专业性人才的门槛，甚至只需经过简单的培训就可以完成复杂的维修工作。

同时利用高效易操作的设备，解决工作人员短缺的问题。原先的多个人负责一个区变成一个人可负责多个区，这样就能充分缓解人手短缺的压力，同时也提高了管理体系的高效性。

在人才培养上，应创新方式与理念。比如从原来的先学后实践，变成边学边实践，这样就能大大提高学习效率，加快人才培养速度。

当然，解决人才短缺的问题更离不开国家政策的扶持、媒体舆论的引导与社会公众的关注。在提高待遇等措施外，还要让轨道交通从业人员获得更高的职业自信和价值感，真正在行业里沉淀下来，扎根行业发展。

四、总结

综上所述，可以看出北京地铁的建设与管理已经取得了前所未有的成果。虽然仍然面临一些问题，比如污染物的治理、清洁能源的使用，但在“六型地铁”等新理念指导下，已然取得了巨大的成果。

我们不能否定北京在全面小康任务中取得的优异成绩，因为发展形式上是螺旋式上升或波浪式前进的，方向是前进上升的，道路是迂回曲折的，是前进性与曲折性的统一。

在北京地铁的发展中，我们不仅能看到北京经济的高速发展、创新驱动战略的显著成效，还能看出人民生活水平和质量已经提高到了大部分国家与城市所仰望的高度。

在接下来的地铁建设与管理的过程中，应该紧紧抓牢习近平新时代中国特色社会主义思想这一主线，全面贯彻落实党的十九大和十九届二中、三中、四中全会以及中央经济工作会议精神，坚决贯彻党的基本理论、基本路线、基本方略，增强“四个意识”，坚定“四个自信”，做到“两个维护”，紧扣全面建成小康社会目标任务，坚持稳中求进工作总基调，坚持新发展新理念，确保全面建成小康社会和“十三五”规划圆满收官。

疫情对居民消费的影响①

李 金 孙 岩

【摘 要】2020年初，随着新冠肺炎疫情的暴发和蔓延，人们的日常生活受到了巨大影响。一方面，疫情期间居民日常消费支出有所下降，疫情期间居民消费能力有所下降，疫情导致消费领域损失严重；另一方面，疫情倒逼互联网经济发展，培育新兴消费业态，促使居民反思健康生活消费需求和互联网医疗加速发展。面对机遇与挑战，我们建议坚持疫情防控和刺激消费两手抓；保证居民收入稳定，提高居民消费积极性；加强对互联网行业的支持力度，释放新兴消费潜力；维护市场秩序稳定，提高居民消费信心。

【关键词】疫情；居民消费；影响

2020年初，随着新冠肺炎疫情的暴发和蔓延，人们的日常生活被打破，受到了巨大影响。为了深入了解在新冠肺炎疫情下，我国居民消费发生了怎样的变化以及其带来的影响，课题组于2020年7月30日至8月5日，对“疫情对居民消费的影响”进行了网络问卷调查，共发出177份问卷，收回有效问卷177份。虽处在特殊时期，问卷调查有一定难度且问卷数量有限，但调查人群分布合理，因此仍有参考价值。问卷主要关注的问题为疫情对居民的消费造成哪些方面的影响，以便快速精准地了解居民消费各方面的变化，进而分析我国经济方面受到的影响。

本文基于问卷调查结果，描述居民消费在疫情影响下的困境和产生的变化，以此分析我国经济方面受到影响的原因，进而提出建议。

一、疫情对居民消费的负面影响

居民消费是拉动经济增长的主要力量。一方面，居民消费直接作用于宏观经济，对国内生产总值有着重要的影响，是国家整体经济状况的直接反应；另一方面，消费直接影响供给，并通过供给进一步影响生产、收入、物价、就业等一系列宏观经济指标，是衡量国家经济发展水平的重要指标。因此本文认为，研究疫情期间的居民消费

① 本课题指导教师：李金（北京工商大学马克思主义学院）；课题组组长：孙岩（电子181）；课题组成员：扈翔宇、张蔺、罗沛玥（电子181）。

变化及变化带来的影响，对我国生产生活的恢复和经济持续发展有着重要的指导价值。

（一）疫情期间居民日常消费支出有所下降

突发的疫情给人们的生活带来了巨大的冲击，导致人们在消费时的需求发生了不小的改变，因此居民的消费对象发生了一些变化，针对此我们进行了简单的调查。在调查问卷的第 6 题“疫情暴发期间您的家庭在以下方面的消费产生了怎样的变化”中，我们了解到以下情况。

在饮食消费方面，有 46% 的居民表示该方面的消费有一定减少或者未消费，有 20% 的居民表示没有变化，剩下的 34% 的居民在该方面的消费有一定增加。可见受到疫情影响，有近半数的居民减少了外出就餐的情况。一方面和疫情时期大多数饭店都关门有很大关系，过年期间大家也都未串亲访友，外出聚餐；另一方面为了避免感染的风险，更多人选择在自己家中做饭。

在服饰美妆方面，有 61% 的居民表示该方面的消费有一定减少或者未消费，有 20% 的居民表示没有变化，剩下的 19% 的居民在该方面的消费有一定增加。在疫情期间绝大多数商店都关门的情况下，该类消费自然有一定的减少，并且大多数居民疫情期间都尽量不再外出购物，因此该方面消费明显减少。

在生活用品方面，有 41% 的居民表示该方面的消费有一定减少或者未消费，有 26% 的居民表示没有变化，剩下的 33% 的居民在该方面的消费有一定增加。该方面的消费受个人影响较大，整体来看变动并不是很大，分布较为均匀。

在学习教育方面，有 44% 的居民表示该方面的消费有一定减少或者未消费，有 27% 的居民表示没有变化，剩下的 29% 的居民在该方面的消费有一定增加。受疫情影响，2020 年上半年学生大多数学习时间都是在上网课中度过的，由于学习方式的转变，减少了部分（如辅导班等）消费，因此该方面整体消费也有所减少。

在医疗保健方面，有 38% 的居民表示该方面的消费有一定减少或者未消费，有 31% 的居民表示没有变化，剩下的 31% 的居民在该方面的消费有一定增加。在疫情期间，防疫物品是所有居民额外增加的一个消费对象，并且由于物资缺乏和价格略微上涨，该方面的消费大多有所增加。此外，由于此次疫情的影响，居民的健康意识普遍有所提高，也是在该方面的消费有一定增加的原因之一。

在娱乐消费方面，有 55% 的居民表示该方面的消费有一定减少或者未消费，有 19% 的居民表示没有变化，剩下的 26% 的居民在该方面的消费有一定增加。同样因为疫情的影响，一些娱乐消费的场所无法营业，居民为了避免感染，也尽量不去人群聚集的场所，导致该方面的消费也有明显减少。

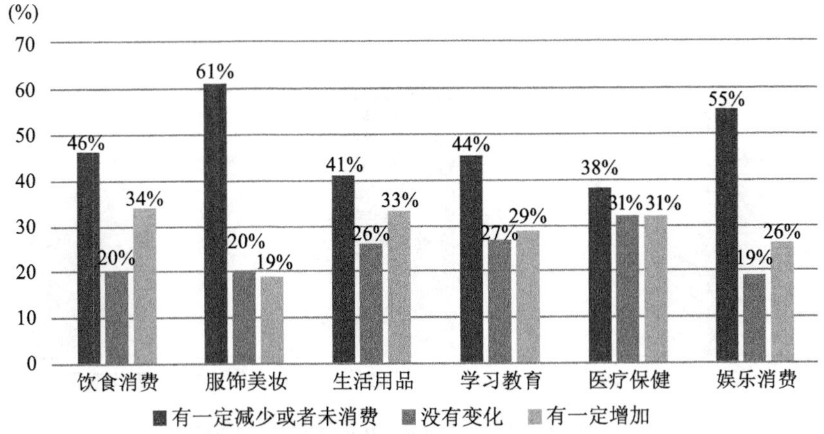

图 1　疫情暴发期间家庭消费方面变化的结果

(二) 疫情期间居民消费能力有所下降

疫情期间人们足不出户，许多人没办法去上班，只得远程办公，但是远程办公的效率远比不上在办公室工作的效率高，可能导致工资的下降。经济市场大环境的不景气，这就产生了一个问题，即多米诺骨牌效应，家庭的生活水平也进而产生退步。

正如问卷中第 4 题关于家庭收入的问题，有 45.35% 的人认为疫情对家庭收入有一定影响，27.33% 的人认为家庭收入几乎没有影响，19.19% 的人认为疫情对于家庭收入影响很大，甚至于几乎没有了收入来源，也有 8.3% 人认为收入反而有一定增加。在这种情况下，人们便会减少不必要的支出，理性思考该如何开源节流，更加合理地支配资金。正如问卷中的第 5 题关于家庭开支的问题，41.86% 的人表示家庭开支与往常变化并不大，31.4% 的人表示家庭开支有明显减少，但也有 26.74% 的人表示家庭开支反而增多。

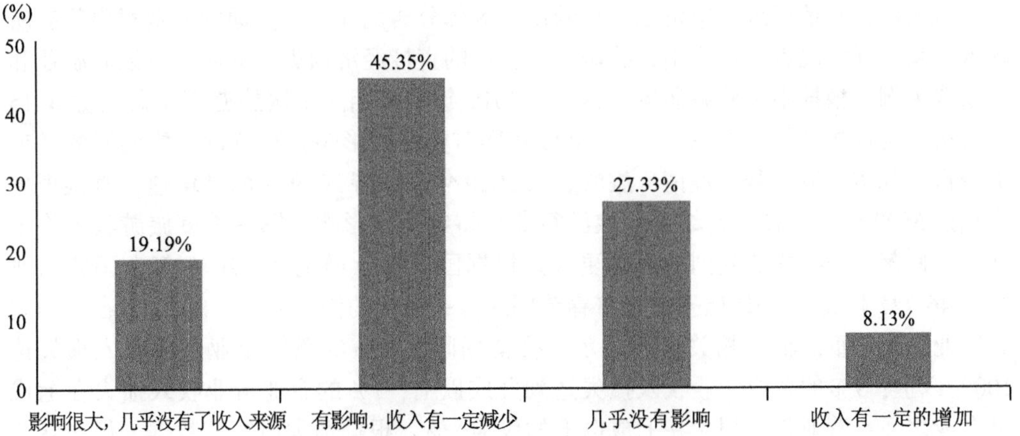

图 2　在疫情期间家庭收入是否受到影响的结果

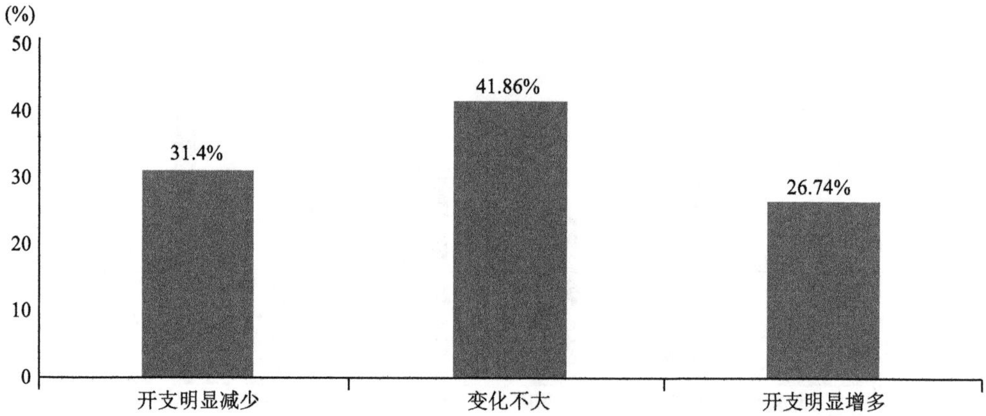

图3 在疫情期间家庭开支与往常相比变化的结果

根据上述问卷第4题的情况，可以看出居民收入有一定减少；根据上述问卷第5题的情况，也可以看出总体上支出略微减少。在问卷第6题中，在各个消费方面，如餐饮、服饰、教育等，消费减少人数均大于消费增加人数，也反映居民消费有一定的减少。

为了防控疫情，绝大部分省份出台了限制人员流动聚集的政策。经济活动在严格的管理下，除了必需的消费以外，绝大部分经济生产活动都按下暂停键。受疫情影响，很大一部分企业经营困难。大量中小微型企业倒闭或停业，相当一部分企业有裁员的计划，导致从业人员收入以及消费能力大大下降。受疫情冲击较大的旅游业、餐饮业和交通运输业营收下降。一方面人们恐惧疫情，不愿外出消费；另一方面也没有足够收入进行娱乐活动。居民们的收入与支出有着紧密联系，这些原因都导致居民收支受到影响，进而导致消费能力下降。

（三）疫情导致消费领域损失严重

从居民日常消费统计中可以明显看出，大部分居民在各个方面的消费意愿都有所降低，从实际情况也可以看出，我国各个行业的直接经济损失十分明显。以旅游业和餐饮业为例，根据中国旅游研究院测算，2019年春节期间全国旅游接待总人数4.15亿人次，实现旅游收入5139亿元；2020年春节受疫情影响，春节黄金旅游周的各项消费行为基本停滞。若无疫情，旅游收入2020年或保持2019年的高增速，直接损失将超过5500亿元，在疫情结束前旅游行业将持续受到影响，第一季度旅游收入将出现大幅回落；而餐饮业受到的损失更大。根据国家统计局统计，2019年全国餐饮业收入46 721亿元，其中15.5%来自春节期间这一传统的消费旺季。2020年春节期间餐饮业损失严重。根据相关资料显示，疫情期间，79%的餐饮企业营业收入损失达100%以上；9%的企业营业收入损失达到九成以上；7%的企业营业收入损失在七成到九成之间；营业收入损失在七成以下的仅为5%。根据恒大研究院数据，仅在春节七天内，疫情已对餐饮行业零售额造成了5000亿元左右的损失。

二、疫情对居民消费的正面影响

（一）疫情倒逼互联网经济发展，培育新兴消费业态

在疫情期间，由于居民很难走出家门，无法正常工作和消费，导致大多数行业的发展受到严重打击。但与此同时，各大互联网企业抓住机遇，大力宣传和推广自己的产品，互联网行业得以迅速发展。

首先看在线办公，受到疫情影响，需要上班的居民大多开始使用在线办公，市场对此也进行了良好的反馈，各大互联网企业都积极支持在线办公并提供各种帮助，各种软件在此期间用户量激增，且在目前疫情基本稳定后也留下了许多忠实用户。其次，在线娱乐也在此期间得到了很好的发展，居民娱乐方式的减少，导致居民在线娱乐的时间激增，尤其是网络视频和直播十分火爆，各类游戏的流量也大量增加。电商方面的发展更不用多说，虽然疫情期间居民消费有一定降低，但是线上购物的比例激增，更多的人了解并熟悉了网上购物，给电商带来了更多的用户群体。

线下消费则出现了各种各样的局限性。例如饮食方面完全拒绝堂食，改为只许打包或者外卖到家就餐；诸多商店关门，无处购买需要的商品等。加之在疫情期间限制外出人数、外出次数或者购物次数，使得越来越多的居民开始不满足于有限制的线下消费方式，同时，线上消费的便捷和少有的限制是给居民带来了足够的安全感，于是越来越多的居民开始更青睐于线上消费。

（二）疫情促使居民反思健康生活消费需求

突如其来的疫情，倒逼人们增强健康意识，更加关注健康、投资健康，促进健康消费行为。同时引起人们对于自己平时开支的反省，并且更加理性地消费，了解自己真正需要哪方面的生活用品，哪部分的开支又是可以节省的。根据调查问卷第 12 题

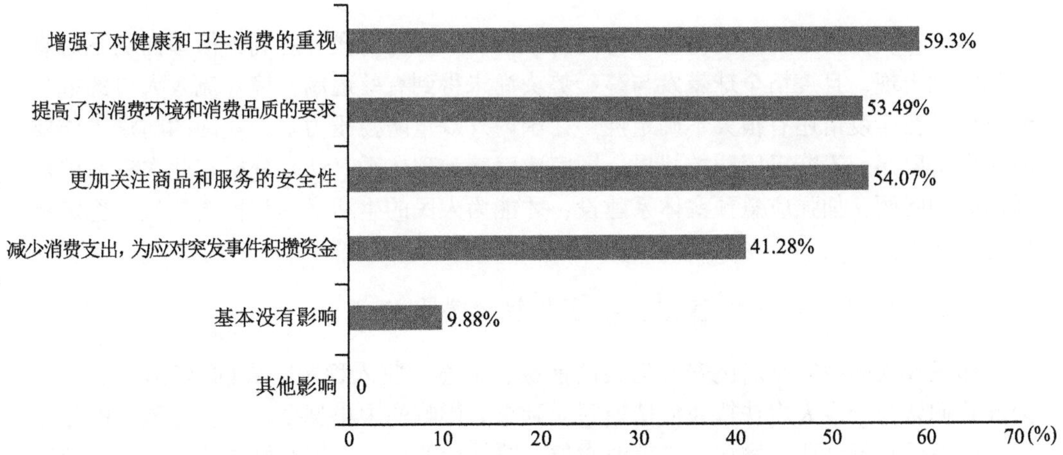

图 4　请问您的家庭在疫情期间消费观念发生了哪些变化？

的结果可以看出，如今多数居民比以往更重视在医疗卫生和安全健康方面的消费，而且对于存钱以应对紧急关头的经济需求的渴望有一定增加。疫情促使居民反思自己消费习惯，重视起健康生活，消费更加理性。

据统计数据显示，第一季度全国居民人均购买洗涤及卫生用品支出增长 27.2%，购买口罩等医疗卫生器具支出增长 4.2 倍。除购买防疫必需品外，电商销售情况也十分抢眼，空气净化器、除菌洗碗机、除菌干衣机等健康生活类家电走俏，保健品、营养品受到追捧，运动手环、健康监测产品等销售火爆。受疫情的影响，人们开始反思并逐渐重视起了健康消费，向健康生活消费倾斜。

（三）疫情促使互联网医疗加速发展

疫情期间就医困难促使互联网医疗得到了迅速发展。疫情期间，国家接连出台各种新政，为互联网医疗的发展提供便利，卫健委接连发布《国家卫生健康委办公厅关于加强信息化支撑新型冠状病毒感染的肺炎疫情防控工作的通知》《关于在疫情防控中做好互联网诊疗咨询服务工作的通知》等公告，确立了互联网医疗发展的方向。紧接着陆续开展了互联网医疗的医保结算、支付标准、药品网售、分级诊疗、远程会诊、家庭医生、线上生态圈接诊等改革试点、实践探索和应用推广，为互联网医疗的发展提供了有力支撑。根据不完全统计，截至 2020 年 2 月，疫情期间全国超过 10 家互联网医疗平台推出在线问诊专栏，200 多家公立医院开展新冠肺炎免费互联网诊疗或线上咨询。互联网医疗的加速发展不仅仅是在疫情期间解决了人们就医困难的情况，它的便利性和高效性让我们看到，在不远的将来，互联网医疗一定会成为我国医疗体系的重要组成部分，为提高人们生活质量贡献力量。

三、对疫情防控和刺激消费两手抓的建议

（一）坚持疫情防控和刺激消费两手抓

目前，我国新冠肺炎疫情已经得到有效控制，取得阶段性胜利，但国内仍不时有新的病例出现，且疫情全球暴发与蔓延势头尚未得到有效遏制，境外流入人口的危险性仍然存在，疫情还有很大不确定性。在国内外双重防控压力下，我国的防疫工作要时刻保持警惕，不断巩固防控战果。国家应完善治理体系，认真分析在此次疫情中暴露出来的问题，加强应急预案体系建设，才能为人民的生活幸福和社会的秩序稳定提供有力保障。

（二）保证居民收入稳定，提高居民消费积极性

居民收入的稳定是居民安心消费的前提，显然，收入稳定需要的是工作的稳定。因此我们认为，应大力扶持在疫情期间受到重大影响的中小型企业，稳定现有的工作岗位；鼓励自行创业，增加更多就业岗位，缓解就业压力；控制好物价水平，避免因通货膨胀降低居民实际收入，进而削弱居民消费意愿。

（三）加强对互联网行业的支持力度，释放新兴消费潜力

一方面，互联网行业在疫情期间受到的影响较小，可以明显看出互联网行业具有较强抗风险能力，并且部分领域在疫情期间取得了更好的发展，会有更好的发展前景；另一方面，在疫情期间居民对互联网的使用明显增多，众多的互联网产品有了许多新用户的加入，为互联网行业的发展带来了更多动力。疫情发生以来，一些新兴消费业态得以快速发展，非接触性消费、在线消费、网络视频消费等数字化消费前景较好，新兴消费业态极大地释放了新兴消费潜力。

（四）维护市场秩序稳定，提高居民消费信心

疫情初期，哄抬物价、串通涨价等违法行为的出现，以及一些防疫用品及其生产原材料价格呈现较大波动的情况，给市场秩序和群众生活带来了不小的影响。市场稳定是居民有信心稳定消费的前提，大力维持市场的稳定是重中之重，一旦消费者信心被动摇，经济的持续恢复一定会都会随之波动。因此，国家应提前规划、合理引导、营造安全和放心的消费环境，满足人民对美好生活的需要，提高居民消费信心，促进消费增长，从而拉动经济的恢复。

参考文献

[1] 袁晓玲，李彩娟．疫情下居民消费动态变化分析与建议［J］．北京工业大学学报（社会科学版）：31－39.
[2] 谭诗怡．浅谈新冠肺炎疫情对居民消费行为的影响［J］．商场现代化，2020，05（09）：10－11.
[3] 小丁．激活健康消费的一池春水［N］．昆明日报，2020－06－03.

附录：

疫情对居民消费的影响调查问卷

您好，我们是北京工商大学的学生，正在进行一项疫情对居民消费的影响调查问卷，恳请您用几分钟时间帮忙填答这份问卷。本问卷实行匿名制，请您放心填写。谢谢您的配合。

1. 您来自［单选题］
   A. 农村　B. 县城　C. 三线城市　D. 二线城市
   E. 一线城市
2. 您的家庭月收入大概是［单选题］
   A. 1 万元以下　B. 2 万元以下　C. 5 万元以下　D. 更多

3. 您的家庭生活的地区疫情的严重程度有多大
[0（一点也不严重）到5（很大）的数字]

______

______

4. 在疫情期间，您的家庭收入是否受到了影响[单选题]
A. 影响很大，几乎没有了收入来源　B. 有影响，收入有一定减少
C. 几乎没有影响　D. 收入有一定的增加
5. 在疫情期间，您的家庭开支与往常相比有什么变化[单选题]
A. 开支明显减少　B. 变化不大　C. 开支明显增多
6. 疫情暴发期间您的家庭在以下方面的消费产生了怎样的变化［单选题］
1）日常饮食方面：A. 有一定减少或者未消费　B. 没有变化　C. 有一定增加
2）服饰美妆方面：A. 有一定减少或者未消费　B. 没有变化　C. 有一定增加
3）生活用品方面：A. 有一定减少或者未消费　B. 没有变化　C. 有一定增加
4）学习教育方面：A. 有一定减少或者未消费　B. 没有变化　C. 有一定增加
5）医疗保健方面：A. 有一定减少或者未消费　B. 没有变化　C. 有一定增加
6）娱乐消费方面：A. 有一定减少或者未消费　B. 没有变化　C. 有一定增加
7. 您的家庭疫情期间在购买商品时，主要考虑哪些因素[多选题]
A. 价格　B. 质量　C. 品牌　D. 外观
E. 实用性　F. 售后服务　G. 服务态度　H. 其他______
8. 请问您的家庭在疫情期间消费方式发生了哪些变化[多选题]
A. 购物时尽量选择线上购物　B. 很少外出餐饮
C. 网络娱乐消费增加　D. 减少外出餐饮
E. 基本没有变化　F. 其他______
9. 疫情期间您在线上消费时遇到有什么不便[多选题]
A. 疫情初期，物流配送慢甚至停运　B. 无法送货上门，取货不方便
C. 担心网购商品质量差　D. 商品价格上涨
E. 产品缺货，需抢购　F. 不熟悉线上购买操作
G. 其他
10. 疫情期间，您认为有哪些消费困难[多选题]
A. 物价水平有所上涨
B. 食品外卖供应短缺
C. 无法去实体店，网上购买的商品不是很满意
D. 防疫用品供不应求，价格和质量都令人担忧
E. 其他______
11. 您认为疫情期间什么物品的价格上涨对您的生活产生了较大影响[填空题]

______

______

12. 请问您的家庭在疫情期间消费观念发生了哪些变化［多选题］
   A. 增强了对健康和卫生消费的重视
   B. 提高了对消费环境和消费品质的要求
   C. 更加关注商品和服务的安全性
   D. 减少消费支出，为应对突发事件积攒资金
   E. 基本没有影响
   F. 其他________
13. 在目前疫情基本稳定的情况下，您的家庭日常生活是否恢复到和当初一样［单选题］
   A. 受疫情影响较大，没有当初的生活好
   B. 基本恢复到和往常一样
   C. 比以前的生活更好
14. 疫情结束后，您的消费观念较之以前是否会发生变化［单选题］
   A. 与从前一样，没太大改变
   B. 不再盲目消费，合理支配经济
   C. 渴望省钱，以备紧急关头的经济需求
   D. 进行补偿性消费，弥补自己在疫情期间遭遇的苦闷
15. 您对促进经济有什么建议或想法［填空题］

____

____

全面建成小康社会中人民群众食品药物安全需求探讨①

张　娜　唐　满

【摘　要】“民以食为天，药以安为先”，人类生长，经济腾飞，社会进步，时刻离不开安全、卫生、营养的食品药物。食品药品安全是一个重大的公共卫生问题，直接关系到人民群众的身体健康和社会稳定。当前，我国进入了全面建成小康社会的决定性阶段，经济发展和社会进步对食品药品安全提出了更高的要求，人民群众有着更高的期待，食品药品安全工作的重要性更加凸显。在我国正在向小康社会大步迈进的历史进程中，加强国民的食品药物安全具有极为重要的现实意义。食品安全是全面建成小康社会的重要标志，所以实现食品、药品安全，构建和谐社会，促进食品、药品行业健康发展是全面建成小康社会的有力保障。

【关键词】食品安全；药物安全；小康社会；需求

本次调查受疫情影响，主要采用互联网调查方式开展，调研对象面对中国社会群众。问卷由小组成员在各平台上发布，共计发放调查问卷 82 份，收回 82 份，回收率为 100%。回收问卷统计显示，学历高、年龄低是本问卷的特点。高等学历的调查对象为 64 人，占总调查问卷的 78.05%。其中学历高也会略微影响食品药物的安全需求。

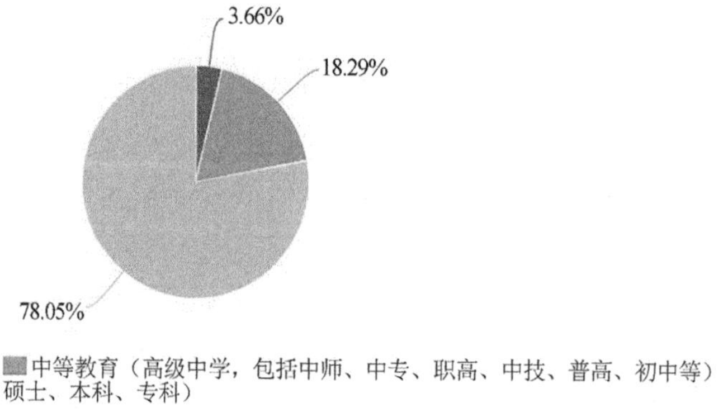

图 1　学历情况

① 本课题指导教师：张娜（北京工商大学马克思主义学院）；课题组组长：唐满（机械 182）；课题组成员：马明明（机械 182）、于沐冰（机械 182）、李钊源（机械 181）。

群众对于食品、药品关注度高达 84. 15%，食品安全需求相对于药品安全需求更大。

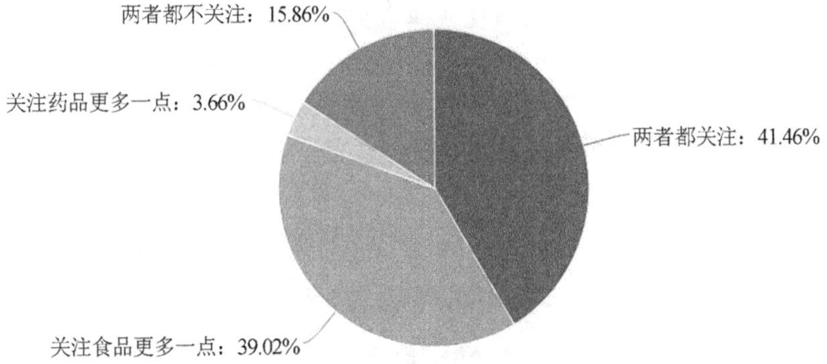

图 2　对食品、药品关注程度

一、群众对于食品药物安全观念的基本情况

党的十八大提出了全面建成小康社会的宏伟目标，这是党对人民的郑重承诺和对世界的明确昭告，也给我国人民描绘了一幅安居乐业的美好蓝图。然而，食品安全问题已经成为阻碍小康社会顺利实现的一个重要障碍。根据《小康》杂志针对“中国综合小康指数”的调查显示，在全面建成小康社会进程中，2012 年最受公众关注的十大焦点问题中“食品安全问题”位居首位，我国的食品安全现状不容乐观，成为困扰老百姓最重要的民生问题。在全面建成小康社会中人民群众对于食品的安全问题尤为重视。

二、食品和药物安全需求的基本情况

根据调查显示，有近三分之一的群众在购买时会注意食品的生产日期和保质期，而相对于生产许可标志的注意度相对于生产日期低。此外，生产厂商也作为群众购买物品的一个判决标准。其中初高中以上学历注意 QS 标志的人数占总关注 QS 标志的调查人数百分比为 85. 04%。

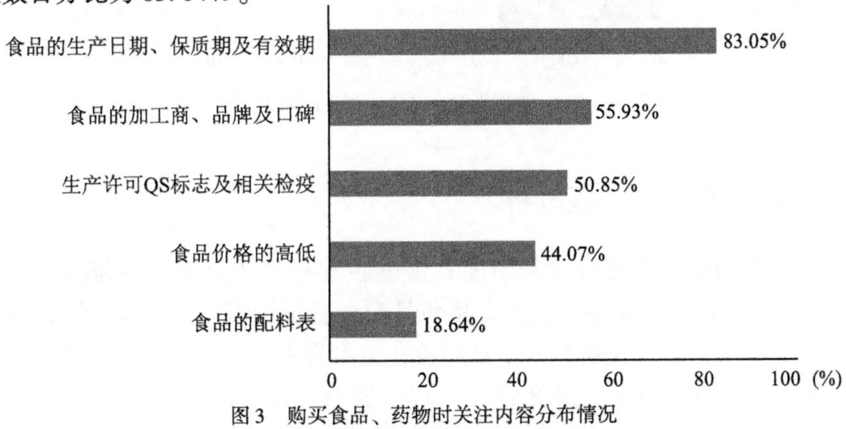

图 3　购买食品、药物时关注内容分布情况

通过调查我们了解到，现今网络科技发展迅速，人手一部智能手机已经是常态。由于网络获取信息的这种方式更为便捷，群众可以更快地接收关于食品类安全问题的相关信息。群众食品药品安全知识总体水平同时呈现四个特点：从群众自身素质看，文化程度高的群众其安全意识较文化程度低的群众高，对食品药物安全有一个理想化的概念；从购买地点看，绝大多数群众从大型或中小型连锁超市门店购买食品药品；从年龄层次上看，年龄较大的群众比年龄较小的群众食品药品安全知识和自我保护能力普遍低一些；从生活环境看，小区居民通过食药所、安全监管办公室、社区食品药品信息员的一系列宣传活动，对食品药品安全知识有一个大体的理解。

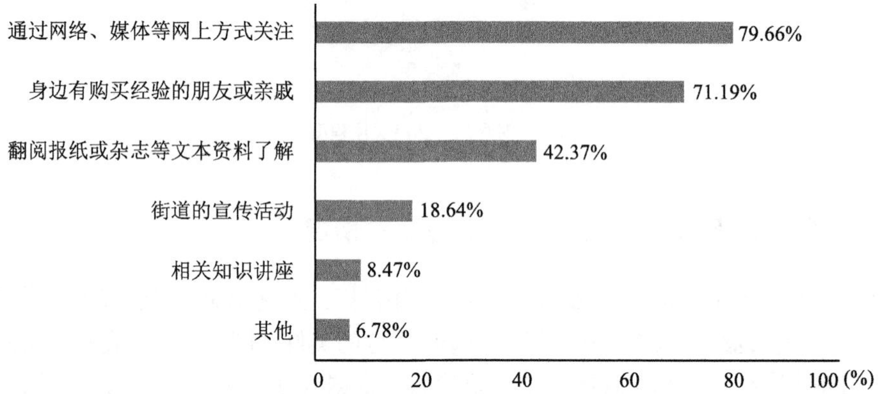

图4　了解食品、药物安全来源情况

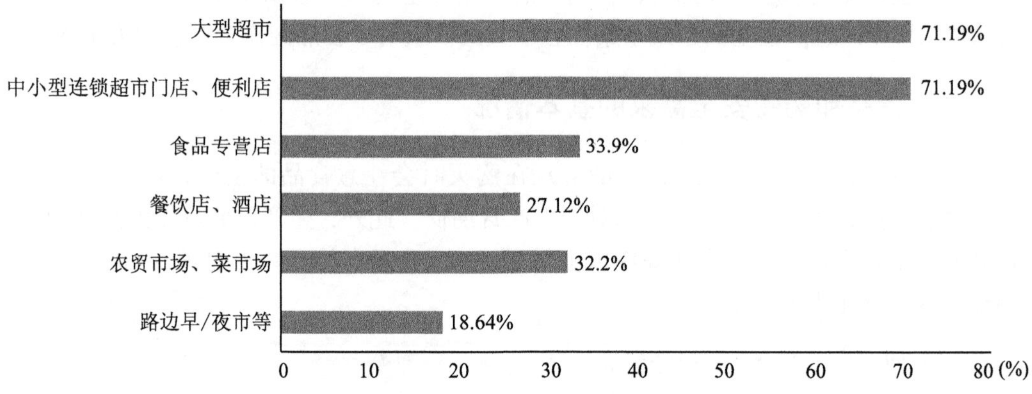

图5　购买食品、药物地点分布情况

三、食品药物安全问题分析

由国家食品药品监督管理总局新闻宣传中心发布的《全国食品药品科普状况调查（2017）》结果显示，我国公众的食品药品安全意识较强，但安全知识较薄弱。食品药品安全直接关系到人民群众的切身利益，关系到千家万户的幸福安康。

调查对象普遍认为我国食品药物安全比较安全，近年来“十三五”国家食品和药品安全两个规划明确了“十三五”食品、药品安全工作的指导思想、基本原则和发展目标，以及主要任务与保障措施，描绘了“十三五”期间食品、药品安全工作蓝图，对接细化了国民经济和社会发展第十三个五年规划纲要在食品、药品安全监管领域的目标任务，吹响了为决胜全面小康提供食品药品安全保障的进军号角。食品药品监管事业在承前启后、继往开来中不断发展壮大。“十二五”时期，党中央、国务院高度重视食品药品安全工作，在各方面共同努力下，我国食品药品安全形势稳定向好，人民群众饮食用药安全得到切实保障。“十三五”是我国全面建成小康社会的决胜阶段，也是全面建立严密高效、社会共治的食品药品安全治理体系的关键时期，“两个规划”按照“五位一体”总体布局和“四个全面”战略布局，坚持创新、协调、绿色、开放、共享发展理念，全面实施食品安全战略，着力推进监管体制机制改革创新和依法治理，加快建成食品药品安全现代化治理体系，从而推动我国由制药大国向制药强国迈进，推进健康中国建设。

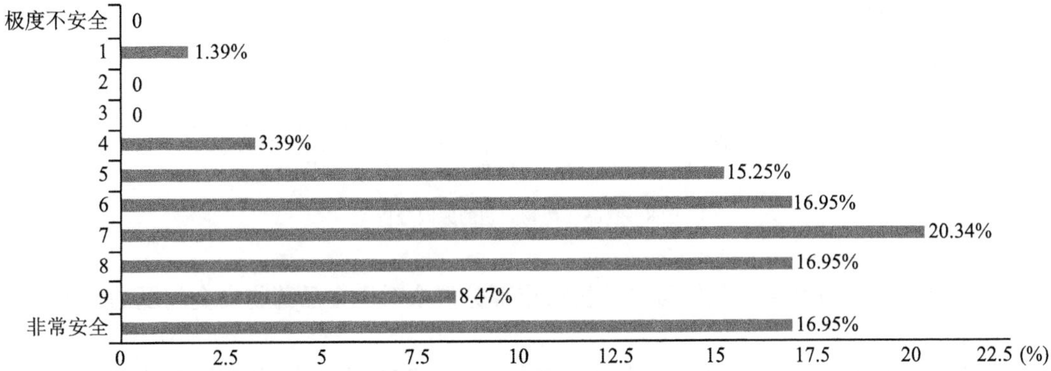

图 6　对我国食品、药物安全度分级评价

尽管我国目前食品药品安全形势稳定向好，但是仍然存在部分违规问题。根据调查，食品药物最大的安全问题来自一些不法企业和个人利欲熏心，生产制造假冒伪劣

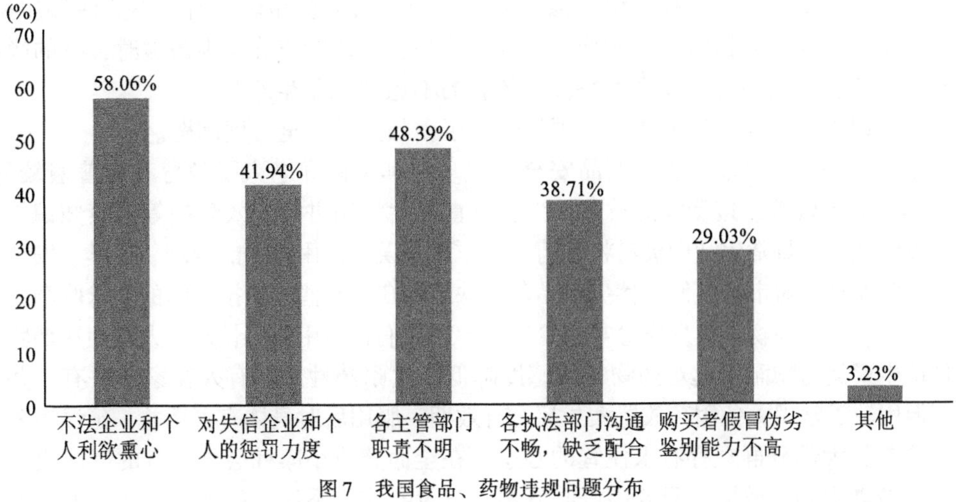

图 7　我国食品、药物违规问题分布

产品，再加上一些监管部门与执法部门沟通不畅、缺乏配合，也监管执行力度不够，造成消费者上当受骗，消费者进行投诉后，监管部门处理速度也较慢，进而形成了恶性循环。

四、群众对于食品药物安全问题态度分析

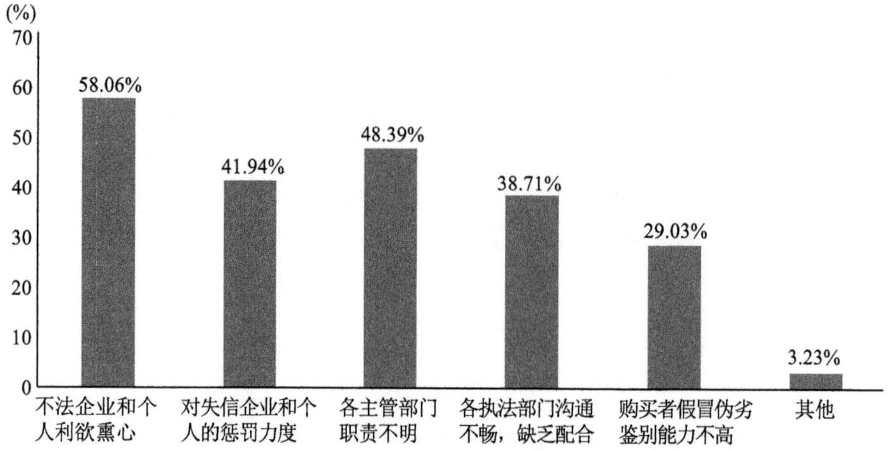

图8　食品、药物问题的原因分析

根据以上调查结果，我们可以分析得出部分群众对于食品药物安全问题的态度特点如下。

第一，群众的自我保护意识淡薄。部分群众尤其是中老年群众仍迷信偏方、秘方，偏信名为义诊实为卖药的行为，深信地方媒体夸大疗效的药品广告并主动购买。这部分中老年群众的自我保护意识不足，极容易上当受骗，为他们普及食品药品安全知识极为重要。

第二，群众的自我维权意识不强。部分群众在购买食品药品时，不关注保质期、生产厂家、日期、商标等。对所购买的食品药品有所怀疑或确定为假劣时，有的嫌麻烦不愿追究，有的因碍于情面不举报，还有的不想“惹是生非”。

针对以上特点，可以分析出我国群众对于食品药品安全态度问题。

第一，部分群众缺乏食品药品安全知识。尤其是留守老人受教育程度普遍较低、识别骗术能力较差、接受宣传教育较慢、对食源性疾病进行有效防护等健康知识较缺乏，以致他们在日常生活中极易将非药品当作药品误买误用。不能合理、科学、安全地安排日常饮食；对市场上假冒伪劣食品药品缺乏认知；有些人不按医师的要求吃药，对药性认识、应对药物不良反应等常识匮乏，导致他们盲目用药，长期、大量使用药物尤其是抗生素类药物而引起对药物的敏感度降低产生耐药性；还有人在家中备有一些药品，但因缺乏常识，备用药放置太久超过有效期，服用后对身体有害无益，延误病情。

第二，大部分群众存有求便宜的心态。在全面建成小康社会中，有的群众收入有限，消费能力相对较弱，只要能好吃好用不危及身体，不注重品牌、生产厂家，便宜

就行。因此，价格因素仍然是他们在选择商品时首先考虑的，买东西看价格已经成了这部分消费者的消费习惯。

第三，部分干部思想认识不到位。一小部分干部认为食品药品安全工作应该是食品药品监管部门的事情，与社区干部、村干部等关系不大；还有的与经营食品药品经营户比较熟悉，存在“何必去得罪人”“多一事不如少一事”等心理。

第四，部分地区宣传还不够广泛，存在宣传盲区。目前，我国在经济发达区已经开展了食品药品安全宣传工作，但因设置食品药品监督管理所的时间较短，工作人员缺乏工作经验，导致宣传工作还做得不够深入、细致，存在盲区。

五、提高群众食品药品安全意识的思考

针对实际情况，应该扬长避短，采取有效措施提高群众的自我保护能力和维权意识。

1. 运用灵活的宣传方式，加强食品药品方面的科普宣传。不断增强群众的食品药品安全意识，提高辨别常见劣质食品药品的能力，不购买和食用劣质食品药品。利用到各食品药品经营户监管检查工作的时机，宣传食品安全法，通过散发宣传单、开设服务咨询等传统方式图文并茂地向群众广泛宣传食品药品安全知识。

2. 对人民群众关心的热点问题进行正面宣传，及时、权威、深入地曝光一些案例，形成强大的社会舆论氛围，引导和鼓励全社会参与食品药品安全监督，增加消费者的自我防范意识、安全消费的能力和参与监督的责任。

3. 针对不同人群，采取不同宣传方式。由于宣传面广，可采取分步宣传的方法，针对不同知识层次的群众，先宣传一批接受能力较强、影响力较大的人员，采取逐渐辐射的方法，由信息员带动周围群众、干部带动村民、学生带动家长、卫生室和药店人员带动身边群众、知识层次较高的群众带动知识基础薄弱的群众等提高全体群众的食品药品知识。

4. 加强地区食品药品安全监督网络建设工作。依靠党委、政府及相关部门的有力支持，充分发挥食品药品监管所和食品药品信息员的作用，构筑市、区、街道三级食品药品安全网络，为广大群众的饮食安全提供牢固的安全屏障，并鼓励群众参与食

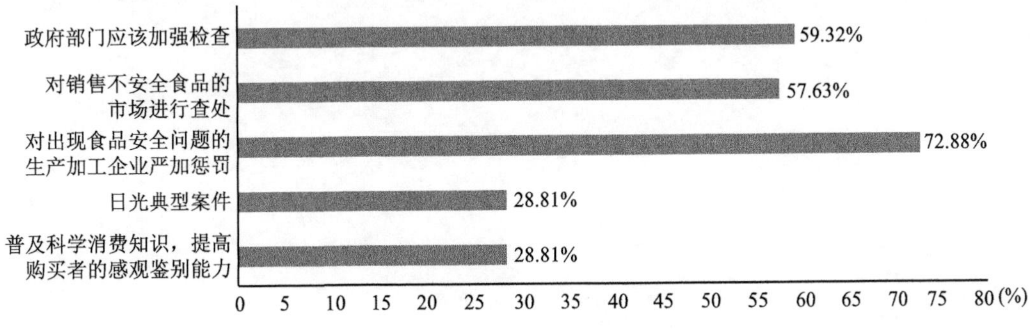

图9　解决食品、药物问题的建议

品药品安全监督，共同营造良好的食品药品安全监管环境。

食品药品安全，关系到人民群众的身体健康和生命安全，关系到社会稳定和经济发展。实践证明，在广大群众中建立食品药品安全防线，只有加强宣传教育工作，动员全社会的力量，提高群众的安全意识，努力营造人人关心食品药品安全、人人重视食品药品安全的良好氛围，才是彻底解决食品药品安全问题、确保人民群众身体健康、确保正常的食品药品市场秩序、确保社会稳定局面的根本所在。

参考文献

[1] 张玮．试论我国政府食品药品安全信息传播的现状及其对策［D］．上海：复旦大学，2008.

[2] 吴晓昧．农村食品药品监管问题与对策［D］．武汉：华中师范大学，2019.

[3] 石磊，粘青．白城：增强群众食品药品安全意识［J］．吉林农业：下半月，2011（10）：8－8.

[4] 贺志刚．为群众留下不走的“宣传队”——做好食品药品安全知识科普工作大有可为［J］．中国食品药品监管，2016，000（012）：61－63.

[5] 史小华．确保食品药品安全是建设和谐社会的基本要求［J］．宁波通讯，2006，000（011）：22－23.

[6] 吴关香，欧阳黎明，李光锋．统计在食品药品安全监管中的应用探讨［J］．健康导报：理论周刊，2015，020（007）：326－327.

新时代人口老龄化趋势下中国城乡养老模式选择：现状、难题与对策调研①

余金城　武楠楠

【摘　要】中国人口老龄化有两大表现：数量上，老年人在总人口中的比重每年递增；结构上，老年人中高龄人口所占比重逐渐增加。在三大养老模式中，不论在城镇还是农村，居家养老都是最主要的模式，而且农村老年人比城镇老年人更偏向于选择居家养老。影响养老模式选择意愿的因素主要有三个方面：经济、家庭传统伦理价值和养老制度保障。加快发展经济，加强法治、道德教育，完善养老问题的法治保障，发展多元化的养老服务体系，更新养老观念，实现老年人自身价值，这些措施都能缓解养老模式选择的难题。

【关键词】老龄化；城乡；养老模式

本次调查适逢新冠肺炎疫情期间，课题组通过线上查阅数字资源、发放问卷和线下访谈等多种形式开展了调查。本次调查主要集中在陕西、江苏、浙江部分县市的城镇，其中，问卷共发放156份，回收150份，回收率96.15%；有效问卷150，有效率100%。在150份有效样本中，20岁以下占28.60%，20~39岁占17.74%，40~59岁占6.94%，60岁以上占46.72%；农村户口人数占22%，非农村户口人数占78%。

一、人口老龄化趋势

2019年11月中共中央、国务院发布的《国家积极应对人口老龄化中长期规划》中指出，人口老龄化是社会发展的重要趋势，是人类文明进步的体现，也是今后较长一段时期我国的基本国情。具体来看，这一趋势可以从数量和结构两个方面来理解。

首先，老龄人口占全国人口总数的比例，处于递增状态。截至2019年底，全国60周岁及以上老年人口25 388万人，占总人口的18.1%，其中65周岁及以上老年人口17 603万人，占总人口的12.6%。专家推算，“十四五”期间中国或进入中度老龄化社会，2030年之后65岁及以上人口占总人口的比重或超过20%，届时中国将进入重度老龄化社会。到2050年中国的老年人将达到4.87亿人，即每三个人里面就会有一个60岁以上的老人，这意味着中国未来会是一个老龄化非常严

① 本课题指导教师：余金城（北京工商大学马克思主义学院）；课题组组长：武楠楠（生物技术192）；课题组成员：王雪（生物技术192）、周鑫圆（生物技术192）。

重的国家①。

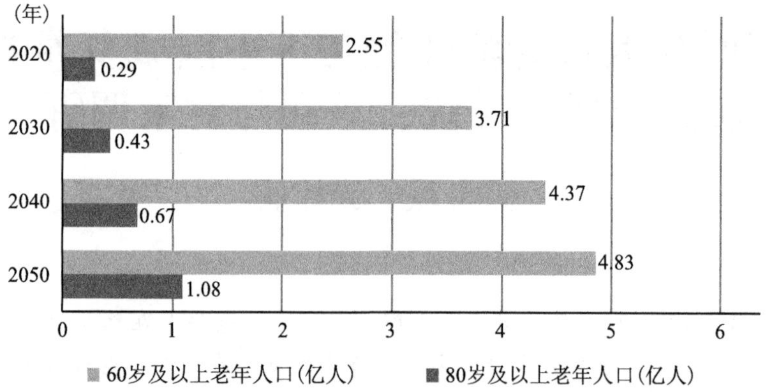

图1　2020—2050 年中国老年人口预测

图片来源：中国产业信息网

其次，高龄化加速发展。据人口普查资料显示，2000 年中国 80 岁及以上老年人口占 60 岁及以上老年人口的比重达 9.6%。如图 1 所示，人口预测结果显示，2020 年、2030 年、2040 年、2050 年我国 80 岁及以上老年人口数量将分别达到 0.29 亿人、0.43 亿人、0.67 亿人和 1.08 亿人，分别占老龄人口比重为 11.37%、11.59%、15.33%、22.36%。

二、城乡老年人养老模式选择意愿的现状

随着我国新型城镇化建设的加快，我国老年人口的城镇化水平也在日益提高。到 2015 年，在全国老年人口中，城镇老年人口占 52.0%，农村老年人口占 48.0%。如果将养老的含义界定为“身心功能存在各种、各级障碍，需要接受不同程度非医疗护理的老年人如何安度余生”。目前我国的养老模式主要有三种，即居家养老、社区养老和机构养老。

在这三大养老模式中，不论在城镇还是农村，居家养老都是最主要的模式。由于在上门看病、康复、上门护理、心理健康咨询、餐桌服务和家政服务等方面可以不同程度提供各种辅助，社区养老模式日益得到国家的重视。受到“家文化”对城市和农村的不同影响，社会养老（实际上指机构养老）在农村“水土不服”，农村居民相比城市居民更加偏好家庭养老”。

上述结论得到课题组最新调查数据的支持。城镇老人相较于农村老人，更愿意选择养老院养老。养老院既可以为老人提供安心舒适的养老环境，还可以满足他们多种

① 按照联合国标准，一个国家或地区 65 岁以上人口超过 7% 或 60 岁及以上人口占比超过 10%，就进入老龄化社会；达到 14%，就成为深度老龄化社会；达到 20%，就发展为超老龄化社会。按照这一标准，中国自 2000 年开始进入老龄化社会。

文娱需求，因而老人们能过着“打太极、散步、遛狗”的闲适生活。

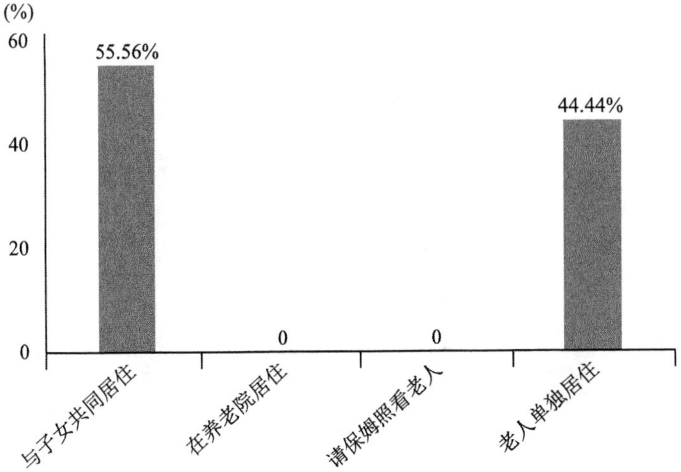

图 2　中国西北地区某县 C 镇农村老年人的养老情况

课题组发现，农村老人偏向于选择居家养老，除了受“家文化”的影响外，还受到经济因素的影响。如图 2 所示，中国西北地区某县 C 镇农村老人都选择居家养老，其中 55.56% 的老年人与子女共同居住，44.44% 的老年人单独居住，在养老院居住和请保姆照看的老年人为零。与子女共同居住的，因为子女们多外出打工，家中的耕地则多由居家老人耕种。采访中我们发现，有些农村老大爷 70 多岁还背负着生活的重担，干着重体力活。

三、影响城乡养老模式选择意愿的原因

为了弄清楚影响城乡养老模式选择偏好的原因，课题组在调查问卷中设置了“社会养老会面临着怎样的挑战”。如图 3 所示，影响模式选择偏好的影响因素有经济来源、资源分配、子女照顾、养老配套措施滞后、“啃老族”增加等。

概括来说，这些因素集中在以下三点。

（一）经济因素

如图 3 所示，有大部分人担心老龄化程度继续加深和城乡养老资源分配更加不均。部分人担心养老配套措施跟不上老年化发展速度，还有少部分人担心贫困老人越来越多。这些回答表明，接受调查的对象在认识到我国老龄化趋势加快发展的情况下，担忧经济因素尤其是国家对养老领域的资源投入不足。特别是近年来，国家就业形势比较严峻，家庭医疗、住房负担增加，这些无疑对老年人经济来源也产生影响。

很显然，经济因素反映了人们对社会养老的期望颇高，但是由于担心国家或社会投入的不足，这直接降低人们对社区养老、机构养老模式的选择偏好。

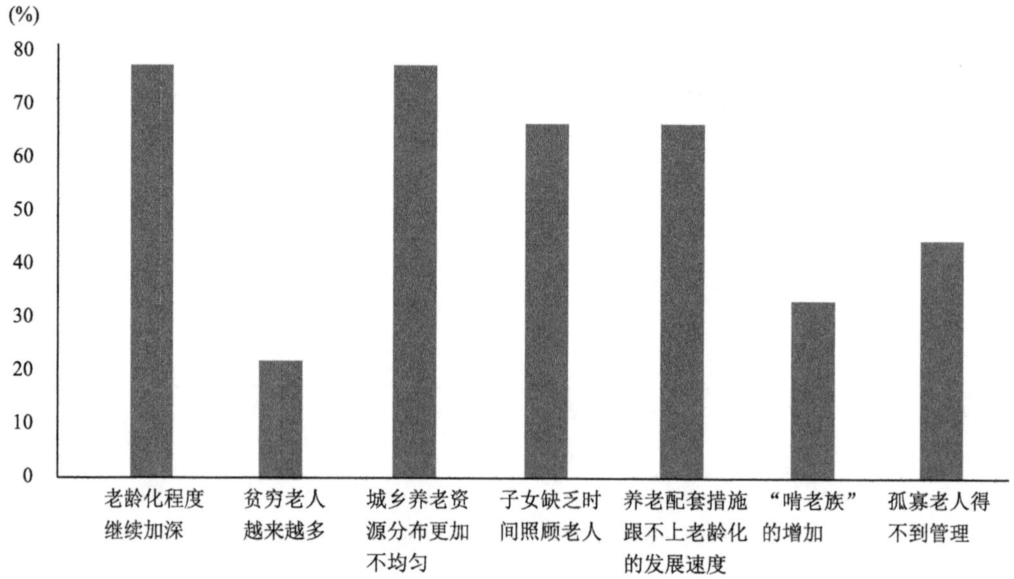

图3　影响城乡养老模式选择的问题

（二）家庭伦理价值因素

调查发现，66.67%的人担心子女缺乏时间照顾老人，还有33.33%的人认为“啃老族”现象越来越多。调查数据表明，不少人期望老年人能得到家庭环境的关怀，但是又对传统社会伦理价值的信心不足。改革开放以来，计划生育政策的执行使家庭规模变小，加之城镇化的加速发展，传统的家庭养老模式受到冲击。在价值观念上，部分年轻人不再把照顾父母当作自己的首要责任，他们大多数情况下只是给予父母物质上的“补偿”，而缺少精神上的陪伴，甚至虐待父母的现象也屡见媒体报道。敬老美德的影响力受到一定程度的弱化。空巢老人的数量也越来越多，老年人的晚年生活得不到保障。

（三）养老保障制度不完善

影响养老模式选择意愿的因素还有养老保障制度问题。图3显示出人们对养老资源分配、养老配套措施的看法，还有部分人提出的孤寡老人管理问题，实际上也反映了人们对国家在养老保障方面社会管理存在重要的短板问题的忧虑。《2019年民政事业发展统计公报》显示，截至2019年底，全国共有各类养老机构和设施20.4万个，养老床位合计775万张，比上年增长6.6%，每千名老年人拥有养老床位30.5张。其中，全国共有注册登记的养老机构3.4万个，比上年增长19.9%，床位438.8万张，比上年增长15.7%；社区养老照料机构和设施6.4万个（其中社区养老照料机构

8207 个），社区互助型养老设施 10.1 万个，共有床位 336.2 万张。这与人口老龄化趋势要求显然不相适应，养老保障不足的矛盾比较突出。《国家积极应对人口老龄化中长期规划》提出：到 2022 年，我国积极应对人口老龄化的制度框架初步建立；到 2035 年，积极应对人口老龄化的制度安排更加科学有效；到 21 世纪中叶，与社会主义现代化强国相适应的应对人口老龄化制度安排成熟完备。

四、应对城乡养老模式选择难题的策略

中国有句古话："仓廪实而知礼节，衣食足而知荣辱。"因此，要从根本上解决养老这一难题，实现"老有所养，老有所医，老有所学，老有所乐，老有所为"的美好养老生活，还需要做到以下几点。

（一）加快生产力的发展，创造丰富的物质财富，为解决养老问题奠定雄厚的物质基础

只有大力发展生产力，提高劳动生产率，创造雄厚的物质基础，才有可能提高家庭收入。只有进一步加强自身的养老能力，才有可能实现国家经济建设、老年人生活的统筹兼顾、全面发展，从而使国家和社会能够有更多的资金投入到老年福利、城乡基础设施和老年人生活保障、资助方面，从而缓解养老模式选择的经济难题。

（二）加强法治教育和道德教育，为养老问题的解决提供精神支持

针对传统家庭伦理价值受到的冲击和敬老传统美德领域的失范行为，需要从思想根源上寻找原因。一方面要加强法治宣传和教育，强调"尊老、敬老、养老"的法定义务，否则将受到法律制裁。另一方面要加强"尊老、敬老、养老"传统美德的教育，在全社会形成良好风尚，为养老问题的解决提供精神支持和价值引领。

（三）完善养老问题的法治保障

养老是一个涉及民政、教育、劳动和社会保障等多部门协调行动的庞大系统工程，离不开法治保障。党的十八大以来，《"十三五"国家老龄事业发展和养老体系建设规划》等文件陆续出台，老龄事业发展的顶层设计愈加完备。同时，完善养老和医疗保险制度、提升养老院服务质量等实招、硬招不断落地，带给老年人以实实在在的获得感、幸福感与满足感。党的十九大报告明确提出，我们应当积极应对人口老龄化，构建"养老、孝老、敬老"政策体系和社会环境，推进"医养结合"，加快老龄事业和产业发展。

（四）发展多元化的养老服务体系，建立以国家或政府为依托、社会为辅、家庭养老为主的居家养老模式

从国外对待养老问题的经验和实践来看，随着社会经济的发展，社会养老或社会化养老服务已然是一种必然趋势，国家也会发展社会福利并承担起养老的主要责任。

然而，当前由于生产力不发达，国家经济财力有限，单纯依靠国家和社会养老显然不够实际，而且国家在满足老人的亲情慰藉的需求方面是无法取代家庭的，特别是家人的陪伴与关怀的。因此，当前养老应当还是以家庭为主、国家或政府为依托，社会为辅的居家养老模式，以给老年人尽可能地提供温馨幸福的晚年生活。《国家积极应对人口老龄化中长期规划》提出，健全以居家为基础、社区为依托、机构充分发展、医养有机结合的多层次养老服务体系，多渠道、多领域扩大适老产品和服务供给，提升产品和服务质量。

（五）更新养老观念，实现老年人自我价值

老年人有着丰富的人生经验和职业技能，有着年轻人无法比拟的巨大社会价值。老年人要与时俱进更新养老观念，追求“人生不止、追求不息”的精神，运用思维、技术和经验上优势，承担力所能及的事情，甚至再创业，实现“自我养老”和“自我价值”，塑造“老年辉煌”。老年人还需要保持一份乐观、健康的心态，迎接自己人生的“又一个春天”，愉快地度过美好老年时光。

五、结论

在我国人口老龄化加速发展的背景下，养老问题的解决需要国家、社会、家庭三方面携手共进、比肩同行。国家的政策支撑、法治保障、道德引领，社会组织力量的整合、积极参与和个人法治思维、道德意识的养成和养老观念的更新对于形成国家或政府为依托、社会为辅、家庭为主的居家养老模式，让自己和家人的幸福晚年生活获得保障，具有重要意义。

调查中，我们发现，人们步入老年生活时想做的事情真是丰富多彩，如图 4 所示。

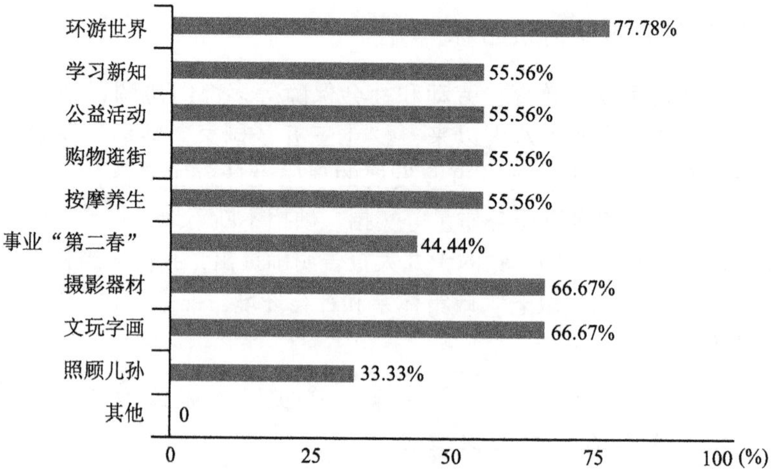

图 4　中国城乡老年人的生活状态与兴趣分布

“莫道桑榆晚，为霞尚满天。”2020 年是决胜全面建成小康社会的收官之年，但是养老问题的完善“任重而道远”，国家、社会和家庭三者需相互协作、砥砺前行。

参考文献

[1] 温铁军，等．社会养老为何在农村水土不服——“家文化”视角下城乡养老意愿差异的实证研究［J］．农业经济问题（月刊），2020（1）：128－136.

附录 1：

问卷调查

亲爱的朋友：

您好！首先请允许我们向您表示最衷心的感谢！我们团队正在做关于“全面建成小康社会中国城乡养老问题调查”的暑期实践活动，我们现在进入了调研阶段。因此，为了充分真实地了解大家对这一问题的看法和观点，我们拟定了这份调查问卷。感谢您在百忙之中给予我们帮助，请您尽可能如实地填写以下问卷。谢谢您的支持与理解！祝您生活愉快！

我们国家目前正处在全面建成小康社会的关键时期，而养老是一个既关系到民生、经济，又关系到国家未来发展的大问题。有专家预测，2050 年中国的老龄人口将达到 4.87 亿人，也就是说我们每三个人里面就有一个 60 岁以上的老人。因此，对我们每一个人来讲，做好自己和家人的养老规划，适当了解中国城乡养老政策以及养老可能遇到的问题就显得至关重要。

问卷主体

1. 您所居住的地区（请您尽量以“××省××市××县”的格式填写）

____

2. 您的年龄是

A. 20 岁以下　B. 20～39 岁　C. 40～59 岁　D. 60 岁以上

3. 您目前的职业是

A. 公职人员　B. 教师　C. 学生　D. 务工

E. 务农　F. 经商、创业　G. 其他

4. 您的户口性质是

A. 农村　B. 非农村

5. 您的婚姻状况是

A. 单身　B. 已婚

6. 针对当前社会“不婚族”“丁克族”人群的增多，您认为这些人养老有保障吗
   A. 有，靠自己也能过得很好
   B. 没有，没有子女绕膝，不管是物质生活还是精神生活都会有所缺失
   C. 不知道，不了解
7. 您认为过了什么年龄后应该开始养老
   A. 40 岁以上　　B. 60 岁以上　　C. 70 岁以上
   D. 养老是一种养生态度，不分年龄
8. 您家中有几位老人需要赡养
   A. 0 位　　B. 1 位　　C. 2 位　　D. 3 位
   E. 4 位　　F. 4 位以上
9. 您认为一位老人一个月的生活费大约在多少（医药费除外）
   A. 500 元以下　　B. 500 元～1500 元
   C. 1500 元～2500 元　　D. 2500 元～4000 元
   E. 4000 元以上　　F. 不太了解
10. 老人一年花费的医药费大致接近什么范围
   A. 500 元以下　　B. 500 元～3000 元
   C. 3000 元～10 000 元　　D. 1 万元～10 万元
   E. 10 万元～30 万元　　F. 30 万元～100 万元
   G. 100 万元以上　　H. 范围不定，看老人身体状况
11. 您家老人的主要养老方式是［多选题］
   A. 子女养老　　B. 敬老院养老
   C. 独居养老　　D. 配偶陪伴养老
   E. 同龄老人陪伴养老　　F. 其他________
12. 您认为养老问题主要靠
   A. 政府占比多一些　　B. 子女占比多一些
   C. 老人自身比例多一些　　D. 社会占比多一些
13. 您认为应该怎样更好地完善养老制度
   A. 主要提高经济的发展
   B. 完善养老服务行业体系
   C. 依靠政策，鼓励多生多育，减轻子女压力
   D. 继续延迟退休时间
   E. 增加养老服务公共机构
   F. 其他________
14. 要是有一家金融公司能提供有关养老问题的有效解决方案，您会鼓励人们考虑吗
   A. 会　　B. 不会
15. 社会养老会面临着怎样的挑战［多选题］
   A. 老龄化程度继续加深

B. 贫穷老人越来越多

C. 城乡养老资源分布更加不均匀

D. 子女缺乏时间照顾老人

E. 养老配套措施跟不上老龄化的发展速度

F."啃老族"的增加

G. 孤寡老人得不到管理

H. 其他

16. 您认为如果我们在立马退休的前提下，至少要储蓄多少钱

A. 10 万元以下　　B. 10 万元～50 万元 C. 50 万元以上

17. 您会建议人们以下哪种方式解决老年生活的基本花销

A. 自己的储蓄　　B. 继续工作　　C. 子女赡养

18. 您对我国的养老制度有什么了解？未来您的养老规划是什么（请尽量多地陈述您的观点，您的观点将对我们的调研起到很大的帮助，谢谢您）

____

____

19. 针对目前出现的养老问题，您认为有什么比较好的建议（请尽可能多地陈述您的观点，您的观点与建议将对我们此次调研有很大帮助，谢谢您）

____

____

非常感谢您能在百忙之中抽出时间填写我们小团队的调查问卷，对于您的支持我们不胜感激！

附录 2：

个人专访文字记录

采访一：（学生，女，18 岁）

问： 平时陪伴爷爷奶奶的时间多吗？

答： 还可以，只要我有空经常会去爷爷奶奶、外公外婆家。

问： 平时如何陪伴老人家？都和他们做些什么？

答： 我会买一些必需品和他们喜欢的东西，有时也会和他们在一起做饭，去公园散散步。

问： 作为学生，不知道你有没有想过自己以后的老年生活？

答： 其实我并没有想得那么远，只是简单地想了想。

问： 是否曾经对自己的老年生活有所规划呢？

答：我认为当前我最应该做的就是加强自己的身体素质，让自己健健康康的，当然还是要提前详细地规划一下自己的养老计划。此外，我要努力工作，为自己以后的老年生活存一笔钱，还要培养自己的兴趣爱好，以免让自己在老年的生活中感到孤独。最重要的是，要找一个一直可以陪伴自己的伴侣，可以和他一起幸福地度过晚年生活。

问：不知道你对我国的养老制度了解多少呢？

答：其实我对我们国家的养老制度并不是很了解，我认为目前我国的养老制度主要是国家和子女共同努力，共同推动我们国家的养老事业，国家实实在在地为我国的老年人养老作出了很大的保障。所以以后我打算多了解一些关于养老这方面的知识。

问：你打算从哪些方面来了解养老方面的知识呢？

答：首先，我打算在网上查找一些资料，还有就是去专门的养老网站了解；其次，我打算去问问身边的朋友，还有自己的家人，如爸爸妈妈、爷爷奶奶；最后，我打算去我们当地的政府处问一问，到当地的养老机构去看一看。

采访二：（农村老人，女，70 岁）

问：我想了解一下您平时的生活状况怎么样？

答：我觉得在现在这个年代，我们的生活好太多了，吃的、穿的都不缺，感到非常满意、高兴。

问：您现在的养老来源主要来自养老金还是子女的补助？

答：我们有养老金就够了，子女他们的他们自己花，我们还要给子女，我们有时候也花不完。我们老年人也不怎么需要钱，就吃一点就可以了，现在这个医保也有，住院也给我们报销。我们自身也注重身体健康，医药费基本也花不了多少。

问：您现在和子女生活在一起吗？

答：没有，我们现在生活在农村，儿女们都在大城市，就是有时候过节他们会回来看看我们，也住不了几天，然后就走了。

问：对您的儿女还有孙子、孙女陪伴您的次数和时间，您觉得怎么样？

答：还行吧，他们经常会给我们打电话，也会给我们寄些钱，让我们买些生活用品。

问：您对现在国家政策还有什么好的建议和期待呢？

答：反正我们老年人感到满足了，现在国家对我们的养老金之类的政策都挺好的。

采访三：（陈先生，45 岁）

问：您好，我们有一些养老问题，想要采访一下您。

答：嗯，好啊。

问：请问您是倾向于自我养老，还是子女养老？

答：子女养老吧。

问：嗯，那您觉得，北京市的养老机构怎么样？

答：这个我不太了解，我感觉应该不够好。
问：请问您觉得是收费太高，还是因为医疗条件差，或者服务态度不好呢？
答：收费太高吧，现在那些机构收费还是有点高的。
问：那您会选择将您的父母送去养老机构吗？
答：不会的。
问：是出于孝心呢，还是觉得这些机构的环境不太好，还是收费高？
答：出于孝心吧，做父母就是想让我们多陪陪他们嘛，我觉得还是要好好地陪父母。

采访四：（郭奶奶，71 岁）

问：您好，我们有一些养老问题需要采访您，您方便吗？
答：嗯，好。
问：请问您的养老方式是自我养老还是子女养老？
答：我孩子会给我养老的，我也有退休金。
问：请问您的孩子是否经常回家看望您，大约多长时间一次？
答：我跟我儿子一起住。我女儿也在这边，平时没事都会来看我的。
问：那您很幸福啊，您平时参加什么文化娱乐活动吗？
答：我平时跟我朋友出去跳跳舞，锻炼身体又开心。我孩子出去工作的时候，我跟小区好多姐妹也一起聊天。
问：那您觉得我们政府的养老做得怎么样？
答：我觉得很好啊，反正我每天挺开心的，我觉得政府做得挺好。

关注人民食药安全需求，共建良好食药安全环境①

王　东　杨赏赐

【摘　要】 食品药品安全问题与每一个中国人息息相关，更关乎国家全面建成小康社会宏伟目标的实现。本文通过问卷调查研究了民众在食品药品安全方面的认识程度，以及消费者在食品药品安全方面的诉求，认为改善当下食品药品安全环境需要在行业监督、相关知识科普以及企业安全投入等方面下工夫；同时新冠肺炎疫情为我国食品药品安全建设提出了新的目标。

【关键词】 食品药品安全；新冠肺炎疫情

一、调查概况

（一）调查背景

“民者，国之根也。诚宜重其食，爱其命。”我国坚持以人为本的科学发展观，致力于满足广大人民群众的物质文化需要，而食品与药品安全是一个国家的经济水平以及人民生活质量的重要体现，中国必然重视人民群众的食品药品安全。2017 年，国务院发布《“十三五”国家食品安全规划》和《“十三五”国家药品安全规划》，高度重视我国的食品药品安全工作，为我国的食药安全发展指明了前进的方向。

另外，我们必须认识到，食品药品安全关系到每个人。“民以食为天”不仅在说食品问题之重要，更在说它覆盖天底下全体的人民群众。正因如此，在食药安全问题上，每个社会成员都有发言权，都有权利对食药安全现状发表自己的看法。相对应地，每个人也都有义务健全自己的食药安全意识，掌握一定的食药安全知识。

本次调查即由此展开，希望通过这次调查，了解大众对食品药品安全的认识状况，管窥当下食药安全一线的完善程度，增强决胜全面建成小康社会的信心。

（二）调查详情

本次调查采用在线发布调查问卷的形式，问卷发布于 2020 年 7 月 1 日，截至 7 月 8 日，共发布 154 份问卷，回收率 100%，发布范围涵盖全国 26 个省级行政单位。问卷的信度、效度皆良好。

---

① 本课题指导教师：王东（北京工商大学马克思主义学院）；课题组组长：杨赏赐（食品 181）；课题组成员：李德金（材料 181）、杨军辉（生物 182）。

（三）调查统计

本次调查问卷的统计结果见附录。

二、对本次调查结果的分析与讨论

（一）当下民众食品药品安全意识现状

食品药品安全与所有人有关，每个人都需要对自己选择食用的食品和药品负责。我们不可能活在一个完全没有任何安全风险的社会环境下，所以我们的安全意识就是必备的自卫武器。民众的安全状况如何，绝不只取决于客观环境的质量，与民众所具有的安全意识也有密不可分的关系。同时，只有了解民众的安全意识状况，才能更好地理解他们在食品药品安全上的需求。通过本次问卷调查，我们发现民众的安全意识现状有如下几个明显的特点。

1. 拥有基本的食药安全意识

在中国当前并不完美的食品药品消费环境之下，不具备最基本的安全意识是一件十分可怕的事情。尽管我们并不具有关于食药安全的普遍性教育，但是食品和药品毕竟是十分贴合生活的话题，消费者们足可以从生活中学习建立基本的食药安全意识。以问卷第 12 题为例：

第 12 题　您愿意选择价格略高但更安全的食品或药品吗

A. 很愿意

B. 不愿意，没有必要

C. 价格差距较小的情况下，愿意

D. 药品一定要尽量选择最安全的，食品则不一定

本题有 35.71% 的受访者选择 A，有 43.51% 选择 C。数据显示，在消费者的认识中，安全是选购食品及药品的重要参考指标，而且是一个值得支付一定额外费用的指标。这反映了民众对安全问题有一定的重视，“便宜，能吃就行”已经不再是选购食品的原则，对药品的审视也有一样的道理。在问卷第 9 题，问到对外卖和路边摊的要求时，作为多选题，“不注意，便宜好吃就行”这一选项的选择率仅有 25.32%，该选项的受访者仅占 11.04%。除此之外，从问卷第 18、19 题这样的客观知识类题目的调查结果来看，正确答案的选择率都是最高且过半的。在不能强求所有民众都能答对这两道题目的情况下，如果多数人可以持有正确立场，那么民众整体的安全稳定性是合格的。

2. 有较好的安全学习积极性

民众对食药安全的重要性有比较清晰的认识，同时也对学习此类知识的必要性持有较好的态度。只具有基本的食药安全意识依然不足以应对生活中可能出现的安全状

况，若要后续的科普工作能有效开展，民众的学习积极性是必不可少的。这要求民众对现在的食药安全环境不能过于乐观，以致不认可学习食药安全知识的必要性，也不能对这些知识太过冷漠，不珍惜强化安全意识的学习机会。在问卷第 2 题中，我们对大众心中当前的食品药品安全环境做了一个调查：

第 2 题　您对当前中国的食品及药品安全环境的看法是

A. 非常好，十分安全

B. 比较好，没有大问题

C. 一般，中等

D. 比较差，问题较多

E. 很差，问题非常严重

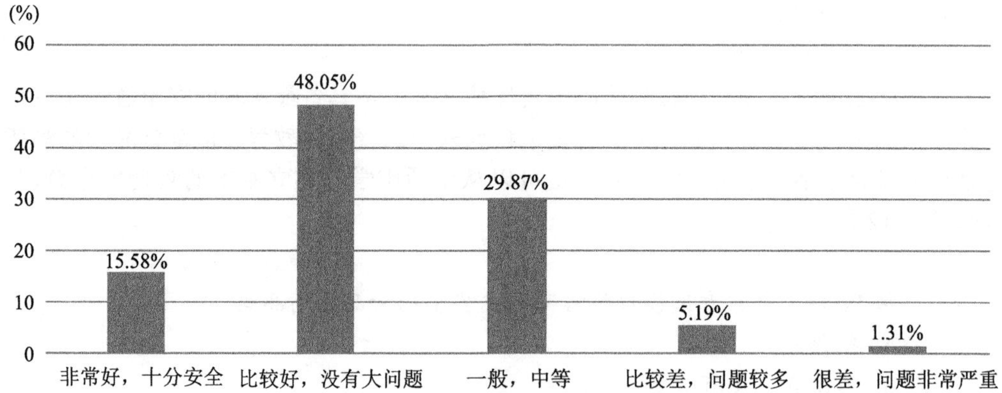

图 1　调查问卷第 2 题统计结果

从图中可以大致看出，统计结果大致呈现中间高两边低的峰形，有 48. 05% 的受访者认为当前食药安全环境“比较好，没有大问题”，这确实是比较接近当前客观现状的答案，这表明民众的食药安全学习积极性是值得肯定的。同时我们也可以看到，对现状十分乐观的受访者只占 15. 58%，是一个相对比较小的数值。在问卷第 6 题的调查中：

第 6 题　您是否会留意食品药品方面的资讯或知识

A. 主动通过网络或书籍等学习相关知识

B. 不会主动了解，但会接受这方面的科普和宣传

C. 很少接触有关的资讯

D. 觉得安全环境已经足够好，没必要去了解

本题 A、B 选项的选择率分别超过了 30% 和 50%，是一个比较可观的结果。而

且，通过对以上两个问题的交叉分析可以看出，第 6 题 C、D 选项的选择者集中在第 2 题的 B、C 选项内，但在第 2 题的这两个选择率较高的选项之内呈现出的占比却并不高。综上数据分析，民众在食药安全方面的学习积极性是比较高的，这为安全知识科普工作的开展预备了良好的土壤。

3. 当前食品药品安全认识仍然不够到位，知识储备略匮乏

尽管食品药品安全状况基本安定，民众安全意识并不淡薄，但事实上，食品药品安全问题的长期存在与民众的安全知识储备不足也有很大的关系。有些时候，民众对食品方面的问题过于敏感，甚至有“一朝被蛇咬，十年怕井绳”的状况。而有些时候，民众缺乏基本的安全防备意识，无视实际存在的安全隐患，不少食品药品相关的错误观念依然存在。以问卷第 13 题为例：

第 13 题　您对食品添加剂的看法是

A. 食品添加剂对人体有害，不该添加到食品中

B. 食品添加剂可以适量添加，但现在市场上的食品中添加剂含量往往超标

C. 市场上食品的添加剂含量都是经过检验的，在合理范围内

D. 食品添加剂虽然无害，但它是商家降低成本的手段，还是不含添加剂的食品好

本题是问卷中受访统计结果明显偏离事实的一道问题，有 61. 69% 的受访者选择了 B，而正确答案 C 只有 18. 18% 的选择率。诚然我国在食品非法添加物方面的公共事件并不少，而且次次引发全社会的广泛关注，不少人因此误解食品添加剂，产生了诸如本题 A 或 B 的看法。其实食品添加剂是食品加工过程中的合法添加物，而且含量都经检验且控制在适当范围内，不该被妖魔化，更不该和三聚氰胺、瘦肉精等非法添加物混为一谈。

而另一方面，问卷 19 题中的两个选项，则是民众忽略潜在的食品安全风险的典型例子。

A. 略微腐烂的水果，在削去腐烂的部分并仔细清洗后，可以食用

C. 生鱼片的安全性与烹饪成熟的鱼肉相比没有很大差别

很多家庭出于爱惜食物的目的，会选择削去有些腐烂的水果而食用剩下的部分，这样做非常危险，因为腐烂部分的真菌产生的有毒物质可以渗透到整个水果，但外观上不易引起人们的察觉。生鱼片虽然营养价值高，但是寄生虫和微生物存在的概率也非常高，务必慎之又慎。这些知识和人民群众的食品安全密切相关，而且接受这些知识也不需要很高科学知识背景，本应被群众所广泛了解，但是调查结果并不很乐观。

（二）民众对食品药品安全的诉求

人民群众是食品药品安全的客体，在与安全问题战斗到底的过程中，政府有必要倾听人民群众的想法，这有助于尽快找到关键问题的所在，满足人民群众的安全需求，提升人民的生活幸福感。若只站在食品药品生产商或者负责监督的相关部门的角度来审视食品药品安全，并不容易把好钢用在刀刃上，切中要害地解决问题。通过本次调查，不难总结出人民群众在这方面的诉求大致包括以下几个方面。

1. 对公权监督寄予较大期望

根据调查结果，我们可以看到，人民群众仍然对于公权力在食药安全问题中的重要作用格外看好。诚然每个公民都可以为安全环境的改善出一份力，但是起主导作用的毋庸置疑还是国家公权。虽然食药安全关系到千家万户，但解决这个问题，需要国家强制力的管控，需要专业人士的科学分析，需要宣传部门正确引导舆论走向。在调查中，问及常去何地购买食品和药品时，多数人选择大型商场、公立医院这样的更为正规可靠的途径。原因不言而喻，越正规的场所，受监管越强，安全性越高。在问卷第 5 题“您认为进一步提高食品药品的安全性的主要措施是”之中，选择加强立法执法和加强行业监管两个选项的人占比之和超过 80%，而选择加大科研力度的仅有 1.3%，这一结果悬殊。虽然我们不能否认，这个选择率极低的选项所描述的措施也是不可或缺的，但是在民众的心里，期望的筹码还是更多地押在了国家管理者身上。类似的还有问卷第 9 题：

第 9 题　您对外卖和路边摊的安全要求是

A. 不注意，便宜好吃就行

B. 从业者需要取得相关的安全证明

C. 相关部门要对其监督

D. 食材来源和厨房环境要透明可查

本题的各选项中，B、C 选项分别占有 64.94% 和 49.35% 的选择率。这两个选项描述了两个不同方面的监督，一是从业者的从业资格要经过相关部门的认可和批准，二是其经营过程要持续受到相关部门的审查。消费者希望经营者之间能够有一个资格上的区分，这个区分需要由可靠的第三方来完成，这个第三方就是国家公权。在其他问及某些具体的食药安全问题的解决措施一类的问题中，明显看到要求公权发挥重要作用的选项总是占有最多的选择率。

2. 对食品包装有一定关注和要求

食品包装在现代化食品中扮演着极为重要的角色，除了具有便于运输、卫生干净的作用之外，对商业化食品来说，也有注明配料表、保质期等信息的作用。认真、如实地标注相关信息是食品生产商的责任，通过包装对该食品有一定了解则是消费者需要掌握的一项技能。虽然生活中仔细研究食品包装的消费者并不十分常见，仿佛包装在广大消费者眼中就只是一层外壳而已，但是从调查结果来看，留意包装上相关信息的受访者还是占多数的。这个事实反映了消费者对食品包装的诉求，厂家因此更加有必要正视包装在食品安全方面的重要价值，承担专业领域内的企业社会责任。我们希望消费者对食品包装的关注能够倒逼食品企业完善并合理呈现包装上的产品信息，为消费者的食品安全负责。在问卷第 7 题的调查中：

第 7 题　您购买食品时最关注的是

A. 配料表注明的成分

B. 商品价格

C. 品牌

D. 风味、口味

E. 热量

F. 包装正面的设计和广告语

选择前四个选择项的受访者居多，B、C 选项突出了现代食品的商品属性，D 选项则可看出食品在安全性、营养性之上的享受性，而与食品安全关系最为密切的 A 选项在选择率上仅次于商品价格，可以看出民众的关注点还是比较理性的。商家吸引消费者固然要靠品牌的知名度、风味、口味的多样性等在包装上的出彩和加分，但是与人民健康关系最密切的部分也不可以放低标准。在问卷第 16 题中：

第 16 题　您是否清楚自己对哪些食品或食品成分过敏？以及您是否留意食品包装上的过敏提示

A. 清楚，留意

B. 清楚，不留意

C. 不清楚，留意

D. 不清楚，不留意

统计结果表明，留意过敏提示的受访者（即 A、C 选项选择率之和）占到 59.09%。一方面，民众对食品包装的过敏信息有一定的留意；另一方面，过敏提示在食品包装中还不是一个必须标注的项目。我国 2011 年发布的食品安全国家标准中关于致敏物质的条款显示，如加工过程中可能带入上述食品或其制品，宜在配料表临近位置加以提示。并未对这一标注做出强制性要求，但是商家有必要考虑到过敏反应对消费者造成的伤害，适当权衡并重视这类标注的必要性。

3. 对安全的重视受价格制约较明显

食品和药品都具有明显的商品属性，其价格必然是消费者所关注的重点。比如前面提到的问卷第 7 题，受访者购买食品时，最关注的一项还是商品价格。当食品或药品的价格与它的安全性在一定程度上挂钩时，民众的选择表明价格制约着他们对安全性的重视。价格的制定与其价值有关，民众并不排斥有适当理由的价差，产品的安全性就是一个值得接受的理由。但是，这样的包容是有一定限度的，这个限度有两个维度的含义，一是愿意为安全支付额外费用的民众占比，二是可接受的以安全为由的价差的大小。

第 12 题　您愿意选择价格略高但更安全的食品或药品吗

A. 很愿意

B. 不愿意，没有必要

C. 价格差距较小的情况下，愿意

D. 药品一定要尽量选择最安全的，食品则不一定

本题的 A、C 选项分别占到 35. 71% 和 43. 51% 的选择率。我们无法苛求所有消费者都能选择 A 选项，毕竟不同家庭的经济能力是不同的。C 选项能被超四成的受访者选择，足以反映民众对安全和价格之间的平衡的拿捏，他们必须在已有的安全意识和有限的钱囊之间做好适当的协调。消费者在以安全为由的价差面前表现出犹豫也不仅仅是出于贵贱考虑，不排除某些商家打着安全的旗号抬高价格，实际售卖的只是一般的产品——虽然没有质量问题，但不见得比其他产品更安全。正因这种现象的存在，消费者对商家宣传的安全持有怀疑态度，担心自己为此额外支付的费用最后竟是冤枉钱。消费者正在用消费决策告诉我们，希望在食品和药品方面，安全能成为一个可信并且不太昂贵的商品属性。另外一个很有趣的结果是，选项 D 的选择率虽最低，但与 B 选项相差无几。在人们心中，似乎药品与健康的关系比食品的要紧密一些，所以在愿意为安全支付的额外费用有限的情况下，有人选择重视药品而略微轻视食品，这也从一个侧面反映了价格制约着公众的安全意识。

（三）调查揭示的食品药品安全解决对策

食药安全问题是一个十分庞杂的问题，仅凭一个调查难以发现其背后的全部原因，也不容易得到这个大问题所有合理的解决措施。但是，管中窥豹可见一斑，即使我们只能看到食药安全问题的一个小侧面，也有助于我们提出可能的对策。在前面部分，我们看到了民众对食品药品安全的诉求，至少从这个角度出发，我们可以找到当前的安全状况可以从哪些方面来改善。虽然我们国家正在从各个方面与食药安全问题作斗争，想必也包括下面将要提到的几点，但是我们的调查结论可以说明这些方面的举措尤其得到民众的关注，需要着力推进。

1. 健全监督体系，扩大监管覆盖面

就像前面提到的，公权监督被群众寄予较大的期望，毕竟食药安全问题是一个社会问题，不能缺少国家政府机构的参与。相比于问题爆发之后的整顿和处罚，所有人都希望问题能被扼杀在摇篮里，这就离不了监督制度。当下中国的监督体系正在发挥着不可替代的作用，但是在两个方面还有待提升，一是监督体系的健全，二是监管覆

盖面的扩大。

我们国家一直高度重视食品与药品的安全问题，分别出台了药品管理法和食品安全法并不断修订完善。但是，一个贯穿各级政府上下的食品药品监督体系还没有完全建立。以食品安全为例，国家负责食品安全的部门可以细分为农业、食药、卫生等十个部门，这些部门在食品安全上的工作需要一个类似委员会的机构来进行监督和整合，既能督促各部门对工作更加认真负责，也有利于彼此之间的协调配合。除此之外，委员会还可深入基层，帮助基层食品安全检测设施的完善，了解民众和小型食品企业的现状并汇报到中央，以及将国家中央在食品方面的动向传达给地方。

提到监督面的扩大，就不得不强调一下当今基层的食品药品安全现状。对于食品来说，如何让监督深入到大小超市甚至街边菜市场，是一个虽然棘手但是不得忽视的问题。再者，在食品检测技术逐渐完善的今天，检测的普及程度亟待提高。比如，有些食品问题曝光后需要及时对当天该批次的产品进行取样检测，如果当地的检测普及范围只停留在城市中心，那么对较偏远区域能否及时取样还很不好说。除此之外，像保健食品的管控、外卖和路边摊的质量保证如何充分顾及，也是属于扩大监督面的问题。而对于药品，最受诟病的问题就是各地方电视台的虚假药品广告泛滥。电视台没有能力对所有广告商的商品进行完善的检测，但是应该在虚假宣传的甄别上多下功夫，把不良广告拦截在屏幕之外。我们希望事件的各主体包括政府的监管部门能够协同合作，深入到电视药品广告这个不常被触及的药品安全灾区。

2. 让食品药品安全科普专业化、亲民化、常态化

食药安全科普工作需要在三个方面下功夫优化，即专业化、亲民化和常态化。

专业化，就是要让专业的人士来做最专业的科普。食品药品方面的知识虽然常常贴近生活，仿佛谁都懂一点，但是想把知识讲得精准科学，只有专业人才可以胜任。希望食药监管部门能挖掘自己内部的优秀人才，组建专职科普队伍，保证输出的知识不出现学术性的错误。如问卷第 14、15 题问到的转基因食品方面的问题，虽然转基因食品是不是绝对安全还没有定论，但是科普工作者有必要让群众知道，转基因食品究竟是怎样的一种新产品，为什么当前我们不必对它抱有过度的恐惧心理。

亲民化，一是让知识不像教科书那样生硬晦涩，务必要让大众看得懂。食品药品科普往往涉及许多生命科学、有机化学等学科的知识，如有必要做解释，要善于将专业术语转变为生活化的语言。二是知识要切合实际生活，不把重点放在“超纲题”上。如问卷第 11 题和 19 题，半腐烂水果、剩菜、保健品以及进口药这些与实际生活紧密结合的知识是科普工作的重点。尤其是关于剩菜放入冰箱的时机问题，此选项是该题目的错误项中选择率最高的一个。剩菜放凉后再放入冰箱会给空气中的细菌制造侵入剩菜的机会，降低冰箱所能起到的延缓变质的功能。这说明，这样与实际生活密切相关的知识仍有极大的科普空间。三是活用各种宣传途径，让知识不只停留在宣传小册和公告板上。除传统宣传途径外，官方微博、官方公众号乃至短视频平台都可以

成为良好的宣传媒介。

常态化，就是让食品药品安全科普工作成为民众生活的常态，而不是一时的活动。现今所能接触到的安全知识科普往往局限在一定的时间段之内，半个月、一周甚至仅几天。这种“水过地皮湿”的科普很难深入人心起到长期效果，应该让安全知识成为民众生活的一部分，或是经过小区大门看到公告板上的知识更新，或是手机上每天一个新知识推送。只有食药安全知识科普常态化，才能把知识变成常识，把印象变成观念，把刻意变成习惯。

3. 引导食品药品企业重视产品安全的投入

食品药品安全问题无论如何与生产者脱不了关系。我们必须接受的一个事实是，安全是一个需要成本的产品要素，提高产品的安全性需要增加生产成本的投入，否则其所宣传的安全只是一个噱头。安全投入的重要性需要引起相关企业的重视，既要让企业认识到民众对安全产品的期望，也要强调毫无理由地标榜自家产品具有高安全性是违背道德乃至违反法律的虚假宣传。企业应当认识到，生产满足最低标准的安全产品是企业不可推卸的法律责任，而生产更高安全性的产品则是值得认可的积极承担企业社会责任的表现。企业应当从维护消费者的健康出发，不在安全问题上贪图细微利益，为产品的安全性做好有底气的保证。食药企业一般是以盈利为目的的商业组织，但也是安全问题的重要主体，承担安全方面的企业社会责任不仅是有担当、有情怀的表现，更是重要的市场竞争力。提高产品安全性的方式有很多，除了最容易想到的加强质检质控，还可在产品包装、运输等方面下功夫，比如对于散装食品，如何进行适度包装以标注生产日期保质期，或者优化运输条件减少食品的二次污染等。2008 年轰动全国的三聚氰胺事件，不少乳制品企业均与违法奶农有过合作，如果企业能在质量把控时注意非蛋白氮的检测，也许就可以避免悲剧的发生。长春某生物科技公司在 2017、2018 连续两年曝出疫苗问题，令人寒心的同时，也希望其他企业能增强社会责任感，不要让老百姓为企业的偷懒买单。更何况，买单的除了中国的普通老百姓的身体健康，还有他们对中国食药市场生态的信心以及中国食品行业在国际上的声誉。

第 11 题　您对国内外食品药品的安全性的感觉是

A. 国货更好

B. 进口产品更好

C. 国内外产品在安全性方面基本一致

D. 不太了解，不好说

在多数选票集中在后两个选项的情况下，认为进口货更好的受访者略多于偏爱国货者。很难说，B 选项的选择者有多少是受上面提到两个国内典型的不良食药安全事件影响。

(四) 后疫情时代食品药品安全的新目标

2020年突如其来的疫情打乱了许多人的计划，值得我们深思。虽然这是一次重大传染病卫生事件，但是如果食用野生动物在其中起到关键作用的话，我们未尝不可将其定性为重大食品安全事件。经过这次事件，我们有必要仔细反思我们在食品安全问题上的不周到之处。究竟还有哪些不该列入食材范围的生物正在陈列在菜单上？各种生物的可食用性如何是否明确呢？如何针对不可食用生物进行专项管控呢？这些都是我们在后疫情时代的新目标。问卷第21题问到了受访者对于杜绝野味食用的建议，加强对源头的治理这个选项的选择率稍多。我们如何把保护野生动物提升到食品安全的高度上来，如何让野生动物安然地承担它们的生态职责而免于落入人类贪婪的口腹之中，也是不可忽视的重点目标。

疫情期间曾发生过一起令人费解的闹剧，只因听闻药物双黄连在对抗新冠病毒方面有益，民众便一拥而上抢购此药品，甚至在实体店前排起长队，连安全距离都全然忘记了。然而，双黄连并无预防功效，普通民众不必因疫情而抢购，自行服用反而要留心过敏风险以及同其他药物混用时可能产生的不良反应。虽然并不详细的相关报道对此闹剧负有一定责任，但是民众药品安全知识的匮乏也在此显露出来。我们如何让身处公共卫生事件中的民众不会“听风就是雨”，不对一点点风吹草动都过分敏感。也许此前我们的药品科普工作开展时并没有想到，不够扎实的科普甚至会为疫情中的一次小恐慌埋下祸根。此时亡羊补牢还为时未晚。

三、结语

在问卷最后一题，我们问了一个预想中本该不会有人答错的问题：

第24题　您觉得食品药品安全对于决胜全面小康的重要性是

A. 决胜全面小康必须打好食品药品安全战

B. 决胜小康主要取决于GDP和人均可支配收入，和食药安全关系不大

C. 只要人民群众生活达到小康水平，食药安全问题自然会解决

选择A项的受访者竟只占71.43%，实在出人意料。小康社会所指的不仅是经济发展水平的进步，还有人民生活水平的提升。食药安全问题的广泛存在表明我国的经济发展还存留着弊端，在保障和改善民生方面依然有一定的提升空间。因此，实现全面建成小康社会必须打好食药安全攻坚战。人民群众在食品药物安全上的需求是小康社会建成过程中不可忽视的关卡，当一个为人民服务的政府将民生工作摆在突出位置时，我们有信心将小康社会的蓝图绘到现实中来，绘到祖国的大地上。我们希望民众在共同守护食药安全的同时，能够具有足够的政治觉悟，坚定“四个自信”，在全面建成小康社会的决胜关头，充分认识食药安全对于小康事业的重要性，在小康社会美好图景的细节处勾勒精致的色彩。

四、后记

本文的写作前后共耗时四十余天，笔者基于调查事实认真分析撰写，层层深入挖掘本质，并根据结论提出了一定的可行措施。过程虽有些许艰难，但是给人以获得感和满足感。本次调查历时虽短，但数据全部真实有效，且经全国各地网友参与完成，可靠性较高。唯一略有遗憾的是调查人数本可更多，但是受限于现实条件，止步于154份。调查人数虽有限，相信依然有足够的参考意义。本次调查由全体组员合作完成，在调查问卷制作和文章撰写过程中也得到了老师的指点。对于全部由理工科学生组成的这一个小组来说，参与这样一个调查和分析的工作未免有些生疏，甚至有些焦灼，但万幸结果是美好的。在此，笔者郑重感谢指导教师王老师的帮助，以及动员大会上老师们的指示和各位组员的付出。

附录：

关于全面建成小康社会中人民群众食品药物安全需求的调查问卷

第1题　您的年龄是［单选题］

选项	小计	比例（%）
19岁及以下	24	15.58
20～29岁	101	65.58
30～39岁	23	14.94
40岁及以上	6	3.9
本题有效填写人次	154	

第2题　您对当前中国的食品及药品安全环境的看法是［单选题］

选项	小计	比例（%）
非常好，十分安全	24	15.58
比较好，没有大问题	74	48.05
一般，中等	46	29.87

续表

选项	小计	比例（%）
比较差，问题较多	8	5.19
很差，问题非常严重	2	1.31
本题有效填写人次	154	

第 3 题　您购买所需食品的途径一般是［多选题］

选项	小计	比例（%）
大型商场	114	74.03
主流电商平台	93	60.39
食品专营店	73	47.4
小型商铺	58	37.66
微商等小众线上渠道	8	5.19
本题有效填写人次	154	

第 4 题　您购买所需药品的途径一般是［多选题］

选项	小计	比例（%）
公立医院	102	66.23
主流电商平台	58	37.66
商场的药品区	69	44.81
小型诊所、私营药房	79	51.3
微商等小众线上渠道	6	3.9
本题有效填写人次	154	

第 5 题　您认为进一步提高食品药品的安全性的主要措施是［单选题］

选项	小计	比例（%）
加强立法执法，尤其加大对违法者的惩罚力度	47	30.52
加强行业监管和质检，大力阻止问题产品进入市场	78	50.65

续表

选项	小计	比例（%）
提高民众对食品安全的重视程度和知识储备	27	17.53
加大食品药品行业科研力度，从技术上提高安全性	2	1.3
本题有效填写人次	154	

第 6 题　您是否会留意食品药品方面的资讯或知识［单选题］

选项	小计	比例（%）
主动通过网络或书籍等学习相关知识	48	31.16
不会主动了解，但会接受这方面的科普和宣传	79	51.3
很少接触有关的资讯	21	13.64
觉得安全环境已经足够好，没必要去了解	6	3.9
本题有效填写人次	154	

第 7 题　您购买食品时最关注的是［多选题］

选项	小计	比例（%）
配料表注明的成分	85	55.19
商品价格	107	69.48
品牌	78	50.65
风味、口味	77	50
热量	15	9.74
包装设计和广告语	9	5.84
本题有效填写人次	154	

第 8 题　您多久点一次外卖或去一次餐馆［单选题］

选项	小计	比例（%）
平均每天一次及以上	17	11.04
平均每周一两次	64	41.56
平均每月一两次	54	35.06
极少，甚至一年仅几次	19	12.34
本题有效填写人次	154	

第 9 题　您对外卖和路边摊的安全要求是［多选题］

选项	小计	比例（%）
不注意，便宜好吃就行	39	25.32
从业者需要取得相关的安全证明	100	64.94
相关部门要对其监督	76	49.35
食材来源和厨房环境要透明可查	66	42.86
本题有效填写人次	154	

第 10 题　您是否有过在露天小吃摊用餐后产生不良反应的经历［单选题］

选项	小计	比例（%）
有过	83	53.9
从未有过	71	46.1
本题有效填写人次	154	

第 11 题　您对国内外食品药品的安全性的感觉是［单选题］

选项	小计	比例（%）
国货更好	29	18.83
进口产品更好	34	22.08
国内外产品在安全性方面基本一致	35	22.73
不太了解，不好说	56	36.36
本题有效填写人次	154	

第 12 题　您愿意选择价格略高但更安全的食品或药品吗［单选题］

选项	小计	比例（%）
很愿意	55	35.71
不愿意，没有必要	18	11.69
价格差距较小的情况下，愿意	67	43.51
药品一定要尽量选择最安全的，食品则不一定	14	9.09
本题有效填写人次	154	

第 13 题　您对食品添加剂的看法是［单选题］

选项	小计	比例（%）
食品添加剂对人体有害，不该添加到食品中	22	14.29
食品添加剂可以适量添加，但现在市场上的食品中添加剂含量往往超标	95	61.69
市场上食品的添加剂含量都是经过检验的，在合理范围内	28	18.18
食品添加剂虽然无害，但它是商家降低成本的手段，还是不含添加剂的食品好	9	5.84
本题有效填写人次	154	

第 14 题　您对转基因食品的接受程度是［单选题］

选项	小计	比例（%）
完全可以接受，和非转基因食品一样看待	34	22.08
愿意选择食用，只是有一点不放心	70	45.45
在同等条件下还是尽量选择非转基因食品	43	27.92
不愿接受转基因食品	7	4.55
本题有效填写人次	154	

第 15 题　您认为关于转基因食品，下一步最需要做的工作是［单选题］

选项	小计	比例（%）
进一步研究，明确其安全性，并做好相关科普宣传工作	106	68.83
在所有食品中清楚标明是否使用转基因原料	38	24.68
严禁转基因食品进入市场	10	6.49
本题有效填写人次	154	

第 16 题　您是否清楚自己对哪些食品或食品成分过敏？以及您是否留意食品包装上的过敏提示［单选题］

选项	小计	比例（%）
清楚，留意	57	37.01
清楚，不留意	35	22.73
不清楚，留意	34	22.08
不清楚，不留意	28	18.18
本题有效填写人次	154	

第 17 题　您认为现在食品安全方面存在的问题有［多选题］

选项	小计	比例（%）
质量检测不透明，安全性不易保证	90	58.44
缺乏食品安全方面的知识，不会甄别	91	59.09
小摊位、小作坊十分普遍，但其产品质量无法把控	103	66.88
厨房食品的储存防腐不到位，存在安全隐患	59	38.31
本题有效填写人次	154	

第 18 题　您对药物盘尼西林的看法是 [单选题]

选项	小计	比例（%）
盘尼西林是可以常备并自行使用的抗菌药物	19	12.34
盘尼西林可能引起过敏，而不过敏的人群常用并无危害	26	16.88
在初次使用盘尼西林之前有必要先做皮试	84	54.55
盘尼西林对人体毒性较强，最好避免使用，选用青霉素更安全	25	16.23
本题有效填写人次	154	

第 19 题　根据您的经验和认识，您觉得哪些说法是对的 [多选题]

选项	小计	比例（%）
略微腐烂的水果，在削去腐烂的部分并仔细清洗后，可以食用	52	33.77
保健品是哄骗老年人的噱头，价值并不大	65	42.21
生鱼片的安全性与烹饪成熟的鱼肉相比没有很大差别	39	25.32
家庭有必要常备某些药物以应急	104	67.53
剩菜要放凉后再放入冰箱，以防对冰箱内的其他食物造成影响	67	43.51
本题有效填写人次	154	

第 20 题　新冠肺炎疫情背景下，您有没有格外留意某些食品是否产自疫情重灾区 [单选题]

选项	小计	比例（%）
有	95	61.69
没有	59	38.31
本题有效填写人次	154	

第 21 题　您认为杜绝野味的食用最需要做好哪方面的工作［单选题］

选项	小计	比例（%）
做好科普宣传工作，明确野味不存在坊间传说的医药价值和保健价值	43	27.92
加强对野味源头的管理，严禁偷猎或非法饲养被保护的野生动物	55	35.71
加强立法执法管理，尤其加大对野味经营的处罚力度	33	21.43
对禁止食用的野生动物列出明确的名录，并进行严格管控	23	14.94
本题有效填写人次	154	

第 22 题　遇到非法经营、食用野味的现象，您是否愿意积极举报？是否清楚如何举报［单选题］

选项	小计	比例（%）
愿意举报，并且知道如何举报	35	22.73
愿意举报但不清楚举报途径	93	60.39
虽然知道举报途径，但是一般不愿举报	16	10.39
不想举报，也不知道举报途径	10	6.49
本题有效填写人次	154	

第 23 题　对于疫情期间曾被抢购的双黄连，您了解多少［多选题］

选项	小计	比例（%）
双黄连有一定的解热消炎作用，对预防新冠肺炎病毒也有一定帮助	54	35.06
普通民众可以不必因为疫情的缘故自行服用双黄连	89	57.79
双黄连是比较安全的中成药，感冒患者可以自行选择和其他药品混合服用	51	33.12
双黄连对于外感风热和风寒感冒均比较适用	68	44.16
本题有效填写人次	154	

第 24 题　您觉得食品药品安全对于决胜全面小康的重要性是［单选题］

选项	小计	比例（%）
决胜全面小康必须打好食品药品安全战	110	71.43
决胜小康主要取决于 GDP 和人均可支配收入，和食药安全关系不大	33	21.43
只要人民群众生活达到小康水平，食药安全问题自然会解决	11	7.14
本题有效填写人次	154	

参考文献

［1］食品安全国家标准 预包装食品标签通则［S］. 北京：中国标准出版社，2011.

［2］张晓勇，李刚，张莉. 中国消费者对食品安全的关切——对天津消费者的调查与分析［J］. 中国农村观察，2004（01）：14－21.

［3］滕月. 我国消费者食品安全意识和行为研究［J］. 消费经济，2011，27（02）：74－77.